British Columbia
Seiten 242-275

Washington
Seiten 170-193

Oregon
Seiten 86-115

Vis-à-Vis

USA NORDWESTEN & VANCOUVER

Benutzerhinweise

D ieser Reiseführer will mit de- taillierten Informationen und Tipps Ihren Besuch des Nord- estens der USA und Kanadas zum rlebnis machen. Das Kapitel *Nord- westen & Vancouver stellen sich vor* befasst sich mit dem historisch-kultu- rellen Kontext. Drei Regional- und Städtekapitel widmen sich den jewei- ligen Hauptsehenswürdigkeiten – mit vielen Fotos, Illustrationen und Kar- ten. Im Kapitel *Zu Gast im Nordwes- ten* werden Restaurants und Hotels empfohlen. Die *Grundinformationen* enthalten Hinweise zu Währung, öf- fentlichen Verkehrsmitteln etc.

Portland, Seattle und Vancouver
Die Städte sind in verschie- dene Stadtviertel mit den jeweiligen Sehenswürdig- ...en gegliedert. Das ...el *Abstecher* zeigt ...rtes außerhalb ... Sehens-

Die Seiten über Portland haben eine orange Farbcodierung. Seattle ist violett, Vancouver grün markiert.

Die Orientierungskarte zeigt, wo Sie sich gerade befinden.

1 Stadtteilkarte
Alle Se... ...ürdigkei...

Vis-à-Vis

USA NORDWESTEN & VANCOUVER

Hauptautoren: Stephen Brewer, Constance Brissenden, Anita Carmin

DK

DORLING KINDERSLEY
LONDON • NEW YORK • MÜNCHEN
MELBOURNE • DELHI
www.dorlingkindersley.de

Ein Dorling Kindersley Buch

www.dorlingkindersley.de

Produktion International Book Productions Inc., Toronto, Ontario, Kanada
Leitung Barbara Hopkinson

Texte Stephen Brewer, Constance Brissenden, Anita Carmin; Allison Austin, Cora Lee

Fotografien Bruce Forster, Gunter Marx, Scott Pitts

Illustrationen William Band

Kartografie VISUTronX, Ajax, Ontario, Kanada

Redaktion und Gestaltung *International Book Productions Inc.:* Barbara Hopkinson, James David Ellis, Judy Phillips, Sheila Hall, Debbie Koenig, Tara Tovell, Dietmar Kokemohr, Nicola Lyon *Dorling Kindersley London:* Douglas Amrine, Helen Townsend, Ian Midson, Caspar Morris, Jason Little, Conrad van Dyke, Claire Bowers, Lucialla Watson, Shane Higgins

•

Titel der englischen Originalausgabe:
Eyewitness Travel Guide *Pacific Northwest*
Zuerst erschienen 2003 in Großbritannien
bei Dorling Kindersley Ltd.
A Penguin Company

•

Für die deutsche Ausgabe:

Aktualisierte Neuauflage 2013/2014

Programmleitung Dr. Jörg Theilacker, Dorling Kindersley Verlag
Übersetzung Jürgen G. Scheunemann, Berlin
Redaktion Dr. Elfi Ledig, München;
Brigitte Maier, Konzept & Text, München
Schlussredaktion Philip Anton, Köln
Satz und Produktion Dorling Kindersley Verlag
Lithografie Colourscan, Singapur
Druck L. Rex Printing Co. Ltd., China

20,95

ISBN 978-3-8310-2271-7
5 6 7 8 15 14 13 12

Dieser Reiseführer wird regelmäßig aktualisiert. Angaben wie Telefonnummern, Öffnungszeiten, Adressen, Preise und Fahrpläne können sich jedoch ändern. Der Verlag kann für fehlerhafte oder veraltete Angaben nicht haftbar gemacht werden. Für Hinweise, Verbesserungsvorschläge und Korrekturen ist der Verlag dankbar. Bitte richten Sie Ihr Schreiben an:

Dorling Kindersley Verlag GmbH
Redaktion Reiseführer
Arnulfstraße 124 • 80636 München
travel@dk-germany.de

◁ **Weinberge im Okanagan Valley, British Columbia** ***(siehe S. 259)***
◁◁ **Umschlag: Mount Rainier National Park, Washington** ***(siehe S. 184f)***

Wassersport vor der Skyline Vancouvers

Inhalt

Der beeindruckende Emmons Glacier im Mount Rainier National Park ***(siehe S. 184f)***

Delikatesse aus dem Meer: frisch gefangener Krebs

Vis-à-Vis

USA NORDWESTEN & VANCOUVER

Hauptautoren: Stephen Brewer,
Constance Brissenden, Anita Carmin

DK

DORLING KINDERSLEY
LONDON • NEW YORK • MÜNCHEN
MELBOURNE • DELHI
www.dorlingkindersley.de

Ein Dorling Kindersley Buch

www.dorlingkindersley.de

Produktion International Book Productions Inc., Toronto, Ontario, Kanada
Leitung Barbara Hopkinson

Texte Stephen Brewer, Constance Brissenden, Anita Carmin; Allison Austin, Cora Lee

Fotografien Bruce Forster, Gunter Marx, Scott Pitts

Illustrationen William Band

Kartografie VISUTronX, Ajax, Ontario, Kanada

Redaktion und Gestaltung *International Book Productions Inc.:* Barbara Hopkinson, James David Ellis, Judy Phillips, Sheila Hall, Debbie Koenig, Tara Tovell, Dietmar Kokemohr, Nicola Lyon *Dorling Kindersley London:* Douglas Amrine, Helen Townsend, Ian Midson, Caspar Morris, Jason Little, Conrad van Dyke, Claire Bowers, Lucialla Watson, Shane Higgins

•

Titel der englischen Originalausgabe:
Eyewitness Travel Guide *Pacific Northwest*
Zuerst erschienen 2003 in Großbritannien
bei Dorling Kindersley Ltd.
A Penguin Company

•

Aktualisierte Neuauflage 2013 / 2014

Programmleitung Dr. Jörg Theilacker, Dorling Kindersley Verlag
Übersetzung Jürgen G. Scheunemann, Berlin
Redaktion Dr. Elfi Ledig, München; Brigitte Maier, Konzept & Text, München
Schlussredaktion Philip Anton, Köln
Satz und Produktion Dorling Kindersley Verlag
Lithografie Colourscan, Singapur
Druck L. Rex Printing Co. Ltd., China

ISBN 978-3-8310-2271-7
5 6 7 8 15 14 13 12

Dieser Reiseführer wird regelmäßig aktualisiert. Angaben wie Telefonnummern, Öffnungszeiten, Adressen, Preise und Fahrpläne können sich jedoch ändern. Der Verlag kann für fehlerhafte oder veraltete Angaben nicht haftbar gemacht werden. Für Hinweise, Verbesserungsvorschläge und Korrekturen ist der Verlag dankbar. Bitte richten Sie Ihr Schreiben an:

Dorling Kindersley Verlag GmbH
Redaktion Reiseführer
Arnulfstraße 124 • 80636 München
travel@dk-germany.de

◁ **Weinberge im Okanagan Valley, British Columbia** ***(siehe S. 259)***
◁◁ **Umschlag: Mount Rainier National Park, Washington** ***(siehe S. 184f)***

Wassersport vor der Skyline Vancouvers

Inhalt

Der beeindruckende Emmons Glacier im Mount Rainier National Park ***(siehe S. 184f)***

Besucher auf der Space Needle in Seattle

Wirtschaft und Industrie

Die Wirtschaft in den Städten prosperiert, im Innern des Landes ist die Arbeitslosenquote jedoch recht hoch. Hier schrumpfen traditionelle Wirtschaftszweige wie Bergbau und Holzwirtschaft, da Dienstleistung und Technologie immer wichtiger werden. Die Fischindustrie kämpft ebenfalls ums Überleben. Der Obstanbau hingegen ist nach wie vor ein Hauptwirtschaftszweig des Nordwestens. Einige Obstsorten der Region gehören zu den besten der Welt.

Die Hightech-Firmen der Region (allein im Großraum Seattle sind rund 3000 Software- und E-Commerce-Unternehmen angesiedelt) schossen mit dem Aufstieg von Microsoft in den 1980er Jahren wie Pilze aus dem Boden. Heute sind 40 000 Menschen aus Washington hier beschäftigt. 1995 gründete Jeff Bezos Amazon.com, das erste Online-Shopping-Unternehmen, in seinem Heim in Seattle. Der Luft- und Raumfahrtkonzern Boeing besitzt im Westen von Washington mehrere Werke. Produktionsanlagen der Computergiganten Intel, Epson und Hewlett-Packard liegen im Willamette Valley, Oregon. Auch Nike hat seinen Sitz in Oregon.

Vancouver hat sich zum Hollywood des Nordens gemausert: Jährlich fließen durch die Filmgesellschaften drei Milliarden US-Dollar in die Region.

Das Angebot an Bürojobs hat viele Menschen in die drei Städte gelockt. In der Folge dehnten sie sich aus. Dies trägt allerdings nicht nur zur Steigerung des Lebensstandards bei, sondern auch zur Erhöhung der Lebenshaltungskosten. Parallel dazu steigt der Tourismus. Immer mehr Besucher strömen in den Nordwesten, um die einst wichtigste Ressource dieser Region zu genießen: die Natur.

Gesellschaft und Politik

Im Nordwesten leben rund 13 Millionen Menschen. Portland, Seattle und Vancouver gehören zu den am schnellsten wachsenden Städten in Nordamerika. Die Hispanics gehören mit zwölf Prozent zur größten ethnischen Gruppe Oregons und stellen auch elf Prozent der Einwohner Washingtons. Vancouver hat seit den 1980er Jahren durch die vielen asiatischen Einwanderer, meist aus China, Hongkong, Indien, den Philippinen und Südkorea, an Größe und Wirtschaftskraft gewonnen. Viele der Ureinwohner leben noch heute in ihrem traditionellen Umfeld, erholen sich aber nur langsam vom jahrelangen Bevölkerungsschwund.

Portland, Seattle und Vancouver sind politisch liberale Städte, andere Teile der Region sind deutlich konservativer. Gleichwohl gibt es Gemeinsamkeiten: Die Bewohner Oregons haben z. B. als Erste in den USA die Sterbehilfe für unheilbar Kranke befürwortet. Der erste US-Gouverneur asiatischer Abstammung wurde in Washington gewählt. Die Bürger in British Columbia wählen mal links, mal rechts – ziemlich oft gegen den nationalen Trend.

Mittagskonzert auf dem Pioneer Courthouse Square, Portland

Geologie

Der heutige Nordwesten entstand durch starke geologische Aktivität. Vor 150 Millionen Jahren befand sich der Großteil dieses Areals noch auf dem Meeresboden. Im Lauf von Jahrmillionen dehnte sich die kontinentale Landmasse Nordamerikas nach Westen hin aus und kollidierte mit der Landmasse, die sich ostwärts über den Pazifik bewegte. Die Erdkruste wurde dadurch nach oben gedrückt und schuf die Küste des Nordwestens, wie wir sie heute kennen. Gleichzeitig brachen Vulkane aus, Gletscher und Eisplatten wurden hin und her geschoben und frästen dabei tiefe Schluchten und Canyons. Wie Vulkanausbrüche und Erdbeben in jüngerer Zeit belegen, ist der Nordwesten auch heute noch eine geologisch aktive Region, deren Topografie sich auch künftig kontinuierlich verändern wird.

Washingtons Mount Rainier – der aktivste Vulkan der Cascades

Fossile Zeugnisse *findet man im gesamten Nordwesten. In den Gesteinsschichten gibt es Ablagerungen von Pflanzen und Tieren aus der Zeit von vor 136 Millionen Jahren. Die weltbekannten John-Day-Fossilienfundstellen in Kimberly in Oregon und die Fossilienfundstätten von Burgess Shale bei Field, British Columbia, bergen Schätze aus einer weit zurückliegenden Vergangenheit.*

Felssedimente

Als die Pazifische Platte sich langsam ostwärts bewegte, schoben sich Schichten von älteren Küstenbergen nach oben und formten die Spitzen der Rocky und der Cascade Mountains. Einige der Sandstein- und Schieferschichten, die vor 15 bis 20 Millionen Jahren entstanden, kann man noch heute dort sehen.

Vulkane *wie der Mount St. Helens entstehen, wenn sich eine Platte unter eine andere Platte schiebt und schmilzt. Der geschmolzene Felsen tritt an die Oberfläche und formt einen Vulkan. Die Vulkane des Nordwestens brachen vor etwa 55 Millionen Jahren aus. Die Cascade Mountains in Oregon und Washington, die Blue Mountains in Oregon und die Olympic Mountains in Washington sind Teil des »Ring of Fire«, einer Zone vulkanischer Aktivität rund um den Pazifik.*

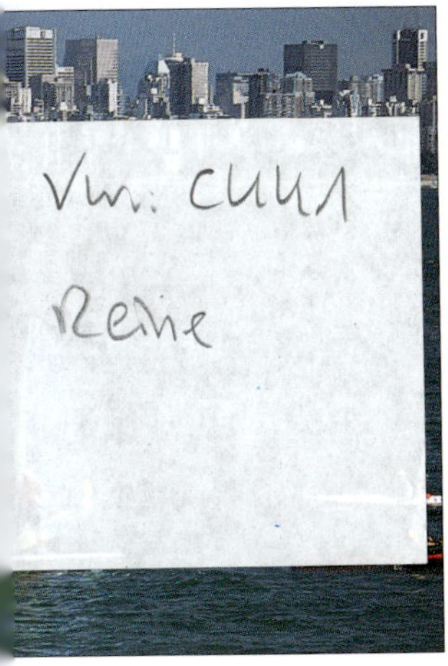

Regionen des Nordwestens

Gitarre aus der Sammlung des EMP Museum, Seattle *(siehe S. 146f)*

Viktorianisches Haus in Nob Hill, Portland *(siehe S. 68)*

Delikatesse aus dem Meer: frisch gefangener Krebs

Zu Gast im Nordwesten

Grundinformationen

Kajaks in Snug Harbor, San Juan Island *(siehe S. 178f)*, Washington

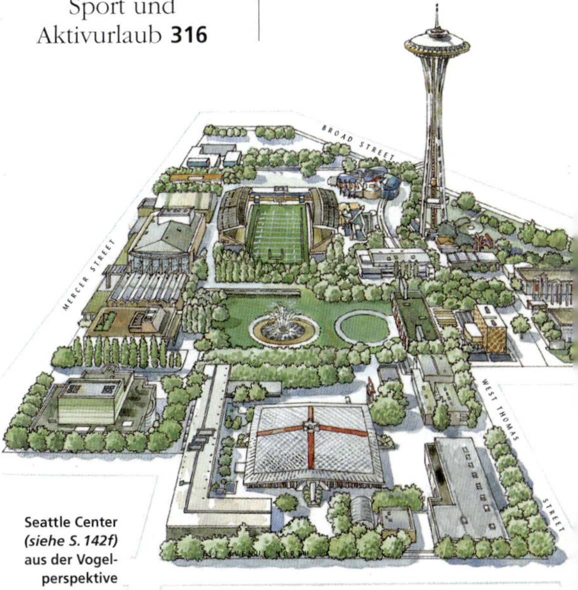

Seattle Center *(siehe S. 142f)* aus der Vogelperspektive

Benutzerhinweise

Dieser Reiseführer will mit detaillierten Informationen und Tipps Ihren Besuch des Nordwestens der USA und Kanadas zum Erlebnis machen. Das Kapitel *Nordwesten & Vancouver stellen sich vor* befasst sich mit dem historisch-kulturellen Kontext. Drei Regional- und Städtekapitel widmen sich den jeweiligen Hauptsehenswürdigkeiten – mit vielen Fotos, Illustrationen und Karten. Im Kapitel *Zu Gast im Nordwesten* werden Restaurants und Hotels empfohlen. Die *Grundinformationen* enthalten Hinweise zu Währung, öffentlichen Verkehrsmitteln etc.

Portland, Seattle und Vancouver
Die Städte sind in verschiedene Stadtviertel mit den jeweiligen Sehenswürdigkeiten gegliedert. Das keit...l *Abstecher* zeigt Kapit...rtes außerhalb Sehensw... des Zentrums. Alle Sehenswürdigkeiten sind nummeriert und auf der *Stadtteilkarte* eingetragen. Dieser Nummerierung folgen die späteren detaillierten Beschreibungen.

Die Seiten über Portland haben eine orange Farbcodierung. Seattle ist violett, Vancouver grün markiert.

Die Orientierungskarte zeigt, wo Sie sich gerade befinden.

1 Stadtteilkarte
Alle Sehenswürdigkeiten sind mit Nummern auf der Stadtteilkarte *eingetragen. Auch im jeweiligen* Stadtplan *sind die Attraktionen aufgeführt: Portland* (S. 80–85), *Seattle* (S. 164–169) *und Vancouver* (S. 236–241).

Sehenswürdigkeiten auf einen Blick führt alle Attraktionen eines Kapitels nach bestimmten Kategorien (etwa Museen und Sammlungen, historische Gebäude, Kirchen, Parks etc.) auf.

2 Detailkarte
Sie zeigt ein Stadtviertel mit seinen Sehenswürdigkeiten aus der Vogelperspektive.

Sterne kennzeichnen die Sehenswürdigkeiten, die Sie keinesfalls versäumen sollten.

Routenempfehlungen sind rot markiert.

3 Detaillierte Informationen
Bei jeder Sehenswürdigkeit werden u. a. Adresse, Telefonnummer, Öffnungszeiten, Eintrittspreise, Informationen für behinderte Reisende und Führungen angegeben. Die Erklärungen zu den einzelnen Symbolen finden Sie auf der hinteren Umschlagklappe.

1 Einleitung

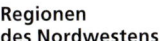

Hier erhalten Sie einen Überblick über die Landschaft und Geschichte des Bundesstaats oder der Provinz. Zudem erfahren Sie, was dieses Gebiet heute für Besucher besonders sehenswert macht.

Regionen des Nordwestens

Der Nordwesten ist in zwei US-Bundesstaaten und eine kanadische Provinz aufgeteilt. Interessante Reiseziele sind auf der *Regionalkarte* zu Anfang eines Kapitels markiert und werden ausführlich beschrieben. Die Städte Portland, Seattle und Vancouver werden jeweils in eigenen Kapiteln vorgestellt.

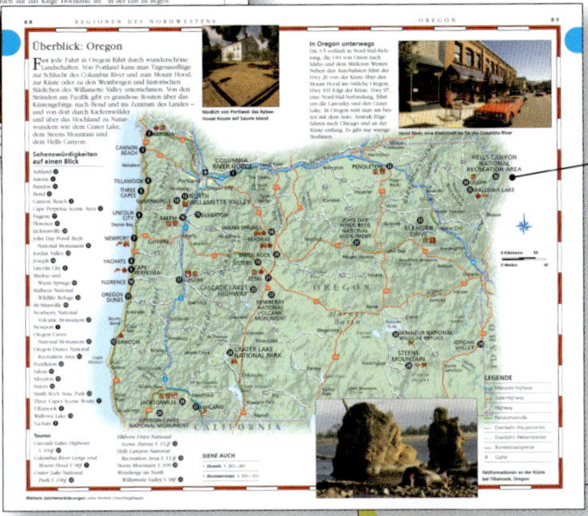

2 Regionalkarte

Diese Karte zeigt das Straßennetz der Region. Alle Sehenswürdigkeiten des Kapitels sind hier nummeriert eingetragen. Zudem gibt es Hinweise zu Anreise und Transportmitteln bzw. Tipps, wie man am besten zu Sehenswürdigkeiten oder Reisezielen kommt.

Farbige Markierungen erleichtern das Auffinden der Regionen *(Farben siehe vordere Umschlaginnenseiten).*

3 Detaillierte Beschreibungen

Alle wichtigen Orte werden ausführlich beschrieben. Die Texte folgen der Nummerierung auf der Regionalkarte. *Zu jeder Stadt finden Sie detaillierte Informationen über Bauten und andere Attraktionen.*

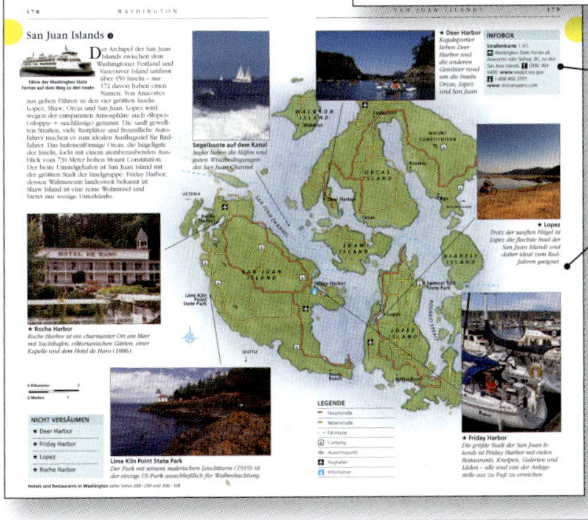

Die Infobox enthält alle notwendigen praktischen Informationen für einen Besuch.

4 Hauptsehenswürdigkeiten

Den Highlights im Nordwesten sind zwei oder mehr Seiten gewidmet. Die interessantesten Orte oder Stadtzentren werden detailliert mit Lageplänen, Grundrissen oder Schnittzeichnungen gezeigt. (National-)Parks werden mit Karten, Hauptwegen und Attraktionen vorgestellt.

Nordwesten & Vancouver stellen sich vor

Den Nordwesten entdecken

Der pazifische Nordwesten (Oregon und Washington sowie die kanadische Provinz British Columbia) stellt nur einen kleinen Abschnitt des nordamerikanischen Kontinents dar, doch die Vielfalt seiner Landschaften und kulturellen Attraktionen ist faszinierend. Kosmopolitische Städte, zerklüftete Küsten, unberührte Wildnis und die exzellente touristische Infrastruktur machen dieses Gebiet zum idealen Reiseziel – sowohl für Fans von Outdoor-Aktivitäten als auch für jene, die das vibrierende Flair von Städten wie Seattle oder Vancouver lieben. Im Folgenden finden Sie einen ersten Überblick über die Highlights dieser Region.

Windsurfen in Oregon

Elefantenkuh mit Nachwuchs im Washington Park *(siehe S. 70–73)*

Portland

- **Bezaubernde Old Town**
- **Mobil mit der Tram**
- **Washington Park**

Portland fasziniert mit historischen Gebäuden und vielen Grünflächen. Der einst namensgebende Hafen *(port)* bzw. das Hafenviertel ist heute die **Old Town** *(siehe S. 51–55)*. Hier kann man den Einfluss der chinesischen Gemeinde im **Classical Chinese Garden** *(siehe S. 54)* und die Handelsgeschichte der Stadt im **Oregon Maritime Center and Museum** *(siehe S. 54)* erkunden. An Wochenenden ist die Altstadt besonders belebt, wenn Besucher zum **Portland Saturday Market** *(siehe S. 53)* strömen. **Trams** *(siehe S. 63)* verbinden das Areal mit dem **Zentrum** *(siehe S. 57–65)*, wo – versteckt hinter Wolkenkratzern – das **Portland Art Museum** *(siehe S. 62)* und der **Pioneer Courthouse Square** *(siehe S. 60)* liegen. Parks gibt es vom winzigen **Mill Ends** *(siehe S. 65)* bis zum riesigen **Washington Park** *(siehe S. 70–73)* mit Zoo und Rosengarten.

Oregon

- **Paradies für Windsurfer**
- **Unberührte Küste**
- **Faszinierender Crater Lake**

Gleich hinter dem Wirtschaftszentrum Portland beginnen die Naturwunder Oregons. Die **Columbia River Gorge** *(siehe S. 90f)* wartet mit Wasserfällen, Obstgärten und verwunschenen Orten auf. Für Outdoor-Fans ist der **Hood River**, das Eldorado der Windsurfer, ein Muss. Die Küste bietet reizvolle Badeorte, etwa **Cannon Beach** *(siehe S. 92)*, die Panoramastraße **Three Capes Scenic Route** *(siehe S. 93)* und das ausgedehnte Dünenareal der **Oregon Dunes National Recreation Area** *(siehe S. 96)*.

Wenn man dem Ozean den Rücken kehrt, lernt man das »andere« Oregon kennen. Die historische Hauptstadt **Salem** *(siehe S. 100f)* beherbergt mehrere Museen und Geschichtsparks. Hauptattraktion des nahen **North Willamette Valley** *(siehe S. 98f)* sind die Weinkellereien. Im **Crater Lake National Park** *(siehe S. 106f)* liegt einer der tiefsten durch einen Vulkanausbruch entstandenen Seen. Wilde Szenerien bieten der **Steens Mountain** *(siehe S. 109)* und die **Hells Canyon National Recreation Area** *(siehe S. 114f)*.

Seattle

- **Wahrzeichen Space Needle**
- **Attraktion Pike Place Market**
- **EMP Museum**

Das sich am Puget Sound ausdehnende Seattle ist Washingtons kreative Metropole. Viele Attraktionen liegen in Zentrumsnähe. Von

Blick auf den Cannon Beach *(siehe S. 92)*, Ecola State Park, Oregon

◁ **Aquarell eines Holzfällercamps auf Vancouver Island, British Columbia (um 1890)**

Seattles Space Needle *(siehe S. 144f)* dominiert die Skyline

der Spitze der **Space Needle** *(siehe S. 144f)* hat man einen exzellenten Überblick über die Stadt. Der **Pike Place Market** *(siehe S. 132–135)* ist ein Muss. Das **Seattle Aquarium** *(siehe S. 138f)* und der Terminal der **Washington State Ferries** *(siehe S. 136)* sind beliebte Attraktionen am Wasser. Historisch Interessierte zieht es zum **Pioneer Square** *(siehe S. 122f)*, Familien zum **Woodland Park Zoo** *(siehe S. 156f)*, Musikfans zum **EMP Museum** *(siehe S. 146f)* und Baseball-Anhänger zum hypermodernen **Safeco Field** *(siehe S. 152)*, der Spielstätte der Seattle Mariners.

In Seattle entstand **Starbucks** *(siehe S. 132)*. Am Wasser steht ein Seafood-Lokal am anderen.

Washington

- **Olympic Peninsula**
- **Idyllisch: San Juan Islands**
- **Mount Rainier National Park**

Jenseits von Seattle kann man die grandiose Natur des Bundesstaats Washington bewundern. Viele Besucher konzentrieren sich auf die Pazifikküste. Die schneebedeckten Gipfel des **Olympic National Park** – ein UNESCO-Welterbe – erheben sich majestätisch im Herzen der bewaldeten **Olympic Peninsula** *(siehe S. 174f)*. Die **San Juan Islands** *(siehe S. 178f)* sind für Boots- und Kajakfahrten ideal. Bergsteiger erklimmen den Vulkangipfel im **Mount Rainier National Park** *(siehe S. 184f)*. Auch die Erkundung der umgebenden Gletscher, Wasserfälle und Bergwiesen lohnt sich. Gletscher bietet auch der **North Cascades National Park** *(siehe S. 188f)*, eine bewaldete Wildnis mit reichem Tierleben. Populär ist der **Grand Coulee Dam** *(siehe S. 190)*, eine Meisterleistung der Ingenieurskunst. Genießer besuchen die Weinkellereien im **Walla Walla Valley** *(siehe S. 192f)*.

Vancouver

- **Faszinierendes Hafenflair**
- **Vibrierende Kunstszene**
- **Museum of Anthropology**

Die Hafenstadt Vancouver ist eine moderne Metropole, die mit allen Arten von Sehenswürdigkeiten aufwartet. Am Hafen fasziniert die Architektur des **Canada Place** *(siehe S. 202)*. Sehenswert ist auch das historische **Gastown** *(siehe S. 200f)*. Im **Zentrum** *(siehe S. 207–213)* stößt man auf Kleinode wie die **Christ Church Cathedral** *(siehe S. 210)* und das ehrwürdige **Fairmont Hotel Vancouver** *(siehe S. 210)*. Einheimische lieben **Granville Island** *(siehe S. 216–219)* wegen des täglichen Markts. Hier gibt es auch Studios von Künstlern, die renommierte **Emily Carr University of Art & Design** *(siehe S. 218)* und einen Markt für Kinder. Das Vancouver Museum im **Vanier Park** *(siehe S. 220f)* und der außerhalb gelegene **Stanley Park** *(siehe S. 226f)* präsentieren die Geschichte der Stadt. Wenn Sie nur Zeit für ein Museum haben, sollte es das **Museum of Anthropology** *(siehe S. 230f)* sein – zur Geschichte und Kunst der Ureinwohner.

Totempfahl, Museum of Anthropology *(siehe S. 230f)*, Vancouver

Wintersportort Whistler *(siehe S. 256f)* in British Columbia

British Columbia

- **Provinzhauptstadt Victoria**
- **Wintersport**
- **Eldorado für Outdoor-Fans**
- **Traumhafte Bergwelt**

British Columbia umfasst ein riesiges Gebiet. Jenseits der Wirtschaftsmetropole Vancouver, über die Georgia Strait, liegt Vancouver Island mit der Provinzhauptstadt **Victoria** *(siehe S. 246–251)*. Ihr Inner Harbour und die umliegenden Sehenswürdigkeiten ziehen viele Besucher an. Vancouver Islands wildere Seite zeigt sich im **Pacific Rim National Park** *(siehe S. 254f)* mit langen Sandstränden und Regenwald. Nördlich von Vancouver prosperiert der Wintersportort **Whistler** *(siehe S. 256f)*.

Das **Okanagan Valley** *(siehe S. 259)* zieht Weinliebhaber an. Seine warmen Seen und Ferienorte sind auch für Familien attraktiv. Unberührte Bergwelt bieten die **Kootenays** *(siehe S. 260–263)* oder der **Yoho National Park** *(siehe S. 266f)*. Die Inseln von **Haida Gwaii** *(siehe S. 272f)* gehören zu den abgelegensten, gleichwohl faszinierenden Reisezielen.

Oregon und Washington auf der Karte

Oregon und Washington liegen im äußersten Nordwesten der USA und bieten eine großteils unberührte, imposante Naturkulisse mit ausgedehnten Wäldern, Bergen, Wüste und Prärie. Sie gehören zu den landschaftlich schönsten US-Bundesstaaten. In Oregon leben nur rund 3,8 Millionen, in Washington rund 6,7 Millionen Menschen – die meisten wohnen in den größeren Städten oder in deren Umgebung. Die Wirtschaft der Region ist so vielfältig wie die Landschaft. Kleinindustrie, Handel und Dienstleistung, Tourismus, Land- und Forstwirtschaft sind besonders ausgeprägt.

Großraum Seattle
0 Kilometer 20
0 Meilen 12,5
Everett
Edmonds
Bremerton
Redmond
Bellevue
Seattle
Port Orchard
Kent
Auburn
Tacoma
Puyallup
Shelton
Olympia
Lacey
Okanagan Lake
Kelowna
KANADA
Penticton
WASHINGTON
Franklin D. Roosevelt Lake
Pend Oreille River
Priest Lake
Spokane River
Spokane
Cœur d'Alene
Banks Lake
Columbia Basin
Moses Lake
Potholes Reservoir
Cœur d'Alene Lake
LEGENDE
Internationaler Flughafen
Interstate Highway
State Highway
Highway
Eisenbahn (Hauptstrecke)
Eisenbahn (Nebenstrecke)
Bundesstaatsgrenze
Staatsgrenze
Stadtgebiet
Pullman
Moscow
Dworshak Reservoir
Snake River
Lewiston
Sunnyside
Richland
Pasco
Kennewick
Walla Walla
Hermiston
Pendleton
Grande Ronde River
La Grande
Blue Mountains
Salmon River
IDAHO
Cascade Reservoir
Großraum Portland
St. Helens
WASHINGTON
Columbia River
Vancouver
Forest Grove
Hillsboro
Portland
Beaverton
Gresham
Oregon City
Newberg
McMinnville
OREGON
Woodburn
0 Kilometer 20
0 Meilen 12,5
OREGON
Ontario
Malheur River
Burns
Harney Basin
Malheur Lake
Lake Owyhee
Owyhee River
VEREINIGTE STAATEN VON AMERIKA
NEVADA

British Columbia auf der Karte

British Columbia ist die westlichste Provinz Kanadas und das Tor zum asiatisch-pazifischen Raum. In BC, wie British Columbia kurz genannt wird, leben über 4,5 Millionen Menschen. Die Wirtschaft basiert bis heute vor allem auf Holzindustrie, Bergbau und Fischfang, obwohl seit einigen Jahren auch Hightech-Firmen, Filmindustrie und Ökotourismus boomen. Durch Wasserkraft erzeugte Elektrizität sowie Gas sind natürliche Ressourcen der Provinz. Die Schönheit der unberührten Natur – von der rauen Küste bis zu den imposanten Berggipfeln – wird in den 830 Provinzparks und Naturschutzgebieten von British Columbia bewahrt.

Nordamerika
GRÖNLAND (DÄNEMARK)
USA
KANADA
USA
PAZIFISCHER OZEAN
ATLANTISCHER OZEAN
MEXIKO
Fort Simpson
Fort Providence
Nahanni Butte
NORTHWEST TERRITORIES
Bistcho Lake
Lake Athabasca
Liard River
Fort Nelson River
Hay River
Peace River
Lake Claire
Fontas River
ALBERTA
Athabasca River
Fort McMurray
KANADA
MOUNTAINS
Great Plains
Fort St. John
Peace River
Williston Lake
Takla Lake
Babine Lake
Dawson Creek
Grande Prairie
Utikuma Lake
Lesser Slave Lake
Stuart Lake
Stuart River
Ootsa Lake
Prince George
Fort Saskatchewan
St. Albert
Edmonton
Tofield
Wetaskiwin
Camrose
Red Deer
Columbia Mountains
Kinbasket Lake
Fraser Plateau
Williams Lake
Fraser River
Airdrie
Calgary
Kamloops
Vernon
Okanagan Lake
Kelowna
Penticton
Nelson
Cranbrook
Lethbridge
Powell River
Whistler
Squamish
North Vancouver
Vancouver
Richmond
Nanaimo
Chilliwack
Abbotsford
Victoria
Esquimalt
VEREINIGTE STAATEN VON AMERIKA
WASHINGTON
IDAHO
MONTANA

Ein Porträt des Nordwestens

Der pazifische Nordwesten der USA und Kanadas ist eine wildromantische Landschaft. Europäische Siedler kamen erst vor rund 150 Jahren hierher – dagegen ist die Kultur der Ureinwohner schon jahrtausendealt. Drei der spannendsten Städte des Kontinents liegen im Nordwesten: Portland, Seattle und Vancouver, umgeben von Bergen, Wäldern und Wasser.

Der pazifische Nordwesten mit den US-Bundesstaaten Oregon und Washington sowie der kanadischen Provinz British Columbia ist eine abwechslungsreiche Region – dank der Berge, Wüsten und Küsten, der unterschiedlichen Klimazonen sowie dem Mix von Kulturen und Ethnien. Das Areal dehnt sich über zwei Staaten – USA und Kanada – aus und nimmt eine Fläche von 1 362 240 Quadratkilometern ein (mehr als Frankreich, Italien und Deutschland zusammen). Charakteristisch ist die landschaftliche Schönheit. Sie entstand durch geologische Verwerfungen, die Berggipfel, tiefe Schluchten, eine felsige Küste und breite Flüsse zurückließen.

Preisgekrönt: Apfel aus Washington

Wilde Natur

Die atemberaubende Schönheit der Wildnis lockt viele Besucher in den Nordwesten. Obwohl das Netz an Highways, die Ausdehnung der Vorstädte und eine exzessive Viehwirtschaft der Landschaft geschadet haben, hat sich die Natur behauptet. Hier kann man die Hektik des 21. Jahrhunderts völlig vergessen.

Ein weiteres Kennzeichen des pazifischen Nordwestens ist das unberechenbare Wetter – es ist so abwechslungsreich wie die Topografie. Tagelang kann es ununterbrochen regnen. Während westlich der Berge die Strömungen des Nordpazifiks für feuchte, aber milde Winter und einen angenehmen Sommer sorgen, herrscht östlich ein völlig anderes Klima. Auf den östlichen Hochebenen und in der Prärie fällt das Thermometer häufig unter null, begleitet von heftigen Schneefällen im Winter. Im Sommer kann es sehr heiß werden. In den Bergen ist der Winter ebenfalls hart – was oft zu Straßensperrungen führt. Die Bergsommer sind heiß und trocken.

Segelboote bei einer Regatta auf den Gewässern des Burrard Inlet, British Columbia

◁ **Atemberaubende Landschaft bei den John-Day-Fossilienfundstellen in Zentraloregon** *(siehe S. 110f)*

Auf einer Wanderung bei Bellingham, Washington

Sport und Aktivurlaub

Einheimische behaupten oft, dass sie den verhangenen Himmel und die verregneten Tage lieben. Den Elementen zum Trotz tragen viele Bewohner das ganze Jahr über »Grunge-Look« (Wanderschuhe, Wollsocken, Kaki-Shorts und Flanellhemden), um auf diese Weise der Natur gut gerüstet entgegenzutreten.

Der Nordwesten bietet sehr gute Möglichkeiten für Wildwasser-Rafting, Kajakfahren, Tauchen, Windsurfen und Angeln oder Wandern, Klettern und Skifahren. Auch wer es gemütlich liebt, gern am Ufer eines stillen Bergsees sitzt, auf die Wasser eines großen Stroms schaut oder am Strand entlangschlendert, wird den Nordwesten lieben.

Café-Bar in Portland – hier relaxen Einheimische und Besucher

Stadtleben

Die Natur dient als spektakuläre Kulisse der drei Großstädte im Nordwesten: Portland, Seattle und Vancouver. Trotz der vielen Neubauten begeistern alle drei durch ihre schöne Lage und die Altstadtviertel. Das innerstädtische Ufer Portlands wurde in Parkanlagen umgewandelt. Das Nahverkehrssystem dieser Stadt zeichnet sich durch Geschwindigkeit und Zuverlässigkeit aus. In Seattle wurde der historische Pike Place Market im Stadtzentrum restauriert. Vancouvers neue Architektur ist geschickt in die Berg- und Meerlandschaft integriert.

Natürlich glauben alle Einheimischen, ihre Stadt sei die jeweils schönste des Nordwestens, wenn nicht gar die schönste Nordamerikas. Jede hat ihre eigenen Vorzüge: Portland fasziniert durch eine gelungene Stadtplanung, die den kleinstädtischen Charme bewahrt hat. Seattle bietet eine imposante Skyline. Die größte der drei Städte ist für ihre Hightech-Industrie sowie ihre vibrierende Musik- und Theaterszene bekannt. Das kosmopolitische Vancouver, zwischen der Strait of Georgia und den Coast Mountains, besitzt die wohl schönste Lage.

Kunst und Kultur

Der Nordwesten bietet heute ein vielfältiges Kulturleben. Die Zeiten, als man der Region Provinzialität vorwarf, sind längst vorbei. Die breit gefächerten Kunstsammlungen der vielen Museen genießen einen exzellenten Ruf. In Konzerthallen und an anderen Veranstaltungsorten treten weltberühmte Orchester und die besten einheimischen Künstler auf. Konzerte der Britt Festivals in Jacksonville, Oregon, unter einem Dach von Ponderosa-Kiefern, ein Jazzabend bei Sonnenuntergang an Seattles Elliott Bay oder eine Shakespeare-Aufführung im Uferpark von Vancouver bieten unvergleichliche Erlebnisse. Solche Eindrücke bleiben unvergesslich, denn sie erlauben Kunstgenuss an einigen der landschaftlich schönsten Plätzen dieser Welt.

Gletscher *sind Eismassen, die sich hin und her schieben. Dabei formen sie Schluchten und zerklüftete Bergspitzen. Gletscher von der Größe eines Kontinents heißen »Eisschild«. Vor etwa 15 000 Jahren bedeckte der bis zu 1200 Meter dicke Kordillen-Eisschild große Teile von Washington und British Columbia. Als das Eis schmolz, füllte das Wasser des einströmenden Pazifiks zwei der tiefsten Schluchten: den Puget Sound und die Strait of Juan de Fuca.*

Schluchten bildeten sich *am Ende der letzten Eiszeit durch die Wasserfluten von schmelzenden Gletschern. Diese Fluten gruben mit der Zeit tiefe, enge Schluchten wie die hier abgebildete. Sie frästen aber auch breitere Formationen in die Erde, etwa die Schlucht des Columbia River, der die Grenze zwischen Washington und Oregon bildet.*

Plattentektonik

Drei Hauptkräfte ließen Bergketten wie die Rockies oder die Cascades entstehen. Erstens: Die ständige Bewegung der Platten erzeugte eine Aufwölbung. Zweitens: Als sich die Pazifische unter die Nordamerikanische Platte schob, bildeten sich Vulkane, aus denen das flüssige Gestein der ozeanischen Kruste austrat. Drittens: Durch eiszeitliche Erosion lagerten sich Sedimente auf der Nordamerikanischen Platte ab. Dieses Gestein wurde dann durch weitere Plattenbewegungen vor rund 50 bis 25 Millionen Jahren aufgefaltet.

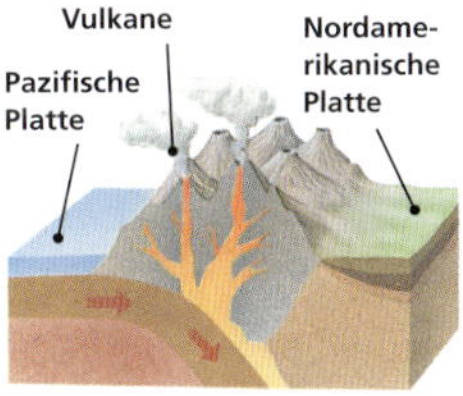

1 Vor 150 Millionen Jahren schob sich die Pazifische Platte nach Osten, das flüssige Gestein drückte nach oben. So entstanden die Westlichen Kordilleren (Cordillera Mountains).

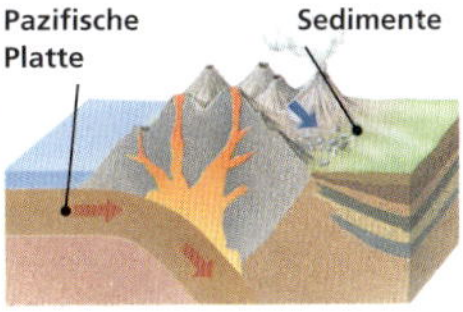

2 Im Verlauf von Jahrmillionen – und mehreren Eiszeiten – erodierten die Kordilleren. Dadurch lagerten sich Sedimente in den keilförmigen Senken östlich der Gebirgskette ab.

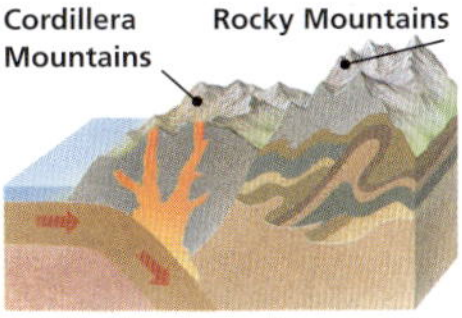

3 Vor etwa 50 Millionen Jahren schob sich die Pazifische Platte weiter nach Osten und drängte die Kordilleren mit. Aus den komprimierten, aufgefalteten Sedimenten entstanden die Rockies.

Tierwelt

Der Nordwesten besitzt die abwechslungsreichste Landschaft Nordamerikas. Das kalte Wasser des Pazifiks füllt geschützte Buchten und leckt an lange Sandstrände. Alter Waldbestand bedeckt die Coast und Cascade Mountains. Im Osten dehnen sich karge Plateaus und hoch gelegene Wüsten aus. In den vergangenen 150 Jahren haben Siedler neue Landschaften geschaffen, darunter das fruchtbare Farmland im Willamette Valley in Oregon sowie ausgedehnte Obstgärten und Weizenfelder im östlichen Washington und in British Columbia. Diese Landschaften – satte, grüne Flusstäler, aber auch Ödland – bieten unglaublich vielen wilden Tierarten Lebensraum. Kein Wunder, dass die Tierbeobachtung zu den Höhepunkten auf einer Reise durch den Nordwesten gehört.

Seelöwen *leben auf den Felsen vor der Pazifikküste.*

Pazifiklachse *wandern vom kalten Ozean, wo sie sich bis zur Geschlechtsreife satt fressen, landeinwärts zu den Flüssen und Seen ihrer Geburt, wo sie dann laichen und sterben. Wenn sie ins Süßwasser kommen, hören sie auf zu fressen und zehren vom Körperfett. Die Fische schwimmen oft über 1600 Kilometer weit und überwinden dabei Stromschnellen und Dämme. Jede der fünf Lachsarten – Sockeye, Coho, Chinook, Pink und Keta – hat ein spezifisches Aussehen und einen eigenen Lebenszyklus. Der Pink lebt etwa zwei Jahre lang und wiegt gut zwei Kilogramm. Der Chinook bringt bis zu 54 Kilogramm auf die Waage und wird fast sieben Jahre alt.*

Hirsche

Hirschwild lebt in den subalpinen Wäldern der Rockies und der Berge im östlichen Oregon. Während der Paarungszeit im Herbst kämpfen die Männchen aggressiv um ihren Rang. Ihre nasalen, fast weinerlichen Rufe, das »Röhren«, sollte man als Warnung begreifen.

Seeotter *waren im 19. Jahrhundert vom Aussterben bedroht, weil Pelztierjäger mit dem Fell viel Geld verdienten. Heute breiten sie sich entlang der Küste des Nordwestens wieder aus. Die Tiere fressen täglich ein Drittel ihres Gewichts: Dabei treiben sie auf dem Rücken und öffnen erbeutete Krabben, Muscheln und andere Schaltiere, indem sie sie gegen einen Stein auf ihrer Brust schlagen. Seeotter sind leicht auszumachen, wenn sie auf Felsen ruhen oder schlafend (an Seetang geklammert) auf dem Wasser treiben.*

Wale – *es gibt über 20 Arten – schwimmen an Vancouver Island, der Olympic Peninsula und der Küste von Oregon vorbei, wenn sie von der Arktis nach Südkalifornien und Mexiko wandern, um dort zu gebären. Jedes Jahr machen etwa 20 000 Grauwale und 2000 Killerwale die 8850 Kilometer lange Reise. Die Wale schwimmen von Dezember bis Anfang Februar südwärts und kehren zwischen März und Mai in den Norden zurück.*

Weißkopfseeadler *lebten früher überall in Nordamerika. Heute trifft man sie vor allem im Nordwesten, in Küstengebieten oder in der Nähe großer Seen. Diese Adlerart ist in den USA das Symbol für Freiheit und Unabhängigkeit und wurde 1782 zum Nationalvogel gekürt. Im Englischen heißt der Adler »bald eagle«, also »kahler Adler«. Er ist allerdings nicht kahl, sondern der Begriff stammt vom altenglischen Wort »balde«, das »weiß« bedeutet.*

Biber *sind emsige Arbeiter und sägen mit ihren vorderen Schneidezähnen kleine Bäume ab, die sie dammartig im Wasser aufschichten. Ihre Höhle im Damm kann bis zu fünf Meter breit sein.*

Elche *sind an ihrem Schaufelgeweih zu erkennen. Sie grasen häufig an Flüssen oder in sumpfigen Gebieten.*

Grizzlybären *wiegen bis zu 350 Kilogramm und können im Stehen bis zu 2,70 Meter messen. Sie durchstreifen die nördlichen Cascades und die Rockies. Die kleineren Schwarzbären sind weiter verbreitet – und fast ebenso eindrucksvoll.*

Flora

Riesige Wälder, mit Wildblumen übersäte Bergwiesen und grasbedeckte Steppen sind typisch für den Nordwesten. Verschiedene Landschaftstypen liegen oft dicht beieinander. Im feuchten, milden Klima der Küstenregionen wachsen Pflanzen besonders üppig, während in den jahrhundertealten Wäldern turmhohe Bäume, Moose und Sträucher gedeihen, etwa im Pacific Rim National Park Reserve in British Columbia. Im Skagit Valley Washingtons blühen jedes Frühjahr Tulpen auf Tausenden von Hektar Land. In den Cascades und in den Rocky Mountains sowie in den Wüsten und Steppen östlich der Berge ist das Land eher rau: Nur widerstandsfähige Pflanzen überleben dort. Doch selbst auf dem kargen Hochland findet man Alpenwiesen und duftende Wacholderbüsche als Teil der vielfältigen Pflanzenwelt.

Wildblumen
Das feuchte Klima der Küstenwälder und die Hochlandwiesen bieten hervorragende Bedingungen für farbenprächtige Wildblumen wie Waldlilie, Aster, Himmelsschlüssel und den purpurroten Bergsteinbrech.

Flechten
Winterfeste Flechten, Moose, Leberblümchen, Farne, Stinkkohl und Orchideen gedeihen im feuchten Klima der Regenwälder, die überall entlang der Pazifikküste zu finden sind.

Wüstenbeifuß
Das trockene wüstenartige Becken des Columbia River und die Hochplateaus von Oregon und Washington lassen nur Pflanzen gedeihen, die mit wenig Feuchtigkeit auskommen, beispielsweise den Wüstenbeifuß.

Bergwälder
Viele Bäume in den zerklüfteten Bergwäldern sind jahrhundertealt. Douglasfichten können bis zu 1200 Jahre alt und 79 Meter hoch werden. Umgestürzte Stämme fördern den Wuchs junger Bäume, die erst mit 200 Jahren als »alte Bäume« bezeichnet werden.

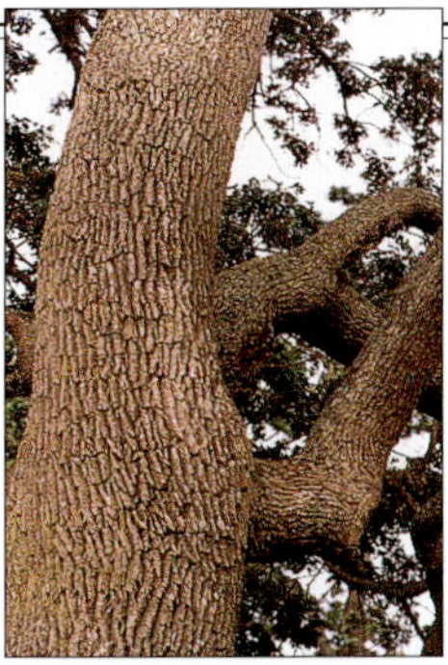

Laubwälder
In den Flusstälern des Nordwestens gedeihen viele Laubbäume. Im Herbst leuchten ihre Blätter in allen erdenklichen Farbnuancen. Vor dem Hintergrund von immergrünen Nadelbäumen erscheinen sie im Sonnenlicht besonders schön.

Farne
In der Region wachsen verschiedene Farne. Im Hoh Rainforest überragen sie sogar die Wanderer.

Kiefern und Wacholder
Lodgepole- und Ponderosa-Kiefern sowie der Wacholder erreichen mit ihren langen Wurzeln das Grundwasser. Dank der flachen, die Feuchtigkeit speichernden Nadeln brauchen Wacholderbüsche nur etwa 20 Zentimeter Niederschlag im Jahr.

Regenwälder
Regenwälder bedecken weite Teile des Nordwestens. Man findet sie auf Vancouver Island in BC, auf der Inselgruppe Haida Gwaii und an der Pazifikküste. Auf die dichten grünen Wälder mit Sitka- und Douglasfichten, Zedern, Pazifischen Silberfichten, Hemlocktannen und Eiben fallen rund vier Meter Regen im Jahr.

Ureinwohner

Für die Ureinwohner des Nordwestens endete mit der Ankunft europäischer Händler und Siedler im späten 18. Jahrhundert eine 15000 Jahre währende Existenz und kulturelle Tradition. Eingeschleppte Krankheiten brachten vielen Indianern den Tod. Die Überlebenden wurden gezwungen, ihr Land und ihre Lebensart aufzugeben. Sie mussten in die ihnen von der Regierung zugewiesenen Reservate ziehen. Der Kampf vieler Gruppen gegen Rassismus und für Selbstbestimmung dauert bis heute an. Mittlerweile werden die Traditionen der sogenannten First Nations zunehmend als lebendiger Teil des kulturellen Erbes betrachtet. Über Kultur und Geschichte der Ureinwohner informieren das Royal British Columbia Museum in Victoria *(siehe S. 252f)*, das Whatcom Museum of History and Art in Bellingham, Washington *(siehe S. 180)*, und das Museum at Warm Springs in Oregon *(siehe S. 102)*.

Stein-Inukshuk, ein Zeichen für Freundschaft

Totempfähle *sind Kultobjekte und schildern meist eine Sage. Magische Vögel und Tierkreaturen mischen sich mit halbmenschlichen Figuren. Sie sind in Form von geschnitzten Paneelen so auf dem Pfahl platziert, dass sie eine Geschichte abbilden. Kunstvoll geschnitzte Masken oder Gebrauchsgegenstände stellen gleichfalls oft reale und übernatürliche Wesen dar.*

Kunsthandwerker und Baumeister

Zur Herstellung von Masken, Geschirr, Truhen und kunstfertig ausgehöhlten Kanus (für Transport, Jagd und Fischfang) verwendeten die Ureinwohner Zedern. Die Stämme benutzten sie auch zum Bau ihrer bis zu 150 Meter langen Wohnhäuser, der sogenannten Langhäuser.

Respekt für das Land – *dies ist die Grundlage für Spiritualität und Lebensweise der Ureinwohner. Die Natur trägt für alles Sorge, solange sie in Balance bleiben kann. Häuptling Seattle sagte einst: »Wir sind Teil der Erde, und sie ist Teil von uns. Die duftenden Blumen sind unsere Schwestern. Der Hirsch, das Pferd, der Adler sind unsere Brüder. Die Felskronen, der Saft der Wiesen, die Körperwärme des Fohlens und der Mensch – sie alle gehören zur selben Familie.«*

Kanus *aus Birkenrinde oder aus ausgehöhlten massiven Zedernstämmen waren ein lebenswichtiges Transportmittel auf den vielen Flüssen des Nordwestens, die ein Netz von Handelsrouten bildeten. Kanus gab es in ganz unterschiedlichen Formen: von kleinen Booten für den persönlichen Gebrauch bis zu großen, reich verzierten Zeremonienkanus.*

Wigwams *dienten den Stämmen im Landesinneren, z.B. den Nez Percé, den Yakama, den Cayuse, den Shoshonen und den Modoc, als Wohnraum. Von vielen Stämmen, die sich entlang der Pazifikküste, von Südalaska bis Oregon angesiedelt hatten, wurden die stabileren Langhäuser bevorzugt. Zu diesen Stämmen gehören die Tlingit, die Tsimshian, die Haida, die Kwagiutl, die Westküsten- und die Küsten-Salish.*

Bedeutende Häuptlinge (Chiefs)

Chief Seattle (1786–1866)
Der Anführer der Duwamish und Squamish war bei der Ankunft von Captain Vancouver im Puget Sound erst sechs Jahre alt. Er trat für die Rechte der Indianer bei den Behörden ein und befürwortete eine friedliche Koexistenz mit den Siedlern.

Chief Joseph (1840–1904)
Er war ein namhafter Anführer der Nez Percé. 1877 wurde der Stamm aus seiner Heimat, dem Wallowa Valley in Oregon, vertrieben. Der Stamm floh, und Chief Joseph führte einen geschickten Kampf gegen die US-Truppen, bevor er 1877 besiegt wurde.

Chief Joe Capilano (1850–1910)
Er stammte vom Nord Shore in Vancouver. Der Häuptling der Squamish und seine Frau Mary, die »Indianische Friedensprinzessin«, reisten 1906 nach Großbritannien und überreichten Edward VII eine Petition für die Rechte der Ureinwohner.

Landschaften

Der Nordwesten ist mit einer Fülle faszinierender, ganz unterschiedlicher Landschaften gesegnet. Hinter dem Meer steigen Küstengebirge auf. Dahinter liegen das Fraser Plateau, British Columbia, der Puget Sound, Washington und das Willamette Valley in Oregon. Die Cascade Mountains gehören sowohl zu Oregon als auch zu Washington. Die majestätischen Rockies erheben sich im Osten von British Columbia. Eindrucksvoll erstrecken sich Lava-Ausläufer des Columbia Plateau über den Osten von Oregon und Washington. Das trockene Hochland liegt im Zentrum und Süden Oregons.

Felsen im Meer
Teile der durch Wellen erodierten Landzungen erheben sich in Form einzelner Felsen majestätisch in der pazifischen Brandung, vor allem vor der Südküste Oregons bei Cape Blanco und vor der Olympic Peninsula in Washington.

Küsten
In Oregon und im südlichen Washington ziehen sich Sandstrände und felsige Landzungen über mehr als 725 Kilometer an der Küste entlang. In der Meerenge von Juan de Fuca an der Nordküste von Washington liegen unzählige Buchten. Die Küste von British Columbia bietet auf 16 640 Kilometern Länge gleichfalls zahllose Buchten, Fjorde und Inseln.

Bergketten

Coast Mountains und Cascade Mountains bilden eine Bergkette, die sich fast ohne Unterbrechung vom Süden Oregons bis in den Norden von British Columbia zieht. Viele der niedriger gelegenen Berghänge sind von Wäldern bedeckt, die allmählich in Bergwiesen und schließlich in Gletscher übergehen.

Kanadische Rocky Mountains
Die überall sichtbaren Berggipfel und Gletscher der Rocky Mountains erstrecken sich über weite Teile von British Columbia. 30 Gipfel der Rockies sind über 3000 Meter hoch.

Bergregionen
Die Bergketten bilden eine Barriere, die viel Luftfeuchtigkeit abfängt. Deshalb kommt es in dieser Region im Winter zu heftigen Schneefällen, etwa auf dem Diamond Peak in Oregon.

Schluchten
Schluchten erinnern an die bewegte geologische Vergangenheit der Region. Im Verlauf von Jahrtausenden haben die Flüsse Felsen und Erde weggespült. Zurück blieben riesige Schluchten und lange, schmale Klammen wie die Oneonta Gorge in der Columbia River Gorge National Scenic Area in Oregon.

Wasserfälle
Die imposanten Lower Kentucky Falls im Siuslaw National Forest, Oregon, sind nur ein Beispiel für Tausende von Wasserfällen. Hier fließt der Kentucky Creek durch alte Wälder, bevor er sich über eine Klippe ergießt und erst 23 Meter, dann weitere acht Meter an Felshängen hinabstürzt.

Prärie und Wüste
Östlich der Berge wird das Land flach, und es gibt kaum Niederschlag (durchschnittlich rund 30 Zentimeter im Jahr). Deshalb unterscheidet sich die Landschaft hier erheblich von den Berg- und Küstenregionen. Im östlichen Oregon sind Steppen und Wüsten von Beifuß und Wacholder bedeckt. Hier gibt es zudem viele Felsformationen aus vulkanischem Basalt. Die Vegetation gedeiht nur sehr spärlich.

Das Jahr im Nordwesten

Die Vorstellung, dass es im Nordwesten ständig regne, ist so richtig wie falsch: Wirklich feucht ist es nur in einem Teil der Region, im Gebiet westlich der Berge. Im westlichen Küstenabschnitt herrscht ganzjährig ein mildes Klima. Schnee gibt es meist nur in den höheren Lagen. In den Bergen schneit es im Winter allerdings heftig – zur Freude der Skifahrer. Östlich der Berge gibt es extreme Hitze- und Kältephasen. Hier kann ebenfalls viel Schnee fallen. Die Sommer sind knochentrocken. Trotz des unbeständigen Wetters lockt der Nordwesten mit vielen einzigartigen Vorteilen – für Urlauber wie für Einheimische. Selbst in den eher regenreichen, dicht besiedelten Gebieten im Westen halten die klimatischen Bedingungen niemanden davon ab, die zahlreichen Angebote an Outdoor-Aktivitäten wahrzunehmen oder die Open-Air-Events zu genießen.

Heißluftballon, Oregon

Frühling

März und April bringen den Frühjahr in die Ebenen des Nordwestens. Eine Reihe von Festivals ist dann den Gartenanlagen gewidmet, die in den allerschönsten Farben zu blühen beginnen.

März

Playhouse International Wine Festival *(Feb oder März)*, Vancouver, BC. Weinwoche mit Verkostungen am Canada Place *(siehe S. 202)* und an anderen Orten.
Oregon Cheese Festival *(Mitte März)*, Central Point, OR. Käsereien aus Oregon und Nordkalifornien bieten ihre Produkte zusammen mit regionalem Wein zur Verkostung an.

Blütenpracht im April: Obstbäume im Hood River Valley, Oregon

Sandhill Crane Festival *(Ende März)*, Othello, WA. Ein Fest anlässlich des Wanderflugs von rund 25 000 Kranichen, die über das Gebiet ziehen.
Victorian Festival *(Ende März)*, Port Townsend, WA *(siehe S. 176f)*. Im historischen Hafen wird die viktorianische Ära zelebriert.

April

Skagit Valley Tulip Festival *(Apr)*, Skagit Valley, WA. Einmonatiges Kunsthandwerks-Festival mit Barbecues und Spaziergängen in einem 400 Hektar großen Tulpenmeer.
Hood River Valley Blossom Festival *(3. Wochenende)*, Hood River Valley, OR. Kunsthandwerks-Fest, Spaziergänge durch Obstgärten und Weinberge.
Washington State Apple Blossom Festival *(Ende Apr–Anfang Mai)*, Wenatchee, WA. Umzüge und Konzerte zum Frühlingsanfang.

Mai

Seagull Calling Festival *(1. Sa)*, Port Orchard, WA. Hafenfest mit einem Möwenruf-Wettbewerb.
Bloomsday Run *(1. So)*, Spokane, WA. Zu dem zwölf Kilometer langen Wettlauf in der Innenstadt kommen jedes Jahr über 50 000 Läufer.

Rose beim Portland Rose Festival *(Juni)*

Cinco de Mayo Festival *(Anfang Mai)*, Portland, OR. Vier Tage lang gibt es mexikanisches Essen, Kunst, Musik und Tanz im Hafen.
Annual Rhododendron Festival *(3. Wochenende)*, Florence, OR. Karnevalsumzug zur Feier der Rhododendronblüte.
Northwest Folklife Festival *(Memorial-Day-Wochenende)*, Seattle, WA. Tanz, Ausstellungen und Workshops – bei einem der größten Festivals der USA mit freiem Eintritt.
Brookings Azalea Festival *(Memorial-Day-Wochenende)*, Brookings, OR. Blumenschau und Essen in der Küstenstadt, die für ihre Azaleen bekannt ist.
Blessing of the Fleet *(Ende Mai)*, Westport, WA. Parade und Segnung der berühmten Fischereiflotte der Stadt.
Vancouver International Children's Festival *(Ende Mai)*, Vancouver, BC. Künstler aus aller Welt bieten Musik und Theater für Kinder.

Sommer

Der Sommer garantiert nicht unbedingt Sonnenschein. Das hält die Einheimischen jedoch nicht davon ab, die Tage draußen zu verbringen – bei Veranstaltungen wie Weinfesten, Rodeos, Theater und Konzerten.

Juni

Portland Rose Festival *(Juni)*, Portland, OR. Umzüge, Konzerte, Wettläufe und ein Karneval zu Ehren der Rose.
Bard on the Beach Shakespeare Festival *(Juni–Sep)*, Vancouver, BC. Sehenswerte Aufführungen im Vanier Park *(siehe S. 220f)*.
Sisters Rodeo *(Mitte Juni)*, Sisters, OR *(siehe S. 102)*. Ein Rodeo, das es seit 1940 gibt.
Britt Festivals *(Mitte Juni–Anfang Sep)*, Jacksonville, OR *(siehe S. 108)*. Open-Air-Konzerte von Klassik bis Pop.
JazzFest International *(Ende Juni)*, Victoria, BC. Jazz- und Blueskonzerte in der ganzen Stadt.
Pi-Ume-Sha Treaty Days *(Ende Juni)*, Warm Springs, OR *(siehe S. 102)*. Powwow-Parade und Rodeo erinnern an den Vertrag, der die Confederated Tribes of Warm Springs begründete.
Oregon Bach Festival *(Ende Juni–Mitte Juli)*, Eugene, OR *(siehe S. 101)*. Bach-Konzertreihe.
Summer Nights at South Lake Union *(Ende Juni–Aug)*, Seattle, WA. Konzerte im South Lake Union Park.

Tänzer beim Caribbean Days Festival *(Juli)*, North Vancouver

Hoopfest *(letztes Wochenende)*, Spokane, WA. Das größte Drei-gegen-drei-Basketballturnier der USA.

Juli

Seafair *(Juli–Aug)*, Seattle, WA. Einen Monat lang Festivitäten an mehreren Orten der Stadt mit Fackelzug, Hydroplane-Rennen und einer Flugschau.
International Folk Music Festival *(Juli)*, Vancouver, BC. Jährliches Folkmusikfestival im Jericho Beach Park.
Canada Day *(1. Juli)*, in ganz British Columbia. Paraden, Live-Musik und abendliches Feuerwerk.
Williams Lake Stampede *(1. Wochenende)*, Williams Lake, BC. Rodeospaß bei einer der größten Stampedes in Nordamerika.

Reife Pfirsiche im Okanagan Valley, BC

Waterfront Blues Festival *(Anfang Juli)*, Portland, OR. Fünf Tage lang Blues, u. a. mit lokalen Künstlern.
Washington Mutual Family Fourth *(4. Juli)*, Seattle, WA. 5000 Feuerwerke *(siehe S. 155)*.
Bite of Seattle *(Mitte Juli)*, Seattle, WA. Zweitägige Veranstaltung mit Essen von über 60 Restaurants.
Oregon Coast Music Festival *(Mitte–Ende Juli)*, Charleston, Coos Bay, und North Bend, OR. Klassik und Jazz direkt am Pazifik.
Caribbean Days Festival *(Ende Juli)*, North Vancouver, BC. Karibisches Fest mit Umzügen und Musik.
International Pinot Noir Celebration *(Ende Juli)*, McMinnville, OR *(siehe S. 100)*. Pinot Noir und exzellentes Essen von einheimischen Meisterköchen.
Celebration of Lights *(Ende Juli–Anfang Aug)*, Vancouver, BC. Feuerwerkswettbewerb an der English Bay.

August

Penticton Peach Festival *(Anfang Aug)*, Penticton, BC. Fest anlässlich der Pfirsichernte.
Mount Hood Jazz Festival *(Anfang Aug)*, Gresham, OR. Zwei Tage Jazz, Essen und regionale Weine.
ExtravaGAYza! Parade and Festival *(Anfang Aug)*, Vancouver, BC. Events während der Gay Pride Week.
First Peoples Festival *(Anfang Aug)*, Victoria, BC. Drei Tage indianische Kunst, Essen und Vorführungen.
Omak Stampede and World Famous Suicide Race *(Mitte Aug)*, Omak, WA. Rodeo, Stampede und Pferderennen.
Oregon State Fair *(Ende Aug–Anfang Sep)*, Salem, OR *(siehe S. 100)*. Zwölf Tage mit Produkten aus Oregon, Essen und Konzerten.
Evergreen State Fair *(Ende Aug–Anfang Sep)*, Monroe, WA. Kunsthandwerk, Reitshows, Rennen und Rodeos.

Lassokünstler beim Sisters Rodeo *(Juni)* in Sisters, Oregon

Karussell bei der September Pacific National Exhibition in Vancouver

Herbst

Das Herbstlaub im Nordwesten leuchtet in fantastischen Rot- und Gelbtönen zwischen dem Grün der Nadelbäume. Die Farbenpracht der Landschaft bildet die Kulisse für Erntedankfeiern, etwa von Cranberrys oder von Austern.

September

Pacific National Exhibition *(Ende Aug–Anfang Sep)*, Vancouver, BC. Volksfest mit Unterhaltung, Rummel und Landwirtschaftsausstellung.

Great Canadian Beer Festival *(Sep)*, Victoria, BC. 40 Brauereien aus Kanada und dem Nordwesten bieten ihre Produkte an.

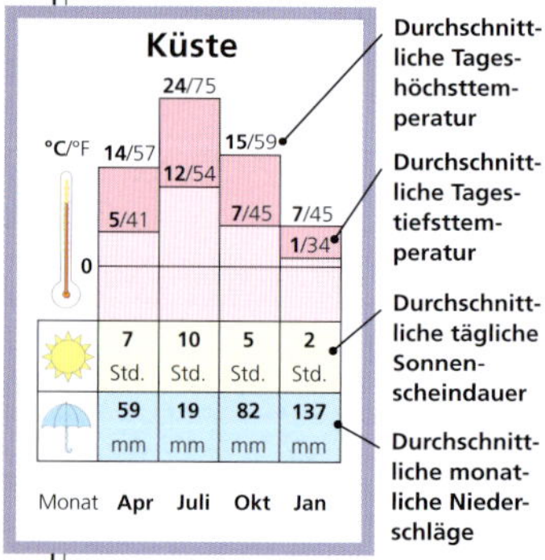

Klima

Das Klima im Nordwesten ist sehr unterschiedlich. In Küstengebieten wie Portland, Seattle und Vancouver ist es mild und feucht, während die Wüsten im Landesinneren, etwa um Spokane und Kamloops, extreme Temperaturen aufweisen. Die Bergketten, hier am Beispiel der Cascade Mountains dargestellt, haben ein davon abweichendes Mikroklima.

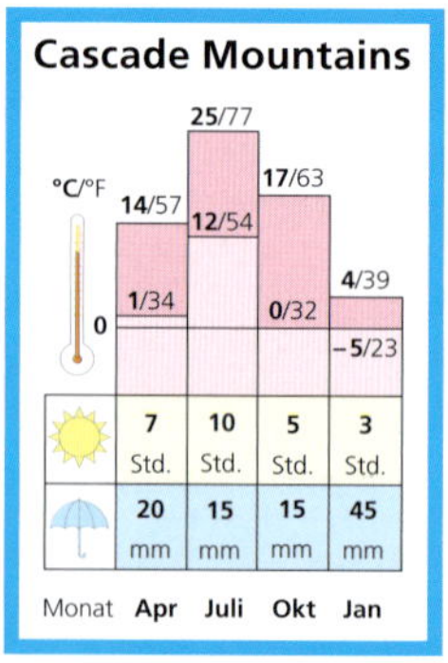

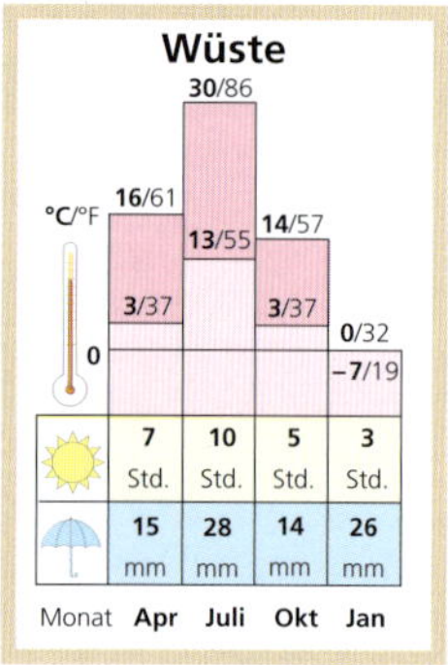

Bumbershoot *(Labor-Day-Wochenende)*, Seattle, WA. Musik und Filme im Seattle Center *(siehe S. 142f)*.

Classic Boat Festival *(Anfang Sep)*, Victoria, BC. Segel- und Motorbootregatta im inneren Hafenbereich.

Puyallup Fair *(Anfang Sep)*, Puyallup, WA. 17 Tage Volksfest mit Rummel, Ausstellungen, Rodeo und Live-Musik!

Oktoberfest *(Mitte Sep)*, Mount Angel, OR. Bayrisches Essen mit viel Bier.

Pendleton Round-Up *(Mitte Sep)*, Pendleton, OR *(siehe S. 111)*. Ein Rodeo mit Bullenreiten – die Stadt ist dann voller Cowboys.

Depoe Bay Salmon Bake *(3. Sa im Sep)*, Depoe Bay, OR. Am kleinen Hafen wird Lachs auf indianische Art zubereitet.

Oktober

Okanagan Wine Festival *(Anfang Okt)*, Okanagan Valley, BC. Weinproben und Touren zur Weinlese.

OysterFest *(Anfang Okt)*, Shelton, WA. Frische Austern, Weinproben und ein Kochwettbewerb.

Annual Cranberrian Fair *(Mitte Okt)*, Ilwaco, WA. Musik, Tanz, Kunsthandwerk und frische Cranberrys.

Vancouver International Writers Festival *(3. Woche)*, Vancouver, BC. Lesungen kanadischer und internationaler Autoren.

Earshot Jazz Festival *(Mitte Okt–Anfang Nov)*, Seattle, WA. Jazzfestival mit berühmten Namen.

November

Cornucopia *(Mitte Nov)*, Whistler, BC *(siehe S. 256f)*. Festival mit Gourmetgerichten, Weinproben und Feinschmeckerseminaren.

Christkindlmarkt *(Wochenende nach Thanksgiving)*, Leavenworth, WA *(siehe S. 186f)*. Markt mit Buden, die deutsche Produkte anbieten.

Seattle Marathon *(So nach Thanksgiving)*, Seattle, WA. Marathonlauf mit mehr als 10 000 Teilnehmern.

Fast wie in Bayern – der Lichterschmuck beim Christmas Lighting Festival *(Dez)* in Leavenworth

Winter

Wenn der Schnee die Berge bedeckt, machen sich viele Einheimische zu den Skipisten und Langlaufloipen auf. In den milden Küstenregionen, deren Wintertage kurz und regnerisch sind, gibt es ganz spezielle Weihnachtsfeste.

Dezember

Portland Parade of Christmas Ships *(Dez)*, Portland, OR. Wunderschön dekorierte Boote gleiten den Willamette River hinunter.
VanDusen Botanical Gardens' Festival of Lights *(Dez)*, Vancouver, BC. Tausende von Lichtern erstrahlen vier Wochen vor Weihnachten auf den Grünpflanzen des Botanischen Gartens.

Einer der vielen Skiwettbewerbe in der Region

Christmas Lighting Festival *(erste 3 Wochenenden im Dez)*, Leavenworth, WA. Besucher genießen Maronen, Bratwurst, Weihnachtslieder und glitzernde Lichter vor den schneebedeckten Cascade Mountains im bayrisch anmutenden Leavenworth.
Christmas Carol Ships Parade of Lights *(3 Wochen vor Weihnachten)*, Vancouver, BC. Geschmückte Boote kreuzen leuchtend auf den heimischen Gewässern.

Januar

Eagle Festival and Count *(Anfang Jan)*, Brackendale, BC. Festival mit Wettbewerb, bei dem die Zahl der Weißkopfseeadler, die sich im Winter am Squamish River niederlassen, geschätzt werden muss.
Chinese New Year *(Ende Jan oder Anfang Feb)*, Vancouver, BC. Zwei Wochen dauert das chinesische Neujahr – mit Musik, Tanz und einer Parade zur Begrüßung des neuen Mondjahrs.

Februar

Northwest Flower and Garden Show *(3. Woche im Feb)*, Seattle, WA. Große Garten- und Blumenschau.
Oregon Shakespeare Festival *(Mitte Feb–Okt)*, Ashland, OR *(siehe S. 108)*. Berühmtes Theaterfestival. Klassische und zeitgenössische Stücke ziehen Schauspieler und Zuschauer aus der ganzen Welt an.

Feiertage

USA

New Year *(1. Jan)*

Martin Luther King Day *(3. Mo im Jan)*

President's Day *(Mitte Feb)*

Memorial Day *(letzter Mo im Mai)*

Independence Day *(4. Juli)*

Labor Day *(1. Mo im Sep)*

Columbus Day *(2. Mo im Okt)*

Veterans Day *(11. Nov)*

Thanksgiving Day *(4. Do im Nov)*

Christmas Day *(25. Dez)*

Kanada

New Year *(1. Jan)*

Good Friday *(Ende März/Mitte Apr)*

Victoria Day *(Mo vor dem 25. Mai)*

Canada Day *(1. Juli)*

Civic Holiday (BC Day) *(1. Mo im Aug)*

Labor Day *(1. Mo im Sep)*

Thanksgiving Day *(2. Mo im Okt)*

Remembrance Day *(11. Nov)*

Christmas Day *(25. Dez)*

Boxing Day *(26. Dez)*

DISCOVERY

Die Geschichte des Nordwestens

Das weite Land des Nordwestens mit seinen tiefen Schluchten und hohen Berggipfeln wurde durch Naturgewalten geprägt. Weniger sichtbar sind die Spuren der Ureinwohner, die hier jahrtausendelang im Einklang mit der Natur lebten. Im frühen 19. Jahrhundert kamen europäische Entdecker ins Land und bald darauf die ersten Siedler: Der neue Nordwesten entstand.

Über die ersten Bewohner der Region weiß man, dass sie dank der natürlichen Ressourcen des Landes meist ein sehr gutes Leben führen konnten. Sie waren nomadische Jäger, die vor 15000 bis 25000 Jahren die damals trockene und deshalb als Landbrücke dienende Beringstraße von Russland nach Nordamerika überquert hatten.

Der britische Seefahrer James Cook

Diese ersten Bewohner hinterließen Spuren. Eine 14000 Jahre alte Speerspitze, die im versteinerten Knochen eines Mammuts stecken blieb, ist ein Beispiel für viele faszinierende Funde. Sandalen aus Wüstenbeifuß (University of Oregon Museum of Natural History) gehören zu den Zeugnissen einer vor 9000 Jahren ausgeübten Schuhmacherkunst. Auch mündliche Überlieferungen, etwa vom Ausbruch des Mount Mazama vor 8000 Jahren, dienen als Quellen. Die Felsgravuren und Höhlenmalereien im Petroglyph Provincial Park bei Nanaimo, BC, sind 3000 Jahre alt.

Erste Siedlungen

Nahrung und andere Ressourcen waren für die Stämme, die in den Wäldern westlich der Cascade Mountains und an der Pazifikküste lebten, im Überfluss vorhanden. Viele Stämme wurden sesshaft und fischten in den Flüssen nach Lachs bzw. begaben sich in langen Einbaumbooten aufs Meer zum Walfang. Für ihre Langhäuser – große Bauten für 50 bis 60 Personen – fällten sie Baumstämme.

Die Ureinwohner der unwirtlicheren Gegenden östlich der Berge hatten allerdings weniger Ressourcen zur Verfügung und jagten auf den Hochplateaus der Prärie Bisons und Hirsche. Im Frühjahr und Sommer pflückten sie Beeren an den Berghängen und gruben dort auch nach

◁ **Zeitgenössisches Gemälde von Captain George Vancouvers Schiff, der HMS *Discovery* (siehe S. 36)**

Ein Shoshone mit Pfeil und Bogen auf Elchjagd

Wurzeln. Seit dem 19. Jahrhundert hielten diese Stämme Pferde, mit denen sie zur Bisonjagd nach Osten, bis zu den Great Plains, ritten, denn im Westen waren die Bisons schon selten geworden.

Viele Stämme waren so wohlhabend, dass die Tradition des Potlatch entstand, bei dem der Wohlstand eines Häuptlings oder Stamms präsentiert wurde: Bei ausgedehnten Festgelagen bot der gastgebende Häuptling Geschenke an, in Erwartung, dass der Beschenkte ihm das mit Loyalität – und beim nächsten Potlatch mit Gegengeschenken – danken würde.

Captain George Vancouver

Ankunft der Entdecker

Bis zum 18. Jahrhundert drangen nur selten Entdecker und Händler zu den Ureinwohnern vor. Im 16. Jahrhundert tauchten erstmals Europäer an der Küste auf – auf der Suche nach der Nordwestpassage, einer Seehandelsroute, die Europa mit dem Fernen Osten verbinden sollte.

Der erste Entdecker des pazifischen Nordwestens war der Spanier Juan Rodriguez Cabrillo, der 1543 mit seiner Mannschaft von Mexiko nach Oregon segelte. Nachdem die Spanier in der Neuen Welt Fuß gefasst hatten, sicherten sich auch die Engländer den Zugang zu den vermeintlichen Reichtümern des neuen Kontinents: So beauftragte Königin Elizabeth I Sir Francis Drake (1540–1596), an der Westküste Nordamerikas entlangzufahren, um das Gold der spanischen Galeonen zu erbeuten. Nachdem Drake das Land um die San Francisco Bay zu englischem Territorium erklärt hatte, segelte er an der Küste von Oregon bis zur Strait of Juan de Fuca, die 1592 erstmals von Juan de Fuca durchquert worden war. Drake kehrte über den Pazifik nach England zurück.

Um 1770 begleiteten die Kapitäne George Vancouver (1758–1798) und Peter Puget (1765–1822) Captain James Cook (1728–1779) auf der Fahrt entlang der Nordwestküste – auf der Suche nach der legendären Nordwestpassage. Sie orientierten sich an den Küsten von Oregon,

Gefangen im Eismeer: Schiff an der Pazifikküste

ZEITSKALA

25 000–15 000 v. Chr. Nomadische Jäger kommen aus Asien nach Nordamerika

13 000 v. Chr. Überflutungen formen das Bett des Columbia River

Totempfahl

1492 Christoph Kolumbus entdeckt Amerika

1534/35 Cartier erkundet die kanadische Ostküste, indem er auf dem St. Lawrence River bis nach Hochelaga (Montréal) segelt

1543 Der Spanier Juan Rodriguez Cabrillo segelt von Mexiko aus bis zur südlichen Küste von Oregon

1579 Sir Francis Drake segelt auf seiner zweiten Weltreise (1577–80) die nordamerikanische Westküste hinauf

1592 Juan de Fuca segelt von Mexiko nach Vancouver Island und durchquert als Erster die nach ihm benannte Meerenge

25 000 v. Chr. | **1500 n. Chr.** | **1550** | **1600**

Simon Fraser mit Begleitern auf dem Fraser River

Washington und British Columbia. 1791 beschrieben die Kapitäne Vancouver und Puget detailliert den heutigen Puget Sound (Washington) und das Areal des heutigen Vancouver (British Columbia). Der Columbia River wurde ein Jahr später von Robert Gray, einem amerikanischen Pelzhändler und Kapitän von der Ostküste, entdeckt. Er benannte ihn nach seinem Schiff *The Columbia Rediviva*. Schon bald folgten weitere amerikanische Schiffe auf der Suche nach Pelzen und anderen Handelsgütern. Die Spanier, die seit Jahrhunderten versucht hatten, sich am Pazifik festzusetzen, zogen sich nach Kalifornien zurück.

1793 durchquerte der schottische Pelzhändler Alexander Mackenzie aus Montréal Kanada und erreichte British Columbia. Er hatte damit bewiesen, dass ein kontinentaler Handelsweg möglich war.

Zwischen 1805 und 1808 wurde Simon Fraser (1776–1862), Miteigentümer der North West Company, einer Pelzhandelsgesellschaft, beauftragt, die Aktivitäten der Gesellschaft westlich der Rocky Mountains bis zum Pazifik auszubauen. Dabei entdeckte er einen Fluss, den man für den Columbia River hielt. Fraser gründete hier mehrere Forts: Fort McCleod, Fort St. James, Fort Fraser und Fort George, alle in British Columbia. Frasers größte Leistung bestand jedoch darin, den längsten Fluss von British Columbia bezwungen zu haben – den heutigen Fraser River, der vom Landesinneren bis zum Pazifik verläuft.

Entdecker William Clark

Lewis und Clark

US-Präsident Thomas Jefferson beauftragte seinen früheren Sekretär Meriwether Lewis und dessen Freund William Clark, eine Landroute zum Pazifik zu finden. Die beiden brachen im Mai 1804 in St. Louis, Missouri, mit einer 33-köpfigen Gruppe auf und marschierten, ritten bzw. fuhren mit Kanus bis zur Küste Oregons, die sie im November 1805 erreichten. Einzige Frau der Crew war die Shoshonin Sacagawea, eine Führerin und Übersetzerin. Die Expedition war Grundlage für die schnelle Besiedlung des Nordwestens. Ihre Teilnehmer zeichneten Pläne der Überlandstrecke und sammelten Daten über Ureinwohner sowie Flora und Fauna. Die Reiseberichte wurden an der Ostküste publiziert und lösten eine Besiedlungswelle aus.

Hütte von Pionieren, Champoeg State Park, Oregon

1663 Frankreich ruft Kanada zur französischen Kolonie aus

1765 Robert Rogers kartografiert die riesige Landfläche namens »Ouragon«

1763 Kanada wird britische Kronkolonie

1778 Captain James Cook erkundet die Pazifikküste

1804–06 Expedition von Meriwether Lewis und William Clark

1650 | **1700** | **1750** | **1800**

1670 Gründung der Hudson's Bay Company

Das Willamette Valley vor Ankunft der Siedler

1791 Captain George Vancouver und Peter Puget umsegeln Vancouver Island

1793 Alexander Mackenzie durchquert Kanada auf dem Landweg

1792 Captain Robert Gray erkundet als erster Europäer den Columbia River

Kampf um Land und Reichtum

Der Kampf um die Kontrolle des Nordwestens wurde von den Engländern und Amerikanern nicht mit Waffen, sondern mit Geld ausgetragen. Die Lewis-Clark-Expedition öffnete die Region für amerikanische Pelzhändler. Sie konnten nun mit den Engländern konkurrieren. 1811 errichtete der Amerikaner John Jacob Astor den Pelzhandelsposten Astoria an der Mündung des Columbia River. Doch entgegen der Hoffnung von Präsident Jefferson, nach der Lewis-Clark-Expedition die Engländer endgültig verdrängen zu können, beherrschte die britische Hudson's Bay Company nach wie vor den Nordwesten. Die Gesellschaft kontrollierte bis Mitte des 19. Jahrhunderts die wachsende Zahl an Siedlern und den Großteil des Handels. Ihr Hauptsitz Fort Vancouver thronte über dem Zusammenfluss von Columbia und Willamette River. Dieses Fort und Fort Victoria, auf Vancouver Island, BC, waren die Hauptsiedlungen. Die Handelsposten der Hudson's Bay Company waren so dominant, dass man damals scherzte, die Initialien HBC bedeuteten »Here Before Christ« (»Schon vor Christus hier«).

Sir James Douglas, Hudson's Bay Company

Die Spannungen zwischen England und den USA entluden sich im Krieg von 1812. Obwohl keine Seite wirklich siegte, wurde die Vorherrschaft der Engländer doch eingeschränkt, als Tausende amerikanischer Farmer auf dem Oregon Trail nach Westen zogen. Briten und Amerikaner teilten den Nordwesten 1846 auf, wobei der 49. Breitengrad als neue Grenze diente: Das Land im Norden gehörte den Engländern (British Columbia), der Süden (Oregon) den Amerikanern.

Oregon, das aus den heutigen US-Bundesstaaten Oregon, Idaho und Washington bestand, wurde 1848 Teil der USA. 1852 erfolgte eine Neuordnung des Gebiets. Das Land nördlich des Columbia River wurde zum heutigen Washington. Oregon wurde 1859 US-Bundesstaat, Washington folgte 1889. British Columbia und Vancouver Island vereinigten sich 1866 zu einer Kolonie und traten 1871 der Dominion of Canada bei.

Die Ureinwohner profitierten wenig von den politischen Machenschaften: An von Siedlern eingeschleppten Krankheiten wie Masern, Grippe und Windpocken waren viele indigene Einwohner schon gestorben. Nun wurden sie von ihrem angestammten Land vertrieben und in Reservate abgeschoben.

Siedlertrecks

Zwischen 1843 und 1860 begaben sich über 60000 Siedler auf einen sechsmonatigen, über 3000 Kilometer langen Marsch auf dem Oregon Trail. Von Independence, Missouri, aus folgten sie der Route von Lewis und

Astoria, 1811 von John Jacob Astor gegründet

ZEITSKALA

1810

1811 John Jacob Astor gründet den Handelsposten Astoria an der Mündung des Columbia River

1812–14 Krieg von 1812 zwischen Großbritannien und den USA

Frankokanadischer woodsman

1820

1824 Die Hudson's Bay Company errichtet Fort Vancouver

1829 Oregon City ist die erste Siedlung mit Stadtrecht westlich der Rocky Mountains

1830

1840

1843 James Douglas, einer der Gründer der Hudson's Bay Company, lässt Fort Victoria (das spätere Victoria) bauen, ein Wagentreck bringt 900 Siedler über den Oregon Trail ins Willamette Valley

Aquarell des Mount Baker, Washington, 1848

Fort Vancouver, ein strategisch wichtiger Handelsposten, 1848

Clark quer durch den Kontinent. Viele Siedler verließen den Trail in Idaho und zogen südwärts nach Kalifornien. Die meisten gingen jedoch nach Westen und folgten dem Snake River bis zum Columbia River, wo sie ihre Planwagen auf Flöße luden. Flussabwärts gelangte man durch gefährliche Stromschnellen zur Mündung des Willamette River, flussaufwärts zum Ende des Trails nach Oregon City. Statt die damals enorm hohe Summe von 50 US-Dollar zur Verschiffung ihrer Planwagen zu zahlen, bezwangen einige Siedler lieber den gefährlichen Barlow Pass am Mount Hood in den Cascades.

Als Belohnung erhielten Siedler, die den mühsamen Weg ins fruchtbare Willamette Valley in Oregon schafften, rund 140 Hektar Land. Viele Siedler blieben in Oregon, andere zogen nach Norden und ließen sich dann in Washington nieder. Portland entwickelte sich dank der günstigen Lage am Zusammenfluss von Columbia und Willamette River zum größten Hafen und zur wichtigsten Stadt der Region.

Um 1870 durchquerten Eisenbahnen die USA und Kanada, sodass der Nordwesten für Hunderttausende von Siedlern leichter zu erreichen war. Seit 1866 gab es auch eine Zugverbindung zwischen Montréal und Vancouver, was zur Massenbesiedlung von British Columbia führte.

Ein besonderer Segen war die Eisenbahn für die kleine Siedlung Alki-New York in Washington, aus der später Seattle entstand, das Portland als Hafen- und Handelszentrum bald überholte.

Goldrausch

Seit 1848 grassierte im Nordwesten das Goldfieber, denn in der kalifornischen Sierra Nevada war Gold gefunden worden. Viele der neuen Siedler, rund zwei Drittel der männlichen Bevölkerung Oregons, zogen voller

Romantische Vision des Trecks nach Westen (um 1904)

1848 Gründung von Oregon

1851 Portland kommt zu den USA

1852 Washington wird gegründet

1859 Oregon wird 33. US-Bundesstaat

1865 Seattle kommt zu den USA

1873 Die neu geschaffene North West Mounted Police kontrolliert die Grenze zwischen den USA und Kanada

1850 | **1860** | **1870**

346 Oregon nd Washing- n werden on den USA eansprucht, C von anada

1850 Die Coast Salish verkaufen Land auf Vancouver Island an die Hudson's Bay Company

1867 British North America Act schafft Dominion of Canada

Planwagen, wie sie von Siedlern auf dem Oregon Trail benutzt wurden

1871 British Columbia tritt der Dominion of Canada bei

Government House, New Westminster, BC (um 1870)

Hoffnung nach Süden – und viele kehrten mit Goldnuggets zurück. Der Goldrausch erreichte 1851 den Süden Oregons, als auch dort Gold gefunden wurde. 1858 traf es den weiter nördlich liegenden Fraser River, BC. Kanadische Goldsucher wurden 1860 in den Cariboo Mountains, BC, fündig.

Der Klondike im kanadischen Yukon war Schauplatz des nächsten Goldfiebers. Als einige Goldsucher mit ihrer Beute, die sie 1896 im Bonanza Creek gefunden hatten, in Seattle und San Francisco ankamen, stand die Welt Kopf. Über 100 000 Goldsucher strömten zu den Goldfeldern am Klondike. Vancouver und Seattle wurden dank der Geschäfte mit den Goldsuchern reiche Städte.

Rosenstadt Portland

Moderne Geschichte

Im frühen 20. Jahrhundert feierte der Nordwesten seinen Wohlstand. Portland war 1905 Gastgeber der Lewis-und-Clark-Ausstellung zu Ehren des 100-jährigen Jubiläums ihrer Expedition. Die Stadt errichtete aus diesem Anlass neue Gebäude im Zentrum, pflanzte Tausende von Rosen an und weihte neue Parkanlagen ein. Tausende besuchten die nun »City of Roses« (»Stadt der Rosen«) genannte Metropole. Bis 1910 hatte sich ihre Einwohnerzahl auf über 250 000 verdoppelt. Seattle, das sich noch vom Großen Brand (1889) erholte, zog 1909 mit der Alaska-Yukon-Pacific-Ausstellung nach.

Diese Ausstellungen waren Motoren für das Wachstum der Region im 20. Jahrhundert. 1916 wurde in Seattle das Flugzeugunternehmen Boeing gegründet, das zum wichtigsten Arbeitgeber – noch vor der staatlichen Holzindustrie – avancierte. Im Zweiten Weltkrieg (1939–45) produzierten die Fabriken im Nordwesten Flugzeuge, Waffen und Kriegsschiffe für die Alliierten. Der Erfolg von Microsoft in den 1980er Jahren führte zu einem Hightech-Boom. Vancouver wurde weltbekannt, als 21 Millionen Besucher zur Expo '86 strömten, um den 100. Geburtstag Kanadas zu feiern. Dies führte in den folgenden Jahren zu Bevölkerungs- und Wirtschaftswachstum und zum Aufblühen der Kultur.

Ende der 1990er Jahre wurden auch im Nordwesten Themen wie Marktderegulierung und Globalisierung heftig diskutiert: Auf den Straßen von Seattle protestierten im Dezember

Alte Fischdosenfabrik in British Columbia

ZEITSKALA

1886 Fertigstellung der kanadischen Transkontinentaleisenbahn, Brand Vancouvers

1889 Washington wird 42. US-Bundesstaat

Klondike-Goldrausch

1897 Der Klondike-Goldrausch beschert Seattle und Vancouver Wohlstand

1900

1905 Weltausstellung in Portland (Lewis-Clark-Ausstellung)

Ein Bauer bringt seine Produkte zum Pike Place Market, 1907

1909 Seattle ist Gastgeber der Alaska-Yukon-Pacific Exposition

1916 Gründung der Boeing Airline Company, Seattle

1919 Erster Generalstreik der USA: 60 000 Arbeiter demonstrieren in Seattle

1920

1926 Seattle wählt als erste US-Großstadt eine Bürgermeisterin

1938 Die Lions Gate Bridge verbindet Vancouver mit den Orten am North Shore

1940

1942 Internierung von Bürgern japanischer Abstammung

1949 Erdbeben zerstört historische Bauten an Seattles Pioneer Square

(Zeitskala: 1880 – 1900 – 1920 – 1940)

Der Mount St. Helens vor seinem Ausbruch

1999 über 30 000 Menschen gegen die Politik der Welthandelsorganisation (WTO).

Der Nordwesten blieb auch von Naturkatastrophen nicht verschont. 1980 brach in Washington der Mount St. Helens *(siehe S. 192f)* aus. Ein Erdbeben verursachte die größte bis dahin bekannte Lawine. 57 Menschen starben – ebenso Millionen von Vögeln, Reh- und Hirschwild und Fischen. Im Februar 1996 verwüsteten Flut- und Lawinenkatastrophen Teile von Oregon und Washington. Sie waren die Folgen heftiger Regenfälle und einer Schneeschmelze, die von ungewöhnlich milden Temperaturen hervorgerufen wurde. Wegen der Überflutung durch den Willamette River und seine Nebenflüsse mussten die tiefer liegenden Regionen evakuiert werden. Hunderte Autofahrer blieben einfach stecken, mindestens ein Mensch starb.

Schnee-Eule, eine bedrohte Tierart

Am Abend des 28. Februar 2001 wurde Seattle zuerst durch Unruhen beim Mardi-Gras-Festival und dann durch ein starkes Erdbeben (Stärke 6,8 auf der Richterskala) erschüttert. Bei beiden Ereignissen wurden historische Bauten am Pioneer Square stark beschädigt.

Für die Ureinwohner des Nordwestens brachte das 20. Jahrhundert Gutes und Schlechtes: Ihnen wurden die alten Fischfangrechte zugestanden, doch die Errichtung neuer Dämme an den Ufern zerstörte viele der alten Fischgründe und reduzierte auch die jährliche Lachswanderung. Die neuen Spielcasinos auf dem Land von Ureinwohnern bescherten nur einigen wenigen Menschen Wohlstand. Mit dem Vertrag von Nisga'a erkannten die Regierungen von Kanada und British Columbia im Jahr 2000 an, dass knapp 2000 Quadratkilometer an kanadischem Kronland dem Volk der Nisga'a gehören.

Der Schutz der einmaligen Natur des pazifischen Nordwestens ist ein wichtiges, allerdings auch ziemlich umstrittenes Thema bei den Bewohnern. Die Umweltschützer kämpfen für die Reduzierung des Holzschlags und für eine nachhaltige Holzwirtschaft, während die Lobby der Holzfäller und Rancher sich jegliche staatliche Einmischung in ihre Geschäfte verbittet. Der Konflikt zwischen dem Wunsch, die Natur und Umwelt zu erhalten, und dem Interesse an der Vermarktung der natürlichen Ressourcen setzte sich auch in jüngster Zeit unvermindert fort.

Flugzeuge in der Montagehalle von Boeing, Seattle

1962 Century 21 Fair in Seattle, Eröffnung der Space Needle

1980 Ausbruch des Mount St. Helens, Washington

Mount St. Helens

1999 Demos stören und beenden das WTO-Treffen in Seattle

2002 Football- und Fußballfans feiern die Eröffnung des Seahawks Stadium, jetzt CenturyLink Field, in Seattle

1960 **1980** **2000** **2020**

1971 Gründung der Umweltschutzgruppe Greenpeace in Vancouver

1986 Expo '86 in Vancouver, Errichtung der Microsoft-Zentrale in Redmond, Washington

1995 Gründung von Amazon in Seattle

2000 Nisga'a Treaty – die Nisga'a erhalten Land im nördlichen BC

Jeff Bezos, der Gründer von Amazon

2010 Vancouver, BC, richtet die Olympischen Winterspiele aus

Regionen des Nordwestens

Der Nordwesten im Überblick

Der amerikanische und kanadische Nordwesten ist eine sehr abwechslungsreiche Region. Von den Großstädten Portland, Seattle und Vancouver aus erreicht man rasch die eindrucksvolle Wildnis und ihre ganz unterschiedlichen Landschaften: Imposante Bergketten, ausgedehnte Prärien und Wüsten, tiefe Canyons, kristallklare Seen und eine raue, gleichwohl einladende Küste lassen keine Wünsche offen. Wo im Sommer Wildblumen die Hänge bedecken, liegt im Winter genug Schnee für hervorragende Wintersportmöglichkeiten. Der Anblick der Wale an der Küste verzaubert die Besucher das ganze Jahr über.

Alta Lake *in Whistler, British Columbia, ist ein idealer Platz für den Sommerurlaub. Zugleich ist dies einer der beliebtesten Wintersportorte Amerikas* (siehe S. 256f).

Cannon Beach *ist einer der vielen Orte an Oregons Küste, dessen Kombination von Sand, Himmel und Felsklippen einen tiefen Eindruck hinterlässt* (siehe S. 92).

Deepwood Estate *(1894) ist eines von vielen historischen Gebäuden in Salem, das heute Museum ist. Es zeigt, wie sich das Leben in Oregons Hauptstadt seit 1851 verändert hat* (siehe S. 100f).

◁ **Kohleverschiffung in Nanaimo *(siehe S. 255)* auf Vancouver Island, British Columbia (1859)**

Der Sinclair Pass *liegt am Parkway, der den Kootenay National Park in British Columbia durchquert. Er ist umgeben von den Wänden des Sinclair Canyon, einer roten Kalksteinschlucht. Der Canyon ist nur eines der zahlreichen Naturwunder des Nationalparks, der sich über 1400 Quadratkilometer erstreckt* (siehe S. 265).

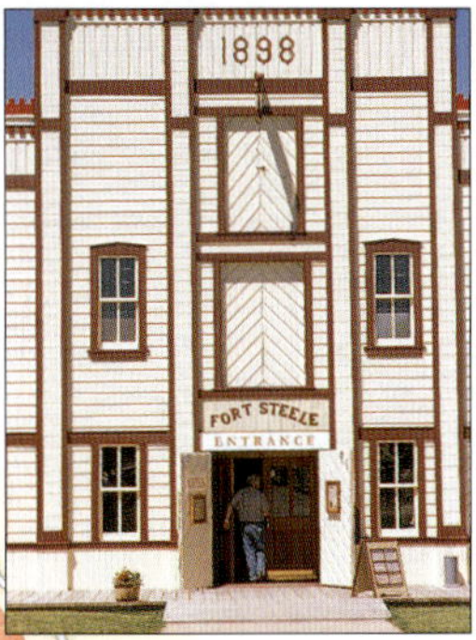

Fort Steele Heritage Town *ist der 1961 errichtete Nachbau einer Goldgräberstadt in BC. Das ursprüngliche Fort Steele wurde 1864 gegründet, nachdem man hier Gold gefunden hatte. Als die Mine versiegte, verkam das Fort zu einer Geisterstadt* (siehe S. 264).

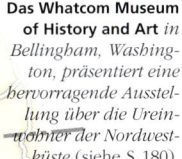

Das Whatcom Museum of History and Art *in Bellingham, Washington, präsentiert eine hervorragende Ausstellung über die Ureinwohner der Nordwestküste* (siehe S. 180).

Die Weinberge der Canoe Ridge *gehören zur bekannten Washingtoner Weinkellerei Château Ste. Michelle, dem ältesten Weingut des Bundesstaats* (siehe S. 181).

Granite *in Oregon, einst eine Goldgräberstadt, ist heute eine Geisterstadt* (siehe S. 112).

Portland

Portlands Highlights

Portland –
»Stadt der Rosen«

Portland begeistert vor allem durch die gelungene Verknüpfung von schöner, stadtnaher Natur mit einer prickelnden Dosis großstädtischer Lebendigkeit und einem gleichwohl entspannten Lebensstil. In der »Stadt der Rosen« gibt es wunderschöne Gärten und Parkanlagen. Die historischen Viertel und ihre Sehenswürdigkeiten erinnern an die spannende Geschichte. Der Pioneer Courthouse Square, eine Fußgängerzone im Zentrum, ist ein Beispiel der durchdachten Stadtplanung, die Portland so anziehend macht. Im Pearl District, einem ehemaligen Industrieviertel, präsentiert die Stadt ihren alten Charme.

Pearl District
Das ehemalige Industriegebiet ist heute ein schickes Viertel mit Kunstgalerien, Boutiquen, Restaurants und einem urbanen Lebensstil (siehe S. 54f).

Portland Streetcar
Straßenbahnen verkehren zwischen Nob Hill, dem Pearl District und der Innenstadt. Bei einer Fahrt kann man auf angenehme und übrigens kostenlose Art Portlands Zentrum kennenlernen (siehe S. 63).

Governor Hotel
Das Governor Hotel präsentiert sich im eleganten Stil des frühen 20. Jahrhunderts. Die Wandbilder in Jake's Grill im Erdgeschoss bebildern lokale Geschichte, darunter die Lewis-Clark-Expedition (siehe S. 60).

Portland Art Museum
Im ältesten Museum des Nordwestens findet man u. a. europäische Gemälde, asiatische Keramiken und Korbwaren amerikanischer Ureinwohner (siehe S. 62).

South Park Blocks
Samstags findet von März bis Dezember auf den von Ulmen bestandenen Grünflächen ein Bauernmarkt statt (siehe S. 62).

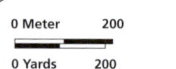

0 Meter 200
0 Yards 200

Powell's City of Books
Über eine Million Bücher: Die größte unabhängige Buchhandlung der Welt – es gibt Übersichtskarten des Ladenkomplexes – ist ein beliebter Treffpunkt (siehe S. 55).

Classical Chinese Garden
Harmonie und Stille erwarten den Besucher innerhalb der Mauern dieses Gartens im Stil der Ming-Dynastie (siehe S. 54).

Pioneer Courthouse Square
Auf dem Ziegelsteinpflaster des hübschen Platzes im Zentrum trifft sich ganz Portland bei jedem Wetter (siehe S. 60).

Governor Tom McCall Waterfront Park
Der 2,5 Kilometer lange Uferabschnitt des Willamette River wurde als Uferpromenade und Park angelegt. Hier finden auch Veranstaltungen wie das Rose Festival statt (siehe S. 64f).

Keller Auditorium
Hier werden Opern und Broadway-Shows gezeigt. Der Ira-Keller-Memorial-Brunnen erinnert an die Wasserfälle der Cascade Mountains (siehe S. 65).

SATURDAY
OLD

Old Town und Pearl District

Portland dehnte sich am Westufer des Willamette River aus. Die 1843 gegründete Stadt stieg bald zum wichtigen Hafen auf. An den Docks im einstigen Hafenviertel, der heutigen Old Town (Altstadt), legten Schoner an, deren Routen über den Pazifik bis nach China und um Kap Hoorn bis zur amerikanischen Ostküste führten. Hier wurde gehandelt, hier lebten auch viele Asiaten, die im Hafen arbeiteten. Als die Eisenbahn im 19. Jahrhundert den See- und Flusshandel verdrängte, verlagerte sich Portlands Zentrum landeinwärts. Die Altstadt ist seit 1975 ein National Historic Landmark und mittlerweile wieder ein belebter Ort. Viele der Gebäude aus dem 19. Jahrhundet wurden restauriert. Es gibt zudem eine lebendige chinesisch-amerikanische Gemeinde. Pearl District, das alte Industriegebiet, hat sich in ein schickes Viertel verwandelt.

Glaskunst auf dem Saturday Market

Sehenswürdigkeiten auf einen Blick

Parks und Stadtviertel
Classical Chinese Garden ❷
Pearl District ❸

Laden
Powell's City of Books ❺

Museen und Sammlungen
Oregon Maritime Center and Museum ❶
Portland Institute for Contemporary Art ❹

LEGENDE

- Detailkarte *siehe S. 52f*
- MAX-Station
- Bahnhof
- Busbahnhof
- Tram-Haltestelle
- Post

Anfahrt

Die rote, blaue, grüne und gelbe Linie des Metro Area Express (MAX) bedienen Old Town. Portlands Trams verkehren im Pearl District. In Old Town und in großen Teilen des Pearl District kann man kostenlos mit der Tram fahren.

◁ **Haupteingangstor zu Portlands Saturday Market *(siehe S. 53)*, der am Wochenende in Old Town stattfindet**

Im Detail: Old Town

Metallwimpel, Saturday Market in Portland

Elegante Ziegelsteinfassaden und ruhige Straßen deuten in keinster Weise auf die raue Vergangenheit der Stadt hin. Im 19. Jahrhundert boomte dieses Areal. Hier trafen sich Händler, Werftarbeiter und Matrosen aus aller Welt. Doch die Ära der florierenden Saloons und Bordelle ist lang vorbei. Dennoch ist das Nachtleben in der Old Town nicht zu verachten. Ein buntes Straßenbild bietet sich vor allem am Wochenende, wenn der weitläufige, über einige Häuserblocks verteilte Saturday Market oder eines der zahlreichen Festivals, die das ganze Jahr über stattfinden, im einstigen Hafenviertel abgehalten werden.

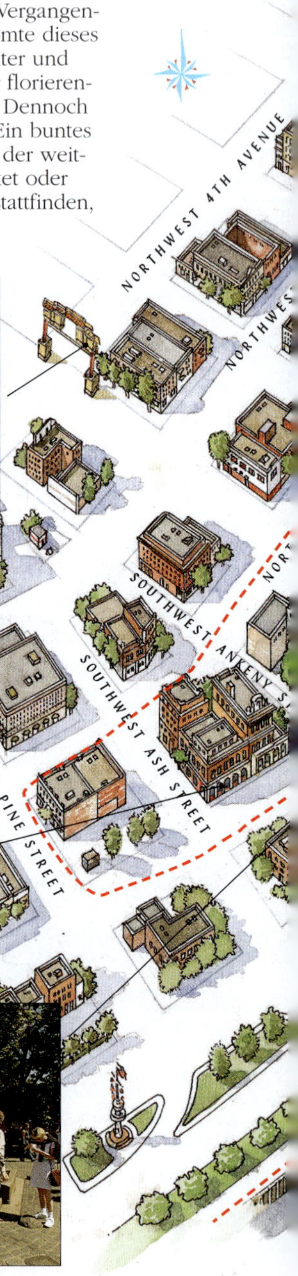

Chinatown Gate
Das bunte, mit Drachen geschmückte Tor ist der offizielle Eingang zu Chinatown, wo sich seit über 135 Jahren viele asiatische Einwanderer niedergelassen haben.

New Market Block
Die Gusseisen- und Ziegelbauten, die nach dem Brand in den 1870er Jahren erbaut wurden, zeigen italienisierenden Stil.

Skidmore Fountain
Der elegante Brunnen wurde 1888 für durstige Bürger sowie Pferde errichtet. Brunnen und Platz befinden sich im Zentrum der Altstadt.

NICHT VERSÄUMEN

- ★ Classical Chinese Garden
- ★ Oregon Maritime Center and Museum
- ★ Portland Saturday Market

0 Meter 100
0 Yards 100

Zur Orientierung
Siehe Stadtplan 2

★ Classical Chinese Garden
Eine Landschaft aus Wasser, Steinen und Pflanzen umgibt die chinesischen Pavillons in diesem ummauerten Garten. ❷

★ Portland Saturday Market
Über 300 Händler bieten ihre Waren am Wochenende auf Amerikas größtem Kunsthandwerksmarkt feil.

Governor Tom McCall Waterfront Park Walkway
Dieser Weg führt am Westufer des Flusses entlang, von der Burnside Bridge bis zur RiverPlace Marina (siehe S. 65).

★ Oregon Maritime Center and Museum
Das kleine informative Museum ist traumhaft untergebracht: im Schlepper Portland, *der am Ufer des Willamette River verankert ist.* ❶

Oregon Maritime Center and Museum ❶

113 SW Naito Pkwy. **Stadtplan** 2 E5. *(503) 224 7724. Skidmore Fountain (rote u. blaue Linie). Mi–Sa 11–16, So 12.30–16.30 Uhr. Feiertage.* **www**.oregonmaritimemuseum.org

Das kleine, aber abwechslungsreiche Museum ist an Bord der *Portland* untergebracht. Der heckbetriebene Dampfkahn war, als er 1982 ausrangiert wurde, der letzte seiner Art. Der Oldtimer ist jetzt an einem Dock am Governor Tom McCall Waterfront Park *(siehe S. 64f)* angetäut, wo einst Handelsschiffe in die Welt hinausfuhren. Besucher haben Zugang zur Kapitänskajüte und zum Ruderhaus, von wo aus man einen herrlichen Blick über den Hafen und den Fluss mit seinen Brücken genießt. Auch der Zugang zum Maschinenraum ist möglich.

In der Hauptkabine beschwören Fotos, Gemälde, Schiffsmodelle, Navigationsinstrumente und andere Exponate eine Zeit herauf, als es noch keine Eisenbahn gab und dem Hafen von Portland, der strategisch günstig am Zusammenfluss von Willamette und Columbia River lag, eine Schlüsselstellung zukam. Man bekommt zudem einen Eindruck vom maritimen Leben im Portland des 20. Jahrhunderts, als die Stadt ein wichtiger Frachthafen mit einer der weltgrößten Schiffswerften war. Auch heute ist Portland noch ein bedeutender Hafen.

Schiffsruder an Bord des Oregon Maritime Center and Museum

Aufwendig gestalteter Pavillon im Classical Chinese Garden

Classical Chinese Garden ❷

NW 3rd Ave u. NW Everett St. **Stadtplan** 2 D3. *(503) 228 8131. 1, 4, 5, 8, 10, 16, 33, 40, 77. Old Town/Chinatown (rote u. blaue Linie), Union Station/NW Glisan St (grüne u. gelbe Linie). Apr–Okt: tägl. 10–18 Uhr; Nov–März: tägl. 10–17 Uhr. 1. Jan, Thanksgiving, 25. Dez. teilweise.* **www**.portlandchinesegarden.org

Künstler und Architekten aus Portlands chinesischer Partnerstadt Suzhou errichteten diesen von einer Mauer eingefassten Garten Ende der 1990er Jahre. Die Anlage nimmt einen ganzen Wohnblock, umgerechnet 4000 Quadratmeter, in Portlands Chinatown ein.

Die Landschaft aus Steinpfaden, Wasserfällen, Seerosen, Bambus, einem Teich mit Brücke und Pavillons mit Ziegeldächern ist im Stil der klassischen Ming-Dynastie (15. Jh.) gehalten. Hunderte verschiedener Pflanzen aus Südchina wachsen hier. Spitze, geschickt platzierte Felsen imitieren Berggipfel. Unten fließt Wasser durch kleine Seerosenteiche hindurch an den Steingärten vorbei. Mosaikverzierte Fußpfade führen über Holz- und Steinbrücken zu neun Pavillons, die zur inneren Einkehr einladen. In einem der reich verzierten Pavillons befindet sich ein Teehaus, das Tee und Dim Sum anbietet.

Im ganzen Garten kann man auf Felsen, Plaketten, an Eingängen, Türen und Fenstern chinesische Gedichte und Sinnsprüche lesen.

Pearl District ❸

W Burnside St bis Willamette River (N), zwischen NW 8th Ave u. NW 15th Ave. **Stadtplan** 1 B3. *zur NW Glisan St.*

Portlands »neuestes« Viertel liegt in einem ehemaligen Industriebezirk nördlich der Burnside Street – mit Chinatown im Osten und Nob Hill *(siehe S. 68)* im Westen. Galerien, Läden, Designerateliers, Brauereien, Cafés, Restaurants und Clubs – alle sehr schick und gerade »in« – sind in den ehemaligen Lagerhäusern, Fabriken und Garagen untergebracht. Überall werden alte Gebäude zu Eigentumswohnungen umfunktioniert und neue Wohnanlagen gebaut. Besucher werden viele Ähnlichkeiten mit anderen Sanierungsprojekten, etwa in Boston, New York oder London, erkennen. Der Pearl District ist allerdings von der dort üblichen Kommerzialisierung im großen Stil bis jetzt noch verschont geblieben. Einige namhafte Läden haben sich allerdings zwischenzeitlich angesiedelt, etwa REI und North Face.

Eine der schönsten Gelegenheiten, das Viertel zu besuchen, bietet sich am First Thursday (am ersten Donnerstag im Monat) an. Dann haben die Galerien lange geöffnet, um ihre Neuerwerbungen vorzustellen. Die Sammlungen zeigen eine große Bandbreite zeitgenössischer Kunst. Die Ausstellungen der Galerien sind am First Thursday kostenlos zugänglich.

Kunstgalerien waren bei der Sanierung des Pearl Dis-

First Thursday im Pearl District mit Werken einheimischer Künstler

trict so wichtig, dass man den Jamison Park nach William Jamison, dem ersten Kunsthändler dieser Gegend, benannte. Jamison Square, der erste von drei neuen Parks im Viertel, besitzt ein »Wasserkunstwerk«, das auf einer zentralen Plaza steht. Wenn es ausgeschaltet ist, dient die Plaza als Amphitheater. Zudem gibt es hier einen aus Holz gebauten Fußgängerweg über die Wiesenflächen und farbenfrohe Kunst im öffentlichen Raum. Der Jamison Square ist ein guter Ausgangspunkt zur Erkundung dieses sich im Umbruch befindlichen Viertels.

Der Name »Pearl District« soll von einem hier ansässigen Galeristen geprägt worden sein. Thomas Augustine bezeichnete die Lagerhäuser des einstigen Industrieviertels als dunkle Austern, in denen die Galerien wie weiße Perlen hervorschimmern würden.

Eines der vielen Geschäfte im Pearl District

Portland Institute for Contemporary Art ❹

224 NW 13th Ave. **Stadtplan** 1 B3. *(503) 242 1419.* *zur NW Everett St.* *Mo–Fr 10–17 Uhr.* *Feiertage.* **www**.pica.org

Portlands Ort für neueste Kunsttrends zeigt keine Dauerausstellung, sondern bietet Wechselausstellungen, Lesungen und Stipendien für Künstler. Höhepunkt ist das jeden Juli und August stattfindende Time-Based Art Festival (TBA).

Das Institut besitzt zudem eine Bühne für Performance-Künstler aus aller Welt. Hier traten beispielsweise schon der Komponist Philip Glass, Guru der Minimal Music, und die Performance-Gruppe Dumb Type auf.

Powell's City of Books ❺

1005 W Burnside St. **Stadtplan** 1 B4. *(503) 228 4651.* *20.* *tägl. 9–23 Uhr.* *Siehe* ***Shopping*** *S. 76.* **www**.powells.com

Die weltgrößte unabhängige Buchhandlung bietet über eine Million Bücher zu den unterschiedlichsten Themen an. 6000 Besucher stöbern hier täglich. Der Laden hat sich zu einer der beliebtesten kulturellen Einrichtungen Portlands entwickelt.

Trotz der immensen Größe findet man sich bei Powell's leicht zurecht: Die 3500 Bereiche sind in neun farblich gekennzeichnete Zonen in übersichtlichen Räumen angeordnet. Das fachkundige Personal an den Informationstischen findet auf Anhieb jedes Buch. Das angegliederte Café lädt zum stundenlangen Verweilen ein – und das tatsächlich 365 Tage im Jahr.

Eingang zu Powell's City of Books, einem Mekka für Buchliebhaber

Stadt der Brücken

Portland, die »Stadt der Rosen«, wird auch »Stadt der Brücken« genannt. Acht Brücken führen über den Willamette River. Die erste Brücke war die 1887 errichtete Morrison Bridge, deren Holzverstrebungen allerdings schon vor längerer Zeit erneuert wurden. Viele der Brücken haben Fußgängerwege, die die Eastbank Esplanade auf der Ostseite mit dem Governor Tom McCall Waterfront Park auf der Westseite verbinden. Die Steel Bridge verspricht ein aufregendes Erlebnis: Ihr Fußgängerweg liegt nämlich fast auf Wasserhöhe. Wenn ein Schiff durchfahren muss, wird das gesamte Deck auf die Höhe der darüberliegenden Straße angehoben.

Die 1931 erbaute St. Johns Bridge

claire's
3rd Level
Sam Goody
Skybridge
2nd Level
Rotunda Shops

Zentrum

Mit dem Niedergang der Flussschifffahrt im 19. Jahrhundert verlagerte sich das Stadtzentrum Richtung Morrison Street und Broadway. Die Lewis-Clark-Ausstellung 1905 bescherte dem Viertel Wohlstand und neue Bewohner – die Innenstadt boomte. Es entstanden Gebäude mit Stahlrahmen und Fassaden aus glasierten, weißen Terrakottaziegeln, etwa das heutige Kaufhaus Macy's. Sie verleihen »Downtown« das charakteristische, »strahlende« Aussehen. Seit den 1970er Jahren genießt die Innenstadt den Ruf, eines der erfolgreichsten Stadtzentren der USA zu sein. Der geschäftliche und kulturelle Mittelpunkt liegt um den Pioneer Courthouse Square. Die innovativen modernen Verwaltungsbauten befinden sich in der Nähe der historischen Plätze Chapman Square und Lownsdale Square.

Allow Me **– eine Skulptur von Seward Johnson**

Sehenswürdigkeiten auf einen Blick

Gebäude, Kirchen und Museen

Governor Hotel 3
Keller Auditorium 16
KOIN Center 15
Mark O. Hatfield US Courthouse 13
Multnomah County Library 4
Old Church 8
Oregon Historical Society 6
Pioneer Courthouse 2
Portland Art Museum 7
Portland Building 11
Portland Center for the Performing Arts 5

Parks und Plätze

Chapman Square und Lownsdale Square 12
Governor Tom McCall Waterfront Park 14
Pioneer Courthouse Square 1
RiverPlace Marina 17
South Park Blocks 9

Attraktion

Portland Streetcar 10

LEGENDE

- Detailkarte *siehe S. 58f*
- MAX-Station
- Tram-Haltestelle
- Information
- Polizei

Anfahrt

Es verkehren wichtige Busse und die grüne/gelbe MAX-Linie auf der SW 5th Ave (nach Norden) und der SW 6th Ave (nach Süden), die rote/blaue MAX-Linie auf der SW Taylor St ostwärts, auf der SW Morrison St westwärts, Trams auf der SW 10th Ave nach Norden und auf der SW 11th Ave nach Süden.

◁ **Lichtdurchflutetes Atrium im Pioneer-Place-Einkaufszentrum, Pioneer Courthouse Square** ***(siehe S. 60)***

Im Detail: Zentrum

Spitze der Weather Machine

Ein Hauptanziehungspunkt Portlands ist die gelungene Verbindung von gepflegter Urbanität und entspannter, unaufdringlicher Atmosphäre. Das spürt man vor allem um den Pioneer Courthouse Square. Die Straßen und der Broadway, die den Platz kreuzen, bieten Kaufhäuser, Boutiquen, Bürogebäude, Hotels, Restaurants, Theater und Museen, die sich häufig in restaurierten alten Gebäuden aus der Zeit um 1900 befinden. Obwohl zwischen den Häuserblocks lebhaftes Treiben herrscht, kann man entspannt auf schattigen Gehwegen wandeln, in Parks eine Ruhepause einlegen und zwischendrin hübsche Ausblicke auf die nahen Hügel und Berge erhaschen.

★ Portland Art Museum
Das älteste Museum im Nordwesten beherbergt sowohl Monet-Gemälde als auch Kunsthandwerk der Ureinwohner. ❼

Oregon Historical Society
Wandmalereien auf der Fassade zeigen Szenen der Lewis-Clark-Expedition sowie Ereignisse der Stadtgeschichte. Im Gebäude selbst gibt es weitere Erinnerungen an die Ursprünge Oregons. ❻

★ South Park Blocks
Daniel Lownsdale legte das Viertel 1848 als Park an. Von April bis Dezember findet hier samstags ein Bauernmarkt statt. ❾

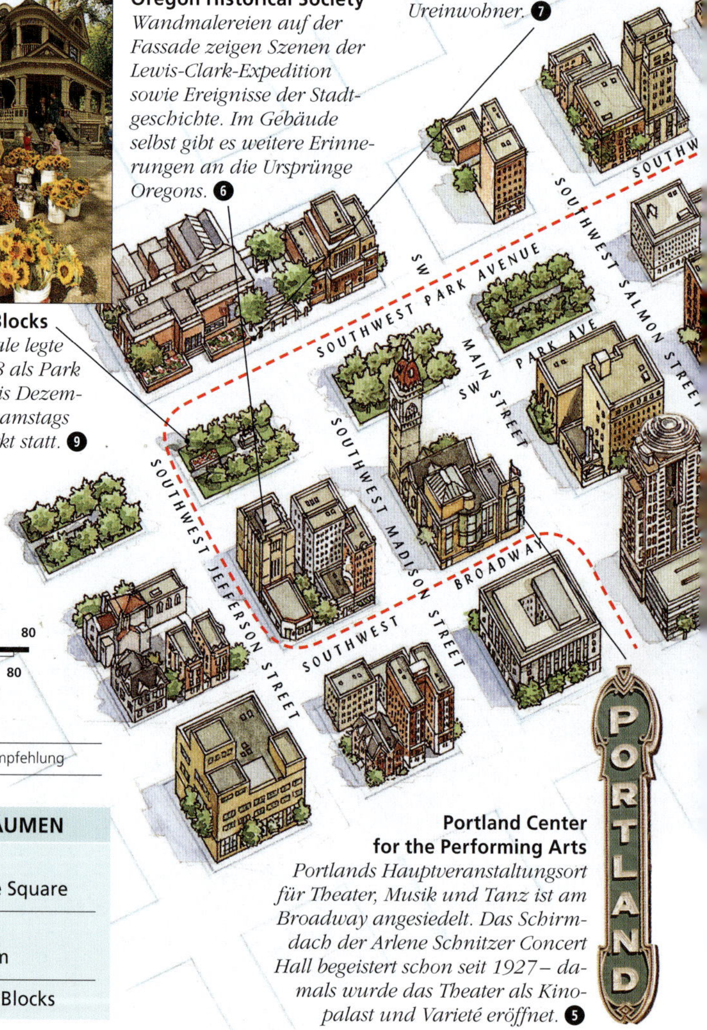

0 Meter 80

0 Yards 80

LEGENDE

- - - Routenempfehlung

NICHT VERSÄUMEN

★ Pioneer Courthouse Square

★ Portland Art Museum

★ South Park Blocks

Portland Center for the Performing Arts
Portlands Hauptveranstaltungsort für Theater, Musik und Tanz ist am Broadway angesiedelt. Das Schirmdach der Arlene Schnitzer Concert Hall begeistert schon seit 1927 – damals wurde das Theater als Kinopalast und Varieté eröffnet. ❺

Hotels und Restaurants in Portland *siehe Seiten 282f und 298–300*

Weather Machine
Die witzige, acht Meter hohe Skulptur erwacht jeden Mittag zum Leben, wenn ihre Figuren das Wetter für die nächsten 24 Stunden voraussagen.

Der Jackson Tower wurde 1912 von den Brüdern Reid für einen Zeitungsmagnaten gebaut. Glasierte Fliesen zieren die Stahlkonstruktion.

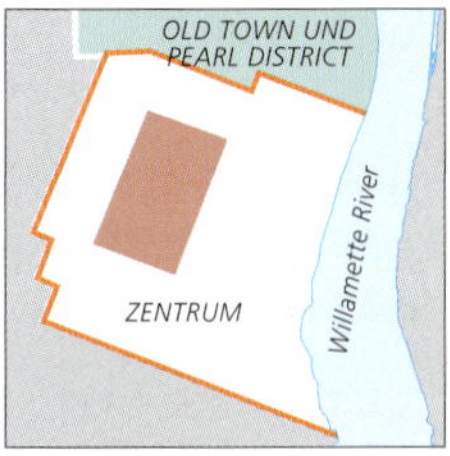

Zur Orientierung
Siehe Stadtplan 1

American Bank Building
Das »klassische« Gebäude, das 1914 fertiggestellt wurde, erhebt sich über korinthischen Säulen und ist mit Adlern und Greifen aus Terrakotta dekoriert.

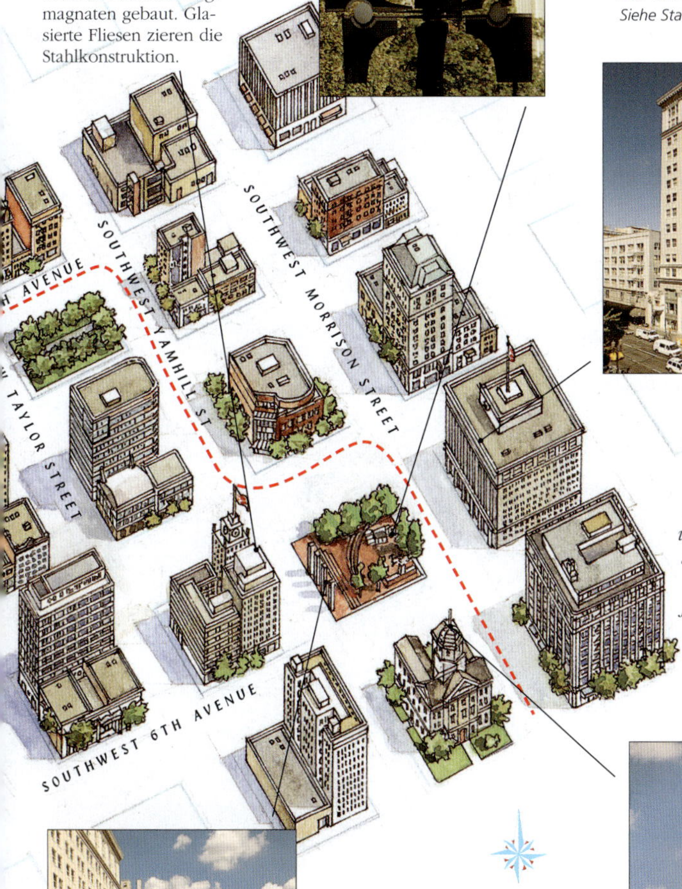

★ Pioneer Courthouse Square
Der Platz ist das Herz von Portland. Hier trifft man sich am plätschernden Brunnen, um gratis Mittagskonzerte zu hören oder sich Blumenschauen und andere Ereignisse anzusehen – oder einfach nur, um sich auszuruhen und das Flair der Stadt zu genießen. ❶

Pioneer Courthouse
Der achteckige Turm des ersten Bundesgebäudes im Nordwesten ist seit 1873 fester Bestandteil von Portlands Skyline. ❷

Der Pioneer Courthouse Square ist ein beliebter Treffpunkt

Pioneer Courthouse Square ❶

SW Broadway u. Yamhill St. **Stadtplan** 1 C5. *(503) 223 1613. Pioneer Square (rote, blaue, grüne u. gelbe Linie).* **www**.pioneercourthousesquare.org

Der Pioneer Courthouse Square sieht aus wie viele große europäische Plätze: Das war auch die Absicht der Stadtplaner, die den mit Ziegelsteinen gepflasterten Platz Mitte der 1980er Jahre gestalteten. Früher war diese Stelle bebaut. 1858 wurde hier die erste Schule der Stadt errichtet. Von 1890 bis 1951 stand hier das berühmte Portland Hotel, bevor es einem Parkplatz weichen musste.

Wunschgemäß wurde der Pioneer Courthouse Square zum Mittelpunkt der Stadt. Er stellt sich als einladender Treffpunkt dar, wo man sein Lunchpaket oder ein Gratiskonzert genießt. Architektonische Besonderheiten sind u.a. die Sitzgelegenheiten, die wie in einem Amphitheater angeordnet sind, ein wasserfallähnlicher Brunnen und eine Säulenreihe, deren Spitzen vergoldete Rosen zieren.

Im Untergrund befinden sich Läden und Büros, z.B. das Portland Visitors Association Information Center, ein Café und ein Theater (mit 75 Plätzen), das Filme zur Geschichte Portlands zeigt. Doch was den Platz letztlich so anziehend macht, ist, dass die Einwohner der Stadt ihn schlichtweg in ihr Herz geschlossen haben.

Pioneer Courthouse ❷

700 SW 6th Ave. **Stadtplan** 1 C5. *(503) 833 5311. Pioneer Square (rote, blaue, grüne u. gelbe Linie). Mo–Fr 9–16 Uhr. Sa, So, Feiertage.*

Das 1873 fertiggestellte und 2005 restaurierte Gebäude war das erste Bundesgebäude des Nordwestens und das zweite seiner Art westlich des Mississippi. Die damals gepflanzten Bäume stehen noch heute. Das Pioneer Courthouse wurde im italienischen Stil mit Klinkern und einem Kuppeldach erbaut. Mittlerweile ist hier der US Court of Appeals (Berufungsgericht) untergebracht. Von der Kuppel aus hat man eine schöne Aussicht. Neben jedem Fenster hängen historische Stadtaufnahmen, die man mit dem aktuellen Anblick vergleichen kann.

Governor Hotel ❸

614 SW 11th Ave. **Stadtplan** 1 B5. *(503) 224 3400. Galleria/SW 10th Ave (rote u. blaue Linie). zur SW Alder St. Siehe* ***Hotels*** *S. 282.* **www**.governorhotel.com

Bei seiner Eröffnung 1909 hieß das Haus noch Seward Hotel. Nach Jahren des Verfalls wurde es 1991 als Governor Hotel neu eröffnet. Der Expedition (1804–1806) von Meriwether Lewis und William Clark durch die USA und flussabwärts auf dem Columbia River, die das Gebiet von Oregon erstmals kartierte *(siehe S. 37)*, wird hier mit einer Ausstellung gedacht.

Eine vierteilige Wandmalerei in Sepiafarben, die einst die Lobby zierte, ist nun Teil des Hotelrestaurants. Sie zeigt eine Karte der Lewis-Clark-Expedition sowie u.a. Szenen von Indianern, die bei den Celilo Falls am Columbia River fischen, Meriwether Lewis, wie er mit Angehörigen der Nez Percé im heutigen Idaho Handel treibt, sowie den weiblichen Scout Sacagawea *(siehe S. 37)*, die ihren Blick über den Pazifik schweifen lässt. Sogar die Lampenschirme sind mit Auszügen aus den Tagebüchern verziert.

Teil des Hotels (Westflügel) ist der reich verzierte frühere Hauptsitz der Elks Lodge, der dem Palazzo Farnese in Rom gleichen sollte. Mahagonitäfelung, Ledersessel und ein Kamin schaffen ein Flair von altmodischer Pracht.

Fassade des stattlichen Governor Hotel

Das lichtdurchflutete Treppenhaus der Multnomah County Library

Multnomah County Library ❹

801 SW 10th Ave. **Stadtplan** 1 B5. *(503) 988 5123. Library/SW 9th Ave (rote u. blaue Linie). zur SW Taylor St. Mo, Do–Sa 10–18, Di u. Mi 10–20, So 12–17 Uhr. Feiertage.* **www**.multcolib.org

Für die Bibliothek verwendete der Architekt Alfred E. Doyle, der in Portland viele wichtige Bauwerke geschaffen hat (etwa das Kaufhaus Meier & Frank, heute Macy's, und die innerstädtischen Trinkbrunnen), Kalkstein und Ziegel. Das Gebäude im georgianischen Stil, das 1913 fertiggestellt wurde, ist Hauptstelle des Bibliothekensystems im County. Es wurde 1864 eingeführt und ist das älteste westlich des Mississippi.

Die Baukosten betrugen 475 000 US-Dollar, was an den überteuerten Materialien der Anbieter lag. Die Renovierung 1997 kostete 25 Millionen Dollar. Der Wert der Sammlung wird auf 1,9 Millionen Dollar geschätzt – darunter findet sich eine von zwei bekannten Kopien der Gründungsakte Portlands im John Wilson Rare Book Room.

Das New Theatre im Portland Center for the Performing Arts

Portland Center for the Performing Arts ❺

1111 SW Broadway. **Stadtplan** 3 B1. *(503) 248 4335. zum SW Broadway.* **www**.pcpa.com

Seit Mitte der 1980er Jahre ist dieses Zentrum ein wichtiger Veranstaltungsort für Theater, Musik und Tanz. Der Komplex besteht aus der Arlene Schnitzer Concert Hall und dem New Theatre Building am Broadway sowie dem Keller Auditorium, das sich unweit an der Ecke SW 3rd Avenue und Clay Street *(siehe S. 65)* befindet.

Das New Theatre Building mit dem Newmark Theatre (916 Sitze) und mit dem Dolores Winningstad Theatre (292 Sitze) öffnet sich zu einer fünfstöckigen, mit Kirschholz getäfelten Rotunde hin, die von einer Kuppel des Glaskünstlers James Carpenter gekrönt wird. Die Arlene Schnitzer Concert Hall ist in den Räumen eines Varietés und Kinos von 1927 angesiedelt. Der restaurierte, dem italienischen Rokoko nachempfundene Innenraum beherbergt die Oregon Symphony. Das Vordach erleuchtet den Broadway mit 6000 Lampen, ein 20 Meter hohes blaues Neonzeichen blinkt »Portland«.

Oregon Historical Society ❻

1200 SW Park Ave. **Stadtplan** 3 B1. *(503) 222 1741. Library/ SW 9th Ave (rote u. blaue Linie). Jefferson St.* **Museum** *Di–Sa 10–17, So 12–17 Uhr.* **Bibliothek** *Di 13–17, Mi–Sa 10–17 Uhr.* **www**.ohs.org

Acht Stockwerke hoch sind die Wandmalereien von Richard Haas an der West- und Südfassade der Oregon Historical Society. Zu sehen sind Stationen der Lewis-Clark-Expedition *(siehe S. 37)*, der Pelzhandel und Ereignisse, die die Geschichte der Stadt geprägt haben. Mit 85 000 Exponaten, die auf drei Gebäude verteilt sind, bietet das Museum die größte historische Sammlung Oregons. Die Karten, Fotografien, historischen Dokumente etc. werden immer abwechselnd gezeigt, da der Platz nicht für alle Ausstellungsstücke ausreicht.

Innerhalb der Dauerausstellung ist die Sonderausstellung »Oregon My Oregon« immer zu sehen. In 50 Abteilungen wird hier die wechselhafte Geschichte des Bundesstaats Oregon erzählt. In weiteren zwölf Unterabteilungen werden Exponate zu Sprache und Kultur der indigenen Völker Oregons, zur Seefahrtsgeschichte und zur Geografie der Region präsentiert.

In der Forschungsbibliothek der Oregon Historical Society kann man Tagebücher der frühen Siedler einsehen.

Wandmalereien an der Fassade der Oregon Historical Society

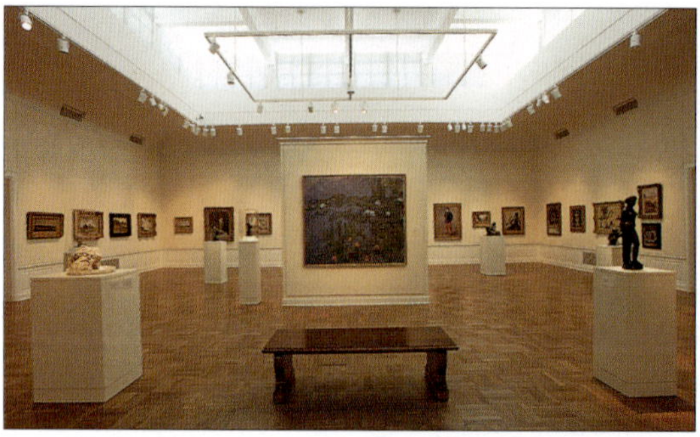

Das Portland Art Museum mit europäischer Kunst des 19. Jahrhunderts

Portland Art Museum ❼

1219 SW Park Ave. **Stadtplan** 3 B1. *(503) 226 2811. Library/SW 9th Ave (rote u. blaue Linie). zur Jefferson St. Di–Mi, Sa 10–17, Do–Fr 10–20, So 12–17 Uhr. Feiertage.* **www**.portlandartmuseum.org

Das älteste Kunstmuseum des Nordwestens wurde 1892 mit einer Sammlung von Gipsabgüssen griechischer und römischer Skulpturen eröffnet. Die 42 000 Exponate – die Sammlung gehört zu den 25 größten der USA – sind heute in einem Gebäude des modernistischen Architekten Pietro Belluschi untergebracht. 2005 wurde der Nordflügel renoviert. Er beherbergt das Center for Modern and Contemporary Art.

Man findet eine ansehnliche Sammlung europäischer Gemälde, darunter Bilder von Vincent van Gogh und Picasso sowie Werke italienischer Meister der Renaissance und französischer Impressionisten. Arbeiten von Rodin und Brancusi stehen im Skulpturenhof. Weitere Abteilungen zeigen Arbeiten von Frank Stella und Willem de Kooning.

Ein Flügel ist historischer und zeitgenössischer Fotografie, Drucken, Skulpturen sowie den Zeichnungen von Künstlern der Region gewidmet. Das Grand Ronde Center zur Kunst der Ureinwohner zeigt Masken, Schmuck und Totempfähle – Arbeiten von Künstlern aus über 200 ethnischen Gruppen. Das Museum veranstaltet zudem bedeutende Sonderausstellungen.

Old Church ❽

1422 SW 11th Ave. **Stadtplan** 3 A1. *(503) 222 2031. zur SW Clay St. Mo–Fr 11–15 Uhr. Audioführer.* **www**.oldchurch.org

Das rohe Holz der Fassade verleiht der Kirche ein für den Nordwesten typisches Aussehen. Die 1883 vollendete Old Church zeigt sich im viktorianisch-gotischen Mix, dem »gotischen Zimmermannsstil«: Bogen, eine hohe Turmspitze und schmale Fenster. Mittwochs gibt es kostenlose Mittagskonzerte auf der Hook-and-Hastings-Tracker-Orgel.

Die viktorianische Old Church mit ihren dekorativen Bogen

South Park Blocks ❾

Zwischen SW Salmon St, I-405, SW Park u. SW 9th Ave. **Stadtplan** 3 B1. *zu Haltestellen zwischen SW Salmon St u. SW Mill St.*

Der Geschäftsmann und Abgeordnete Daniel Lownsdale ließ 1852 die Fläche zwischen Park Avenue und 9th Avenue als Park ausweisen. Nachdem der Stadtrat die Landschaftsgestaltung genehmigt hatte, pflanzte der Landschaftsgärtner Louis G. Pfunder 104 lombardische Pappeln und Ulmen zwischen Salmon Street und Hall Street an. Die sogenannten South Park Blocks bilden nun eine von Bäumen beschattete Grünfläche quer durch die Innenstadt. Sie führen am Portland Art Museum und am Portland Center for the Performing Arts *(siehe S. 61)* vorbei zum Campus der Portland State University. Sehr schön sind die Laubbäume im Herbst, wenn ihre Blätter in prächtigen Farben erstrahlen. Besonders lebendig ist die Ecke zur Madison Street, wo sich die First Congregational Church über die Baumwipfel erhebt. Zwischen Madison und Main Street steht eine streng dreinblickende Statue (1861–65) des US-Präsidenten Abraham Lincoln. Sie stammt vom Rodin-Schüler George Fite Waters. Einen Block südlich befinden sich das 5,5 Meter hohe bronzene Reiterstandbild *Rough Rider* und eine Statue (1901–09) von Präsident Theodore Roosevelt, gefertigt von seinem Freund und Jagdgefährten Phimister Proctor.

Eine weitere Zierde sind die Benson-Trinkbrunnen. Der Holzbaron Samuel Benson beauftragte 1917 den Architekten Alfred E. Doyle, die eleganten vierbeckigen Brunnen zu bauen. 20 davon ließ er bei den South Park Blocks und im Zentrum aufstellen. Sie sollten den Durst der Bewohner stillen – und zwar auf eine gesündere Art als in den Saloons. Später wurden weitere 20 Brunnen errichtet.

Auf dem samstäglichen Bauernmarkt bei den South Park Blocks

Portland Streetcar ⑩

Östlich u. südlich auf der NW Lovejoy St u. 11th Ave, nördlich u. westlich auf der 10th Ave u. NW Northrup St. **Stadtplan** 1 A2–3 B2. *Mo–Fr 5.30–23.30, Sa 7.15–23.30, So 7.15–22.30 Uhr.*

Die ersten Straßenbahnen von 1870 wurden von Pferden gezogen. Im frühen 20. Jahrhundert verbanden bereits elektrische Trams die Innenstadt mit den neuen Wohngebieten. Autos machten sie dann überflüssig. In den 1950er Jahren wurden die Trams abgeschafft. Doch Ende der 1990er Jahre setzten Stadtplaner das Verkehrsmittel wieder ein, um den Autoverkehr einzudämmen und um das Einkaufsviertel wiederzubeleben.

Die in Tschechien produzierten Wagen verbinden die Einkaufs- und Wohnviertel von Nob Hill mit dem Pearl District, dem westlichen Ende der Innenstadt, dem Campus der Portland State University und dem South Waterfront District, wo man Anschluss an die Seilbahn zur Oregon Health and Science University hat. Eine Fahrt mit Umsteigen auf die MAX-Züge ist in der Fareless-Square-Zone kostenlos *(siehe S. 78)*.

Portlands Straßenbahnwaggons stammen aus Tschechien

Portland Building ⑪

1120 SW 5th Ave. **Stadtplan** 3 C1. **Galerie** *(503) 823 5252.* *Transit Mall.* *Mo–Fr 6–18 Uhr.* *Feiertage.*

Das Portland Building, das von Michael Graves, einem Architekten aus New Jersey, entworfen wurde, zierte sogar die Titelseiten von *Time* und *Newsweek*. Der ehemalige Bürgermeister Frank Ivancie nannte es Portlands »Eiffelturm«. Der Bau ist allerdings seit seiner Fertigstellung 1982 umstritten. Das erste große postmoderne Bürogebäude Amerikas zeichnet sich durch eine experimentelle Kombination mehrerer Architekturstile aus. Es wurde als große Innovation zeitgenössischer Stadtkonzeption und als Zeichen des zukunftsorientierten Portland gepriesen. Manche jedoch empfinden es als ausgesprochen hässlich. Gedämpfte Farben sowie die Säulen und Verzierungen an der Fassade lassen es verspielt erscheinen, doch die mit 15 Stockwerken bescheidene Höhe und die kleinen, rechteckigen Fenster wirken eher praktisch und unprätentiös – und für Regierungsbüros angemessen.

***Portlandia* blickt vom Portland Building herab**

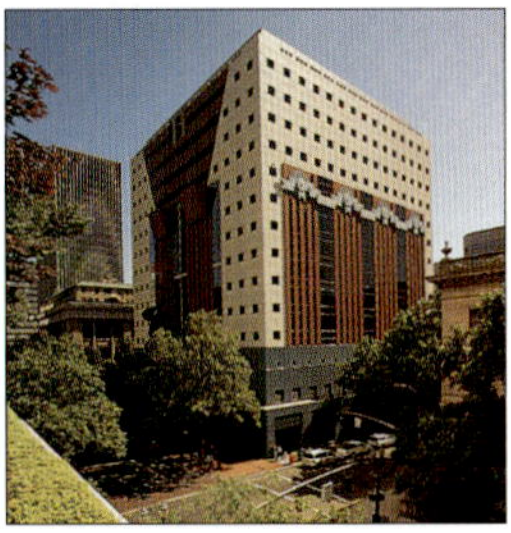

Das Portland Building mit den Büros der Regierung

Prunkvoller stellt sich die *Portlandia* (1985) dar, eine elf Meter hohe Statue aus 6,5 Tonnen Kupfer, die sich auf einem Balkon im zweiten Stock über dem Haupteingang befindet. Die gebückte Figur streckt eine Hand aus, in der anderen hält sie einen Dreizack. Der Bildhauer Raymond Kaskey bildete sie der »Lady Commerce« nach, der Symbolfigur des Stadtwappens, die Händler im Hafen willkommen heißt. Nach der New Yorker Freiheitsstatue ist die *Portlandia* die größte Kupferstatue der USA. Eine kleine Galerie im ersten Stock zeigt Kunst der Region sowie Pläne und Modelle des Gebäudes und der Statue.

Grünes Portland

Die unzähligen Parks und Grünanlagen der Stadt werden gern in Superlativen beschrieben – und das zu Recht: Portland besitzt nicht nur einen der größten bewaldeten Stadtparks der USA (über 2000 Hektar), sondern auch den kleinsten (0,3 Quadratmeter), den Mill Ends Park *(siehe S. 65)*. Stolz ist Portland auf einige der größten Rosenzuchtgärten des Landes *(siehe S. 72)*, einen der bekanntesten Rhododendrongärten *(siehe S. 74)*, einen der schönsten japanischen Gärten außerhalb Japans *(siehe S. 72)* und den größten chinesischen Garten außerhalb Chinas *(siehe S. 54)*. Viele andere Parks und Anlagen Portlands (insgesamt 14 600 Hektar) sind zwar nicht so bekannt, locken aber als schöne Ruheoasen und Orte der Entspannung.

Mill Ends Park, der kleinste Park der Welt

Chapman Square und Lowndale Square ⓬

Zwischen SW Salmon u. SW Madison St, SW 3rd u. SW 4th Ave. **Stadtplan** 3 C1. *Mall/SW 4th Ave (rote u. blaue Linie), City Hall/SW Jefferson St (grüne u. gelbe Linie).*

Es ist ganz passend, dass ein kleiner Park nach Daniel Lownsdale benannt wurde: Lownsdale, einer der ersten Abgeordneten Oregons, hatte in weiser Voraussicht einen Teil der Innenstadt für die South Park Blocks unbebaut gelassen *(siehe S. 62)*. Zudem förderte er den Handel, indem er vom Hafen einen Holzplankenweg landeinwärts bauen ließ, damit Holz und andere Waren zu den Docks transportiert werden konnten.

Richter William Chapman, dessen Namen der benachbarte Platz trägt, war einer der Mitbegründer der Tageszeitung *Oregonian*. Zusammen mit der Terry Schrunk Plaza – dem dritten angrenzenden parkähnlichen Block – sind die Plätze eine wohltuende, grüne Abwechslung in Portlands Regierungsviertel. So ruhig war es hier jedoch nicht immer: In den 1880er Jahren brachen antichinesische Aufstände aus. In den 1920er Jahren wurde der Chapman Square zur männerfreien Zone erklärt, um Frauen ungestörte Erholung zu bieten.

Portlands Elk Fountain (1852) am Gerichtsgebäude

Glas, Aluminium, Kalkstein: das Mark O. Hatfield US Courthouse

Mark O. Hatfield US Courthouse ⓭

1000 SW 3rd Ave. **Stadtplan** 3 C1. *(503) 326 8000. Transit Mall. Mo–Fr 7–17 Uhr. Feiertage.*

Das Regierungsgebäude wurde nach dem beliebten Gouverneur und Senator Mark O. Hatfield benannt und trotzt dem Vorurteil, dass Gebäude dieser Art immer fantasielos wirken. Das Courthouse wurde von der New Yorker Firma Kohn Pedersen Fox entworfen und 1997 fertiggestellt. Die glatte, recht ansehnliche Fassade besteht aus Glas, Aluminium und Kalkstein. Vom Skulpturengarten im achten Stock hat man einen herrlichen Blick auf den Fluss und auf eines von Portlands beliebtesten Monumenten, den **Elk Fountain** auf der anderen Straßenseite.

Früher streifte an der Stelle des 1852 errichteten Brunnens Hirschwild herum. Der Elk Fountain diente dann jahrelang als Pferdetränke. Mit dem Aufkommen der Automobile im frühen 20. Jahrhundert sollte der Brunnen einer Erweiterung der Main Street weichen. Protestierende Bürger konnten dies verhindern, deshalb steht der Brunnen auch heute noch mitten auf der Straße.

Governor Tom McCall Waterfront Park ⓮

Zwischen SW Harrison u. NW Glisan St, SW Naito Pkwy u. Willamette River. **Stadtplan** 4 D1. *Skidmore Fountain, Morrison/SW 3rd Ave, Yamhill District (rote u. blaue Linie).*

Der 2,5 Kilometer lange Park am Westufer des Willamette River umfasst neun Hektar Land. Früher standen hier die Portland Docks. Von 1940 bis 1980 war die Fläche unter einem Abschnitt der Stadtautobahn begraben. Durch ein Sanierungsprogramm entstand der jetzige Park, der nach dem umweltbewussten Tom McCall, einem Gouverneur von Oregon (1967–75), benannt wurde.

Der Park besitzt eine beliebte Uferpromenade und ist Schauplatz vieler Festivals. Eine Attraktion stellen die **Salmon Street Springs** dar, ein Brunnen, dessen Wasser direkt aufs Pflaster spritzt – eine Erfrischung an heißen Tagen. Ein anderes »heißes« Pflaster war einst die nahe gelegene Salmon Street: Betrunkene Nachtschwärmer wurden hier regelmäßig bewusstlos geschlagen und dann als unfreiwillige Besatzungsmitglieder auf Schiffe verschleppt.

Battleship Oregon Memorial im Gov. Tom McCall Waterfront Park

Einen Block weiter, am Fuß der Southwest Taylor Street, befindet sich der **Mill Ends Park** – er ist nur winzige 0,3 Quadratmeter groß. Hier stand einmal ein Telegrafenmast, der Ende der 1940er Jahre entfernt wurde. Der Lokaljournalist Dick Fagan begann, auf dem Flecken Erde Blumen anzupflanzen, und schrieb Artikel über den »kleinsten Park der Welt«. Er wurde 1976 von der Stadt Portland übernommen.

Das **Battleship Oregon Memorial** (1956) ehrt ein US-Marineschiff von 1893. 1976 wurde eine versiegelte Kapsel in den Sockel gelegt, die 2076 geöffnet werden wird.

Das multifunktionale KOIN Center mit 29 Stockwerken

KOIN Center ⓯

222 SW Columbia St. **Stadtplan** 3 C2. *Transit Mall.*

Wie schon das Portland Building *(siehe S. 63)* wurde auch das KOIN Center in einer postmodernen Mischung verschiedener Architekturstile erbaut. Das 29 Stockwerke hohe Gebäude mit einem Pyramidendach aus blauem Stahl rief jedoch im Gegensatz zum Portland Building keine kontroversen Meinungen hervor: Der von der Portlander Firma Zimmer Gunsul Frasca 1984 vollendete Bau gilt vielmehr als vorbildlicher Stadtkomplex. Hier sind Wohnungen, Büros – darunter die des namensgebenden Fernsehsenders –, Geschäfte und ein beliebtes Steakhouse untergebracht.

Das Keller Auditorium im Portland Center for the Performing Arts

Keller Auditorium ⓰

222 SW Clay St. **Stadtplan** 3 C2. *(503) 248 4335.* *Transit Mall.*

Eine Broadway-Show oder andere große Produktionen sind in Portland meist im 3000 Sitzplätze umfassenden Keller Auditorium zu sehen. Der Bau wurde 1917 an der Stelle des Mechanics' Pavilion, einer Ausstellungs- und Sporthalle, errichtet. Das Auditorium wurde in den späten 1960er Jahren komplett umgebaut. Heute bietet es eine hervorragende Sicht auf allen Plätzen und eine exzellente Akustik. Das Keller Auditorium ist Teil des Portland Center for the Performing Arts *(siehe S. 61)* und Spielstätte der Portland Opera, des Oregon Ballet und des Oregon Children's Theatre.

Auf der gegenüberliegenden Straßenseite steht der **Ira Keller Memorial Fountain**. Er besitzt einen Wasserfall, der sich aus 5,5 Meter Höhe über Betonklippen in einen Pool ergießt. Im Becken befinden sich Steinplatten, die aus dem Wasser hervorragen. Der Brunnen liegt in einem hübschen Garten. Das 1970 fertiggestellte Bauwerk wurde von Angela Danadjieva entworfen und hieß ursprünglich Forecourt Fountain. 1978 wurde er nach der Bürgerrechtlerin Ira C. Keller umbenannt.

RiverPlace Marina ⓱

SW Clay St u. Willamette River. **Stadtplan** 4 D3. *95X, 96.* *RiverPlace.*

Die RiverPlace Marina am Westufer des Willamette River liegt am südwestlichen Ende des Gov. Tom McCall Waterfront Park. Ihre exklusiven Läden und Restaurants sind Anziehungspunkte. Hier befinden sich auch Portlands schwimmendes Restaurant und das RiverPlace Hotel, ein Haus der Luxusklasse.

Der Komplex besitzt viele Rasenflächen, hübsche Uferwege und einen großen Yachthafen. Hier kann man Kajaks ausleihen und auf originelle Weise Stadt und Fluss erkunden.

Der Ira Keller Memorial Fountain, gegenüber dem Keller Auditorium

Abstecher

Die kleine Siedlung Portland entwickelte sich im 19. Jahrhundert zur bedeutenden Hafenstadt. Sie dehnte sich westwärts nach Nob Hill, dem Viertel der Kaufleute, und ostwärts bis über den Willamette River aus. 1871 wurde der Washington Park angelegt, heute Portlands beliebteste grüne Oase. Ein weiterer Ort der Muße ist der Crystal Springs Rhododendron Garden im Süden. Portlands Süden ist überhaupt ein geschichtsträchtiger Ort. In Oregon City fand 1843 die erste Versammlung der provisorischen Regierung statt. In Aurora lebten einst die Mitglieder einer »utopischen Gesellschaft«, und nahe der heutigen Champoeg State Heritage Area sagten sich einige Siedler von England los.

Rose im Washington Park

Sehenswürdigkeiten auf einen Blick

Städte und Stadtviertel
Aurora ⓮
Hawthorne District ❽
Nob Hill ❹
Oregon City ⓭
Rose Quarter ❺
Sellwood District ❾

Institution
Reed College ⓫

Museum
Oregon Museum of Science and Industry ❼

Historisches Gebäude
Pittock Mansion ❸

Historische Stätte
End of the Oregon Trail Interpretive Center ⓬

Parks, Gärten und Grünanlagen
Crystal Springs Rhododendron Garden ❿
Eastbank Esplanade ❻
Sauvie Island ❶
Washington Park S. 70–73 ❷

LEGENDE
- Zentrum von Portland
- Großraum Portland
- Interstate Highway
- State Highway
- Highway
- Internationaler Flughafen

m = Meilen, km = Kilometer

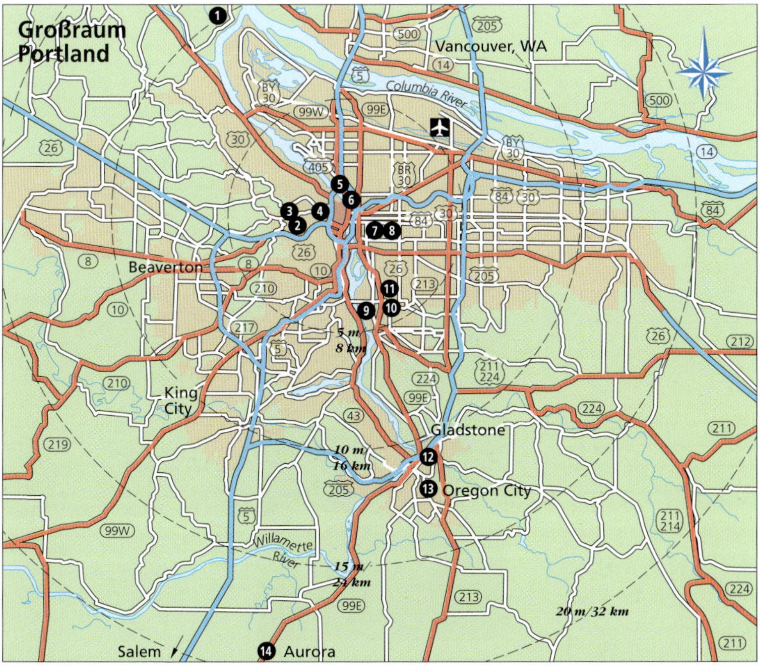

◁ **Blick vom International Rose Test Garden *(siehe S. 72)* im Washington Park auf das Zentrum von Portland**

Einer der Strände am Ufer des Columbia River auf Sauvie Island

Sauvie Island ❶

18330 NW Sauvie Island Rd. (503) 621 3488. 17 NW 21st Ave/St. Helens Rd. **Sauvie Island Wildlife Area** *Mitte Apr–Sep: tägl. 4–22 Uhr.*

Sauvie Island liegt am Zusammenfluss von Willamette und Columbia River, 16 Kilometer vom Zentrum Portlands entfernt. Die flache Insel ist über 100 Quadratkilometer groß. Ihre fruchtbare Erde kommt den Beerenfarmen und Obstgärten zugute, die die südliche Inselhälfte bedecken. Auf der nördlichen Hälfte befindet sich die **Sauvie Island Wildlife Area** des Oregon Department of Fish and Wildlife. Vogelbeobachter kommen wegen der schätzungsweise drei Millionen Vögel hierher: Schwäne, Enten, Kraniche u.a. legen hier im Frühjahr und Herbst einen Zwischenstopp ein.

Im Sommer tummeln sich Schwimmer und Sonnenanbeter an den Ufern des Columbia River. Angler fischen Störe und Lachse in den nahen Kanälen.

Das **Bybee-Howell House** wurde 1858 von James Y. Bybee im griechischen Stil erbaut. Es ist von Obstbäumen umgeben, die die ersten Siedler, die auf dem Oregon Trail ins Land kamen, angepflanzt haben. In einer Scheune stehen alte Farmgeräte.

Bybee-Howell House
Howell Territorial Park. *(503) 222 1741.* *für Besucher.*

Washington Park ❷

Siehe S. 70–73.

Pittock Mansion ❸

3229 NW Pittock Dr. *(503) 823 3623.* *77.* *Feb–Juni, Sep–Dez: tägl. 11–16 Uhr; Juli, Aug: tägl. 10–17 Uhr.* *Jan, Thanksgiving-Wochenende, Ende Nov, Feiertage.* *teilweise (bitte 2 Tage vorher tel. anmelden).*
www.pittockmansion.org

Henry Pittock, der als junger Mann auf dem Oregon Trail nach Westen kam und die Tageszeitung *Oregonian* gründete, ließ das Anwesen 1909 für sich und seine Frau Georgiana bauen. Die von Edward T. Foulkes aus San Francisco gestaltete Villa ist das größte Wohnhaus in Portland. Von der ca. 300 Meter hohen Hanglage in den West Hills hat man einen unbehinderten Blick auf die Stadt und die schneebedeckten Berge. Der Garten lädt zum Picknick ein. Führungen zeigen die Highlights: die Marmortreppe, das elliptische Wohnzimmer und den runden Rauchersalon im türkischen Stil. Familienbilder zieren das Haus, dessen Möblierung (keine Originale der Pittocks) den erlesenen Geschmack jener Zeit zeigt.

Die großzügige Auffahrt zum eindrucksvollen Pittock Mansion

Typisches Anwesen im eleganten Wohnviertel Nob Hill

Nob Hill ❹

Von W Burnside St bis NW Pettigrove St, von NW 17th St bis NW 24th St. *zur NW 23rd St.*

Nob Hill ist auch unter dem Namen »Northwest 23rd« bekannt – in Anlehnung an die Hauptgeschäftsstraße des eleganten Viertels aus dem späten 19. Jahrhundert. Charakteristisch sind baumbestandene Straßen, großzügige Holzhäuser und Apartmentgebäude. Dank seiner zentralen Lage und seines Charmes ist Nob Hill eines der beliebtesten Wohn- und Geschäftsviertel. Ein angenehm künstlerisches Flair umgibt die exklusiven Läden und Restaurants.

Haus in Nob Hill (um 1900)

Die NW 23rd Street, die zwischen West Burnside und NW Lovejoy Street liegt, bildet das Zentrum. In den Seitenstraßen stehen hübsche alte Häuser. Das 1892 im viktorianischen Zuckerbäckerstil erbaute **Pettigrove House** (2287 NW Pettigrove Street) gehörte Francis Pettigrove, dem Mitgründer der Stadt. Er und Asa Lovejoy warfen einst eine Münze wegen der Namensgebung. Pettigrove gewann und wählte einen Stadtnamen aus seinem Heimatstaat Maine aus: nämlich Portland. In der NW Johnson Street zwischen NW 22nd und 23rd Street stehen Häuser aus den 1880er Jahren, als Nob Hill schick wurde.

Rose Quarter 5

1 Center Ct. *Rose Quarter (rote u. blaue Linie).*
Siehe **Unterhaltung** *S. 77.*
www.rosequarter.com

Portlands wichtigste Veranstaltungsorte für Sport, Großereignisse und Kongresse liegen alle im Rose Quarter, einem Geschäftsviertel am östlichen Ufer des Willamette River. Die Portlander kommen in Heerscharen in die sonst ruhige Gegend, um die Basketballspiele der Trail Blazers, die Eishockeyspiele der Winter Hawks oder die Pop- und Rockkonzerte mit Stars wie Paul McCartney und Bruce Springsteen in der **Rose Garden Arena** zu sehen. Die Arena wurde von Ellerbe Becket aus Kansas City gestaltet und 1996 fertiggestellt. Sie bietet eine einzigartige »akustische Wolke« von 160 kreisenden Platten, die für jede Veranstaltung individuell verändert und angepasst werden können.

Das kleinere **Memorial Coliseum** (300 Winning Way), in dem früher solche Veranstaltungen stattfanden, liegt gleich nebenan. Seine verglaste Halle, die 1960 von den New Yorker Architekten Skidmore, Owens & Merrill entworfen wurde, wird für Kongresse und Messen genutzt.

Das **Lloyd Center**, östlich des Rose Quarter, war das erste überdachte Einkaufszentrum der USA – und strahlt folglich einen altmodischen Charme aus. Über 200 Läden und Restaurants liegen rund um eine Rollschuhbahn, von der einige hübsch bepflanzte Wege abgehen.

Blick von der Eastbank Esplanade auf Portland

Eastbank Esplanade 6

Zwischen Willamette River u. I-5, Steel u. Hawthorne Bridge. *Rose Quarter (rote u. blaue Linie).* *4, 5, 6, 8, 10, 14.*

Der Fußgänger- und Fahrradweg, der am Ostufer des Willamette River zwischen der Steel Bridge und der Hawthorne Bridge entlangführt, war Teil einer groß angelegten Ufersanierung. Die unbehinderte Sicht von der Esplanade auf die Innenstadt und die reizvolle Lage am Fluss locken wohl jeden hierher. Auch der Weg selbst ist eine kleine Attraktion: Ein 365 Meter langer Abschnitt treibt auf dem Wasser. Eine andere Wegstrecke befindet sich oberhalb eines der alten Piers von Portland.

Von der Esplanade aus führen vier große Brücken ins Zentrum. Sie verbinden die Esplanade mit dem Governor Tom McCall Waterfront Park *(siehe S. 64f)* auf dem Westufer. Der aufregendste Übergang ist der Steel Bridge Riverwalk, der sich neun Meter über dem Wasser befindet.

Oregon Museum of Science and Industry 7

1945 SE Water Ave. *(503) 797 4000.* *14, 83.* *Labor Day–Mitte Juni: Di–So 9.30–17.30 Uhr; Mitte Juni–Labor Day: tägl. 9.30–19 Uhr.* *Feiertage.* *teilweise.* *für U-Boot.*
www.omsi.edu

Das Oregon Museum of Science and Industry (OMSI) ist eines der besten Wissenschaftsmuseen der USA. Die vielseitig nutzbaren Hallen und Labors dieser bekannten Attraktion beherbergen Hunderte interaktiver Ausstellungsstücke. Exponate »zum Anfassen« gibt es in den Bereichen Physik, Chemie, Weltraumforschung, Informatik und Mathematik. Äußerst beliebt ist der Erdbebensimulator, der die Besucher kräftig durchschüttelt, während sie alles über die Plattenverschiebungen erfahren, die im Untergrund von Portland auch heute noch stattfinden.

Das Kendall Planetarium bietet eine hochmoderne astronomische Ausrüstung. Das Omnimax-Kino mit einer fünf Stockwerke hohen Leinwand entführt die Zuschauer in andere Welten. Für Kinder unter neun Jahren kann der Science Playground ein wahres Wunderland sein.

Am Museum ist das letzte Diesel-U-Boot der US Navy angedockt: die *Blueback* von 1959. Bei einer Führung kann man durch ein Periskop auf Portland sehen – und auch die bedrückende Enge nachempfinden, in der 85 Matrosen einst lebten.

Interaktive Ausstellung im Oregon Museum of Science and Industry

Washington Park ❷

Schild im Oregon Zoo, Washington Park

Obwohl das Gelände bereits 1871 in den Hügeln westlich von Portlands Zentrum Gestalt annahm, erhielt der Washington Park sein heutiges Erscheinungsbild erst 1903. Damals kam der Bostoner Architekt John Olmsted für die Planung der Lewis-Clark-Ausstellung nach Portland. Er entwarf zudem Parkanlagen für die junge Stadt. Olmsteds Vorschläge für den Washington Park führten im Lauf der Jahre zur Entstehung von Gärten, Plätzen, immergrünen Hainen, einem Zoo und Erholungsstätten. Heute ist der Park einer der beliebtesten grünen Anziehungspunkte Portlands.

★ Hoyt Arboretum
Über 8000 Bäume und Sträucher aus der ganzen Welt wachsen in dieser Baumschule. Man kann sie entlang von Wanderwegen (19 km) bewundern.

Das Vietnam Veterans of Oregon Memorial, ein Ring aus schwarzen Granitblöcken, erinnert an die Männer aus Oregon, die am Vietnamkrieg teilnahmen.

World Forestry Center
Das Zentrum besitzt ein Forschungslabor und ein Museum mit einer 21 Meter hohen »sprechenden« Douglasfichte, die Interessantes über Baumschulen, Regenwälder und alten Baumbestand erzählt.

Portland Children's Museum ist ein spannendes, interaktives Museum für Kinder von sechs Monaten bis zu zehn Jahren.

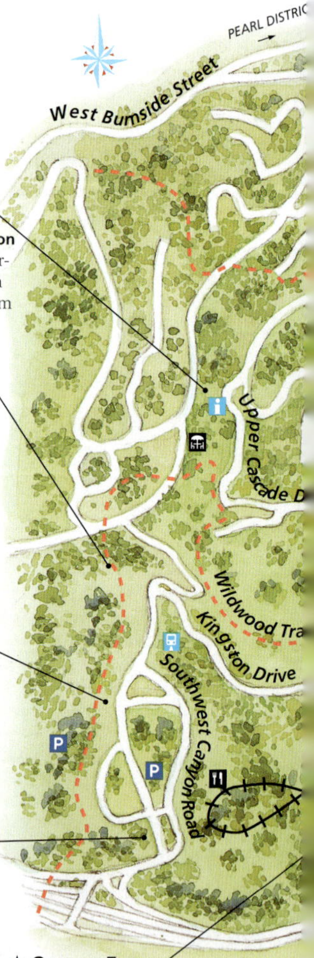

NICHT VERSÄUMEN

- ★ Hoyt Arboretum
- ★ International Rose Test Garden
- ★ Japanese Garden
- ★ Oregon Zoo

★ Oregon Zoo
Er ist Oregons meistbesuchte Attraktion und für seine Elefanten berühmt: Der Zoo dient der Forschung und gewährt auf 25 Hektar waldiger Hügellandschaft über 50 bedrohten Tierarten Zuflucht.

★ Japanese Garden
Pflanzen, Steine und Wasser sind in fünf Arealen traditionell arrangiert – Anlagen voller Harmonie.

INFOBOX

SW Park Pl. (503) 823 2525. Washington Park (blaue Linie). 63. tägl. 5–22 Uhr (nicht für alles). einige Highlights. **www**.portlandonline.com

LEGENDE

- Picknick
- Restaurant
- Wanderweg
- Parken
- MAX-Station
- Eisenbahn
- Information
- Aussichtspunkt

0 Meter 400
0 Yards 500

★ International Rose Test Garden
Preisgekrönte Rosen aus der ganzen Welt, ein Amphitheater aus Gras und ein Laufsteg für die Königin des seit 1907 jährlich stattfindenden Rose Festival – dies sind nur einige Attraktionen des 1,5 Hektar großen Gartens, der ältesten öffentlichen Gartenanlage in den USA.

Der Wildwood Trail ist ein 48 Kilometer langer Abschnitt des 40-Mile-Loop durch den Washington Park zum Forest Park im Norden – vorbei an Douglasfichten und Wildblumen.

Washington Park and Zoo Railway
Drei Züge – der altmodische Steamer, der schnittige 1958er Zooliner und ein Zirkuszug (Oregon Express) – fahren durch die grüne Landschaft mit herrlicher Aussicht auf Portland, Mount Hood, Mount St. Helens sowie auf den Zoo.

Überblick: Washington Park

Elefant im Oregon Zoo

Besucher gehen hier im Schatten alter Kiefern spazieren, Waldwege führen zu Wiesen mit Wildblumen: Es ist kaum zu glauben, dass der 130 Hektar große Washington Park im Stadtgebiet liegt. Neben dem hügeligen Terrain gibt es auch sehr gepflegte Gartenanlagen und einen viel besuchten Zoo sowie ausgedehnte Rasenflächen im englischen Stil. Malerische Straßen und ausgedehnte Wanderwege sowie die Miniatureisenbahn machen es Besuchern leicht, den Park zu erkunden und die vielfältigen Angebote zu genießen.

Rosen in voller Blüte im International Rose Test Garden

International Rose Test Garden

400 SW Kingston Dr. (503) 823 3664. *tägl. 7.30–21 Uhr.*

Dieser Rosengarten ist ein Geschenk für alle Blumenliebhaber. Er ist der älteste kontinuierlich betriebene Versuchsgarten der USA. Seine Anfänge liegen im Sommer 1888, als Georgiana Pittock, Ehefrau des Verlegers Henry Pittock *(siehe S. 68)*, Freunde einlud und ihre preisgekrönten Rosen in einem Zelt auf dem Rasen ihres Anwesens präsentierte. Die Rosenliebhaber gründeten 1888 die Portland Rose Society, pflanzten Rosen entlang den Straßen der Stadt und machten Portland damit zur »Stadt der Rosen«. 1917 gründete die Gesellschaft den Rosengarten im Washington Park, dessen Hanglage einen schönen Ausblick auf die Stadt und den Mount Hood gewährt. Heute gibt es hier 525 Rosensorten und 8000 Büsche, die im Juni in Blüte stehen. Dann findet das jährliche Portland Rose Festival *(siehe S. 31)* statt.

Im All-American Rose Test Garden werden neue Rosensorten zwei Jahre lang beobachtet, bevor sie einer Jury vorgeführt werden, die sie u.a. nach Farbe, Form und Duft beurteilt. Die Ergebnisse werden mit den Beurteilungen aus 23 anderen Versuchsgärten des Landes verglichen, um die schönsten Rosen zu küren. Auch die Stadt Portland wählt jedes Jahr ihre Favoriten. Die Gewinner sind dann im Gold Medal Garden zu bestaunen.

Nur im Shakespeare Garden stehen Rosen nicht an erster Stelle. Hier wachsen Blumen, die in den Werken des Dichters erwähnt sind.

Die Rose Society unterhält außerdem Gärten im Peninsula Park im nördlichen Portland und in Ladd's Addition *(siehe S. 74)* im Südosten der Stadt.

Japanese Garden

611 SW Kingston Dr. *(503) 223 1321.* 63. *Apr–Sep: Mo 12–19, Di–So 10–19 Uhr; Okt–März: Mo 12–16, Di–So 10–16 Uhr.* *1. Jan, Thanksgiving, 25. Dez.* *Apr–Okt: tägl. 10.45, 13, 14.30 Uhr.*

www.japanesegarden.com

Die gepflegte Anlage neben dem Rose Test Garden ist einer der authentischsten japanischen Gärten außerhalb Japans. In dem Ruhe ausstrahlenden Areal des bekannten japanischen Landschaftsarchitekten Takuma Tono umgeben Teiche, Felsformationen und Pavillons die akribisch arrangierten Pflanzen.

Steinpagode im Japanese Garden

Pfade winden sich durch fünf unterschiedliche Landschaften: durch den Flat Garden, der urbanes Gartendesign aufweist, den Tea Garden, der das Teehaus umgibt, den Strolling Pond Garden mit Brücken über Karpfenteiche und Irisbeete, den Natural Garden, wo Bäume, Sträucher, Farne und Moose an Teichen, Wasserläufen und kleinen Wasserfällen wachsen, sowie die Sand and Stone Gardens, in denen Kiesflächen wie Meer wirken und in Form von Sake-Schalen angeordnete Pflanzen dem Besucher Glück bringen sollen.

Das hölzerne Eingangstor des japanischen Gartens erreicht man über einen Waldpfad oder mit dem Shuttle-Bus, der alle 25 Minuten vom unteren Parkplatz abfährt.

Traditionelle japanische Gartenkomposition von Takuma Tono

Nadelbäume in den Anlagen des Hoyt Arboretum

Hoyt Arboretum

4000 SW Fairview Blvd. *(503) 865 8733.* ○ *tägl. 6–22 Uhr.* *Juni–Sep: 1. Sa im Monat 10 Uhr.*
www.hoytarboretum.org

Auf den Hainen und Wiesen der 76 Hektar großen Baumschule wachsen 218 Arten von Nadelbäumen (die weltweit größte Anpflanzung dieser Art), Dutzende Sorten von Wildblumen des Nordwestens sowie Bäume und Pflanzen aus aller Welt.

Das Besucherzentrum, an dem alle Besichtigungen beginnen, versorgt Besucher mit Karten für alle Wege, die kreuz und quer durch die Baumschule führen, sowie mit einer detaillierten Liste aller Bäume und Pflanzen.

Am Südende des Hoyt Arboretum stößt man auf das **Vietnam Veterans of Oregon Memorial**. Auf dem Areal mit Rasenflächen und Gärten befinden sich sechs Granittafeln, auf denen die Namen der Veteranen aus Oregon, die im Vietnamkrieg getötet wurden oder als vermisst gelten, eingraviert sind.

Oregon Zoo

4001 SW Canyon Rd. *(503) 226 1561.* *Washington Park (blaue Linie).* *63.* ○ *Jan, Feb: tägl. 10–16 Uhr; März–Mai, Sep–Dez: tägl. 9–16 Uhr; Juni–Aug: tägl. 9–18 Uhr.* ● *25. Dez.*
www.oregonzoo.org

1887 schenkte der Apotheker Richard B. Knight der Stadt einen Grizzly- und einen Braunbären. Seitdem gibt es im Washington Park einen Zoo, der sich seit 1959 auf den Hügeln und in den Schluchten der Südseite des Parks befindet. Über 1000 Vögel, Säugetiere, Reptilien und Wirbellose (200 Arten) leben hier, viele in ihrer natürlichen Umgebung. Der Zoo besitzt die größte Zuchtstätte von Elefanten in Gefangenschaft. Er pflegt 21 fast ausgestorbene und 33 bedrohte Arten. Die beliebtesten Tiere sind die Humboldt-Pinguine aus Peru, die im Penguinarium leben. Die Seelöwen und Otter befinden sich im Stellar Cove. Antilopen und Giraffen grasen in einer künstlich angelegten afrikanischen Savannenlandschaft. Wölfe und Grizzlybären leben in einer Alaska-Tundra.

Ein terrassenförmig angelegter Teil gewährt einen Blick auf Ziegen, Otter, Elche und andere Tiere, die im Nordwesten beheimatet sind.

World Forestry Center Discovery Museum

4033 SW Canyon Rd. *(503) 228 1367.* ○ *tägl. 10–17 Uhr.* ● *Thanksgiving, 25. Dez.*
www.worldforestry.org

Bäume stehen im Mittelpunkt des Museums, das den Waldvorkommen dieser Welt gewidmet ist. Im Hauptgeschoss des eleganten Holzgebäudes steht ein Hain mit Bäumen, die in der Region wachsen. Zudem gibt es eine interessante Sammlung von versteinertem Holz, das jahrtausendelang begraben lag und mineralisiert wurde.

Im oberen Stockwerk klären Fotos, Diapräsentationen und Texte über die Bedeutung alten Baumbestands und tropischer Regenwälder für die Balance des Klimas auf. Das Forest Discovery Lab macht Kindern viel Spaß.

In der interaktiven Ausstellung »Global Forest« kann man das Aussehen, die Gerüche und Geräusche von Wäldern dieser Welt kennenlernen.

Stellar Cove im Oregon Zoo – Terrain der Seelöwen

Holzfassade des World Forestry Center Discovery Museum

Portland Children's Museum

4015 SW Canyon Rd. *(503) 223 6500.* *Washington Park (blaue Linie).* *63.* ○ *Mo–Sa 9–17, So 11–17 Uhr.*
www.portlandcm.org

Bei seiner Gründung 1949 war das Children's Museum eines der ersten seiner Art in den USA. Heute kommen rund 250 000 Besucher pro Jahr und erfreuen sich an den Exponaten für Kinder unter zehn Jahren.

Spielen heißt das Zauberwort in diesem Museum. Die Kleinen betätigen Kurbeln und Klappen, um Wasser durch ein Wasserwerk zu schicken, oder sie machen mit Regenrasseln Musik in der Zounds!-Abteilung. Operationen werden in der Kids' Clinic durchgeführt. Kurz: Es gibt viele kreative Möglichkeiten, um die Welt für Kinder (be-)greifbar zu machen.

Portlands Hawthorne District lädt zum Einkaufsbummel ein

Hawthorne District ❽

NE Hawthorne Blvd, zwischen SE 17th St u. SE 39th St.

Die Wohn- und Geschäftsgegend erinnert ein wenig an das studentische Berkeley in Kalifornien. Der Hawthorne District ist vor allem bei jüngeren Leuten beliebt, viele von ihnen besuchen das nahe gelegene Reed College. Am Hawthorne Boulevard reihen sich Cafés, Boutiquen, Buchläden, Bäckereien und Feinkostläden aneinander, durchsetzt von Restaurants, die exotische Gerichte aus Vietnam, Indien, dem Libanon oder Äthiopien anbieten. Straßenmusiker liefern die Hintergrundmusik.

Die Wohnareale dieses Viertels stammen aus dem frühen 20. Jahrhundert. Sie gehören zu den sogenannten Streetcar Suburbs, die man früher gut per Tram erreichen konnte. **Ladd's Addition** ist eines der ältesten dieser am Reißbrett entworfenen Viertel im Westen der USA. Es besitzt kreisförmig um fünf Rosengärten angeordnete Straßen – ein für 1939 gewagter Entwurf. Heute findet man unterschiedliche Architekturstile des 20. Jahrhunderts vor: Bungalow-, Zimmermanns-, Missions-, Kolonial- und Tudor-Stil.

Östlich führt der Hawthorne Boulevard auf den Mount Tabor. Sein erloschener Krater ist heute von einem Waldpark umgeben, der zum Wandern oder zum Picknick einlädt.

Sellwood District ❾

Von SE 13th Ave bis SE 17th Ave, von SE Tacoma St bis SE Bybee Blvd.

Sellwood, eine geruhsame Wohngegend am Steilufer des Willamette River im südöstlichen Zipfel der Stadt, ist das Antiquitätenzentrum von Portland. Die Zeit für Schnäppchenjäger ist zwar lang vorbei, doch die Gegend mit ihren ca. 30 Antiquitätenläden zieht immer noch viele Käufer an. Viele der Läden liegen in alten viktorianischen Häusern entlang der Southeast 13th Avenue, der **Antique Row**. Im benachbarten Westmoreland-Viertel kann man nach dem Shopping-Bummel gut essen gehen.

Der Abschnitt oberhalb des Steilufers gehört den Achterbahnen und ähnlichen Fahrgeschäften im **Oaks Park**, einem etwas heruntergekommenen Vergnügungspark, der 1905 anlässlich der Lewis-Clark-Ausstellung *(siehe S. 40)* eröffnet wurde.

Zum Verkauf: Stühle in der Antique Row, Sellwood District

Crystal Springs Rhododendron Garden ❿

SE 28th Ave u. SE Woodstock Blvd. *(503) 771 8386.* *19.* *Apr–Sep: tägl. 6–22 Uhr; Okt–März: tägl. 6–18 Uhr.*

Die Wege der vier Hektar großen Gartenanlage überqueren Wasserläufe, führen an gischtsprühenden Wasserfällen vorbei und umrunden den einen von einer Quelle gespeisten See mit Enten, Gänsen, Reihern und anderen Vögeln. Von März bis Juni leuchtet der Garten in atemberaubender Farbenpracht. Dann blühen Hunderte der seltenen Rhododendron- und Azaleengewächse in dieser weltweit bekannten Anlage.

Der See im Crystal Springs Rhododendron Garden

Reed College ⓫

3203 SE Woodstock Blvd. *(503) 771 1112.* *19.* **Campus** *tägl. Sonnenaufgang bis Sonnenuntergang.* **www**.reed.edu

Das 1908 gegründete Reed College ist eine Stiftung der Oregon-Pioniere Simeon und Amanda Reed. Der bewaldete Campus umfasst rund 40 Hektar Land und liegt am Rand von Eastmoreland, einem der schönsten Wohnviertel Portlands.

Ziegelbauten im Tudor-Stil und typische Holzbauten des Nordwestens mit Rasen umgeben den »Canyon«, ein bewaldetes Feuchtgebiet. 125 Zedern-, Ahorn- und andere Baumarten spenden Schatten – dies hat wohl einen positiven Einfluss auf die 1400 Studenten, denn Reed hat die zweithöchste Zahl an Studienabschlüssen aller amerikanischen Colleges für Geisteswissenschaften.

Ziegelbauten im Tudor-Stil auf dem Campus des Reed College

Ausrüstung früher Siedler, End of the Oregon Trail Interpretive Center

End of the Oregon Trail Interpretive Center ⓬

1726 Washington St, Oregon City. *(503) 657 9336. März–Sep: Mo–Sa 9.30–17, So 10.30–17 Uhr; Okt–Feb: Di–Sa 11–16, So 12–16 Uhr. 1. Jan, Thanksgiving, 25. Dez.*
www.historicoregoncity.org

Für viele Siedler, die den Westen auf dem Oregon Trail durchquerten, war Abernethy Green bei Oregon City der Endpunkt, wenn sie über die Cascades kamen (manche zogen schon bei der Ankunft im Osten Oregons in andere Richtungen). Im fruchtbaren Willamette Valley errichteten sie Farmen und machten das Land urbar.

Das End of the Oregon Trail Interpretive Center veranschaulicht das Leben auf dem Trail in drei übergroßen, 15 Meter hohen Planwagen, die bei Abernethy Green aufgestellt sind. Handwerk, Erbstücke und Mitmach-Vorführungen (z. B. das Beladen eines Wagens) zeigen Besuchern das harte Pionierleben.

Oregon City ⓭

Straßenkarte 1 A3. *29 500.*
1201 Washington St. (503) 656 1619.

Endpunkt des Oregon Trail und ehemalige Hauptstadt Oregons (1849–52) ist Oregon City. Ihre berühmte Vergangenheit verdankt die Stadt der Lage an den zwölf Meter hohen Willamette Falls, die Getreide- und Papiermühlen antrieben und der Stadt Wohlstand brachten. 1843 tagte hier das erste provisorische Parlament des Territoriums. Das **Museum of the Oregon Territory** legt von jener Zeit Zeugnis ab, als der Engländer John McLoughlin 1829 Oregon City gründete und das Land zu einem Teil der USA machen wollte. 1846 ließ der »Vater von Oregon« das größte Wohnhaus der Stadt bauen, das **McLoughlin House**, nun Teil der Fort Vancouver National Historical Site. Stufen und ein Fahrstuhl führen zu den Läden am Fluss hinab.

Museum of the Oregon Territory
211 Tumwater Dr. *(503) 655 5574. Mi, 1. und 3. Sa im Monat 11–16 Uhr. Feiertage.*

McLoughlin House
713 Center St. *(503) 656 5146. Mi–Sa 10–16 Uhr. Mitte Dez–Jan, Feiertage.*

Das ehrwürdige McLoughlin House (1846) in Oregon City

Aurora ⓮

Straßenkarte 1 A3. *650.*
(503) 939 0312.

Die Wurzeln von Aurora liegen in der Aurora-Kolonie, einer utopistischen Gemeinde, die 1852 von dem preußischen Einwanderer William Keil gegründet wurde. Ähnlich wie bei den Shaker-Kommunen im Osten basierte das Gemeinwesen auf christlichem Fundamentalismus und gemeinsamem Besitz. Die Kolonie hielt sich über ein Jahrzehnt lang, dann wurde sie von einer Pockenepidemie heimgesucht. Ihre Geschichte kann man in den hübschen Gebäuden des **Old Aurora Colony Museum** nachvollziehen. Viele der historischen Häuser von Aurora beherbergen heute Antiquitätengeschäfte.

Die in der Nähe liegende **Champoeg State Heritage Area** war Schauplatz der Versammlung von 1843, auf der einige Siedler beschlossen, sich von England loszusagen, und eine provisorische Regierung in Oregon gründeten. Damals war Champoeg ein blühender Handelsposten am Ufer des Willamette River (1813 von der Hudson's Bay Company errichtet). Die Stadt, die sich um den Handelsposten entwickelte, wurde allerdings nach den verheerenden Flutkatastrophen von 1861 und 1890 aufgegeben. Heute liegt hier ein 265 Hektar großer Park. Ausstellungstafeln im Besucherzentrum erinnern an die Calapooya-Indianer, die einst am Flussufer lebten, sowie an die Händler und Pioniere des Handelspostens. Gefängnis, Schule, Wohnhäuser und eine Scheune sind als historische Bauten erhalten.

Old Aurora Colony Museum
15018 2nd St NE. *(503) 678 5754. Feb–Dez: Di–Sa 11–16, So 12–16 Uhr. Jan, Feiertage.*
www.auroracolony.org

Champoeg State Heritage Area
Rte 99 W, 7,5 km westlich von Aurora. *(503) 678 1251. tägl. Sonnenaufgang bis Sonnenuntergang.*

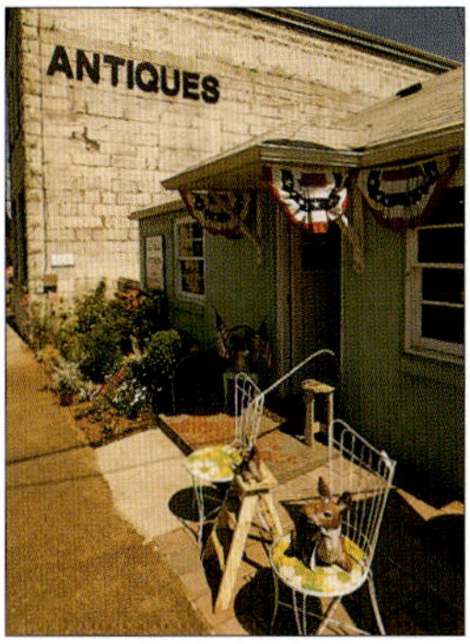

Malerische Häuschen im National Historic District von Aurora

Shopping

Man kann in Portland günstig einkaufen – es gibt keine Umsatzsteuer. Ebenso vorteilhaft ist die gute Lage der Shopping-Meilen, die alle in der Innenstadt oder in deren Nähe zu finden sind. Portland besitzt viele Kaufhäuser und Ladenketten, aber auch Fachgeschäfte, die regionale Erzeugnisse anbieten.

Shopping-Meilen

Um den Pioneer Courthouse Square liegt das Haupteinkaufszentrum. Hier gibt es große Kaufhäuser, Schmuck- und Kleiderläden sowie andere Fachgeschäfte. In Nob Hill, NW 23rd Avenue westlich von Burnside, befindet sich eine bunte Mischung aus schicken Designerläden, Mode- und Geschenkboutiquen sowie Delikatessenläden. Im Pearl District *(siehe S. 54f)* laden Galerien und Designerateliers ein.

In Sellwood *(siehe S. 74)* reihen sich in der Southeast 13th Avenue Antiquitätengeschäfte aneinander. Eine Art Gegenkultur hat am Southeast Hawthorne Boulevard *(siehe S. 74)* Einzug gehalten. Dort gibt es Bücher, Musik und Secondhandkleidung. Am Wochenende verkaufen über 300 Künstler ihre Werke auf dem Portland Saturday Market *(siehe S. 53)*.

Kaufhäuser und Shopping Malls

Aus dem 1857 gegründeten Meier & Frank ist **Macy's** geworden. Das Kaufhaus bietet von Kosmetik bis zu Haushaltswaren alles an. **Nordstrom** entstand 1901 in Seattle als Schuhgeschäft. Heute ist

Buntes Angebot auf dem beliebten Saturday Market

Signet von »Made in Oregon« – hier gibt es Originales aus Oregon

es für Qualitätskleidung (Mode für Damen, Herren und Kinder) und den guten Service bekannt. Im **Bridgeport Village** befinden sich rund 90 Läden und Restaurants sowie ein Kino. Im dreistöckigen **Pioneer Place** gibt es über 70 Einzelhändler. Das **Lloyd Center** mit 200 Läden bietet zudem eine Kunsteisbahn.

Kunstmarkt am First Thursday

Fachgeschäfte

Alles, was in Oregon gewachsen, hergestellt oder gefangen wurde, etwa Marmelade, Eingemachtes oder geräucherter Lachs, findet man bei **Made in Oregon**. Dort wie auch im **Portland Pendleton Shop** gibt es Produkte der Pendleton Woolen Mills *(siehe S. 111)*.

Eine gute Auswahl an Weinen von den ausgezeichneten Winzereien des Landes findet man bei **Oregon Wines on Broadway**. Dem Laden ist ein Weinlokal angeschlossen.

Bei **Columbia Sportswear** gibt es alles für den Sportler, im Nordwesten hergestellt. **Norm Thompson** führt Freizeit- und Wanderbekleidung im »Pacific-Northwest-Look«. Das bekannte Geschäft hat zudem einen weltweiten Versandservice.

Powell's City of Books mit über einer Million neuer und antiquarischer Bücher gilt als größte unabhängige Buchhandlung der Welt.

AUF EINEN BLICK

Kaufhäuser und Shopping Malls

Bridgeport Village
7455 SW Bridgeport Rd.
☎ *(503) 968 1704.*

Lloyd Center
NE Multnomah St u. NE 9th Ave.
☎ *(503) 282 2511.*

Macy's
621 SW 5th Ave. **Stadtplan** 1 C5. ☎ *(503) 223 0512.*

Nordstrom
701 SW Broadway. **Stadtplan** 1 C5. ☎ *(503) 224 6666.*

Pioneer Place
700 SW 5th Ave. **Stadtplan** 1 C5. ☎ *(503) 228 5800.*

Saks Fifth Avenue
850 SW 5th Ave. **Stadtplan** 1 C5. ☎ *(503) 226 3200.*

Fachgeschäfte

Columbia Sportswear
911 SW Broadway. **Stadtplan** 1 C5. ☎ *(503) 226 6800.*

Made in Oregon
Suite 1300, 340 SW Morrison St. **Stadtplan** 1 C5. ☎ *(503) 241 3630. Eine von mehreren Filialen.*

Norm Thompson
www.normthompson.com

Oregon Wines on Broadway
515 SW Broadway. **Stadtplan** 1 C5. ☎ *(503) 228 4655.*

Portland Pendleton Shop
900 SW 5th Ave. **Stadtplan** 3 C1. ☎ *(503) 242 0037.*

Powell's City of Books
1005 W Burnside St. **Stadtplan** 1 B4. ☎ *(503) 228 4651.*

Souvenirs

Weinliebhaber werden wohl nicht darauf verzichten, einen guten Tropfen, vor allem einen Pinot Noir, zu kaufen. Geräucherter Lachs und Austern aus Oregon stehen ebenfalls hoch im Kurs. Eine Wolldecke, ein kariertes Hemd oder ein Schal von den berühmten Pendleton Woolen Mills *(siehe S. 111)* sind beliebte Mitbringsel. Gleiches gilt für das Kunsthandwerk der Ureinwohner: Masken, Schnitzereien und Schmuck.

Stadtplan Portland *siehe Seiten 80–85*

Unterhaltung

Portland hat eine lebendige Kulturszene, die immer bekannter wird. Darstellende Kunst wird an verschiedenen Veranstaltungsorten der Stadt geboten. Theater und Musik sind dabei besonders häufig vertreten. In Portland finden auch große Rockkonzerte und diverse Sportwettkämpfe statt.

Information

Portland ist die erste US-amerikanische Stadt, die mit dem »Twisitor Center« ein virtuelles Tourismusbüro eingerichtet hat. Dabei wird Twitter-Technologie verwendet, um Urlauber mit Teilnehmern zu verbinden, die ihre Fragen beantworten können.

Auch die Website von **Travel Portland** (www.travelportland.com) liefert viele Tipps für Besucher. Die Gratis-Wochenzeitung *Willamette Week* bietet Veranstaltungstipps. Die Tageszeitung *Oregonian* druckt freitags einen Veranstaltungskalender ab.

Tickets

Viele Tickets kann man telefonisch oder persönlich bei **Ticketmaster** oder **Tickets West** kaufen.

Kostenlose Veranstaltungen

Mittwochs gibt es in **The Old Church** *(siehe S. 62)* mittags ein Orgelkonzert. Auch auf dem **Pioneer Courthouse Square** *(siehe S. 60)* kann man Mittagskonzerte genießen. Im Sommer finden im **Oregon Zoo Amphitheater** *(siehe S. 73)* abends regelmäßig Konzerte statt (Eintrittskarten bei Ticketmaster).

Theater

Die bekannteste und älteste Bühne der Stadt ist das **Artists Repertory Theatre**. Die

Die moderne Rose Garden Arena ist Teil des Rose Garden

Die Fassade des Portland Center for the Performing Arts

Portland Center Stage zeigt ein Repertoire an klassischen und zeitgenössischen Stücken. Die **Miracle Theatre Group** widmet sich der Kultur der hispanischen Gemeinde.

Tanz

Zeitgenössisches und klassisches Ballett (etwa *Nussknacker* in der Weihnachtszeit) bietet das **Oregon Ballet Theatre** im **Portland Center for the Performing Arts**. Im Frühjahr gibt es immer Neuinszenierungen.

Musik

Das älteste Sinfonieorchester der Westküste, die **Oregon Symphony**, hat sich unter ihrem Dirigenten und Leiter Carlos Kalmar Anerkennung erspielt. Das **Portland Baroque Orchestra** interpretiert von Frühjahr bis Herbst alte Musik. Die **Portland Opera** bringt jährlich fünf Neuinszenierungen heraus.

Im 1920 eröffneten **Crystal Ballroom**, der einen »schwimmenden«, auf Kugeln gelagerten Tanzboden besitzt, gibt es populäre Musikdarbietungen.

Ein beliebter Treffpunkt für Jazzfans ist **Jimmy Mak's Bar & Grill** im Pearl District, wo man Weltklasse-Jazz hören kann. Dazu werden hier Gerichte aus Griechenland und dem Nahen Osten serviert.

Sportstadien

Die **Rose Garden Arena** im Rose Garden *(siehe S. 69)* ist die Heimstätte des Basketballteams Portland Trail Blazers und des Hockeyteams Portland Winter Hawks.

Fußballfans können die Portland Timbers im renovierten **Jeld-Wen Field** spielen sehen.

AUF EINEN BLICK

Tickets

Ticketmaster
(503) 224 4400.

Tickets West
(503) 224 8499.

Theater

Artists Repertory Theatre
(503) 241 1278.

Miracle Theatre Group
(503) 236 7253.

Portland Center Stage
(503) 445 3700.

Tanz

Oregon Ballet Theatre
(503) 222 5538.

Portland Center for the Performing Arts
(503) 248 4335.

Musik

Crystal Ballroom
(503) 225 0047.

Jimmy Mak's Bar & Grill
(503) 295 6542.

Oregon Symphony
(503) 228 1353.

Portland Baroque Orchestra
(503) 222 6000.

Portland Opera
(503) 241 1802.

Sportstadien

Jeld-Wen Field
(503) 553 5400.

Rose Garden Arena
(503) 797 9619.

In Portland unterwegs

Portland hat es geschickt vermieden, eine unübersichtliche, verkehrsreiche Großstadt zu werden: In der kompakten Metropole findet man sich leicht zurecht. Im Zentrum kann man überall zu Fuß hingehen. Zudem sorgt ein ausgeklügeltes Bus-, S-Bahn- und Tramsystem dafür, dass die meisten Orte bequem und schnell – und im Zentrum gratis – zu erreichen sind.

Tram am Jameson Square – im Zentrum ist die Fahrt kostenlos

Parkende Fahrräder sieht man überall in der Innenstadt

Orientierung

Der Willamette River und seine acht Brücken teilen Portland in einen östlichen und einen westlichen Teil. Die Burnside Street trennt die Stadt in Nord und Süd. Daher ist es sinnvoll, dass Portland in Quadrate eingeteilt ist, wie man an den Adressen ablesen kann. Die meisten beginnen mit »Northwest«, »Northeast«, »Southwest« oder »Southeast«.

Avenues in Portland sind von Nord nach Süd nummeriert. Straßen tragen Namen und verlaufen von Ost nach West. Die Straßen nördlich der Burnside sind praktischerweise alphabetisch angeordnet – Couch kommt nach Burnside, Davis nach Couch. Südlich von Burnside verlaufen die Straßen ohne besondere Ordnung. Ungerade Hausnummern finden sich meist auf der West- und Nordseite, gerade dagegen auf der Ost- und Südseite.

Mehrere Highways führen quer durch Portland. Die I-5, die Hauptroute der Westküste in Nord-Süd-Richtung, führt durch die Innenstadt, während die I-84 vom Ostufer des Willamette River weiter östlich in Richtung Idaho verläuft. Die I-205 führt über die Vorstädte am Flughafen vorbei. Die I-405 tangiert die südliche und westliche Begrenzung der Innenstadt.

Zu Fuß

Portlands Innenstadt ist so kompakt, dass man alles zu Fuß erkunden kann. Die Fußgängerüberwege auf den Brücken führen bequem zu den Vierteln im Ostteil. Einen kostenlosen Stadtplan erhält man bei Powell's City of Books *(siehe S. 55)*. Karten gibt es auch bei **Travel Portland** am Pioneer Courthouse Square *(siehe S. 60)*.

Mit dem Fahrrad

Portland ist eine radfahrerfreundliche Stadt. Fahrräder können auch in allen öffentlichen Verkehrsmitteln mitgeführt werden, sogar in Bussen gibt es dafür spezielle Vorrichtungen. Die meisten Straßen haben ausgewiesene Radwege.

Helmpflicht gilt für alle Radfahrer unter 16 Jahren. Nach Einbruch der Dunkelheit muss man mit Licht fahren (rotes Rücklicht, weißes Vorderlicht).

Die **Bicycle Transportation Alliance**, eine Interessengruppe für Radfahrer, hilft Besuchern mit Straßenkarten und nützlichen Informationen weiter.

Taxis

Taxis kann man in Portland nicht – wie in anderen Städten – auf der Straße heranwinken. Taxistände gibt es vor den großen Hotels im Zentrum. Man kann ein Taxi auch telefonisch bestellen. Die Fahrt kann man mit Kreditkarte bezahlen.

Öffentliche Verkehrsmittel

Portlands öffentliche Verkehrsmittel (Busse ausgenommen) sind im Bereich der 300 Häuserblocks des Fareless Square in der Innenstadt umsonst. Der Fareless Square wird südlich und westlich von der I-405, im Norden von der Northwest Irving Street und im Osten vom Willamette River begrenzt. Es gibt zwei Ausnahmen: Das Rose Quarter und das Lloyd Center liegen ebenfalls noch in dieser Zone.

Tri-Met, Portlands Verkehrsbetriebe, verfügen über drei Arten von Verkehrsmitteln: S-Bahnen, Busse und Trams.

Der Metro Area Express (MAX) ist ein S-Bahn-System und verbindet das Stadtgebiet mit den Außenbezirken. Die Züge der blauen Linie verkehren zwischen Hillsboro im Westen und Gresham im Osten. Die rote Linie verbin-

Die MAX-Züge verkehren teilweise auch in der historischen Altstadt

det die Innenstadt mit dem Flughafen. Die gelbe Linie führt durch den Norden, vom Rose Quarter zum Expo Center, die grüne Linie von der Union Station zur Portland State University. Die Züge verkehren alle zehn bis 15 Minuten, nachts sind die Zeitabstände größer.

Die meisten Tri-Met-Busrouten bieten Haltestellen an der 5th und 6th Avenue. Von hier aus sind die meisten Sehenswürdigkeiten der Innenstadt leicht zu erreichen.

Portland Streetcar betreibt ein Tramnetz im Zentrum mit vielen Haltestellen an der 10th und 11th Avenue. Im South Waterfront District kann man in die Seilbahn zur Oregon Health and Science University umsteigen.

Außerhalb der Fareless-Square-Zone variiert der Fahrpreis je nach Entfernung. Es gibt drei Zonen: Der Preis (für Erwachsene) für eine Zone beträgt 2,05, für drei Zonen 2,35 Dollar. Senioren sowie Kinder und Jugendliche zwischen sieben und 17 Jahren erhalten Rabatt. Bis zu drei Kinder unter sieben Jahren fahren in Begleitung eines Erwachsenen umsonst. Umsteigen kostet keinen Aufschlag, man kann dabei alle drei Verkehrsmittel benutzen. Hefte mit zehn Tickets sind billiger. Es gibt auch Tageskarten, Wochen- und Zwei-Wochen-Pässe. MAX-Tickets müssen in den Zügen entwertet werden.

Tri-Met-Busse, MAX-Züge und Trams sind alle behindertengerecht.

Mit dem Auto

In Portland ist es nicht allzu schwer, Auto zu fahren. Die Verbindungen stadtauswärts, etwa US 26 West, I-84, I-85 und Macadam Boulevard, können von 17 bis 18 Uhr verstopft sein, doch ansonsten kommt man meist gut voran.

Die vielen Einbahnstraßen in der Innenstadt tragen dazu bei, dass keine Staus entstehen. Einige Abschnitte der 5th und 6th Avenue sind autofrei. Sie sind als Verbindungsstraßen für den öffentlichen Nahverkehr ausgewiesen. Man

Portland State University: Haltestelle von Portland Streetcar

darf bei Rot rechts abbiegen, sofern man vorher gestoppt hat. Geschwindigkeitsbegrenzungen liegen bei 25 Meilen (40 km/h) in Wohngebieten und 20 Meilen (32 km/h) in Geschäfts- und Schulvierteln. Es besteht Anschnallpflicht. Motorradfahrer müssen einen Helm tragen.

Die **American Automobile Association (AAA)** versorgt Autofahrer mit Karten und Informationen.

Parken

In der Innenstadt sind Parkuhren aufgestellt. Ob man einen Parkplatz findet, hängt von der Tageszeit ab. Die Parkdauer variiert zwischen 15 Minuten und drei Stunden. Eine Alternative sind die günstigen Parkhäuser von SmartPark. Die meisten Straßen haben ein Parkticketsystem. Das Ticket muss innen an der Windschutzscheibe sichtbar angebracht werden. Parkuhren sind montags bis samstags von 8 bis 19 und sonntags von 13 bis 19 Uhr in Betrieb. Ausgenommen sind nur die Feiertage.

Portlands Bahnhof Union Station mit dem charakteristischen Turm

Abschleppen

Parksünder werden registriert. Schilder, die die Parkzeiten genau angeben, sollte man immer beachten. Bei Stoppschildern ist das Anhalten nur zum Be- und Entladen gestattet. Wenn Ihr Auto abgeschleppt wurde, sollten Sie bei **Portland Police Auto Records Department** anrufen. In diesem Fall werden entsprechende Gebühren fällig.

AUF EINEN BLICK

Hilfreiche Nummern

American Automobile Association (AAA)
1-800 222 4357.
www.aaa.com

Bicycle Transportation Alliance
(503) 226 0676.

Portland Police Auto Records Department
(503) 823 0044.

Travel Portland
(503) 275 9750 oder *1-877 678 5263.*

Tri-Met Customer Service
(503) 238 7433.
www.trimet.org

Taxis

Broadway Cab
(503) 227 1234.

Radio Cab
(503) 227 1212.

Stadtplan

Die Überblickskarte zeigt die Stadtviertel von Portland, die auf den Karten des folgenden *Stadtplans* zu finden sind. Alle Kartenverweise bei Sehenswürdigkeiten, Hotels, Lokalen, Läden und Veranstaltungsorten im Portland-Kapitel beziehen sich auf diese Karten. Die erste Zahl ist die Kartennummer (Karten 1 bis 4), der folgende Buchstabe und die Zahl geben die Planquadrate auf der Karte an.

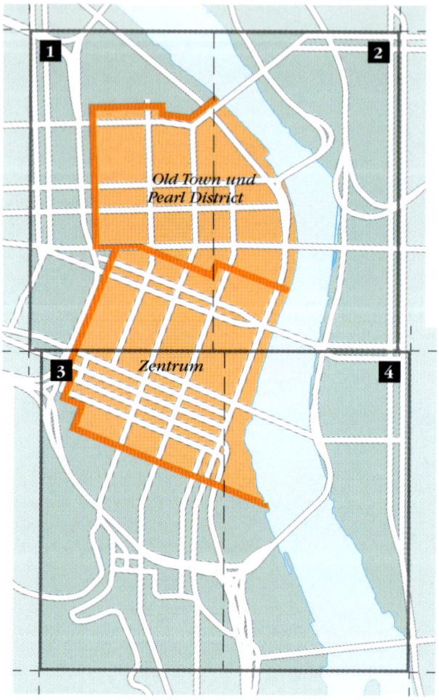

LEGENDE

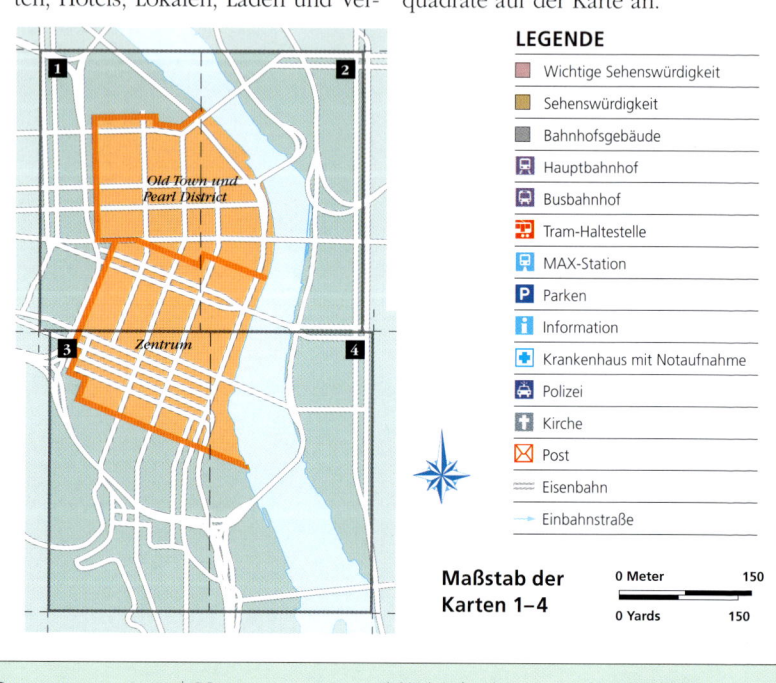

- Wichtige Sehenswürdigkeit
- Sehenswürdigkeit
- Bahnhofsgebäude
- Hauptbahnhof
- Busbahnhof
- Tram-Haltestelle
- MAX-Station
- Parken
- Information
- Krankenhaus mit Notaufnahme
- Polizei
- Kirche
- Post
- Eisenbahn
- Einbahnstraße

Maßstab der Karten 1–4

0 Meter 150
0 Yards 150

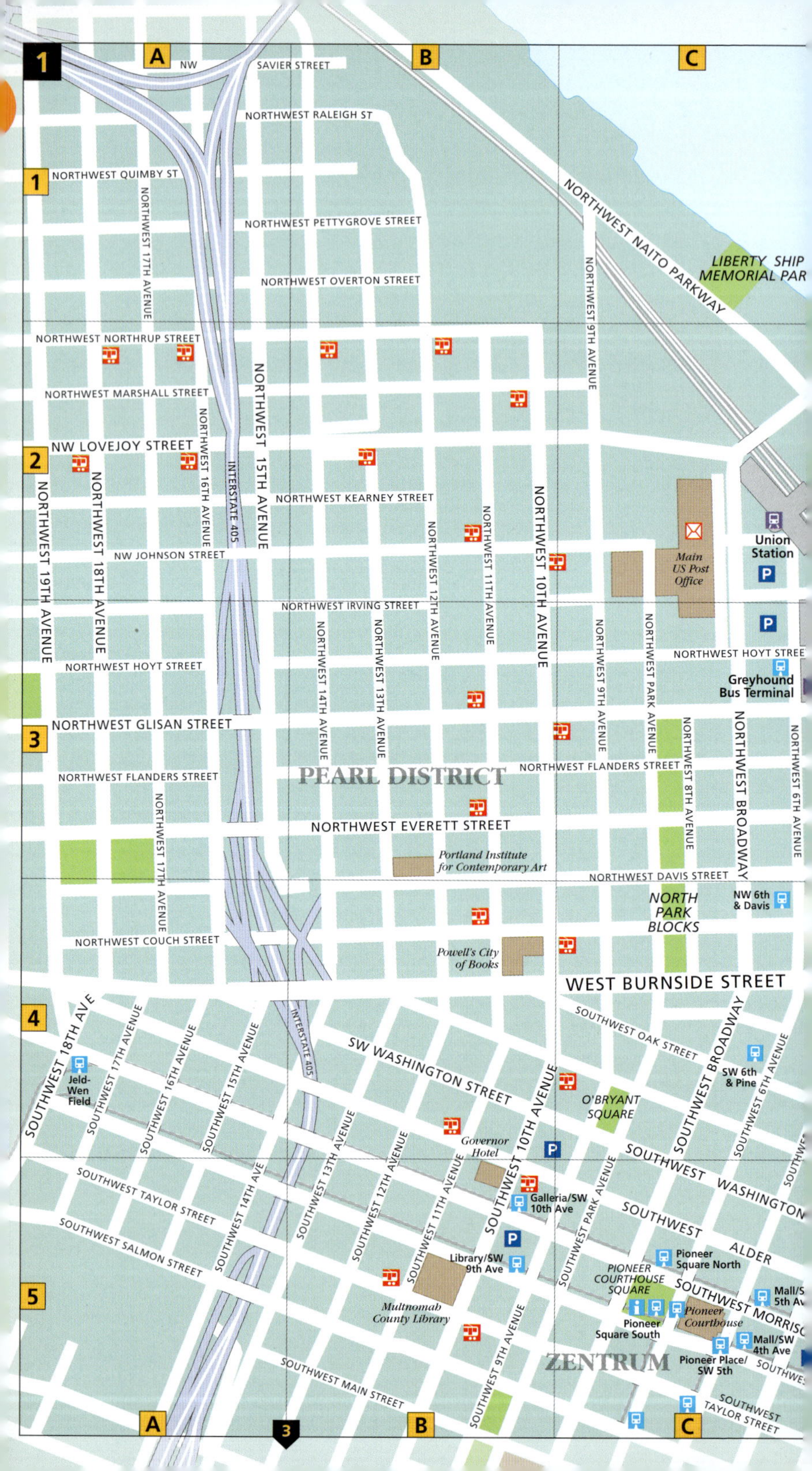

NW SAVIER STREET
NORTHWEST RALEIGH ST
NORTHWEST QUIMBY ST
NORTHWEST PETTYGROVE STREET
NORTHWEST OVERTON STREET
NORTHWEST NAITO PARKWAY
LIBERTY SHIP MEMORIAL PAR
NORTHWEST NORTHRUP STREET
NORTHWEST MARSHALL STREET
NW LOVEJOY STREET
NORTHWEST KEARNEY STREET
NW JOHNSON STREET
NORTHWEST IRVING STREET
NORTHWEST HOYT STREET
NORTHWEST GLISAN STREET
NORTHWEST FLANDERS STREET
NORTHWEST EVERETT STREET
NORTHWEST DAVIS STREET
NORTHWEST COUCH STREET
WEST BURNSIDE STREET
NORTHWEST 19TH AVENUE
NORTHWEST 18TH AVENUE
NORTHWEST 17TH AVENUE
NORTHWEST 16TH AVENUE
INTERSTATE 405
NORTHWEST 15TH AVENUE
NORTHWEST 14TH AVENUE
NORTHWEST 13TH AVENUE
NORTHWEST 12TH AVENUE
NORTHWEST 11TH AVENUE
NORTHWEST 10TH AVENUE
NORTHWEST 9TH AVENUE
NORTHWEST PARK AVENUE
NORTHWEST 8TH AVENUE
NORTHWEST BROADWAY
NORTHWEST 6TH AVENUE
Main US Post Office
Union Station
NORTHWEST HOYT STREE
Greyhound Bus Terminal
PEARL DISTRICT
Portland Institute for Contemporary Art
NORTH PARK BLOCKS
NW 6th & Davis
Powell's City of Books
SOUTHWEST 18TH AVE
Jeld-Wen Field
SOUTHWEST 17TH AVENUE
SOUTHWEST 16TH AVENUE
SOUTHWEST 15TH AVENUE
SOUTHWEST 14TH AVE
SOUTHWEST 13TH AVENUE
SOUTHWEST 12TH AVENUE
SOUTHWEST 11TH AVENUE
SOUTHWEST 10TH AVENUE
SOUTHWEST 9TH AVENUE
SOUTHWEST PARK AVENUE
SOUTHWEST BROADWAY
SOUTHWEST 6TH AVENUE
SOUTHWEST OAK STREET
SW WASHINGTON STREET
SW 6th & Pine
O'BRYANT SQUARE
Governor Hotel
SOUTHWEST WASHINGTON
SOUTHWEST TAYLOR STREET
SOUTHWEST SALMON STREET
Galleria/SW 10th Ave
SOUTHWEST ALDER
Library/SW 9th Ave
Pioneer Square North
PIONEER COURTHOUSE SQUARE
SOUTHWEST MORRISC
Mall/S 5th Av
Multnomah County Library
Pioneer Square South
Pioneer Courthouse
Mall/SW 4th Ave
ZENTRUM
Pioneer Place/ SW 5th
SOUTHWEST MAIN STREET
SOUTHWEST TAYLOR STREET
A
B
C
1
2
3
4
5

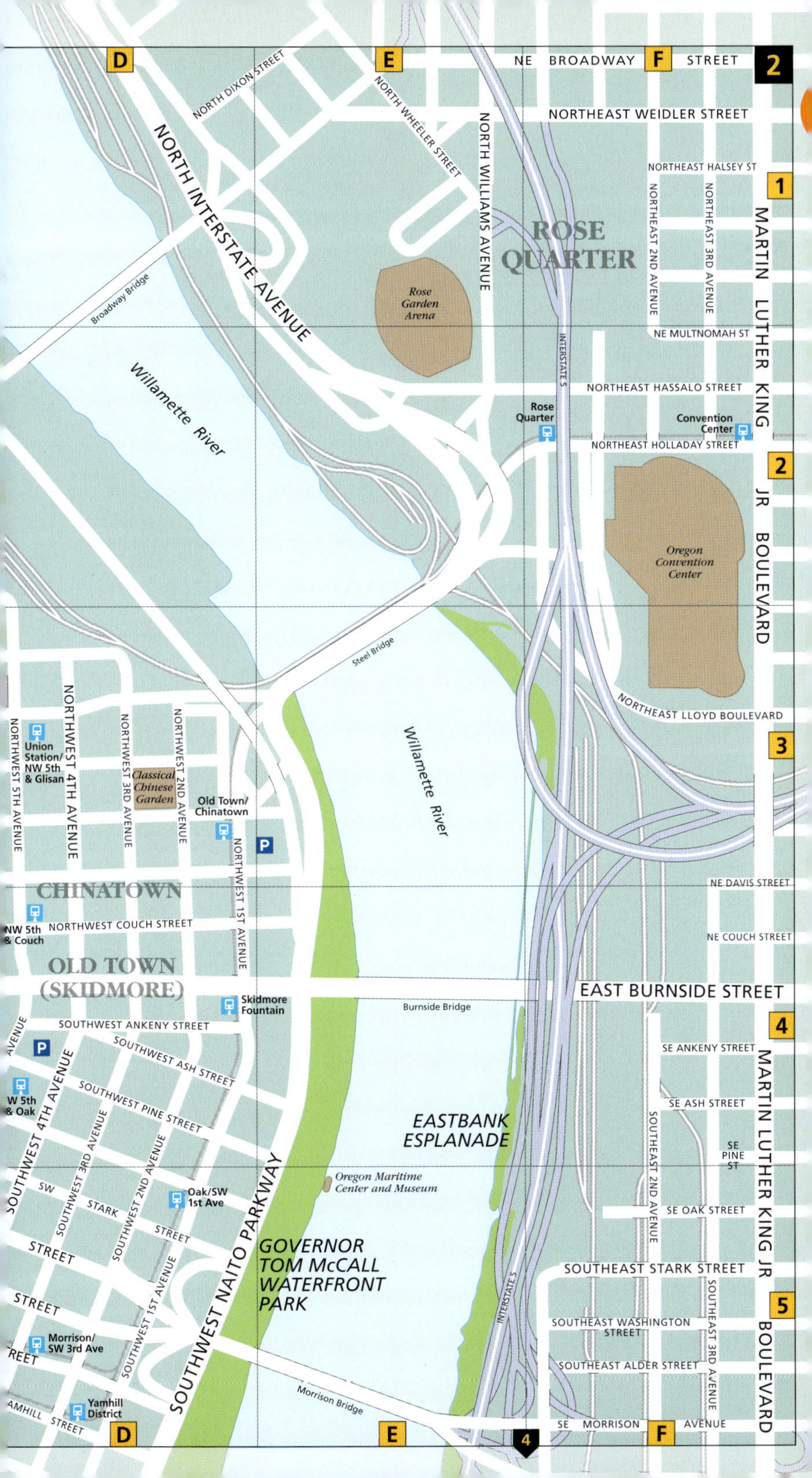

D
E
F
2
NE BROADWAY STREET
NORTH DIXON STREET
NORTH WHEELER STREET
NORTH WILLIAMS AVENUE
NORTHEAST WEIDLER STREET
NORTHEAST HALSEY ST
NORTH INTERSTATE AVENUE
ROSE QUARTER
Rose Garden Arena
NORTHEAST 2ND AVENUE
NORTHEAST 3RD AVENUE
MARTIN LUTHER KING JR BOULEVARD
1
Broadway Bridge
NE MULTNOMAH ST
INTERSTATE 5
Willamette River
NORTHEAST HASSALO STREET
Rose Quarter
Convention Center
NORTHEAST HOLLADAY STREET
2
Oregon Convention Center
Steel Bridge
NORTHEAST LLOYD BOULEVARD
NORTHWEST 4TH AVENUE
NORTHWEST 5TH AVENUE
NORTHWEST 3RD AVENUE
NORTHWEST 2ND AVENUE
Union Station/ NW 5th & Glisan
Classical Chinese Garden
Old Town/ Chinatown
Willamette River
3
P
NORTHWEST 1ST AVENUE
CHINATOWN
NE DAVIS STREET
NW 5th & Couch
NORTHWEST COUCH STREET
NE COUCH STREET
OLD TOWN (SKIDMORE)
Skidmore Fountain
EAST BURNSIDE STREET
Burnside Bridge
4
SOUTHWEST ANKENY STREET
SE ANKENY STREET
P
SOUTHWEST ASH STREET
SOUTHWEST 4TH AVENUE
W 5th & Oak
SOUTHWEST PINE STREET
SE ASH STREET
EASTBANK ESPLANADE
SE PINE ST
SOUTHEAST 2ND AVENUE
SOUTHWEST 3RD AVENUE
SOUTHWEST 2ND AVENUE
SW STARK STREET
Oregon Maritime Center and Museum
Oak/SW 1st Ave
SE OAK STREET
SOUTHWEST NAITO PARKWAY
GOVERNOR TOM McCALL WATERFRONT PARK
SOUTHEAST STARK STREET
SOUTHWEST 1ST AVENUE
INTERSTATE 5
SOUTHEAST WASHINGTON STREET
5
SOUTHEAST 3RD AVENUE
Morrison/ SW 3rd Ave
SOUTHEAST ALDER STREET
Morrison Bridge
Yamhill District
YAMHILL STREET
D
E
4
SE MORRISON AVENUE
F

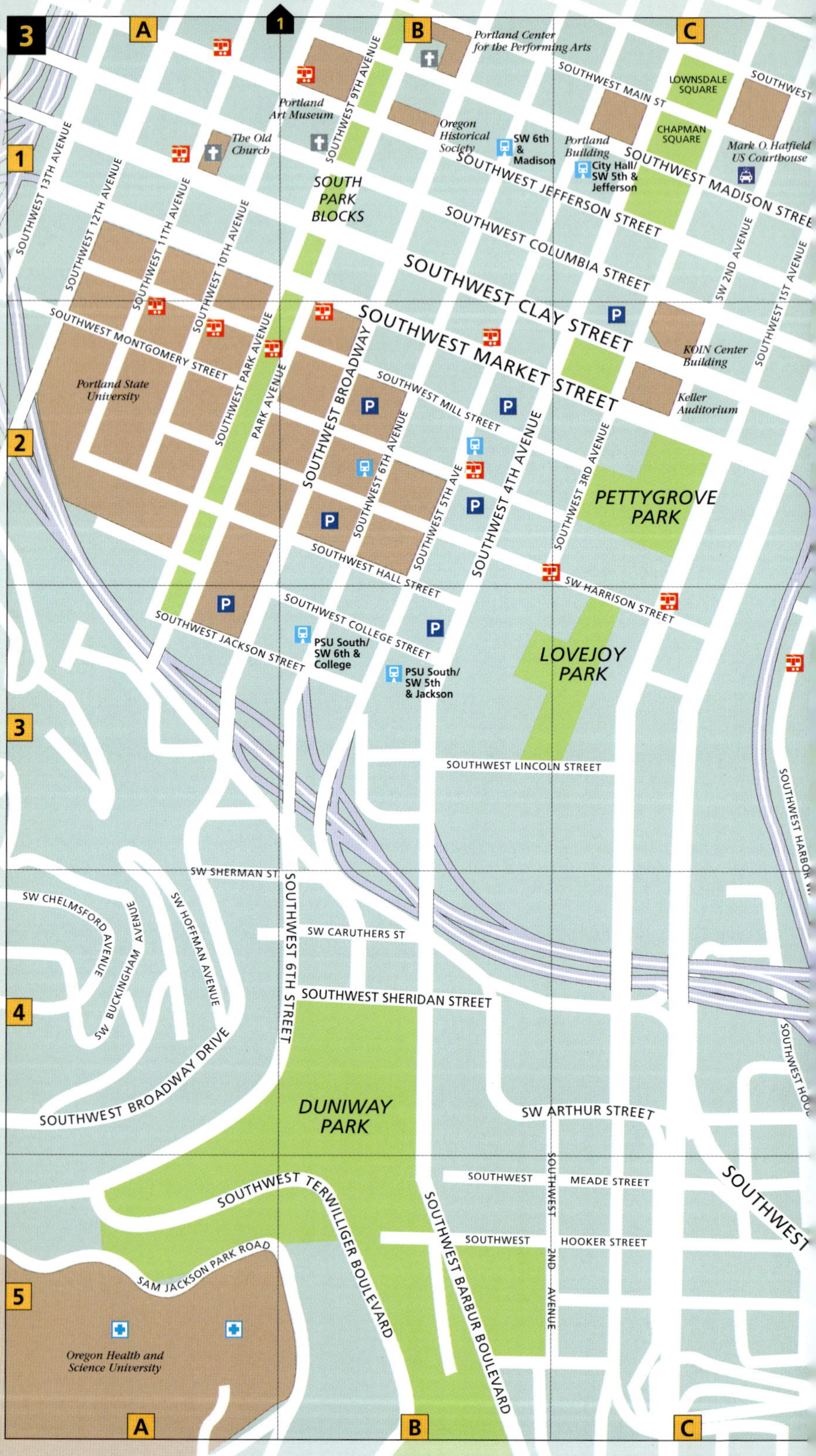
3
A
B
C
1
2
3
4
5
Portland Center for the Performing Arts
Portland Art Museum
Oregon Historical Society
The Old Church
SW 6th & Madison
Portland Building
City Hall/ SW 5th & Jefferson
Lownsdale Square
Chapman Square
Mark O. Hatfield US Courthouse
South Park Blocks
Southwest Main St
Southwest Madison Street
Southwest Jefferson Street
Southwest Columbia Street
Southwest Clay Street
Southwest Market Street
Southwest Mill Street
Southwest Montgomery Street
Southwest Hall Street
SW Harrison Street
Southwest College Street
Southwest Jackson Street
Southwest Lincoln Street
SW Sherman St
SW Caruthers St
Southwest Sheridan Street
SW Arthur Street
Southwest Meade Street
Southwest Hooker Street
Southwest 13th Avenue
Southwest 12th Avenue
Southwest 11th Avenue
Southwest 10th Avenue
Southwest 9th Avenue
Southwest Park Avenue
Park Avenue
Southwest Broadway
Southwest 6th Avenue
Southwest 5th Ave
Southwest 4th Avenue
Southwest 3rd Avenue
SW 2nd Avenue
Southwest 1st Avenue
Southwest Harbor W...
Southwest Hoo...
Portland State University
KOIN Center Building
Keller Auditorium
Pettygrove Park
Lovejoy Park
PSU South/ SW 6th & College
PSU South/ SW 5th & Jackson
SW Chelmsford Avenue
SW Buckingham Avenue
SW Hoffman Avenue
Southwest 6th Street
Southwest Broadway Drive
Duniway Park
Southwest Terwilliger Boulevard
Southwest Barbur Boulevard
Southwest 2nd Avenue
Southwest
Sam Jackson Park Road
Oregon Health and Science University

D
E
F
2
4
SE BELMONT STREET
SOUTHWEST TAYLOR ST
SALMON ST
SOUTHWEST NAITO PARKWAY
GOVERNOR TOM McCALL WATERFRONT PARK
SOUTHEAST WATER STREET
SOUTHEAST 1ST AVENUE
SOUTHEAST YAMHILL STREET
SOUTHEAST TAYLOR STREET
SOUTHEAST 3RD AVENUE
SOUTHEAST SALMON STREET
SOUTHEAST MAIN STREET
SOUTHEAST MADISON STREET
MARTIN LUTHER KING JR BOULEVARD
1
Hawthorne Bridge
P
SOUTHEAST HAWTHORNE BOULEVARD
2
SOUTHEAST 2ND AVENUE
SOUTHEAST CLAY STREET
Willamette River
EASTBANK ESPLANADE
SOUTHEAST MARKET STREET
SE MILL STREET
RiverPlace Marina
SOUTHWEST MONTGOMERY STREET
SOUTHEAST STEPHENS STREET
SE HARRISON ST
3
SOUTHWEST RIVER DRIVE
INTERSTATE 5
Marquam Bridge
Oregon Museum of Science and Industry (OMSI)
SW MOODY ST
4
Willamette River
SOUTHWEST MOODY AVENUE
KELLY AVENUE
5
Ross Island Bridge
D
E
F

Oregon

Die Bewohner Oregons geraten ebenso wie Besucher ins Schwärmen, wenn sie die malerische Landschaft dieses 251 200 Quadratkilometer großen Bundesstaats, des zehntgrößten der USA, beschreiben: schneebedeckte Berge vor strahlend blauem Himmel, spektakuläre Brandung an den Felsküsten, rauschende Flüsse in Schluchten, Wälder und Wüsten bis zum Horizont.

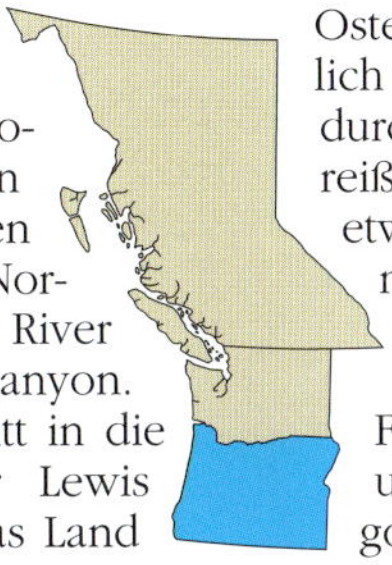

Bewaldete Landzungen, den Gezeiten ausgesetzte Flussmündungen und endlose Strände – dies sieht man an der 560 Kilometer langen Küste Oregons überall. Im Norden fließt der Columbia River durch einen grandiosen Canyon. Wer dem Flusslauf folgt, tritt in die Fußstapfen der Entdecker Lewis und Clark, die hier 1805 das Land mit dem Kanu erkundeten. Der Snake River, ein Nebenfluss des Columbia River, fließt durch unwirtliche Wüsten am Fuß des Hells Canyon, der mit 2440 Meter tiefsten Schlucht Nordamerikas.

Wenn man die zerklüftete Landschaft betrachtet, kann man sich vorstellen, wie hart der Weg für Tausende von Siedlern gewesen sein muss, die auf dem Oregon Trail gen Westen zogen. In der Ferne sieht man Oregons Berge: Die Gipfel der Cascades erheben sich über Tälern, die Spitzen der Wallowa und Blue Mountains schauen auf das karge Hochland im Osten – Ansichten, die unvergesslich bleiben. Wanderwege führen durch dichte Wälder, vorbei an reißenden Wildwasserflüssen, etwa dem Rogue und Deschutes mit ihren unzähligen Forellen, Stören und Lachsen. Sie sind Anziehungspunkte für Fans von Wildwasser-Rafting und für Angler. Die Seen Oregons sind kristallklar, etwa der unheimliche Crater Lake, der tiefste See Nordamerikas. Auf den schneebedeckten Berghängen des Mount Hood ist das ganze Jahr über Skisaison.

Oregon bietet aber auch großstädtisches Leben: Portland rühmt sich seiner Kultur und seines Lebensstils. Selbst in abgelegeneren Städten wie Ashland finden bedeutende Veranstaltungen, etwa ein Shakespeare-Festival, statt. Wohin man in Oregon auch reist – überall schimmert in der Ferne die Spitze eines Bergs am Horizont, und stets scheint Kiefernduft in der Luft zu liegen.

Cowboys treiben Pferde durch das Ranchgebiet des Jordan Valley ***(siehe S. 110)***

◁ Heceta Head Lighthouse (um 1894) in Florence ***(siehe S. 96)***

Überblick: Oregon

Fast jede Fahrt in Oregon führt durch wunderschöne Landschaften. Von Portland kann man Tagesausflüge zur Schlucht des Columbia River und zum Mount Hood, zur Küste oder zu den Weinbergen und historischen Städtchen des Willamette Valley unternehmen. Von den Stränden am Pazifik gibt es grandiose Routen über das Küstengebirge nach Bend und ins Zentrum des Landes – und von dort durch Kiefernwälder und über das Hochland zu Naturwundern wie dem Crater Lake, dem Steens Mountain und dem Hells Canyon.

Nördlich von Portland: das Bybee-Howel House auf Sauvie Island

Sehenswürdigkeiten auf einen Blick

Ashland 27
Astoria 2
Bandon 12
Bend 21
Cannon Beach 3
Cape Perpetua Scenic Area 9
Eugene 17
Florence 10
Jacksonville 26
John Day Fossil Beds National Monument 31
Jordan Valley 29
Joseph 34
Lincoln City 6
Madras und Warm Springs 18
Malheur National Wildlife Refuge 30
McMinnville 14
Newberry National Volcanic Monument 22
Newport 7
Oregon Caves National Monument 25
Oregon Dunes National Recreation Area 11
Pendleton 32
Salem 16
Silverton 15
Sisters 19
Smith Rock State Park 20
Three Capes Scenic Route 5
Tillamook 4
Wallowa Lake 35
Yachats 8

Touren

Cascade Lakes Highway S. 104f 23
Columbia River Gorge und Mount Hood S. 90f 1
Crater Lake National Park S. 106f 24
Elkhorn Drive National Scenic Byway S. 112f 33
Hells Canyon National Recreation Area S. 114f 36
Steens Mountain S. 109 28
Weinberge im North Willamette Valley S. 98f 13

SIEHE AUCH

- **Hotels** S. 283–286
- **Restaurants** S. 300–303

Weitere Zeichenerklärungen *siehe hintere Umschlagklappe*

In Oregon unterwegs

Die I-5 verläuft in Nord-Süd-Richtung, die I-84 von Osten nach Idaho und dem Mittleren Westen. Neben den Autobahnen führt der Hwy 26 von der Küste über den Mount Hood ins östliche Oregon. Hwy 101 folgt der Küste. Hwy 97, eine Nord-Süd-Verbindung, führt um die Cascades und den Crater Lake. In Oregon reist man am besten mit dem Auto. Amtrak-Züge fahren nach Chicago und an der Küste entlang. Es gibt nur wenige Buslinien.

Hood River, eine Kleinstadt im Tal des Columbia River

LEGENDE

- Interstate Highway
- State Highway
- Highway
- Panoramastraße
- Eisenbahn (Hauptstrecke)
- Eisenbahn (Nebenstrecke)
- Bundesstaatsgrenze
- Gipfel

Felsformationen an der Küste bei Tillamook, Oregon

Tour: Columbia River Gorge und Mount Hood ❶

Schild der Mount-Hood-Bahn

Nicht weit von Portland kann man bereits in die Vielfalt der Landschaft Oregons eintauchen. Da sind etwa der Columbia River, der durch eine beeindruckende Schlucht fließt, und der majestätische Gipfel des Mount Hood. Auf der empfohlenen Route kommt man allein an fünf Wasserfällen vorbei. Sehenswert sind auch die vielen Obstgärten am Hood River und die malerische Timberline Lodge. Zudem gibt es herrliche Aussichten, rauschende Wasser, Bergseen, riesige Gletscher und dunkle Wälder.

Oneonta Gorge ③
Geübten Wanderern wird die Schlucht gefallen. Man kann sie vom Südende des Wanderwegs bei den Horsetail Falls gut sehen.

Bonneville Dam ④
Bei einer Besichtigung des Damms aus den 1930er Jahren sieht man die riesigen hydroelektrischen Maschinenräume. Unter Wasser kann man Lachsschwärme und einen Laichplatz für Fische betrachten.

Multnomah Falls ②
Die vierthöchsten Wasserfälle der USA (188 m) stürzen in zwei Kaskaden die Felsen hinab.

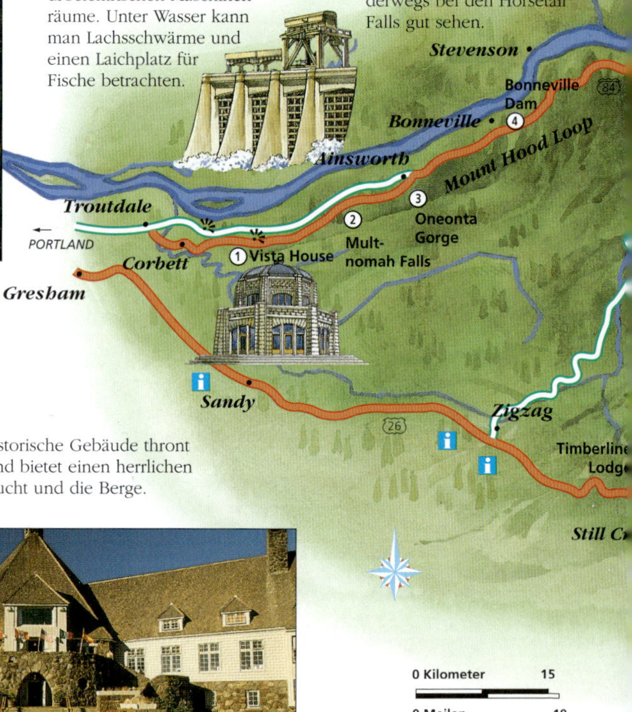

Vista House ①
Das achteckige historische Gebäude thront über dem Fluss und bietet einen herrlichen Blick auf die Schlucht und die Berge.

Timberline Lodge ⑪
Im Rahmen eines Staatsprogramms renovierten Kunsthandwerker die Skihütte aus den 1930er Jahren – von den schmiedeeisernen Türgriffen bis zu den massiven Holzbalken.

LEGENDE

- Routenempfehlung
- Andere Straße
- Aussichtspunkt
- Information

Ruthton Point ⑤
Das Kap liegt in einem kleinen State Park. Von hier aus hat man einen schönen Blick über die mächtige Columbia River Gorge und auf die Kette der Cascade Mountains.

ROUTENINFOS

Start: *I-84, Portland.*
Länge: *235 km.*
Rasten: *Die schönsten Plätze sind die beiden historischen Lodges an der Route: die eine bei den Multnomah Falls in der Schlucht und die andere bei Timberline auf dem Mount Hood. An beiden Orten kann man Lachs, Forelle oder frisch zubereitete Speisen des Nordwestens vor einem Kaminfeuer genießen.*

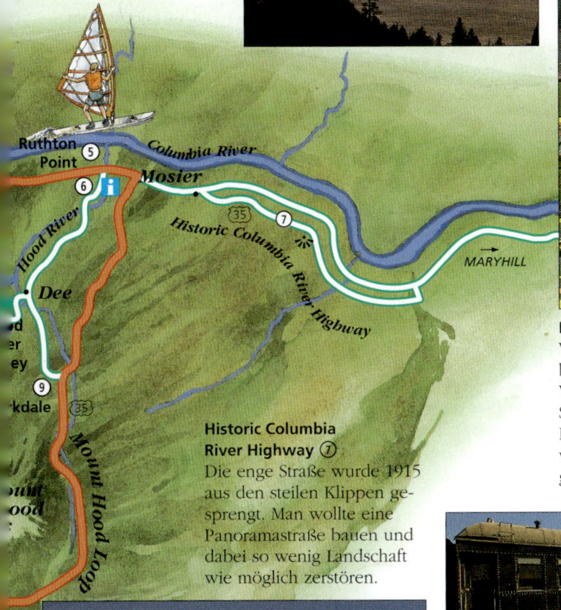

Hood River ⑥
Wind- und Wasserströmungen bieten ideale Bedingungen für Windsurfer und machen die Stadt am Fluss zur Windsurfer-Hauptstadt der Welt. Landratten werden sich eher über die üppigen Obstgärten freuen.

Historic Columbia River Highway ⑦
Die enge Straße wurde 1915 aus den steilen Klippen gesprengt. Man wollte eine Panoramastraße bauen und dabei so wenig Landschaft wie möglich zerstören.

Parkdale ⑨
Die hübsche, kleine Stadt an den Osthängen des Mount Hood ist die Endstation der Mount-Hood-Bahn, die durch Apfel- und Birnengärten zum Hood River führt.

Hood River Valley ⑧
Das fruchtbare Tal zeigt im Frühjahr die Blütenpracht seiner Obstbäume. Der Anblick des majestätischen Mount Hood ist das ganze Jahr über beeindruckend.

Barlow Pass ⑩
Auf diesem Abschnitt des Oregon Trail sind noch Radspuren zu sehen. Er war so steil, dass man die Planwagen mit Seilen abbremsen musste.

Astoria ❷

Straßenkarte 1 A3. *9500.* *111 W Marine Dr. 1-800 875 6807.* **www**.oldoregon.com

Während des feuchten Winters 1805/06 verbrachten die Forscher Lewis und Clark *(siehe S. 37)* ihre Zeit damit, in einem primitiven Lattenverschlag in der Nähe von Astoria Mokassins zu fertigen, Fisch zu trocknen und in ihren Tagebüchern über Bärenangriffe und den Dauerregen zu schreiben. Ihre Hütte im **Lewis and Clark National Historical Park – Fort Clatsop Unit** wurde wiederaufgebaut, nachdem sie 2005 durch einen Brand zerstört worden war.

1811 ließ John Jacob Astor Pelzhändler um Kap Hoorn fahren, damit sie einen Handelsposten an der Mündung des Columbia River aufbauten: Astoria wurde die älteste amerikanische Siedlung westlich der Rocky Mountains.

Heute ist die Stadt ein bedeutender Fischereihafen. An den Hängen liegen viktorianische Wohnhäuser. Eines, das stattliche **Captain George Flavel House Museum**, trägt ein Kuppeldach, von dem aus der Kapitän und seine Frau den Betrieb auf dem Fluss beobachteten. Einen noch besseren Ausblick bietet die Spitze der **Astoria Column** (164 Stufen), deren Friese die Geschichten des Nordwestens erzählen – von den Ureinwohnern bis zur Great Northern Railway 1892.

Die Astoria Column bietet einen herrlichen Blick auf den Hafen

Cannon Beachs berühmter Haystack Rock bei Sonnenuntergang

Die Seefahrt wird im **Columbia River Maritime Museum** lebendig, wo am Ufer Fischerboote und Einbäume liegen. Das Leuchtschiff *Columbia* leitete einst die Schiffe durch die heimtückische Mündung, wo 200 Schiffswracks der Gegend den Beinamen »Grab des Pazifiks« verliehen hatten.

Lewis and Clark National Historical Park – Fort Clatsop Unit
10 km südwestlich von Astoria, nahe Hwy 101. *(503) 861 2471.* *Mitte Juni–Labor Day: tägl. 9–18 Uhr; Labor Day–Mitte Juni: tägl. 9–17 Uhr.* *25. Dez.*

Captain George Flavel House Museum
441 8th St. *(503) 325 2203.* *Mai–Sep: tägl. 10–17 Uhr; Okt–Apr: tägl. 11–16 Uhr.* *1. Jan, Thanksgiving, 24., 25. Dez.*

Astoria Column
Atop Coxcomb Hill, nahe 16th St. *(503) 325 2963.* *tägl. Sonnenaufgang bis Sonnenuntergang.* **www**.astoriacolumn.org

Columbia River Maritime Museum
1792 Marine Dr. *(503) 325 2323.* *tägl. 9.30–17 Uhr.* *Thanksgiving, 25. Dez.* **www**.crmm.org

Umgebung: Der **Fort Stevens State Park**, 16 Kilometer westlich von Astoria, stammt aus dem Bürgerkrieg, als das Fort den Columbia River vor den Konföderierten schützen sollte. Am 21. Juni 1942 feuerte ein japanisches U-Boot 17 Salven auf die Betonbunker, die heute unter den Dünen begraben liegen.

Fort Stevens State Park
Nahe Hwy 101. *(503) 861 1671.* *tägl. Sonnenaufgang bis Sonnenuntergang.* *25. Dez.* **www**.visitftstevens.com

Cannon Beach ❸

Straßenkarte 1 A3. *1600.* *2nd St u. Spruce St. (503) 436 2623.* **www**.cannonbeach.org

Obwohl Cannon Beach sehr beliebt und daher überlaufen ist, hat der Ort seinen Charme bewahrt. Die Wälder reichen bis an die Hemlock Street. Dort befinden sich in den mit Zedernschindeln gedeckten Häusern Kunstgalerien. Der Haystack Rock, einer der weltgrößten Küstenmonolithe, schaut aus 72 Meter Höhe auf einen ausgedehnten Strand herab.

Der **Ecola State Park** am Nordende des Strands bedeckt Tillamook Head, eine 335 Meter lange Basalt-Landzunge mit grünen Wäldern. Man erreicht sie über den Tillamook Head Trail. Jenseits der Brandung steht das **Tillamook Rock Lighthouse** von 1880. Der Leuchtturm ist als »Terrible Tillie« bekannt, da Wellen, Baumstämme und Felsen gegen ihn donnerten. 1957 wurde der Betrieb eingestellt. Tillamook Rock ist ein unzugängliches Reservat, wo Kormorane nisten.

Ecola State Park
3 km nördlich von Cannon Beach, nahe Hwy 101. *(503) 436 2844.* *tägl. Sonnenaufgang bis Sonnenuntergang.*

Malerisches Häuschen in der Hemlock Street, Cannon Beach

Hotels und Restaurants in Oregon *siehe Seiten 283–286 und 300–303*

Käseproduktion in der Tillamook County Creamery Association

Tillamook ❹

Straßenkarte 1 A3. 4600.
3705 Hwy 101 N. (503) 842 7525.
www.tillamookchamber.org

Tillamook liegt 16 Kilometer landeinwärts. Der Boden ist dank der fünf Flüsse, die in die Tillamook Bay fließen, sehr fruchtbar. Auf den grünen Weiden, auf die jährlich über 178 Zentimeter Regen fallen, grasen an die 40 000 Kühe, die die Milch für die traditionelle **Tillamook County Creamery Association** liefern. Besucher können bei der Herstellung zusehen und gleich ein Stück der jährlichen Käseproduktion (35 Millionen Kilogramm) kosten, etwa geräucherten Chester oder Pepper Jack.

Im Zweiten Weltkrieg war Tillamook Basis für Luftschiffe, die die Küste nach japanischen U-Booten absuchten. Einer der Hangare – 335 Meter lang, 15 Stockwerke hoch – ist die größte Holzkonstruktion der Welt. Er ist im **Tillamook Air Museum** zu besichtigen, neben Flugbooten, alten Helikoptern und 30 restaurierten Flugmaschinen.

Tillamook County Creamery Association
4175 Hwy 101 N. *(503) 815 1300.* *Mitte Juni–Labor Day: tägl. 8–20 Uhr; Labor Day–Mitte Juni: tägl. 8–18 Uhr.* *Thanksgiving, 25. Dez.*
www.tillamook.com

Tillamook Air Museum
6030 Hangar Rd. *(503) 842 1130.* *tägl. 9–17 Uhr.* *Thanksgiving, 25. Dez.*
www.tillamookair.com

Three Capes Scenic Route ❺

Straßenkarte 1 A3.
Oregon State Parks Association
1-800 551 6949.
www.oregonstateparks.org

Auf der 56 Kilometer langen Straße, die entlang der sumpfigen Küste der Tillamook Bay führt, erzählen Straßenschilder das Schicksal von Bayocean, einem im frühen 20. Jahrhundert blühenden Ort, den die Winterstürme wegfegten. Die Felsen unterhalb des **Cape Meares State Scenic Viewpoint** und des Cape Meares Lighthouse dienen einer der größten nordamerikanischen Kolonien von Meeresvögeln als Brutstätten. Im **Cape Lookout State Park** führen Wanderwege durch alte Wälder zu Klippen – hier kann man vorbeischwimmende Grauwale beobachten – und zu einer Sandbank zwischen dem Meer und der Netarts Bay. In der **Cape Kiwanda Natural Area** klatschen Wellen an massive Sandsteinklippen und küstennahe Felsen. In Pacific City am Südende der Route liegt eine Fischereiflotte vor Anker.

Die **Oregon State Parks Association** versorgt Besucher mit detaillierten Informationen zu den Highlights dieser einzigartigen Route.

Nördlich von Tillamook: einer der vielen Strände am Pazifik

Massive Sandsteinklippen am Cape Kiwanda, eine Sehenswürdigkeit an der Three Capes Scenic Route

Bunte Drachen in einem der vielen Drachenläden von Lincoln City

Lincoln City ❻

Straßenkarte 1 A3. *8000.*
4039 NW Logan Rd. (541) 994 3070. **www**.lcchamber.com

Lincoln City wirkt wie ein lang gezogenes und überfülltes Durcheinander direkt am Highway 101. Doch bietet die Stadt auch reizvolle Natur: Der einst Devil's River (Teufelsfluss) genannte Fluss wurde von Christen zu »D River« abgekürzt. Er ist mit nur 36 Meter Länge – vom Devil's Lake zum Pazifik – der kürzeste Fluss der Welt. Der zwölf Kilometer breite Strand, der mit Treibholz und Steinen übersät ist, wird von Drachenliebhabern wegen der starken Winde vom Meer geschätzt.

Im Norden ragen die steilen Klippen des **Cascade Head Preserve** aus der Brandung. Landeinwärts folgt Regenwald mit bemoosten Sitkafichten und Hemlocktannen, danach Prärie. Entlang der steilen Wanderwege trifft man auf viele seltene Pflanzen und Tiere, darunter den Oregon-Silverspot-Schmetterling.

Cascade Head Preserve
3 km nördlich von Lincoln City, nahe Hwy 101. *(503) 230 1221.*
Unterer Weg *tägl. Sonnenaufgang bis Sonnenuntergang.*
Oberer Weg *Mitte Juli–Dez.*

Umgebung: Bei Depoe Bay, einem kleinen Fischereihafen 19 Kilometer südlich von Lincoln City, klatscht die raue See durch enge Kanäle an Basaltfelsen, wo das Wasser einem Geysir gleich bis zu 18 Meter hoch spritzt. Hier schaut man gern zu, wenn die Schiffe »shoot the hole« – also durch den engen Kanal auslaufen, der vom Inlandshafen an den nackten Felsen vorbei zum Meer führt. Der winzige Hafen ist angeblich der kleinste befahrbare Hafen der Welt.

Mehr Aufregung verspricht der Otter Crest State Scenic Viewpoint oberhalb von Cape Foulweather (Kap Schlechtwetter). 1778 erhielt es von James Cook diesen Namen – wegen der starken Winde (160 km/h), die hier herrschen. Vom Felsvorsprung hat man einen schönen Blick auf die **Devil's Punchbowl State Natural Area**, wo die schäumende See in Hohlräume donnert, die durch eingestürzte Meereshöhlen entstanden sind. Die Gezeitenbecken am Küstenstreifen heißen wegen der farbenprächtigen Seeigel und Fische auch »Meeresgärten«.

Devil's Punchbowl State Natural Area
24 km südlich von Lincoln City, nahe Hwy 101. *1-800 551 6949.* *tägl. Sonnenaufgang bis Sonnenuntergang.*

Newport ❼

Straßenkarte 1 A3. *10 000.*
555 SW Coast Hwy. (541) 265 8801. **www**.discovernewport.com

Der meerumtoste alte Hafen an der Yaquina-Bucht besitzt die größte Fischereiflotte an der Küste von Oregon sowie viele Austernbänke. Die schindelbedeckten Bauernhäuser im Nye-Beach-Viertel stammen aus den 1880er Jahren. Ende der 1990er Jahre kamen Reisende aus der ganzen Welt hierher, um Keiko, einen Orca, zu besuchen, der im **Oregon Coast Aquarium** lebte. Der aus den *Free-Willy*-Filmen bekannte Keiko ist 2003 gestorben, doch im Aquarium gibt es nach wie vor eine sehenswerte Fauna. Felsenfische und Sardellen schwimmen zwischen den Pfählen des Piers der »Sandy Shores«-Abteilung, Quallen schweben durch die »Coastal Waters«-Ausstellung, Seepferdchen und Fetzenfische haften am Seegras in den »Enchanted Seas«. In den »Passages of the Deep« schwimmen Haie ent-

Schild im Fischmarkt in Newport

Malerische Fischerboote im Hafen von Newport

lang der Glastunnel, die durch ein mit fünf Millionen Liter Wasser gefülltes Aquarium führen. Davor kann man in Amerikas größtem Meeresvogelhaus Papageitaucher und Lummen beobachten. Seeotter, Seelöwen und Robben tollen in den Salzwasserbecken herum.

Im **Hatfield Marine Science Center**, dem Zentrum für Meeresforschung der Oregon State University, machen fundierte Ausstellungen Besucher mit dem Leben im Meer bekannt: Man kann Plankton unter dem Mikroskop betrachten oder Fotos von sich bewegenden Sandformationen im Zeitraffer. Der Oktopus im Becken am Eingang heißt übrigens »Portier mit den Fangarmen«.

Die **Yaquina Head Outstanding Natural Area** ist ein Lava-Ausläufer, der am Nordende von Newport in den Pazifik ragt. Die Landzunge eignet sich gut zur Tierbeobachtung. Die Plattformen am Sockel des renovierten Yaquina Head Lighthouse befinden sich dicht an Felsen, wo verschiedene Meeresvögel nisten. In der Nähe räkeln sich Seeotter in der Gischt. Rollstuhltaugliche Wege führen an die Gezeitenbecken, in denen sich Kelpkrabben, Seeigel, Seeanemonen, Seesterne und Kraken tummeln. Das Lehrzentrum beschäftigt sich mit den tierischen und menschlichen Bewohnern der Landzunge. Menschen lebten hier schon vor über 4000 Jahren.

Haibeobachtung im Glastunnel des Oregon Coast Aquarium

Unberührte Natur – die Küste bei Yachats

An der Nordseite der Yaquina Bay überragen die Masten der Fischschoner die Häuser. Seelöwen stibitzen Futter. Interessant sind die Unterwassershows und die Wachsrepliken von Tieren

Oregon Coast Aquarium
2820 SE Ferry Slip Rd. ☎ *(541) 867 3474.* ○ *Memorial Day–Labor Day: tägl. 9–18 Uhr; Labor Day–Memorial Day: tägl. 10–17 Uhr.* ● *25. Dez.*
www.aquarium.org

Hatfield Marine Science Center
2030 SE Marine Science Dr. ☎ *(541) 867 0100.* ○ *Memorial Day–Labor Day: tägl. 10–17 Uhr; Labor Day–Memorial Day: Mo–Do 10–16 Uhr.*
● *1. Jan, Thanksgiving, 25. Dez.*
Spende. **hmsc**.oregonstate.edu

Yaquina Head Outstanding Natural Area
5 km nördlich von Newport, nahe Hwy 101. ☎ *(541) 574 3100.*
○ *tägl. Sonnenaufgang bis Sonnenuntergang.* **Lehrzentrum** *tägl. 9–16.30 Uhr.* **Leuchtturm** *tägl. 10–16 Uhr (Winter: 12–16 Uhr).*

Yachats ❽

Straßenkarte 1 A3. *635.*
241 Hwy 101. (541) 547 3530.
www.yachats.org

Yachats (gesprochen »yahots«) wurde einst vom Stamm der Alsea, die dem Ort seinen Namen gaben, bewohnt. Die Küste ist traumhaft: klein, unberührt und von bewaldeten Bergen und Landzungen umgeben. Im Ortszentrum mündet der Yachats River ins Meer. Das fichtenbestandene Mündungsgebiet ist von Tidebecken umgeben. Die Felsenküste – inklusive romantischer Sonnenuntergänge – kann man von der **Yachats Ocean Road State Natural Site**, südlich des Orts, bewundern.

Yachats Ocean Road State Natural Site
Südlich des Yachats River, westlich des Hwy 100. ☎ *1-800 551 6949.*
○ *tägl. Sonnenaufgang bis Sonnenuntergang.*

Orcas

Orcas durchpflügen das kalte Wasser vor der Küste von Oregon

Die größte Gruppe aus der Familie der Delfine findet man in allen Ozeanen der Welt, vor allem in kalten Gewässern. Die Großen Schwertwale oder Orcas, die auch als Killerwale bekannt sind, ziehen in Gruppen von bis zu 60 Tieren entlang der Küste des Nordwestens von Kalifornien bis Alaska. Es gibt auch Orcas, die dauerhaft an einem Ort bleiben. Schulen von bis zu 300 Tieren, die in matrilinearen Gruppen organisiert sind, leben im Sommer vor Vancouver Island *(siehe S. 254f)*.

Heceta Head Lighthouse bei Cape Perpetua – seit 1894 in Betrieb

Cape Perpetua Scenic Area ❾

Straßenkarte 1 A4. **Lehrzentrum** 2400 Hwy 101. *(541) 547 3289.* *tägl. 10–17.30 Uhr.* *Feiertage.*

Cape Perpetua ist der höchste Aussichtspunkt der Küste – allerdings ist er oft wolkenverhangen. Eine Straße führt zum 245 Meter hohen Gipfel. Wer Zeit und Ausdauer mitbringt, kann auch die Wanderwege, die sich vom Lehrzentrum durch alten Regenwald nach oben winden, erklimmen. Ein kurzer Fußmarsch (1,5 km) auf dem Giant Spruce Trail führt zu einer 500-jährigen Sitkafichte.

Von Cape Perpetua aus verläuft der Highway 101 zum **Heceta Head State Park**, wo man von den Wanderwegen aus aufs Meer sieht. Vögel brüten auf den Felsen, Seelöwen und Grauwale schwimmen an der Küste entlang. Der Leuchtturm (1894) erhebt sich über der Brandung. Sein Lichtkegel leuchtet 34 Kilometer weit. Bei der Führung wird u.a. die Geschichte von der spukenden Frau des Leuchtturmwärters erzählt – trotz des Spuks ist das Wärterhaus ein beliebtes B&B.

Eine Gruppe von Steller-Seelöwen wohnt in den **Sea Lion Caves**, dem einzigen Aufzuchtsort für wild lebende Seelöwen in Amerika. Ein Aufzug auf den Klippen bringt die Besucher 63,5 Meter zu einer Plattform hinunter. Von dort aus sieht man die etwa zwölf Stock hohen Kavernen, wo im Herbst und Winter rund 200 Tiere leben. Im Frühjahr und Sommer ziehen die Seelöwen ihre Jungen auf den Felsbänken auf. Die stämmigen Bullen wiegen bis zu 900 Kilogramm. Sie beschützen rund 15 bis 30 Kühe mit ihren Neugeborenen.

Heceta Head State Park
Hwy 101, ca. 30 km südlich von Yachats. *(541) 547 3696.* *tägl. Sonnenaufgang bis Sonnenuntergang.*
Leuchtturm *Memorial Day–Labor Day: tägl. 11–17 Uhr; Labor Day–Memorial Day: Zeiten bitte tel. erfragen.*

Sea Lion Caves
91560 Hwy 101 N, ca. 17 km nördlich von Florence. *(541) 547 3111.* *tägl. 8.30–19 Uhr.* *25. Dez.*
www.sealioncaves.com

Florence ❿

Straßenkarte 1 A4. *8200.* *290 Hwy 101. (541) 997 3128.* **www**.florencechamber.com

Besucher auf dem Weg zu den Sanddünen lassen Florence oft links liegen. Das alte Städtchen an den Ufern des Siuslaw River verdient jedoch einen Halt. In vielen Ziegel- und Holzbauten aus dem frühen 20. Jahrhundert sind Kunstgalerien untergebracht. An den Docks liegt eine kleine Fischereiflotte. Die Fischerboote sind nicht nur ein hübscher Farbtupfer, sondern dienen auch der Versorgung der hiesigen Fischmärkte und Restaurants mit fangfrischer Ware.

Fischerboote im Hafen von Florence am Siuslaw River

Umgebung: In der nahen **Darlingtonia State Natural Site** führt ein Wanderweg durch einen Sumpf mit Darlingtonia (Kobra-Lilien). Die seltenen hohen, fleischfressenden Pflanzen erinnern an Menschenfresser aus Horrorfilmen. Ihr süßer Duft lockt Insekten an, die auf den Boden der Pflanzen fallen. Dort werden sie langsam verdaut.

Darlingtonia State Natural Site
8 km nördlich von Florence, nahe Hwy 101. *1-800 551 6949.* *tägl. Sonnenaufgang bis Sonnenuntergang.*

Dünen-Buggy, Oregon Dunes National Recreation Area

Oregon Dunes National Recreation Area ⓫

Straßenkarte 1 A4. *855 Highway Ave, Reedsport. (541) 750 7000.* *tägl. Sonnenaufgang bis Sonnenuntergang.* **www**.fs.fed.us

Gewaltige Sanddünen erstrecken sich südlich von Florence bis zu 64 Kilometer weit. Die wüstengleiche Landschaft ist im Lauf von Jahrtausenden entstanden. Winde, Meeresströmungen und die Gezeiten haben den Sand vier Kilometer ins Landesinnere geschoben und in Formationen verwandelt, die bis zu 90 Meter hoch werden. Naturliebhaber finden hier auch Flüsse, Seen, Kiefernwälder, Grassteppen und einsame Strände.

Plankenstege machen es leicht, den herrlichen Ausblick vom Oregon Dunes Overlook, 32 Kilometer südlich von Florence, zu genießen. 48 Kilometer südlich von Florence führt der 1,6 Kilometer lange Scenic Dunes Trail um die höchsten Dünen der Gegend.

Aus dem Meer aufragende Felsen vor den Lichtern der Häuser von Bandon

Bandon ⓬

Straßenkarte 1 A4. *2900.*
300 2nd St. (541) 347 9616.
www.bandon.com

Bandon, nahe der Mündung des Coquille River, ist so sehr dem Wetter ausgesetzt, dass man sich kaum vorstellen kann, wie hier Anfang des 20. Jahrhunderts Handels- und Passagierschiffe auf dem Weg von Seattle nach Los Angeles im Hafen anlegen konnten. Heute ist Bandon für seine Cranberrys bekannt, die im Sumpfgebiet nördlich der Stadt geerntet werden.

Zerklüftete Felsformationen erheben sich vor Bandons Strand aus dem Meer. Zu den vom Wind geformten Gebilden gehört auch Face Rock, der Sage nach ein Indianermädchen, das von einem bösen Geist in Stein verwandelt wurde. Gegenüber dem sumpfigen, vogelreichen **Bullards Beach State Park** an der Coquille-Mündung liegt eine wilde Dünenlandschaft.

Bullards Beach State Park
3 km nördlich von Bandon, nahe Hwy 101. *(541) 347 3501.*
tägl. Sonnenaufgang bis Sonnenuntergang.

Umgebung: Um 1900 ließ der Holzbaron Louis J. Simpson Shore Acres bauen, ein Anwesen auf einer Steilklippe außerhalb des Orts Coos Bay, etwa 40 Kilometer nördlich von Bandon. Heute liegt hier der **Shore Acres State Park**. Simpson ließ Gärten mit Azaleen, Rhododendron und Rosen anlegen. Die alte Villa im Park steht leider nicht mehr. Ein Observatorium gewährt einen herrlichen Blick aufs Meer. In der Nähe liegt der **Cape Arago State Park**. Dort faulenzen die Seelöwen in der Sonne.

Der **Cape Blanco State Park**, 43 Kilometer südlich von Bandon, ist der westlichste Punkt der 48 kontinentalen US-Bundesstaaten und ein sehr windiger Ort. Die Winterstürme wehen mit Geschwindigkeiten von bis zu 290 km/h. Der Leuchtturm des Parks ist der älteste an der Küste von Oregon (seit 1870).

Der Highway 101, nahe der kalifornischen Grenze, führt durch dichte Wälder und an Klippen vorbei. Landschaftlich schön ist der **Boardman State Scenic Corridor**, 6,5 Kilometer nördlich von Brookings. Dank des milden Winters gedeihen hier Osterglocken. Plantagen züchten 90 Prozent dieser Blumenzwiebeln in den USA.

Shore Acres State Park
Cape Arago Hwy, 21 km südwestlich von Coos Bay. *(541) 888 4902.*
tägl. 8 Uhr–Sonnenuntergang.

Cape Arago State Park
Ende des Cape Arago Hwy, 24 km südwestlich von Coos Bay.
1-800 551 6949. *tägl. Sonnenaufgang bis Sonnenuntergang.*

Cape Blanco State Park
14,5 km nördlich von Port Orford, nahe Hwy 101. *1-800 551 6949.* *tägl. Sonnenaufgang bis Sonnenuntergang.* **Leuchtturm**
Apr–Okt: tägl. 10–15.30 Uhr.

Boardman State Scenic Corridor
Hwy 101, 6,5 km nördlich von Brookings. *1-800 551 6949.*
tägl. Sonnenaufgang bis Sonnenuntergang.

Treibholz am Strand in der Nähe von Bandon

Tour: Weinberge im North Willamette Valley ⓭

Weintrauben am Rebstock

Das fruchtbare, feucht-milde Tal des Willamette River, der von Eugene nach Norden strömt und dann mit dem Columbia River zusammenfließt, bringt seit Mitte des 19. Jahrhunderts reiche Obst- und Gemüseernten hervor. In den 1960er Jahren fand man heraus, dass sich das Land auch für den Weinanbau ideal eignet, insbesondere für die Sorten Pinot Noir, Pinot Gris und Chardonnay. Heute sind vor allem in Yamhill County die Hügel mit Weinstöcken bedeckt. Zwar ist das North Willamette Valley noch nicht so entwickelt wie das kalifornische Napa Valley, doch die Weine sind fast ebenso gut. Die Probierstuben verschiedener Kellereien laden am Highway 99W zwischen McMinnville und Newberg zum Halten ein.

Farmhäuser liegen verstreut auf den Hängen des Yamhill County

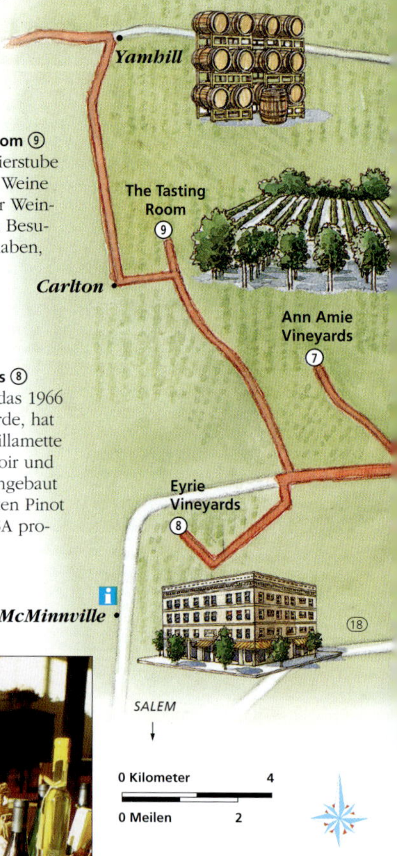

Typisch für das Tal: Weinanbau in der Domaine Serene

The Tasting Room ⑨
In dieser Probierstube kann man die Weine vieler kleinerer Weingüter, die kein Besucherzentrum haben, kosten.

Eyrie Vineyards ⑧
Das Weingut, das 1966 gegründet wurde, hat erstmals im Willamette Valley Pinot Noir und Chardonnay angebaut sowie den ersten Pinot Gris in den USA produziert.

Anne Amie Vineyards ⑦
Doppelt anziehend: die Aussicht auf das Willamette Valley von der Hanglage des Weinguts aus und die guten Weißweine.

Argyle Winery ③
Das Weingut verfügt über 95 Hektar Weinberge und ist auf moussierende Weine spezialisiert. Die Verkostung findet in einem hübschen viktorianischen Farmhaus statt.

ROUTENINFOS

Start: *Auf der 99W einige Kilometer östlich von Newberg. Newberg liegt 58 Kilometer westlich von Portland.*
Länge: *56 km.*
Rasten: *In Dundee laden einige bekannte Restaurants zu einer Mittagspause ein – das beste ist Tina's. Auch in Newberg, McMinnville und Dayton kann man recht gut essen gehen.*

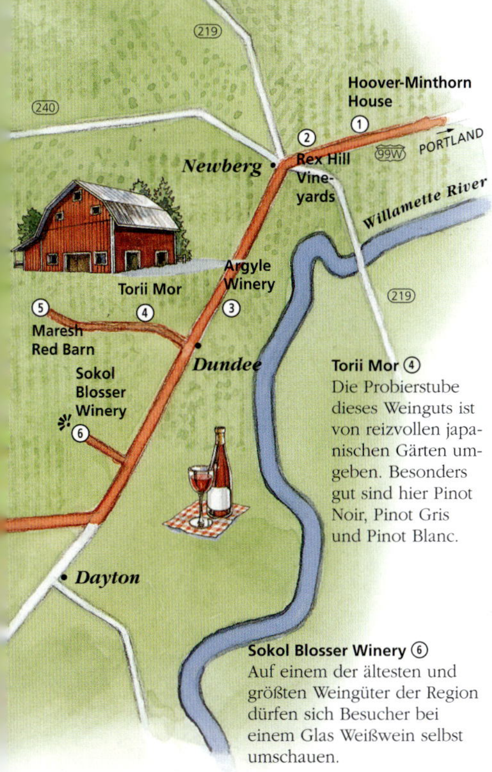

Hoover-Minthorn House ①
Das elfjährige Waisenkind Herbert Hoover, der spätere 31. Präsident der USA, kam 1885 aus Iowa nach Westen und lebte mit Onkel und Tante in diesem hübschen Haus.

Rex Hill Vineyards ②
Die schattigen Gärten am Hang und der mit Antiquitäten möblierte Probierraum, in dem ein Kaminfeuer lodert, eignen sich gut für die Verkostung der preisgekrönten Pinot-Noir-Weine.

Torii Mor ④
Die Probierstube dieses Weinguts ist von reizvollen japanischen Gärten umgeben. Besonders gut sind hier Pinot Noir, Pinot Gris und Pinot Blanc.

Sokol Blosser Winery ⑥
Auf einem der ältesten und größten Weingüter der Region dürfen sich Besucher bei einem Glas Weißwein selbst umschauen.

Der Willamette River schlängelt sich durch das fruchtbare North Willamette Valley

Maresh Red Barn ⑤
Die Weine aus den Trauben des Maresh-Weinbergs werden von drei Winzereien Oregons hergestellt, u.a. werden hier Pinot Noir und Pinot Gris angeboten.

LEGENDE

- Routenempfehlung
- Andere Straße
- Aussichtspunkt
- Information

Howard Hughes' »Spruce Goose« im Evergreen Aviation & Space Museum

McMinnville 14

Straßenkarte 1 A3. 32 000.
417 NW Adams St. (503) 472 6196. **www**.mcminnville.org

Die blühende Stadt liegt inmitten der Weinberge des Willamette Valley. Die Altstadt besitzt noch Gebäude aus dem späten 19. und frühen 20. Jahrhundert, etwa das alte Oregon Hotel oder die McMinnville Bank. Der Ruf des efeubewachsenen Linfield College von 1858 hat schon viele Besucher angelockt. Noch interessanter ist die »Spruce Goose« (»Fichtengans«): Das hölzerne Flugzeug von Howard Hughes aus den 1940er Jahren befindet sich im **Evergreen Aviation & Space Museum**. Seine Spannweite beträgt 97,5 Meter. Um das Highlight gruppieren sich u. a. alte Passagiermaschinen und Kampfflugzeuge aus dem Zweiten Weltkrieg.

Evergreen Aviation & Space Museum
460 NE Capt. Michael King Smith Way. *(503) 434 4185.* *tägl. 9–17 Uhr.* *Feiertage.*
www.evergreenmuseum.org

Silverton 15

Straßenkarte 1 A3. *7500.*
426 S Water St. (503) 873 5615.
www.silvertonchamber.org

Das hübsche alte Städtchen am Fuß der Cascade Mountains ist das Tor zum **Silver Falls State Park**, mit 3520 Hektar der größte State Park in Oregon. Der Trail of Ten Falls folgt dem Silver Creek durch den mit Douglasfichten, Hemlocktannen und Zedern bewachsenen Regenwald bis zu den Wasserfällen. Die South Falls, die größten Wasserfälle, stürzen 54 Meter von einer bemoosten Klippe in einen See hinab.

Am Südende von Silverton lockt der gepflegte **Oregon Garden** mit über 100 Jahre alten Eichen. Das **Gordon House** in einem schattigen Hain gleich am Garteneingang ist das einzige Bauwerk Oregons, das der berühmte Architekt Frank Lloyd Wright entwarf.

Deepwood Estate (1894) in Salem

Silver Falls State Park
Hwy 214, 16 km östlich von Salem.
1-800 551 6949. *tägl. Sonnenaufgang bis Sonnenuntergang.*
www.oregon.gov

Oregon Garden
879 W Main St. *(503) 874 8100.*
Mai–Sep: tägl. 10–18 Uhr; Okt–Apr: tägl. 10–16 Uhr.
1. Jan, Thanksgiving, 24., 25. Dez.
www.oregongarden.org

Salem 16

Straßenkarte 1 A3. *154 000.*
181 High St NE. 1-800 874 7012.
www.travelsalem.com

Salem war ein blühender Holzumschlaghafen und Handelsposten am Willamette River und wurde 1851 Hauptstadt des Oregon Territory.

Am Rand des Bush's Pasture Park stehen das **Bush House Museum**, ein Wohnhaus von 1878 mit zehn Marmorkaminen und Wintergarten (angeblich dem ersten westlich des Mississippi), und das historische **Deepwood Estate**. Das **Mission Mill Museum** zeigt einige der ältesten Bauwerke Oregons: das Wohnhaus des Salem-Gründers Jason Lee (1841), das Heim des Finanzministers von Oregon, John Boon, von 1847 und die Kay Woolen Mill mit noch funktionierenden Wasserrädern von 1890. Die frühe Geschichte des Staats wird im **Oregon State Capitol** lebendig: Auf der Rotunde steht die vergoldete Statue eines Siedlers. Marmorstatuen von Lewis und Clark mit Planwagen *(siehe S. 37)* flankieren den Eingang. Wandgemälde zeigen, wie Kapitän Robert Gray 1792 den Columbia River erforschte.

Auf dem Campus der Willamette University erheben sich die **Waller Hall**, das älteste Collegegebäude in Oregon (1867), und das sehenswerte **Hallie Ford Museum of Art** mit Korbwaren und Gemälden der Ureinwohner – alles Werke des 20. Jahrhunderts.

Das Oregon State Capitol in Salem

Hotels und Restaurants in Oregon *siehe Seiten 283–286 und 300–303*

Bush House Museum
600 Mission Street SE. *(503) 363 4714. Mi–So 12–16 Uhr. Feiertage. obligatorisch.*

Deepwood Estate
1116 Mission St SE. *(503) 363 1825.* **Park** *tägl. Sonnenaufgang bis -untergang.* **Haus** *Mai–Sep: Mi–Mo 9–12 Uhr; Okt–Apr: Mi, Do, Sa 11–15 Uhr. Feiertage.*
www.historicdeepwoodestate.org

Mission Mill Museum
1313 Mill St SE. *(503) 585 7012. Mo–Sa 10–17 Uhr.*
www.missionmill.org

Oregon State Capitol
900 Court St NE. *(503) 986 1388. Mo–Fr 8–17.30 Uhr.*

Waller Hall
900 State St. *Mo–Fr 8–17 Uhr.*

Hallie Ford Museum of Art
700 State St. *(503) 370 6855. Di–Sa 10–17, So 13–17 Uhr. Feiertage.*

Bush House Museum (1878), ein Wahrzeichen von Salem

Eugene ⓱

Straßenkarte 1 A4. *156 000.*
754 Olive St. (541) 484 5307.
www.travellanecounty.org

Dank der Universität von Oregon ist die zweitgrößte Stadt des Bundesstaats am Südende des Willamette Valley mit vielen Kultur- und Unterhaltungseinrichtungen gesegnet. Das **Hult Center for the Performing Arts** (1982) des New Yorker Architektenbüros Hardy Holzman Pfeiffer Associates, ein Holz-Glas-Bau, gilt weltweit als einer der schönsten Komplexe für Darstellende Kunst. Das **University of Oregon Museum of Natural and Cultural History** besitzt u.a. die ältesten Schuhe der Welt: Sandalen von 9500 v.Chr.

Kunsthandwerk gibt es auf dem **Saturday Market**, eine beträchtliche Ansammlung von Ständen bei den Park Blocks in der Innenstadt.

Der **5th Street Public Market** mit Läden und Restaurants in einer umgebauten Mühle ist bei den Einwohnern und den 17 000 Studenten beliebt.

Auch populär: die vielen Rad- und Rollerblade-Wege, Fußgängerzonen und Parks.

Kunsthandwerk der Region auf dem Saturday Market in Eugene

Hult Center for the Performing Arts
1 Eugene Center. *(541) 682 5087.* **www**.hultcenter.org

University of Oregon Museum of Natural and Cultural History
1680 E 15th Ave. *(541) 346 3024. Mi–So 11–17 Uhr. Feiertage.*

Saturday Market
8th Ave u. Oak St.
(541) 686 8885.
Apr–Nov: Sa 10–17 Uhr.
www.eugenesaturdaymarket.org

5th Street Public Market
High St u. 5th St.
Mo–Sa 10–19, So 11–17 Uhr.

Heiße Quellen speisen den Pool im Warm Springs Reservation Resort

Madras und Warm Springs ⓲

Straßenkarte 1 B3. **Madras**
274 SW 4th St. (541) 475 2350.
www.madraschamber.com
Warm Springs *1233 Veterans St. (541) 553 1161.*
www.warmsprings.com

Madras ist eine echte Rancherstadt mitten in der Wüste. Das **Crooked River National Grassland** mit endlos weitem Horizont bietet gute Möglichkeiten zum Angeln und Wildwasser-Rafting auf zwei National Wild and Scenic Rivers: dem Deschutes River und dem Crooked River, die sich durch 45 300 Hektar Wildnis winden. Der **Cove Palisades State Park** umgibt den Lake Billy Chinook, wo sich Basaltklippen im tiefen Wasser widerspiegeln.

Der Vertrag von 1855 zwischen der US-Regierung und den Stämmen der Wasco, Walla Walla und Paiute legte fest, dass ihnen 259 000 Hektar Land in der Warm Springs Reservation zustand. Das Gebiet liegt zwischen den Hochplateaus und den bewaldeten Hängen der Cascades in Zentraloregon. Der Stammesverbund zeigt heute Teile seines Erbes im **Museum at Warm Springs**, darunter Korb- und Glasperlenarbeiten, beklemmende, historische Fotos aus den Zeiten der Assimilation und Videos mit Zeremonien. Den indigenen Völkern gehören zudem ein Casino und ein Urlaubsresort.

Crooked River National Grassland
16 km südlich von Madras, nahe Hwy 26. *tägl. Sonnenaufgang bis Sonnenuntergang.* *813 SW Hwy 97, Madras.* *(541) 475 9272.*

Cove Palisades State Park
24 km südwestlich von Madras, nahe Hwy 97. *(541) 546 3412.* *tägl. Sonnenaufgang bis Sonnenuntergang.*

Museum at Warm Springs
Hwy 26, Warm Springs. *(503) 553 3331.* *März–Okt: tägl. 9–17 Uhr; Nov–Apr: Di–Sa 9–17 Uhr.* *1. Jan, Thanksgiving, 25. Dez.*
www.museumatwarmsprings.org

Sisters ⓳

Straßenkarte 1 B4. *1500.*
291 E Main Ave. (541) 549 0251.
www.sisterscounty.com

Sisters ist ein Viehzüchterort, der von seiner Wildwestgeschichte lebt – sichtbar an den Ladenfronten und den hölzernen Gehwegen. Die Landschaft ist allerdings authentisch. Die Gipfel der Three Sisters, jeder 3000 Meter hoch, thronen majestätisch über dem Ort, der von Kiefernwäldern, Bergwiesen und rauschenden Sturzbächen umgeben ist.

Umgebung: Der McKenzie-Pass führt von Sisters zu einer 1600 Meter hohen Bergkuppe inmitten einer massiven Lavazunge. Das **Dee Wright Observatory** bietet einen Panoramablick über mehr als ein Dutzend Berge der Cascades und über Lavafelder, die man sich auf dem 800 Meter langen Lava River Interpretive Trail ansehen kann.

Das kalte, klare Wasser des Metolius River fließt durch duftende Pinienwälder am Mount Jefferson. Nahe der kleinen Blockhüttensiedlung Camp Sherman, rund 22 Kilometer westlich von Sisters, entspringt der Fluss aus den Quellen unterhalb des Black Butte. Im Oberlauf werfen Fliegenfischer die Angeln aus. Der Fluss gilt als bestes Forellengewässer des Staats.

Dee Wright Observatory
Hwy 242, 24 km westlich von Sisters. *Mitte Juni–Okt: tägl. Sonnenaufgang bis Sonnenuntergang.* *Okt–Mitte Juni.*

Pferde in der Nähe von Sisters – mit den Gipfeln der Three Sisters im Hintergrund

Hotels und Restaurants in Oregon *siehe Seiten 283–286 und 300–303*

Bends High Desert Museum zeigt das Leben in Zentral- und Ostoregon

Smith Rock State Park ⑳

Straßenkarte 1 B4. *(541) 548 7501.* *tägl. Sonnenaufgang bis Sonnenuntergang.* **www**.oregon.gov

Der Crooked River fließt bei Smith Rock zwischen Felswänden aus verdichtetem Tuff – Vulkanasche, die unter starker Hitze und Druck zusammengepresst wurde. Die ungewöhnlich geformten Gipfel heißen »Morning Glory Wall« oder »Pleasure Palace« und sind eine Herausforderung für Kletterer, die sich an den glatten Wänden bis zu 168 Meter nach oben hangeln. Angeboten werden über 1300 verschiedene Kletterrouten. Wer lieber unten bleibt, kann von der Straße oder den Wanderwegen aus den Wagemutigeren zuschauen.

Bend ㉑

Straßenkarte 1 B4. *75 000.* *777 NW Wall St. (541) 382 3221.* **www**.bendchamber.org

Das geschäftige Bend, einst ein verschlafenes Holzfällernest, liegt in der Nähe von Skihängen, Seen, Flüssen und anderen Naturschönheiten Zentraloregons. Das alte Geschäftsviertel mit seinen Ziegelbauten hat noch kleinstädtischen Charme. Der Drake Park, eine grüne Oase in der Innenstadt, liegt auf beiden Seiten des Deschutes River. Der **Pilot Butte State Scenic Viewpoint**, oberhalb eines vulkanischen Schlackekegels (150 m), gewährt Aussicht auf die High Desert und auf neun schneebedeckte Gipfel der Cascades.

Das **High Desert Museum** zeigt das Leben im zerklüfteten Terrain der kargen Hochplateaus, die einen Großteil von Ost- und Zentraloregon ausmachen: Der Besucher geht durch Dioramen, die mit Licht- und Toneffekten indianische Dörfer, eine Wagenburg, eine Silbermine und andere Szenen aus der Pionierzeit zum Leben erwecken.

Draußen führt ein Weg durch Ponderosa-Kiefern zu einer nachgebauten Siedlerhütte und einer Sägemühle sowie zu einem Forellenbach und einer Voliere mit Falken und anderen Raubvögeln.

Pilot Butte State Scenic Viewpoint
Ostende der Greenwood Ave.
1-800 551 6949. *tägl. Sonnenaufgang bis Sonnenuntergang.*

High Desert Museum
59800 S Hwy 97. *(541) 382 4754.* *Mai–Okt: tägl. 9–17 Uhr; Nov–Apr: tägl. 10–16 Uhr.* *1. Jan, Thanksgiving, 25. Dez.*
www.highdesertmuseum.org

Newberry National Volcanic Monument ㉒

Straßenkarte 1 B4. *Apr–Okt: tägl. Sonnenaufgang bis Sonnenuntergang.* **www**.fs.usda.gov

Die 200 Quadratkilometer des Newberry National Volcanic Monument umfassen schaurig-schöne und öde Landschaften aus schwarzer Lava ebenso wie idyllische Bergseen, Wasserfälle, Tannenwälder und schneebedeckte Gipfel. Die Ausstellung im **Lava Lands Visitor Center** erklärt die Entstehung des Newberry Volcano durch Tausende von Ausbrüchen, die erstmals vor 600 000 Jahren auftraten. Der letzte Ausbruch erfolgte um 700 v. Chr., doch die aktuelle seismische Aktivität deutet darauf hin, dass der Vulkan wieder ausbrechen könnte. Weitere Teile der Ausstellung zeigen das kulturelle Erbe von Zentraloregon. Gut markierte Straßen und Lehrpfade führen zu den Hauptsehenswürdigkeiten.

Im Lava River Cave führt ein 1,5 Kilometer langer Weg in einen Tunnel, durch den früher glühende Lava strömte. Im Lava Cast Forest schlängelt sich ein gepflasterter Rundweg durch einen »Wald« von Höhlen, die durch die Lava geschaffen wurden. Eine Straße führt zu einem Krater mit 29 Kilometern Durchmesser. Hier leuchten der Paulina Lake und der East Lake inmitten von Kiefernwäldern. Von einem glänzend schwarzen Lavafeld, das als Big Obsidian Flow bekannt ist, geht es zum Gipfel des Paulina Peak, mit 2434 Metern der höchste Gipfel des Newberry National Volcanic Monument. In der herrlichen Landschaft kann man auch wandern, angeln und Boot fahren.

Lava Lands Visitor Center
58201 Hwy 97. *(541) 593 2421.* *Mai, Juni, Sep–Mitte Okt: Do–Mo 9–17 Uhr; Juli, Aug: tägl. 9–17 Uhr.*

Felsformation im Newberry National Volcanic Monument

Tour: Cascade Lakes Highway ㉓

Highway-Schild

Der Highway wird auch oft als Century Drive bezeichnet, weil die Rundfahrt knapp 100 Meilen (160 km) lang ist. Auf dieser Strecke kommt man durch eine schöne Wald- und Berglandschaft. Beeindruckend sind die Ausblicke auf die glitzernden Seen mit den zerklüfteten Gipfeln der Cascade Mountains im Hintergrund. Durch die Wildnis führen Wanderwege mit hübschen Picknick- und Campingplätzen. Es gibt fischreiche Seen, Skipisten und rustikale Ferienorte. Auch gestresste Menschen werden in dieser Szenerie zur Ruhe kommen.

Mount Bachelor ⑦
Eines der besten Schneegebiete für Skifahrer und Snowboarder mit 71 Abfahrten liegt am Mount Bachelor. Skilanglauf-Enthusiasten und Schneeschuhläufer zieht es ebenfalls hierher.

Devil's Garden ⑤
Für die Mondlandung 1969 haben Astronauten zu Fuß und in Mond-Buggys auf den 117 Quadratkilometern Fläche dieses Lava-Ausläufers trainiert.

Sparks Lake ⑥
Der seichte Forellensee inmitten von Bergen, Lavaformationen und Wiesen war für den Fotografen Ray Atkeson einer der landschaftlich reizvollsten Orte in Oregon.

Elk Lake ④
Der Elk Lake liegt gut erreichbar am Cascade Lakes Highway und ist bei Anglern, Seglern und Windsurfern beliebt. Im Laden des Elk Lake Resort kann man Kanus, Motor-, Ruder- und Paddelboote mieten.

Osprey Observation Point ③
Das Crane Prairie Reservoir wird von Fischreihern bewohnt, die wie Pfeile vom Himmel schießen, um Fische zu fangen.

Dutchman Flat ⑧
Abgeschiedenheit und Stille findet man auf den Wegen dieser malerischen Wüstenlandschaft.

ROUTENINFOS

Start: *Hwy 372 oder Hwy 97 ab Bend.*
Länge: *153 km.*
Reisezeit: *Juni bis Mitte Oktober.*
Rasten: *Es gibt überall Rastplätze. Am besten kauft man sich in Bend Getränke und Essen für zwischendurch ein, da nur wenige Läden an der Strecke liegen. Am Elk Lake und am Cultus Lake gibt es Restaurants und Läden. Wer gepflegter essen will, sollte die Lodges in Sunriver und am Mount Bachelor ansteuern.*

High Desert Museum ①
Das Museum zeigt alles über Entstehung sowie Flora und Fauna der Wüstenlandschaft. Zudem kann man Tiere in ihrer natürlichen Umgebung beobachten.

Lava Butte ②
Eine gepflasterte Straße führt zur Spitze des Vulkankegels mit atemberaubender Aussicht auf die Cascade Mountains.

Blick über das Newberry National Volcanic Monument

Tour: Crater Lake National Park ㉔

Goldmantel-Ziesel am Crater Lake

Oregons einziger Nationalpark liegt an einem See, der mit 594 Metern der tiefste der USA und der neunttiefste der Welt ist. Die Geschichte des Crater Lake begann vor rund 7700 Jahren, als der Mount Mazama ausbrach und in sich zusammenfiel. Dabei entstand das Becken des Crater Lake. Der Kraterrand befindet sich 300 Meter oberhalb des Sees. Vom Rundweg um den See, auf insgesamt 144 Kilometern Wanderwegen und von einer Lodge aus genießt man fantastische Ausblicke.

Merriam Point ④
Der Felsvorsprung bietet eine herrliche Aussicht auf die Westseite des Sees. Man erkennt die kegelförmige Wizard Island und die umliegenden, schwarzen Vulkanblöcke.

The Watchman ③
Der Aufstieg zu diesem Aussichtspunkt – er liegt am nächsten an Wizard Island – ist mittelschwer. Benannt ist er nach seinem historischen Feuerbeobachtungsturm.

Wizard Island ②
Wizard Island ist eine kleine kegelförmige Vulkaninsel, die 233 Meter über die Seeoberfläche hinausragt. Den Gipfel nimmt ein Krater mit 90 Metern Durchmesser ein.

Crater Lake Lodge ①
Das rustikale Hotel am Rand des Kratersees empfängt seit 1915 Gäste. Dank einer sorgfältigen Renovierung konnte die Stabilität des Gebäudes erhalten werden – der Bau drohte unter dem eigenen Gewicht und der Last des Winterschnees (bis zu 4,5 Meter Höhe) zusammenzubrechen. Die Aussicht von hier oben ist traumhaft.

Besucher auf einer Bootstour, die an der Cleetwood Cove am Nordufer des Sees beginnt

ROUTENINFOS

Start: *Steel Information Center am Rim Drive, etwa 6,5 km nördlich der Rte 62.*
Länge: *53 km.*
Reisezeit: *Abhängig vom Wetter ist der Rim Drive von Ende Juni bis Mitte Oktober geöffnet.*
Rasten: *Die Crater Lake Lodge und das Annie Creek Restaurant bei Mazama servieren Mahlzeiten (Juni–Mitte Okt). Im Rim Village gibt es Snacks. Zweistündige Bootstouren mit Führer beginnen an der Cleetwood Cove (Ende Juni–Mitte Sep: tägl. 10–16 Uhr).*

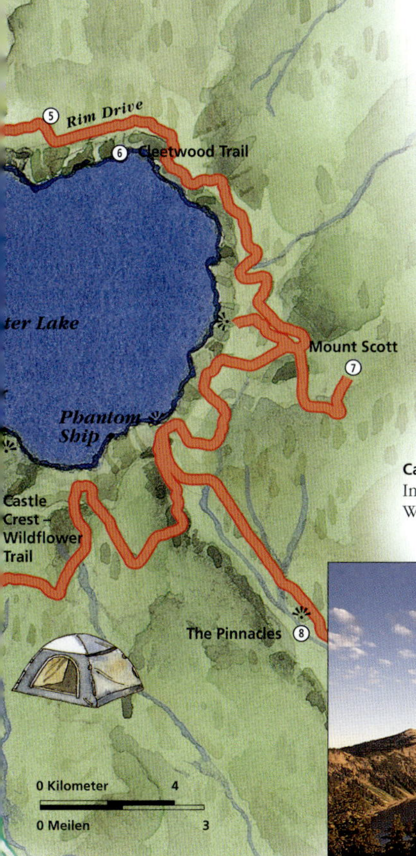

Rim Drive ⑤
Der 53 Kilometer lange Rundweg besticht durch Ausblicke auf den See, die Inseln und die umliegenden Berge.

Cleetwood Trail ⑥
Der 1,6 Kilometer lange und dabei 210 Meter abfallende Wanderweg ist der einzige Zugang zum See. Im Sommer kann man von hier aus Bootstouren unternehmen.

Mount Scott ⑦
Bei gutem Wetter sieht man vom 2722 Meter hohen Gipfel, dem höchsten Punkt des Parks, bis zum kalifornischen Mount Shasta, der 160 Kilometer südlich liegt.

The Pinnacles ⑧
Eine unheimliche Landschaft aus fossilen, oftmals hohlen Bimssteingebilden (Fumarolen) erhebt sich am östlichen Kraterrand.

Castle Crest – Wildflower Trail ⑨
Im Juli und August ist der 600 Meter lange leichte Wanderweg von Wildblumen gesäumt.

Sinnott Memorial Overlook ⑩
Ein atemberaubender Blick belohnt den Aufstieg zu diesem Punkt, wo Ranger des Nationalparks die Geologie erklären.

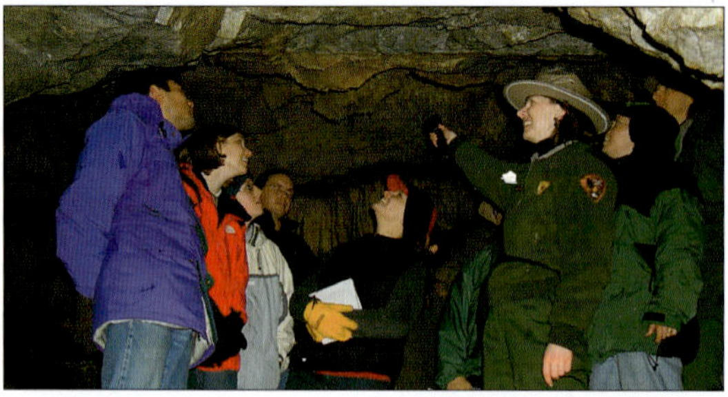

Ein Park Ranger führt durch das Oregon Caves National Monument

Oregon Caves National Monument ㉕

Straßenkarte 1 A5. *Oregon Route 46, Cave Junction. (541) 592 2100. tägl. 9.30–17 Uhr. Apr–Okt: stündliche Führungen.* **www**.nps.gov

Die 70 Minuten dauernde Führung durch die ausgedehnten, unterirdischen Höhlen folgt beleuchteten Gängen, führt an seltsamen Formationen und Marmorstreben vorbei, überquert Flüsse und erreicht treppauf, treppab riesige Hallen mit Stalaktiten. Die Höhlen wurden über Jahrtausende durch herabtropfendes Wasser geformt. Sie waren 1874 von einem Jäger, der seinen Hund in einem Loch in einer Wand des Elijah Mountain suchte, entdeckt worden.

Im oberirdischen Bereich führen drei Wege zu einem alten Wald, wo eine uralte Douglasfichte steht, die den größten Baumumfang in Oregon aufweist.

Jacksonville ㉖

Straßenkarte 1 A4. *2600.* *185 Oregon St. (541) 899 8118.* **www**.jacksonvilleoregon.org

In der alten Goldgräberstadt scheint die Zeit seit den 1880er Jahren stillzustehen – der Zeit, als im Rich Gulch Creek kein Gold mehr gefunden wurde. Die großen Eisenbahnlinien ließen das Städtchen links liegen.

Jacksonville wirkt wie ein Museum: Es gibt über 80 Ziegel- und Holzbauten aus dem 19. Jahrhundert. Deshalb wurde der Ort zum National Historic Landmark erklärt. Eine Besichtigung (Karten gibt es im Infozentrum im alten Zugdepot) zeigt den Reichtum an Geschichte und Architektur.

Das **Beekman House** (um 1876) vermittelt eine Vorstellung, wie die reichen Bürger hier einst gelebt haben. Zwischen den Originalmöbeln agieren Schauspieler in Kostümen der alten Zeit.

Auf dem Anwesen des Fotografen Peter Britt (1819–1905) finden jedes Jahr die **Britt Festivals** statt. Sie waren die ersten regelmäßigen Sommerfestivals im Nordwesten. Heute treten hier international bekannte Musiker, Sänger und Tänzer auf. Unter Ponderosa-Pinien erklingen dann alle Musikrichtungen von Folk und Bluegrass über Jazz und Pop bis hin zur Klassik.

Beekman House
352 E California St. *(541) 773 6536. nach Voranmeldung.*

Britt Festivals
216 W Main St, Medford. *(541) 773 6077.* **www**.brittfest.org

Beekman House in Jacksonville, gebaut zur Zeit des Goldrauschs

Ashland ㉗

Straßenkarte 1 A5. *20000.* *110 E Main St. (541) 482 3486.* **www**.ashlandchamber.com

Auf den ersten Blick kann man kaum glauben, dass die idyllische, von Farmen und Obstgärten umgebene Stadt von 350 000 Theatergängern besucht wird: So viele kommen jedes Jahr zum 1935 gegründeten **Oregon Shakespeare Festival**. Zwischen Februar und Oktober werden hier jährlich elf Shakespeare-Dramen sowie weitere klassische und zeitgenössische Stücke aufgeführt.

Theaterfans können die Requisiten und Kostüme früherer Aufführungen im Festival Exhibit Center bewundern. Angeboten werden auch Führungen hinter die Kulissen aller drei Bühnen: im Open-air Elizabethan Theatre mit 1200 Sitzplätzen, im Angus Bowmer Theatre (600 Plätze) und im New Theatre.

Oregon Shakespeare Festival
15 S Pioneer St. *(541) 482 4331.* **www**.osfashland.org

Renaissance-Bühne beim Oregon Shakespeare Festival

Umgebung: Es gibt viele Angebote für Rafting-Touren und Jet-Boat-Ausflüge vom Grants Pass (64 km nördlich von Ashland auf der I-5) aus. Der Rogue River schlängelt sich auf einer 346 Kilometer langen, wilden Strecke, u. a. durch den Siskiyou National Forest, zum Pazifik. Am Ufer kann man Hirsche, Berglöwen (Pumas) und Bären entdecken sowie majestisch am Himmel kreisende Weißkopfseeadler.

Tour: Steens Mountain ㉘

Lupinen auf einer Bergwiese

Grandios und zerklüftet – so stellt sich die Szenerie auf dem 2960 Meter hohen Berg dar. Der Steens Mountain ist eine geologische Verwerfung, die sich nach zwei Seiten hin geteilt hat. So steigt der westliche Berghang von der kargen Ebene allmählich zu Baumbeständen mit Espen, Wacholder und Bergmahagoni an, während die östliche Seite über 1,6 Kilometer steil abfällt. Gabelantilopen, Dickhornschafe und Wildpferde streifen durch felsige Schluchten und über die alpine, mit Wildblumen bedeckte Tundra. Am Himmel kreisen Falken und Adler. Der Steens Mountain National Back Country Byway durchquert diese außergewöhnliche Landschaft.

ROUTENINFOS

Start: *North Loop Road in Frenchglen.*
Länge: *93,5 km.*
Reisezeit: *Die gesamte Steens Loop Road ist wegen der Schneedecke von November bis Juni gesperrt. Schneestürme und Gewitter können ganzjährig auftreten.*
Straßenzustand: *Die ungeteerte Straße ist teilweise sehr steil. Sinnvoll sind daher Fahrzeuge mit Allradantrieb.*
Rasten: *Viele Aussichtspunkte, Picknickplätze und einige Campingplätze liegen an der Route. In Frenchglen gibt es Unterkünfte und Restaurants.*

Donner und Blitzen River ①
1864 taufte ein amerikanischer Offizier den reißenden Strom »Donner und Blitz«, als er ihn während eines Gewitters überqueren wollte.

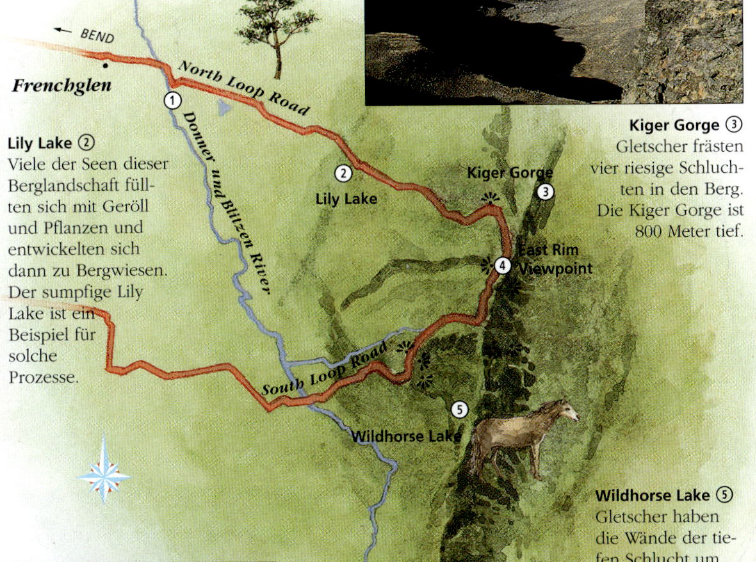

Kiger Gorge ③
Gletscher frästen vier riesige Schluchten in den Berg. Die Kiger Gorge ist 800 Meter tief.

Lily Lake ②
Viele der Seen dieser Berglandschaft füllten sich mit Geröll und Pflanzen und entwickelten sich dann zu Bergwiesen. Der sumpfige Lily Lake ist ein Beispiel für solche Prozesse.

Wildhorse Lake ⑤
Gletscher haben die Wände der tiefen Schlucht um den See zu Terrassen geformt.

East Rim Viewpoint ④
Der Aussichtspunkt thront 1,6 Kilometer über den Alkali-Ebenen der Alvord Desert. Sie liegt im Regenschatten des Bergs und erhält daher nur 15 Zentimeter Regen jährlich.

0 Kilometer 8
0 Meilen 6

LEGENDE

Routenempfehlung
Aussichtspunkt

Endlos erscheint die Wüstenlandschaft des Jordan Valley

Jordan Valley ㉙

Straßenkarte 1 C4. 🚻 *239.* ℹ *306 Blackaby St. (541) 586 2460.*

Die etwas heruntergekommene Ranchersiedlung liegt in der Wüste im spärlich besiedelten Malheur County, in dem nur 28000 Einwohner auf 25900 Quadratkilometern leben. Jordan Valley ist für zwei Dinge bekannt: Der Ballplatz von 1915 ist ein Erbe baskischer Schäfer, die sich 1890 hier niederließen und das Pelota-Ballspiel einführten. Und: Auf dem mit Beifuß überwucherten Friedhof, der sich 27 Kilometer südlich des Orts am Highway 95 erstreckt, liegt Jean Baptiste Charbonneau, der Sohn von Sacagawea *(siehe S. 37)*. Er wurde 1805, im Jahr der Lewis-Clark-Expedition, geboren. Seine Mutter nahm ihn auf die Reise mit, bei der sie als Führerin fungierte. Er starb 1866 in der Nähe von Jordan Valley an einer Erkältung.

Malheur National Wildlife Refuge ㉚

Straßenkarte 1 C4. ☎ *(541) 493 2612.* **Schutzgebiet und Museum** ○ *tägl. Sonnenaufgang bis Sonnenuntergang.* ● *Feiertage.* **Besucherzentrum** ○ *Mitte März–Mitte Okt: tägl. 8–16 Uhr; Mitte Okt–Mitte März: Mo–Do 8–16 Uhr.* ● *Feiertage.* ♿ **www**.fws.gov

Eines der größten Naturschutzgebiete der USA, das Malheur National Wildlife Refuge, erstreckt sich über 755 Quadratkilometer des Blitzen Valley. Über 300 Vogel- und 58 Säugetierarten bewohnen das Feuchtgebiet, die Wiesen und das Hochland, darunter Kraniche, Tundra-Schwäne, Silberreiher, Weißkopfibisse, Gabelantilopen, Maultierhirsche und eine besondere Art von Regenbogenforellen.

Vögel kann man am besten im Frühjahr und Herbst beobachten, auf ihrer jährlichen Wanderung am »Pacific Flyway«, einer Hauptwanderroute nordamerikanischer Wasservögel. Ein kleines Museum informiert über die Vogelarten. Die Central Patrol Road beginnt im Zentrum und durchquert das Naturschutzgebiet (64 km) der Länge nach. Sie führt an den besten Aussichtspunkten vorbei. Die historische P Ranch am Südende gehörte Peter French, der in den 1880er Jahren das Blitzen Valley besiedelte.

Umgebung: Vom Schutzgebiet führt der 111 Kilometer lange **Diamond Loop National Back Country Byway** an mit Beifuß bedeckten Hügeln und Canyons mit roten Felswänden vorbei. An der Route liegen die Diamond Craters, eine Vulkanlandschaft, die vor 17000 bis 25000 Jahren entstand, die Round Barn, ein auffallender Bau aus dem 19. Jahrhundert mit einem runden, steinernen Pferdestall, umgeben von einer Koppel, sowie der kleine Rancherort Diamond mit seinen vielen Pappeln. Dessen Einwohnerzahl schwankt zwischen ein- und zweistellig, es gibt jedoch ein Hotel.

Diamond Loop National Back Country Byway
ℹ *28910 Hwy 20 W, Hines.*
☎ *(541) 573 4400.*

Weiblicher Maultierhirsch im Malheur National Wildlife Refuge

John Day Fossil Beds National Monument ㉛

Straßenkarte 1 B3. ℹ *Hwy 19, 64 km westlich von John Day. (541) 987 2333.* ○ *tägl. Sonnenaufgang bis Sonnenuntergang.* **Thomas Condon Paleontology Center (Sheep Rock)** ○ *tägl. 9–17 Uhr.* ● *Feiertage zwischen Thanksgiving und President's Day.* **www**.nps.gov

Prähistorische Fossilienstätten findet man im John Day Fossil Beds National Monument, wo sich in den Sedimenten die Überreste von Pflanzen und Tieren erhalten haben, die vor 40 Millionen Jahren hier im Dschungel und in den Savannen existierten.

Am Sheep Rock im John Day Fossil Beds National Monument

Blick auf die Painted Hills im John Day Fossil Beds National Monument

Dies war die Zeit zwischen dem Aussterben der Dinosaurier und dem Beginn der letzten Eiszeit. Das 5700 Hektar große Gebiet umfasst drei Bereiche: Sheep Rock, Painted Hills und Clarno. In allen drei gibt es Pfade zu den Fossilienfundstätten. Die Painted Hills sind am imposantesten – mit vulkanischen Felsformationen in leuchtendem Rot, Rosa, Bronze, Gelbbraun und Schwarz. Clarno besitzt einige der ältesten Formationen von vor 54 Millionen Jahren. Dort sind auch einige der weltweit am besten erhaltenen Pflanzenfossilien zu bewundern. Sheep Rock ist etwa sechs bis 16 Millionen Jahre alt. Im Besucherzentrum kann man viele wichtige Funde besichtigen.

Die Fossilienstätten und der Fluss sind nach John Day, einem Pelzhändler aus Virginia, benannt. Er kam 1812 nach Oregon, doch war er wohl nie in diesem Gebiet.

Entelodont-Fossilien: Schädel und Vordergliedmaßen

Pendleton ㉜

Straßenkarte 1 C3. 👥 *17300.*
ℹ *501 S Main St. (541) 276 7411.*
www.pendletonchamber.com

Pendleton ist die größte Stadt im östlichen Oregon und gilt als Anziehungspunkt für harte Cowboys – und skrupellose Viehdiebe. Das ist natürlich übertrieben, denn diese Zeiten sind längst vorbei. Die **Pendleton Woolen Mills** *(siehe S. 76)* sind für warme Kleidung und Decken, vor allem für die Decken mit indianischen Motiven, bekannt. Der ökonomisch höchst erfolgreiche Betrieb produziert die Decken seit 1895. Die Indianer benutzten sie nicht nur im Alltag, sondern auch bei Zeremonien. Zudem waren sie wertvolle Tauschmittel. Der Cowboymythos wird beim Pendleton Round-Up im September beschworen, wenn die Teilnehmer am Rodeo und rund 50000 Zuschauer in die Stadt drängen. Historische Rodeos sind u. a. auf den Fotos in der **Round-Up Hall of Fame** dokumentiert.

Die **Pendleton Underground Tours** enthüllen so manch anrüchigen Aspekt der Stadtgeschichte. Die Tour führt durch ein unterirdisches Labyrinth von Opiumhöhlen, Spielhöllen und illegalen Kneipen aus der Prohibitionszeit. Zu sehen sind auch das Bordell »Cozy Room« sowie die Behausungen chinesischer Arbeiter im 19. Jahrhundert.

Eines anderen Kapitels der Stadtgeschichte wird im **Tamástslikt Cultural Institute** gedacht. Historische Nachbauten, eine originelle Sammlung von Kriegskopfschmuck und andere Exponate illustrieren die ehemalige Reitkultur und die jahreszeitliche Wanderung, die spätere Zwangsansiedlung und die heutige Lebensweise der Cayuse, Umatilla und Walla Walla – Stämme, die schon seit über 10000 Jahren auf dem Columbia-River-Plateau leben.

Pendleton Woolen Mills
1307 SE Court Pl. ☎ *(541) 276 6911.* **Verkaufsraum** ○ *Mo–Sa 8–18, So 9–17 Uhr.* ● *1. Jan, Thanksgiving, 25. Dez.* ☞ *Mo–Fr 9, 11, 13.30, 15 Uhr.* 🛍
www.pendleton-usa.com

Round-Up Hall of Fame
1205 SW Court Ave.
☎ *(541) 276 2553.* ○ *Mo–Sa 10–16 Uhr.* ● *Feiertage.*
www.pendletonroundup.com

Pendleton Underground Tours
37 SW Emigrant Ave. ☎ *(541) 276 0730.* ○ *März–Okt: Mo–Sa 9.30–15 Uhr; Nov–Feb: bitte tel. erfragen.* ● *Feiertage.* 👐 🛍 **www**.pendletonundergroundtours.org

Tamástslikt Cultural Institute
47106 Wildhorse Blvd. ☎ *(541) 966 9748.* ○ *Apr–Okt: tägl. 9–17 Uhr; Nov–März: Mo–Sa 9–17 Uhr.* ● *1. Jan, Thanksgiving, 25. Dez.*
👐 ☕ 🛍 ♿
www.tcimuseum.com

Umgebung: Das Städtchen La Grande, 84 Kilometer südöstlich von Pendleton, ist ein guter Ausgangspunkt für Ausflüge in die Blue Mountains, die Wallowa Mountains und in den Hells Canyon *(siehe S. 112–115)*.

In La Grandes Innenstadt sind in den reizenden Häusern aus dem frühen 20. Jahrhundert mittlerweile Läden und Cafés untergebracht.

Hohe Kunst des Rodeo beim beliebten Pendleton Round-Up

Tour: Elkhorn Drive National Scenic Byway ㉝

Planwagen der ersten Siedler im Westen

Die Fahrt über die Bergkette führt zu einigen der landschaftlich schönsten Gebiete im Osten von Oregon. Im Westen verläuft die Route über die Elkhorn Range der Blue Mountains, wo dichte Kiefernwälder kristallklare Seen umgeben und alte Goldgräberstädte liegen. Im Osten erheben sich jenseits des Baker Valley die Schneegipfel der Wallowa Mountains.

Granite ⑤
Als der Goldrausch vorbei war, verkam das einst boomende Granite zur Geisterstadt.

Anthony Lakes ⑥
Inmitten von Wäldern aus Ponderosa-Pinien glitzert eine Kette von Bergseen. Im Winter gleiten Ski- und Schneemobilfahrer über den dichten Pulverschnee der Abhänge.

LEGENDE

- Routenempfehlung
- Andere Straße
- Information

Sumpter Dredge ④
Der riesige Bagger schürfte einst im Talboden nach Gold. Das Monstrum aus Holz und Stahl ist heute das Herzstück einer einzigartigen Open-Air-Ausstellung.

0 Kilometer 8
0 Meilen 5

ROUTENINFOS

Start: *Baker City.*
Länge: *134 km.*
Reisezeit: *Sommer und Herbst. Bis Juni gibt es Sperrungen wegen Schneefalls.*
Rasten: *Das Geiser Grand Hotel (siehe S. 284) in Baker City lädt zum Essen ein. Entlang der Route gibt es mehrere Picknickplätze.*

National Historic Oregon Trail Interpretive Center ①
Hier sieht man nachgestellte Szenen aus dem Siedlerleben zur Zeit des Oregon Trail, untermalt von Rindergebrüll.

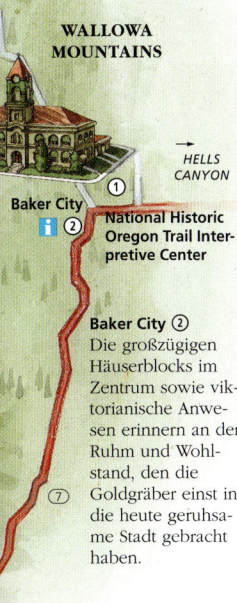

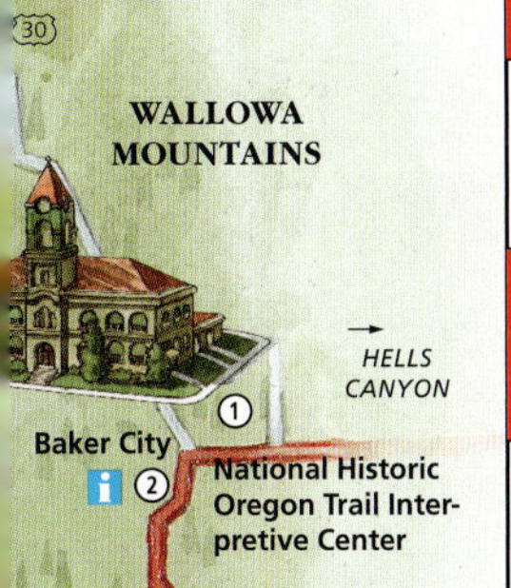

Baker City ②
Die großzügigen Häuserblocks im Zentrum sowie viktorianische Anwesen erinnern an den Ruhm und Wohlstand, den die Goldgräber einst in die heute geruhsame Stadt gebracht haben.

⑦

Sumpter Valley Railway ③
Eine Schmalspurbahn fährt nun wieder dampfend auf der Route, auf der einst Holz und Gold transportiert wurden. Oft begleiten Habichte und andere Wildtiere den Zug.

Joseph ㉞

Straßenkarte 1 C3. *1100.*
Wallowa Mountains Visitor Center, 88401 Hwy 82, Enterprise. (541) 426 5546.

Der Ort ist nach Chief Joseph *(siehe S. 27)* benannt. 1877 flüchtete der Anführer der Nez Percé mit seinem Stamm 3000 Kilometer weit, um der Zwangsvertreibung in den Wallowa Mountains zu entkommen.

Mit seinen Ziegelfassaden vor den schneebedeckten Wallowa Mountains und der Grassteppe ringsum wirkt Joseph wie eine alte Siedlerstadt. Heute gibt es hier jedoch mehr Besucher als Rancher. Viele Bildhauer, haben Galerien eröffnet.

Das **Wallowa County Museum** hat seinen Sitz in einem Bau, in dem früher die Zeitungsredaktion, das Krankenhaus und die Bank untergebracht waren. Das Museum widmet sich Häuptling Josephs berühmtem Rückzug. Während der Chief Joseph Days im Juli werden ein Rodeo und eine Art Karneval abgehalten. Weitere Festivals sind das Annual Arts Festival und die Wallowa Mountain Quilt Show (beide im Juni).

Bronzene Pferdeskulptur, Joseph

Wallowa County Museum
110 S Main St. *(541) 432 6095.*
Memorial Day–3. Wochenende im Sep: tägl. 10–17 Uhr.

Restauriertes altes Eckgebäude in Joseph, Oregon

Motorboot auf dem klaren Wasser des Wallowa Lake

Wallowa Lake ㉟

Straßenkarte 1 C3.

Das kristallklare Wasser des Gletschersees glitzert am Fuß der Wallowa Mountains, die eine 3050 Meter hohe und 64 Kilometer lange Granitwand bilden. Obwohl der See schon seit 100 Jahren ein beliebtes Ziel für Ausflügler und Aussteiger ist, blieb das bewaldete Ufer nahezu unverändert erhalten. Ein Großteil des Gebiets liegt innerhalb der Grenzen eines Staatsforsts und des **Wallowa Lake State Park**. Eines der wenigen kommerziell genutzten Gebäude ist die Wallowa Lake Lodge, ein liebevoll restaurierter Holzbau aus den 1920er Jahren. Hier kann man übernachten und etwas essen. Die **Wallowa Lake Tramway** führt auf den 1100 Meter hohen Mount Howard. Von dort hat man einen schönen Blick auf den See und die Wallowa Mountains.

Auf Wanderungen kommt man schnell in fast unberührte Wildnis. Lohnend ist beispielsweise ein Ausflug in die Eagle Cap Wilderness, eine faszinierende Berglandschaft, die sich westlich des Sees über 1460 Quadratkilometer erstreckt.

Wallowa Lake State Park
10 km südlich von Joseph, nahe Hwy 82. *(541) 432 4185.*
tägl. Sonnenaufgang bis Sonnenuntergang. **www**.oregon.gov

Wallowa Lake Tramway
59919 Wallowa Lake Hwy, Joseph. *(541) 432 5331.*
Mitte Mai–Sep.
www.wallowalaketramway.com

Hotels und Restaurants in Oregon *siehe Seiten 283–286 und 300–303*

Tour: Hells Canyon National Recreation Area ㊱

Stachel-birnenkaktus

Eine der ursprünglichsten Landschaften Nordamerikas breitet sich an den Hängen der bis zu 2865 Meter hohen Gipfel des Hells Canyon aus. Der Snake River durchfließt Nordamerikas tiefste von einem Fluss geformte Schlucht. Die bis zu 2436 Meter hohen Canyonwände flößen Ehrfurcht ein. Beeindruckend ist auch der fantastische Blick auf dichte Kiefernwälder und blühende Bergwiesen. Das Gebiet umfasst rund 2640 Quadratkilometer, Teile davon sind so zerklüftet, dass man nur per Boot auf dem Snake River vorankommt. Die Aussichtspunkte bieten alle einmalige Panoramablicke – ein unvergleichliches Erlebnis!

Aussichtspunkt in der Hells Canyon National Recreation Area

Buckhorn Lookout ①
Dieser Punkt bietet eine der spektakulären Aussichten auf den Hells Canyon. Von hier aus sieht man den Wallowa-Whitman National Forest und den Imnaha River Canyon.

Nee-Me-Poo Trail ②
Auf diesem Pfad folgt man den Spuren von Häuptling Joseph und den 700 Nez Percé, die 1877 zu einen 3000 Kilometer langen Marsch in Richtung Kanada aufbrachen, um ihre Freiheit zu verteidigen *(siehe S. 27)*.

Hells Canyon Reservoir ⑥
Begrenzt vom Oxbow Dam im Süden und vom Hells Canyon Dam im Norden, ist das 40 Kilometer lange Reservoir Teil eines riesigen Kraftwerkkomplexes am Snake River. Besucher, die Boot fahren oder raften wollen, erreichen den Fluss auf einer Privatstraße am Ostufer.

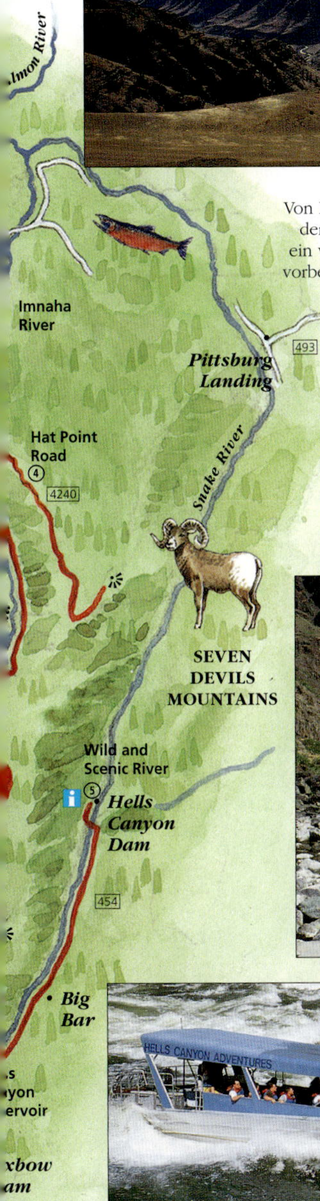

ROUTENINFOS

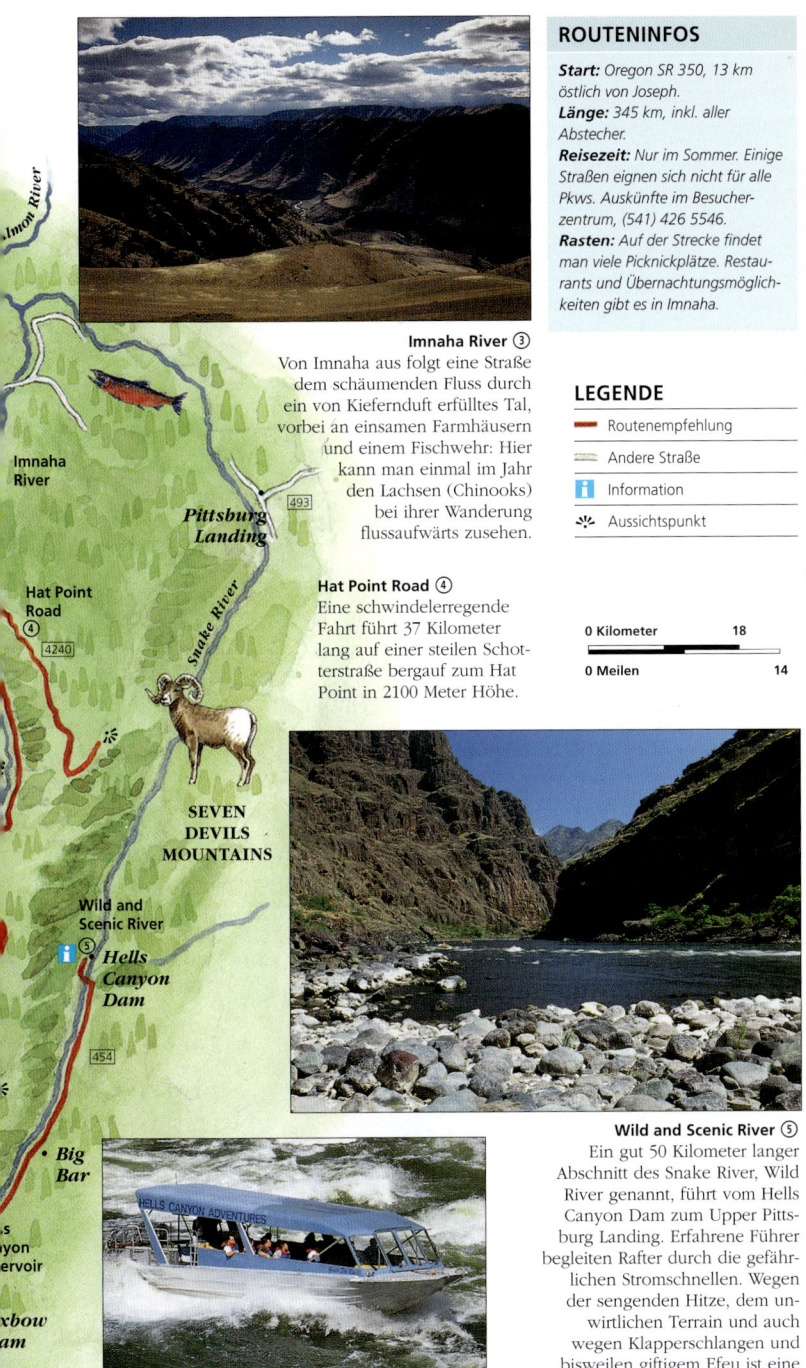

Start: *Oregon SR 350, 13 km östlich von Joseph.*
Länge: *345 km, inkl. aller Abstecher.*
Reisezeit: *Nur im Sommer. Einige Straßen eignen sich nicht für alle Pkws. Auskünfte im Besucherzentrum, (541) 426 5546.*
Rasten: *Auf der Strecke findet man viele Picknickplätze. Restaurants und Übernachtungsmöglichkeiten gibt es in Imnaha.*

Imnaha River ③
Von Imnaha aus folgt eine Straße dem schäumenden Fluss durch ein von Kiefernduft erfülltes Tal, vorbei an einsamen Farmhäusern und einem Fischwehr: Hier kann man einmal im Jahr den Lachsen (Chinooks) bei ihrer Wanderung flussaufwärts zusehen.

LEGENDE

- Routenempfehlung
- Andere Straße
- Information
- Aussichtspunkt

Hat Point Road ④
Eine schwindelerregende Fahrt führt 37 Kilometer lang auf einer steilen Schotterstraße bergauf zum Hat Point in 2100 Meter Höhe.

0 Kilometer 18

0 Meilen 14

Wild and Scenic River ⑤
Ein gut 50 Kilometer langer Abschnitt des Snake River, Wild River genannt, führt vom Hells Canyon Dam zum Upper Pittsburg Landing. Erfahrene Führer begleiten Rafter durch die gefährlichen Stromschnellen. Wegen der sengenden Hitze, dem unwirtlichen Terrain und auch wegen Klapperschlangen und bisweilen giftigem Efeu ist eine Wanderung am Ufer entlang nicht unbedingt anzuraten.

Auf den Stromschnellen des Snake River

Seattle

Seattles Highlights

Kanaldeckel mit Karte von Seattle

Seattles Geschichte, Wirtschaft und die hervorragende Lebensqualität der Stadt werden von der Lage am Puget Sound geprägt. Der Klondike Gold Rush National Historical Park erinnert an die wichtige Rolle der Stadt als Hafen während der Zeit des Goldrauschs (1897/98). Das Seattle Aquarium zeigt die Natur des Puget Sound. Zu den architektonischen Wahrzeichen der Stadt gehören verschiedene historische Bauten, die einst futuristische Space Needle und das EMP Museum, dessen Konzept auf Microsoft-Mitbegründer Paul Allen zurückgeht.

EMP Museum
Hier widmet man sich der Geschichte und Erforschung von Musik und Science Fiction (siehe S. 146f).

Space Needle
Die 184 Meter hohe Space Needle entstand zur Weltausstellung 1962 und ist das offizielle Wahrzeichen der Stadt. Der Fahrstuhl saust in 43 Sekunden zur Aussichtsplattform (siehe S. 144f).

Maritime Event Center, Pier 66
Das 1998 eröffnete Museum am Hafen erfreut Besucher mit interaktiven Ausstellungen zum Seehandel und zur Fischerei-Industrie der Region (siehe S. 136).

Seattle Aquarium
Das beliebte Aquarium zeigt das Meeresleben des Nordwestens, u.a. in einer Unterwasser-Glaskuppel, in der Haie, Lachse, Kraken und andere Tiere des Puget Sound die Besucher umkreisen (siehe S. 138f).

◁ **Segelboote auf dem Lake Union, Seattle**

Benaroya Hall
Die Konzerthalle der Seattle Symphony kostete 118 Millionen US-Dollar und nimmt einen ganzen Straßenblock ein. Das Taper Auditorium mit 2500 Plätzen ist weltweit für seine hervorragende Akustik bekannt (siehe S. 129).

Fairmont Olympic Hotel
Das imposante Hotel steht im National Register of Historic Places (siehe S. 128).

Seattle Art Museum
Das erweiterte Museum bietet nun viel Platz für die 23 000 Exponate – von antiken ägyptischen Reliefs bis zu zeitgenössischen amerikanischen Installationen (siehe S. 128f).

Smith Tower
In dem mit 42 Stockwerken einst höchsten Bürogebäude außerhalb von New York City gibt es den letzten handbetriebenen Fahrstuhl an der Westküste der USA (siehe S. 124).

Pike Place Market
Seit 1907 ist Amerikas ältester Bauernmarkt ein beliebter Treffpunkt. Er ist auch ein National Historic District (siehe S. 134f).

Klondike Gold Rush National Historical Park
Das Museum im Pioneer Square Historic District zeigt Seattles Rolle während des letzten großen Goldrauschs in Amerika (siehe S. 125).

SAM
seattle art museum
SEUM
OPEN
TODAY

Pioneer Square und Zentrum

Der Pioneer Square ist der Geburtsort von Seattle. Er war einst das Zentrum der Stadt, die 1852 mit der Ankunft von Arthur und David Denny sowie weiteren Siedlern entstand. Das nach dem Großen Brand 1889 wiederaufgebaute Areal florierte Ende des 19. Jahrhunderts. Doch als 1914 der Smith Tower eröffnet wurde, verlagerte sich das Zentrum nach Norden. Der Pioneer Square war bald keine gute Geschäftsadresse mehr. Heute ist das wiederbelebte Viertel – nun National Historic District – ein Kunstzentrum mit Galerieführungen am »First Thursday« und Lesungen. Ein kurzer Spaziergang führt zum heutigen Zentrum mit Wolkenkratzern, schicken Läden und Hotels, aber auch grünen Oasen wie dem Freeway Park. Kulturelle Vorzeigeobjekte sind das Seattle Art Museum und die hypermoderne Benaroya Hall.

Drache, International District

Sehenswürdigkeiten auf einen Blick

Gebäude und Läden
- Benaroya Hall ⓾
- Central Library ⓬
- Columbia Center ❼
- Fairmont Olympic Hotel ❽
- Pioneer Building ❷
- Smith Tower ❶

Museum
- Seattle Art Museum ❾

Parks und Stadtviertel
- Freeway Park ⓫
- International District ❻
- Klondike Gold Rush National Historical Park ❺
- Occidental Square ❹
- Waterfall Garden Park ❸

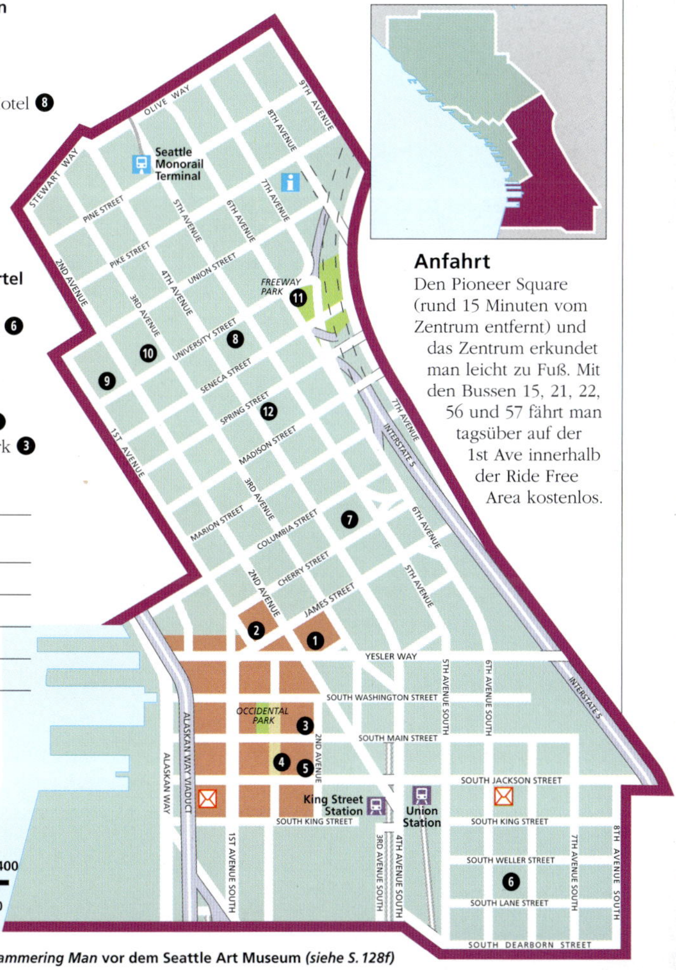

Anfahrt

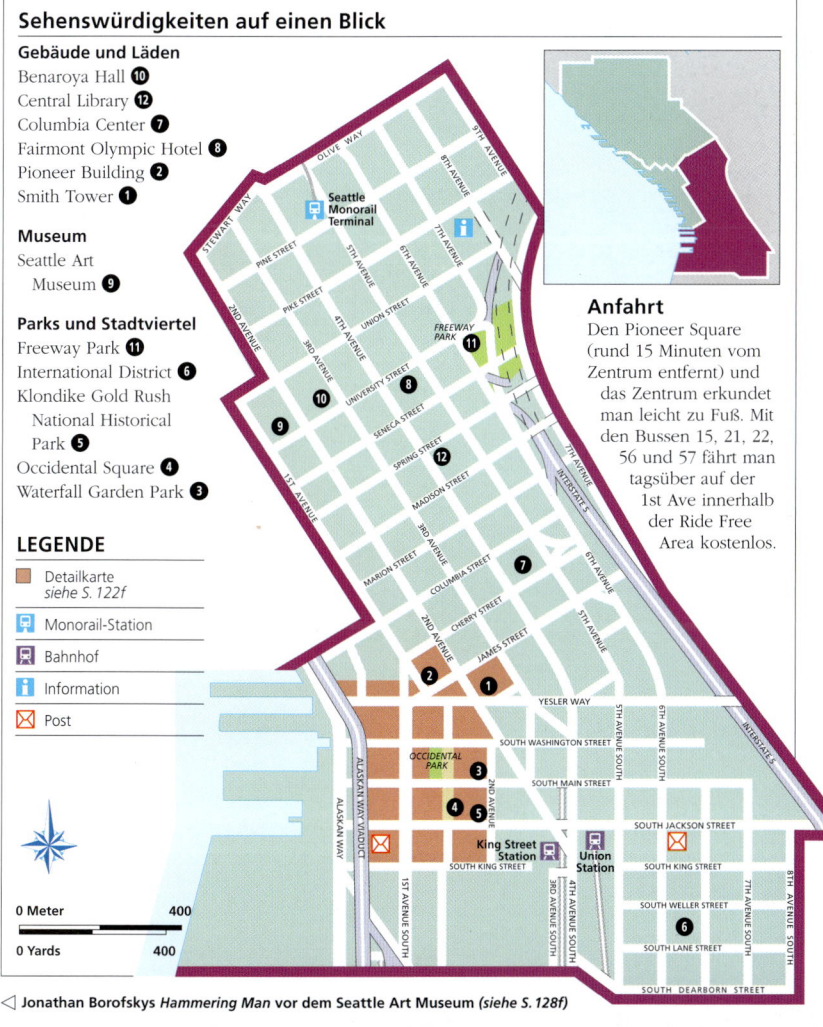

Den Pioneer Square (rund 15 Minuten vom Zentrum entfernt) und das Zentrum erkundet man leicht zu Fuß. Mit den Bussen 15, 21, 22, 56 und 57 fährt man tagsüber auf der 1st Ave innerhalb der Ride Free Area kostenlos.

LEGENDE

- Detailkarte *siehe S. 122f*
- Monorail-Station
- Bahnhof
- Information
- Post

0 Meter 400

0 Yards 400

◁ **Jonathan Borofskys *Hammering Man* vor dem Seattle Art Museum *(siehe S. 128f)***

Im Detail: Pioneer Square

Verzierter Kanaldeckel

Der Pioneer Square, die ursprüngliche Innenstadt von Seattle, wurde nach einer Phase des Abstiegs als Geschäftsviertel neu belebt. Heute steht das Areal als National Historic District unter Denkmalschutz. Hohe Totempfähle prägen den Platz – eine Erinnerung an das Dorf der Coast Salish, die vor den Siedlern hier lebten. Elegante viktorianische Gebäude, soziale Einrichtungen, teure Geschäfte in belebten Straßen und die kopfsteingepflasterten Plätze – alles verweist auf die wechselvolle Geschichte des Viertels. Viele Gebäude entstanden zwischen dem Großen Brand von 1889 und dem Klondike-Goldrausch von 1897/98. Danach begann die Verwahrlosung, doch seit den 1960er Jahren wurde der Stadtteil saniert. Inzwischen sind in die renovierten ehemaligen Saloons, Bordelle und Büros der Minengesellschaften Kunstgalerien, Boutiquen und Antiquitätenläden eingezogen.

Pioneer Place
Auf dem dreieckigen Platz befinden sich Tlingit-Totempfähle. Die Büste des Häuptlings Seattle ziert einen Brunnen.

Occidental Square
Das Fallen Firefighters' Memorial auf dem Platz besteht aus vier lebensgroßen Bronzestatuen, die Hai Ying Wu 1998 schuf. Sie sind eine Hommage an Seattles Feuerwehrmänner, die im Dienst ums Leben kamen. 4

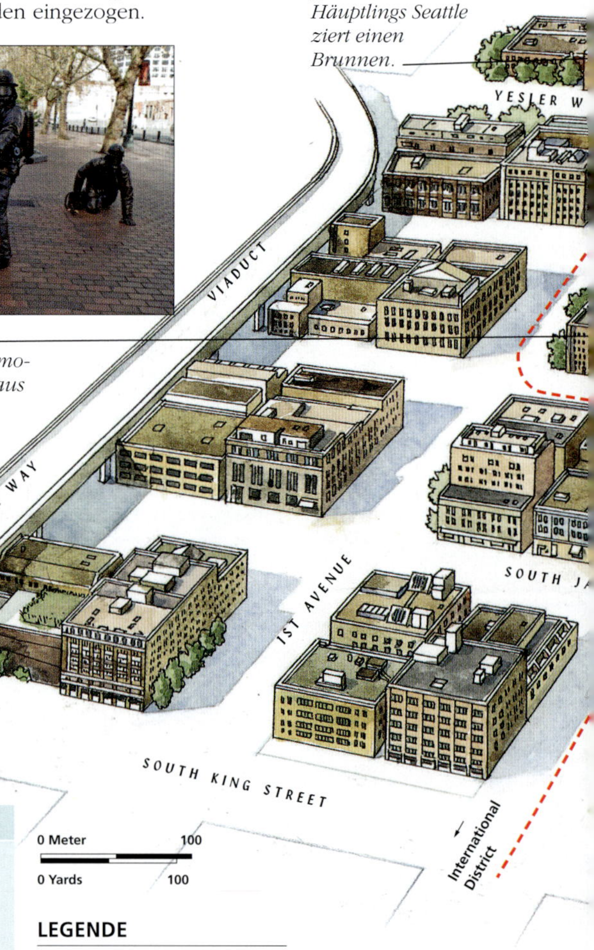

0 Meter 100
0 Yards 100

LEGENDE

- - - Routenempfehlung

NICHT VERSÄUMEN

★ Klondike Gold Rush National Historical Park

★ Pioneer Building

★ **Pioneer Building**
Das im romanischen Revivalstil erbaute Gebäude (1892) erhebt sich direkt am Pioneer Place. Die Underground Tour von Bill Speidel (siehe S. 124) *beginnt hier.* ❷

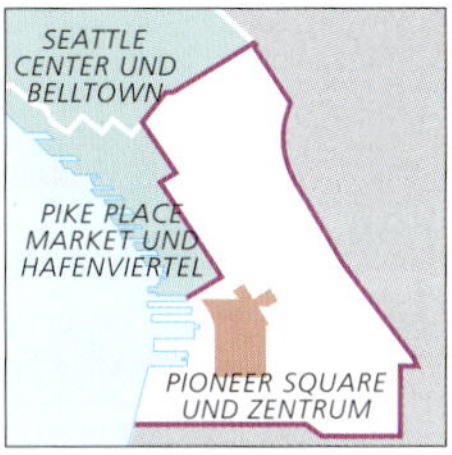

Zur Orientierung
Siehe Stadtplan 4

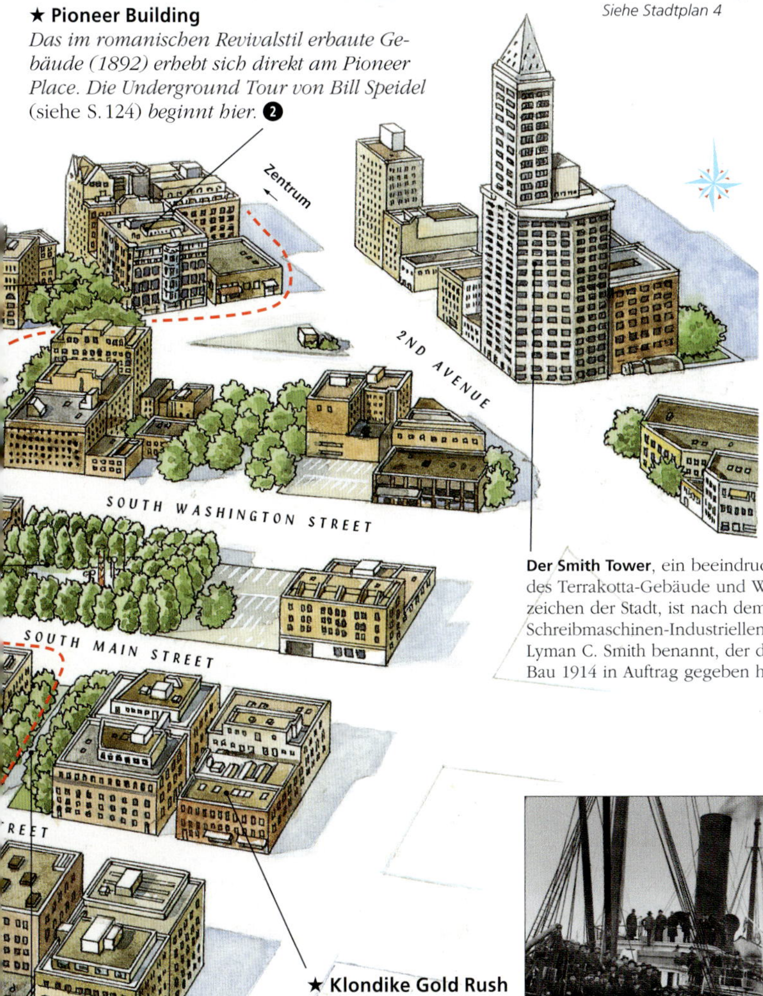

Der Smith Tower, ein beeindruckendes Terrakotta-Gebäude und Wahrzeichen der Stadt, ist nach dem Schreibmaschinen-Industriellen Lyman C. Smith benannt, der den Bau 1914 in Auftrag gegeben hatte.

Occidental Walk

★ **Klondike Gold Rush National Historical Park**
Der Park ist der Geschichte des letzten großen Goldrauschs der USA gewidmet. Er zeigt historische Fotografien wie die hier abgebildete: Zu sehen sind Prospektoren, die gerade in Seattle ankommen. ❺

Stadtplan Seattle *siehe Seiten 164–169*

Smith Tower ❶

506 2nd Ave. **Stadtplan** 4 D3. *(206) 622 4004.* *39, 42, 136, 137.* **Aussichtsplattform** *Apr, Okt: 10–17 Uhr; Mai–Sep: tägl. 10 Uhr–Sonnenuntergang; Nov–März: Sa, So 10–16 Uhr.* *Ostern, Thanksgiving, 25. Dez.* *Aussichtsplattform.* *außer Aussichtsplattform.* *für Gruppen.* **www**.smithtower.com

Als der 42-stöckige Smith Tower 1914 eröffnet wurde, feierte man ihn als höchstes Bürogebäude außerhalb von New York. Fast ein halbes Jahrhundert lang war er der höchste Bau westlich von Chicago. Der Waffen- und Schreibmaschinen-Tycoon Lyman Cornelius Smith hatte den ersten Wolkenkratzer der Stadt in Auftrag gegeben.

Der mit weißem Terrakotta verkleidete Bau misst 149 Meter und besitzt den letzten manuell betriebenen Fahrstuhl an der Westküste. Man kann mit einem der strahlenden »Bronzekäfige« (Eintritt) bis zum Chinese Room im 34. Stock emporgleiten: Die Holzschnitzereien und Porzellanintarsien sowie das verzierte Blackwood-Mobiliar des Bankettsaals waren Geschenke der letzten chinesischen Kaiserin an Smith. Vom Aussichtsdeck sieht man Mount Rainier, Olympic und Cascade Mountains sowie Elliott Bay.

22 Häuptlingsfiguren bewachen die renovierte, elegante Eingangshalle aus Onyx und Marmor.

Smith Tower – lange Zeit der höchste Bau außerhalb New Yorks

Fahrstuhltüren aus Bronze im Smith Tower (1914)

Pioneer Building ❷

600 1st Ave. **Stadtplan** 4 D3. *15, 18, 21, 22.* **Underground Tour** *(206) 682 4646.* *Zeiten tel. erfragen und vorab buchen.* **www**.pioneer-building.com

Das Pioneer Building wurde 1892 fertiggestellt – drei Jahre nachdem der Große Brand das Geschäftsviertel zerstört hatte. Es war eines von über 50 Gebäuden, die von dem Architekten Elmer Fisher *(siehe S. 148)* nach dem Brand entworfen wurden. Das American Institute of Architects kürte es zum »schönsten Gebäude westlich Chicagos«. Der Turm stürzte zwar beim Erdbeben 1949 ein, doch auch ohne Turm bleibt der Ziegelbau imposant.

Neben Büros und Doc Maynard's Saloon liegt im Erdgeschoss des Gebäudes der Eingang zu Bill Speidels **Underground Tour**. Diese 90-minütige Tour zeigt die aufgegebenen, da jetzt unterirdisch liegenden Straßen und Läden der 1890er Jahre. Ab dem frühen 20. Jahrhundert legten Ingenieure die Straßen eine Ebene höher an.

Waterfall Garden Park ❸

219 2nd Ave S. **Stadtplan** 4 D3. *(206) 624-6096.* *15, 18, 21, 22, 56.* *tägl. 9–15 Uhr.*

Inmitten des geschäftigen Pioneer Square bietet der kleine Park eine schöne Möglichkeit für eine Pause. Die Geräusche des Wassers, das über große Felsen geleitet wird, überspielen den Verkehrslärm. Um diesen »Wasserfall« stehen Tische und Stühle, der üppige Japanische Ahorn bietet Schatten.

Der Park wurde von Masao Kinoshita konzipiert und 1977 von der Annie E. Casey Foundation finanziert. Man wollte damit die Arbeiter des United Parcel Service (UPS) ehren. James E. Casey gründete das international tätige Logistikunternehmen 1907 als American Messenger Service – und zwar in einem Saloon, der sich an der Stelle des heutigen Parks befand.

Der Große Brand von Seattle

Am 6. Juni 1889 stürzte in einer Tischlerei in der Nähe des Pioneer Square ein Topf mit brennendem Klebstoff um und setzte Holzspäne in Brand. Da zu dieser Zeit in der Bucht Ebbe herrschte, kam anfangs nur wenig Löschwasser aus den Hydranten. Das Feuer breitete sich rasch aus und erfasste bald 60 Häuserblocks, bevor es von selbst erlosch. Erstaunlicherweise starb niemand in der Feuersbrunst. Nach dem Brand baute man stabile Ziegel- und Steinhäuser anstelle der alten Holzhäuser und verbesserte dabei auch die Kanalisation. Die Straßen wurden breiter und erhöht angelegt. Aus der Asche entstand die neue Stadt.

Der Große Brand von 1889 war für die Holzhäuser der Stadt verheerend

Occidental Square ❹

Occidental Ave zwischen S Main St u. S Jackson St. **Stadtplan** 4 D3.
15, 18, 21, 22, 56.

Der mit Ziegelsteinen gepflasterte Occidental Square bietet etwas Ruhe vor dem Verkehr am Pioneer Square. Die baumbestandene Fußgängerzone wird von schicken Läden, Galerien und Cafés in ansprechenden viktorianischen Häusern gesäumt.

Auf der anderen Seite der South Main Street liegt der Occidental Park, wo sich wegen der Obdachlosen und Bettler ein völlig anderes Straßenbild bietet. Interessant sind die vier Totempfähle aus Zedernholz, die der Künstler Duane Pasco schnitzte, und das Fallen Firefighters' Memorial, ein Denkmal für 34 Feuerwehrleute aus Seattle, die seit Bestehen der Feuerwehr 1889 im Dienst starben.

Totempfähle im Occidental Park, Pioneer Square

Klondike Gold Rush National Historical Park ❺

319 2nd Ave S. **Stadtplan** 4 D3.
(206) 220 4240. *15, 18, 21, 22, 56.* *tägl. 9–17 Uhr.* *1. Jan, Thanksgiving, 25. Dez.*
www.nps.gov

Gold – im Jahr 1895 wurde das Edelmetall in einem Seitenarm des Klondike River, mitten in der kanadischen Wildnis des Yukon entdeckt:

Ausstellung im Klondike Gold Rush National Historical Park

Dies zog rund 100 000 Menschen aus aller Welt an, die am Klondike ihr Glück versuchen wollten.

Seattle war die größte und am nächsten zu den Goldminen gelegene amerikanische Stadt. Sie entwickelte sich zum wichtigsten Ausrüstungs- und Basisort für den Treck nach Norden. Zehntausende von Goldgräbern kamen in die Stadt und kauften für 25 Millionen US-Dollar Nahrung, Kleidung, Ausrüstung, Packtiere und Schiffstickets. Der Goldrausch von 1897/98 machte nur wenige Goldgräber reich – doch die Kaufleute von Seattle verdienten kräftig und legten den Grundstein für die Rolle der Stadt als Wirtschaftszentrum.

Der 1976 vom US-Kongress eingerichtete Klondike Gold Rush National Historical Park besteht aus fünf Abteilungen, drei davon in Kanada, eine in Skagway, Alaska, und eine im Pioneer Square Historic District in Seattle. Hier zeigt das Besucherzentrum im restaurierten Hotel Cadillac, welche Rolle die Stadt während des letzten großen Goldrauschs in Nordamerika spielte: Zu sehen sind interessante Schwarz-Weiß-Aufnahmen und Beispiele für die »Tonne Vorrat«, die jeder Goldgräber nach kanadischem Gesetz mitbringen musste, darunter 160 Kilogramm Mehl und 68 Kilogramm Speck.

Der ganzjährig geöffnete Park bietet im Sommer ein erweitertes Programm, u. a. Führungen der Park Ranger über den Pioneer Square, Goldwasch-Demonstrationen und regelmäßige Filmvorführungen zum Thema. (Die Filme werden sonst nur auf Wunsch gezeigt.) Die freundlichen Park Ranger beantworten gern weitere Fragen zum Thema.

International District ❻

Östlich der 6th Ave S, südlich des Yesler Way. **Stadtplan** 4 E4.
7, 14, 36.

Der International District liegt südöstlich des Pioneer Square. Im späten 19. Jahrhundert ließen sich hier asiatische Einwanderer nieder. Noch heute gilt das urwüchsige Viertel als Zentrum der Einwanderer aus China, Korea, Japan, Vietnam, Laos und den Philippinen.

Neben den guten Restaurants lockt hier der **Uwajimaya** (600 5th Avenue South), der größte asiatische Markt im Nordwesten. Das **Wing Luke Asian Museum** (719 South King Street) ist nach dem ersten asiatisch-pazifischen Amerikaner benannt, der im Nordwesten ein Amt bekleidete. Das Museum zeigt Geschichte und Kultur der Einwanderer.

Asiatische Waren im Uwajimaya-Markt, International District

Stadtplan Seattle *siehe Seiten 164–169*

Das Columbia Center lässt den Smith Tower klein aussehen

Columbia Center ❼

701 5th Ave. **Stadtplan** 4 D2. *(206) 386 5564.* *16, 358.* **Aussichtsplattform** *Mo–Fr 8.30–16.30 Uhr.* *Feiertage.* *Aussichtsplattform.*

Das höchste Gebäude in Seattle, das Columbia Center (früher als Bank of America Tower bekannt), ist – den Stockwerken nach – das höchste Gebäude westlich des Mississippi. Der 76-stöckige Bau erhebt sich 320 Meter über dem Meeresspiegel und umfasst eine Fläche von 139 500 Quadratmetern. Der Wolkenkratzer wurde von Chester Lindsey Architects entworfen, 1985 für 285 Millionen US-Dollar fertiggestellt und 1998 für 404 Millionen wieder verkauft.

Im Hochhaus arbeiten über 5000 Menschen. Hinzu kommen die Besucher, die der schimmernde schwarze Turm anzieht, denn von der Aussichtsplattform im 72. Stock hat man eine hervorragende Sicht auf die Cascade Mountains, die Olympic Mountains, den Mount Rainier, den Lake Washington und den Puget Sound – und natürlich auf die gesamte Stadt.

Im vierstöckigen Atrium des Eingangs gibt es Läden und Essensstände sowie die *City Space*-Kunstgalerie, die Auftragswerke der Stadt Seattle ausstellt.

Fairmont Olympic Hotel ❽

411 University St. **Stadtplan** 4 D1. *(206) 621 1700.* *17, 19, 24, 26, 28.* *Siehe* **Hotels** *S. 288.* **www**.fairmont.com

Bei seiner Eröffnung 1924 war das Olympic Hotel *der* Ort, um zu sehen und gesehen zu werden – kein Wunder, denn die Finanziers des vier Millionen US-Dollar teuren Baus gehörten zur gesellschaftlichen Prominenz der Stadt. Das im italienischen Renaissance-Stil von George B. Post and Sons gestaltete Hotel zieren hohe palladianische Fenster, prächtige eichengetäfelte Wände und Terrakotta-Fußböden, die von italienischen Handwerkern verlegt wurden.

Über 800 000 US-Dollar kosteten das Mobiliar und die Dekoration, u. a. Hunderte Spiegel, italienische und spanische Amphoren sowie Bronzestatuen. Das Olympic galt ein halbes Jahrhundert lang als *grande dame* der Hotels in Seattle – hier wurden elegante Hochzeiten, Feste und Bälle gefeiert.

Der Glanz verblich, doch 1979 wurde das Hotel in das US National Register of Historic Places aufgenommen. Ein Jahr später übernahm die Four-Seasons-Hotelkette das Management und restaurierte den Bau für 62,5 Millionen US-Dollar – die damals teuerste Hotelrenovierung in den USA. Im Jahr 2003 übernahm Fairmont Hotels and Resorts das Management.

Die moderne Fassade des Seattle Art Museum

Seattle Art Museum ❾

1300 1st Ave. **Stadtplan** 3 C2. *(206) 654 3100.* *174.* *Mi–So 10–17 Uhr (Do, Fr bis 19 Uhr).* *Feiertage.* **www**.seattleartmuseum.org

Am Südeingang zum Seattle Art Museum steht der *Hammering Man*. Die 15 Meter hohe, sich bewegende Stahlskulptur von Jonathan Borofsky ist eine Hommage an die Arbeiter. Täglich bewegt sich der »Hammer« von 7 bis 22 Uhr lautlos, am Labor Day ruht er.

Auch das Museum selbst ist imposant. Der von Venturi Scott Brown and Associates aus Philadelphia entworfene ursprüngliche Bau aus Kalk- und Sandstein entstand 1991 für 62 Millionen US-Dollar. Den hochgelobten, 2007 eröffneten Erweiterungsbau in einem lichtdurchfluteten Gebäude von Brad Cloepfil

Das opulente Innere des Fairmont Olympic Hotel

◁ **Die Skyline von Seattle zwischen Space Needle *(siehe S. 144f)* und dem schneebedeckten Mount Rainier**

teilt sich das Museum mit der Washington Mutual Bank.

Die Dauerausstellung zeigt 25 000 Objekte – von antiken ägyptischen Reliefskulpturen und afrikanischen Holzfiguren bis hin zu alten Meistern und moderner US-Kunst.

Im zweiten Stock werden Wechselausstellungen gezeigt. Im dritten Stock gibt es Daueraustellungen mit Kunst aus Asien und Afrika sowie Exponate der Ureinwohner der Nordwestküste. Imposant sind u. a. vier Meter hohe, indianische Hauspfosten aus Rotzedernholz aus Gwa'yasdams in British Columbia – verziert mit Bären und »Donnervögeln« (Letztere mit einer Spannweite von 3,5 Metern). Im oberen Stock kann man Kunst aus Europa und Amerika bewundern, u. a. zeitgenössische Werke von Künstlern aus dem Nordwesten wie Morris Graves, Jacob Lawrence und Dale Chihuly.

Zum Museum gehören auch das Seattle Asian Art Museum im Volunteer Park *(siehe S. 153)* und der Olympic Sculpture Park *(siehe S. 144)*, ein Open-Air-Museum am Nordende des Hafengebiets.

Einer von zweien: Dale Chihulys *Benaroya Hall Silver Chandelier*

Benaroya Hall ⑩

200 University St. **Stadtplan** 3 C1.
(206) 215 4800. *viele Linien.*
Di, Fr 12, 13 Uhr.
www.seattlesymphony.com

Die Benaroya Hall ist Sitz der Seattle Symphony und erstreckt sich über einen gesamten Straßenblock. Der 118 Millionen US-Dollar teure Bau verfügt über zwei Konzertsäle, darunter das Taper Auditorium mit hervorragender Akustik (2500 Plätze). Die mehrstöckige Grand Lobby bietet abends, wenn sie voll erleuchtet ist, einen imposanten Anblick. Von innen hat man eine fantastische Aussicht auf den Puget Sound und die Skyline.

Die Benaroya Hall, Heimstatt der Seattle Symphony

Auch wer keine Zeit für einen Konzertbesuch hat, kann den Bau bei einer Führung besichtigen und dabei erfahren, wie man den akustisch perfekten Saal über einem Eisenbahntunnel bauen konnte. Auch die private Kunstsammlung ist interessant, mit Werken wie *Echo*, Robert Rauschenbergs 3,5 Meter großem Wandgemälde auf Metall, *Schubert Sonata*, einer hoch aufragenden Wetterfahne aus Stahl von Mark di Suvero, und Dale Chihulys Kristallleuchtern (einer silber-, der andere goldfarben).

An der 2nd Avenue liegt der Garden of Remembrance, ein Park, der die gefallenen Soldaten Washingtons ehrt.

Freeway Park ⑪

Seneca St u. 6th Ave. **Stadtplan** 4 D1. *2, 13.* *tägl. 6–23.30 Uhr.*

Versteckt im Herzen von Seattles belebtem Geschäftsviertel – neben dem Washington State Convention and Trade Center – erstreckt sich der zwei Hektar große Freeway Park zu beiden Seiten der I-5, die durch die Innenstadt führt. Im Park ist der Verkehr dank der Wasserfälle nicht zu hören. Schattige Fußwege laden zum Spaziergehen ein. Im Sommer gibt es Open-Air-Konzerte.

Central Library ⑫

1000 4th Ave. **Stadtplan** 4 D2.
(206) 386 4636. *viele Linien.*
Mo–Do 10–20, Fr, Sa 10–18, So 12–18 Uhr. *Neujahr.*
www.spl.org

Das imposante Glas-Stahl-Gebäude von 2004 wurde vom renommierten Architekten Rem Koolhaas als Ersatz für die Zentralbibliothek von 1960 entworfen. Seine ungewöhnliche Form provozierte, doch mittlerweile ist die Central Library als eines der Highlights der Stadt akzeptiert. Die elfstöckige Bibliothek enthält Kunstwerke von rund einer Million US-Dollar sowie eine innovative »Bücherspirale«, die Besuchern maximalen Zugang zu den rund anderthalb Millionen Büchern verschafft. Im ersten Jahr kamen täglich 8000 Menschen. Zudem gibt es Internet-Zugang, 400 Computer zur Nutzung sowie separate Lesebereiche für Kinder, Jugendliche und Erwachsene.

Seattles aufregend moderne Central Library (2004) von Rem Koolhaas

NO.1 SUGAR TESTED
LOCAL
RAINIER CHERRIES
$ 2.99
LB

Pike Place Market und Hafenviertel

Der Pike Place Market liegt oberhalb der Elliott Bay. Er ist ein markantes Wahrzeichen der Stadt, das zudem Sinnes- und Gaumenfreuden garantiert. Der gesamte 3,5 Hektar umfassende National Historic District ist für sein besonderes Flair bekannt, vor allem für seine fangfrischen Fische sowie sein Gemüse und Obst aus der Region. Der Pike Street Hillclimb, eine Kombination aus Treppen und Fahrstühlen, verbindet Markt und Hafen – mit seinen Möwen, dem Salzgeruch, den Fish-and-Chips-Ständen und Seafood-Lokalen. Am Hafen fahren Frachter, Fähren, Ausflugsdampfer und die Boote für eine Hafenrundfahrt ab. Am Bell Street Pier (Pier 66) liegen Restaurants, eine hübsche Marina und die Anlegestelle für Ausflugsdampfer, am Pier 57 das Seattle Aquarium. Der IMAX Dome bietet die ultimative 3-D-Erfahrung.

Neonwerbung für frischen Fisch, Pike Place Market

Sehenswürdigkeiten auf einen Blick

Aquarium
Seattle Aquarium S. 138f ❻

Läden, Märkte und Restaurants
Athenian Inn ❹
Pike Place Market ❶
Pike Place Starbucks ❸
Upper Post Alley ❷
Ye Olde Curiosity Shop ❾

Fährhafen
Washington State Ferries Terminal ❺

Park
Waterfront Park ❽

Pier
Pier 66 ❼

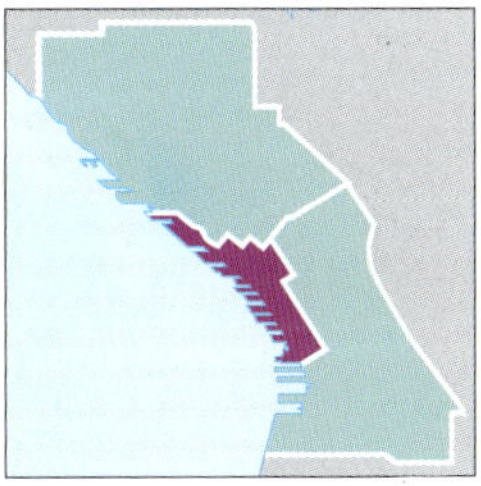

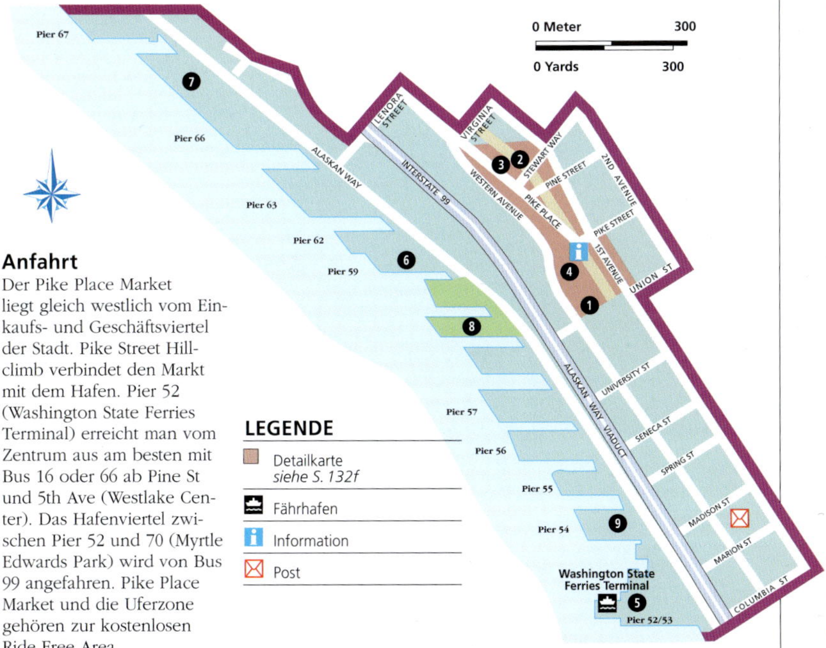

Anfahrt

Der Pike Place Market liegt gleich westlich vom Einkaufs- und Geschäftsviertel der Stadt. Pike Street Hillclimb verbindet den Markt mit dem Hafen. Pier 52 (Washington State Ferries Terminal) erreicht man vom Zentrum aus am besten mit Bus 16 oder 66 ab Pine St und 5th Ave (Westlake Center). Das Hafenviertel zwischen Pier 52 und 70 (Myrtle Edwards Park) wird von Bus 99 angefahren. Pike Place Market und die Uferzone gehören zur kostenlosen Ride Free Area.

◁ **Kirschen aus heimischem Anbau an einem Stand des Pike Place Market *(siehe S. 134f)***

Im Detail: Pike Place Market

Kioskschild, Pike Place Market

Der Pike Place Market gilt als Seele von Seattle. Der älteste ständige Bauernmarkt der USA wurde 1907 gegründet. Er ist ein Spiegel der verschiedenen Einwanderungswellen: Immigranten aus Mexiko, Äthiopien, Kambodscha und anderen Ländern haben hier Läden eröffnet. Auf dem Areal verkaufen rund 100 Farmer sowie 200 Künstler und Kunsthandwerker ihre Produkte. Es gibt Straßenkünstler und – nicht zu vergessen – rund 500 Bewohner. Dies ist ein lebendiger Ort mit Galerien, Multikulti- und Feinkostläden, Bistros und Geschäften aller Art.

★ Upper Post Alley
In der Fußgängerzone reihen sich Fachgeschäfte, Restaurants und Kneipen aneinander – genau wie in der Lower Post Alley. ❷

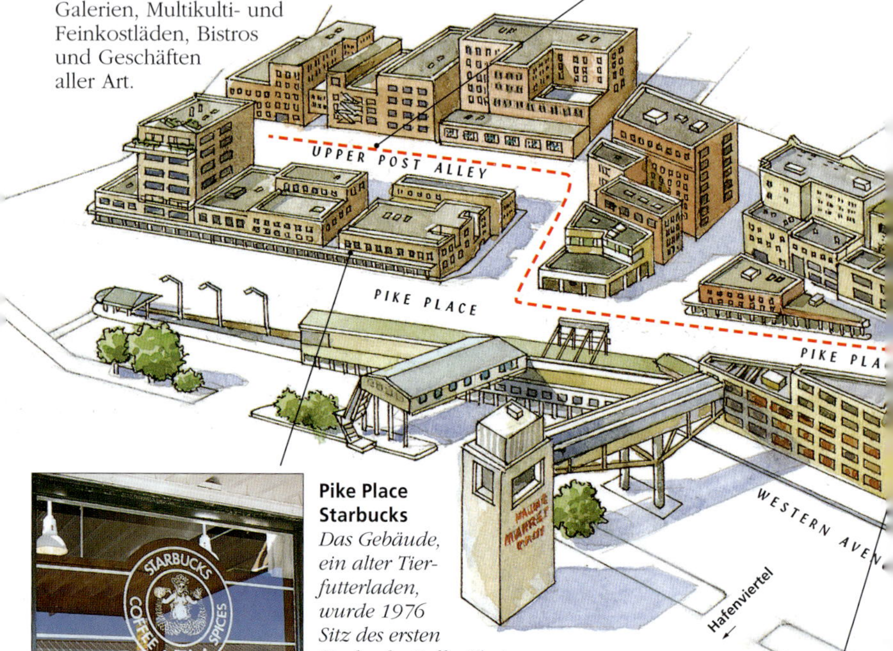

Pike Place Starbucks
Das Gebäude, ein alter Tierfutterladen, wurde 1976 Sitz des ersten Starbucks Coffee Shop. Das Starbucks-Zeichen des Schaufensters zeigt das ursprüngliche Logo der Kaffeehauskette, eine Sirene mit nackten Brüsten, die auf einen skandinavischen Holzschnitt aus dem 16. Jahrhundert zurückgeht. ❸

Athenian Inn
Das alte Restaurant spielte in einer Szene des Kinohits Schlaflos in Seattle *mit Tom Hanks und Meg Ryan eine Rolle. Es ist wegen seiner Fischgerichte und der altmodischen Sandwich-Kreationen bekannt, die man in Essnischen mit Aussicht auf die Elliott Bay genießen kann.* ❹

NICHT VERSÄUMEN

- ★ Pike Place Fish
- ★ Rachel
- ★ Upper Post Alley

0 Meter 40

0 Yards 50

LEGENDE

- - - Routenempfehlung

Hotels und Restaurants in Seattle *siehe Seiten 286–288 und 303–306*

Signet des Markts mit Uhr (1927), eines der ältesten Neonschilder Seattles

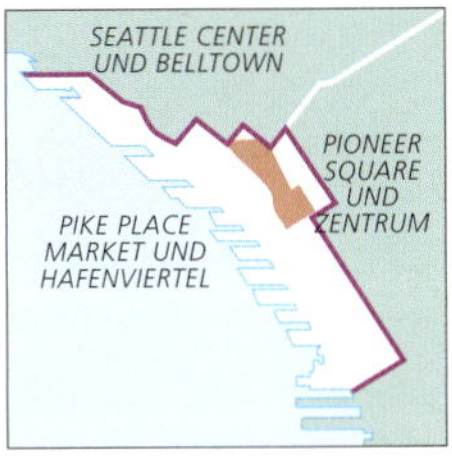

Zur Orientierung

Siehe Stadtplan 3

Zeitungskiosk

Im und um den Pike Place Market verkaufen Zeitungskioske eine große Auswahl von US- und internationalen Zeitungen.

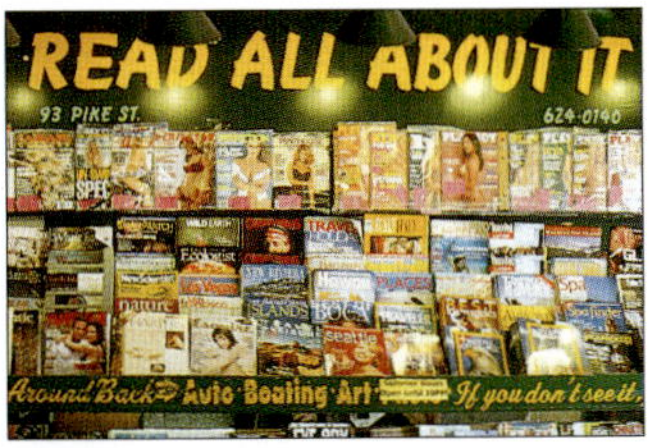

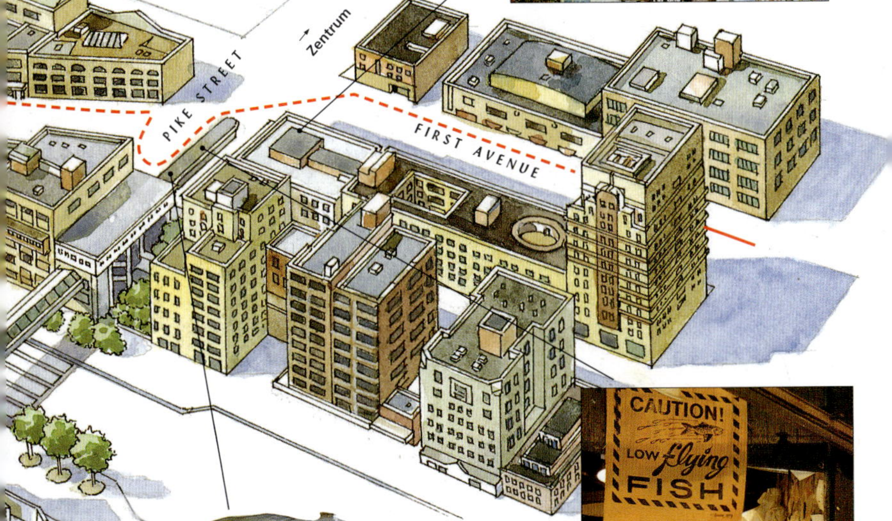

★ Rachel

Rachel, das riesige Sparschwein der einheimischen Künstlerin Georgia Gerber, steht am Haupteingang zum Pike Place Market. Mit dem »Spargeld« wird sozial Schwachen geholfen.

★ Pike Place Fish

In diesem Geschäft wird die Tradition des Fischwerfens noch gepflegt.

Pike Place Market ❶

Zwischen Pike St u. Virginia St, von der 1st bis zur Western Ave. **Stadtplan** 3 C1. *(206) 682 7453.* *15, 18.* *Mo–Sa 9–18, So 11–17 Uhr (Änderungen möglich).* *1. Jan, Thanksgiving, 25. Dez.* **Market Heritage Tour** *Details bitte tel. erfragen: (206) 322 2219.* **www**.pikeplacemarket.org

Seafood in Hülle und Fülle am Pike Place Fish in der Main Arcade

Das Herz des Pike Place Market schlägt in der **Main Arcade** (1914) und der angrenzenden **North Arcade** (1922). Hier liegen auf den niedrigen, metallbeschlagenen Tresen frisches Obst, Gemüse, Kräuter und Blumen, alles von Bauern der Region. Wer an den Ständen einkauft, wird die Erzeuger kennenlernen (»meet the producer«, wie die grüne Werbung des Markts verspricht). Jeden Morgen (seit 1911) vergibt der Market Master nach dem Senioritätsprinzip die Stände an Farmer und Kunsthandwerker. Deshalb findet man manche Verkäufer täglich an einem anderen Stand.

Frische Schnittblumen vom Marktstand

Die North Arcade bestand ursprünglich aus zwei »Reihen«. Die Dry Row (»trockene Reihe«) an der Westmauer besaß keinen Frischwasseranschluss. Die Wet Row (»nasse Reihe«) hatte einen und lag näher am Eingang, sodass man hier auch das oft feuchte Wetter spürte.

Heute verkaufen die Kunsthandwerker an den »trockenen« Ständen, die Bauern an den »nassen« Ständen. In der Main Arcade findet man auch Dauerstände von Gemüsehändlern, die importierte wie lokale Produkte anbieten.

Pike Place Fish in der Main Arcade ist natürlich nicht der einzige Fischstand des Markts, doch er ist der bekannteste. Er befindet sich direkt unter der signifikanten Marktuhr und zieht die Kunden in Scharen an – dank des lauten Marktgeschreis und der Scherze der Fischhändler, die mit erstaunlichem Können Fische hoch über den Köpfen der Umstehenden zu Mitarbeitern hinter dem Tresen »schleudern«. Ihre Schlagfertigkeit ist ebenso beeindruckend wie die Fischauswahl: Sie reicht von wildem Königslachs *(king salmon)* und pazifischen Taschenkrebsen bis hin zu Regenbogenforellen und frischen Muscheln.

In den südlichen Arkaden findet man den **Economy Market**, einen Bau von 1907, der 1916 in den Pike Place Market integriert wurde und in dem

Einer der vielen Kunststände im Pike Place Market

Geschichte des Pike Place Market

Als der Pike Place Market am 17. August 1907 seine Tore öffnete, wurden die Marktstände fast überrannt. Der Markt zwischen Pike Street und 1st Avenue war eine Maßnahme des Stadtrats, um »gierige Zwischenhändler« auszuschalten und Bauern den Direktverkauf von frischen Produkten zu fairen Preisen zu ermöglichen. Frank Goodwin, ein Gewinner des Goldrauschs, ließ mit seinem Klondike-Gold stabile Markthallen errichten. In der Blütezeit des Markts in den 1930er Jahren verkauften hier Hunderte von Bauern ihre Waren. Mit dem Zweiten Weltkrieg kam die Krise, denn 80 Prozent der Händler waren japanische Amerikaner, deren Internierung *(siehe S. 40)* entsprechende Folgen hatte. Ende der 1960er Jahre wollte man den Markt abreißen, doch auf Initiative des Architekten Victor Steinbrueck stimmten die Bürger 1971 für den Denkmalschutz des gesamten Viertels.

Farmer aus der Region verkaufen ihre Waren auf dem Pike Place Market, Mai 1912

u.a. auch beschädigte Waren preisgünstig verkauft wurden.

Auf der anderen Seite der Pike Street locken **Corner Market** (1912) und **Sanitary Market** (1910) – zwei von drei Gebäuden, die in der erfolgreichsten Zeit des Markts errichtet wurden (ihr Name geht auf das Verbot von Pferdekutschenfahrten in ihnen zurück). Heute findet man hier Läden, Restaurants und Cafés.

Pike Place Fish
Pike Place Market (Main Arcade).
(206) 682 7181. Mo–Sa 6.30–18, So 7–17 Uhr.
www.pikeplacefish.com

Ein Clown unterhält die Besucher des Pike Place Market

Upper Post Alley ❷

Stewart St bis Virginia St zwischen Pike Pl u. 1st Ave. **Stadtplan** 3 B1.
15, 18.

Die Upper Post Alley wirkt ausgesprochen europäisch. In der ziegelsteingepflasterten Gasse verstecken sich zwei der beliebtesten Kneipen der Stadt.

The Pink Door (1919 Post Alley) ist eine italienische Trattoria, die man nur an der rosafarbenen Tür erkennt. Im Sommer ist die Terrasse mit schöner Aussicht auf den Hafen bei Einheimischen – und Besuchern, die sich hierherverirren – beliebt.

Auf der anderen Seite kann man bei **Kell's Irish Restaurant and Pub** (1916 Post Alley) sein Guinness zu keltischer Live-Musik genießen. Über den Läden der Upper Post Alley liegen Wohnungen, in denen rund 500 Einwohner leben.

Pike Place Starbucks ❸

1912 Pike Pl. **Stadtplan** 3 B1.
(206) 448 8762. 15, 18.
Mo–Fr 6–19.30, Sa, So 6.30–19.30 Uhr.

Seattle gilt in den USA als Kaffeehochburg – was die Einwohner durchaus nicht bestreiten würden. Ursprung der neuen Kaffeebegeisterung in den USA war Pike Place Starbucks.

Starbucks Coffee, Tea and Spices wurde 1971 in Seattle, 2000 Western Avenue, eröffnet und zog 1976 zum Pike Place Market. Die Kette ist nach dem Steuermann in Herman Melvilles *Moby Dick* benannt. Das ursprüngliche Logo der Firma – eine üppige Meerjungfrau, vom Firmennamen umrahmt – begrüßt die Gäste noch heute.

Damals bot Starbucks nicht primär Kaffee zu trinken an, sondern Großpackungen mit ganzen Kaffeebohnen. Nur gelegentlich wurde Kaffee gekocht und den Käufern zum Probieren angeboten, um ihnen die Qualität der Kaffeesorten nahezubringen.

Starbucks' Original-Logo im ersten Café

Von der Kaffeekultur in Mailand inspiriert, eröffnete Starbucks 1982 eine weitere Filiale in Seattle. Heute genießt man im Ursprungshaus eine riesige Kaffeeauswahl – wie Millionen anderer Gäste in den Filialen weltweit. Übrigens: Das Unternehmen bedient rund 40 Millionen Kunden pro Woche.

Eingang zum Athenian Inn im Pike Place Market

Athenian Inn ❹

1517 Pike Pl (Main Arcade). **Stadtplan** 3 C1. *(206) 624 7166.*
15, 18. tägl. 6.30–20.30 Uhr.
nur Erdgeschoss.

Der Athenian Inn ist fast so alt wie der Markt. Das 1909 von drei Brüdern eröffnete Lokal entwickelte sich von einer Bäckerei mit Mittagstisch zu einer Kneipe und erst später zu einem Restaurant. 1933 war es eines der ersten in Seattle, die nach der Prohibition wieder eine Schankerlaubnis erhielten. Das als Diner gestaltete Lokal ist weder schick noch elegant, sondern serviert amerikanische Klassiker wie Corned Beef mit enormen Beilagen. Der Besuch lohnt sich vor allem wegen der Aussicht auf die Elliott Bay: Machen Sie es sich in einer der Essnischen bequem, genießen Sie den Blick auf den Duwamish-Kanal mit den Containeranlagen, auf West Seattle, Bainbridge Island und die Fähren in der Bucht. Wenn Ihnen das Lokal bekannt vorkommen sollte, kennen Sie es wohl aus dem Film *Schlaflos in Seattle* (1993).

Das Neonzeichen des Pike Place Market auf dem Dach der Markthallen

Stadtplan Seattle *siehe Seiten 164–169*

Der Washington State Ferries Terminal am Pier 52

Washington State Ferries Terminal ❺

Pier 52, 801 Alaskan Way. **Stadtplan** 3 C2. 🚌 *15, 18, 21, 22, 56.* **Fahrplanauskunft** ☎ *(206) 464 6400 (Bandansage).* ♿ **www**.wsdot.wa.gov

Die Washington State Ferries sind ein effizientes Transportmittel und eine Besucherattraktion. Jährlich befördern die Fähren 26 Millionen Fahrgäste. Der Hauptfährhafen von Seattle liegt am Colman Dock am Ende der Columbia Street.

Der ursprüngliche Pier wurde 1882 vom schottischen Ingenieur James Colman für Dampfschiffe errichtet. Sieben Jahre später fiel die Hafenmole dem Großen Brand zum Opfer, wurde aber sofort für die »Moskitoflotte« der privaten Fähren des Puget Sound wiederaufgebaut. Der Pier diente in den 1890er Jahren auch den Schiffen, die zu den Goldminen im Norden fuhren.

1908 erweiterte Colman das Dock und ließ einen überkuppelten Wartesaal und einen Uhrturm errichten. Letzterer stürzte schon vier Jahre später ein, als der Ozeandampfer *Alameda* die Mole rammte. Auch mit dem Turmneubau hatte Colman Pech: Der Turm brannte zwei Jahre danach nieder.

Der heutige, 1964 entstandene Fährhafen ist zwar architektonisch nicht so interessant wie seine Vorgänger, doch für den Passagieransturm auf die Fähren nach Bremerton und Bainbridge Island ideal. Auch Passagiere nach Vashon Island fahren hier ab.

Bei Besuchern ist die 35-minütige Fahrt nach Winslow auf Bainbridge Island besonders beliebt. Dort laden Galerien, Läden, Restaurants und ein Park am Fährhafen zu einem Bummel ein.

Seattle Aquarium ❻

Siehe S. 138f.

Pier 66 ❼

Bell St Pier, Pier 66, Alaskan Way. **Stadtplan** 3 A1. 🚌 *15, 18, 21, 22, 56, 99.* **www**.portseattle.org
Maritime Education Initiative (im Maritime Event Center)
☎ *(206) 269-4108.* ◯ *Mo nur nach Voranmeldung.* **www**.maritimeeducationinitiative.org

Seattles Pier 66, der auch Bell Street Pier heißt, liegt am belebtesten Abschnitt des Hafenviertels. Der Hafen besitzt auch eine Anlegestelle für Ausflugsdampfer, eine Marina für Yachten, ein Konferenzzentrum sowie verschiedene Lokale. Am Bell Street Pier Terminal und am Smith Cove Terminal (am Pier 91, nördlich des Zentrums) ist immer viel Betrieb. Jedes Jahr legen hier 200 Kreuzfahrtschiffe ab, die meisten mit dem Ziel Alaska.

Am Pier 66 befindet sich auch die Bell Harbor Marina, ein kleinerer Yachthafen. Vom Aussichtsdeck der Plaza des Bell Street Piers hat man einen schönen Blick auf die hier ankernden Boote.

Lohnenswert ist ein Besuch des Maritime Event Center am Pier. Das interaktive Schifffahrtsmuseum dient auch als Veranstaltungsbühne. Es ist nur montags für Schulklassen, Familien und angemeldete Besucher geöffnet. Dann finden Führungen im Rahmen eines kommunalen Bildungsprogramms statt. Das Museum bietet Exponate »zum Anfassen«, die Besuchern aller Altersgruppen eine Vorstellung von den vielen Aspekten der Seefahrt vermitteln. Kinder wie Erwachsene können Kapitänsbefehle erteilen, mit dem Fernglas andere Schiffe ausfindig machen, ein Kajak virtuell paddeln, Fracht mit Kränen auf Schiffe bewegen, ein Schleppboot fernsteuern und reale Schiffe elektronisch identifizieren. Man kann auch selbst ein Fischförderband steuern oder eine virtuelle Rettung aus Seenot erleben.

Am und um den Pier gibt es ganz verschiedene Lokale, von kleinen Ständen mit »fish and chips« zum Mitnehmen bis zu edleren Seafood-Restaurants *(siehe S. 303f).*

Maritime Event Center, Pier 66 (Bell Street Pier)

Ein sonniger Tag im Waterfront Park in Seattle

Waterfront Park ❽

Pier 57–59, 1301 Alaskan Way. **Stadtplan** 3 B1. *(206) 684-4075.* *15, 18, 21.* **Park** *tägl. 6–22 Uhr.*

Der Waterfront Park umfasst das Areal zwischen Pier 57 und 59. Von hier aus hat man einen fantastischen Blick auf die Skyline von Seattle und den Hafen. Manche Besucher konnten auch schon Robben bestaunen. Am Nordende des Parks steht *The Waterfront Fountain* von James FitzGerald und Terry Copple, eine kubusartige Skulptur aus Bronze. Am Südende erhebt sich die Skulptur von Christoph Kolumbus, der über das Wasser blickt. Weitere Figuren, aber auch Picknicktische und -bänke finden sich überall im Park.

Die Waterfront Streetcar – offiziell George Benson Waterfront Streetcar – wurde 1982 in Betrieb genommen. Sie war die erste Tram, die nach 1941 in Seattle wieder auf Fahrt ging, und fungierte bald als Sightseeing-Linie. Der Betrieb der Tram wurde allerding 2005 wieder eingestellt, als das Depot und eine der Haltestellen abgerissen wurden, um Platz für den Olympic Sculpture Park des Seattle Art Museum zu schaffen. Es gibt noch die Gleise und acht Haltestellen. Unklar ist allerdings, ob die Linie wieder in Betrieb genommen wird. Auf der Route fährt nun der Metrobus 99 – wobei die Busse im Stil von Straßenbahnwaggons gestaltet sind.

Ye Olde Curiosity Shop ❾

Pier 54, 1001 Alaskan Way. **Stadtplan** 3 C2. *(206) 682 5844.* *15, 18, 21, 22, 56, 57.* *Mitte Apr–Sep: tägl. 9–21.30 Uhr; Okt–Mitte Apr: So–Do 10–18, Fr, Sa 9–21 Uhr.* *1. Jan, Thanksgiving, 25. Dez.* **www**.yeoldecuriosityshop.com

Er ist das ultimative Kuriositätenkabinett und seit 1899 eine Institution im Hafenviertel von Seattle. Zu den Angeboten des Ladens am Pier 54 gehören Dinge wie Schrumpfköpfe, ein Schwein mit drei Schwänzen oder eine Mumie, die vor über einem Jahrhundert in der Wüste von Arizona entdeckt wurde. Winzig sind u.a. ein Gebet, eingraviert auf einem Reiskorn, und Ölgemälde auf Stecknadelköpfen.

Schild des Ye Olde Curiosity Shop, seit 1899 eine Institution

Der vollgestopfte Laden hat allerdings noch mehr zu bieten: Seit seiner Gründung war er ein Indianer-Handelsposten. Bis heute verkaufen die Ureinwohner der Nordwestküste und Alaskas hier ihre Produkte. Auch renommierte Museen wie das Smithsonian Institute in Washington, DC, sind schon fündig geworden.

1899 gründete Joseph Edward Standley aus Ohio das Familiengeschäft – und machte an den ersten drei Tagen nur 25 Cent Umsatz. Doch Standley gab nicht auf: 1909 verkaufte er für rund 5000 US-Dollar seine ethnologische Sammlung (die bei der Weltausstellung eine Goldmedaille gewonnen hatte) an das New Yorker Museum of the American Indian und wurde so bei Sammlern bekannt.

Ivar's Acres of Clams

Hungrige Gäste und Möwen – bei Ivar's sind sie willkommen

Seit 1938 ist das Fischrestaurant am Pier 54 ein Wahrzeichen des Hafenviertels. Es wurde von Ivar Haglund (1905–1985) gegründet, einem Radio- und Fernsehmoderator aus Seattle, der auch ein begnadeter Selbstdarsteller war. 18 Jahre vor Eröffnung seines Restaurants gründete Haglund das erste Aquarium von Seattle (gleichfalls am Pier 54) – und fing die Fische dafür höchstpersönlich im Puget Sound. Mit Kapitänsmütze bekleidet, unterhielt er seine Gäste mit selbst komponierten Liedern über seine Lieblingstiere. Eine weitere Attraktion des Aquariums war der Fish-and-Chips-Stand gegenüber dem Robbenkäfig. Damit begann seine Gastronomiekarriere: Ivar Haglund betrieb im Lauf der Zeit drei Restaurants und etwa 30 Fischbars im Nordwesten. Er kreierte eine Clam Chowder (Muschelsuppe) und ließ sie patentieren. Bekannt war er für seine derben Späße (»Keep Clam« hieß das mehrdeutige Firmenmotto – *clam* = Muschel, verschlossen, schweigsam, geizig) und für seine öffentlichen Auftritte (einmal zog er eine fünf Meter lange Fahne in Lachsform am Flaggenmast des Smith Tower auf). Zwei Monate nach seinem Tod 1985, an seinem 80. Geburtstag, ehrte man Ivar Haglund mit einer Bootsparade auf der Elliott Bay. Jedes Jahr am 4. Juli, dem Unabhängigkeitstag, gibt es das »Fourth of Jul-Ivar's«-Feuerwerk.

Stadtplan Seattle *siehe Seiten 164–169*

Seattle Aquarium ❻

Das Seattle Aquarium, eines der besten Aquarien der USA, öffnet ein faszinierendes Fenster zur Meeresfauna und -flora des pazifischen Nordwestens. Zu sehen sind über 400 verschiedene Arten von Fischen, Wasserpflanzen und Meeressäugern der Gegend. Seeotter und Robben tummeln sich in den Becken. Die Fütterungszeiten sind für Groß und Klein besonders unterhaltsam. Bei den Streichelbecken kommt man einigen Tieren ganz nahe. Das Aquarium stellt auch sein Umweltschutzprogramm vor.

Heimische Meerestiere hautnah, in der Abteilung »Life on the Edge«

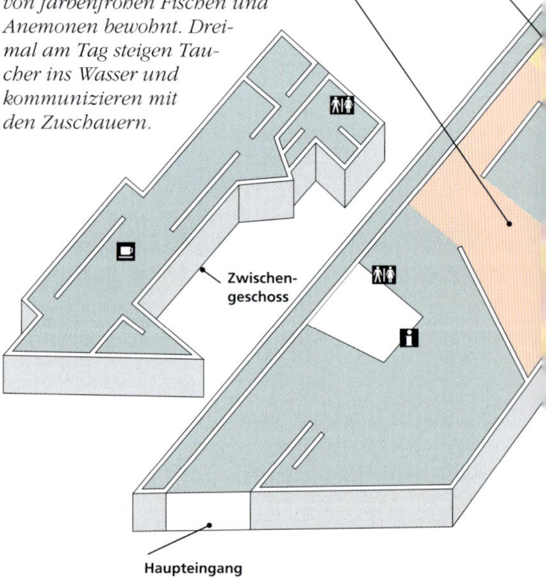

★ Window on Washington Waters
Das Becken mit 454 250 Liter Fassungsvermögen wird u. a. von farbenfrohen Fischen und Anemonen bewohnt. Dreimal am Tag steigen Taucher ins Wasser und kommunizieren mit den Zuschauern.

LEGENDE

- Window on Washington Waters and Crashing Waves
- Life of a Drifter and Life on the Edge
- Pacific Coral Reef and Ocean Oddities
- Birds and Shores, Alcids and Salmon Ladder
- Marine Mammals
- Puget Sound Orcas and Underwater Marine Mammal Viewing
- Underwater Dome
- Puget Sound Fish
- Kein Ausstellungsbereich

Kurzführer

Das Seattle Aquarium ist auf drei Ebenen angelegt. Im Erdgeschoss gibt es die meisten Becken. Auf der unteren Ebene sieht man die Unterwasserexponate. Das Aquarium bietet auch ein Café im Zwischengeschoss.

NICHT VERSÄUMEN

★ Marine Mammals

★ Underwater Dome

★ Window on Washington Waters

Zwei der zahlreichen Robben im Seattle Aquarium bei der Fütterung

Birds and Shores
Hier erfährt man, wie Seevögel, darunter dieser Gelbschopflund, ihre Nistplätze in unwirtlicher Umgebung anlegen. Auch Trottellummen kann man bei Nestbau und Futtersuche beobachten.

INFOBOX

Pier 59, 1483 Alaskan Way. **Stadtplan** 3 B1. *(206) 386-4300.* *15, 18, 21, 22, 56.* *99 Pike.* *tägl. 9.30–17 Uhr (an einigen Feiertagen nur bis 15 Uhr).*
www.seattleaquarium.org

★ Marine Mammals
Hier treiben Seeotter, Seehunde und Ohrenrobben ihre Possen. Die beliebten Tiere kann man auch eine Ebene tiefer von unten betrachten.

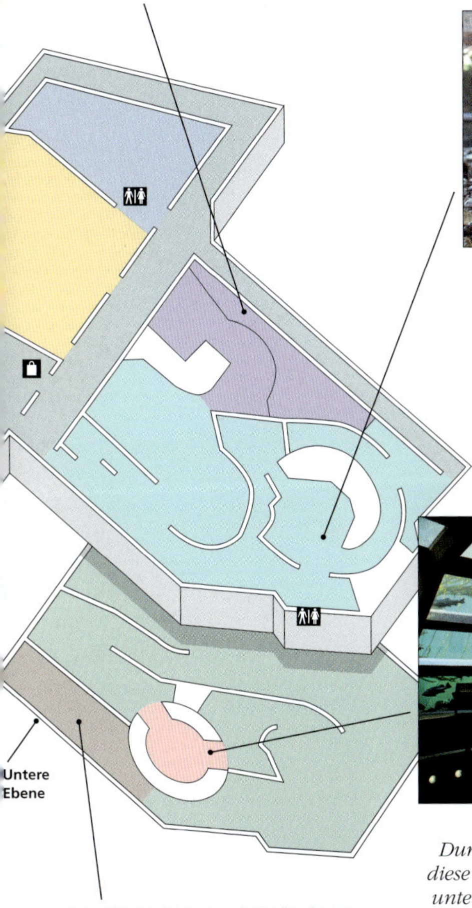

★ Underwater Dome
Durch einen kleinen Tunnel gelangt man in diese erstaunliche Unterwasserkuppel, die sich unter einem 1 514 160 Liter Wasser fassenden Becken auftut. Hier tummeln sich u. a. Haie, Lachse und Tintenfische.

Puget Sound Fish
Dieses Becken ist voller bunter, exotisch wirkender Fische, darunter etwa der abgebildete Skorpionfisch. Des Weiteren zu sehen: Seehasen und luminiszierende Fische, etwa Anglerfische, des Puget Sound.

Stadtplan Seattle *siehe Seiten 164–169*

Seattle Center und Belltown

Nördlich des Zentrums liegt das Seattle Center, Erbe der zweiten Weltausstellung von 1962. Am bekanntesten ist die Space Needle, doch das Center bietet auch Veranstaltungsorte und exzellente Museen, etwa das von Frank Gehry entworfene EMP Museum, eine Stiftung des Microsoft-Milliardärs Paul Allen *(siehe S. 159)*. Südlich des Seattle Center erstreckt sich das trendige Belltown mit seinen exklusiven Eigentumswohnungen, Antiquitätenläden, Designershops, Edel-Friseuren und Lokalen, in denen sich die Schönen und Reichen treffen. Belltowns Promi-Meile verläuft entlang der 1st Avenue zwischen Virginia Street und Vine Street.

Goldene Schallplatte von Hendrix im EMP Museum

Sehenswürdigkeiten auf einen Blick

Museen und Theater

Children's Museum 7
EMP Museum S. 146f 5
Olympic Sculpture Park 1
Pacific Science Center und Boeing IMAX Theater 2

Gebäude

Austin A. Bell Building 8
KeyArena 6
Space Needle 3
Virginia Inn 9

Attraktion

Seattle Monorail 4

LEGENDE

- Detailkarte *siehe S. 142f*
- Tram-Haltestelle
- Monorail-Station
- Bushaltestelle
- Post

Anfahrt

Die Monorail fährt von der Westlake Center Station (5th Avenue, Ecke Pine Street) zum Seattle Center, das man gut zu Fuß erkunden kann. Nach Belltown, nördlich des Pike Place Market, braucht man vom Zentrum aus 15 Minuten zu Fuß. Fast ganz Belltown gehört zur Ride Free Area. Die Busse 3, 4 und 16 verkehren auf der 3rd Avenue in Nord-Süd-Richtung.

◁ **Die Space Needle *(siehe S. 144f)* überragt das EMP Museum *(siehe S. 146f)* von Frank Gehry**

Im Detail: Seattle Center

Walfluke, ***Neototems Children's Garden***

Das Seattle Center ist seit je ein beliebter Treffpunkt für Einheimische und Besucher. Im 19. Jahrhundert war das Areal eine indianische Versammlungsstätte. 1962 wurde es für die Century-21-Ausstellung der Weltausstellung *(siehe S. 145)* zum Messegelände. Heute ist das 30 Hektar große Gebiet einer der meistbesuchten Stadtparks der USA. Bei einem Bummel kann man die Bauten der Weltausstellung erkunden. Am bekanntesten ist die Space Needle, die jetzt gemeinsam mit Architektur-Highlights wie dem EMP Museum um Aufmerksamkeit buhlt. Auch Künstlergruppen, Sport-Teams und ein Kindermuseum sind im Seattle Center beheimatet.

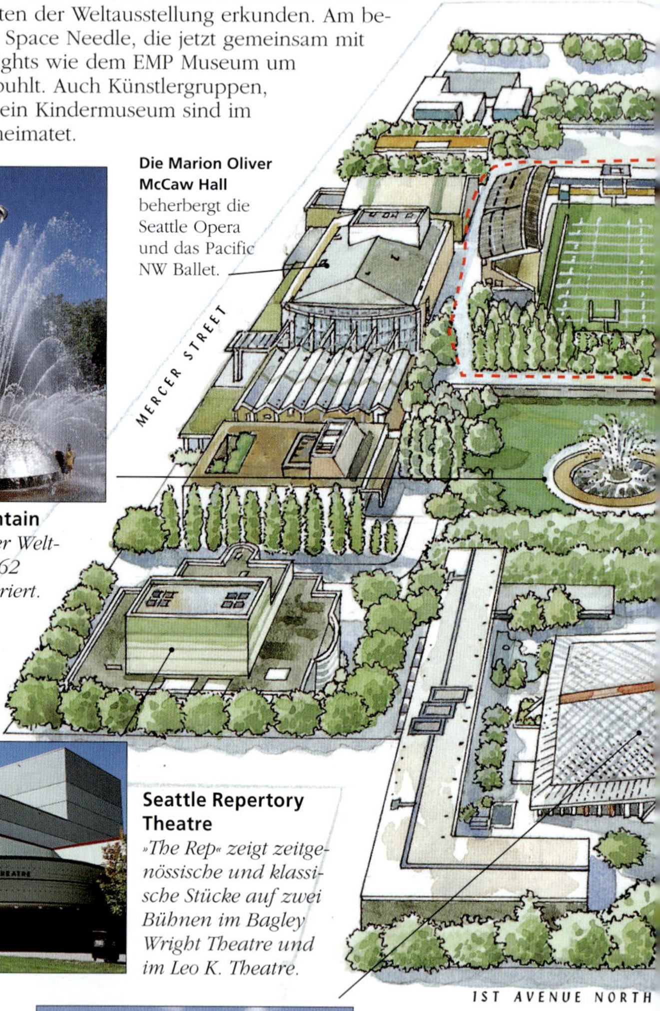

Die Marion Oliver McCaw Hall beherbergt die Seattle Opera und das Pacific NW Ballet.

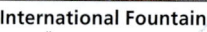

International Fountain
Das Überbleibsel der Weltausstellung von 1962 wurde 1995 restauriert. Der Brunnen hat 283 Fontänen, die das Wasser bis zu 37 Meter hochschießen.

Seattle Repertory Theatre
»The Rep« zeigt zeitgenössische und klassische Stücke auf zwei Bühnen im Bagley Wright Theatre und im Leo K. Theatre.

KeyArena
Die 1962 für die zweite Weltausstellung Seattles erbaute Arena wird heute für Sportveranstaltungen und Konzerte genutzt. ❻

LEGENDE

- - - Routenempfehlung

0 Meter 40
0 Yards 50

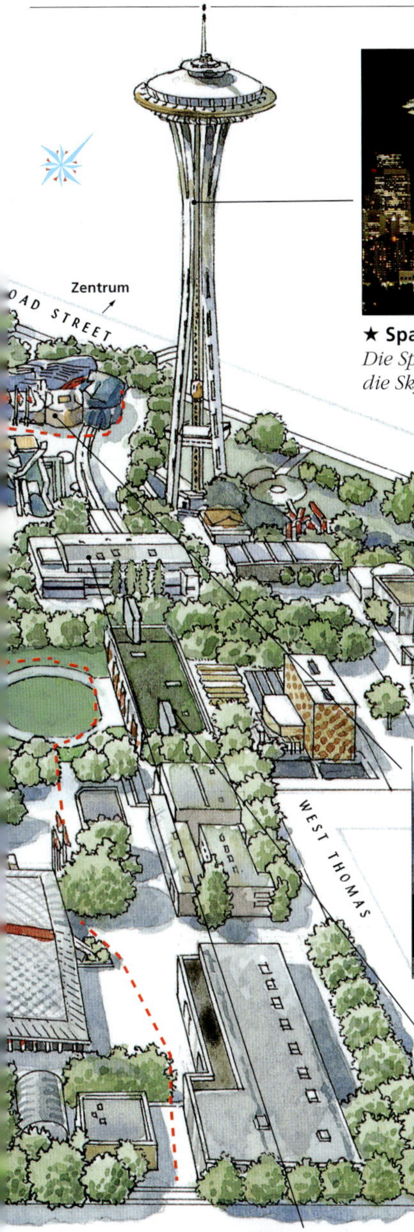

★ Space Needle
Die Space Needle prägt die Skyline Seattles. ❸

Zur Orientierung
Siehe Stadtplan 1

Pacific Science Center
In den fünf Gebäuden sind interaktive Ausstellungen zu Wissenschaft, Mathematik und Technologie, zwei IMAX-Kinos und ein Planetarium untergebracht. ❷

★ EMP Museum
Der von Frank Gehry entworfene innovative Museumskomplex liegt am Fuß der Space Needle. ❺

Der Fisher Pavilion mit Blick auf den South Fountain Lawn ist ein begehrter Ort für Messen und Festivals.

★ Seattle Center Monorail
Die Monorail fährt GPS-gesteuert an der Station Seattle Center in einem Tunnel durch das EMP Museum. Der Zug schwebt beim Eintritt in die Außenkurve frei. ❹

NICHT VERSÄUMEN

- ★ EMP Museum
- ★ Seattle Center Monorail
- ★ Space Needle

Stadtplan Seattle *siehe Seiten 164–169*

***Perre's Ventaglio III* im Olympic Sculpture Park**

Olympic Sculpture Park ❶

2901 Western Ave. **Stadtplan** 1 B5. *(206) 654 3100. Seattle Center. 1, 2, 13, 15, 18, 99. tägl. von Sonnenaufgang bis Sonnenuntergang.* **PACCAR Pavilion** *Mai–Labor Day: Di–So 10–17 Uhr; Labor Day–Apr: Di–So 10–16 Uhr.* **www**.seattleartmuseum.org

Der im 2007 als Zweigmuseum des Seattle Art Museum eröffnete Olympic Sculpture Park liegt auf einem ehemaligen Industriegelände. Es ist eine öffentliche Grünfläche mit dem Skulpturenpark. Der innovative Entwurf für den Park sah auch die Wiederherstellung der Umgebung vor, etwa die Schaffung eines Lachsteichs und die Pflanzung vieler Bäume.

Die drei Parkbereiche sind durch einen Z-förmigen, rund 700 Meter langen Weg miteinander verbunden. Über 20 moderne Skulpturen sind im Park verteilt, der typische Landschaften des Nordwestens nachbildet, etwa in *The Valley* immergrünen Wald, wie man ihn in Küstenregionen finden kann, oder in *The Shore* einen Strand mit Tidebecken.

Der PACCAR Pavilion ist Hauptanlaufstelle. Bei ihm liegt ein Parkplatz, außerdem findet man hier den Museumsladen des Seattle Art Museum und ein Café, das auch Proviant für Picknicks anbietet. Führungen durch den Park starten am Pavillon.

Pacific Science Center und Boeing IMAX Theater ❷

200 2nd Ave N. **Stadtplan** 1 B4. *(206) 443 2001. Seattle Center. 19, 24, 33. tägl. 10–18 Uhr.* **IMAX** *tägl. (Filme und Zeiten tel. unter (206) 443 4629). Thanksgiving, 25. Dez. für Laser- und IMAX-Shows.* **www**.pacificsciencecenter.org

Das Pacific Science Center besteht aus sechs miteinander verbundenen Bauten, die sich um 33 Meter hohe Bogen sowie Wasserbecken und Brunnen gruppieren. Hier kommen Jung und Alt auf ihre Kosten – dabei wenden sich die wissenschaftlichen Exponate speziell an Kinder.

Dinosaurier: Die »Journey Through Time« führt zurück ins Mesozoikum, wo man auf Roboter-Dinos trifft. Bei »Body Works« können sich Besucher auf dem »Kalorienfahrrad« abstrampeln, um zu sehen, wie viel Energie sie produzieren. In der »Tech Zone« können sie sich mit einem Spiele-Roboter messen. Bei den Kleinen ist »Kids Works« populär, wo man sich etwa als Meteorologe auf dem Bildschirm sehen kann.

Das »Insect Village« beherbergt Roboter-Insekten und einen Minizoo mit »Streichel«-Kakerlaken. Das »Tropical Butterfly House« ist voller tropischer Schmetterlinge.

Im Freien kann man einen zwei Tonnen schweren Granitball drehen oder auf einem Hochrad (4,5 m) fahren. Zudem gibt es ein Planetarium, ein Laser-Theater sowie das Boeing IMAX Theater mit 400 Plätzen, das auf sechs Leinwänden Dokumentationen zu Natur und Weltraum sowie Kinder- und Animationsfilme zeigt.

Das Boeing IMAX Theater, ein eigenwilliger Kuppelbau

Die markante Space Needle ist der Stolz von Seattle

Space Needle ❸

400 Broad St. **Stadtplan** 1 C4. *(206) 905 2100. Seattle Center. 3, 4, 16. tägl. 9–24 Uhr.* **www**.spaceneedle.com

Was als Skizze auf einer Papierserviette begann, wurde zum internationalen Wahrzeichen von Seattle und zur Besucherattraktion der Stadt schlechthin. Die für die Weltausstellung von 1962 erbaute, 185 Meter hohe Space Needle war eine Idee von Edward Carlson, dem Vorsitzenden der Ausstellung, der sich vom Fernsehturm in Stuttgart inspirieren ließ. Der endgültige Entwurf stammt von John Graham and Company, den Architekten des ersten amerikanischen Shopping Mall. Genehmigt wurde der Bau erst 18 Monate vor Eröffnung der Ausstellung. Er wurde dann innerhalb eines Jahrs für nur 4,5 Millionen US-Dollar errichtet und war damals das höchste Bauwerk westlich des Mississippi.

Die Space Needle steht auf drei gekrümmten Stahlfüßen, auf denen sich der verglaste »Kopf« der Nadel befindet. Dort gibt es ein Aussichtsdeck und eine Ebene darunter ein Drehrestaurant (das damals zweite weltweit). Das Fundament im Untergrund ist acht Meter tief und 37 Meter breit. Zum Auffüllen wurden 467 Lastwagen voll Zement benötigt – das Ganze wurde in weniger als zwölf Stunden bewerkstelligt. Der Turm ist mit 72 neun Meter langen Bolzen im Boden verankert.

Die Konstruktion der Space Needle hat bereits einige Erdbeben überlebt und musste in ihrer über 50-jährigen Geschichte lediglich zehnmal wegen stürmischer Winde geschlossen werden. Die Konstruktion selbst hält Stürme bis zu einer Stärke von 322 km/h aus – ihr Aufzug allerdings nicht.

Während der Weltausstellung fuhren täglich bis zu 20 000 Personen mit den Expressaufzügen nach oben. Sie mussten bis zu drei Stunden auf die 43 Sekunden lange Fahrt warten. Heute muss man sich glücklicherweise nicht mehr so lange gedulden. Der Ausblick zeigt die Bergketten der Olympics und Cascades, den Mount Rainier, Lake Union, die Elliott Bay und Seattle.

1982 wurde dem Bauwerk ein »Skyline-Stockwerk«, 30 Meter über dem Boden, hinzugefügt. 1999, am 37. Geburtstag der Space Needle, wurde sie vom Landmarks Preservation Board offiziell zum Wahrzeichen von Seattle erklärt und im Jahr 2000 für 20 Millionen US-Dollar rundum erneuert.

Space Needle – vom Aussichtsdeck hat man einen herrlichen Ausblick

Haltestelle der Monorail bei der Space Needle

Seattle Monorail ❹

Stationen am Westlake Center (5th Ave u. Pine St) u. am Seattle Center (gegenüber der Space Needle). **Stadtplan** 1 C4–3 C1. *(206) 905 2620.* *tägl. 9–23 Uhr (alle 10 Min.).* **www**.seattlemonorail.com

Die Monorail wurde in nur zehn Monaten für die Weltausstellung gebaut. Das Fundament liegt 7,5 Meter unter Straßenniveau. Seattles Alweg-Monorail schuf damit eine Verbindung zwischen dem Messegelände (jetziges Seattle Center) und der Innenstadt. Zur Entstehungszeit galt sie als Prototyp des Massenfortbewegungsmittels der Zukunft. Während der sechsmonatigen Weltausstellung transportierten die Hochgeschwindigkeitszüge insgesamt acht Millionen Besucher vom Zentrum zum Seattle Center.

Heute wird das »futuristische« Transportmittel jährlich von 2,5 Millionen Passagieren genutzt. Viele Einwohner nutzen die Monorail, um zu Festivals, Konzerten und Sportevents ins Seattle Center zu fahren. Die Monorail ist das schnellste Verkehrssystem seiner Art in den USA und bewältigt die zwei Kilometer lange Strecke mit einer Geschwindigkeit von bis zu 97 Stundenkilometern in 90 Sekunden, wobei sie durch das Gebäude des EMP Museum hindurchfährt.

Weltausstellung von 1962

»Century 21 Exposition« hieß Seattles zweite Weltausstellung offiziell. Sie sollte den 50. Jahrestag der Alaska-Yukon-Pacific-Ausstellung von 1909 feiern. Die Ausstellung wurde als »America's Space Age World's Fair« angekündigt und war der Wissenschaft und dem Leben im 21. Jahrhundert gewidmet. Die ehrgeizigen Pläne und der Wunsch, ein öffentliches, auch später attraktives Zentrum zu schaffen, verschoben die Eröffnung jedoch von 1959 auf 1962. Zu den gewagtesten Gebäuden und Schöpfungen gehören bis heute die Space Needle, die Monorail, der US Science Pavilion (heute das Pacific Science Center) und das Washington State Coliseum (jetzt KeyArena). Trotz des Bemühens, einen futuristischen Eindruck zu vermitteln (gemäß dem Thema »Century 21«), wirken die Gebäude, vor allem die Space Needle, mittlerweile fast rührend altmodisch. 9 634 600 Besucher kamen zur Weltausstellung. Heute strömen Einwohner und Besucher ins Seattle Center, um Festivals, Kultur- und Sportveranstaltungen oder ein Museum zu besuchen – oder auch nur, um in dem begrünten Areal herumzuschlendern.

Seattles Space Needle während ihrer Errichtung im Jahr 1961

EMP Museum ❺

Das 2000 eröffnete EMP (Experience Music Project) Museum feiert Geschichte, Gegenwart und Zukunft der Popmusik mit seltenen Erinnerungsstücken, interaktiven Ausstellungen und einer Konzerthalle. Untergebracht ist es in einem aufsehenerregenden Gebäude am Fuß der Space Needle. Der Bau, der einer zertrümmerten Elektrogitarre ähnelt, ist ein Entwurf von Frank Gehry, der hier seiner Vorliebe für ungewöhnliche Formen und Blickwinkel, innovative Materialien und gewagte Farben freien Lauf lassen konnte. Das Museum wurde von Microsoft-Mitbegründer Paul Allen *(siehe S. 159)* konzipiert. Angeschlossen ist das weltweit erste Science-Fiction-Museum, das in Multimedia-Ausstellungen auf die Geschichte der Science-Fiction in Literatur und Film eingeht.

Das Gebäude
Aus der Luft vermittelt die scheinbar zufällige Anordnung von Formen aus verbogenem Metall des Architekten Frank Gehry den Eindruck einer zertrümmerten Gitarre.

Das Sound Lab regt zum Experimentieren mit Musik an.

Haupteingang

Ebene 1

Die Ausstellung »Nirvana: Taking Punk to the Masses« präsentiert eine umfangreiche Sammlung seltener Erinnerungsstücke, die mit Seattles berühmter Grunge-Band zu tun haben, darunter Fotos, eine von Kurt Cobain zerschmetterte Gitarre und das erste Demo-Band von Nirvana.

★ Sky Church
Herzstück des EMP ist der große Konzertsaal, der den weltgrößten Videobildschirm enthält.

NICHT VERSÄUMEN

- ★ Guitar Gallery
- ★ On Stage
- ★ Roots and Branches
- ★ Sky Church

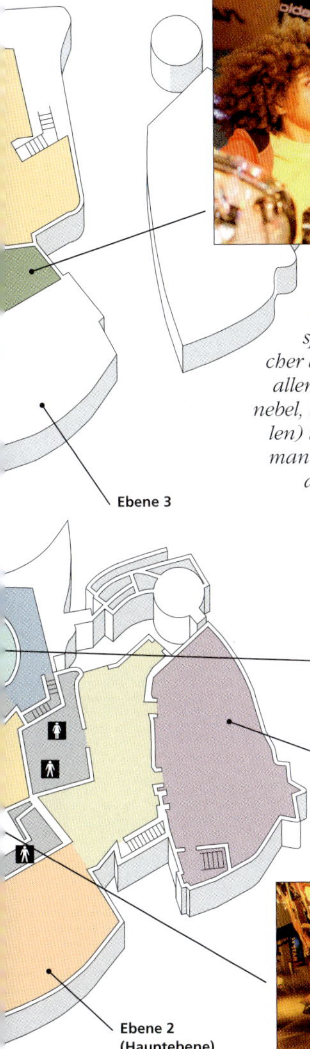

★ On Stage
Rockstar sein – auch wenn man nie ein Instrument gespielt hat! Hier werden Besucher auf eine Bühne versetzt, mit allem Drumherum wie Bühnennebel, Scheinwerfern und (virtuellen) tobenden Fans. Später kann man seine Live-Performance auf dem Bildschirm bewundern.

INFOBOX

325 5th Ave N.
Stadtplan 1 C4.
(206) 770 2700.
Seattle Center. *3, 4, 16.*
Memorial Day–Labor Day: tägl. 10–19 Uhr; Labor Day–Memorial Day: tägl. 10–17 Uhr.
Thanksgiving, 25. Dez.
www.empmuseum.org

★ Guitar Gallery
In dieser Abteilung sind Gitarren berühmter Musiker ausgestellt, darunter eine, die Eddie van Halen gehörte.

The Exhibition präsentiert Exponate, die den Besucher auf eine Reise ins Science-Fiction-Universum entführen – von Mary Shelleys *Frankenstein* bis zu *Avatar*. Zur Diskussion stehen neue Technologien und fantastische Welten.

Kurzführer

Das EMP hat drei Ebenen. Hauptabteilungen und Ausstellungen sind auf der zweiten und dritten Ebene zu finden. Die untere Ebene bietet einen Saal für Vorträge, Seminare und Filme, ein digitales Studio, das den Zugriff auf die digitale Sammlung des EMP ermöglicht, und ein Restaurant mit amerikanischer Küche.

★ Roots and Branches
Diese Klangskulptur bietet eine dynamische, interaktive Reise zu den Wurzeln der amerikanischen Popmusik. Die audiovisuelle Tour erklärt Ursprünge und Einflüsse.

LEGENDE

- On Stage
- Sound Lab
- Demo Lab
- The Rec Room
- JBL Theater
- Learning Labs
- Nirvana: Taking Punk to the Masses
- EMP Sci-Fi Store
- The Exhibition
- Sky Church
- Special Exhibits Gallery
- Guitar Gallery
- Roots and Branches
- Kein Ausstellungsbereich

Stadtplan Seattle *siehe Seiten 164–169*

KeyArena ❻

305 Harrison St. **Stadtplan** 1 B4. *(206) 684 7200.* **Tickets** *1-800 745 3000.* *Seattle Center.* *1, 2, 13, 14, 15, 18.* *Siehe **Unterhaltung** S. 161.* **www**.keyarena.com

Die KeyArena war einst das Washington State Coliseum, das den Besuchern der Weltausstellung einen Blick ins 21. Jahrhundert bot. Das Gebäude (ein hyperbolischer Paraboloid) wurde 1962 als architektonisches Meisterwerk gefeiert. Der 1,5 Hektar große Bau am westlichen Ende des Seattle Center, der völlig ohne innere Dachstützen auskommt, wurde von Paul Thiry (1904–1993), dem hauptverantwortlichen Architekten von Seattles zweiter Weltausstellung *(siehe S. 145)*, entworfen. Er dient heute als Sport- und Veranstaltungshalle. Besucher der Weltausstellung werden sich noch an den gigantischen »Bubbleator« aus Glas erinnern, der bis zu 150 Zuschauer gleichzeitig zur »World of Tomorrow«-Ausstellung beförderte.

Nach der Weltausstellung wurde das futuristische Gebäude in eine Sportarena umgewandelt. 1964 gaben die Beatles dort ihr erstes Konzert in Seattle. Seitdem gilt die KeyAreana als Top-Veranstaltungsort der Westküste.

1995 renovierte die Architekturfirma NBBJ das Gebäude für 74 Millionen US-Dollar. Plastik, Holz, Stahl, Kupfer und Beton des entkernten Baus wurden entweder recycled oder verkauft. Die KeyArena ist Heimstatt des Profi-Basketballteams der Frauen (Storm). Zudem finden hier Konzerte und alle Arten von Events statt.

Das Children's Museum – bekannt für interaktive Ausstellungen

Children's Museum ❼

305 Harrison St. **Stadtplan** 1 B4. *(206) 441 1768.* *Mo–Fr 10–17, Sa, So 10–18 Uhr.* *1. Jan, Labor-Day-Wochenende, Thanksgiving, 25. Dez.* *Seattle Center.* *1, 2, 3, 4, 13, 14, 15, 16, 18.* **www**.thechildrensmuseum.org

Das Seattle Center macht Kindern generell Spaß, doch das 1979 von Eltern und Erziehern gegründete Children's Museum ist bei den Kleinen besonders beliebt. Im ersten Stock des Center House im Seattle Center präsentiert das nichtkommerzielle, interaktive Museum acht Dauerausstellungen und eine Wechselausstellung. Zudem besitzt es drei Studios.

Eine der Dauerausstellungen ist das »Global Village«, in dem Kindern Kultur und Lebensweise anderer Länder nahegebracht werden. Sie können japanisch essen (Sushi) oder einen Schneider in Ghana besuchen. In der »Mountain Forest«-Ausstellung lernen die Kleinen alles über die Natur Washingtons. Sie wandern dabei durch einen nachgestalteten Wald des Nordwestens – mit Fledermaushöhle, Wasserfall und flüssiger Lava. Man kann auch einen Gletscher hinunterrutschen.

Flaschenzüge, Röhren und Hebel fördern in »Cog City« die Feinmotorik. Kinder lernen physikalische Gesetze, indem sie virtuell Bälle durch ein befahrenes Stadtareal dirigieren. Das Museum verfügt zudem über eine interaktive Ausstellung für Kleinkinder. Das »Discovery Bay«-Aquarium mit seinen Kraken enthält ein Streichelbecken.

Drei bis vier Wechselausstellungen jährlich garantieren Abwechslung. Zudem engagiert das Museum zeitweise Künstler, deren Museumsateliers dann für Kinder zugänglich sind.

Ziegelfassade des Austin A. Bell Building im gotischen Stil

Austin A. Bell Building ❽

2326 1st Ave. **Stadtplan** 1 C5. *15, 18, 21, 22, 56.* *für Besucher.*

Für das Austin A. Bell Building zeichnete Seattles umtriebigster Architekt Elmer Fisher verantwortlich. Nach dem Großen Brand (1889) entwarf er Ende des 19. Jahrhunderts über 50 Neubauten. Die meisten seiner Gebäude wurden am Pioneer Square errichtet, u.a. das Pioneer Building *(siehe S. 124)*. Einige Häuser, darunter das Austin A. Bell Building – das schönste von allen – entstanden in Belltown (damals Denny Hill).

Die einzigartige Dachkonstruktion der KeyArena im Seattle Center

Hotels und Restaurants in Seattle *siehe Seiten 286–288 und 303–306*

Das Gebäude verbindet den Richardsonian-Stil mit gotischen und italienischen Elementen. In Auftrag gegeben wurde es 1888 von Austin Americus Bell, dem reichen Sohn des Siedlers William M. Bell aus Seattle (dessen Namen das Viertel trägt).

Es war das erste Projekt des jungen Bell in der Stadt, und es sollte ein Apartmentgebäude werden. Doch der 35-jährige Unternehmer erlebte die Fertigstellung des Baus nicht mehr: Bell war krank und litt unter Depressionen, 1889 beging er Selbstmord. Seine Frau ließ das Projekt fertigstellen und Austin Bells Namen oben an der Fassade einmeißeln. 1981 wurde das Innere des Gebäudes bei einem Brand zerstört, die Fassade blieb jedoch unbeschädigt erhalten.

In den oberen drei Stockwerken des Austin A. Bell Building sind heute teure Eigentumswohnungen zu finden. Im Erdgeschoss gibt es einen Coffeeshop.

Virginia Inn – ein europäisch wirkendes Lokal in Belltown

Virginia Inn ❾

1937 1st Ave. **Stadtplan** 3 B1. *(206) 728 1937.* *15, 18, 21, 22, 56.* *So–Do 11.30–24, Fr–Sa 11.30–2 Uhr.*
www.virginiainnseattle.com

Am südlichen Rand von Belltown befindet sich das 1903 eröffnete Virginia Inn. Lange bevor die Gegend Belltown hieß, war es bereits eine beliebte Bierkneipe für Hafenarbeiter. Während der Prohibition (1920–33) bot es einen Mittagstisch an und diente als Lokal für Kartenspieler.

In den 1970er Jahren zog das Pub Künstler an, die sich mit dem Stammpublikum an der eleganten, langen Theke mischten. Mit der Zeit änderte sich die Klientel, denn die billigen Wohnungen wurden in hochpreisige Eigentumswohnungen umgewandelt. Das Virginia Inn gilt mittlerweile als angesagteste Kunstbar Seattles mit Wechselausstellungen von lokalen Künstlern, deren Bilder die Wände zieren. Die Werke bleiben zwei Monate lang hängen.

Das Lokal empfiehlt sich auch, um eines der 16 angebotenen, einheimischen »Microbrews« (vor Ort gebraute Biere) oder eines der belgischen Biere, die hier in großer Auswahl angeboten werden, zu probieren. Zudem gibt es eine ausgezeichnete Weinkarte und Spezialcocktails. Das Ziegeldekor des Virginia Inn verströmt altmodisches europäisches Flair.

Waschsalon mit Café – einer der unorthodoxen Läden Belltowns

Die Geschichte von Belltown

Breite Boulevards, flankiert von schicken Clubs und Restaurants, und eine Vielfalt an Geschäften lassen einen bei Belltown schnell an Manhattans Upper West Side denken. Allerdings fehlt hier etwas, das für Seattle charakteristisch ist: nämlich die Hügel. Das war nicht immer so. Früher gab es einen steilen Hügel, der jedoch bei der Einebnung von Denny Hill (1905–30) verschwand, als das Erdreich in die Elliott Bay gekippt wurde. 50 Häuserblocks wurden bis zu 30 Meter tiefer gesetzt und Denny Hill zu Denny Regrade verwandelt, ein farbloser Name für einen planen Stadtteil mit Gewerkschaftsbüros, Parkplätzen, billigen Wohnungen und Seemannskneipen. (Ironischerweise hatte man das Projekt gestartet, um mehr Unternehmen anzulocken.)

Coffeeshop-Schild, Belltown

Jahrzehntelang war Belltown ein weißer Fleck auf dem Stadtplan. Dies änderte sich in den 1970er Jahren, als Künstler nach Regrade zogen, angelockt durch günstige Mieten und große Atelierflächen. Zu dieser Zeit beschloss eine Nachbarschaftsinitiative, das Viertel in Belltown umzutaufen, zur Erinnerung an William M. Bell, einen der ersten Bauherrn. In den 1980er Jahren, als es wieder schick wurde, in der Stadt zu leben, entstanden am Rand von Belltown Eigentumswohnungen. Durch den Softwareboom der 1990er Jahre erlebte das Viertel auch einen wahren Bauboom: Die finanzkräftige IT-Elite zog hierher. Auch wenn sich Belltown im Vergleich zu früher stark verändert hat – es gibt noch einige Gebäude aus der Anfangszeit, darunter das Virginia Inn und das Austin A. Bell Building.

Abstecher

Wegweiser in Fremont

Die Umgebung Seattles lockt mit vielen Attraktionen sowie mit Erholungsgebieten. Im Süden der Stadt stehen zwei riesige Sportstadien, die Baseball- und Footballfans anziehen. Im Osten liegen zwei der charakteristischen Hügel, First Hill und Capitol Hill, mit Museen, Kirchen sowie diversen Läden und Restaurants. Für Sportfans gibt es am Green Lake, im Discovery Park und am Alki Beach sehr gute Möglichkeiten zum Joggen, Radfahren und Rollschuhlaufen, aber auch zum Wandern und Spazierengehen. Wer länger wandern will, kann den Burke-Gilman Trail zwischen Fremont und Kenmore testen. Etwas außerhalb liegen auch der Woodland Park Zoo, einer der besten US-Zoos, und die University of Washington, das Herzstück des Universitätsviertels. Ballard, Fremont und Madison Park sind Viertel mit ganz eigenem Charakter – ideal für Tagesausflüge.

Sehenswürdigkeiten auf einen Blick

Stadtviertel

Ballard 13
Capitol Hill 4
First Hill 3
Fremont 12
Madison Park 7
University District 6

Parks, Gärten, Museen und Zoos

Alki Beach 15
Burke-Gilman Trail 8
Discovery Park 14
Gas Works Park 9
Green Lake 10
Museum of Flight 16
Volunteer Park 5
Woodland Park Zoo S. 156f 11

Sportstadien

CenturyLink Field 2
Safeco Field 1

LEGENDE

- Zentrum von Seattle
- Großraum Seattle
- Interstate Highway
- State Highway
- Highway

m = Meilen, km = Kilometer

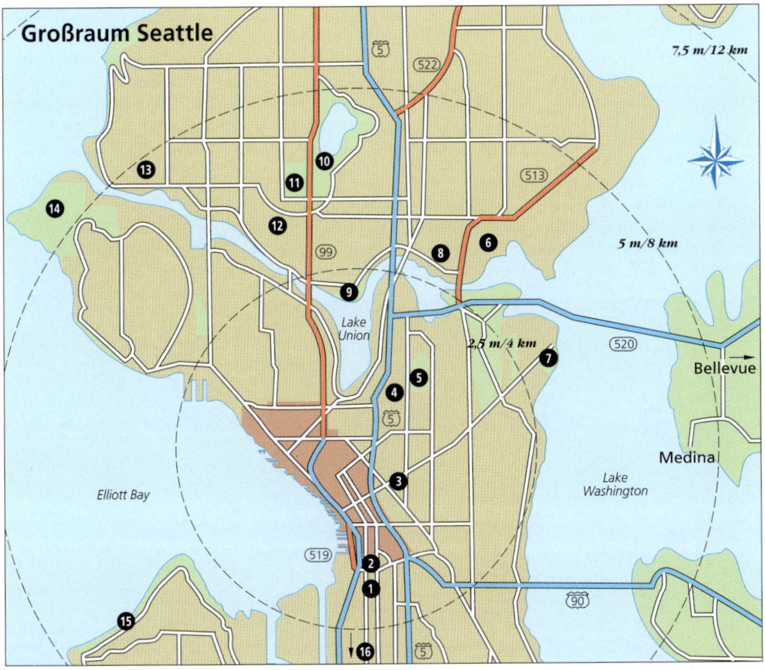

◁ **Blick vom Strand des Discovery Park *(siehe S. 158f)* nach Süden auf den Puget Sound**

Safeco Field ❶

1250 1st Ave S. **Stadtplan** 4 D5. *(206) 346 4000.* *15, 18.* *Apr–Okt: tägl. 10.30, 12.30, 14.30 Uhr (außer an Tagen mit Spielen am Nachmittag; keine Führungen um 14.30 Uhr bei Abendspielen); Nov–März: Di–So 12.30, 14.30 Uhr.*

Obwohl es in Seattle oft regnet, müssen die Baseballfans seit der Einweihung des Safeco Field am 15. Juli 1999 auf kein Spiel der Seattle Mariners (American League) mehr verzichten. Das Stadion ist enorme acht Hektar groß und bietet 47 000 Sitzplätze.

Das einziehbare Dach ist auf dem neuesten Stand der Technik. Per Knopfdruck überdeckt es das Spielfeld bei Regen. Das Dach (3,5 Hektar) besteht aus so viel Stahl, dass man davon einen 55 Stockwerke hohen Wolkenkratzer errichten könnte. Das Vergnügen kostete 516 Millionen US-Dollar. Safeco Field wurde vom Unternehmen NBBJ aus Seattle 1999 fertiggestellt und ist das teuerste Stadion, das jemals in den USA gebaut wurde.

Mit seinem überwältigenden Ausblick auf die Skyline von Seattle, den 1,3 Millionen US-Dollar teuren Kunstobjekten und diversen Extras, etwa einem Kinderspielterrain und einer Picknickfläche, verbreitet Safeco Field eine einladende Atmosphäre. Die Spiele sind meist ausverkauft, doch man kann das Stadion bei einer der regelmäßig stattfindenden Führungen sehen.

CenturyLink Field ❷

800 Occidental Ave S. **Stadtplan** 4 D4. *(206) 381 7555.* *15, 18.* *Juni–Aug: tägl. 12.30, 14.30 Uhr; Sep–Mai: Fr, Sa 12.30, 14.30 Uhr (außer an Tagen mit wichtigen Veranstaltungen).* **Veranstaltungen** *(206) 381 7582.* **www**.centurylinkfield.com

Die Architekten des CenturyLink Field, das im Juli 2002 eröffnet wurde und zunächst Seahawks Stadium und danach Qwest Field hieß, hätten eigentlich für den Bau das häufig raue Winterwetter in Seattle berücksichtigen sollen. Doch trotz heftigem Wind und Regen im Winter entstand ein Bau ohne Dach – ein weiträumiges Open-Air-Stadion mit unversperrtem Blick auf die Skyline von Seattle. Durch zwei massive Dachgesimse (232 m) sind immerhin 70 Prozent der 67 000 Plätze vor Regen geschützt. Gastmannschaften, die das Wetter im Nordwesten nicht kennen, empfinden die Heimstätte der Seattle Seahawks (National Football League) als eher ungemütlich.

Die Stadionarchitektur von Ellerbe Becket ist ebenso unkonventionell wie der Kunstmix des Baus: Besonders augenfällig sind die vier Stahlscheiben von Bob Haozous, einem Künstler aus New Mexico, die von indianischer Kunst inspiriert wurden. Die Scheiben von sieben Meter Durchmesser verkörpern die Verbindung des Menschen mit der Erde und der Natur.

Die Ziegel-Stahl-Fassade von Safeco Field, Spielstätte der Seattle Mariners

Eingang und Rotunde des Frye Art Museum, First Hill

First Hill ❸

Zwischen E Pike St, E Yesler Way, 12th Ave E u. I-5. **Stadtplan** 4 E1. *3, 4, 12.*

Der Spitzname Pill Hill (»Pillenhügel«) steht für die vielen Krankenhäuser und Arztpraxen von First Hill, einem Viertel östlich des Zentrums. First Hill ist fußgängerfreundlich (über 40 Prozent der Bewohner gehen zur Arbeit). Hier lebten einst die Familien der Pioniere. Man findet daher noch Wohnhäuser aus der Frühzeit von Seattle.

Die **St. James Cathedral** (804 9th Avenue), Gemeindekirche und Kathedrale der katholischen Erzdiözese von Seattle, ist nicht zu übersehen. Das New Yorker Architektenbüro Heins and LaFarge entwarf sie 1907 im Stil der italienischen Renaissance. Die beiden hohen Turmspitzen werden nachts beleuchtet.

Einen Häuserblock südöstlich liegt das **Frye Art Museum**, das die große Kunstsammlung der beiden Pioniere Charles und Emma Frye beherbergt. Ausgestellt sind französische, deutsche und amerikanische Gemälde aus dem 19. und 20. Jahrhundert. Zudem kann man hier ganzjährig Wechselausstellungen besichtigen.

Frye Art Museum
704 Terry Ave. *(206) 622 9250.* *Di–So 11–17 Uhr (Do bis 19 Uhr).* *1. Jan, 4. Juli, Thanksgiving, 25. Dez.* **www**.fryemuseum.org

Capitol Hill ❹

Zwischen Montlake Blvd E u. NE, E Pike St u. E Madison St, 23rd Ave E u. I-5. **Stadtplan** 2 F5. *7, 9, 10.*

Nordöstlich des Zentrums liegt Capitol Hill, ein buntes Viertel, wo sich niemand nach Leuten mit schrillen Frisuren oder krassen Bodypiercings umdreht.

Geschäftszentrum und Hauptstraße ist der Broadway (East Roy Street bis East Pike Street). Das »Wohnzimmer von Capitol Hill« lädt zum Shoppen (von Büchern über Heimbedarf bis zu Designermode) und zum Besuch der Restaurants mit Ethno-Küche ein. Bronzene Fußabdrücke im Gehweg lehren die Fußgänger Tango- und Foxtrott-Schritte.

Leute zu beobachten macht hier ebenso Spaß, wie ins Kino zu gehen. Capitol Hill besitzt zwei gute Kinos: das **Egyptian** (805 East Pine Street) und das **Harvard Exit** (807 East Roy Street). Beide zeigen vor allem Independents und ausländische Filme.

Auf dem Hügel steht auch die **St. Mark's Episcopal Cathedral** (1245 10th Avenue East) von 1931, die zur Diözese von Olympia gehört. Ihre Flentrop-Orgel (1965) hat 3944 Orgelpfeifen mit einer Größe von 2,5 Zentimetern bis zu 9,7 Metern.

International bekannt ist das **Cornish College of the Arts** (710 East Roy Street), das mit Arbeiten und Performances seiner Studenten aufwartet.

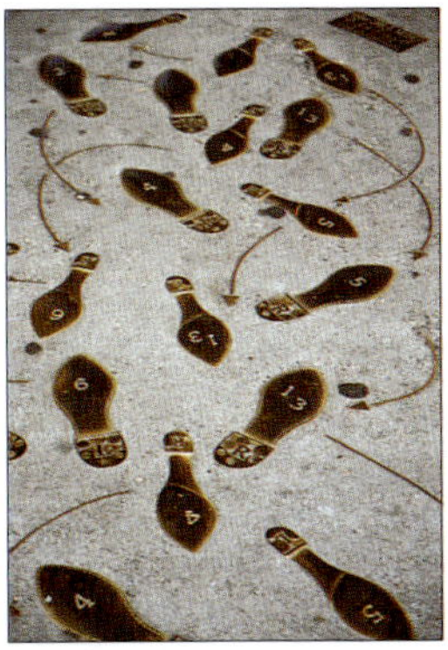

Dance Steps on Broadway von Jack Mackie, Capitol Hill

Seattle Asian Art Museum im Volunteer Park

Volunteer Park ❺

1247 15th Ave E. *(206) 684 4075.* *7, 9, 10.* *tägl. 6–23 Uhr.*

Am nördlichen Ende von Capitol Hill liegt der elegante Volunteer Park, der 1904–09 von den berühmtesten Landschaftsarchitekten der USA, den Brüdern Olmsted, entworfen wurde. Der Park (19,5 Hektar) ist nach den Freiwilligen aus Seattle benannt, die im Spanisch-Amerikanischen Krieg von 1898 kämpften. Der Entwurf sah einen Aussichtsturm vor. Errichtet wurde ein 23 Meter hoher Wasserturm, bei dessen Besuch man die 106 Stufen einer Wendeltreppe erklimmen muss. Belohnt wird man mit einem unglaublichen Ausblick auf die Space Needle, den Puget Sound und die Olympic Mountains.

Ein Kinderspielplatz, ein kleiner Pool, Tennisplätze und ein Musikpavillon machen den Park zum idealen Ausflugsziel für Familien.

Im Volunteer Park befindet sich auch das **Seattle Asian Art Museum** in einem Art-déco-Gebäude von 1933, das früher das Seattle Art Museum *(siehe S. 128f)* beherbergte. Unter den Highlights der immer neu zusammengestellten Ausstellung befinden sich Holz- und Lackmöbel aus China und chinesische Skulpturen (14. Jh.). Weitere Schätze sind Keramiken und Metallarbeiten aus Korea sowie Bronzefiguren von Buddha und Bodhisattvas aus der Zeit der Silla-Dynastie (57 v. Chr.–935 n. Chr.).

Gegenüber dem Museum liegt das **Volunteer Park Conservatory**, ein botanischer Garten, in dem auch illegal in die USA eingeführte Pflanzen zu sehen sind. Die Anlage zeigt in vier Gewächshäusern Bromelien, Palmen, Farne und Kakteen. Im fünften Gewächshaus werden – je nach Jahreszeit – Lilien, Weihnachtssterne und Azaleen gezeigt. Sehenswert ist ein 75 Jahre alter Jadebaum, der von November bis Januar in Blüte steht.

Seattle Asian Art Museum
1400 E Prospect St. *(206) 654 3100.* *Di–So 10–17 Uhr (Do bis 21 Uhr).* *1. Jan, Labor Day, Thanksgiving, 25. Dez.* *Spende; 1. Do u. Sa im Monat frei.*
www.seattleartmuseum.org

Volunteer Park Conservatory
1400 E Galer St. *(206) 684 4743.* *Di–So 10–16 Uhr.* *Spende.*
www.seattle.gov

Sommerblumen vor einem Gewächshaus des Volunteer Park

Der Campus der University of Washington mit architektonischem Stilmix

University District 6

Zwischen NE 55th St, Portage Bay, Montlake Blvd NE u. I-5. 🚌 *7, 25, 43, 70, 71, 72, 73.* ℹ *Erdgeschoss, Odegaard Undergraduate Library, nahe 15th Ave NE u. NE 41st St. (206) 543 9198.*

Einen halben bis ganzen Tag kann man auf und um den Campus der Universität mit seiner jugendlich-studentischen Atmosphäre zubringen. Mittelpunkt des Viertels ist die University of Washington, die renommierteste Universität im Nordwesten, die auch international für ihre Forschung bekannt ist.

Der parkähnliche Campus liegt auf dem 280 Hektar großen Gelände der Weltausstellung von 1909. Hier wohnen über 35 000 Studenten. Es gibt 218 Gebäude in unterschiedlichen architektonischen Stilen. Gleich am Haupteingang geht es ins **Burke Museum of Natural History and Culture**, das Dinosaurier und die Kunst der Ureinwohner des Nordwestens präsentiert. Am westlichen Ende des Campus liegt die **Henry Art Gallery**, einst das erste öffentliche Museum des Bundesstaats Washington. Der Schwerpunkt der Sammlungen liegt auf Fotografie und digitalen Medien.

Der **University Way Northeast** ist die Hauptstraße des Universitätsviertels und als »The Ave« bekannt. Sie liegt westlich vom Campus und wird von Buchläden, Pubs, preiswerten Restaurants und Läden gesäumt. Im Gegensatz dazu lockt das University Village mit edlen Designerboutiquen und Feinkostläden.

Auf keinen Fall sollte man das **Washington Park Arboretum** versäumen, einen 93 Hektar großen Garten mit 4600 verschiedenen Pflanzen, darunter 139 vom Aussterben bedrohten Arten. Vor allem zwischen Frühjahr und Herbst ist es hier sehr schön. Das Arboretum besitzt auch einen Japanischen Garten mit Karpfenteichen und ein Teehaus, in dem einmal im Monat die japanische Teezeremonie zelebriert wird.

Neogotisches Gebäude auf dem Campus

Burke Museum of Natural History and Culture
NE 45th St u. 17th Ave NE. 📞 *(206) 543 5590.* 🕐 *tägl. 10–17 Uhr (1. Do im Monat bis 20 Uhr).* ● *1. Jan, 4. Juli, Thanksgiving, 25. Dez.* *1. Do im Monat frei; extra Eintritt für manche Ausstellungen.* **www.**burkemuseum.org

Henry Art Gallery
NE 41st St u. 15th Ave NE. 📞 *(206) 543 2280.* 🕐 *Mi–So 11–16 Uhr (Do, Fr bis 21 Uhr).* ● *1. Jan, 4. Juli, Thanksgiving, 25. Dez.* *Do Spende erwünscht.* *Gruppen nach Voranmeldung.* **www.**henryart.org

Washington Park Arboretum
2300 Arboretum Dr E. 📞 *(206) 543 8800.* 🚌 *11, 43, 48.* **Besucherzentrum** 🕐 *tägl. 9–17 Uhr.* **Gelände** 🕐 *tägl. Sonnenaufgang bis Sonnenuntergang.* *Japanischer Garten.* **www.**washington.edu

Madison Park 7

Zwischen E Madison St, Lake Washington Blvd u. Lake Washington. 🚌 *11.*

Seattles Ortsteil Madison Park am Lake Washington ist das wohlhabendste Viertel der Stadt. Die baumbestandenen Straßen mit den charmanten Häusern aus der Zeit von 1910 bis 1930 bilden die ideale Kulisse für einen hübschen Spaziergang.

Das Viertel entstand Anfang der 1860er Jahre, als der Richter John J. McGilvra hier 170 Hektar Land erwarb und von der Innenstadt bis zu seinem Grundstück eine Straße durch den Wald bauen ließ.

Die Straße wurde später nach US-Präsident James Madison (1751–1836) benannt. In den 1880er Jahren parzellierte McGilvra sein Land mit der Verfügung, dass nur »Cottages« darauf errichtet werden dürften. Zehn Hektar reservierte er für öffentliche Anlagen. Dieses Areal ist heute der Madison Park. Ende des 19. Jahrhunderts war er zum beliebtesten Strand der Stadt geworden – mit Bootshaus, Piers, einer Holzpromenade, einem Gewächshaus und Musikpavillons auf dem Wasser. Das Shopping-Areal des Viertels mit seinen beliebten Restaurants, Edelboutiquen und Einrichtungsläden strahlt noch Dorfatmosphäre aus.

Spielende Kinder am sandigen Ufer des Sees im Madison Park

Burke-Gilman Trail ❽

Verschiedene Zugänge, Hauptzugang im Gas Works Park. 🚌 *25, 43.*

Wenn in Seattle die Sonne scheint, pilgern Radfahrer, Walker, Jogger, Rollerblader und andere Outdoor-Fans zum herrlich gelegenen Burke-Gilman Trail. Der auf einem alten Eisenbahnbett errichtete Weg verläuft über 45 Kilometer und wird jährlich von über einer Million Menschen genutzt. Er dient sowohl der Erholung als auch als autofreie Pendlerstrecke für die Anwohner.

Auch wenn der Burke-Gilman Trail mittlerweile nach Westen über Fremont *(siehe S. 158)* bis zur 8th Avenue Northwest verlängert wurde, beginnt er offiziell am Gas Works Park, am nördlichen Ende des Lake Union. Von dort verläuft er am Ufer des Lake Washington, von der University of Washington bis nach Kenmore, wo er sich mit dem Sammamish River Trail vereint.

Fußgänger seien gewarnt: Radfahrer machen 80 Prozent des Verkehrs aus – also rechts gehen und aufpassen!

Atemberaubender Blick vom Gas Works Park auf Seattle

Gas Works Park ❾

2101 N Northlake Way. 📞 *(206) 684 4075.* 🚌 *26.* 🕐 *tägl. 6–22 Uhr.*
www.seattle.gov

Normalerweise findet man keine rostigen Röhren und alten Maschinenteile im Park – trotz des Namens. Der Gas Works Park am Lake Union ist allerdings ungewöhnlich. Hier stand 1906 die Anlage der Seattle Gas Company zur Gasgewinnung aus Kohle. Sie war eine der wichtigsten Energiequellen der Stadt. 1956 wurde sie geschlossen und verharrte bis 1975 im Dornröschenschlaf – bis das Gelände unter Leitung des Landschaftsarchitekten Richard Haag in einen Park umgewandelt wurde. So wurde Gas Works das erste Industriegelände der Welt, das man als Park neu gestaltete. Heute ist der Gas Works Park eine schöne Hügellandschaft (8,5 Hektar) mit vielen Freizeitmöglichkeiten. Er bietet einen unverstellten Blick auf den Lake Union und das Zentrum von Seattle. Der städteplanerisch vorbildliche Park wird u.a. zum Drachenfliegen, Kajakfahren, Picknicken und für das Feuerwerk am 4. Juli genutzt.

Eine Bootspartie auf dem Green Lake von Seattle macht Spaß

Green Lake ❿

7201 E Green Lake Dr N.
📞 *(206) 684 4075.* 🚌 *16, 26.*
🕐 *tägl. 24 Stunden.*

Täglich – vor allem aber bei Sonnenschein – halten sich zahlreiche Jogger, Walker, Radfahrer, Skater, Vogelbeobachter, Hundebesitzer mit ihren Hunden sowie Kinderwagen schiebende Eltern am Green Lake auf. Der 4,5 Kilometer lange Asphaltweg rund um den See ist für Radfahrer gut geeignet. Jogger und Walker bevorzugen den danebenliegenden, fünf Kilometer langen Kiesschotter-Rundweg direkt am See.

In den 131 Hektar großen Park strömen jährlich über eine Million Outdoor-Fans – allein 7200 Menschen pro Sommerwochenende. In der wärmeren Jahreszeit sind Windsurfen, Kajak- und Paddelbootfahren beliebte Betätigungen. Boote können gemietet werden. Nur das Schwimmen ist wegen des starken Algenwuchses in dem stehenden Gewässer häufig verboten.

Wie im New Yorker Central Park – allerdings in etwas kleinerem Maßstab – ist der See mit dem dazugehörigen Park ein beliebter Treffpunkt und eine Oase der Ruhe für Erholung suchende Großstädter. Zudem bietet das Gelände ein öffentliches Hallenbad, ein Erholungsbecken, wo man die Füße kühlen kann, Tennisplätze, Fußball- und Basketballplätze im Freien, einen überdachten Baseballplatz und einen Minigolfplatz.

Der Park ist auch Lebensraum für einige Wildtierarten. Außer Enten, Tauben und Eichhörnchen sieht man auch Schildkröten und Adler.

Jogger auf dem Uferweg, der um den Green Lake führt

Woodland Park Zoo ⓫

Giraffen, »African Savanna«

Der 1899 vom Landschaftsarchitekten John Olmsted entworfene Woodland Park Zoo ist einer der ältesten Zoos der Westküste und eine von Seattles Hauptattraktionen. Die meisten der fast 300 Tierarten, die im 37 Hektar großen Zoo leben, sind in einer Umgebung untergebracht, die ihrem natürlichen Lebensraum weitgehend angepasst wurde. Im Gegensatz zu anderen Zoos sind die Tiere nicht nach Arten aufgeteilt, sondern leben in Ökosystemen. Sechs der nachgestalteten Lebensräume sind von der Association of Zoos and Aquariums prämiert worden, darunter der »Elephant Forest«, mit einer riesigen Badestelle für Elefanten, einer thailändischen Hütte und der tempelähnlichen Nachtunterkunft für die Tiere, und der »Trail of Vines« mit dem ersten offenen Waldbaldachin für Orang-Utans in einem Zoo.

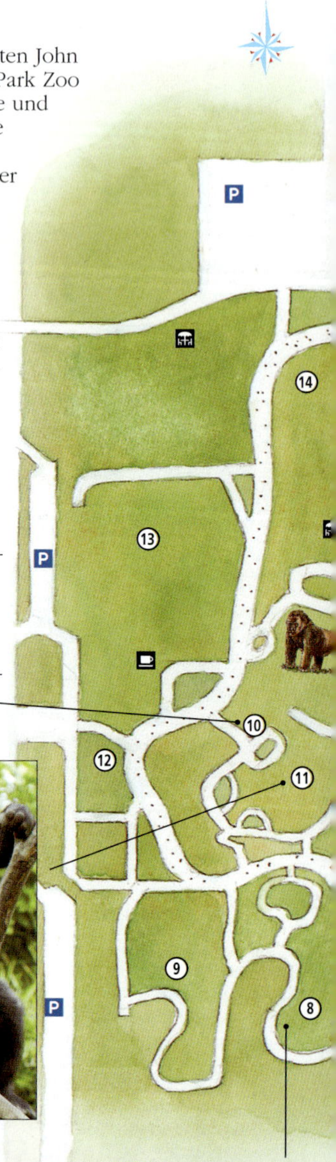

★ Jaguar Cove
Besuchen Sie die tropische Heimstatt des Jaguars, der größten Wildkatze der westlichen Hemisphäre. In keinem anderen Zoo können Jaguare in so artgerechter Umgebung leben.

★ Tropical Rain Forest
Unter den Gorillas des tropischen Regenwalds ist auch der vom Aussterben bedrohte Flachlandgorilla, ein sanfter Riese, der täglich bis zu 32 Kilogramm Futter verspeist.

NICHT VERSÄUMEN

- ★ African Savanna
- ★ Jaguar Cove
- ★ Northern Trail
- ★ Tropical Rain Forest

Family Farm
Die »Familienfarm« besitzt ein Streichelgehege und präsentiert auch die »Bug World«, in der die kleinsten Lebewesen der Erde zu besichtigen sind.

★ Northern Trail
Entlang diesem Weg kann man einheimische Tiere wie Grizzlybären in natürlicher Umgebung betrachten.

INFOBOX

N 50th St u. Fremont Ave N.
(206) 548 2500. 5.
Mai–Sep: tägl. 9.30–18 Uhr; Okt–Apr: tägl. 9.30–16 Uhr.
25. Dez.
www.zoo.org

Willawong Station
Die Vogelstation bietet die Möglichkeit, die Vögel auch zu füttern, insbesondere die kleinen farbenfrohen Papageien. Gleichzeitig erfährt man etwas über den Umgang mit Wild- und Hausvögeln.

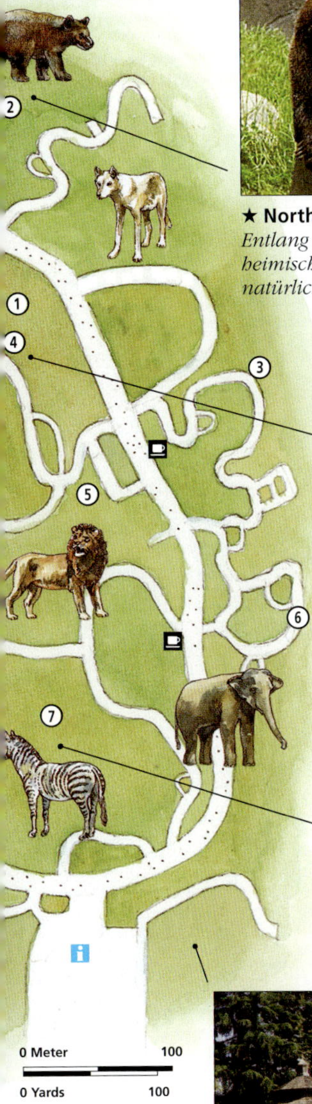

★ African Savanna
Hier leben viele Tierarten, darunter Zebras, Nashörner und Gazellen, die frei in der Nähe eines nachgebauten afrikanischen Dorfs umherstreifen. Bei der Giraffen-Fütterungsstelle können Besucher ganz in die Nähe der langhalsigen Tiere gelangen.

LEGENDE

- African Savanna ⑦
- Australasia ①
- Carousel ⑭
- Family Farm ⑧
- Humboldt Penguin Exhibit ⑬
- Jaguar Cove ⑩
- Northern Trail ②
- Temperate Forest ⑨
- Trail of Adaptations ⑤
- Tropical Asia: Elephant Forest ⑥
- Tropical Asia: Trail of Vines ③
- Tropical Rain Forest ⑪
- Willawong Station ④
- Zoomazium ⑫

Woodland Park Rose Garden
Der preisgekrönte ökologische Garten mit seinen 5000 Rosenbüschen liegt ganz in der Nähe des Eingangs.

***People Waiting for the Interurban*, Aluminiumskulptur in Fremont**

Fremont ⑫

Zwischen N 50th St, Lake Washington Ship Canal, Stone Way Ave N u. 8th Ave NW. 🚌 *26, 28.*

Während der 1960er Jahre wohnten in Fremont vor allem Studenten und Künstler, die es zur »Künstlerrepublik« erklärten. Ende der 1990er Jahre änderte sich das Flair, als sich hier ein Hightech-Unternehmen niederließ. Dennoch hat Fremont – u. a. mit der Summer Solstice Parade und Open-Air-Kinoabenden – seinen Charme als eines der buntesten Viertel bewahrt.

Überall gibt es Kunst im öffentlichen Raum. Am Fremont Place thront eine vier Meter hohe Lenin-Statue. Unterhalb des Nordendes der Aurora Bridge lauert ein 4,5 Meter hoher Troll, der Volkswagen verspeist. Richard Beyers Skulptur *People Waiting for the Interurban* an der 34th Street wird von den Einheimischen regelmäßig eingekleidet: Das Hundegesicht ist nach dem Gesicht eines Bürgermeisters modelliert, mit dem der Künstler Streit hatte.

Der gigantische Troll von Fremont wartet auf Ahnungslose

Ballard ⑬

Zwischen Salmon Bay, Shilshole Bay u. Phinney Ridge. 🚌 *15, 17, 18.*

Der Glockenturm ist ein Wahrzeichen von Ballard

Skandinavische Fischer und Holzfäller siedelten sich 1853 in Ballard an, das seit 1889 zu Washington und seit 1907 zu Seattle gehört. Anfang des 19. Jahrhunderts war Ballard ein Viertel der Sägemühlen, wo täglich drei Millionen Holzschindeln produziert wurden. In vielen Werken arbeiteten skandinavische Einwanderer. Nördlich der Mühlen bildete die Ballard Avenue das Geschäftszentrum. Ihre Gebäude erzählen vom industriellen Wachstum und vom skandinavischen Erbe, viele davon sind öffentlich zugänglich. 1976 verlas König Carl XVI. Gustav von Schweden eine Proklamation, mit der die Ballard Avenue zum historischen Viertel erklärt wurde.

Das skandinavische Erbe wird jährlich am 17. Mai gefeiert – mit der Norwegian Constitution Day Parade im schönen **Nordic Heritage Museum** (3014 Northwest 67th Street) und beim Wandgemälde des Bergen Place im Bergen Place Park.

Viele Containerschiffe, Schlepper, Fischerboote und Ausflugsdampfer fahren durch die **Hiram M. Chittenden Locks**, die Schleusen am westlichen Ende von Ballard. Hier wechseln die Schiffe vom Salzwasser des Puget Sound ins Süßwasser von Lake Union und Lake Washington. Von Juni bis Oktober kann man auch gut die Lachswanderung beobachten. Die umliegenden botanischen Gärten mit drei Hektar Fläche sind kostenlos zugänglich.

Hiram M. Chittenden Locks
3015 NW 54th St. ☎ *(206) 783 7059.* **Gelände** ◯ *tägl. 7–21 Uhr.* **Besucherzentrum** ◯ *Mai–Sep: tägl. 10–18 Uhr; Okt–Apr: Do–Mo 10–16 Uhr.* ♿ *Mai–Sep: Mo–Fr 13, 14, 15, Sa, So 11, 13, 15 Uhr; März, Apr, Okt, Nov: Do–Mo 14 Uhr.*

Discovery Park ⑭

3801 W Government Way. ☎ *(206) 386 4236.* 🚌 *24, 33.* **Park** ◯ *tägl. 6–23 Uhr.* **Besucherzentrum** ◯ *Di–So 8.30–17 Uhr.* ● *Feiertage.* **www**.seattle.gov

Auf dem Magnola Bluff über dem Puget Sound liegt der größte Park von Seattle, der 216 Hektar große Discovery Park. Er erstreckt sich großteils auf der Fläche des früheren Fort Lawton, einem Militärstützpunkt im Ersten und Zweiten Weltkrieg sowie im Koreakrieg. Das Anfang des 20. Jahrhunderts erbaute Offiziersquartier wird im National Register of Historic Places geführt. Im Besu-

West Point Lighthouse nahe dem South Beach Trail, Discovery Park

Radfahrer am Alki Beach vor der Skyline von Seattle

cherzentrum am Osteingang gibt es Karten sowie eine interaktive Ausstellung für Kinder.

Im Discovery Park leben u.a. über 250 Vogelarten. Es gibt elf Wanderwege, darunter den 4,5 Kilometer langen Loop Trail, einen Rundweg, der an Wäldern, Wiesen und Dünen vorbeiführt. Der Park besitzt zwei Strände: den felsigen North Beach und den sandigen South Beach.

Im Park befindet sich auch das **Daybreak Star Cultural Center**, das die United Indians of All Tribes Foundation führt. Das Kultur- und Erziehungszentrum zeigt u.a. Kunst der Ureinwohner. Beim alljährlichen Powwow im Sommer treten etwa 500 Tänzer und 30 Trommlergruppen auf. Es gibt zudem Stände mit Kunsthandwerk.

Daybreak Star Cultural Center
In der Nähe des nördlichen Parkplatzes des Discovery Park. *(206) 285 4425.* *Mo–Sa 10–17, So 12–17 Uhr.*

Alki Beach ⓯

1702 Alki Ave SW. *(206) 684 4075.* *37, 56.*

Als die ersten europäischen Siedler an einem stürmigen Novembertag 1851 am Alki Beach landeten, wurden sie von Häuptling Seattle und den Duwamish begrüßt *(siehe S. 27)*. Heute ist der Strand an warmen Tagen ein beliebter Treffpunkt. Alki Beach bietet Aussicht auf den Puget Sound, die Olympic Mountains und die Skyline von Seattle.

Museum of Flight ⓰

9404 E Marginal Way S. *(206) 764 5720.* *tägl. 10–17 Uhr.* *Thanksgiving, 25. Dez.* **www**.museumofflight.org

Das größte Luftfahrtmuseum an der Westküste der USA präsentiert einen fantastischen Überblick zur Geschichte der Luftfahrt von den Anfängen des Fliegens bis zum Aufbruch in den Weltraum. Zu sehen sind 39 historische Flugobjekte, von denen die Hälfte von der Decke der sechs Stockwerke hohen Ausstellungshalle hängt. Besucher können sich ins Cockpit einer SR-71 Blackbird oder F/A-18 Hornet setzen und an Bord der ersten Air Force One, des Jets des US-Präsidenten, gehen.

Die restaurierte Red Barn, Boeings originale Flugwerft von 1910 ist als National Historic Site im Museum integriert. Zu sehen ist hier u.a. das erste Kampfflugzeug der Welt.

Der 2004 eröffnete Personal Courage Wing beherbergt die Champlin-Fighter-Sammlung mit 28 historischen Flugzeugen. Die meisten davon kamen im Ersten oder Zweiten Weltkrieg zum Einsatz.

Besonders beliebt sind die verschiedenen Simulatoren. Mit einem davon kann man das Andocken im Weltraum, etwa am Hubble-Teleskop, nachvollziehen.

Aviatik D-1 im Personal Courage Wing des Museum of Flight

Die Männer von Microsoft

In Seattle leben zwei der reichsten und erfolgreichsten Unternehmer der Welt: Bill Gates und Paul Allen. Sie trafen in einer renommierten Schule in Seattle aufeinander. Beide waren von Computern fasziniert und arbeiteten bei einer Firma, die sie statt mit Geld mit Computerzeit bezahlte. 1973 ging Gates an die Harvard University, blieb aber in Verbindung mit Allen, mit dem er eines Tages eine Firma gründen wollte. 1975 wurde Bill Gates zum erfolgreichsten Studienabbrecher: Er verließ Harvard, um sich fortan seinen Geschäften zu widmen. Microsoft, die Firma, die er mit Allen gegründet hatte, entwickelte sich zum Goliath der Computersoftware-Industrie. 1985 ließ sich die Hauptverwaltung in Redmond, einem Vorort von Seattle, nieder. 1986 ging Microsoft an die Börse. Heute beschäftigt das Unternehmen rund 92 000 Menschen in weit über 100 Ländern.

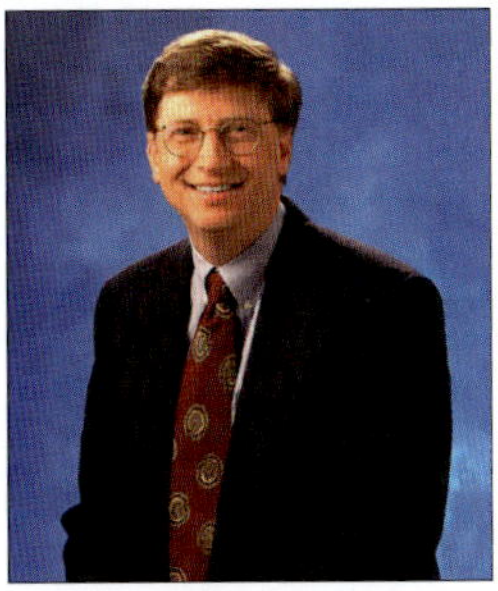
Bill Gates, Mitbegründer von Microsoft in Seattle

Shopping

Shopping-Fans kommen in Seattle auf ihre Kosten. Von den schicken Boutiquen in der 5th Avenue bis zu den Trendläden in Fremont gibt es Unwiderstehliches im Angebot. Ohne Auto kann man im Zentrum, am Pioneer Square, Pike Place Market und in Belltown einkaufen. Für Läden außerhalb nimmt man den Bus.

Westlake Center – ein Einkaufszentrum in Seattles Innenstadt

Shopping-Meilen

Seattle besitzt viele interessante Shopping-Möglichkeiten. Teure Boutiquen, Antiquitätenläden und Einrichtungsgeschäfte findet man im angesagten Belltown *(siehe S. 141)*. Die schicken Boutiquen des Zentrums *(siehe S. 121)* liegen in der Nachbarschaft zu Einzelhandelsgeschäften und mehrgeschossigen Shopping Malls. Am Pike Place Market *(siehe S. 134f)* gibt es außer Naturalien auch Antiquitäten- und Handwerksgeschäfte sowie Kunsthandel, Juweliere, Bekleidungs- und Küchengeschäfte. Am Pioneer Square *(siehe S. 121)* finden sich Buchhandlungen, Kunstgalerien, Antiquitätenläden und sehr viele Orientteppichgeschäfte.

Kaufhäuser und Shopping Malls

Nordstrom kommt aus Seattle und hat sein opulentes Vorzeigekaufhaus 1998 eröffnet. Hier haben Kunden eine enorme Schuhauswahl. Die Modeabteilung bietet einen mustergültigen Kundenservice – besonders luxuriös: ein angegliedertes Tages-Spa. Im Kaufhaus **Macy's** in der Innenstadt gibt es alles – von Bettwäsche bis zum Kuschelsofa. In der Innenstadt liegen auch einige Shopping Malls, die feudalste ist **Pacific Place**. Auf fünf Stockwerken findet man hier Designermode, Juweliere und Einrichtungsläden. Zwei Häuserblocks westlich residiert das **Westlake Center** mit einigen der besten Fachgeschäfte der Stadt und des Landes sowie einem riesigen Lebensmittelangebot. Barneys New York und Furla gehören zu den besten Läden im **City Centre**. Zwei Häuserblocks weiter, südlich vom Pacific Place und vom Westlake Center, zeigt das stilvolle Einkaufszentrum eine Sammlung schöner zeitgenössischer Glaskunst.

Im **University Village**, unweit des Zentrums, kann man auch gut shoppen. Fachgeschäfte teilen sich das fußgängerfreundliche Viertel mit Ladenketten wie Barnes & Noble, Restoration Hardware und Pottery Barn.

Fachgeschäfte

In der **Elliott Bay Book Company** finden Leseratten 150 000 Buchtitel. **Made in Washington** verkauft alles aus der Region – vom Räucherlachs bis zur Keramik. Das **REI** (Recreational Equipment Inc.) bietet Outdoor-Produkte. **Sur La Table** ist der Laden für den anspruchsvollen Hobbykoch. **Ye Olde Curiosity Shop** *(siehe S. 137)* ist ein Kuriositätenladen mit kitschigen Souvenirs, aber auch schönem Kunsthandwerk der Ureinwohner.

Eines der vielen Fachgeschäfte in Seattle – dieses verkauft Keramik

AUF EINEN BLICK

Kaufhäuser und Shopping Malls

City Centre
1420 5th Ave. **Stadtplan** 3 C1.
☎ *(206) 624 8800.*

Macy's
1601 3rd Ave. **Stadtplan** 3 C1.
☎ *(206) 506 6000.*

Nordstrom
500 Pine St. **Stadtplan** 3 C1.
☎ *(206) 628 2111.*

Pacific Place
600 Pine St. **Stadtplan** 2 E5.
☎ *(206) 405 2655.*

University Village
NE 45th St u. 25th Ave NE.
☎ *(206) 523 0622.*

Westlake Center
400 Pine St. **Stadtplan** 3 C1.
☎ *(206) 467 1600.*

Fachgeschäfte

Elliott Bay Book Company
1521 10th Ave.
☎ *(206) 624 6600.*

Made in Washington
1530 Post Alley. **Stadtplan** 3 C1.
☎ *(206) 467 0788.*

REI
222 Yale Ave N. **Stadtplan** 2 E4.
☎ *(206) 223 1944.*

Sur La Table
84 Pine St. **Stadtplan** 3 C1.
☎ *(206) 448 2244.*

Ye Olde Curiosity Shop
Pier 54, 1001 Alaskan Way.
Stadtplan 3 C2. ☎ *(206) 682 5844.*

Souvenirs

Räucherlachs und Kaffeebohnen einheimischer Röstereien wie Tully's, Caffè Appassionato und Espresso Vivace sind beliebte Mitbringsel. Gleiches gilt für mundgeblasenes Glas sowie handgefertigte Keramikprodukte. Konventionelle Souvenirs, die gern gekauft werden, sind Artikel aus dem Space-Needle-Shop sowie Einkaufstaschen und allerlei Küchengegenstände mit Pike-Place-Market-Motiven.

Unterhaltung

Seattle bietet vieles – vom Baseball bis zum Ballett, von Lesungen bis zu Broadway-Musicals. Langweilig wird es hier niemand. Die Stadt besitzt auch eines der besten Opernensembles der USA, ein von Kritikern geschätztes Symphonieorchester und ein Theaterensemble, das bereits Tony Awards gewonnen hat.

Fenster des Crocodile Café in Belltown, bekannt für Live-Musik

Information

Die Tageszeitung der Stadt, die *Seattle Times*, hat einen wöchentlichen Veranstaltungskalender in ihrer freitäglichen »Ticket«-Beilage. Einen Tagesveranstaltungskalender findet man auf der Website der Zeitung (www.seattletimes.com).

Tickets

Tickets für Sportereignisse und viele künstlerische Veranstaltungen kann man bei **Ticketmaster** erstehen.

Kostenlose Veranstaltungen

Kostenlose Kunst- und Literaturveranstaltungen gibt es oft am Pioneer Square: Die First Thursday Gallery Walks durch Museen, Galerien, Bars und Läden finden am ersten Donnerstagabend im Monat statt. Die Elliott Bay Book Company veranstaltet mehrmals pro Woche Autorenlesungen.

Kino

Seattle besitzt eine aktive Filmszene. In den **Landmark Theatres** und im **Northwest Film Forum** laufen Kunstfilme und Independents.

Das renommierte **Seattle International Film Festival (SIFF)** präsentiert im Mai und Juni rund 300 neue Filme.

Theater

Viele Bühnen für darstellende Kunst befinden sich im Seattle Center, etwa das **Seattle Repertory Theatre**, das von September bis Mai neun Stücke neu inszeniert, und das **Intiman Theatre**, das von März bis Dezember Klassisches und Zeitgenössisches zeigt. Das zweitgrößte Kindertheater der USA, das **Seattle Children's Theatre**, hat von September bis Juni Spielzeit.

Tanz

International gefeiert wird das **Pacific Northwest Ballet** (Marion Oliver McCaw Hall). Die *Nussknacker*-Aufführungen sind in der Weihnachtszeit Pflichtprogramm.

Musik

Das renommierte **Seattle Symphony** Orchester spielt von September bis Juni in der Benaroya Hall *(siehe S. 129)*. Die Marion Oliver McCaw Hall im Seattle Center ist Heimat der **Seattle Opera**, die mit ihren Produktionen – z. B. wird alle vier Jahre Wagners *Ring* inszeniert – Zuschauer aus aller Welt anzieht. Blues, Jazz, Rock und Folk wird vielerorts live gespielt, etwa am Pioneer Square, in Belltown und in Ballard.

Junge Musiker bei einem Auftritt in der Innenstadt von Seattle

AUF EINEN BLICK

Tickets

Ticketmaster
1-800 745 3000 (allgemein), 1-800 982 2787 (Kultur).
www.ticketmaster.com

Kino

Landmark Theatres
(206) 633 0059.
www.landmarktheatres.com

Northwest Film Forum
(206) 829 7863.
www.nwfilmforum.org

SIFF
(206) 633 7151.
www.siff.net

Theater

Intiman Theatre
(206) 269 1900.
www.intiman.org

Seattle Children's Theatre
(206) 441 3322.
www.sct.org

Seattle Repertory Theatre
(206) 443 2222.
www.seattlerep.org

Tanz

Pacific Northwest Ballet
(206) 441 2424.
www.pnb.org

Musik

Seattle Opera
(206) 389 7676.
www.seattleopera.org

Seattle Symphony
(206) 215 4747.
www.seattlesymphony.org

Sportstadien

Sportveranstaltungen sind sehr beliebt. Die Einwohner Seattles sind zu Recht auf ihre zwei neuen Stadien stolz: Safeco Field *(siehe S. 152)*, die Heimstatt des Baseballteams Seattle Mariners, und CenturyLink Field *(siehe S. 152)*, wo die Seattle Seahawks Football spielen. Das Profi-Basketballteam der Frauen (Storm) agiert in der KeyArena *(siehe S. 148)* im Seattle Center. Karten für Spiele gibt es bei **Ticketmaster**.

In Seattle unterwegs

Seattle ist zwar hügelig, doch die Sightseeing-Gegenden – Pioneer Square, Zentrum, Pike Place Market, Hafenviertel, Seattle Center und Belltown – sind relativ flach und leicht zu Fuß abzugehen. Im Zentrum verkehren Busse, die auch die Viertel und Gebiete anfahren, die außerhalb liegen. Die Monorail benötigt von der Innenstadt zum Seattle Center nur zwei Minuten.

Orientierung

Die Interstate 5 führt von Norden nach Süden mitten durch Seattle. Im Zentrum verlaufen die Avenues von Norden nach Süden, die Straßen von Osten nach Westen. Von wenigen Ausnahmen abgesehen, sind die Avenues nummeriert und die Straßen mit Namen gekennzeichnet (z. B. 3rd Avenue und Spring Street). Viele sind Einbahnstraßen. Gute Karten jeglicher Art gibt es bei **Metsker Maps of Seattle** am Pioneer Square.

Zu Fuß

Seattle ist eine Stadt für Fußgänger. Trotz der vielen Hügel kann man die Innenstadt leicht zu Fuß bewältigen. Die Einheimischen geben auch gern Auskunft. Man muss allerdings stets bedenken, dass man die Straßen nur an den vorgeschriebenen Stellen überqueren darf – alles andere ist hier strafbar. Bei den Touristeninformationen gibt es kostenlose Stadtpläne für Besucher.

Verkehrsschild: Achtung Fußgänger

Die Seattle Monorail verbindet die Innenstadt mit dem Seattle Center

Ein Metrobus, der am Hafen von Seattle entlangfährt

Mit dem Fahrrad

Radfahrer meiden gern die vollen Straßen Seattles und nehmen lieber die Radwege. Der 43 Kilometer lange Burke-Gilman Trail *(siehe S. 155)* verläuft von Fremont bis Kenmore. Fahrräder kann man mieten, etwa bei **All About Bike and Ski** und im **Bicycle Center of Seattle** – beide liegen in der Nähe des Trails. Ein 4,5 Kilometer langer Rundweg führt um den Green Lake *(siehe S. 155)*, ideal für eine kleine Spritztour. **Gregg's Greenlake Cycle**, direkt am See, vermietet Tourenräder und Mountainbikes sowie Inlineskates.

Taxis

Taxis findet man bei den Hotels im Zentrum, an Hauptstraßen und Taxiständen in der Nähe von Bushaltestellen bzw. am Flughafen. Sie können auch telefonisch bestellt werden. Der Grundpreis beträgt 2,50 US-Dollar. Hinzu kommen etwa 2,50 US-Dollar pro Meile.

Öffentliche Verkehrsmittel

Metro Transit bietet innerhalb der Stadt günstige Transporte. Die Busse haben Rampen für Rollstühle. Zwischen 6 und 19 Uhr sind Busfahrten in der Innenstadt kostenlos. Die Ride Free Area (kostenlose Zone) wird von der Jackson Street im Süden, der 6th Avenue im Osten, der Battery Street im Norden und dem Hafenviertel im Westen begrenzt. Busfahrpläne gibt es beim **Seattle Convention and Visitors Bureau** im Washington State Convention and Trade Center (800 Convention Place) sowie beim Metro-Transit-Kundenservice in der Westlake Station (Mittelgeschoss). Informationen erteilt der Telefonservice von **Metro Transit Rider Information**.

Die vier Kilometer lange **South Lake Union Streetcar** verbindet die Innenstadt mit dem schnell wachsenden Viertel South Lake Union. Die Tram fährt alle 15 Minuten – an Wochentagen von 6 bis 21 Uhr (samstags bis 23 Uhr) und sonntags von 10 bis 19 Uhr. Tickets erhält man an den elf Haltestellen. Mit Metro-Tickets kann man auf die Tram umsteigen.

So sehen sie aus: Taxis in Seattle

Das 23 Kilometer lange Light-Rail-System von **Sound Transit** verbindet das Zentrum mit dem Sea-Tac Airport (Fahrzeit ca. 36 Minuten). Züge fahren montags bis samstags von 5 bis 24 Uhr und sonntags von 6 bis 23 Uhr. Tickets gibt es an den Stationen. Zentrale Haltestellen sind International District/Pioneer Square, die beiden Stadien sowie SODO, Beacon Hill, Mount Baker, Southeast Seattle und Tukwila.

Light Rail, Tram und Bus sind ein Verbundsystem. Es gelten ORCA-Tickets (One Regional Card for All).

Auch die **Seattle Monorail** *(siehe S. 145)* ist ein bequemes Verkehrsmittel. Sie verbindet die Innenstadt mit dem Seattle Center *(siehe S. 142f)*. Die Monorail fährt montags bis freitags von 7.30 bis 23 Uhr, samstags und sonntags von 8.30 bis 23 Uhr. Abfahren kann man alle zehn Minuten an der Station am Seattle Center (gegenüber der Space Needle) und am Westlake Center (5th Avenue, Ecke Pine Street). Die 1,6 Kilometer lange Fahrt dauert nur zwei Minuten.

Fähren

Viele Orte außerhalb Seattles kann man mit den **Washington State Ferries** *(siehe S. 136)* erreichen. Die Fähren fahren die San Juan Islands und andere Ziele am Puget Sound an. Ablegestelle nach Bremerton und Bainbridge Island ist Pier 52. Vom Pier 50 geht es nach Bremerton und Vashon Island. Fähren von Pier 52 befördern Autos und Passagiere, während die Fähren von Pier 50 nur Passagiere mitnehmen. Viele private Schifffahrtsunternehmen verkehren auf ähnlichen Strecken und bieten auch Hafenrundfahrten an.

Mit dem Auto

Der Verkehr in der Innenstadt ist dicht. Um Zeit und Nerven zu schonen, sollten Sie wochentags zwischen 7 und 9.30 Uhr sowie zwischen 15 und 19 Uhr möglichst nicht Auto fahren. Wenn nicht anders angegeben, beträgt die Höchstgeschwindigkeit auf (innerstädtischen) Hauptstraßen 30 mph (48 km/h), in Wohngebieten 25 mph (40 km/h). An einer roten Ampel darf man rechts abbiegen, wenn man vorher angehalten hat. In vielen Stadtteilen gibt es statt Kreuzungen Kreisverkehre. Dort haben die Autos im Kreisverkehr Vorfahrt.

Sicherheitsgurte, Kindersitze und Motorradhelme sind Pflicht. Bei der Zweigstelle der **American Automobile Association (AAA)** in Seattle erhält man Kartenmaterial.

Bushaltestelle

Parken

Parken im Zentrum ist generell teuer. Ein Geheimtipp ist die Tiefgarage am Pacific Place *(siehe S. 160)*. Dort parken die sparsamen Bürger Seattles. Nur in wenigen Teilen der Stadt kann man an der Straße parken, doch gelten hier enge Zeitfenster. Die maximale Parkdauer variiert von Straße zu Straße – beachten Sie die Schilder.

Abschleppen

Wenn Ihr Auto innerhalb des Stadtgebiets abgeschleppt wurde, sollten Sie **Seattle Police, Auto Records Department** anrufen. Dort erfahren Sie, wo sich Ihr Auto befindet. Sie werden dabei nach Nummernschild und Parkort gefragt. Bei einem Mietwagen sollten Sie also die Kfz-Nummer parat haben. Wurde das Auto von einem privaten Parkplatz abgeschleppt, rufen Sie die entsprechende Nummer auf dem Parkplatzschild an.

Die Washington State Ferries verbinden die Orte um den Puget Sound

Mit einem Wasserflugzeug kann man Seattle von oben betrachten

AUF EINEN BLICK

Hilfreiche Nummern

All About Bike and Ski
(206) 524 2642.

American Automobile Association (AAA)
(206) 448 5353.
www.aaa.com

Bicycle Center of Seattle
(206) 523 8300.

Gregg's Greenlake Cycle
(206) 523 1822.

Metro Transit Rider Information
(206) 553 3000.

Metsker Maps of Seattle
(206) 623 8747.
www.metskers.com

Seattle Convention and Visitors Bureau
(206) 461 5840.
www.visitseattle.com

Seattle Monorail
(206) 905 2620.

Seattle Police, Auto Records Department
(206) 684 5444.

Sound Transit
(206) 398 5000.
www.soundtransit.org

South Lake Union Streetcar
(206) 553 3000.
www.seattlestreetcar.org

Washington State Ferries
(206) 464 6400 (Fahrplanauskunft). www.wsdot.wa.gov

Taxis

Far West Taxi
(206) 622 1717.

Yellow Cab
(206) 622 6500.

Stadtplan

Die Überblickskarte zeigt die Stadtviertel von Seattle, die auf den Karten des folgenden *Stadtplans* zu finden sind. Alle Verweise bei Sehenswürdigkeiten, Läden und Veranstaltungsorten im Seattle-Kapitel, aber auch in der Hotel- und Restaurantauswahl beziehen sich auf diese Karten. Die erste Zahl ist die Kartennummer (1 bis 4), der Buchstabe und die Zahl bezeichnen die Planquadrate.

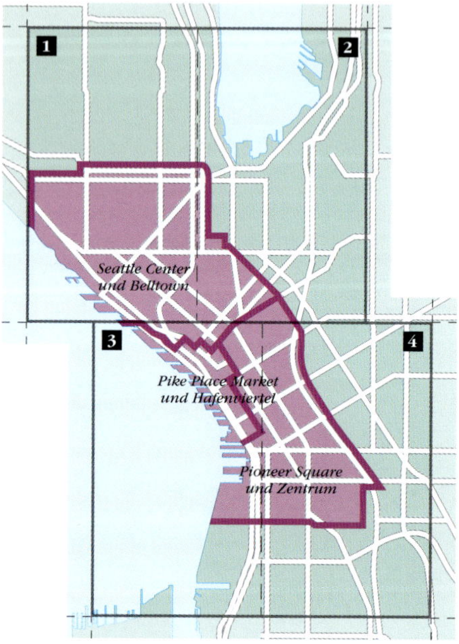

LEGENDE

- Wichtige Sehenswürdigkeit
- Sehenswürdigkeit
- Bahnhofsgebäude
- Bahnhof
- Busbahnhof
- Tram-Haltestelle
- Monorail
- Parken
- Information
- Krankenhaus mit Notaufnahme
- Polizei
- Kirche
- Post
- Fährhafen
- Fährverbindung
- Eisenbahn
- Einbahnstraße

0 Meter 300
0 Yards 300

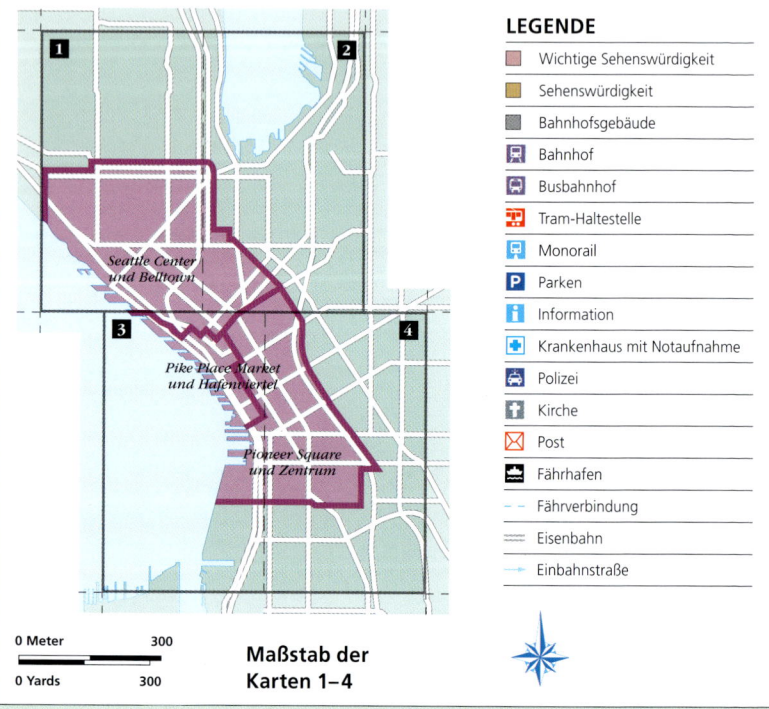

Maßstab der Karten 1–4

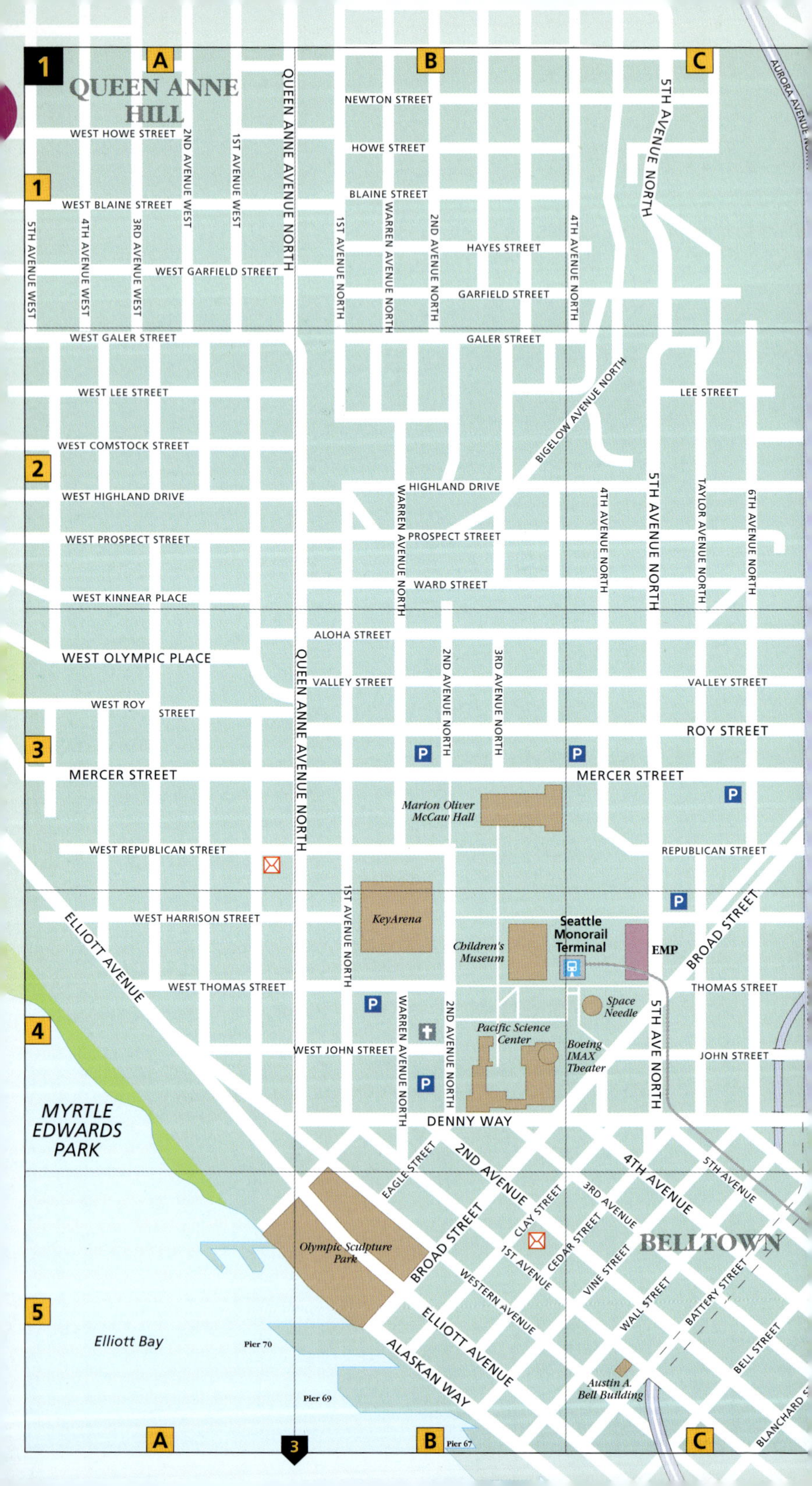

1
A
B
C
QUEEN ANNE HILL
BELLTOWN
MYRTLE EDWARDS PARK
Elliott Bay
NEWTON STREET
HOWE STREET
BLAINE STREET
HAYES STREET
GARFIELD STREET
GALER STREET
LEE STREET
WEST HOWE STREET
WEST BLAINE STREET
WEST GARFIELD STREET
WEST GALER STREET
WEST LEE STREET
WEST COMSTOCK STREET
WEST HIGHLAND DRIVE
WEST PROSPECT STREET
WEST KINNEAR PLACE
WEST OLYMPIC PLACE
WEST ROY STREET
MERCER STREET
WEST REPUBLICAN STREET
WEST HARRISON STREET
WEST THOMAS STREET
WEST JOHN STREET
HIGHLAND DRIVE
PROSPECT STREET
WARD STREET
ALOHA STREET
VALLEY STREET
ROY STREET
REPUBLICAN STREET
THOMAS STREET
JOHN STREET
DENNY WAY
QUEEN ANNE AVENUE NORTH
5TH AVENUE WEST
4TH AVENUE WEST
3RD AVENUE WEST
2ND AVENUE WEST
1ST AVENUE WEST
1ST AVENUE NORTH
WARREN AVENUE NORTH
2ND AVENUE NORTH
3RD AVENUE NORTH
4TH AVENUE NORTH
5TH AVENUE NORTH
5TH AVE NORTH
TAYLOR AVENUE NORTH
6TH AVENUE NORTH
BIGELOW AVENUE NORTH
AURORA AVENUE NORTH
ELLIOTT AVENUE
BROAD STREET
Marion Oliver McCaw Hall
KeyArena
Children's Museum
Seattle Monorail Terminal
EMP
Space Needle
Pacific Science Center
Boeing IMAX Theater
EAGLE STREET
2ND AVENUE
CLAY STREET
3RD AVENUE
4TH AVENUE
5TH AVENUE
CEDAR STREET
VINE STREET
WALL STREET
BATTERY STREET
BELL STREET
BLANCHARD STREET
1ST AVENUE
WESTERN AVENUE
ELLIOTT AVENUE
ALASKAN WAY
Olympic Sculpture Park
Austin A. Bell Building
Pier 70
Pier 69
Pier 67
1
2
3
4
5

3

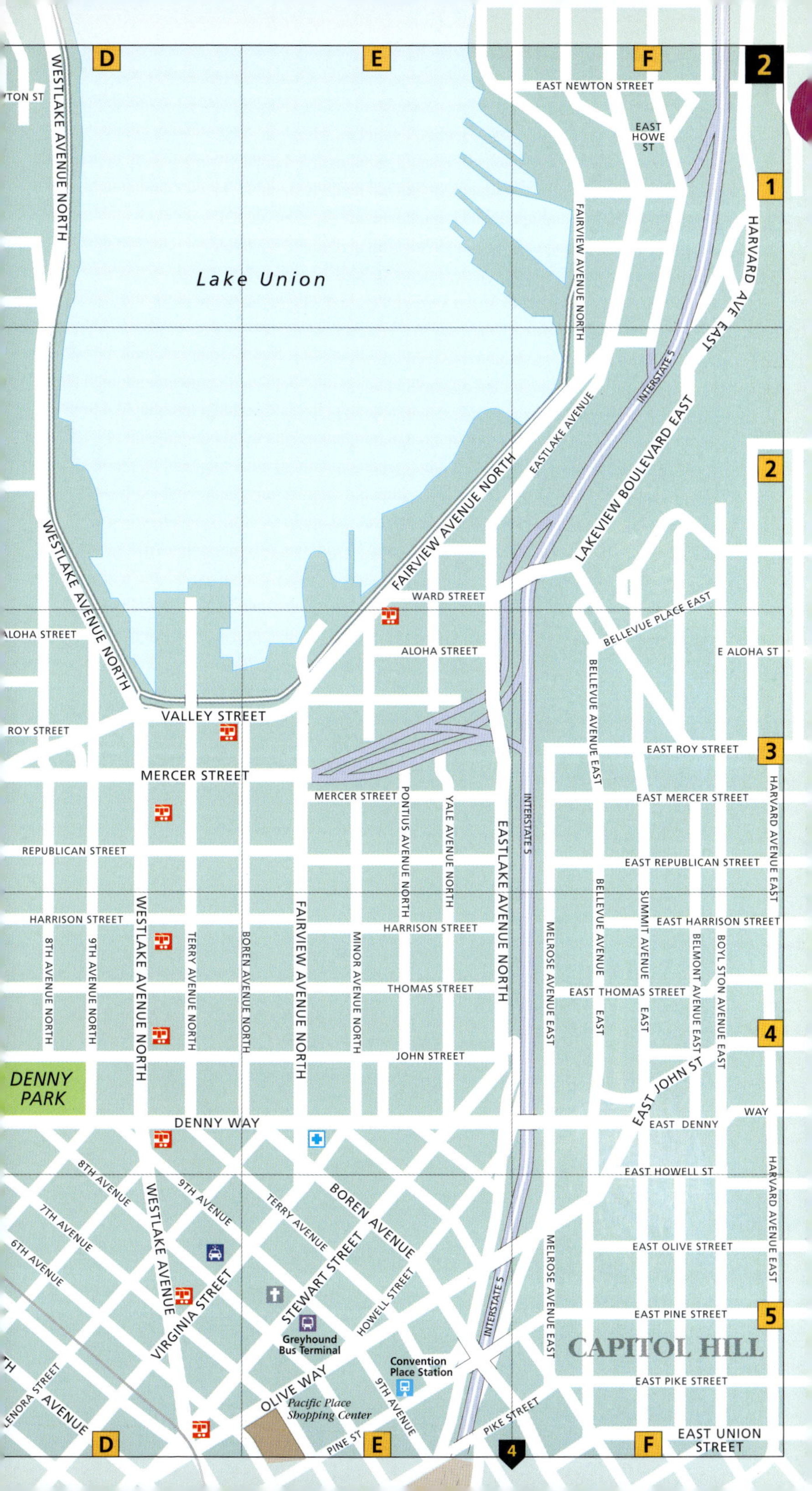
D
E
F
2
1
2
3
4
5
4
Lake Union
WESTLAKE AVENUE NORTH
EAST NEWTON STREET
EAST HOWE ST
FAIRVIEW AVENUE NORTH
HARVARD AVE EAST
INTERSTATE 5
EASTLAKE AVENUE
LAKEVIEW BOULEVARD EAST
WARD STREET
BELLEVUE PLACE EAST
ALOHA STREET
E ALOHA ST
BELLEVUE AVENUE EAST
VALLEY STREET
ROY STREET
EAST ROY STREET
MERCER STREET
EAST MERCER STREET
PONTIUS AVENUE NORTH
YALE AVENUE NORTH
EASTLAKE AVENUE NORTH
HARVARD AVENUE EAST
REPUBLICAN STREET
EAST REPUBLICAN STREET
HARRISON STREET
EAST HARRISON STREET
8TH AVENUE NORTH
9TH AVENUE NORTH
TERRY AVENUE NORTH
BOREN AVENUE NORTH
MINOR AVENUE NORTH
MELROSE AVENUE EAST
SUMMIT AVENUE EAST
BELMONT AVENUE EAST
BOYLSTON AVENUE EAST
THOMAS STREET
EAST THOMAS STREET
JOHN STREET
EAST JOHN ST
DENNY PARK
DENNY WAY
EAST DENNY WAY
EAST HOWELL ST
8TH AVENUE
9TH AVENUE
TERRY AVENUE
BOREN AVENUE
7TH AVENUE
6TH AVENUE
WESTLAKE AVENUE
VIRGINIA STREET
STEWART STREET
HOWELL STREET
EAST OLIVE STREET
EAST PINE STREET
Greyhound Bus Terminal
Convention Place Station
CAPITOL HILL
EAST PIKE STREET
LENORA STREET
AVENUE
OLIVE WAY
Pacific Place Shopping Center
9TH AVENUE
PINE ST
PIKE STREET
EAST UNION STREET

3
A
B
C
1
2
3
4
5
BELLTOWN
Pier 67
Pier 66
Pier 63
Pier 62
Pier 59
Pier 57
Pier 56
Pier 55
Pier 54
Pier 52/53
Pier 50
Pier 48
Pier 46
Seattle Monora
Terminal
INTERSTATE 99
LENORA STREET
1ST AVENUE
VIRGINIA STREET
STEWART WAY
Virginia Inn
PIKE PLACE
POST ALLEY
PINE STREET
5TH A
Pike Place Starbucks
ALASKAN WAY
WESTERN AVENUE
Pike Place Fish
2ND AVENUE
PIKE STREET
4TH AVENUE
3RD AVENUE
Seattle IMAX Dome Theater
Athenian Inn
UNION STREET
Seattle Aquarium
Pike Place Market
University Street Station
Benar Hall
WATERFRONT PARK
Seattle Art Museum
SENECA STREET
ALASKAN WAY VIADUCT
1ST AVENUE
SPRING ST
WESTERN AVENUE
Federal Buildings
Bainbridge Island
Bremerton
Vashon Island
Ye Olde Curiosity Shop
MARION STREET
Washington State Ferries Terminal
ALASKAN WAY VIADUCT
ALASKAN WAY
Elliott Bay
Coast Guard Museum Northwest
ALASKAN WAY
INTERSTATE 99
SO
COLORADO AVE SOUTH
SOU

4
D
E
F
2
1
2
3
4
5
Convention Place Station
Washington State Convention and Trade Center
FREEWAY PARK
TERRY AVENUE
BOREN AVENUE
MINOR AVENUE
SUMMIT AVENUE
BOYLSTON AVENUE
EAST SPRING STREET
EAST MARION STREET
Seattle University
EAST COLUMBIA STREET
EAST CHERRY STREET
12TH AVENUE
13TH AVENUE
14TH AVENUE
7TH AVENUE
6TH AVENUE
8TH AVENUE
9TH AVENUE
SENECA STREET
SPRING STREET
MADISON STREET
FIRST HILL
BROADWAY AVENUE
MARION STREET
COLUMBIA STREET
CHERRY STREET
EAST JAMES STREET
Fairmont Olympic Hotel
Federal Courthouse
Central Library
ZENTRUM
INTERSTATE 5
EAST JEFFERSON STREET
3RD AVENUE
Columbia Center
EAST ALDER STREET
HARBORVIEW PARK
EAST SPRUCE STREET
EAST FIR STREET
Pioneer Square Station
JAMES STREET
5TH AVENUE
Smith Tower
YESLER WAY
WATERFALL GARDEN PARK
SOUTH WASHINGTON ST
SOUTH WASHINGTON STREET
YESLER TERRACE
SOUTH MAIN STREET
2ND AVENUE
5TH AVENUE SOUTH
6TH AVENUE SOUTH
SOUTH JACKSON STREET
Occidental Square
King Street Station
Union Station
SOUTH KING STREET
International District Station
SOUTH WELLER STREET
International District
7TH AVENUE SOUTH
8TH AVENUE SOUTH
SOUTH LANE STREET
SOUTH DEARBORN STREET
SOUTH DEARBORN ST
AIRPORT WAY SOUTH
CenturyLink Field
3RD AVENUE SOUTH
4TH AVENUE SOUTH
SOUTH CHARLES STREET
INTERSTATE 90
STURGUS AVENUE
OCCIDENTAL AVE SOUTH
Exhibition Center
15TH AVENUE SOUTH
DOCTOR JOSE RIZAL PARK
Safeco Field
Stadium Station
12TH AVENUE SOUTH
13TH AVENUE SOUTH
14TH AVENUE SOUTH
SOUTH ATLANTIC STREET

Washington

Washington ist nach dem ersten US-Präsidenten benannt. Es trat 1889 als 42. Staat den Vereinigten Staaten bei und liegt im äußersten Nordwesten des Landes, an der Grenze zu Kanada. Der 176 466 Quadratkilometer große Bundesstaat besticht durch außergewöhnliche geografische Vielfalt. Jede Region hat eine andere geologische Struktur und ein eigenes Klima.

Washingtons Küstenregion ist im Westen durch den Pazifik, im Norden durch die Strait of Juan de Fuca, im Süden durch Oregon und im Osten durch den Puget Sound begrenzt. Sie wird vom wildromantischen Olympic National Park und von anderen großen Waldgebieten geprägt. Zu den Sehenswürdigkeiten zählen das charmante viktorianische Port Townsend, die sensationelle Aussicht vom Gipfel der Hurricane Ridge, der ausgedehnte Crescent Lake, die riesigen, moosbewachsenen Bäume des Hoh Rainforest und die grandiose Küstenlinie mit dem höchsten Niederschlag im Bundesstaat.

Das westliche Washington ist dicht besiedelt, in einem Streifen entlang der Interstate 5, vor allem zwischen Tacoma und Seattle. Im äußersten Nordwesten liegen die San Juan Islands, wo an 247 Tagen im Jahr die Sonne scheint. Die Cascade Mountains, die vom Westen des Bundesstaats zur Osthälfte verlaufen, locken Skifahrer und Wanderer an. Mount Rainier, der höchste Berg, ist zugleich die meistbesuchte Attraktion Washingtons.

In Kontrast zum intensiven Grün des Westens steht die trockene, sonnige Region im Osten, die sich von den Cascade Mountains bis zur Grenze nach Idaho erstreckt. Das fruchtbare Yakima Valley, der fünftgrößte Produzent von Obst und Gemüse in den USA, und das Walla Walla Valley sind für ihre exzellenten Weine bekannt. Weiter nördlich des Tals steht der Grand Coulee Damm am mächtigen Columbia River. Seine Wassermassen dienen zur Bewässerung von über 200 000 Hektar Ackerland.

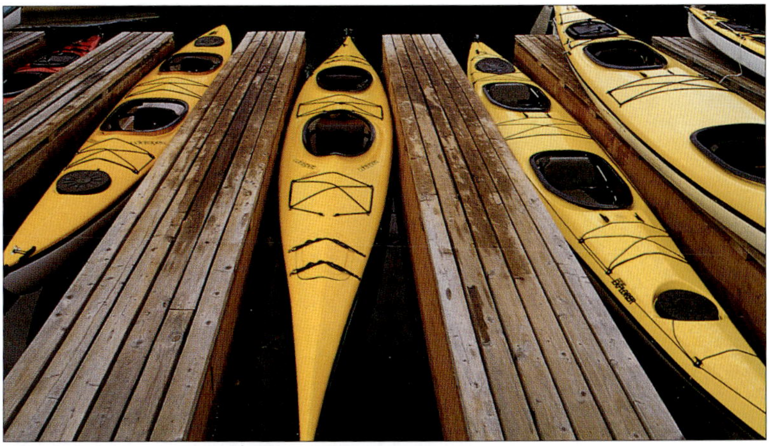

Kajaks in Snug Harbor in der Mitchell Bay im Westen von San Juan Island *(siehe S. 178f)*

◁ **Wanderer auf dem Weg von Paradise nach Camp Muir am Mount Rainier *(siehe S. 184f)***

Überblick: Washington

Washingtons zahlreiche Sehenswürdigkeiten sind über den ganzen Staat verteilt. Es gibt drei unterschiedliche Regionen: die Küste, den Westen und den Osten. Die Olympic Peninsula an der Küste verwöhnt ihre Besucher mit Meer, Seen, Wäldern und Bergen. Die San Juan Islands und die Inseln Bainbridge und Whidbey gehören zu den beliebtesten im Westen. Sie bieten hübsche Orte, Radfahrer-Paradiese und typische Inselatmosphäre. Eine Fahrt in den Osten – am besten zwischen Spätfrühling und Herbst – führt zur Westernstadt Winthrop und zu den atemberaubenden Gipfeln des North Cascades National Park.

Segelboote im Point-Hudson-Yachthafen in Port Townsend

Sehenswürdigkeiten auf einen Blick

Bainbridge Island 7
Bellingham 4
Château Ste. Michelle 9
Crystal Mountain 14
Fort Vancouver 28
Goldendale Observatory State Park 25
Grand Coulee Dam 20
La Conner 5
Lake Chelan 16
Leavenworth 15
Maryhill 26
Mount Rainier National Park S. 184f 13
Mount St. Helens National Volcanic Monument 27
Olympia 12
Port Townsend S. 176f 2
San Juan Islands S. 178f 3
Snoqualmie Falls 10
Spokane 21
Stehekin 17
Tacoma 11
Tillicum Village 8
Walla Walla 23
Whidbey Island 6
Winthrop 19
Yakima Valley 22

Touren

North Cascades National Park S. 188f 18
Olympic Peninsula S. 174f 1
Weintour im Walla Walla Valley S. 192f 24

Der erstaunliche Metallkegel vor dem Museum of Glass in Tacoma

SIEHE AUCH

- ***Hotels*** S. 288–290
- ***Restaurants*** S. 306–308

LEGENDE

- Interstate Highway
- State Highway
- Highway
- Panoramastraße
- Eisenbahn (Hauptstrecke)
- Staatsgrenze
- Bundesstaatsgrenze
- Gipfel
- White Pass

Mount Rainier, umgeben vom Mount Rainier National Park

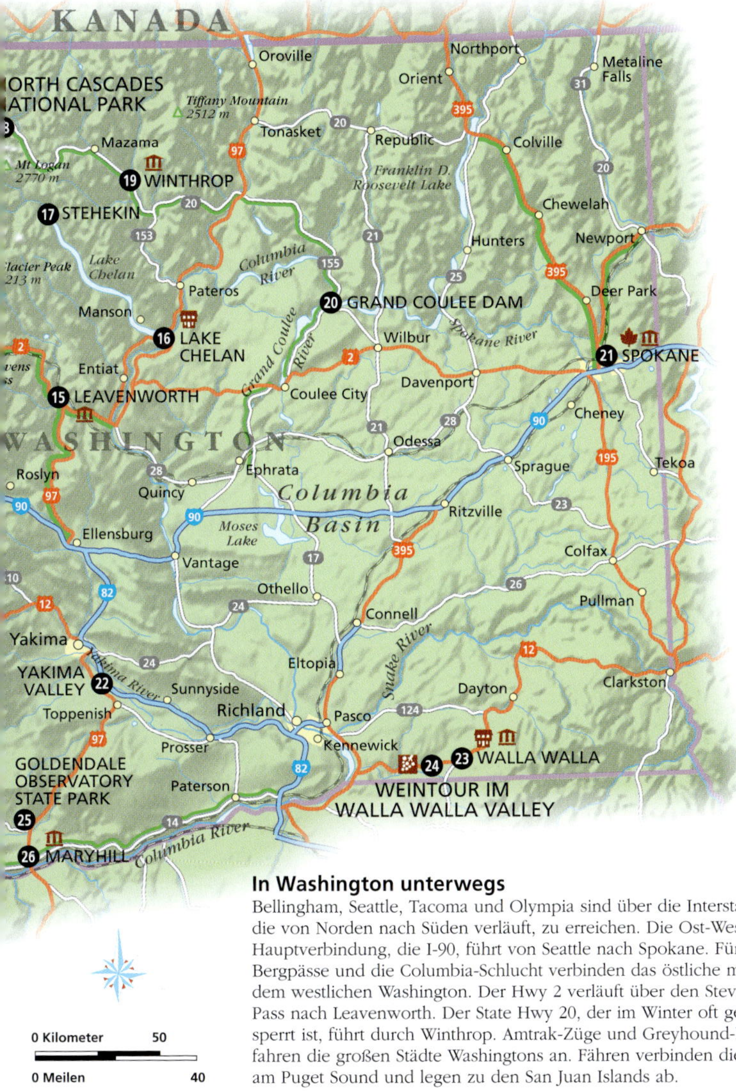

In Washington unterwegs

Bellingham, Seattle, Tacoma und Olympia sind über die Interstate 5, die von Norden nach Süden verläuft, zu erreichen. Die Ost-West-Hauptverbindung, die I-90, führt von Seattle nach Spokane. Fünf Bergpässe und die Columbia-Schlucht verbinden das östliche mit dem westlichen Washington. Der Hwy 2 verläuft über den Stevens Pass nach Leavenworth. Der State Hwy 20, der im Winter oft gesperrt ist, führt durch Winthrop. Amtrak-Züge und Greyhound-Busse fahren die großen Städte Washingtons an. Fähren verbinden die Orte am Puget Sound und legen zu den San Juan Islands ab.

Tour: Olympic Peninsula ❶

Scheues Tier: ein Roosevelt-Hirsch

Die Olympic Peninsula im äußersten Nordwesten Washingtons hat einiges an Sehenswürdigkeiten zu bieten. Herzstück der Halbinsel ist der Olympic National Park, ein UNESCO-Biosphärenschutzgebiet und -Welterbe. In dem 373 540 Hektar großen Park gibt es schneebedeckte Berge, Seen, Wasserfälle, Flüsse und Regenwälder. Auf der Halbinsel haben Outdoor-Aktivitäten Hochkonjunktur. Beliebt sind Hochseeangeln und Fliegenfischen, Kajakfahren, Wildwasser-Rafting, Mountainbiken und Vogelbeobachtung.

Lake Crescent ⑤
Die Lake Crescent Lodge ist ein historisches Urlaubsdomizil am Ufer des Lake Crescent. Das kristallklare Süßwasser des bis zu 190 Meter tiefen Sees zieht viele Taucher an.

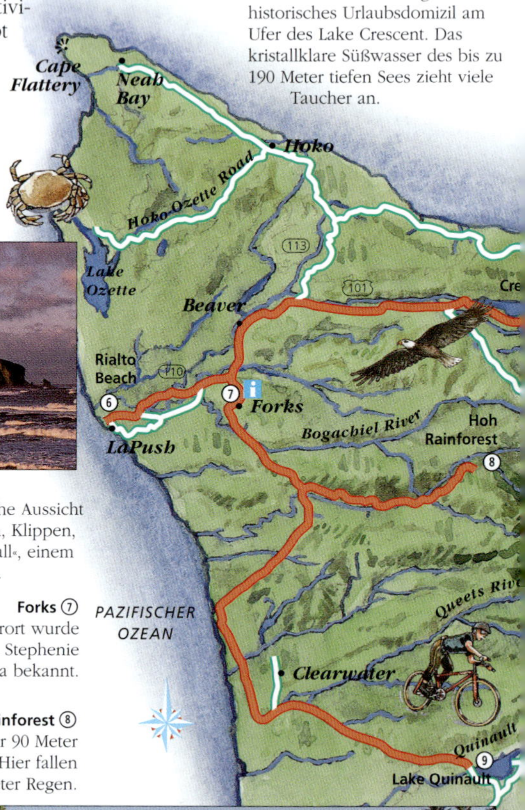

Rialto Beach ⑥
Der lange Strand bietet eine herrliche Aussicht auf den Pazifik mit Gezeitenbecken, Klippen, Felsinseln und dem »Hole in the Wall«, einem Felstunnel, den die Wellen formten.

Forks ⑦
Der einstige Holzfällerort wurde 2005 als Kulisse von Stephenie Meyers Vampir-Saga bekannt.

Hoh Rainforest ⑧
In dem uralten Wald gibt es über 90 Meter hohe Bäume. Kein Wunder: Hier fallen jährlich bis zu vier Meter Regen.

0 Kilometer 20

0 Meilen 15

LEGENDE

- Routenempfehlung
- Andere Straße
- Information
- Flughafen
- Fährhafen
- Aussichtspunkt

Lake Quinault ⑨
Schneebedeckte Berge umgeben den See und die Lodge.

Hurricane Ridge ④
1594 Meter hoch ragt der Gipfel der Bergkette empor. Im Frühjahr ist er mit Blumen übersät. Im Winter tummeln sich hier Skifahrer und Schneeschuhläufer.

Sequim ③
Sequim liegt im Regenschatten der Olympic Mountains. Hier kann man Hirschwild beobachten. Die Olympic Game Farm kümmert sich um gefährdete Wildtiere.

ROUTENINFOS

Start: *Port Gamble am Hwy 104. Die Tour beginnt hinter der Hood Canal Bridge.*

Länge: *438 km, inkl. aller Abstecher vom Hwy 101.*

Rasten: *Neben den vielen öffentlichen Campingplätzen und Lodges in und rund um den Olympic National Park gibt es so gut wie überall Restaurants und Unterkünfte, da die Gegend als Reiseziel sehr populär ist.*

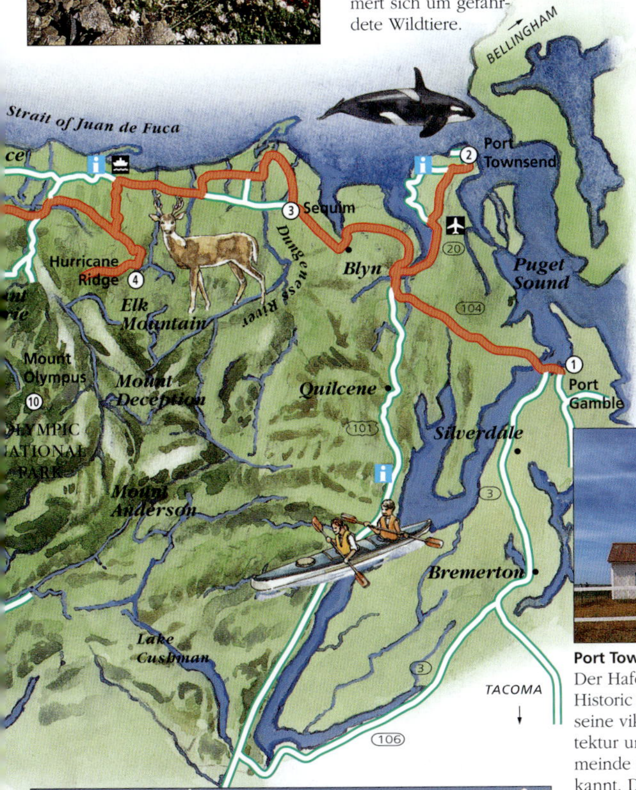

Port Gamble ①
Der frühere Holzfällerort liegt auf der Kitsap Peninsula und bezaubert durch Häuser, Country-Store und Kirche im original viktorianischen Stil der Neuenglandstaaten. Der Film *Ein Offizier und Gentleman* wurde 1982 hier gedreht.

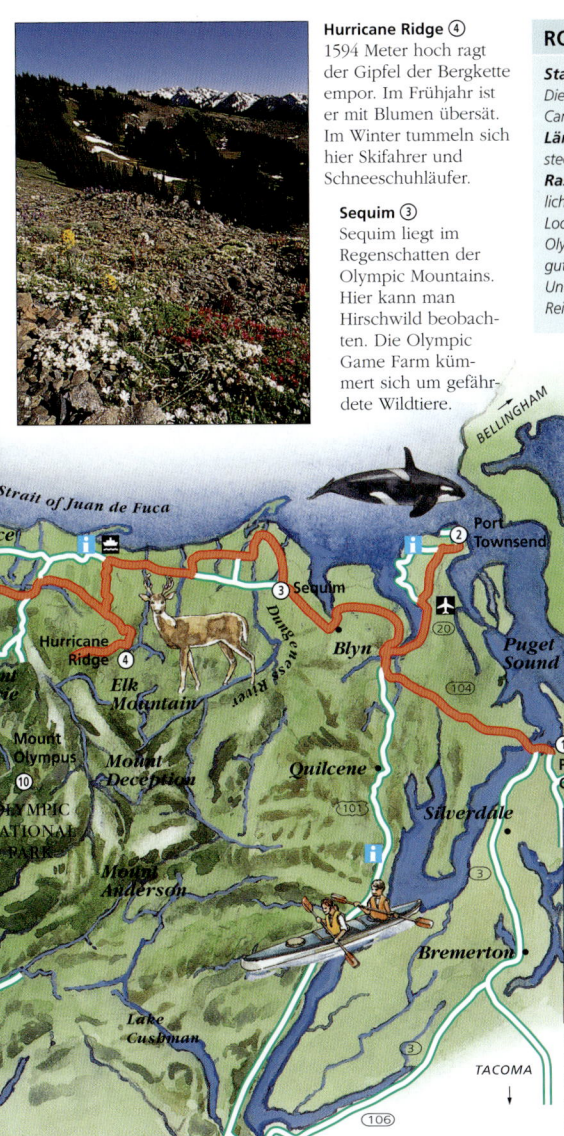

Port Townsend ②
Der Hafen, ein National Historic Landmark, ist für seine viktorianische Architektur und seine Künstlergemeinde *(siehe S. 176f)* bekannt. Die Stadt ist ein guter Ausgangspunkt für Kajakfahrten, Walbeobachtung und Tagestouren mit dem Fahrrad.

Mount Olympus ⑩
Er ist der höchste Berg der Olympic Range. Der Westgipfel des dreigipfligen, gletscherbedeckten Mount Olympus erhebt sich 2428 Meter hoch.

Port Townsend ❷

Ladenschild, Port Townsend

Port Townsend wurde 1851 gegründet, fast 60 Jahre, nachdem Captain Vancouver seinen Hafen erstmals gesehen und ihn nach seinem Freund, dem Marquis von Townshend, benannt hatte. Ende des 19. Jahrhunderts gab es hier eine geschäftige Hafensiedlung mit mehr Schiffen als in jeder anderen Stadt der USA, ausgenommen New York. Überzeugt davon, dass Port Townsend der Endbahnhof für die transkontinentale Eisenbahn werden würde, verfielen die Einwohner in einen Baurausch und errichteten üppige Anwesen. Sie wollten das »New York des Westens« werden, doch der Traum erfüllte sich nicht. Die meisten der viktorianischen Gebäude sind noch erhalten und ziehen Besucher an. Port Townsend ist zudem einer von drei Seehäfen, die als nationale historische Wahrzeichen gelistet sind.

Überblick: Port Townsend

Port Townsend lässt sich gut zu Fuß zu erkunden. Die Water Street ist die Hauptstraße der historischen Innenstadt. Sie wird von Ziegel- und Steinhäusern, Galerien, schicken Läden und Restaurants gesäumt. Viele der viktorianischen Wohnhäuser, Kirchen und Lokale befinden sich im Uptown Historic District, zwischen Clay Street und Lincoln Street. Lawrence Street und Tyler Street bilden das Geschäftszentrum.

Turm des Jefferson County Courthouse

Jefferson County Courthouse

1820 Jefferson St. *(360) 385 9100.* *Mo–Fr 9–17 Uhr.* *Feiertage.*

Das neoromanische Gebäude, das Architekt Willis A. Ritchie aus Seattle 1892 entwarf, ist das Schmuckstück der viktorianischen Architektur von Port Townsend. Ritchie verwendete für den Bau Ziegel, die man westlich von St. Louis besorgte, anstatt der weichen einheimischen Steine. Der 38 Meter hohe Turm, der – wie seine Turmuhr – aus dem Jahr 1892 stammt, diente Seeleuten lange Zeit als Orientierungspunkt.

Jefferson County Historical Society

540 Water St. *(360) 385 1003.* *tägl. 11–16 Uhr.* *1. Jan, Thanksgiving, 25. Dez.* *teilweise.* **www**.jchsmuseum.org

Das ehemalige alte Rathaus (1891) beherbergte früher auch die Feuerwehr, das Gefängnis, das Gericht sowie Verwaltungsbüros. Heute sind hier der Stadtrat und ein Museum untergebracht. Letzteres zeigt historische Objekte, Dokumente und Fotografien. Sehenswert ist vor allem die Ausstellung über die Ureinwohner der Region. Die Abteilung »Then and Now« präsentiert interaktive Szenen der hiesigen Geschichte.

Ann Starrett Mansion

744 Clay St. *1-800 321 0644.* *nur für Hotelgäste.* **www**.starrettmansion.com

Der Unternehmer George Starrett ließ die Villa 1889 für seine Braut Ann bauen. Das Anwesen im Queen-Anne-Stil hat dank seiner Architektur,

Ann Starrett Mansion mit seiner achteckigen Kuppel

der Deckenfresken und der dreigeschossigen Wendeltreppe mit Deckenkuppel landesweit Beachtung gefunden. Das unter Denkmalschutz stehende Haus beherbergt heute ein Hotel.

Rothschild House

Franklin St u. Taylor St. *(360) 379 8076.* *Mai–Sep: tägl. 11–16 Uhr.* *Okt–Apr.*

Das Anwesen verkörpert die einfachere Variante des älteren Neuengland-Stils, der den viktorianischen Bauten vorausging. Errichtet wurde es 1868 für David C. H. Rothschild. Das letzte Mitglied der Familie vermachte es dann 1959 der Washington State Parks and Recreation Commission. Das restaurierte Gebäude, das noch die originalen Möbel enthält, wurde ins National Register of Historic Places aufgenommen.

St. Paul's Episcopal Church

1020 Jefferson St. *(360) 385 0770.* *Mo–Do 9–12 Uhr.* *So 8, 10 Uhr.* **www**.stpaulspt.org

Die älteste Kirche von Port Townsend – und die älteste genutzte Episkopalkirche in Washington – entstand 1865 im neogotischen Stil. Eigent-

Die Union Wharf, die im Hafen von Port Townsend ins Meer ragt

lich lag der Bau früher unterhalb der Steilküste, er wurde jedoch 1883 an seinen heutigen Standort versetzt – mithilfe von Rollen, Seilen und Pferdekraft.

Fire Bell Tower

Tyler St u. Jefferson St.

Der Glockenturm von 1890 – mit fantastischem Blick auf die Innenstadt – liegt auf einer Steilklippe. Die Glocke läutete einst die freiwillige Feuerwehr zusammen. Die Anzahl der Glockenschläge verwies auf den Stadtteil, in dem ein Feuer ausgebrochen war. Der Turm steht an erster Stelle auf einer Liste der US-Regierung, die die zehn am meisten gefährdeten historischen Bauten aufführt.

Im imposanten Hastings Building (1889) sind heute Büros und schicke Läden

Das N. D. Hill Building in der Water Street ist seit 1889 ein Hotel

Haller Fountain

Taylor St u. Washington St.

Theodore Haller stiftete 1906 das Mittelstück des Brunnens, eine Mädchengestalt aus Bronze. Die Skulptur war erstmals 1893 in der mexikanischen Ausstellung bei der World's Columbian Exposition in Chicago zu sehen.

Fort Worden State Park

200 Battery Way. *(360) 344 4400.* **www**.parks.usa.gov

Die ehemalige Militärbasis ist heute ein 178 Hektar großer Staatspark. Man kann hier die Bunker des Forts und die **Commanding Officer's Quarters** (1904) besichtigen. Ein Museum beleuchtet das Leben der Offiziere im frühen 20. Jahrhundert. Das **Puget Sound Coast Artillery Museum** beschäftigt sich mit der Geschichte der Hafenverteidigung.

INFOBOX

Straßenkarte 1 A2.

8900. ab Keystone auf Whidbey Island.

440 12th St. (360) 385 2722.

www.ptguide.com

Commanding Officer's Quarters

(360) 344 4452. März, Apr, Okt: tägl. 12–16 Uhr; Mai–Sep: tägl. 10–17 Uhr.

Puget Sound Coast Artillery Museum

(360) 385 0373. tägl. 11–16 Uhr. einige Feiertage.

Schaufensterauslage in Port Townsends Water Street

San Juan Islands ❸

Fähre der Washington State Ferries auf dem Weg zu den Inseln

Der Archipel der San Juan Islands zwischen dem Washingtoner Festland und Vancouver Island umfasst über 450 Inseln – nur 172 davon haben einen Namen. Von Anacortes aus gehen Fähren zu den vier größten Inseln: Lopez, Shaw, Orcas und San Juan. Lopez wird wegen der entspannten Atmosphäre auch »Slopez« (»sloppy« = »nachlässig«) genannt. Die sanft gewellten Straßen, viele Rastplätze und freundliche Autofahrer machen es zum idealen Ausflugsziel für Radfahrer. Das hufeisenförmige Orcas, die hügeligste der Inseln, lockt mit einem atemberaubenden Ausblick vom 734 Meter hohen Mount Constitution. Der beste Umsteigehafen ist San Juan Island mit der größten Stadt der Inselgruppe: Friday Harbor, dessen Walmuseum landesweit bekannt ist. Shaw Island ist eine reine Wohninsel und bietet nur wenige Unterkünfte.

Segelboote auf dem Kanal
Segler lieben die Häfen und guten Windbedingungen des San Juan Channel.

0 Kilometer 2
0 Meilen 1

★ Roche Harbor
Roche Harbor ist ein charmanter Ort am Meer mit Yachthafen, viktorianischen Gärten, einer Kapelle und dem Hotel de Haro (1886).

Lime Kiln Point State Park
Der Park mit seinem malerischen Leuchtturm (1919) ist der einzige US-Park ausschließlich für Walbeobachtung.

NICHT VERSÄUMEN

- ★ Deer Harbor
- ★ Friday Harbor
- ★ Lopez
- ★ Roche Harbor

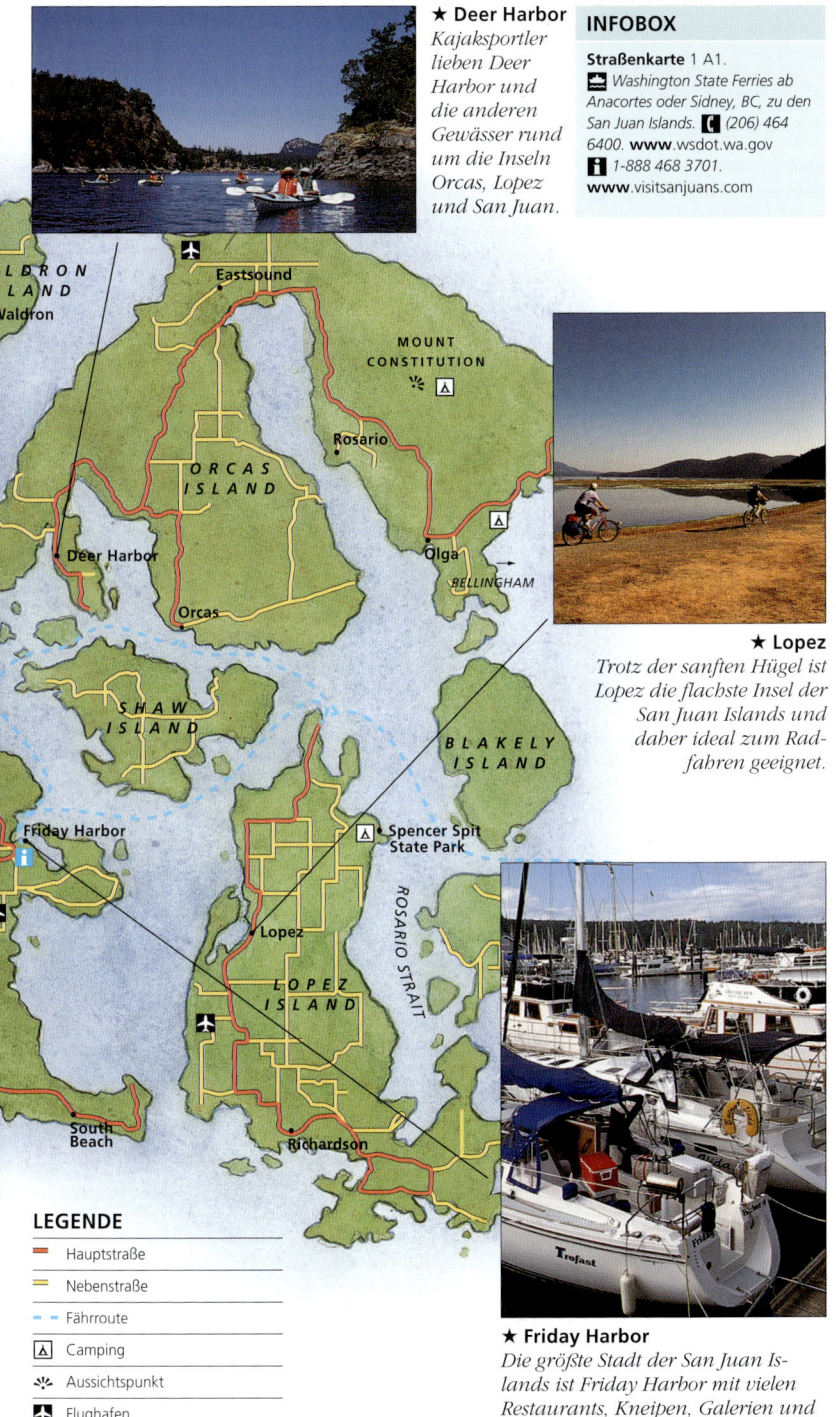

★ Deer Harbor
Kajaksportler lieben Deer Harbor und die anderen Gewässer rund um die Inseln Orcas, Lopez und San Juan.

INFOBOX

Straßenkarte 1 A1.
Washington State Ferries ab Anacortes oder Sidney, BC, zu den San Juan Islands. *(206) 464 6400.* **www**.wsdot.wa.gov
1-888 468 3701.
www.visitsanjuans.com

★ Lopez
Trotz der sanften Hügel ist Lopez die flachste Insel der San Juan Islands und daher ideal zum Radfahren geeignet.

★ Friday Harbor
Die größte Stadt der San Juan Islands ist Friday Harbor mit vielen Restaurants, Kneipen, Galerien und Läden – alle sind von der Anlegestelle aus zu Fuß zu erreichen.

LEGENDE

- Hauptstraße
- Nebenstraße
- Fährroute
- Camping
- Aussichtspunkt
- Flughafen
- Information

Bellingham ❹

Straßenkarte 1 A1. *Bellingham Airport.* *81 000.* *1-800 487 2032.* **www**.bellingham.org

Von Bellingham aus kann man weit über die Bellingham Bay und viele Inseln der San Juan Islands sehen. Jahrtausendelang lebten hier die Lummi-Indianer. Das Gebiet mit den vier Städten Whatcom, Sehome, Bellingham und Fairhaven wurde 1853 besiedelt und 1904 zusammengelegt. Historische Bauten sind das Old Whatcom County Courthouse (1308 East Street), der erste Ziegelbau nördlich von San Francisco (1858), und das Rathaus von 1892 im viktorianischen Second-Empire-Stil. Letzteres ist heute das Hauptgebäude des **Whatcom Museum of History and Art**, eines Komplexes mit vier Museen, darunter einem Kindermuseum. Highlights des Museums sind Ausstellungen über die Ureinwohner und die Vogelwelt des Nordwestens.

Südlich der Innenstadt befindet sich Fairhaven, eine künstlerisch angehauchte Enklave viktorianischer Häuser mit Galerien, Restaurants und Buchhandlungen.

Wenn man von hier aus den Hügel hinaufgeht, kommt man zum Campus der **Western Washington University** mit ihrer Sammlung von Open-Air-Skulpturen, darunter Werke international bekannter amerikanischer Künstler wie Richard Serra, Mark di Suvero und Richard Beyer.

Boote auf dem Skagit River bei La Conner

Whatcom Museum of History and Art
121 Prospect St. *(360) 778 8930.* *Di–So 12–17 Uhr.* *Feiertage.* **Family Interactive Gallery** *Di–So 10–17 Uhr.*
www.whatcommuseum.org

Western Washington University
S College Dr u. College Way. *(360) 650 3424.* **Besucherzentrum** *Mitte Sep–Mitte Juni: Mo–Fr 7–20 Uhr; Mitte Juni–Mitte Sep: Mo–Fr 7–17 Uhr.* *Feiertage.*
www.wwu.edu

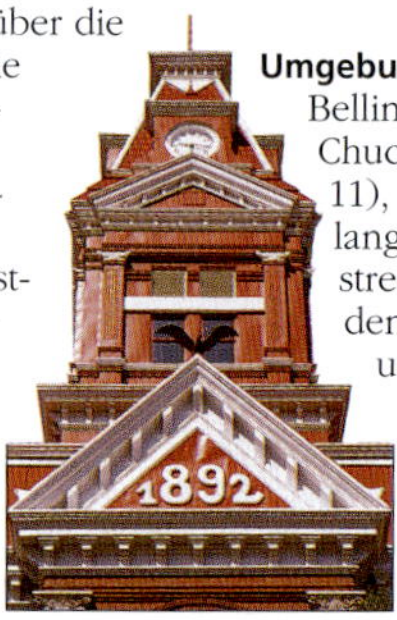

Der Turm von Bellinghams früherem Rathaus

Umgebung: Südlich von Bellingham verläuft der Chuckanut Drive (Hwy 11), eine 34 Kilometer lange Panorama-Rundstrecke mit Blick auf den Puget Sound und die San Juan Islands. Es gibt Wander- und Radwege, Restaurants und Austernzuchten, die in der Saison frische Austern verkaufen. Rund 88 Kilometer weiter östlich ragt der 3285 Meter hohe Mount Baker auf. Saison für Skifahrer und Snowboarder ist von November bis April.

Krebsfallen auf einem Boot im Hafen von Bellingham

La Conner ❺

Straßenkarte 1 A2. *890.* *1-888 466 4778.* **www**.laconnerchamber.com

Schon immer denkt man in Washington bei Tulpen sofort an La Conner. Zum Skagit Valley Tulip Festival strömen jährlich Tausende Besucher herbei. Im Frühjahr stehen die Tulpenfelder in farbenprächtiger Blüte.

Außer seiner Tulpenpracht bietet La Conner noch andere Attraktionen. Seit den 1940er Jahren ist der Ort ein Anziehungspunkt für Künstler. Das berühmte **Museum of Northwest Art** präsentiert Arbeiten von Mark Tobey, Guy Anderson, Morris Graves und Kenneth Callahan – alle wurden vom einzigartigen Licht des Skagit Valley inspiriert – sowie von Dale Chihuly und anderen Künstlern des Nordwestens.

La Conner wurde in den frühen 1860er Jahren gegründet. Ursprünglich hieß es Swinomish – nach den ersten Bewohnern, den Swinomish-Indianern. 1869 benannte es der wohlhabende Kaufmann John Conner nach seiner Frau Louisa Ann neu, indem er die Anfangsbuchstaben ihrer Vornamen mit seinem Nachnamen kombinierte. Louisa Ann war die erste Frau des Orts, die nicht Indianerin war. Einen Blick auf ihr Leben und auf dasjenige der Siedler gewährt das **Skagit County Historical Museum**.

Museum of Northwest Art
121 S 1st St. *(360) 466 4446.* *So, Mo 12–17, Di–Sa 10–17 Uhr.* *Feiertage.*
www.museumofnwart.org

Skagit County Historical Museum
501 S 4th St. *(360) 466 3365.* *Di–So 11–17 Uhr.*

Hotels und Restaurants in Washington *siehe Seiten 288–290 und 306–308*

Whidbey Island ❻

Straßenkarte 1 A2. *60 000.* *107 S Main St, Coupeville. (360) 678 5434.*

Auf Whidbey Island liegen fünf State Parks und zwei reizende Dörfer am Meer. Die viktorianischen Häuser, alten Scheunen und der malerische Hafen von **Coupeville** erinnern an früher. Das nahe Ebey's Landing National Historical Reserve besitzt u. a. einen historischen Armeeposten, den **Fort Casey State Park**. Am Südende der Insel befindet sich die Künstlergemeinde **Langley**.

Fort Casey State Park
1280 Engle Rd. *(360) 678 4519.* *8 Uhr–Sonnenuntergang.*
www.parks.usa.gov

Bainbridge Island ❼

Straßenkarte 1 A2. *22 000.* *395 Winslow Way E. (206) 842 3700.* **www**.bainbridgechamber.com

Die Fähre braucht von Seattle aus 35 Minuten. Vom Hafen führt ein Weg durch den Waterfront Park nach Winslow mit seinen Galerien und Cafés. Gasthäuser machen die Insel zum beliebten Zwischenstopp auf dem Weg zu Kitsap und Olympic Peninsula. Auch das **Bloedel Reserve** mit Japanischem Garten und Vogelschutzgebiet lohnt einen Abstecher

Bloedel Reserve
7571 NE Dolphin Dr. *(206) 842 7631.* *Di–So 10–16 Uhr (Juni–Aug: bis 19 Uhr); nur mit tel. Reservierung.* *25. Dez.*

Einsamer Küstenstreifen in einem Staatspark auf Whidbey Island

Tillicum Village ❽

Blake Island State Park. **Straßenkarte** 1 A2. *(206) 622 8687.* *Zwei Trips pro Tag: 11.30–15.30, 16.30–20.30 Uhr (Zeiten können leicht abweichen).* *Jan, Feb.* *Touren starten am Pier 55, Seattle Central Waterfront.*
www.tillicumvillage.com

Tillicum Village im Blake Island State Park bietet Besuchern eine faszinierende kulturelle und kulinarische Erfahrung. Die vierstündige Tour startet am Pier 55 am Hafen in Seattle. Im Dorf kann man zusehen, wie Lachs (Chinook) in der traditionellen Art der Indianer des Nordwestens über Erlenholzfeuer zubereitet wird. Danach gibt es ein Buffet, gefolgt von der Show »Dance on the Wind« mit traditionellen Liedern, Tänzen und Erzählungen über die Kultur der Ureinwohner. Es gibt auch Vorführungen von Schnitzereitechniken und anderem Kunsthandwerk.

Der Blake Island State Park wurde nach Captain George Blake benannt, dem Kommandeur der US-Küstenwache von 1837. Das Gelände war einst Siedlungsgebiet der Squamish und Duwamish und besticht durch seine Natur.

Auf der 192 Hektar großen Insel gibt es noch viel Küstenwald, wie er für den pazifischen Nordwesten typisch ist. Im Schutzgebiet wachsen heimische Baum- und Buscharten. Der Staatspark ist ein Rückzugsgebiet für Hirsche, Otter, Eichhörnchen, Nerze und zahlreiche Vogelarten. Die große Anzahl an Wanderwegen und ein acht Kilometer langer Strand machen die Insel zum Paradies für Outdoor-Fans.

Ankunft einer Gruppe im Tillicum Village, Blake Island State Park

Château Ste. Michelle ❾

14111 NE 145th St, Woodinville. **Straßenkarte** 1 A2. *(425) 488 1133.* *tägl. 10–17 Uhr.* *1. Jan, Ostern, Thanksgiving, 25. Dez.* *tägl. 10.30–16.30 Uhr.* **Sommerkonzerte, Kochkurse**.
www.ste-michelle.com

Washingtons ältestes Weingut liegt auf einem bewaldeten Areal in Woodinville, 24 Kilometer nordöstlich von Seattle. Hier werden Weißweine produziert. (Rotweine werden im Osten von Washington hergestellt, wo sowohl Trauben für Weißwein als auch für Rotwein angebaut werden.) Kellerbesichtigungen mit Weinproben werden täglich angeboten.

Bei den Sommerkonzerten des Weinguts kann man im Amphitheater Blues und Jazz sowie klassische und zeitgenössische Musik hören – und dabei ein Picknick mit Wein genießen.

Das Château Ste. Michelle (1934) ist Washingtons ältestes Weingut

Donnernd rauscht das Wasser der Snoqualmie Falls herab

Snoqualmie Falls ⓾

Straßenkarte 1 B2.

Der berühmteste Wasserfall Washingtons ist nach dem Mount Rainier die zweitbeliebteste Attraktion des Staats. Die Snoqualmie Falls haben 82 Meter Fallhöhe und ziehen jährlich eineinhalb Millionen Besucher an. Begeistert war schon der Naturforscher John Muir, der den Wasserfall 1889 besuchte. Lange Zeit wurde der Ort von den Snoqualmie und anderen Stämmen als Heiligtum betrachtet.

91 Meter über dem Fluss gibt es eine Aussichtsplattform, die eine herrliche Sicht auf das herabdonnernde Wasser bietet. Wer mehr Nähe will, kann einem 800 Meter langen, steilen Weg zum Fluss hinunter folgen.

Tacoma ⓫

Straßenkarte 1 A2. *200 000.* *Seattle-Tacoma International Airport.* *1516 Pacific Ave. (253) 627 2836.* **www**.traveltacoma.com

Washingtons drittgrößte Stadt wurde als Sägemühlenort in den 1860er Jahren gegründet. Durch den Eisenbahnbau blühte sie auf und wurde in den späten 1880er Jahren ein bedeutender Umschlaghafen für Holz, Kohle und Getreide. Viele der Holz- und Schiffsbarone des Nordwestens siedelten sich im Stadium District an. Dieses historische Areal mit Häusern aus dem späten 19. und frühen 20. Jahrhundert ist nach der Stadium High School benannt, die auch »Castle« (Schloss) heißt. Der Bau wurde in den 1890er Jahren als Luxushotel errichtet. Im frühen 20. Jahrhundert machte man aus dem Gebäude im Stil eines französischen Château eine Highschool.

Top-Attraktion des wiederbelebten Hafenviertels ist das **Museum of Glass**. Der kanadische Stararchitekt Arthur Erickson entwarf das 2002 eröffnete Gebäude, das zeitgenössischer Kunst bzw. Glaskunst einen adäquaten Rahmen bietet. Das Museum besitzt ein großes Glasbläserstudio in einem grandiosen, 37 Meter hohen Metallkegel.

Die einzigartige Chihuly Bridge of Glass – eine Gemeinschaftsarbeit des texanischen Architekten Arthur Andersson und des berühmten Glaskünstlers Dale Chihuly aus Tacoma – dient als Fußgängerweg vom Museum in die Innenstadt und zum innovativen **Washington State History Museum**. Ereignisse aus Washingtons Vergangenheit werden hier mit interaktiven Ausstellungsstücken, Hightech-Displays und Aufführungen in historischen Kostümen veranschaulicht.

Ein Schild weist auf die Altstadt Tacomas hin

Der imposante Bau des **Tacoma Art Museum** wurde von dem Architekten Antoine Predock als dynamisches Kulturzentrum und Vorzeigeprojekt für die Stadt konzipiert. Das 4645 Quadratmeter große Museum mit einer Fassade aus rostfreiem Stahl zeigt eine

Die Stadium High School in Tacoma im Stil eines Schlosses

ständig wachsende Sammlung von Werken des 18. Jahrhunderts bis heute. Darunter befinden sich viele Kunstwerke des Nordwestens, europäische Impressionisten, japanische Holzdrucke, amerikanische grafische Kunst und Glasarbeiten von Chihuly. Die Vision, »eine Gemeinschaft durch Kunst aufzubauen und zusammenzuschweißen«, wird im Bill and Melinda Gates Resource Center des Museums deutlich, das Besucher mit Forschungsmaterial versorgt. Kinder aller Altersstufen können sich im ArtWORKS, einem interaktiven Kunststudio, ausprobieren.

Bei den Einwohnern von Tacoma ist besonders der Point Defiance Park beliebt, der zu den 20 größten Stadtparks der USA zählt und 285 Hektar umfasst. Auf seiner Fläche befindet sich Fort

Die moderne Stahlfassade des Museum of Glass in Tacoma

Das Walross E. T. im Point Defiance Zoo and Aquarium

Nisqually, die erste europäische Siedlung und ein wichtiger Pelzhandelsposten am Puget Sound. Es gibt sieben Gärten, einen Panoramaweg, Wander- und Radwege, einen Bootshafen und einen Picknickplatz. Angeln ist erlaubt, die Ausrüstung kann vor Ort ausgeliehen werden.

Im schönen **Point Defiance Zoo and Aquarium** leben über 9000 Tiere, vor allem solche aus der Region. Vom Aussichtspunkt am Westende des Parks hat man einen guten Blick auf Mount Rainier, Puget Sound und die Tacoma Narrows Bridge, eine der längsten Hängebrücken der USA.

Museum of Glass
1801 E Dock St. *(253) 284 4750 oder 1-866 468 7386.* *Memorial Day–Labor Day: Mo–Sa 10–17, So 12–17 Uhr; Labor Day–Memorial Day: Mi–Sa 10–17, So 12–17 Uhr.* *1. Jan, Thanksgiving, 25. Dez.*
www.museumofglass.org

Washington State History Museum
1911 Pacific Ave. *1-888 238 4373.* *Juni–Aug: Mo–Sa 10–17, So 12–17 Uhr; Sep–Mai: Di–Sa 10–17, So 12–17 Uhr.* *Feiertage.* *Gruppen.* www.wshs.org

Tacoma Art Museum
1701 Pacific Ave. *(253) 272 4258.* *Memorial Day–Labor Day: Di–Sa 10–17, So 12–17 Uhr; Labor Day–Memorial Day: Mi–Sa 10–17, So 12–17 Uhr.* *Feiertage.* *3. Do im Monat 17–20 Uhr frei.* www.tacomaartmuseum.org

Point Defiance Zoo and Aquarium
5400 N Pearl St. *(253) 591 5337.* *tägl. 9.30–16 Uhr (Apr, Mai, Sep: bis 17 Uhr; Juni–Aug: bis 18 Uhr)* *Nov–Feb: Di, Mi, 3. Fr im Juli, Thanksgiving, 25. Dez.* www.pdza.org

Umgebung: 17 Kilometer außerhalb Tacomas (jenseits der Narrows auf der Kitsap Peninsula) liegt das Fischerdorf **Gig Harbor**, das seinen Namen von Captain Charles Wilkes erhielt, der 1838–42 die Gegend von seinem Ruderboot aus kartografierte.

Die Boutiquen, Galerien und Hafenlokale tradieren das meist skandinavische und kroatische Erbe der 6500 Einwohner.

Das historische Fort Nisqually im Point Defiance Park

Olympia ⓬

Straßenkarte 1 A2. *43 000.* *809 Legion Way SE. (360) 357 3362.* www.thurstonchamber.com

Seit 1853 ist Olympia die Hauptstadt Washingtons. Ihren Namen verdankt sie der Aussicht auf die Olympic Mountains. Olympia liegt 97 Kilometer südlich von Seattle am Südende des Puget Sound. Sie ist vor allem wegen ihres **State Capitol Campus**, der vom 28 Stockwerke hohen Parlamentsgebäude dominiert wird, bekannt. Mit schönen Bauten, Parkanlagen (1928 von den Brüdern Olmsted entworfen und jährlich neu bepflanzt), den Brunnen und Denkmälern ist der Campus einer der schönsten der USA. Im Zentrum steht das **Legislative Building** (das Capitol). Seine 87 Meter hohe Ziegel- und Sandsteinkuppel ist eines der höchsten gemauerten Kuppelgewölbe der Welt.

In den **State Archives** werden Washingtons historische Dokumente und Objekte aufbewahrt. Sie können dort auch eingesehen werden.

Breite Straßen, alte Häuser, ein malerisches Hafenviertel und viele Kulturevents tragen zu Olympias Charme bei. Zwischen den historischen Gebäuden befinden sich Lokale, Galerien und Läden. In Gehweite liegen Attraktionen wie der **Olympia Farmers Market** mit Produkten der Region, Seafood, Backwaren und Handarbeiten sowie Essens- und Unterhaltungsangeboten.

Percival Landing (4th Ave zwischen Sylvester und Water Street), eine 2,5 Kilometer lange Promenade entlang dem Budd Inlet, bietet gute Sicht auf die Olympic Mountains, die Kuppel des Capitols und den Puget Sound.

State Capitol Campus
416 Sid Snyder Ave SW. *(360) 902 8881.* *1. Jan, Thanksgiving, 25. Dez.*
Legislative Building *Mo–Fr 7–17, Sa, So 11–16 Uhr.* *1. Jan, Thanksgiving, 25. Dez.* *stündl. 10–14 Uhr.* **Temple of Justice** *Mo–Fr 8–17 Uhr.*

State Capitol Museum
211 21st Ave SW. *(360) 753 2580.* *Sa 10–16 Uhr (nach Vereinbarung).* *Feiertage.*

State Archives
1129 Washington St SE. *(360) 586 1492.* *Mo–Fr 8.30–16.30 Uhr.* www.sos.wa.gov

Olympia Farmers Market
700 N Capitol Way. *(360) 352 9096.* *Apr–Okt: Do–So 10–15 Uhr; Nov–Dez: Sa, So 10–15 Uhr.*

Das beeindruckende Capitol auf dem State Capitol Campus in Olympia

Mount Rainier National Park ⓭

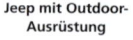

Jeep mit Outdoor-Ausrüstung

Der Mount Rainier National Park wurde 1899 eingerichtet. Er erstreckt sich über 872 Quadratkilometer, davon sind 97 Prozent unberührte Wildnis. Im Zentrum erhebt sich der Mount Rainier, ein aktiver Vulkan (4392 m), umgeben von altem Waldbestand und Wiesen mit Wildblumen. 1792 benannte Captain George Vancouver den Berg nach seinem Freund Peter Rainier. 1997 wurde das Gebiet zum National Historic Landmark District erklärt. In rustikalen Einrichtungen aus den 1920er und 1930er Jahren betreut der National Park Service jährlich zwei Millionen Besucher: im Sommer Wanderer, Bergsteiger und Camper, im Winter Schneeschuh- und Langlaufski-Läufer.

Mount Rainier Nisqually Glacier
In der Nähe des Paradise-Eingangs kann man den Nisqually-Gletscher gut sehen. Er zieht sich leider ständig weiter zurück.

Mount Rainier Narada Falls
Sie gehören zu den schönsten und leicht zu erreichenden Wasserfällen entlang dem Paradise River, unweit der Nisqually Road. Das Wasser stürzt hier über 51 Meter in die Tiefe.

National Park Inn
Der kleine, gemütliche Gasthof in Longmire ist ganzjährig offen. Hier hat man einen traumhaften Blick auf den Mount Rainier.

NICHT VERSÄUMEN

- ★ Emmons Glacier
- ★ Paradise
- ★ Sunrise

INFOBOX

Hwy 706 bei Ashford. *(360) 569 2211.* *Jackson Visitor Center, Paradise.* *Mai–Mitte Okt: tägl. 10–17 Uhr (Juni–Aug: bis 19 Uhr); Mitte Okt–Apr: Sa, So 10–17 Uhr.* **Nisqually-Eingang** *ganzjährig.* **White-River-Eingang** *nur im Sommer.* **www**.nps.gov

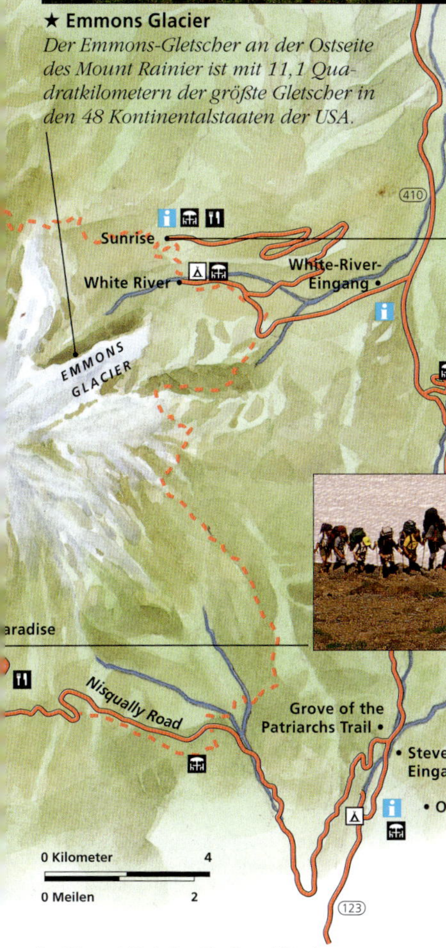

★ Emmons Glacier
Der Emmons-Gletscher an der Ostseite des Mount Rainier ist mit 11,1 Quadratkilometern der größte Gletscher in den 48 Kontinentalstaaten der USA.

★ Sunrise
Sunrise ist nur im Sommer geöffnet. Mit 1950 Metern ist dies der höchste Punkt des Parks, den man per Auto erreichen kann.

★ Paradise
Paradise, das beliebteste Ziel im Park, ist ganzjährig geöffnet und besitzt ein ausgezeichnetes Besucherzentrum.

Im Mount Rainier National Park unterwegs

Vom Südwesten (Hwy 706) kommt man durch das Nisqually Gate in den Park. Es ist ganzjährig geöffnet und der einzige Zugang im Winter. In Longmire (10 km entfernt) gibt es eine Gaststätte, ein Museum und das Wilderness Information Center (geöffnet Mai–Okt). Die Straße zwischen Paradise und Longmire (19 km) ist steil und kurvenreich. Im Winter sollte man immer Schneeketten dabeihaben. Der National Park Service (Tel. (360) 569 2211) bietet von Juni bis September am Wochenende einen kostenlosen Shuttle-Service von Ashford oder Longmire nach Paradise.

LEGENDE

- Highway
- Unbefestigte Straße
- Wanderweg
- Camping
- Picknick
- Information
- Aussichtspunkt
- Restaurant

Tiefschneespaß an den Hängen des Crystal Mountain

Crystal Mountain ⓮

Straßenkarte 1 B2. *(360) 663 2265.* *Öffnungszeiten variieren je nach Einrichtung und Jahreszeit, Details bitte tel. erfragen.* *Siehe* ***Hotels*** *S. 289.* **www**.crystalmountainresort.com

Im nordöstlichsten Winkel des Mount Rainier National Park ragt oberhalb des gleichnamigen Orts der Crystal Mountain auf, Washingtons größtes Skigebiet.

Die Ersten, die die Gegend im späten 19. Jahrhundert aufsuchten, waren Goldgräber, angelockt von Gerüchten über Goldfunde. Doch bis zum Ende des Ersten Weltkriegs hatten sich die Hoffnungen nicht erfüllt. Der Summit Mining District verfiel.

Die Erholungsqualitäten der Gegend wurden 1949 entdeckt, als der Versuch, am Mount Rainier einen Sessellift zu installieren, fehlschlug und eine Gruppe von begeisterten Puget-Sound-Skifahrern nach einem anderen Areal Ausschau hielt. Das Skigebiet von Crystal Mountain wurde 1962 in Betrieb genommen. Drei Jahre später wurde es landesweit bekannt, als hier die National Alpine Championships stattfanden – mit Größen wie Jimmie Heuga, Billy Kidd und Jean-Claude Killy.

Das Skigebiet mit über 50 Abfahrten erstreckt sich über 930 Hektar sowie 120 Hektar Hinterland. Elf Lifte, u.a. zwei Turbo- und sechs Sessellifte, transportieren über 19000 Skifahrer pro Stunde. Langläufer finden zahlreiche Loipen vor.

Im Sommer sind Mountainbiken, Wandern und Sesselliftfahren die Hauptattraktionen am Crystal Mountain. Am Wochenende bringen Turbo-Lifte die Besucher auf den 2095 Meter hohen Gipfel, von wo aus man eine fantastische Sicht auf die Olympic Mountains, die Cascade Mountains und den Mount Rainier am westlichen Horizont genießen kann. Vom Lift aus kann man an den Grashängen auch häufig (Schwarzwedel-)Hirsche beobachten.

Ladenschild im bayrisch gestalteten Dorf Leavenworth

Snowboarder im Hinterland von Crystal Mountain

Leavenworth ⓯

Straßenkarte 1 B2. *2000.* *940 Hwy 2. (509) 548 5807.* **www**.leavenworth.org

Wer erstmals vom westlichen Teil des Bundesstaats aus die Cascade Mountains überquert, staunt vermutlich über das Dorf Leavenworth, das aussieht, als stünde es in Oberbayern. Der kleine Ort war nicht immer so reizvoll: In den 1960er Jahren war er eine heruntergekommene Holzfällersiedlung mit viel Durchgangsverkehr – aber ohne große Geschäftsmöglichkeiten. Ein Tourismuskomitee beschloss daher – von der schönen Umgebung inmitten der Berge inspiriert – hier ein Dorf im bayrischen Stil zu errichten. Alle Gebäude, sogar die Filialen von Starbucks und McDonald's, sind nun im Alpenlook gestaltet.

Heute lockt der Ort jährlich über eine Million Besucher an. Zu den Festivitäten von Leavenworth gehören Kunstdarbietungen und Sommertheaterproduktionen. Besonders beliebt sind das »Maifest« mit Kostümen aus dem 16. Jahrhundert, Tanz um den Maibaum und Haflinger-Pferden und natürlich Jodeln, das Internationale Leavenworth-

Akkordeon-Festival im Juni mit einem Wettbewerb und Konzerten, das »Oktoberfest«, das der Münchner Wiesn nachempfunden ist, und der Christkindlmarkt, ein Weihnachtsmarkt im Freien. Neben vielen Läden und Restaurants mit bayrischen Spezialitäten bietet die Stadt das **Leavenworth Nutcracker Museum** mit rund 6000 Nussknackern aus 38 Ländern. Manche Exponate sind schon 1800 Jahre alt.

Leavenworth Nutcracker Museum
735 Front St. (509) 548 4573.
Mai–Okt: tägl. 14–17 Uhr; Nov–Apr: Sa, So 14–17 Uhr. *Gruppen nach Voranmeldung.*
www.nutcrackermuseum.com

Leavenworth: alter Pferde-Bierwagen, der 13 Bierfässer fasst

Lake Chelan ⑯

Straßenkarte 1 B2. *3500.*
102 E Johnson Ave. (509) 682 3503. **www**.lakechelan.com

Chelan, ein Ferienort am südöstlichen Ende des Lake Chelan, ist schon seit Generationen ein beliebtes Sommerferienziel – vor allem für Besucher aus dem Westen Washingtons, die das sonnige, trockene Wetter auf der Ostseite ihres Bundesstaats genießen wollen. Der Ort im Regenschatten der Cascade Mountains kann mit gut 300 Sonnentagen pro Jahr aufwarten.

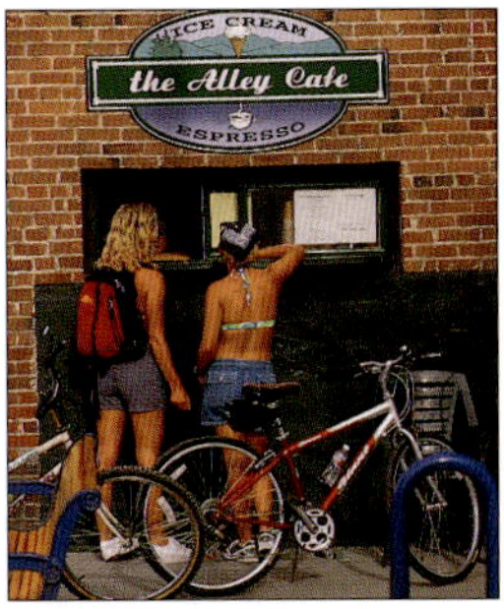

Radfahrer bei einem Zwischenstopp am Alley Cafe, Leavenworth

Der Lake Chelan ist mit seinen 457 Metern der dritttiefste See der USA. Er wird von 27 Gletschern und 59 Wasserzuläufen gespeist und ist drei Kilometer breit und 89 Kilometer lang. Im Sommer fährt man hier Wasserki oder Boot. Man kann auch schnorcheln, angeln und windsurfen.

Bei einem Bummel durch den Ort selbst kommt man am **Ruby Theatre** (135 East Woodin Avenue) vorbei. Es ist eines der ältesten Kinos im Nordwesten Amerikas. Die 15 Wandbilder auf einigen Gebäuden Chelans sind ebenfalls sehenswert. Sie bebildern die landwirtschaftliche, kulturelle und ökologische Geschichte des Lake Chelan Valley. Alle Wandbilder zeigen ein Apfelmotiv – manchmal ist es gleich zu erkennen, manchmal etwas versteckt –, denn der Apfel gehört zu den Früchten, die auf den, dank des Gletscherwassers, fruchtbaren Böden des Areals gut gedeihen.

Willkommensschild am Lake Chelan

Umgebung: 14 Kilometer von Chelan entfernt liegt das charmante Städtchen **Manson** am Nordufer des Sees. Es bietet Läden, Restaurants und Erholungsangebote sowie den Scenic Loop Trail, auf dem man bequem die nahe gelegenen Obstgärten und die Hügellandschaft besichtigen kann. In vielen Läden des Orts erhält man kostenlose Orientierungskarten.

Stehekin ⑰

Straßenkarte 1 B2. *70.*
Golden West Visitor Center am Ferry Building. (360) 854 7365.
www.stehekinvalley.com

Am nördlichen Ende von Lake Chelan, am Fuß der nördlichen Cascade Mountains, lädt das rustikale Stehekin Besucher ein, sich zu entspannen und das Leben ohne Computer, Fernseher oder Telefon zu genießen. Es gibt keinen einzigen Geldautomaten in der kleinen Gemeinde, dafür eine umso schönere Landschaft – die nur zu Fuß, auf dem Pferderücken, per Flugzeug oder mit dem Boot zu erreichen ist.

Seit Anfang des 20. Jahrhunderts verkehrt die Fähre *Lady of the Lake* zwischen Chelan und Stehekin. Die Fahrt dauert vier Stunden. Schneller geht es mit der *Lady Express* (etwas über zwei Stunden) und der Highspeed-Fähre *Lady Cat*, die Stehekin in einer Stunde erreicht.

Im Sommer kann man u.a. Vögel beobachten, Rad fahren, wandern, angeln und raften. Im Winter kommen Langlauf- und Schneeschuh-Fans hierher.

Die Rainbow Falls, ein 95 Meter hoher Wasserfall in der Nähe von Stehekin Landing, sind einen Besuch wert (Informationen zu Touren unter Tel. (509) 682 4494).

Blick auf den von Gletschern gespeisten Lake Chelan

Tour: North Cascades National Park ⓲

Der North Cascades National Park ist ein atemberaubend schönes Ökosystem mit zerklüfteten, schneebedeckten Berggipfeln, bewaldeten Tälern und Wasserfällen. Seine ganze Pracht kann man vom North Cascades Highway aus genießen, der mitten durch das Areal führt. Der Park (276935 Hektar) besitzt über 300 Gletscher. Viele Tiere, darunter Weißkopfseeadler, Biber, Grauwölfe sowie Schwarz- und Grizzlybären, leben hier. Der Nationalpark und die angeschlossenen National Recreation Areas von Ross Lake und Lake Chelan ziehen jedes Jahr über 400000 Besucher an. Der North Cascades Highway und die Lake Chelan National Recreation Area sind mit Wanderwegen verbunden, die nach Stehekin, einem Erholungsort am Lake Chelan, führen, den man auch per Fähre von Chelan aus erreichen kann *(siehe S. 187)*.

Mount Shuksan ④
Mit 2783 Metern ist der beeindruckende Mount Shuksan einer der höchsten Berge von Washington. Er besteht aus einer Basaltart, die als »Shuksan greenschist« bekannt ist.

Gorge Creek Falls ③
Die Gorge Creek Falls stürzen über 74 Meter in den Gorge Lake hinab. Vom North Cascades Highway aus führt ein gut ausgebauter Weg zum Aussichtspunkt.

North Cascades Visitor Center ②
Das Besucherzentrum bei Newhalem lädt zum Picknick mit Blick auf die Picket-Bergkette ein. Im Zentrum sieht man Schautafeln und Multimedia-Präsentationen. Im Sommer bieten Park Ranger täglich Führungen an.

Skagit River ①
Der Skagit River ist der zweitlängste Fluss in Washington. Bekannt ist er bei den Lachsanglern. Im Nationalpark wird der Fluss an drei Stellen durch Dämme zu Seen gestaut, die der Energieversorgung dienen.

LEGENDE

- Routenempfehlung
- Andere Straße
- Wanderweg
- Aussichtspunkt
- Information

Diablo Lake ⑤
Der »Teufelssee« verdankt seine türkisblaue Farbe dem Bodensatz der Gletscherströme. Es gibt Bootstouren auf dem See (Juli, Aug: Do–Mo; Juni, Sep: Sa, So).

ROUTENINFOS

Start: *State Route 20 (North Cascades Highway) am Eingang zur Ross Lake National Recreation Area, rund 8 km nördlich von Marblemount.*
Länge: *90 km.*
Reisezeit: *Mitte April bis Mitte Oktober, wenn die gesamte Route 20 geöffnet ist.*
Rasten: *Restaurants gibt es in Marblemount und Winthrop. Im Park selbst finden sich nur Picknickplätze. Man sollte daher unbedingt Proviant mitnehmen. Im Skagit General Store in Newhalem kann man sich mit Lebensmitteln eindecken. Dort gibt es auch heiße Suppe und Kaffee.*

Ross Lake Overlook ⑥
Von hier aus genießt man einen Blick auf den 40 Kilometer langen Ross Lake, der durch Eindämmung des Skagit River entstanden ist.

Washington Pass Overlook ⑦
Der Aussichtspunkt (1669 m) bietet einen spektakulären Ausblick auf den steilen Pass am Liberty Bell Mountain.

Rainbow Falls ⑧
Die Wasserfälle an einem Seitenarm des Lake Chelan erreicht man nur zu Fuß – auf einer Wanderung über den Rainy Pass (32 km) oder – kürzer – von Stehekin aus.

Der gezackte Gipfel des Glory Mountain mit einer Höhe von 2203 Metern

Reiter genießen die Szenerie bei Winthrop

Winthrop ⓳

Straßenkarte 1 B1. *350.*
202 Hwy 20. (509) 996 2125.
www.winthropwashington.com

Der Wilde Westen lebt in Winthrop weiter. Im Frühjahr und Herbst erwartet Besucher erstaunlicherweise ein richtiges Viehtreiben – die Hauptstraße hinunter.

Der Ort wurde 1891 von dem Bostoner Geschäftsmann Guy Waring gegründet. Zu seinen Besitztümern gehörte auch der Duck Brand Saloon, heute das Rathaus. Das Blockhaus von Waring aus Siedlertagen, das neben anderen historischen Zeugnissen zum **Shafer Museum** gehört, steht noch an alter Stelle.

Bis in die 1960er Jahre hinein ähnelte Winthrop jedem beliebigen unbedeutenden Kaff des amerikanischen Westens. Doch dann beschlossen die einheimischen Geschäftsleute, ihren Ort wiederzubeleben. Sie ließen Winthrop zur Wildwest-Stadt umbauen.

Die Gegend um Winthrop ist zudem ein beliebtes Ferienziel für Naturliebhaber und Besucher der North Cascade Mountains.

Shafer Museum
285 Castle Ave. *(509) 996 2712.* *Memorial Day–Labor Day: tägl. 10–17 Uhr; Mai, Sep: Sa, So 10–17 Uhr.* *Spende.*

Spokane ㉑

Straßenkarte 1 C2. *208 000.*
Spokane International Airport.
201 W Main Ave. (509) 747 3230.
www.visitspokane.com

Spokane, Washingtons größte Stadt im Landesinneren, wurde 1873 von dem Immobilienmakler James Nettle Glover gegründet. 1889 erlitt Spokane schwere Brandschäden. Mit Ziegeln und Terrakotta wurde die Stadt wieder aufgebaut. Aus dieser Zeit sind noch viele schöne Bauten erhalten.

Grand Coulee Dam ⓴

Der Grand Coulee Dam, der größte Betondamm Nordamerikas und drittgrößte Elektrizitätslieferant der Welt, gilt als Wunder der Technik. Er staut den Columbia River, den zweitgrößten Fluss der USA, und erzeugt so viel Energie, dass elf der westlichen Bundesstaaten von hier aus mit Strom versorgt werden können. Mit dem Bau des Damms wurde 1933 begonnen, neun Jahre später war er fertiggestellt. Der Damm wurde vor allem zur Bewässerung der Felder im östlichen Washington errichtet, denn die Region litt beträchtlich unter den geringen Niederschlägen.

INFOBOX

Straßenkarte 1 C2. *(509) 633 9265.* *tägl. Juni–Aug: 8.30–22.30 Uhr; Sep: 8.30–21.30 Uhr; Okt–Mai: 9–17 Uhr.*

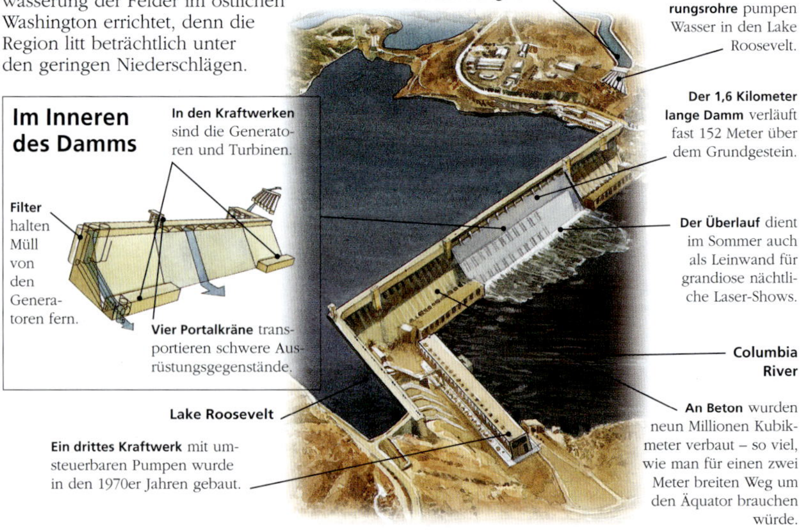
Im Inneren des Damms
In den Kraftwerken sind die Generatoren und Turbinen.
Filter halten Müll von den Generatoren fern.
Vier Portalkräne transportieren schwere Ausrüstungsgegenstände.
Bewässerungskanal
Zwölf Bewässerungsrohre pumpen Wasser in den Lake Roosevelt.
Der 1,6 Kilometer lange Damm verläuft fast 152 Meter über dem Grundgestein.
Der Überlauf dient im Sommer auch als Leinwand für grandiose nächtliche Laser-Shows.
Columbia River
Lake Roosevelt
Ein drittes Kraftwerk mit umsteuerbaren Pumpen wurde in den 1970er Jahren gebaut.
An Beton wurden neun Millionen Kubikmeter verbaut – so viel, wie man für einen zwei Meter breiten Weg um den Äquator brauchen würde.

Hotels und Restaurants in Washington *siehe Seiten 288–290 und 306–308*

Blick über den Spokane River auf Spokane

Exponate zur Geschichte der Region findet man im **Northwest Museum of Arts and Culture**. Im nahen **Campbell House** (1898) ist ein interaktives Museum untergebracht.

Spokane war die kleinste Stadt, in der jemals eine Weltausstellung (Expo '74) stattfand. Das einstige Ausstellungsgelände wurde in den 40 Hektar großen **Riverfront Park** umgewandelt, der eine gute Aussicht auf die Wasserfälle von Spokane bietet.

Northwest Museum of Arts and Culture
2316 W 1st Ave. *(509) 456 3931.* *Juni–Sep: Di–So 10–17 Uhr (vorher anrufen).* *Feiertage.*
www.northwestmuseum.org

Umgebung: Nur zehn Kilometer außerhalb von Spokane liegt der **Riverside State Park** mit ausgedehnten Uferwegen. Bowl und Pitcher, zwei Vulkanformationen mit einer Hängebrücke, sind ein atemberaubender Anblick.

Riverside State Park
9711 W Charles St, Nine Mile Falls. *(509) 465 5064.* *tägl. Sonnenaufgang bis Sonnenuntergang.*

Yakima Valley ㉒

Straßenkarte 1 B2. *10 N 8th St, Yakima. 1-800 221 0751.*
www.visityakima.com

Das Yakima Valley ist mit fruchtbarer Vulkanerde, Bewässerungsanlagen und 300 Sonnentagen im Jahr gesegnet. Das Tal ist der fünftgrößte Obst- und Gemüseproduzent der USA. Zudem gibt es hier über 40 Weingüter. Um den preisgekrönten Wein des Tals zu probieren, fährt man südlich von Yakima etwa zehn Minuten lang auf der I-82. Bei Ausfahrt 40 (Sagelands Vineyard) biegt man auf den Yakima Valley Highway und folgt ihm. Columbia Crest and Preston Winery bietet mit die besten Weintouren an.

Das gute Wetter und die Landschaft verlocken zu Outdoor-Aktivitäten. White Pass und Chinook Pass bieten sich für Wandertouren, Mountainbiken und Skifahren (im Winter) an. Auf den Flüssen und Seen kann man angeln und Boot fahren. Die Gegend ist auch reich an Wildtieren, darunter Weißkopfseeadler.

Saftige Trauben in den Weinbergen des Yakima Valley

Walla Walla ㉓

Straßenkarte 1 C3. *30 000.* *26 E Main St. 1-877 998 4748.*
www.wallawalla.org

Walla Walla liegt in der südöstlichen Ecke des Bundesstaats – eine grüne Oase inmitten der trockenen Landschaft. Historische Gebäude, schöne Parks und Kunst im öffentlichen Raum machen den Charme des Städtchens aus.

Das **Whitman College**, eine der besten Adressen für ein Kunststudium in den USA, liegt nur drei Häuserblocks vom Zentrum entfernt. Der Campus und das umliegende Viertel mit Alleen und historischen Gebäuden wirken einladend.

Weinliebhaber schätzen die Gegend wegen der über 100 Weingüter *(siehe S. 192f)*. Einige liegen direkt im Zentrum von Walla Walla. Die Stadt ist auch für ihre süßen Zwiebeln bekannt – vor allem aber für die jeden Mai stattfindende Hot Air Balloon Stampede mit rund 45 Heißluftballons. Dazu gibt es Live-Musik, Stände mit Antiquitäten und Kunsthandwerk sowie viel Unterhaltung.

Die Geschichte der Gegend erzählt das **Fort Walla Walla Museum**, ein Dorf aus der Pionierzeit mit 17 teils originalen, teils rekonstruierten Gebäuden, darunter eine Schule, ein Gefängnis und ein Bahnhof. Historisches zeigt auch die **Whitman Mission National Historic Site**. Hier erfährt man die Geschichte der Missionare Marcus und Narcissa Whitman, die später von den Cayuse-Indianern getötet wurden. Am Wochenende gedenkt die Living History Company der Vergangenheit mit Musik und Tanz.

Fort Walla Walla Museum
755 Myra Rd. *(509) 525 7703.* *Apr–Okt: tägl. 10–17 Uhr; Nov, Dez: tägl. 10–16 Uhr.* *vorher anmelden.* *nach Anmeldung.*
www.fortwallawallamuseum.org

Whitman Mission National Historic Site
Hwy 12. *(509) 522 6360.* *Juni–Sep: tägl. 8–18 Uhr; Okt–Mai: tägl. 8–16.30 Uhr.* *1. Jan, Thanksgiving, 25. Dez.* *außer Monument Hill.* **www**.nps.gov

Ballons über Walla Walla bei der jährlichen Hot Air Balloon Stampede

Weintour im Walla Walla Valley ㉔

Trauben im Walla Walla Valley

Obwohl im Walla Walla Valley schon seit Mitte des 19. Jahrhunderts Trauben angebaut werden, wurde das erste Weingut des Tals erst 1977 gegründet. Schon sieben Jahre später war die Region als Weinbaugebiet anerkannt. Heute gibt es um Walla Walla über 100 Weingüter mit über 480 Hektar Weinbergen. Das Tal liegt auf demselben Breitengrad wie die französischen Weinbaugebiete und hat lange, sonnige Tage und kühle Abende: Dies ist – neben dem idealen Boden – das richtige Klima für den Weinbau. Die Region genießt nationale und internationale Anerkennung für ihre Weine, vor allem für die Rotweine: Merlot, Cabernet Sauvignon und Syrah.

L'École No. 41 ②
Die Weinkeller liegen in einer Schule von 1915, die auf den Flaschenetiketten abgebildet ist.

Woodward Canyon ①
Das Weingut ist für seine preisgekrönten Merlot-, Cabernet- und Chardonnay-Weine bekannt.

Goldendale Observatory State Park ㉕

1602 Observatory Dr, Goldendale. **Straßenkarte** 1 B3. *(509) 773 3141.* **Observatorium** *Apr–Sep: Mi–So 14–17, 20–24 Uhr; Okt–März: Fr–So 14–17, 19–22 Uhr. Spende.* *teilweise.* **Bibliothek**.

Auf einem 640 Meter hohen Hügel thront das Goldendale Observatory mit einer Kuppel von sechs Metern Durchmesser. Mehr als ein Dutzend Teleskope beobachten hier den Nachthimmel. Die Attraktion ist das Cassegrain-Spiegelteleskop (Brennweite: 62 cm), eines der größten öffentlich zugänglichen Teleskope der USA. Tagsüber hat man eine gute Sicht auf den Mount Hood und das Klickitat Valley, nachts kann man ungestört den Himmel beobachten. Es gibt tägliche Führungen mit Erläuterungen zu den Teleskopen und zur Himmelsbeobachtung.

Maryhill ㉖

Straßenkarte 1 B3.

Auf einem mit Wüstenbeifuß bewachsenen, abgelegenen Hügel über dem Columbia River wollte der Unternehmer Sam Hill sein palastähnliches Anwesen bauen. 1907 kaufte er hier 2833 Hektar Land, um eine Kolonie für Quäker zu errichten. Er benannte dieses Utopia nach seiner Tochter Mary. Doch niemand wollte an dem einsamen Ort leben, und so wandelte Hill den Landsitz in ein Museum um. Das **Maryhill Museum of Art** zeigt u. a. den Thron und die goldene Krönungsrobe Königin Marias von Rumänien, einer Freundin des Hausherrn, 87 Skulpturen und Zeichnungen von Auguste Rodin und Kunst der Ureinwohner. Auf dem landschaftlich reizvollen Grundstück gibt es einen Picknickplatz. Am Ort der geplanten Siedlung Maryhill, vier Kilometer östlich des Museums, ehrt eine Stonehenge-Nachbildung die Gefallenen des Ersten Weltkriegs.

Maryhill Museum of Art
35 Maryhill Museum Dr, Goldendale.
(509) 773 3733.
15. März–15. Nov: tägl. 10–17 Uhr.

Das Maryhill Museum of Art über der Schlucht des Columbia River

Mount St. Helens National Volcanic Monument ㉗

Straßenkarte 1 A3.
(360) 449 7800.
www.fs.fed.us

Der Mount St. Helens brach am Morgen des 18. Mai 1980 aus. Der Gipfel

hree Rivers ③
Jeben Weinkeller und Pro-
ierstube bietet das Weingut
inen kleinen 3-Loch-Golf-
latz für seine Gäste.

Durham Cellars ⑥
Dieses Weingut hat einen Flugzeughangar aus dem Zweiten Weltkrieg für seine Zwecke umgebaut und baut hier wunderbare bodenständige Weine aus.

enhower Cellars ④
ie Winzer plaudern
ei einem Glas Merlot
der Syrah gern mit
ren Gästen.

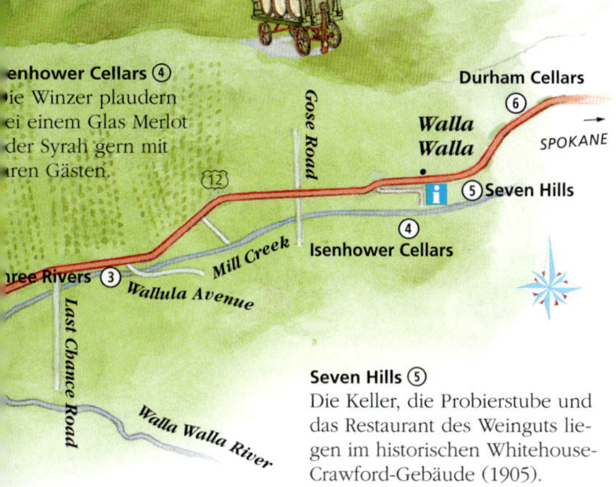

Seven Hills ⑤
Die Keller, die Probierstube und das Restaurant des Weinguts liegen im historischen Whitehouse-Crawford-Gebäude (1905).

ROUTENINFOS

Start: *US Hwy 12 bei Lowden, 187 km östl. von Yakima.*
Länge: *ca. 22 km.*
Zeit: *Donnerstags bis samstags, wenn die Probierstuben geöffnet sind (Öffnungszeiten ändern sich je nach Saison).*
Rasten: *Die Whitman Mission, elf Kilometer westlich von Walla Walla, bietet sich für ein Picknick an. In Walla Walla selbst gibt es viele Restaurants sowie Olive Marketplace & Café, einen Deli, in dem man Vorräte kaufen kann.*

0 Kilometer 3
0 Meilen 2

LEGENDE

Routenempfehlung
Andere Straße
Information

Der Mount St. Helens nach dem Ausbruch von 1980

wurde durch ein starkes Erdbeben erschüttert. Er explodierte und spie vier Kubikkilometer Felsen in die Luft. Im Bruchteil einer Sekunde schrumpfte der Berg um 400 Meter und büßte über 600 Quadratkilometer Wald ein. Der Ausbruch kostete 57 Menschen und Millionen von Tieren das Leben.

Der US-Kongress beschloss, einen 44 000 Hektar großen Park einzurichten, damit sich das Areal ganz natürlich erholen könne. Wissenschaftler der NASA überwachen den Krater, um einen drohenden künftigen Ausbruch zu entdecken. Straßen und Wege gestatten Besuchern, die faszinierende Gegend zu Fuß oder mit dem Auto zu erkunden. Am Highway 504, an der Westseite des Bergs, liegen vier Besucherzentren. Das **Mount St. Helens National Volcanic Monument Visitor Center** (Tel. (360) 274 0962, Ausfahrt 49 der I 5), das erste, zeigt eine Ausstellung zur Geschichte des Bergs. Das **Hoffstadt Bluffs Visitor Center** (Tel. (360) 274 5200, Meilenstein 27) ermöglicht den ersten vollständigen Blick auf den Vulkan. In der weniger windigen Zeit von Mai bis September kann man Hubschrauberflüge buchen. Das **Forest Learning Center** (Tel. (360) 414 3439, Meilenstein 33) hat nur im Sommer geöffnet und beschäftigt sich mit der Wiederaufforstung. Das **Johnston Ridge Visitor Center** (Tel. (360) 273 2140, Meilenstein 52) lässt einen genaueren Blick auf Krater und Lavakuppel zu.

Fort Vancouver ㉘

Straßenkarte 1 A3. *(360) 816 6230.* *Mitte März–Okt: tägl. 9–17 Uhr; Nov–Mitte März: tägl. 9–16 Uhr.* *1. Jan, Thanksg., 24., 25., 31. Dez.* *teilweise.* **www**.nps.gov

Zwischen 1825 und 1849 war Fort Vancouver ein wichtiger Handelsposten der britischen Hudson's Bay Company, eines großen Pelzhandelsunternehmens *(siehe S. 38)*. Diese Posten, die in der Nähe wichtiger Nebenflüsse und Rohstoffvorkommen lagen, hatten enormen politisch-wirtschaftlichen Einfluss. In den 1830er und 1840er Jahren versorgte das Fort auch die Siedler. In Fort Vancouver gibt es neun originalgetreue Nachbauten, u. a. Gefängnis, Pelzlager und Waschhaus – alle an ihrer ursprünglichen Stelle. Führungen und szenische Darbietungen lassen die Vergangenheit des Forts lebendig werden.

Der dreigeschossige Turm von 1845 im Fort Vancouver

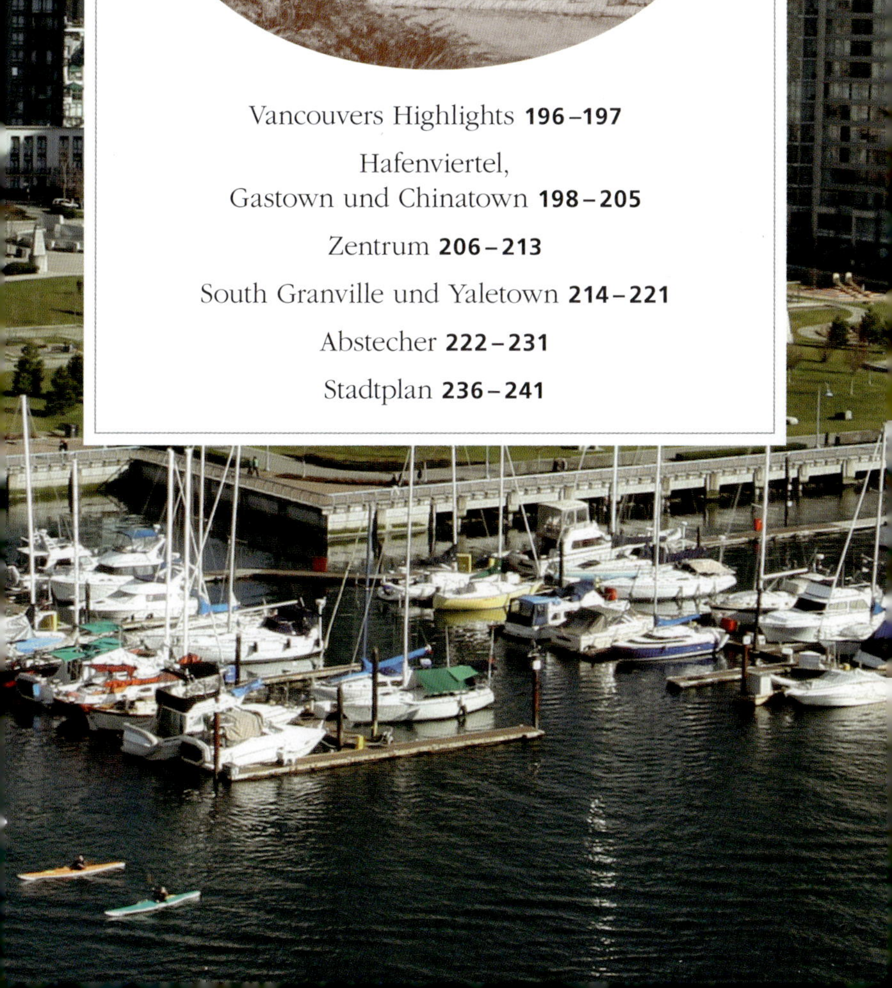

Vancouver

Vancouvers Highlights

Inukshuk, English Bay

Das multikulturelle Vancouver ist eine junge, dynamische Stadt, in der es sich gut leben lässt. Vancouvers Leidenschaft für Outdoor-Aktivitäten begann 1888 mit der Eröffnung des Stanley Park – und hält bis heute an. 2010 richtete Vancouver die 21. Olympischen Winterspiele aus. Kunst und Kultur der Ureinwohner machen die Stadt ebenso stolz. Totempfähle und andere Kunstwerke sind in der gesamten Stadt zu sehen. Das Stadtbild ist ein Mix aus Geschichte und Moderne – von den 100 Jahre alten Gebäuden in Gastown bis zur modernen geodätischen Kuppel der Science World, die für die Weltausstellung 1986 errichtet wurde. Als Tor zum Pazifik hat Vancouver die größte asiatische Bevölkerung Nordamerikas. Seine Chinatown ist die zweitgrößte nach derjenigen von San Francisco.

Vancouver Art Gallery
Gezeigt werden u. a. Werke von Emily Carr. An der Nordseite lockt ein Blumengarten (siehe S. 211).

Vanier Park
An der English Bay liegt der Vanier Park mit Planetarium und zwei Museen. Im nahen Heritage Harbour kann man restaurierte Boote sehen (siehe S. 220f).

Granville Island Public Market
Das frühere Industriegebiet ist heute ein Markt mit Lebensmitteln und Kunsthandwerk – ein Muss für jeden Besucher. Man kann hier einen Imbiss zu sich nehmen und der Musik von Straßenmusikern lauschen (siehe S. 219).

Yaletown
Flippige Restaurants, Kneipen und Läden machen das Viertel bei Tag und Nacht beliebt (siehe S. 220f).

◁ **Marina am False Creek, Vancouver** ***(siehe S. 218)***

Canada Place
Von der Promenade am Canada Place sieht man den Hafen, Wasserflugzeuge, Kreuzfahrtschiffe und Boote (siehe S. 202).

Harbour Centre
Der 169 Meter hohe Lookout bietet einen grandiosen Panoramablick über Vancouver (siehe S. 203).

Water Street
1977 wurde hier die weltweit erste dampfbetriebene Uhr aus Bronze und Gold aufgestellt. Sie ist mittlerweile ein Wahrzeichen (siehe S. 203).

Science World
In der geodätischen Kuppel der Science World finden Omnimax-Shows statt (siehe S. 213).

Chinatown
Das klassisch gestaltete Millennium Gate der Pender Street wurde 2002 als Eingang zur historischen Chinatown mit ihren Bauten aus dem 19. Jahrhundert und den quirligen Straßenmärkten errichtet (siehe S. 204).

Dr. Sun Yat-Sen Chinese Garden
Chinatowns Oase der Ruhe zeigt den klassischen Stil chinesischer Gärten. Der Garten war der erste seiner Art außerhalb Chinas (siehe S. 205).

Hafenviertel, Gastown und Chinatown

Die Gegend um den Hafen ist Vancouvers Geburtsstätte – und noch heute ein lebendiges Viertel. Canada Place mit dem segelartigen Dach scheint der Stadt vorauszugleiten. Der Blick von hier auf den Hafen ist ebenso unvergesslich wie derjenige vom Lookout des Harbour Centre. Am Ufer liegen Läden, Lokale und Attraktionen. Das nahe Gastown war einst das Viertel von Goldsuchern, Holzfällern, rauen Kerlen und allerlei Gesindel. Dies änderte sich 1885, als die Canadian Pacific Railway die Stadt zum westlichen Endbahnhof auserkor. Nach dem Großen Brand im Jahr 1886 florierte der nun Vancouver genannte Ort, und Chinatown entstand gleich daneben. In den alten Gebäuden findet man heute Boutiquen und Restaurants.

Pavillon, Dr. Sun Yat-Sen Chinese Garden

Sehenswürdigkeiten auf einen Blick

Museen und Sammlungen
Chinese Cultural Centre Museum and Archives ⑩
Vancouver Police Museum ⑦

Historische Gebäude
Marine Building ①
Waterfront Station ③

Gärten und Aussichtspunkte
Canada Place ②
Dr. Sun Yat-Sen Chinese Garden ⑨
Harbour Centre ④

Historische Plätze, Straßen und Viertel
Chinatown ⑧
Maple Tree Square ⑥
Water Street ⑤

LEGENDE
Detailkarte *siehe S. 200f*
SkyTrain-Station
SeaBus-Anlegestelle
Information
Polizei

0 Meter 400
0 Yards 400

Anfahrt

Die SkyTrain-Station Waterfront und die SeaBus-Station am Ufer erschließen das Hafenviertel und Gastown. Die SkyTrain-Station Main Street liegt drei Häuserblocks von Chinatown entfernt. Hafenviertel und Gastown werden u.a. von den Bussen 1, 3, 4, 7, 8, 23, 35 und 50, Chinatown von den Bussen 3, 4, 7, 19 und 22 bedient.

◁ **Das Marine Building *(siehe S. 202)* im Art-déco-Stil spiegelt sich auf den Fassaden moderner Wolkenkratzer**

Im Detail: Hafenviertel und Gastown

Wahrzeichen Dampfuhr

Gastown ist eines der ältesten Viertel von Vancouver. Es liegt am Burrard Inlet zwischen Columbia Street im Osten und Burrard Street im Westen. Das Viertel entstand rund um den 1867 von »Gassy Jack« Deighton – seine Statue steht auf dem Maple Tree Square – eröffneten Saloon. Es ist ein reizvoller Mix aus kopfsteingepflasterten Straßen, restaurierten Bauten aus dem 19. Jahrhundert und Läden. Schicke Boutiquen und Galerien säumen die Water Street. In den einstigen Ställen und Höfen haben sich Lokale und Cafés eingerichtet. Die Dampfuhr lässt viertelstündlich Dampf ab. Straßenkünstler sorgen für Unterhaltung.

Canada Place
Canada Place ist ein architektonisches Kleinod aus weißen Segeln und Glas am Hafen. Hier gibt es ein Hotel, zwei Kongresszentren und eine Anlegestelle für Rundfahrten. ❷

SeaBus
Der SeaBus ist ein Katamaran, der Fahrgäste von der Waterfront Station zum Lonsdale Quay in North Vancouver über den Burrard Inlet bringt. Er bietet viele atemberaubende Aussichten auf die Hafenszenerie.

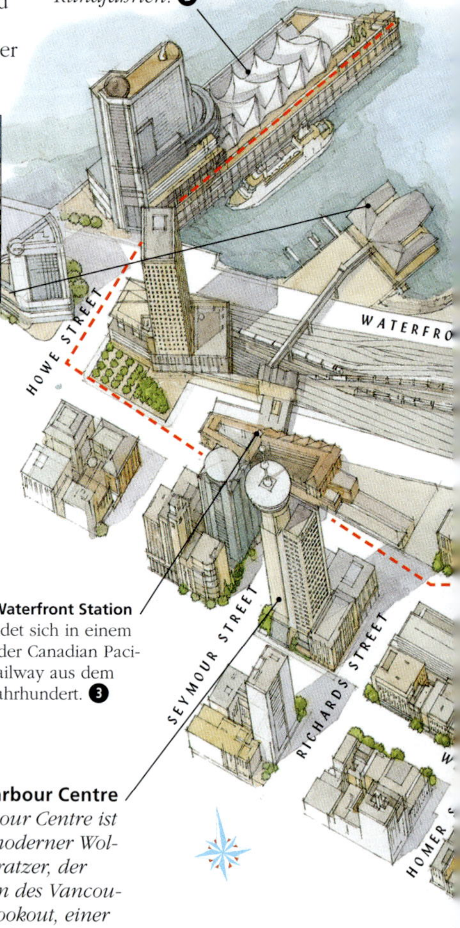

Die Waterfront Station befindet sich in einem Bau der Canadian Pacific Railway aus dem 19. Jahrhundert. ❸

★ Harbour Centre
Harbour Centre ist ein moderner Wolkenkratzer, der wegen des Vancouver Lookout, einer Aussichtsplattform in 167 Meter Höhe, bekannt ist. An klaren Tagen sieht man bis nach Vancouver Island. ❹

NICHT VERSÄUMEN

- ★ Harbour Centre
- ★ Water Street

Hotels und Restaurants in Vancouver *siehe Seiten 291f und 308–311*

★ Water Street

Die mit roten Ziegelsteinen gepflasterten Straßen des Viertels, die Läden, Cafés und das quirlige Straßenleben – das alles trägt zu Gastowns Charme bei. ❺

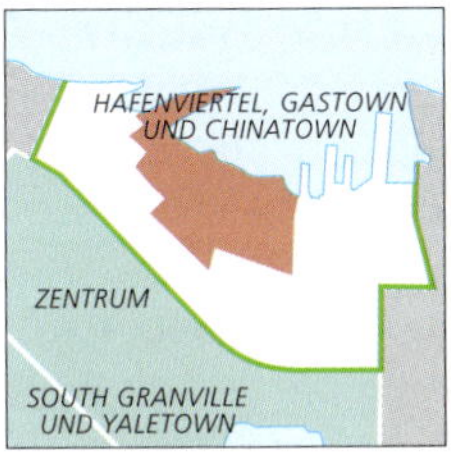

Zur Orientierung

Siehe Stadtplan 3

Die Dampfuhr ist weltweit einmalig. Den Dampf liefert das Fernwärmesystem der Stadt. Jede Stunde hört man ein Westminster-Glockenspiel.

Die Inuit Gallery zeigt Inuit-Kunst, darunter Skulpturen und Drucke.

Statue von »Gassy Jack«

Gastown wurde nach dem englischen Seemann »Gassy Jack« Deighton benannt, einem Schwadroneur, der 1867 für die Arbeiter der Sägemühle einen Saloon eröffnete.

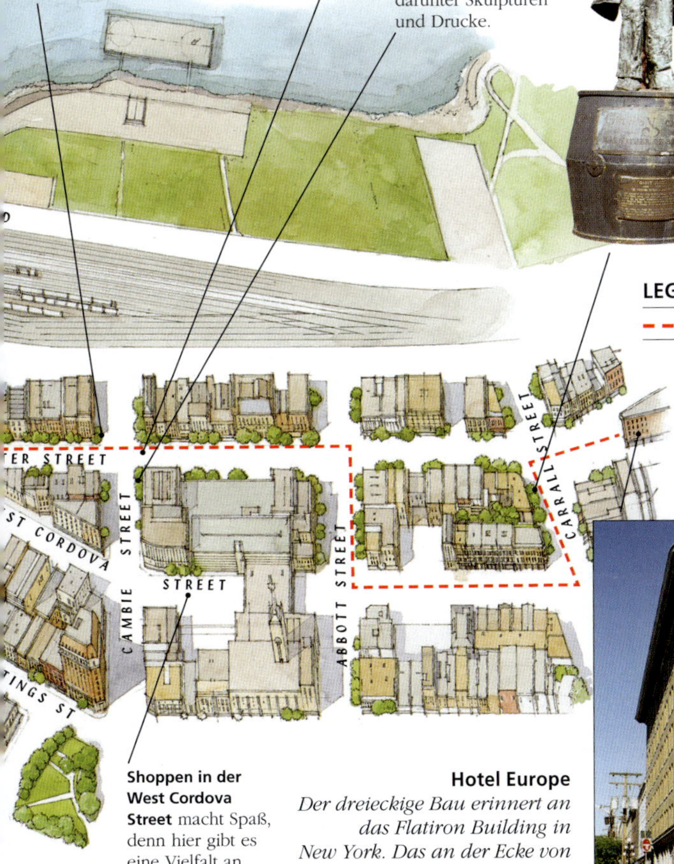

LEGENDE

- - - Routenempfehlung

0 Meter 100

0 Yards 100

Shoppen in der West Cordova Street macht Spaß, denn hier gibt es eine Vielfalt an kleinen Galerien und schicken Boutiquen.

Hotel Europe

Der dreieckige Bau erinnert an das Flatiron Building in New York. Das an der Ecke von Alexander und Powell Street 1908/09 als Hotel errichtete Gebäude ist heute ein Wohnhaus.

Stadtplan Vancouver *siehe Seiten 236–241*

Marine Building ❶

355 Burrard St. **Stadtplan** 3 A1.
Waterfront. *17, 22.*
SeaBus: Waterfront.

Die Architekten McCarter und Nairne beschrieben das Marine Building als »einen riesigen Felsen, der sich aus dem Meer erhebt«. Das 1929 im Art-déco-Stil erbaute Gebäude am Hafen kostete die Auftraggeber über zwei Millionen US-Dollar – danach waren sie bankrott. Der 25-stöckige Turm aus poliertem Stein, in dem sich Vancouvers Seefahrtsunternehmen ansiedeln sollten, wurde 1933 für 900 000 US-Dollar an die irische Guinness-Familie verkauft. Der heute beliebte Büroturm ist seit den 1980er Jahren für 20 Millionen US-Dollar restauriert worden. Er ist der beeindruckendste historische Bau der Stadt: Die Fassade schmücken Meerestiere aus Terrakotta, z. B. Seepferdchen, die auf den Wellen schaukeln. Den Haupteingang mit seinen Drehtüren zieren bronzene Fenstergitter und Reliefs mit Seesternen, Krebsen und Muscheln. Ein zwölf Meter hoher Terrakottabogen zeigt einen hervorspringenden Schiffsbug und Kanada-Gänse. Die Lobby mit ihren wassergrünen und blauen Fliesen und Friesen mit Seefahrtsmotiven kommt einer Zeitreise gleich. Der mit zwölf kanadischen Holzarten verkleidete Fahrstuhl bringt Besucher in den ersten Stock mit Blick auf die Lobby.

Art déco pur: der Eingang des Marine Building

Canada Place ähnelt einem Segelschiff, das ausläuft

Canada Place ❷

999 Canada Pl. **Stadtplan** 3 B1.
Waterfront. *1, 3, 4, 7, 8, 50.*
SeaBus: Waterfront. *tägl.*

Canada Place entstand als kanadischer Pavillon für die Expo '86. Heute beherbergt der Bau eine Schiffsanlegestelle, das Vancouver Convention Centre, das Vancouver World Trade Centre und ein Luxushotel.

Die fünf weißen »Segel« aus teflongeschütztem Material bieten nicht nur einen schönen Anblick, sondern sind auch tragende Elemente der Konstruktion. Sie ermöglichten den Bau riesiger Innenräume ohne Stützpfeiler. An der Westseite gibt es eine Grünanlage mit Brunnen, Bäumen und Bänken – eine Oase der Ruhe inmitten der Stadt.

Die 300 Meter lange, offene Canada Place Promenade ragt in den Hafen hinein und ermöglicht eine herrliche Aussicht auf den Schiffs- und Flugverkehr. Über 2800 Schiffe legen pro Jahr auf ihrem Weg nach Alaska oder Seattle hier an. Alljährlich am 1. Juli *(siehe S. 31)* ist Canada Place Schauplatz eines spektakulären Hafenfeuerwerks. Den schönsten Blick genießt man natürlich von der Canada Place Promenade aus.

Während der Olympischen Winterspiele 2010 diente das Convention Centre als Zentrale für Journalisten sowie für internationale Rundfunk- und Fernsehübertragungen.

Waterfront Station ❸

601 W Cordova St. **Stadtplan** 3 B2.
Waterfront. *1, 3, 4, 7, 8, 50.*
SeaBus: Waterfront.

Die Waterfront Station ist ein belebter Verkehrsknotenpunkt für SeaBus, SkyTrain und die Schnellzüge der Westküste. Der heutige Bahnhof wurde von der Canadian Pacific Railway erbaut und ist schon der dritte an diesem Standort *(siehe S. 211)*.

Der erste transkanadische Zug erreichte den ersten aus Holz erbauten Bahnhof am 23. Mai 1887. Der zweite, eher schlossähnlich wirkende Bau entstand 1898/99. Der heutige neogotische Bahnhof

Der imposante Säuleneingang zur Waterfront Station

Hotels und Restaurants in Vancouver *siehe Seiten 291f und 308–311*

mit der Backsteinfassade und den weißen Säulen wurde 1912–14 vom Architektenbüro Barott, Blackader and Webster errichtet. 1976/77 fanden größere Restaurierungsarbeiten statt, die den großen Wartesaal, die Säulen und Bogen besser zur Geltung brachten. Die Wandgemälde der oberen Wände zeigen romantische Motive kanadischer Landschaften. Im alten Wartesaal haben sich heute Läden und Cafés eingerichtet.

Auf dem Platz vor dem Bahnhof steht die Skulptur *Wounded Soldier* von Charles Magera (1871–1939), dem einst bekanntesten Künstler Vancouvers. Er gestaltete auch die beiden Steinlöwen am Eingang zum Stanley Park.

Aussichtsplattform des Vancouver Lookout im Harbour Centre

Harbour Centre ❹

555 W Hastings St. **Stadtplan** 3 B2. *(604) 689 7304.* *Waterfront.* *23, 35.* *SeaBus: Waterfront.* *tägl. 10–18 Uhr.*

Gläserne Fahrstühle gleiten 169 Meter hoch auf den Turm des Harbour Centre bis zum **Lookout**, der Aussichtsplattform mit Rundumblick. Hinweistafeln erläutern, was man sehen kann, u. a. das hervorstechende weiße Dach des BC Place Stadium, Stanley Park und Mount Baker im angrenzenden Washington.

Als der Bau am 13. August 1977 eröffnet wurde, war er das höchste Gebäude in BC. Unter den Ehrengästen befand sich auch der US-Astronaut Neil Armstrong: Der erste Mensch, der seinen Fußabdruck auf dem Mond hinterließ, drückte hier seinen Fuß in Zement.

Das Ticket für die Aussichtsplattform ist einen ganzen Tag gültig, sodass man abends zurückkehren kann, um den Sonnenuntergang über Vancouver Island zu sehen. Auf der Turmspitze gibt es auch ein Drehrestaurant. Im Erdgeschoss, dem Stadt-Campus der Simon Fraser University, zeigt die Teck Gallery Werke von Künstlern der Region. Im Untergeschoss finden sich Läden und eine Buchhandlung.

Lookout
Harbour Centre. *(604) 689 0421.* *Apr–Sep: tägl. 8.30–22.30 Uhr; Okt–März: tägl. 9–21 Uhr.*
www.vancouverlookout.com

Water Street ❺

Zwischen Richards St u. Carrall St. **Stadtplan** 3 B2. *Waterfront.* *1, 50.* *SeaBus: Waterfront.*

Die Water Street mit dem roten Kopfsteinpflaster ist die Hauptstraße von Gastown und bei Besuchern beliebt. Die Bauten vom Ende des 19. Jahrhunderts beherbergen nun Lokale, Discos, Boutiquen, Souvenirshops, Teppichläden und Galerien mit Kunst der Ureinwohner.

Die Dampfuhr zieht zur vollen Stunde Schaulustige an

Die Water Street war nicht immer so populär: Nach dem Zweiten Weltkrieg verkam sie. Ihr Potenzial wurde erst in den 1960er Jahren wiederentdeckt und die Straße daraufhin restauriert. Seit 1971 steht das Areal unter Denkmalschutz: Altmodische Straßenlaternen und einstige Stallungen tragen zum Flair bei.

Die weltweit erste dampfbetriebene Uhr (1977) erhebt sich an der Ecke von Water und Cambie Street fünf Meter hoch. Zur vollen Stunde erklingt das Westminster-Glockenspiel, alle 15 Minuten ertönt ein Pfeifen mit Dampfwolke. Weitere Attraktionen sind The Landing, ein altes Warenhaus, das Dominion Hotel (1899) und die einst verruchte Blood Alley.

Der Große Brand von 1886

Am 13. Juni 1886 entstand aus den Funken eines Buschfeuers an der Strecke der Canadian Pacific Railway im heutigen Yaletown *(siehe S. 220f)* ein Brand, der sich – angefacht durch starken Westwind – durch die rund 1000 Holzbauten Vancouvers fraß. In nur 20 Minuten war die Stadt zerstört, knapp zwei Monate nach Erhalt der Stadtrechte. Das Feuer war so heiß, dass die Glocken der St. James' Anglican Church schmolzen. Mindestens 21 Menschen starben. Am nächsten Tag begann der Wiederaufbau. Der Burns Block am Maple Tree Square *(siehe S. 204)* wurde in nur einem Jahr erbaut – und steht noch heute.

Nach dem Großen Brand von 1886: Stadtabgeordnete vor dem provisorischen Rathaus

Statue von »Gassy Jack« Deighton auf dem Maple Tree Square

Maple Tree Square ❻

Water St u. Carrall St. **Stadtplan** 3 C2. *1, 50.*

Man kann so lang suchen, wie man will – auf dem Maple Tree Square gibt es keinen Ahornbaum. Der früher berühmte Baum – einst ein beliebter Treffpunkt – fiel dem Großen Brand von 1886 *(siehe S. 203)* zum Opfer. Stattdessen erhebt sich hier eine 1,8 Meter hohe Statue aus gehämmertem Kupfer des Künstlers Vern Simpson aus Okanagan: John »Gassy Jack« Deighton, nach dem Gastown benannt wurde. Die 1970 in Auftrag gegebene Statue ehrt den »gassy« (»geschwätzigen«) Unternehmer.

1867 eröffnete Deighton in der Nähe des Maple Tree Square den ersten Saloon am Burrard Inlet. Er hatte die Arbeiter des örtlichen Sägewerks überredet, den Saloon in 24 Stunden zu bauen. Deighton starb im Alter von nur 45 Jahren am 29. Mai 1875 und wurde in New Westminster begraben.

Der restaurierte Gaoler's Mew, ein ehemaliger Stall, war 1871 »Amtssitz« von Constable Jonathan Miller, dem ersten Polizisten von Granville. Die beiden angrenzenden Zellen aus Holz hatten zwar Türen, aber keine Schlösser.

Vancouver Police Museum ❼

240 E Cordova St. **Stadtplan** 3 C2. *(604) 665 3346.* *3.* *Mo–Sa 9–17 Uhr.* *Feiertage.*
www.vancouverpolicemuseum.ca

Das 1986 zur Hundertjahrfeier der Polizei von Vancouver eröffnete Museum liegt im früheren Coroner's Court Building (1932–80). Zum Komplex gehört auch die einstige städtische Leichenhalle. Unter anderem kann man den Autopsiesaal besichtigen, wo der Schauspieler Errol Flynn am 14. Oktober 1959 für tot erklärt wurde. Hier wurden Szenen für die erfolgreichen Fernsehserien *X-Files (Akte X)* und *Da Vinci's Inquest (Da Vincis Untersuchung)* gedreht. Ein großes Wandbild zeigt die Polizeigeschichte Vancouvers, und historische Dioramen lassen alte Kriminalfälle lebendig werden. Ausgestellt sind auch rund 100 Uniformen und 200 Polizeimützen aus aller Welt sowie historische Feuerwaffen und beschlagnahmte Waffen aller Art.

Drachen auf einer Straßenlaterne in Chinatown

Chinatown ❽

E Hastings St bis Union St, Carrall St bis Gore St. **Stadtplan** 3 C3. *Stadium.* *3, 4, 7, 19, 22.* *anmelden unter (604) 632 3808.*
www.vancouver-chinatown.com

Vancouvers Chinatown ist älter als die Stadt selbst. Die Pender Street, Hauptstraße des Viertels, wird bei der Taylor Street vom Millennium Gate überragt – ein guter Startpunkt für einen Besuch des Viertels. Mit seinen Läden und Dim-Sum-Lokalen ist Chinatown eher tagsüber interessant – bis auf den **Chinatown Night Market**. Im **Chinese Freemasons Building** (1 W Pender St) von 1907 lebte Dr. Sun Yat-Sen. Das **Sam Kee Building** (8 W Pender St) von 1913 ist das Ergebnis staatlicher Enteignung zur Straßenverbreiterung. Der Besitzer baute auf dem Restgrundstück den schmalsten Laden der Welt (1,5 m breit). Das **Wing Sang Building** (51–67 E Pender St) von 1889 ist der älteste Bau Chinatowns. Früher war eine Opiumküche im Hinterhof.

Sam Kee Building (1913) – das schmalste Gebäude der Welt

Chinatown Night Market
E Pender u. E Keefer St, Gore bis Main St. *Mai–Sep: Fr–So 18.30–23 Uhr.*

Das reich verzierte Millennium Gate in Chinatown begrüßt Besucher

Hotels und Restaurants in Vancouver *siehe Seiten 291f und 308–311*

Klassischer Pavillon im Dr. Sun Yat-Sen Garden

Dr. Sun Yat-Sen Chinese Garden ❾

578 Carrall St. **Stadtplan** 3 B3. *(604) 662 3207. Stadium. 4, 7, 19, 22. Mai–Mitte Juni, Sep: Di–So 10–18 Uhr; Mitte Juni–Aug: tägl. 9.30–19 Uhr; Okt–Apr: Di–So 10–16.30 Uhr.*
www.vancouverchinesegarden.com

Der traditionelle chinesische Garten entstand als erster seiner Art außerhalb Chinas nach dem Vorbild von Privatgärten in Suzhou zur Zeit der Ming-Dynastie. Ein 52-köpfiges Team aus Suzhou arbeitete ein Jahr lang an dem Projekt. Das Baumaterial wurde in über 950 Holzkisten mühsam aus China transportiert. Beim Bau wurden keine Nägel, Schrauben oder elektrischen Geräte verwendet.

Auf den ersten Blick erscheint der nach dem Gründer der Republik China benannte Garten wie ein Labyrinth aus Mauern innerhalb weiterer Mauern. Der Garten soll größer wirken, als er ist, und hat überall Fenster und Mondtore (große runde Maueröffnungen), die den Blick auf winzige Höfe mit noch kleineren Innenhöfen lenken, ausgeklügelte Miniaturpavillons, Mosaikwege und Galerien. Viele Pflanzen und Bäume symbolisieren Werte: Die Weide ist ein Symbol weiblicher Anmut, Pflaume und Bambus verweisen auf männliche Kraft.

Chinese Cultural Centre Museum and Archives ❿

555 Columbia St. **Stadtplan** 3 C3. *(604) 658 8880. Stadium, Main. 3, 19, 22. Di–So 9–17 Uhr. 1. Jan, 25., 26. Dez. außer Galerie.*
www.cccvan.com

Das dreistöckige Gebäude des Chinese Cultural Centre Museum and Archives wurde im Stil der Ming-Dynastie (1368–1644) errichtet. An den Rändern seines geschwungenen Kacheldachs stehen verzierte Drachen zum Schutz des Gebäudes.

Der Museums- und Archivkomplex wurde 1998 als Teil des Chinese Cultural Centre (50 East Pender Street) eröffnet. In der Pender Street steht auch das fein verzierte, rotgrüne China Gate, das ursprünglich im chinesischen Pavillon der Expo '86 ausgestellt war, als sichtbares Aushängeschild des gesamten Komplexes.

Museum und Archiv sind eine Bereicherung für Chinatown. Im Erdgeschoss findet sich die To-Yick Wong Gallery mit einer Ausstellung renommierter junger Künstler. Im ersten Stock gibt es Kunst- und Fotoausstellungen, z. B. die Fotoausstellung »From Generation to Generation«, ein historisches Porträt der chinesischen Gemeinde in British Columbia vom Goldrausch 1858 bis heute. Auch das Chinese Canadian Military Museum (zur Geschichte der chinesisch-kanadischen Veteranen) ist hier untergebracht. Im zweiten Stock veranstaltet die S. K. Lee Academy Seminare und Symposien zur interkulturellen Forschung.

Das Chinese Cultural Centre, ein Bau im Stil der Ming-Dynastie

Vancouvers chinesische Gemeinde

In Vancouvers Chinatown leben über 35 000 Menschen chinesischer Herkunft. Sie ist die größte Chinatown nach derjenigen San Franciscos. Um 1880 entstand das Viertel als Hüttenstadt, als rund 18 000 Chinesen für den Bau der kanadischen Transkontinentaleisenbahn in die Stadt strömten *(siehe S. 211)*. Das Wachstum von Chinatown wurde damals als Bedrohung für nichtasiatische Saisonarbeiter betrachtet. 1885 wurde das Einwanderungsgesetz verschärft: Zwar kamen danach noch chinesische Männer, doch Frauen durften nicht mehr einwandern. Die Männer, die ihre Familien in China unterhielten, sahen diese oft jahrzehntelang nicht. Die Spannungen kulminierten 1887 und 1907 in Aufständen. Der Chinese Immigration Act von 1923 ließ die Einwohnerzahl weiter schrumpfen. Doch in den 1940er Jahren zog Chinatown Besucher an. Die Regierung sah sich 1947 veranlasst, den Chinesen die kanadische Staatsbürgerschaft anzubieten und die Einwanderung wieder zuzulassen. Heute gibt es in Richmond sogar eine zweite Chinatown.

Reichhaltige Auslage in einem Laden in Chinatown

VANCOUVER

Zentrum

Das Zentrum Vancouvers ist ein dicht bebauter Geschäfts-, Shopping-, Kultur- und Kunstbereich. 1895, als die Christ Church Cathedral an der Ecke Burrard und Georgia Street eingeweiht wurde, konnte man ihre Lichter noch vom unterhalb liegenden Hafen sehen. Heute wird die kleine Kirche von den Bürohochhäusern fast erdrückt. Dennoch findet man hier, inmitten der Fußgängerströme, ruhige Ecken wie den Innenhof am Cathedral Place. Eines der berühmtesten Wahrzeichen Vancouvers liegt mitten im Zentrum: das historische Fairmont Hotel, in dem bis heute Könige und Prominente aus aller Welt absteigen. Die Vancouver Art Gallery mit einer bedeutenden Sammlung von Werken der Malerin Emily Carr und der Group of Seven ist im ehemaligen Gerichtsgebäude am Robson Square untergebracht – ideal, um zu relaxen und dem Treiben auf dem Platz zuzusehen. Die Robson Street führt quer durch die Innenstadt und ist für ihre exzellenten Läden und zahlreichen Lokale bekannt.

Bleiglasfenster, Christ Church Cathedral

Sehenswürdigkeiten auf einen Blick

Museen und Galerien
BC Sports Hall of Fame and Museum 10
Science World 12
Vancouver Art Gallery 5

Kirchen und Gebäude
BC Place Stadium 11
Cathedral Place 2
Christ Church Cathedral 1
Fairmont Hotel Vancouver 3
HSBC Building 4
Vancouver Central Library 9
Vogue Theatre 8

Plätze
Robson Square and Law Courts 6

Shopping-Meile
Robson Street 7

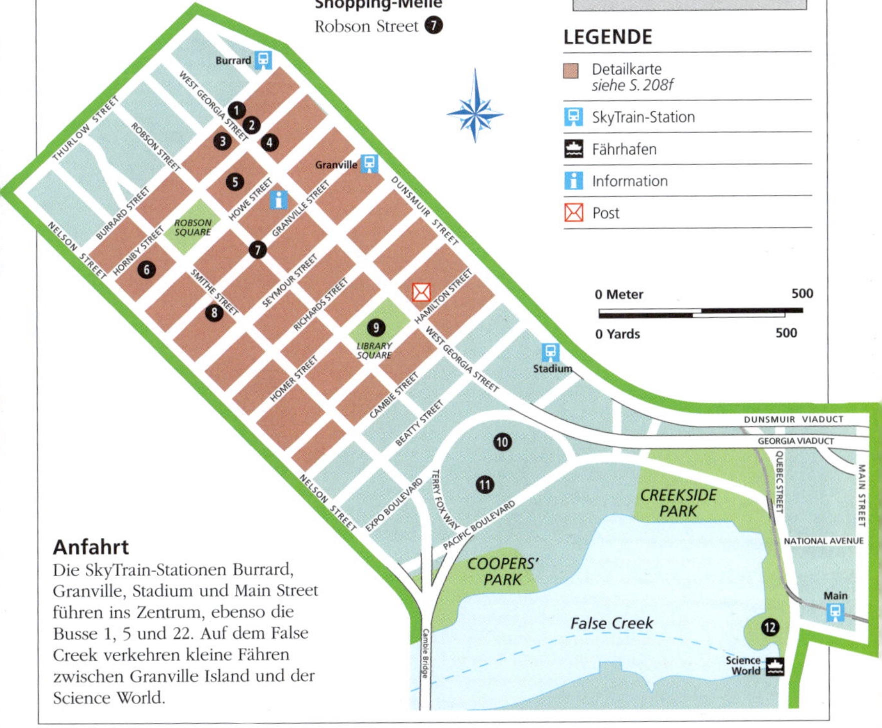

LEGENDE

- Detailkarte *siehe S. 208f*
- SkyTrain-Station
- Fährhafen
- Information
- Post

Anfahrt
Die SkyTrain-Stationen Burrard, Granville, Stadium und Main Street führen ins Zentrum, ebenso die Busse 1, 5 und 22. Auf dem False Creek verkehren kleine Fähren zwischen Granville Island und der Science World.

◁ **Boote schaukeln in einer Marina im False Creek vor der Hochhäuserkulisse des Zentrums von Vancouver**

Im Detail: Zentrum

Justitia, Law Courts

Vancouvers kleines Zentrum wäre fast als anonyme Bürostadt in Vergessenheit geraten. Glücklicherweise wurden die meisten historischen Wohngebäude erhalten und neue Apartmentkomplexe errichtet. Vancouver ist zwar eine relativ junge Stadt, sorgt sich aber sehr um die Restaurierung der historischen Bausubstanz, die der Innenstadt einen Charme verleiht, den man in nordamerikanischen Großstädten oft vermisst. Ein gutes Beispiel ist die Vancouver Art Gallery *(siehe S. 211)* im Gebäude des früheren Provinzgerichts, das der Architekt Francis Rattenbury 1906 im viktorianischen Stil erbaute.

Christ Church Cathedral
Die Bleiglasfenster der Kathedrale, einst Wegweiser für die Seeleute, zeigen das Leben von Helden aus Vancouver. ❶

Fairmont Hotel Vancouver
Der historische Bau aus den 1920er Jahren ist eines der Wahrzeichen der Stadt. Das restaurierte Innere erstrahlt heute wieder weitgehend im alten Glanz. ❸

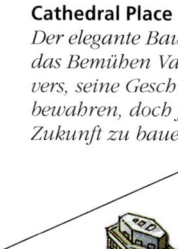

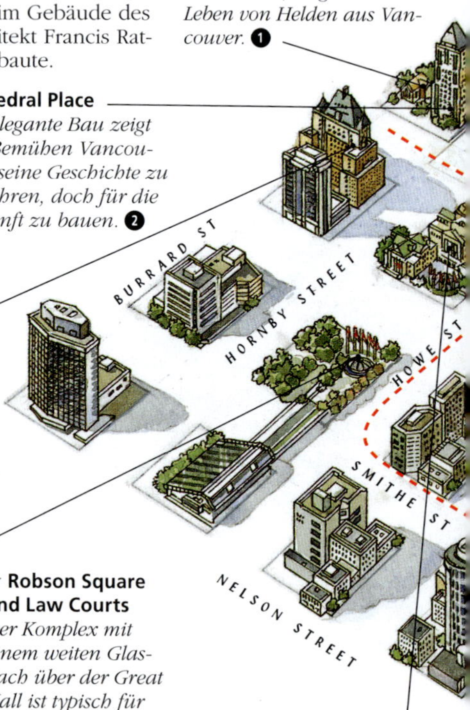

Cathedral Place
Der elegante Bau zeigt das Bemühen Vancouvers, seine Geschichte zu bewahren, doch für die Zukunft zu bauen. ❷

★ Robson Square und Law Courts
Der Komplex mit einem weiten Glasdach über der Great Hall ist typisch für die Architektur der Westküste. ❻

0 Meter 100

0 Yards 100

LEGENDE

- - - - Routenempfehlung

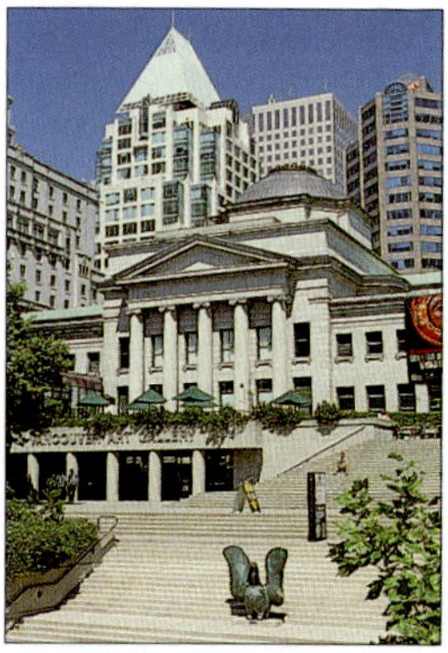

★ Vancouver Art Gallery
Das Museum zeigt die Werke der wichtigsten Künstler British Columbias zusammen mit denjenigen renommierter internationaler Künstler. ❺

Hotels und Restaurants in Vancouver *siehe Seiten 291f und 308–311*

HSBC Building
Im baumbestandenen Atrium des Gebäudes schwingt ein sieben Stockwerke hohes Pendel aus poliertem Aluminium des Künstlers Alan Storey. ❹

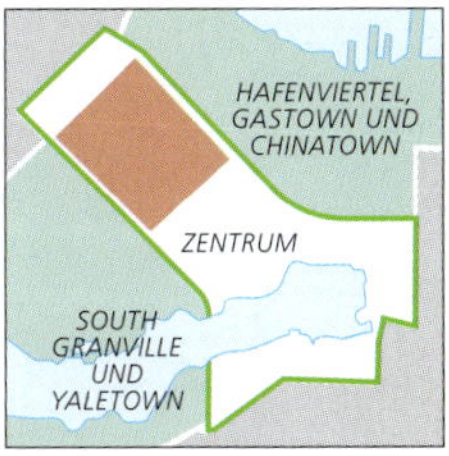

Zur Orientierung
Siehe Stadtplan 2

★ Vancouver Central Library
Der innovative Bau von Moshe Safdie mitten in der Stadt gleicht einem Kolosseum. ❾

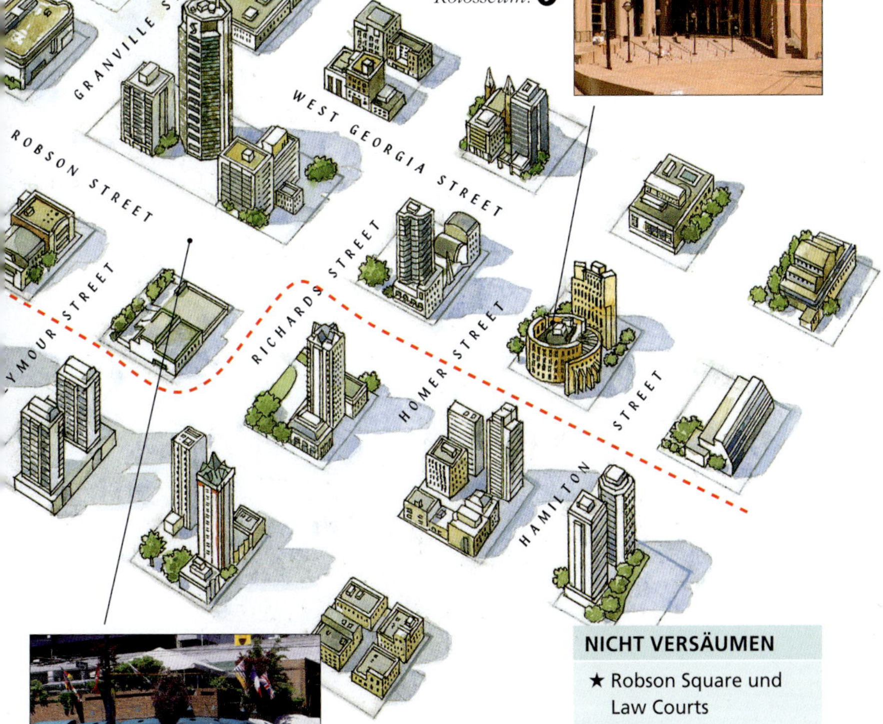

Robson Street
Die Läden in der beliebten Straße sind für ihre schicke Freizeitmode bekannt. ❼

NICHT VERSÄUMEN

★ Robson Square und Law Courts

★ Vancouver Art Gallery

★ Vancouver Central Library

Stadtplan Vancouver *siehe Seiten 236–241*

Bleiglasfenster in der Christ Church Cathedral

Christ Church Cathedral ❶

690 Burrard St. **Stadtplan** 2 F2. *(604) 682 3848.* *Burrard.* *22.* *Mo–Fr 10–16 Uhr (So Gottesdienste).* *So 8, 10 Uhr.* **Konzerte**.
www.cathedral.vancouver.bc.ca

Die Christ Church Cathedral war einst als »Licht auf dem Hügel« bekannt, weil sie als »Leitstern« für die heimkehrenden Seeleute diente. Die seit ihrer Weihe 1895 mehrfach erweiterte, älteste Kirche Vancouvers erhebt sich heute mitten im Geschäftsviertel. C. O. Wickenden aus Winnipeg gestaltete sie nach einer gotischen Gemeindekirche. Im Inneren kann man gebogene Deckenbalken aus Douglasfichte bestaunen. Auch heute ist diese Sandsteinkathedrale noch ein Ort der besinnlichen Einkehr.

Die Kirche wurde erst 1929 zur Kathedrale. Ein Jahr später kam die geräumige Kanzel hinzu. Die Laternen wurden 1937 installiert. Pläne für einen Glockenturm wurden wegen einer Stadtverordnung zur Einschränkung von Glockengeläut gestoppt.

Die 32 Bleiglasfenster aus British Columbia und Kanada zeigen Motive aus dem Alten und Neuen Testament: Darunter sind einzigartige Fenster mit Bildern von Menschen und Orten in Vancouver. Drei Fenster von William Morris, eine Dauerleihgabe des Vancouver Museum, sind bei den Büroräumen im Vestibül zu sehen (Eingang Burrard Street).

Bei der Renovierung 2004 wurde eine neue Kenneth-Jones-Orgel installiert.

Cathedral Place ❷

925 W Georgia St. **Stadtplan** 2 F2. *(604) 684 0925.* *Burrard.* *22.* *Mo–Fr 7–18 Uhr, Sa 9–17 Uhr.* *Feiertage.*
www.925westgeorgia.com

Cathedral Place ist die Neuinterpretation eines Art-déco-Hochhauses, des Georgia Medical Dental Building von 1929, das früher hier stand. Der 23-stöckige, postmoderne Bau wurde 1990/91 von Paul Merrick Architects entworfen.

Cathedral Place bewahrt den Stil des Vorgängerbaus. Die Skulpturen auf der Brüstung des elften Stocks sind Nachbildungen von drei Terrakotta-Krankenschwestern in Uniformen aus dem Ersten Weltkrieg, die einst das Medical Dental Building schmückten. Seinerzeit zierten Löwen die Brüstung des dritten Stocks. Heute halten Löwen an den Eingängen Wache. Die acht Wasserspeier an der Brüstung im 16. Stock spiegeln jene des gegenüberliegenden Fairmont Hotel wider.

Die Fassade besteht aus 20 000 Kalksteinteilen aus Kansas, die poliert, zugeschnitten, nummeriert und dann per Kran eingesetzt wurden. Die Lobby im Art-déco-Stil wird von Robert Studers Glas-Stahl-Skulptur *Navigation Device: Origin Unknown* beherrscht. Das Muster des Fußbodens ist aus 17 000 Stücken spanischen Granits gebildet. Hinter der Lobby liegt ein grüner Innenhof mit Bänken.

Blick von der Vancouver Art Gallery auf Cathedral Place

Ein Wahrzeichen: das Fairmont Hotel Vancouver mit Kupferdach

Fairmont Hotel Vancouver ❸

900 W Georgia St. **Stadtplan** 2 F2. *(604) 684 3131.* *Burrard.* *22.* *Siehe* ***Hotels*** *S. 291.*
www.fairmont.com

Die Canadian Pacific Railway (CPR) ließ 1887 das erste Hotel Vancouvers erbauen, zwei Blocks östlich vom heutigen Standort des Wahrzeichens. Der Bau des jetzigen Hotels, des vierten dieses Namens, begann Ende der 1920er Jahre, wurde aber nach dem Börsenkrach 1929 unterbrochen. Bei seiner Vollendung 1939 wurde das frühere Hotel von der CPR geschlossen. Das neue Hotel betrieb man nun zusammen mit der Konkurrenz, der Canadian National Railway.

Der Bau fällt durch das grüne Kupferdach auf. Die Dachspitzen machten ihn zum Wahrzeichen Vancouvers. Sie wurden bei vielen Bürohochhäusern nachgeahmt. Zehn Handwerker aus zehn Ländern arbeiteten ein Jahr lang an den Fassadensteinen. Hermes, der griechische Götterbote, ist an der Fassade zur Georgia Street zu sehen. Weitere Motive sind Boote, Züge, Widder, Gänse und Greifen in klassischer Manier.

Die Hotellobby wurde 1996 vom heutigen Hoteleigner, der Fairmont-Hotel-Gruppe, für zwölf Millionen US-Dollar nach den Originalskizzen restauriert: Dabei wurden über 743 Quadratmeter Marmor verwendet.

Hotels und Restaurants in Vancouver *siehe Seiten 291f und 308–311*

HSBC Building ❹

885 W Georgia St. **Stadtplan** 2 F2. *Burrard.* *22.* *(604) 683 8144.* **Pendulum Gallery** *Mo–Mi 9–18, Do, Fr 9–21, Sa 9–17 Uhr.* *Feiertage.*
www.885westgeorgia.com

Das von Licht durchflutete Atrium bietet ein atemberaubendes Entree ins HSBC Building, ein 24-stöckiges Hochhaus aus Glas und Granit mit den Büros der Hong Kong Bank of Canada. Ein sieben Stockwerke hohes kinetisches Pendel hängt von der Decke herab: Täglich schwingt es 11 232 Mal sechs Meter weit. Das von Alan Storey geschaffene hohle Pendel aus poliertem Aluminium (1600 kg) verstärkt die zeitlose Klassik des Baus.

Die Pendulum Gallery zeigt u. a. Werke kanadischer Künstler und internationaler Fotografen. Im kleinen Museumscafé spielen ab und zu Musiker auf dem Flügel.

Das faszinierende Pendel im Atrium des HSBC Building

Vancouver Art Gallery ❺

750 Hornby St. **Stadtplan** 2 F2. *(604) 662 4719.* *Burrard.* *5.* *tägl. 10–17 Uhr (Di bis 21 Uhr).*
www.vanartgallery.bc.ca

Logger's Culls **(um 1935) von Emily Carr, Vancouver Art Gallery**

Die Vancouver Art Gallery ist im einstigen Provinzgericht von British Columbia untergebracht. Der imposante Bau entstand im Jahr 1906 nach den Plänen von Francis Rattenbury, einem Architekten, der schon für den neogotischen Stil des Parlaments und des Empress Hotel in Victoria *(siehe S. 249)* verantwortlich ist. Das Innere wurde 1983 von Arthur Erickson modernisiert, einem weiteren renommierten Architekten, der u. a. das UBC Museum of Anthropology *(siehe S. 230f)* gestaltete.

Die Sammlung umfasst kanadische Kunst, darunter Werke der Group of Seven und die weltweit größte Sammlung mit Gemälden von Emily Carr, einer der beliebtesten Künstlerinnen Kanadas. Emily Carr wurde 1871 in Victoria geboren. Sie studierte Kultur und Leben der Ureinwohner sowie die Landschaft an der Westküste. Blau-, Grün- und Grautöne dominieren ihre Bilder, die oft Haida-Objekte, etwa Totempfähle, zeigen.

Robson Square und Law Courts ❻

800 Hornby St. **Stadtplan** 2 F2–F3. *(604) 660 8989.* *Granville.* *5.* *Mo–Fr 9–16 Uhr.* *Feiertage.*

Der Robson Square entstand nach Plänen von Arthur Erickson. Die vier Ebenen des Platzes nehmen mehrere Häuserblocks ein: Auf der Straßenebene am Südende der Robson Street bilden Bäume und ein Wasserfall den Hintergrund für Alan Chung Hungs Skulptur *Spring*. Rechts vom Wasserfall führen Stufen zu einem Bassin und Minipark mit Aussicht nach Norden. Dort zweigt ein Weg zu den Law Courts (1974–79) ab. Jack Harmans Statue *Themis Goddess of Justice* blickt auf die Great Hall. Ein Stahlrahmen erhebt sich vier Stockwerke hoch über die Halle.

Die »Eiserne Route«

1886 löste Premierminister John A. Macdonald sein Versprechen ein, die Canadian Pacific Railway (CPR) zu bauen, die der Vereinigung Kanadas dienen sollte. Die »Eiserne Route« verband die Finanzzentren im Osten mit der jungen Holzfällerstadt Vancouver.

Der erste transkontinentale Personenzug traf am 23. Mai 1887 in Vancouver *(siehe S. 202f)* ein. Der Bau forderte allerdings viele Todesopfer, darunter über 600 chinesische Arbeiter, die die gefährlichste Arbeit verrichteten: Schneisen für die Trasse schlagen und die Bahnschwellen mit Schotter sichern.

Der erste kanadische transkontinentale Personenzug 1887 in Vancouver

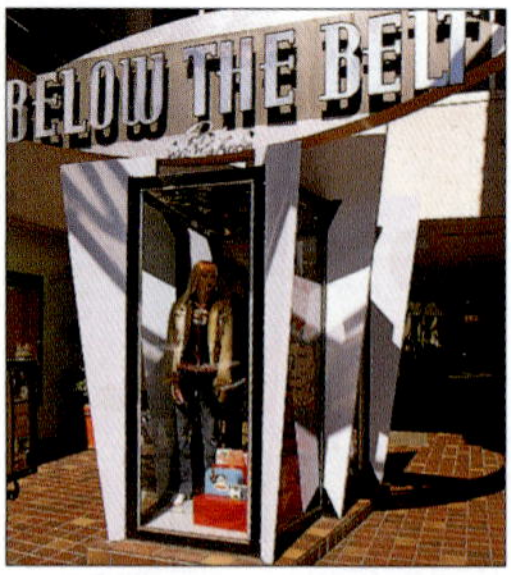

Eines der vielen Fachgeschäfte in der Robson Street

Robson Street ❼

Stadtplan 2 E1. *Burrard.* 5. **www**.robsonstreet.ca

Die Robson Street hieß früher »Robson Strasse«, weil es hier so viele deutsche Geschäfte gab. Benannt ist sie nach dem früheren Premierminister von British Columbia, John Robson (1889–92). Heute wird sie von Lokalen gesäumt, in denen sich die Schönen und Reichen der Stadt, Besucher und Prominente treffen. Die Straßencafés laden zum Sehen und Gesehenwerden geradezu ein.

Die Straße verführt zum Shopping. Im Abschnitt zwischen Granville und Denman Street werden Accessoires, Seifen, Schokolade, Lingerie, Herrenbekleidung, Souvenirs und sogar Hologrammkunst verkauft. Der Musik-Megastore an der Ecke Robson und Burrard Street liegt in der **Vancouver Public Library** von 1957. Es war das erste modernistische, voll verglaste Gebäude Vancouvers. Einige alte Elemente sind noch zu sehen.

Alle Läden der Robson Street haben sieben Tage pro Woche geöffnet – mit verlängerten Abendzeiten.

Vogue Theatre ❽

918 Granville St. **Stadtplan** 2 F3. *(604) 569 1144 (Vorverkauf); (604) 688 1975 (allg. Fragen).* *Granville.* 5. *Kartenbüro: Mo–Sa 10–18, So 12–16 Uhr.* **www**.voguetheatre.com

Der schöne Art-déco-Theaterbau wurde 1940 von Kaplan & Sprachman entworfen, für Vancouver damals eine architektonische Errungenschaft. Eine 19 Meter hohe Schrifttafel mit der römischen Göttin Diana darüber prägt die symmetrische Fassade an der Granville Street.

Das Vogue Theatre zählt zu den National Historic Sites of Canada. Der Zuschauerraum hat eine exzellente Akustik. Auf dem Spielplan stehen Theater und Konzerte, aber auch Kino-Events wie das jährliche Vancouver International Film Festival im Herbst.

Das Vogue Theatre an Vancouvers Theatre Row

Vancouver Central Library ❾

350 W Georgia St. **Stadtplan** 3 A3. *(604) 331 3603.* *Granville, Stadium.* *15, 17.* *Mo–Do 10–21, Fr, Sa 12–18, So 13–17 Uhr.* *Feiertage.* **Lesungen, Veranstaltungen**. **www**.vpl.ca

Der kreative, gewagte Stil der Vancouver Central Library wurde vom Kolosseum in Rom beeinflusst: Die umlaufende, sandfarbene Beton-Kolonnade nimmt einen ganzen Block ein. Die neunstöckige Bibliothek hat eine imposante, sechs Stockwerke hohe Eingangshalle. In den beiden obersten Geschossen liegen die Büros der Provinzregierung. Gegenüber dem Bau erhebt sich ein 21-stöckiger Büroturm der kanadischen Bundesregierung.

Die Bibliothek entstand nach den Plänen von Moshe Safdie & Associates, die auch die National Gallery of Canada in Ottawa schufen, und von Downs/Archambault Partners (den Architekten des Canada Place, *siehe S. 202*). Bei der Einweihung des Baus 1995 wurde kritisiert, er passe nicht zur Stadtarchitektur. Doch die Einwände sind angesichts der überwältigenden Zustimmung für die Bibliothek mittlerweile verstummt.

Das Gebäude wurde nach den neuesten seismischen Kenntnissen erdbebensicher konstruiert und wird nicht durch eine Klimaanlage, sondern durch ein ökologisches Luftzirkulationssystem belüftet.

Auf 32 500 Quadratmetern Fläche sind mehr als 1,3 Millionen Medien gelagert: Bücher, Zeitschriften, Videos, CDs und Tonkassetten. Jeden Tag kommen über 7000 Menschen hierher. Alle Leihgegenstände werden auf vertikal und horizontal verlaufenden Förderbändern durch das Gebäude transportiert.

Im weitläufigen Atrium laden mehrere Cafés zu einer Pause ein. Im Sommer ist die Plaza im Freien ein beliebter Treffpunkt.

Wie Roms Kolosseum: elliptische Kolonnade der Vancouver Central Library

BC Sports Hall of Fame and Museum ⓾

Gate A, BC Place Stadium, 777 Pacific Blvd. *(604) 647 7414.* *Stadium.* 15, 17. *tägl. 10–17 Uhr.* *1. Jan, 25. Dez.*
www.bcsportshalloffame.com

Kanadas größtes Sportmuseum, die BC Sports Hall of Fame and Museum, ist auf fast 2000 Quadratmetern Fläche im BC Place Stadium untergebracht. 20 Abteilungen zeigen die Geschichte des Sports in British Columbia seit den 1860er Jahren. Die 2010 Vancouver Games Gallery geht auf die Olympischen Winterspiele ein. Die riesige Sammlung besteht aus Medaillen, Pokalen, Wettkampfbekleidung, Ausrüstung, Wandgemälden und Fotografien. Interaktive Ausstellungen geben spannende Details aus dem Leben berühmter Athleten preis, z. B. des Sprinters und Olympiamedaillen-Gewinners Harry Jerome und der Skirennläuferin Nancy Greene. Videofilme aus den 1990er Jahren erzählen, wie die Vancouver Canucks die Stanley Cup Finals erreichten und wie die BC Lions den Grey Cup und die Commonwealth Games in Victoria gewannen – alles in nur einem Jahr (1994).

Kinder sind von der Participation Gallery begeistert, wo sie nach Zeit laufen können, einen Felsen erklettern dürfen und testen, wie rasch sie als »Pitcher« reagieren.

Die Ausstellung über den Läufer Terry Fox (1958–1981), der durch Krebs ein Bein verlor, ist besonders anrührend: Er lief bis zu seinem Tod quer durch Kanada, um Geld für die Krebsforschung zu sammeln. Auch die Leistung eines anderen Athleten aus BC, des Rollstuhlsportlers Rick Hansen, wird gewürdigt: 1987 fuhr er 40 000 Kilometer durch die Welt, um zu zeigen, was Behinderte leisten können.

Statue von Percy Williams, BC Sports Hall of Fame

BC Place Stadium: offen oder mit Luftkissen-Kuppeldach zu nutzen

BC Place Stadium ⓫

777 Pacific Blvd. **Stadtplan** 3 A4. *(604) 669 2300.* *Stadium.* 15, 17. *Zeiten variieren je nach Veranstaltungen.*
www.bcplacestadium.com

Das weiße Kuppeldach fällt auf: Das BC Place Stadium von 1983 war das erste überdachte Stadion Kanadas mit der weltweit größten Luftkissen-Kuppel. Das hauchdünne, aber extrem starke Fiberglasmaterial wird durch Luftdruck getragen. Das vier Hektar große Sportstadion, das rund 60 000 Zuschauer fasst, kann innerhalb weniger Stunden in eine kleinere Konzertarena für 30 000 Besucher umgebaut werden. 2011 eröffnete das Stadion nach 18 Monaten Renovierung. Jetzt kann man das Dach auch komplett zurückziehen.

Science World ⓬

1455 Quebec St. **Stadtplan** 3 C4. *(604) 443 7443.* *Main.* 3. *tägl. 10–18 Uhr.* *25. Dez.*
www.scienceworld.bc.ca

Oberhalb des False Creek erhebt sich die 47 Meter hohe geodätische Kuppel der Expo ’86, in der heute das interaktive Wissenschaftsmuseum Science World untergebracht ist. Die Kuppel entwarf der amerikanische Erfinder Richard Buckminster Fuller (1895–1983), der 1954 das Patent für geodätische Kuppeln angemeldet hatte.

Science World lockt mit Wechsel- und Dauerausstellungen, darunter Attraktionen zum Mitmachen: quadratische Seifenblasen, eine Reise durch das Innere einer Kamera und Spiele mit magnetischen Flüssigkeiten. In der Sara Stern Search Gallery können Besucher Felle, Knochen und Tierhäute anfassen, in einen Biberbau kriechen und in einen Bienenstock sehen. In der KidSpace Gallery dürfen Kinder in ein riesiges Kaleidoskop und in eine fliegende Untertasse klettern. Besonders lehrreich sind die Ausstellungen »Our World« und »Eureka!« zu Umwelt, Bewegung und Energie. Zu sehen sind auch etliche Laser-Shows.

Beliebt ist Science World auch wegen des Omnimax Theatre in der Kuppel. Das Kino bietet eine fünf Stockwerke hohe und 27 Meter breite Leinwand, auf der Filme etwa über Bären oder über Sir Ernest Shackletons Antarktis-Expedition von 1914 gezeigt werden.

Die futuristische geodätische Kuppel der Science World

South Granville und Yaletown

Die Viertel South Granville und Yaletown liegen nur eine Fahrt über die Granville Bridge oder einen Fährausflug über den False Creek auseinander. Granville am Südufer bietet Lebensmittelläden, Cafés, Lokale und schicke Läden. Das Areal heißt wegen der vielen Kunstgalerien »gallery row« (»Galeriemeile«). Die Erholungsziele Vanier Park und Kitsilano Beach liegen nahebei. Seit Anfang der 1990er Jahre hat sich Yaletown am Nordufer des False Creek verändert: Einst war es eine verlassene Ecke mit Lagerhäusern. Heute zieht das Viertel Hightech-Firmen und neue Bewohner an. Die Hochhäuser und sanierten Lagerkomplexe schaffen ein modernes und zugleich historisches Flair. Die Straßencafés, Mode- und Möbelläden sowie die Clubs und Kneipen locken tags und abends Besucher an.

Glasvase mit maritimen Motiven

Sehenswürdigkeiten auf einen Blick

Kunstschule
Emily Carr University of Art & Design ❷

Ateliers und Märkte
Granville Island Public Market ❻
Kids Market ❸
New-Small and Sterling Studio Glass ❹

Wasserwege und Fähren
False Creek ❶
Granville Island Market Ferries ❼

Strände, Parks und Viertel
Railspur Alley ❺
Sunset Beach ❾
Vanier Park ❽
Yaletown ❿

LEGENDE
Detailkarte *siehe S. 216f*
Fährhafen (False Creek Ferries)
Information
Kirche

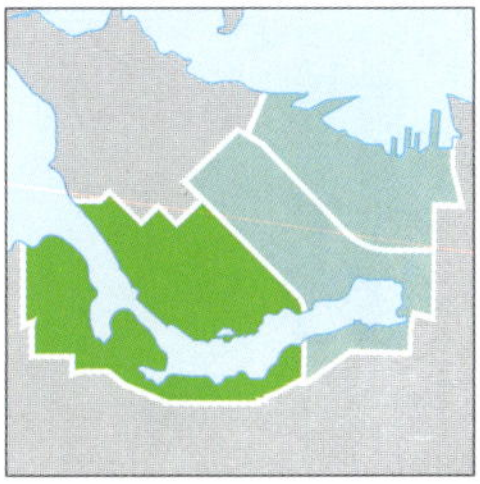

Anfahrt
Die Busse 1, 22 und 50 fahren hierher. Von der Granville St/Ecke 4th Ave aus geht man zehn Minuten zu Fuß nach Granville Island. Aquabus und False Creek Ferries verbinden die Docks mit der Halbinsel.

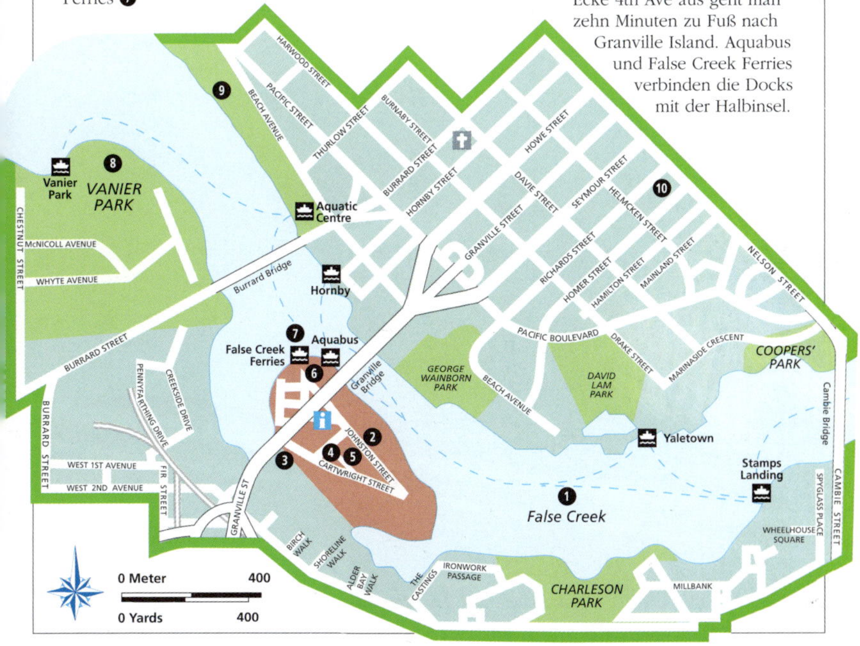

◁ **Granville Island** ***(siehe S. 219)*** **in der Abenddämmerung, dahinter die Burrard Street Bridge**

Im Detail: Granville Island

Zeichen der Granville Island Brewing Company

Granville Island entstand 1916 als Industriegelände auf einem künstlich geschaffenen Areal im False Creek. Jahrzehntelang verschmutzte hier die Schwerindustrie die Umwelt mit giftigem Qualm. In den 1950er Jahren hatte man das Areal fast aufgegeben. 1972 übernahm die kanadische Regierung mit Unterstützung der Stadt Vancouver die Halbinsel, um sie wiederzubeleben. 1979 wurde ein öffentlicher Markt errichtet. Heute laden originelle Läden, Galerien, Ateliers und Lokale in den bunten, umgebauten Lagerhallen und Zinkblechhäusern zum Verweilen ein. Granville Island bietet zudem Musik, Tanz und Theater.

Marina im False Creek vor den Hochhäusern des Zentrums

★ Granville Island Public Market

Hier kann man die ganze Vielfalt an regionalem Obst und Gemüse in farbenfrohen Auslagen genießen – eine der beliebtesten Sehenswürdigkeiten in Vancouver. ❻

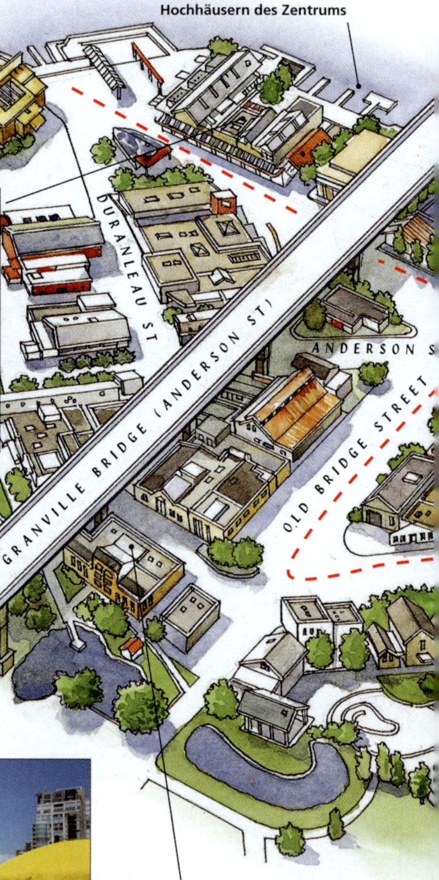

Tische im Freien: eines der vielen Lokale auf Granville Island

Kids Market

Der Kids Market ist ein Paradies für Kinder. 20 Läden bieten Waren von Spielen über Spielzeug bis hin zu Babykleidung an. ❸

Hotels und Restaurants in Vancouver *siehe Seiten 291f und 308–311*

★ Emily Carr University of Art & Design
Die renommierte Kunstschule ist nach einer der bedeutendsten Künstlerinnen von British Columbia benannt und liegt in einem alten Lagerhaus. ❷

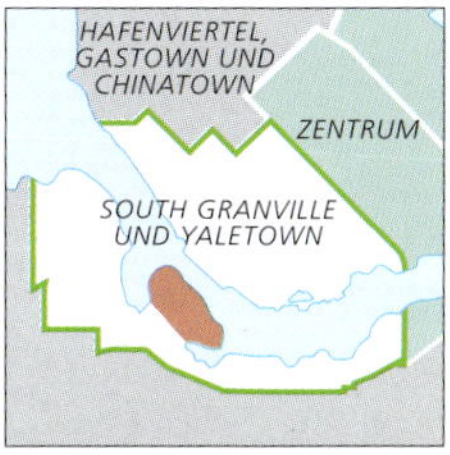

Zur Orientierung
Siehe Stadtplan 2

New-Small and Sterling Studio Glass
Hier kann man hinter Schaufenstern Glasbläserei live erleben und zusehen, wie sich geschmolzenes Glas in wunderschöne Kunstwerke verwandelt. ❹

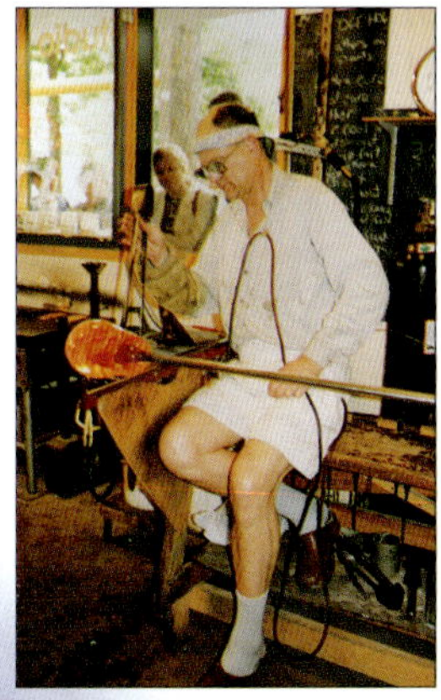

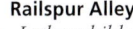

0 Meter 80
0 Yards 80

LEGENDE

- - - Routenempfehlung

NICHT VERSÄUMEN

★ Emily Carr University of Art & Design

★ Granville Island Public Market

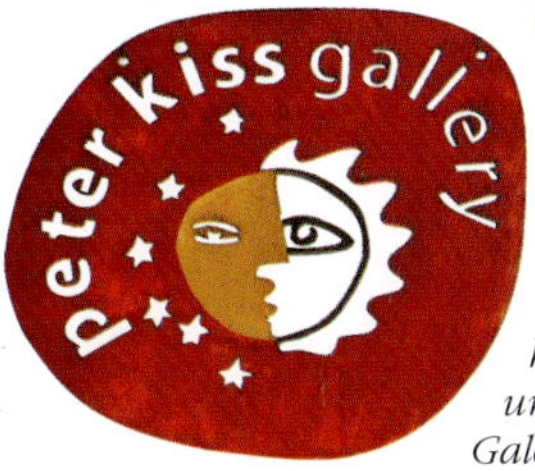

Railspur Alley
Ladenschild einer Galerie in der Railspur Alley, einer belebten Straße mit unkonventionellen kleinen Läden und einladenden Galerien. ❺

Stadtplan Vancouver *siehe Seiten 236–241*

Blick von Granville Island über den False Creek auf Yaletown

False Creek ❶

Stadtplan 3 B4.

Wie der Name schon sagt, ist der False Creek ein »falscher Bach«. Er ist eigentlich ein Meeresarm mitten in der Stadt, zwischen der Burrard Bridge im Osten und Science World *(siehe S. 213)*. Mitte des 19. Jahrhunderts segelte Captain G. H. Richards auf der Suche nach dem Fraser River den Meeresarm hinauf, der damals auch das Gebiet von Chinatown bis zum Clark Drive im Osten bedeckte. Aus Enttäuschung taufte er das Gewässser »False Creek«. Die verschlammten Wasserbecken, die Richards damals sah, dienten den Squamish im Winter als Fischfanggebiet.

Im späten 19. Jahrhundert wurden am Südufer Sägemühlen gebaut. Später folgten Bahnanlagen in Yaletown *(siehe S. 220f)* am Nordufer. Heute laden Kaimauern am Ufer zum Spazierengehen, Radfahren oder Skaten ein.

Emily Carr University of Art & Design ❷

1399 Johnston St. **Stadtplan** 2 E5. *(604) 844 3800.* *50.* *False Creek Ferries, Aquabus.* *tägl. 10–18 Uhr.* *Mitte Dez–1. Jan.* **www**.ecuad.ca

Die einfache Wellblechfassade der berühmten Emily Carr University of Art & Design (ECUAD) passt ideal zum industriellen Flair von Granville Island. Industriedesign ist deshalb der wichtigste von drei Studiengängen. Über 4000 Künstler und Designer sind im ECUAD und den vorangegangenen Instituten ausgebildet worden.

Die ECUAD zog 1980 in ein verlassenes Fabrikgebäude auf Granville Island um. Im alten Bau auf der Nordseite der Johnston Street zeigt die **Charles H. Scott Gallery** heute Ausstellungen moderner Kunst von Künstlern aus der Region, aus Kanada und dem Ausland. Ausstellungen von Studenten werden in der **Concourse Gallery** präsentiert.

Der Neubau an der Südseite der Johnston Street ist ein 5400 Quadratmeter großer Komplex, der 14 Millionen US-Dollar kostete. Die Haupthalle verwandelt sich dank eines Schiebedachs in 45 Sekunden in ein Atrium.

Ehemalige Studenten waren der Maler Jack Shadbolt, der Cartoonist Lynn Johnston und der Autor Douglas Coupland.

Eric Metcalfes *Attic Project*, Emily Carr University of Art & Design

Kids Market ❸

1496 Cartwright St. **Stadtplan** 2 D5. *(604) 689 8447.* *50.* *False Creek Ferries, Aquabus.* *tägl. 10–18 Uhr.* *1. Jan, 25., 26. Dez.* **www**.kidsmarket.ca

Kinder sind vom Kids Market begeistert: zwei Stockwerke voller Spielzeug, Spiele, Schnickschnack, Kleidung und Kinderschmuck. Über 20 Läden garantieren Einkaufsspaß. »Clownin' Around Magic« bietet Puzzles und Zaubertricks, »Knotty Toys« präsentiert handgemachtes Holzspielzeug, »Little Treasures« verkauft alles für den Strand, und »The Hairloft« erfüllt die Träume kleiner Prinzessinen. Zudem gibt es eine Abenteuerzone, beaufsichtigte Spielecken und eine Picknickfläche. Der Granville Island Waterpark bietet kostenlosen Badespaß mit Fontänen und Kletterröhren.

Pousse-Café-Gefäße, New-Small and Sterling Studio Glass

New-Small and Sterling Studio Glass ❹

1440 Old Bridge St. **Stadtplan** 2 D5. *(604) 681 6730.* *50.* *False Creek Ferries, Aquabus.* *Mo–Sa 10–18, So 11–17 Uhr.* *Jan, Feb: Mo, 1. Jan, 25., 26. Dez.* **www**.hotstudioglass.com

Viele bekannte Glasbläser in BC haben für New-Small and Sterling Studio Glass seit seiner Eröffnung 1982 gearbeitet. Man kann Besitzer David New-Small und anderen Künstlern zuschauen, wie sie Vasen und Glaskunstwerke mittels traditioneller, jahrhundertealter Technik formen. Das Studio ist auf »formloses«, frei geblasenes Glas spezialisiert. Verwendet werden Glasmacherpfeifen aus Stahl und

Zwackeisen. Einer der vier Öfen fasst ca. 70 Kilogramm Glas, das bei 1100 °C geschmolzen wird. Die anderen werden zur Erhitzung des gestalteten Glases benötigt. Der Ladenverkauf gehört zu den bekanntesten Glasgalerien Westkanadas.

Railspur Alley ❺

Railspur Alley. **Stadtplan** 2 D5. *50. False Creek Ferries, Aquabus.* www.granvilleisland.com

Im Zentrum des einstigen Industrieviertels in der Nähe der Old Bridge Street von Granville Island liegt die Railspur Alley, eine ruhige charmante Straße. Nach der Renovierung reihen sich hier Boutiquen und Galerien aneinander. Ein Highlight ist der Komplex von zwölf Künstlerateliers, in denen man den Künstlern bei der Arbeit zusehen und auch ihre Werke erwerben kann.

Unter den Läden sind u.a. Alarte Silks in der Alley Gallery, wo man schöne handgefärbte, tragbare Seidenstücke erwerben kann, und Sadryna Design, wo es Ledermode im europäischen Stil gibt. Man findet außergewöhnliche Gürtel und Portemonnaies sowie schrille Bühnen-Outfits. Hartman Leather verkauft handgefertigte Ledertaschen und -gürtel aus pflanzengefärbtem und Latigo-Leder.

Bei Dalbergia Wood and Fine Objects gibt es hochwertige Holzmöbel mit klaren Linien sowie interessante Skulpturen und andere Objekte zu kaufen. Die Kunstgalerien Hilary Morris, Studio 13 Fine Art und Peter Kiss Gallery bieten eine große Auswahl an Kunst an.

The Artisan Sake Maker ist Vancouvers einziger Bio-Produzent von Premium-Sake. Das beliebte Railspur Alley Cafe and Bistro bietet eine herzhafte und bezahlbare Speisenauswahl. AGRO Café serviert Bio-Kaffee aus fairem Handel und gute Backwaren. Die Speisekarte passt sich dem frischen Angebot der Saison an.

Frisches Obst und Gemüse, Granville Island Public Market

Granville Island Public Market ❻

1689 Johnston St. **Stadtplan** 2 D4. *(604) 666 5784. 50. False Creek Ferries, Aquabus. tägl. 9–19 Uhr. 1. Jan, 25., 26. Dez.* www.granvilleisland.com

Der Granville Island Public Market wurde 1979 in einem ehemaligen Fabrikgebäude eröffnet. Die renovierte und mit neuer Verkleidung versehene Markthalle war das erste restaurierte Geschäftsgebäude der Gegend. Zu den Spezialitäten des Markts gehören hochwertiges frisches Obst sowie Gemüse (oft aus biologischem Anbau), Fleisch, frische Pasta, Käse, Backwaren, Schokolade, Gewürze und Kräuter sowie – besonders beliebt – Blumen.

Am hinteren Ende des Markts bieten Händler Produkte von Künstlern und Kunsthandwerkern aus der Region an, etwa Kerzen, Schmuck aller Art, Tücher und Hüte. Bei der Auswahl der Händler wird auf hohen Standard und Qualität Wert gelegt.

Ein Imbissbereich auf der Westseite des Markts lockt mit vielfältiger Ethno-Küche. Auf den Bänken am Kai genießt man einen herrlichen Blick auf den Hafen und die Docks des False Creek, die Berge am North Shore und die Innenstadt. Straßenkünstler – Musiker, Stelzenläufer, Zauberer – sorgen für Unterhaltung.

Granville Island Market Ferries ❼

Stadtplan 2 D4. **False Creek Ferries** *(604) 684 7781.* **Aquabus** *(604) 689 5858. 50. Fahrzeiten bitte tel. erfragen. 25., 26. Dez. teilweise. Siehe* ***In Vancouver unterwegs*** *S. 235.* www.theaquabus.com www.granvilleislandferries.bc.ca

Auf einer Fahrt mit den Fähren, die Granville Island mit der Umgebung verbinden, kann man die Attraktionen rund um den False Creek – Granville Island, das Maritime und das Vancouver Museum sowie das Aquatic Centre – am besten sehen.

Zwei Fährlinien bedienen Granville Island. Die Boote der **False Creek Ferries** fahren täglich vom Kai an der Westseite des Granville Island Public Market ab und setzen u.a. zum Südende der Hornby Street und zum Vanier Park *(siehe S. 220f)* über. Eine weitere Route führt zur Science World *(siehe S. 213)*. Die Flotte hat vier Dieselfähren für jeweils 20 Passagiere und sechs Elektroboote.

Die **Aquabus**-Flotte fährt mit zwölf kleinen Booten auf dem False Creek. Die drei Routen starten vom Fährhafen westlich des Granville Island Public Market: Die Hornby-Route bringt Passagiere und Radfahrer zum Südende der Hornby Street. Die Yaletown-Linie transportiert Fahrgäste zum östlichen Ende der Davie Street. Eine dritte Verbindung führt zur Science World.

Beide Fährlinien bieten auch Kurzausflüge und Rundfahrten an, darunter eine Rundfahrt auf dem False Creek bei Sonnenuntergang. Die Abendrundfahrt des Aquabus findet auf der *Rainbow Hunter* statt, einem restaurierten, alten Fährschiff.

Boot der Aquabus-Flotte, einer der Fährlinien auf dem False Creek

Vanier Park ❽

Schiff im Hafen des Maritime Museum

Vanier Park ist eine Oase der Ruhe im Westen der Stadt. Der Park ist relativ klein, doch er wirkt sehr weitläufig. In der English Bay gleiten Schiffe vorüber, am Himmel segeln Drachen, Fähren legen ab oder laufen gerade ein, Spaziergänger und Radfahrer sind unterwegs zum Kitsilano Beach oder nach Granville Island *(siehe S. 216–219)*. Auf dem Gelände lebten einst die Coast Salish. Heute liegen hier das Museum of Vancouver, das H.R. MacMillan Space Centre, die Vancouver City Archives und das Vancouver Maritime Museum. Ende Mai wird das Vancouver International Children's Festival *(siehe S. 30)* gefeiert. Im Sommer gibt es das Bard on the Beach Shakespearean Festival.

Gate to the Northwest Passage
Die riesige rote Stahlskulptur von Chung Hung steht oberhalb der English Bay.

Sunset Beach ❾

Stadtplan 2 D3. *1.*
False Creek Ferries, Aquabus.

Der Sunset Beach mit seinem weißen Sand liegt am Ende der Kaimauer der English Bay und an der Mündung des False Creek. Er lädt zum Sonnenbaden und Schwimmen ein. Im Sommer ist das Wasser bis zu 18 °C warm (Rettungsschwimmer sind von Mitte Mai bis Labor Day im Einsatz). Das Westende des Strands bietet einen Blick auf den granitgrauen *Inukshuk* am benachbarten English Bay Beach: Die Inuit-Statue von Alvin Kanak, ein Symbol für Freundschaft, wurde auf traditionellen Wegweisern errichtet, die den Inuit als Navigationshilfen dienten.

Das **Vancouver Aquatic Centre** am Ostende des Strands bietet ein 50 Meter langes Schwimm- und Tauchbecken sowie Sauna, Whirlpool und Dampfbad. Der Hafen der False Creek Ferries (nach Vanier Park, Granville Island und Science World) liegt gleich dahinter.

Yaletown ❿

Stadtplan 2 F3. *Stadium. 1.*
False Creek Ferries, Aquabus.

Hier wurden Lagerhäuser in Lofts umgewandelt, an den alten Kaianlagen gibt es nun Straßencafés. Am Horizont von Yaletown erheben sich heute Hochhäuser. Angestellte und Arbeiter der Canadian Pacific Railway (CPR) zogen einst in das Viertel, nachdem die CPR 1887 die

Restaurant in einer Straße in Yaletown mit Tischen im Freien

Museum of Vancouver
Das geschwungene weiße Dach des Museums ähnelt einem gewebten Haida-Hut. Davor erhebt sich The Crab, *eine Edelstahlskulptur von George Norris. Kanadas größtes staatliches Museum zeigt sieben Nachbauten aus Vancouvers Geschichte, u. a. ein Einwandererschiff und einen Pelzhandelsposten.*

INFOBOX

Stadtplan 1 C3. 22. *False Creek Ferries.* **H. R. MacMillan Space Centre** *(604) 738 7827.* **www.**spacecentre.com
Vancouver Maritime Museum *(604) 257 8300.* **www.**vancouvermaritimemuseum.com
Museum of Vancouver *(604) 736 4431.* **www.**museumofvancouver.ca

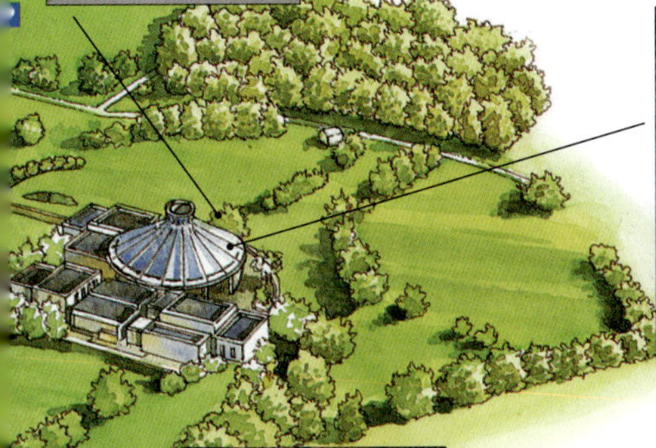

H. R. MacMillan Space Centre
Alles über das Weltall: Das Museum bietet kinderfreundliche Ausstellungen zum Anfassen und Multimedia-Shows. Der beliebte Cosmic Courtyard ist eine interaktive Ausstellung mit dem Schwerpunkt Weltraumforschung.

Vancouver Maritime Museum
Hier wird die Seefahrtsgeschichte der Westküste erzählt – vom Hochsee-Kanu bis zum Polizeischoner (1928).

LEGENDE

- P Parken
- Aussichtspunkt

Transkontinentalverbindung nach Vancouver fertiggestellt und das Baucamp in Yale aufgegeben hatte. Bis Anfang der 1990er Jahre war das Viertel ein heruntergekommenes Industrieareal – dann hauchte ihm ein Stadtentwicklungsprogramm neues Leben ein.

In den meisten Eigentumswohnungen in Yaletown leben heute junge, gut situierte Leute. Mit den neuen Einwohnern hielt auch ein neuer Stil Einzug: Die verwahrlosten Lagerhäuser in der Homer, Hamilton und Mainland Street wurden restauriert. Mittlerweile breitet sich hier eine urbane Szenerie mit Bistros, Restaurants, Cafés, Discos, Designerläden, Friseuren sowie internationalen und einheimischen Modeläden aus. In der Beach Avenue bietet das **Roundhouse Community Arts and Recreation Centre** in einem alten CPR-Stellwerk Theater- und Kunsträume sowie kommunale Kunst- und Sportprogramme an. Hier steht auch die Lokomotive, die 1887 den ersten Passagierzug nach Vancouver zog.

Joe Fortes, der Held der English Bay

Vancouvers »Bürger des Jahrhunderts« war ein einfacher Mann namens Seraphim »Joe« Fortes, geboren 1865 auf Barbados. 1885 wanderte er nach Vancouver aus und wurde am English Bay Beach rasch bekannt: Er brachte nämlich Tausenden von Kindern das Schwimmen bei. Dem ersten städtischen Rettungsschwimmer verdanken über 100 Menschen ihr Leben. Sein Cottage lag am Strand im heutigen Alexandra Park. 1926, vier Jahre nach seinem Tod, wurde der Joe Fortes Memorial Drinking Fountain im Park errichtet.

Joe Fortes vor seinem Cottage

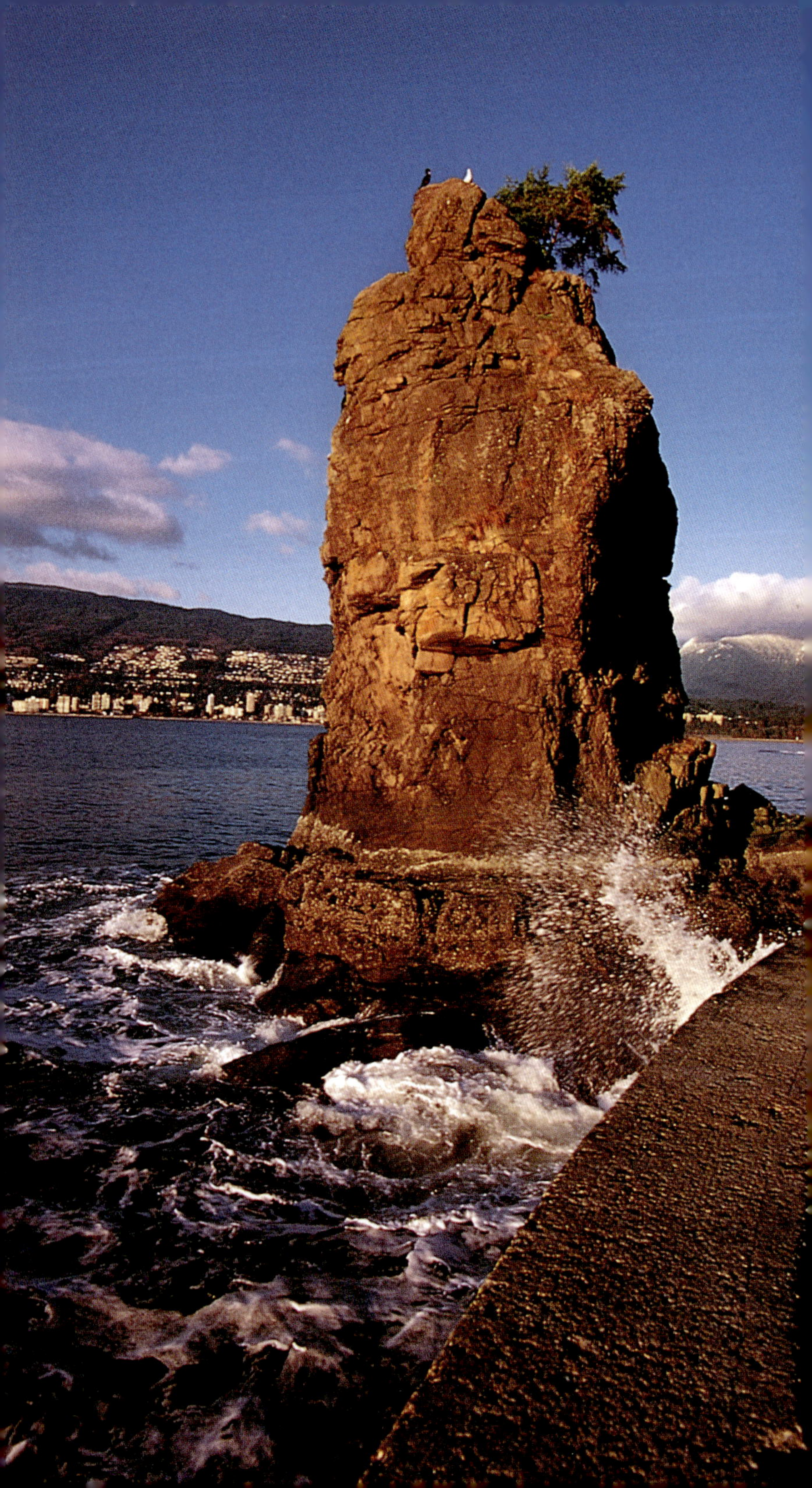

Abstecher

Detail eines Totempfahls im Stanley Park

Highlights außerhalb des Zentrums von Vancouver sind etwa der Stanley Park und das Museum of Anthropology. Auch die umliegenden Orte sind sehenswert: North Shore, wo einst die Coast Salish lebten, ist eine Region, in der drei Städte liegen. Die Lions Gate Bridge führt über die First Narrows nach West Vancouver mit seiner 28 Kilometer langen malerischen Küste. Über die Brücke gelangt man auch nach North Vancouver sowie zum imposanten Capilano Canyon und zum Grouse Mountain. An der Mündung des Fraser River liegt Richmond. Seine chinesischen Märkte zeugen vom multikulturellen Flair der Region. Steveston am Ufer des Fraser River ist wegen seiner historischen Fischkonservenfabrik bekannt.

Sehenswürdigkeiten auf einen Blick

Museen und Sammlungen

Museum of Anthropology S. 230f 9
West Vancouver Museum and Archives 2

Natur

Capilano Suspension Bridge 3
Grouse Mountain 4
Marine Drive 1
Stanley Park S. 226f 7

Markt

Lonsdale Quay Market 5

Stadtviertel und Orte

Richmond 10
Steveston 12
West End 6

Gebäude

Chinese Buddhist Temple 11
University of British Columbia 8

LEGENDE

- Zentrum von Vancouver
- Großraum Vancouver
- Interstate Highway
- State Highway
- Highway
- Flughafen

m = Meilen, km = Kilometer

◁ Siwash Rock *(siehe S. 226)* vor der Kaimauer im Stanley Park, Vancouver

Die Capilano-Hängebrücke ist nichts für ängstliche Gemüter

Marine Drive ❶

250. (604) 926 6614.
www.westvanchamber.com

Der landschaftlich schöne Marine Drive schlängelt sich durch West Vancouver und lädt zu einem Tagesausflug ein. Das größte Einkaufszentrum der Gegend ist das Park Royal Shopping Centre mit 280 Läden. Der Küstenvorort Ambleside bietet einen Par-3-Golfplatz im Capilano Indian Reserve, eine beliebte Promenade am Kai entlang und einen Park mit Blick auf den Burrard Inlet. Im Park liegen Tennisplätze, ein Paddelbootzentrum, ein Trimm-dich-Pfad, Skateboardareale und ein Teich mit Wasservögeln. Am Ende des Ambleside Sea Walk bietet der Dundarave Pier eine herrliche Aussicht auf Vancouver. In Ambleside und Dundarave kann man gut shoppen und essen gehen.

Anschließend windet sich der Marine Drive an der Felsküste an einigen der teuersten Grundstücke und Anwesen Kanadas vorbei nach Westen. Im Lighthouse Park führt eine kleine Wanderung zum Atkinson Lighthouse (1912). Die Horseshoe Bay lockt mit einem Park und einer Galerie mit Kunst der Ureinwohner.

Atkinson Lighthouse am Marine Drive

West Vancouver Museum and Archives ❷

680 17th St, West Vancouver. (604) 925 7295. 251, 252. *Di–Sa 11–17 Uhr.* *Feiertage und andere Termine (bitte tel. erkundigen).* *Di frei.*
www.westvancouvermuseum.ca

Das kleine, einladende West Vancouver Museum and Archives liegt im imposanten früheren Wohnhaus von Gertrude Lawson, der Tochter von John Lawson, dem ersten weißen Siedler in West Vancouver. Ein Teil der Steine des Gebäudes von 1938 stammt vom (Stein-)Ballast eines Segelschiffs aus Neuseeland. Andere Steine kamen aus dem Capilano River.

Nach dem Tod von Getrude Lawson 1989 kaufte der Bezirk West Vancouver den Besitz und eröffnete das restaurierte Haus 1995 als Museum.

Die Ausstellungen konzentrieren sich auf die Lokalgeschichte von West Vancouver, etwa auf Sportereignisse und historisches Spielzeug. Auch einzelne Gemeinden der Region und ihre dekorative Kunst werden vorgestellt. Der Souvenirshop verkauft u. a. Werke lokaler Künstler.

Capilano Suspension Bridge ❸

3735 Capilano Rd, North Vancouver. *(604) 985 7474.* *232, 236.* *SeaBus.* *tägl. Jan–Mitte Mai: 9–17 Uhr; Mitte Mai–Aug: 8.30–20 Uhr; Sep: 9–18 Uhr; Okt, Nov: 9–17 Uhr; Dez: 10–21 Uhr.* *25. Dez.* *Mai–Okt.* *teilweise.*
www.capbridge.com

Die erste Hängebrücke war nicht viel mehr als ein Hanfseil mit Zedernholzplanken. Sie wurde 1889 von dem Schotten George Mackay und den Squamish August und Willie Jack errichtet. Mackay, der vom Capilano Canyon begeistert war, hatte sich hier eine Hütte gebaut. Der Fluss lag allerdings fast unerreichbar tief. Deshalb soll Mackay eine Brücke für seinen Sohn errichtet haben, der gern im Fluss angeln wollte.

Die heutige Hängebrücke von 1956 ist die vierte, verläuft in 70 Meter Höhe und überspannt 137 Meter. Sie ist die weltweit längste Brücke ihrer Art.

Naturfreunde können auch durch alten Waldbestand – vorbei an Forellenteichen und einem 61 Meter hohen Wasserfall – wandern. Im Totem Park und Big House werden Totempfähle geschnitzt. Die Living-Forest-Ausstellung informiert über den Regenwald. Treetops Adventures bietet Touren im Blätterdach an, bei denen man die Eichhörnchen-Perspektive kennenlernt.

Nostalgisch gekleidete Guides an der Capilano Suspension Bridge

Hotels und Restaurants in Vancouver *siehe Seiten 291f und 308–311*

Blick vom Grouse Mountain auf Vancouver

Grouse Mountain ❹

6400 Nancy Greene Way. *(604) 980 9311.* *232, 236.* *SeaBus.* *tägl. 9–22 Uhr.*
www.grousemountain.com

Der Gipfel des Grouse Mountain zeigt die ganze Schönheit von British Columbia. An klaren Tagen kann man von hier bis nach Vancouver Island und zu den Columbia Mountains sehen. Der drei Kilometer lange Grouse-Grind-Wanderweg führt zum Gipfel in 1211 Meter Höhe und macht seinem Namen (»Quälerei für Nörgler«) alle Ehre. Die meisten nehmen daher die Skyride-Seilbahn.

Beliebt sind hier Skifahren, Snowboarden, Schlittschuh- und Schneeschuhlaufen sowie Schlittenfahren. Der Sommer ist die Zeit für Mountainbiken, Wanderungen, Hubschrauberausflüge oder Paragliding. Ski- und Snowboard-Schulen, zwölf Abfahrten und ein Ausrüstungsverleih runden das vielfältige Angebot ab.

Tagsüber können Besucher die weltweit größte Holzfäller-Show besuchen. Darin zeigen Holzfäller, wie sie auf die Bäume steigen, die Bäume fällen und die Baumstämme rollen.

Im Refuge for Endangered Wildlife, einem ein Hektar großen Schutzgebiet, leben verwaiste Grizzlys und Wölfe.

Skyride-Seilbahn am Grouse Mountain

Im Theatre in the Sky kann man auf einem Video ganz British Columbia aus der Luft betrachten.

Lonsdale Quay Market ❺

123 Carrie Cates Ct, North Vancouver. *(604) 985 6261.* *SeaBus.* *tägl. 9–19 Uhr.* *1. Jan, 25. Dez.*
www.lonsdalequay.com

In einem auffälligen Beton-Glas-Bau (1996) ist der Lonsdale Quay Market angesiedelt. Das Gebäude dient zugleich als North-Shore-Anlegestelle für den SeaBus. Im Markt gibt es eine ganze Etage für Lebensmittel, zudem einige Cafés und Restaurants mit Ethno-Küche. Im ersten Stock locken Fachgeschäfte, die handgefertigten Schmuck, Keramik und Stoffe anbieten. In der Kid's Alley verkaufen die Läden alles für Kinder. In dem Komplex findet man auch ein Hotel, eine Kneipe und einen Nachtclub.

Im Sommer werden auf dem angrenzenden Plaza Deck Open-Air-Festivals veranstaltet. Dann gibt es Jazz, Folk, afrikanische und keltische Musik – und einen kostenlosen fantastischen Blick auf Stadt und Hafen.

Brunnen am Lonsdale Quay, in der Ferne die Skyline von Vancouver

Segelboot in der English Bay vor den Hochhäusern des West End

West End ❻

1, 5, 6. *Burrard.*

Vancouvers West End ist das am dichtesten besiedelte Wohngebiet Kanadas, hat sich allerdings ein angenehmes, weitläufiges Flair erhalten – nicht zuletzt dank der Nähe zum Stanley Park und zur English Bay. Das Viertel ist eines der interessantesten von Vancouver. Hier gibt es Strände, aber auch angesagtes Nachtleben.

Das West End ist eines der ältesten Stadtviertel und daher stolz auf einige bedeutende historische Bauten wie das **Roedde House** (1893), Wohnhaus des ersten Buchbinders in Vancouver (heute ein Museum), und das von Efeu umrankte Sylvia Hotel von 1911.

Auf den Straßen des Viertels ist Tag und Nacht Betrieb: Hauptstraßen sind die Robson, Denman und Davie Street. Die Burrard Street bildet die östliche Grenze des Viertels. Zu den vielen Läden und Restaurants in der Robson Street *(siehe S. 212)* kommt noch der Robson Public Market hinzu. Die Denman Street wird vom Strandleben an der English Bay geprägt – und sie ist bei Vancouvers schwuler Gemeinde beliebt. Hier gibt es Läden für Freizeitmode sowie Cafés. Die Davie Street gehört zwar zu einem Wohngebiet, bietet aber dennoch viele Cafés und Restaurants.

Zwischen all den Hochhäusern und Wohnblocks wächst überall viel Grün.

Roedde House
1415 Barclay St. *(604) 684 7040.* *Di–Sa 11–17, So 14–16 Uhr.*
www.roeddehouse.org

Stanley Park ❼

Girl in a Wetsuit, Skulptur

Der Stanley Park ist eine ca. 400 Hektar große kultivierte Wildnis, die nur eine kurze Autofahrt von der Innenstadt Vancouvers entfernt liegt. Einst lebten hier die Musqueam und Squamish. 1888 ließ Lord Stanley, Generalgouverneur von Kanada, einen öffentlichen Park anlegen. Heute ist er mit jährlich acht Millionen Besuchern die beliebteste Sehenswürdigkeit der Stadt: Viele genießen bei einem Spaziergang auf der rund neun Kilometer langen Kaimauer die Aussicht auf den Hafen, die English Bay und die Coast Mountains. Fahrräder kann man am Parkeingang (Denman Street) mieten. Neben dem Vancouver Aquarium gibt es im Stanley Park Rosengärten, einen See, eine Lagune und Totempfähle, außerdem Strände, Swimmingpools, eine Miniatureisenbahn, Tennisplätze und einen Minigolfplatz.

Siwash Rock
Die Vulkanfelsen ragen neben der Kaimauer aus dem Meer. Nach einer Sage der Ureinwohner wurde hier ein junger Häuptling wegen seines Muts in ewigen Stein verwandelt.

★ Second Beach
Am Second Beach ist im Sommer viel los. Hier gibt es Swimmingpool, Spielplatz, Picknickplätze und eine Verkehrsschule.

Die Lost Lagoon ist in den Gedichten von Pauline Johnson (1861–1913) verewigt, der Tochter eines Mohawk-Häuptlings. Pauline nannte die Lagune »verloren«, weil sie bei Ebbe zu verschwinden schien. Heute ist sie ein Binnensee und steht unter Naturschutz.

LEGENDE

- Aussichtspunkt
- Information
- Picknick
- Parkweg
- Seawall-Weg
- Restaurant
- Parken

Farbenprächtige Blumenbeete im Stanley Park

Hotels und Restaurants in Vancouver *siehe Seiten 291f und 308–311*

★ The Seawall

Die Uferpromenade, teilweise Kaimauer, zieht sich am Rand des Parks entlang, vorbei am Girl in a Wetsuit *(siehe S. 226) von Elek Imredy. Die ungewöhnliche Figur wurde 1972 auf einem Felsen vor der Küste platziert.*

INFOBOX

2099 Beach Ave. *(604) 257 8400.* Burrard. *23, 35.* *tägl. 0–24 Uhr (nicht alles).* *einige Ausstellungen.*

Pferdekutschentouren *März–Okt.* *(604) 681 5115..*
Stanley Park Shuttle *Mai–Sep.*
Sonderveranstaltungen *(604) 473 6204.*
www.vancouver.ca

Vancouver Aquarium Marine Science Centre

Die erstaunlich graziösen, weißen Belugawale sind die Stars in Kanadas bestem Aquarium. In den über 165 Becken tummeln sich auch Seeotter, Pazifik-Seewölfe (Wolfsaale) und Riesenkraken.

Rosengarten

Zwischen Mai und September ist der idyllische Rosengarten inmitten von immergrünen Pflanzen besonders schön.

★ Brockton Point

Hier stehen der Leuchtturm (1915) und die Nine O'Clock Gun, eine Kanone, die seit 1894 im Park Wache hält. Immer noch wird sie abends abgefeuert. Ihr Donner half einst Seeleuten, das Chronometer zu korrigieren.

Totem Park

Acht Totempfähle ragen neben dem Brockton Oval auf, wo Ende des 19. Jahrhunderts das erste Kricketspiel in Vancouver stattfand. Die Pfähle der Haida, Kwakiutl und anderer Indianer der Region erzählen jeweils eigene Geschichten.

NICHT VERSÄUMEN

★ Brockton Point

★ Second Beach

★ The Seawall

Walter C. Koerner Library, University of British Columbia

University of British Columbia 8

(604) 822 2211. 4, 10, 99 B-Line. **www**.ubc.ca

Die 1915 gegründete University of British Columbia (UBC) gehört zu den führenden medizinischen Hochschulen Kanadas. Der Campus liegt nur 30 Minuten Fahrt vom Zentrum Vancouvers entfernt. Das 400 Hektar große Gelände bietet einen erstaunlichen Architekturmix, wie man beim Vergleich der **Irving K. Barber Library** (1923) mit der **Walter C. Koerner Library** (1996) sehen kann: Erstere besteht aus mächtigen Steinmauern und mittelalterlich anmutenden Stilelementen, Letztere entstand nach Plänen von Arthur Erickson und ist ein Glas-Beton-Komplex.

Ein Highlight des Campus ist der 28 Hektar große **UBC Botanical Garden** mit seltenen bzw. ungewöhnlichen Pflanzen sowie einem Rosengarten, in dem 300 Rosenarten gedeihen. Das mit Zink verkleidete **Chan Centre for the Performing Arts** *(siehe S. 233)* bietet klassische und moderne Musik, Theater, Oper und Film. Werke zeitgenössischer kanadischer und internationaler Künstler präsentiert die **Morris and Helen Belkin Art Gallery**. Das **Museum of Anthropology** *(siehe S. 230f)* ist weltweit bekannt. Das **Pacific Museum of the Earth** ist eine Schatzkammer an Mineralien und Fossilien. Das preisgekrönte **First Nations Longhouse** aus Zedernholz und Glas ähnelt einem traditionellen Langhaus. Das **Asian Centre** zeigt eine Fotoausstellung über asiatische Kanadier und besitzt eine der größten Sammlungen seltener chinesischer Bücher Nordamerikas. Der japanische Nitobe Memorial Garden liegt hinter dem Gebäude.

Karten für das Areal gibt es am Kiosk der Bushaltestelle, im Student Union Building und im Chan Centre.

UBC Botanical Garden
6804 SW Marine Dr. *(604) 822 9666. Mo–Fr 9–17, Sa, So 9.30–17.30 Uhr. teilweise. März–Okt.*
www.ubcbotanicalgarden.org

Morris and Helen Belkin Art Gallery
1825 Main Mall. *(604) 822 2759. Di–Fr 10–17, Sa, So 12–17 Uhr. Feiertage.*

Asian Centre
1871 West Mall. *(604) 822 2427.*
Bibliothek *Mo–Fr 9–17 Uhr.*

Wahrzeichen der UBC: die Irving K. Barber Library mit dem Uhrturm

Museum of Anthropology 9

Siehe S. 230f.

Public Market in Richmond

Richmond 10

175 000. (604) 271 8280 oder 1-877 247 0777. 98 B-Line.
www.tourismrichmond.com

Richmond liegt auf einer Inselgruppe und war ursprünglich eine entlegene, ländliche Gemeinde, die in den 1880er Jahren von Europäern besiedelt wurde. Zuvor hatten die Coast Salish die Inseln zeitweilig als Aufenthalt genutzt, um hier zu fischen und Beeren zu sammeln. Heidelbeeren und Cranberrys werden noch immer geerntet, doch Richmond ist vor allem eine quirlige Stadt. Lulu Island, die größte Insel, ist Sitz der Stadtverwaltung.

In Richmond gibt es die zweitgrößte asiatische Bevölkerungsgruppe Nordamerikas. Das **Yaohan Centre**, eines der vielen asiatischen Einkaufszentren, bietet u. a. chinesische Kräuter, die neuesten Hightech-Spielereien oder Taekwondo-Kurse an. Es gibt auch Teezeremonien, Fußmassagen und Wahrsagungen. Im **Richmond Centre** findet man eher traditionelle Läden mit asiatischem Touch.

Die Stadt bietet zudem Ethno-Restaurants, Kunstgalerien und Theateraufführungen im **Gateway Theatre**. Der **Richmond Nature Park** hat schöne Waldwanderwege. Der West Dyke Trail ist bei Wanderern und Radfahrern beliebt. Man kann hier auch Robben und Wale beobachten.

Richmond Nature Park
11851 Westminster Hwy.
(604) 718 6188. tägl. 7 Uhr–Sonnenuntergang.

Hotels und Restaurants in Vancouver *siehe Seiten 291f und 308–311*

Restaurants an der Uferpromenade in Steveston

Chinese Buddhist Temple ⓫

9160 Steveston Hwy, Richmond.
(604) 274 2822. *98 B-Line, 403.* *tägl. 9.30–17.30 Uhr.* *Spende.*

Die Grazie des Chinese Buddhist Temple in Richmond zeigt sich schon im geschwungenen Dach aus vergoldeten Porzellankacheln und den Marmorlöwen am Eingang. Die 1983 nach sorgfältiger Planung entstandene Anlage, die fünf chinesische Einwanderer finanzierten, ist riesig: Das Tempelinnere ist mit Buddha-Skulpturen, schönen Wandbildern und prächtigen Gemälden, Holz- und Intarsienarbeiten ausgestattet. Manchmal stößt man auf die tägliche Gebetszeremonie – und darf den Ritualen gern zuschauen.

Draußen führt ein Steinweg, gesäumt von Ringelblumen und von Laternen aus der Zeit der Tang-Dynastie, zur Statue des Maitreya Buddha. Die Pavillons und leise plätschernden Brunnen regen zu Entspannung und Meditation an. Der Innenhof besitzt einen entzückenden Bonsaigarten.

Der reich verzierte Chinese Buddhist Temple mit Torbogen

Steveston ⓬

1-877 247 0777. *401, 402.*
www.steveston.bc.ca

Das Dorf Steveston, heute Teil von Richmond, gibt Besuchern Einblick in die Geschichte der Fischindustrie und Landwirtschaft in BC. Der Ort entstand im 19. Jahrhundert. Das **Steveston Museum** ist in der letzten der 350 originalen Northern-Bank-Filialen untergebracht, die es früher in Westkanada gab. Die **London Heritage Farm** ist ein restauriertes Farmhaus aus den 1880er Jahren.

Im Hafen von Steveston liegt Kanadas größte Fischereiflotte vor Anker. Frachter und Fischerboote fahren von der Mündung des Fraser River in die Strait of Georgia. An der Fisherman's Wharf kann man Seafood direkt von den Booten kaufen. Restaurants mit Meerblick bereiten fangfrischen Fisch zu. Die Hafenrundfahrten führten auch den Fraser River hinauf.

Einen Block entfernt laden die Kunstgalerien und Souvenirläden in der Moncton Street zum Bummeln ein. Nur einen kurzen Spaziergang vom Zentrum liegt der **Garry Point Park**, von dessen Stränden man eine schöne Aussicht auf Vancouver Island genießt.

Sehenswert ist die **Gulf of Georgia Cannery**, die letzte von einst 15 Konservenfabriken aus den 1890er Jahren, jetzt National Historic Site. Der größte Teil der Fabrik mit Kühlhaus, Bleigießerei, einer Ausstellung mit alten Maschinen und Multimediashow steht auf Pfeilern im Fraser River. 1897, dem besten Jahr der Fabrik, wurden hier etwa 2,5 Millionen Lachskonserven produziert.

Steveston Museum
3811 Moncton St. *(604) 271 6868.* *Mo–Sa 9.30–13, 13.30–17 Uhr.* *Feiertage.* *Spende.* *Erdgeschoss.* *Anmeldung.*

London Heritage Farm
6511 Dyke Rd. *(604) 271 5220.*
Farm *Feb–Juni, Sep–Mitte Nov: Sa, So 12–17 Uhr; Juli, Aug: Mi–So 12–17 Uhr; Mitte Nov–Dez: Fr 12–16, Sa, So 12–17 Uhr.* *Spende.* *Anmeldung.*
www.londonheritagefarm.ca

Gulf of Georgia Cannery
12138 4th Ave. *(604) 664 9009.* *Mai–Sep: tägl. 10–17 Uhr.* **www**.gulfofgeorgiacannery.com

Fraser River

Der majestätische Fraser River bahnt sich seinen Weg vom Mount Robson Provincial Park bis zur Strait of Georgia bei Vancouver. Bei Hope wird er breiter und verwandelt das Fraser Valley in fruchtbares Ackerland. Nahe Vancouver teilt er sich in zwei Flussarme. Bei Steveston überwintern eine Million Wandervögel an den Ufern. Der Fraser River ist der weltweit größte Lachs-Fluss, auch wenn der Bestand durch Überfischung stark reduziert wurde.

Der atemberaubende Fraser Canyon

Museum of Anthropology ❾

Das herausragende, 1947 eröffnete Museum beherbergt eine der weltweit schönsten Kunstsammlungen der Ureinwohner (First Nations) des Nordwestens. Der beeindruckende Bau des kanadischen Architekten Arthur Erickson von 1976 gibt den Blick frei auf Berge und Meer. Die hohen Säulen und breiten Glasfronten der Great Hall sind von der Holzbalkenarchitektur der Haida inspiriert und bieten das ideale Ambiente für Totempfähle, Kanus und Festtagsgeschirr. Durch die Glasfront sieht man in den wunderschönen Skulpturengarten mit zwei Häusern, die vom Haida-Künstler Bill Reid Anfang der 1960er Jahre entworfen wurden.

★ Great Hall
Die imposante Glas-Beton-Struktur bietet den idealen Rahmen für Totempfähle, Kanus und Skulpturen.

Haida-Häuser und Totempfähle

Die beiden Haida-Häuser und die Totempfähle – alle mit Blick aufs Wasser – reflektieren die künstlerische Tradition der Haida und anderer Stämme des Nordwestens, etwa der Nisga'a, Gitxsan oder Kwakwaka'wakw. Die in Zedernholz geschnitzten Tiere und mythologischen Gestalten repräsentieren verschiedene Familienclans. Die Anlage wurde 1959 bis 1963 von Bill Reid, dem bekanntesten Haida-Künstler Vancouvers, und dem Namgis-Künstler Doug Cranmer geschaffen.

Totempfähle aus Zedernholz

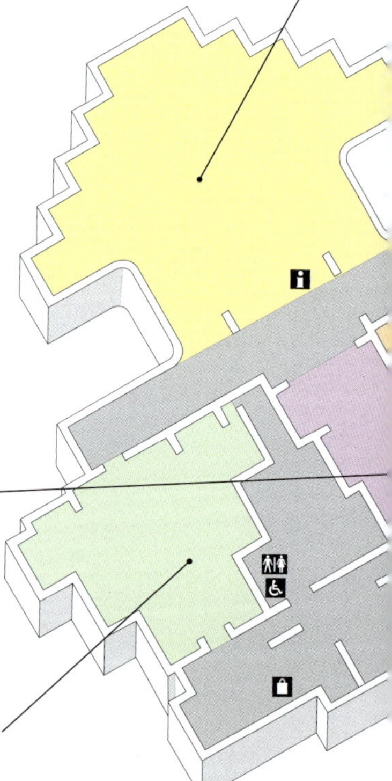

Geschnitzte Figuren
Die Figuren befinden sich auf Platten, die einst das Innere von Familienhäusern der Ureinwohner zierten. Die Zedernarbeiten sind typisch für die Coast Salish.

Tonkrug
Der schön bemalte Krug wurde 1674 von der religiösen Gruppierung der Anabaptisten in Mitteleuropa hergestellt. Die Blattmotive stehen in Kontrast zu den freier gestalteten Tieren in der unteren Hälfte.

NICHT VERSÄUMEN

- ★ Great Hall
- ★ *The Raven and the First Men* von Bill Reid

★ *The Raven and the First Men* (1980)
Die moderne, von Bill Reid aus Alaskazeder geschnitzte Interpretation eines Schöpfungsmythos der Haida zeigt den weisen Raben, der die ersten Menschen trickreich aus einer riesigen Muschel in die Welt herauslocken will.

INFOBOX

6393 NW Marine Dr.
(604) 822-5087. 99.
Mitte Mai–Mitte Okt: Di 10–21, Mi–Mo 10–17 Uhr; Mitte Okt–Mitte Mai: Di 11–21, Mi–So 10–17 Uhr.
25., 26. Dez.
www.moa.ubc.ca

Kurzführer

Die Ausstellungen liegen alle auf einer Ebene. Über die Rampe gelangt man zur Great Hall, die den Ureinwohnern der Nordwestküste gewidmet ist. Die Multiversity Galleries bergen Objekte anderer Kulturen. Die Koerner European Ceramics Gallery zeigt europäische Keramik vom 16. bis zum 19. Jahrhundert.

Holzstirnband
Das mit Perlmutt verzierte Stirnband diente als zeremonieller Kopfschmuck bei wichtigen Anlässen wie Geburten oder Hochzeiten.

Portal aus Rotzeder
Das Detail stammt vom faszinierenden Rotzedernportal am Museumsshop. Die Türen wurden 1976 von einigen Künstlern des 'Ksan-Kulturzentrums (bei Hazelton) geschaffen und erzählen die Geschichte der Ureinwohner aus der Skeena-River-Region in British Columbia.

LEGENDE

- Rampe
- Great Hall
- Rotunde
- Multiversity Galleries
- Koerner European Ceramics Gallery
- Michael M. Ames Theatre
- Wechselausstellungen
- Kein Ausstellungsbereich

Shopping

Die Geschäfte in Vancouver und Umgebung bieten Waren und Mode aus aller Welt. Flippige Boutiquen, Secondhandläden und Galerien mit indianischer Kunst gibt es in Gastown. Auch andere Viertel verführen zum Shoppen – seien es nun edle Möbel, praktische Küchenutensilien oder einfach Souvenirs.

Schaufenster einer Modeboutique auf Granville Island

Shopping-Meilen

Die Robson Street *(siehe S. 212)* ist Vancouvers Haupteinkaufsmeile. Fachgeschäfte und Boutiquen finden sich in Gastown, Kitsilano, Kerrisdale, Yaletown und Ambleside *(siehe S. 224)*. South Granville lockt mit eleganten Mode- und Möbelläden. Granville Island *(siehe S. 216–219)* bietet viele Läden und Galerien sowie einen riesigen Lebensmittelmarkt. Im Punjabi Market in Chinatown (Main Street/49th Ave) kann man Ethno-Produkte kaufen. Richmond *(siehe S. 228)* besitzt asiatische Märkte.

Schild des Lonsdale Quay Market

Kaufhäuser und Shopping Malls

Die meisten Shopping Malls in Vancouver sind zugleich mit großen Kaufhäusern verbunden. **The Bay** verkauft kanadische und internationale Markenkleidung. **Sears on Robson** bietet u. a. die Labels Roots und Kenneth Cole sowie die Produkte der großen Kosmetikfirmen an.

Die 140 Läden im **Pacific Centre** und die 500 Geschäfte in **Metropolis at Metrotown**, der größten Shopping Mall von BC, verkaufen von erstklassiger Mode bis zu kanadischem Räucherlachs einfach alles. Im kleineren **Sinclair Centre** in einem früheren Postamt gibt es internationale Mode. Am North Shore beherbergt der Lonsdale Quay Market *(siehe S. 225)* nicht nur Marktstände, sondern auch Boutiquen. Das **Park Royal Shopping Centre** *(siehe S. 224)* lockt mit Läden in zwei Gebäuden.

Fachgeschäfte

Ausgeflippte Mode gibt es bei **John Fluevog** mit ungewöhnlichen Schuhmodellen für Damen und Herren. Die eleganten Boutiquen in **Leone** verkaufen das Neueste von Yves St. Laurent, Prada, Versace und weiteren Markennamen. Die kanadische Modemarke **Roots** begeistert u. a. mit Sport- und Freizeitkleidung sowie mit Lederwaren. Das edle Angebot bei **Birks Jewellers** umfasst Uhren, Schmuck, elegante Schreibutensilien, Kristall- und Glaswaren.

Die **Inuit Gallery**, eine von mehreren Gastown-Galerien mit Kunstwerken der Ureinwohner, bietet schöne Inuit-Drucke, Figuren aus Speckstein, First-Nations-Masken der Nordwestküste, Kästchen aus Bugholz und Schmuck.

Rogers' Chocolates, 1885 eröffnet, versorgt Schokoladenfreunde mit Leckereien. Es gibt zwei Filialen in Vancouver, eine in Gastown und eine auf Granville Island.

Westernstiefel und Lederwaren in einem Geschäft in Gastown

AUF EINEN BLICK

Kaufhäuser und Shopping Malls

Metropolis at Metrotown
4800 Kingsway, Burnaby.
☎ *(604) 438 4715.*

Pacific Centre
700 W Georgia St. **Stadtplan** 3 A2. ☎ *(604) 688 7235.*

Park Royal
2002 Park Royal South, West Vancouver.
☎ *(604) 925 9576.*

Sears on Robson
701 Granville St. **Stadtplan** 3 A2.
☎ *(604) 685 7112.*

Sinclair Centre
757 W Hastings St. **Stadtplan** 3 A2. ☎ *(604) 488 0672.*

The Bay
674 Granville St. **Stadtplan** 3 A2.
☎ *(604) 681 6211.*

Fachgeschäfte

Birks Jewellers
698 W Hastings St. **Stadtplan** 3 A2. ☎ *(604) 669 3333.*

Inuit Gallery
206 Cambie St. **Stadtplan** 3 B2.
☎ *(604) 688 7323.*

John Fluevog
837 Granville St. **Stadtplan** 2 F3.
☎ *(604) 688 2828.*

Leone
757 W Hastings St. **Stadtplan** 3 A2. ☎ *(604) 683 1133.*

Rogers' Chocolates
The Landing, 389 Water St. **Stadtplan** 2 B2. ☎ *(604) 676 3452.*

Roots
1001 Robson St. **Stadtplan** 2 F2.
☎ *(604) 683 4305.*

Souvenirs

Hochwertige kanadische Mode und Lederwaren, etwa Handtaschen, eignen sich als Mitbringsel aus Vancouver. Gleiches gilt für indianische und Inuit-Kunst, z. B. Schnitzereien, Drucke, Masken und Schmuck. Beliebt sind Cowichan-Strickpullover und Jadeschmuck. Traditionell geräucherter Sockeye (Lachs), oft in Geschenkboxen aus Zedernholz, ist eine Spezialität der Westküste.

Unterhaltung

Vancouvers Unterhaltungssektor hat viel zu bieten – von Opernproduktionen bis zu Amateurkonzerten. Das ganze Jahr über gibt es Folk-, Jazz-, Theater-, Tanz-, Comedy-, Literatur- und Filmfestivals. Die Stadt ist *das* Theaterzentrum Kanadas. Hier erlebt man kanadische und internationale Schauspieler auf der Bühne.

Das grandiose blattgoldverzierte Orpheum Theatre von 1927

Information

Die beiden Tageszeitungen der Stadt, *Vancouver Sun* und *The Province*, veröffentlichen donnerstags Veranstaltungshinweise. Das Gratis-Wochenblatt *Georgia Straight* bietet ebenfalls umfassende Programminfos. *Where Vancouver* mit einer Veranstaltungsübersicht liegt in Hotels und Tourismusbüros aus.

Tickets

Karten für die meisten Veranstaltungen erhält man bei **Ticketmaster** – entweder per telefonischer Bestellung oder persönlich in einer Filiale. Viele Veranstaltungsorte haben eigene Kassen. **Tickets Tonight** im Hauptbüro der Touristeninformation *(siehe S. 234)* bietet Theater- und Sporttickets zum Normalpreis und um 50 Prozent reduziert für Vorstellungen am selben Abend. Verbilligte Karten muss man persönlich kaufen, normale gibt es auch online.

Kostenlose Veranstaltungen

Die Vancouver Central Library *(siehe S. 212)* veranstaltet Vorträge und Autorenlesungen. CBC lässt bei Konzerten und Studioaufnahmen Publikum zu. *Georgia Straight* listet Festivals und Gemeindefeste auf.

Theater

Klassisches Theater von Shakespeare und Co., zudem modernes US- und kanadisches Theater kann man im **Vancouver Playhouse** sehen. Das **Arts Club Theatre** ist mit traditionellen Stücken und den besten Schauspielern von BC erfolgreich. Musicals spielt die beliebte **Stanley Industrial Alliance Stage** von 1930, die im Varieté-Stil restauriert wurde. Das kleine **Firehall Arts Centre** zeigt alternatives Theater und modernen Tanz. Im Sommer gibt es u.a. das Theatre under the Stars (Tel. (604) 734 1917) im Stanley Park und das Bard on the Beach Shakespeare Festival (Tel. (604) 739 0559) im Vanier Park.

Tanz und Musik

Modernes Tanztheater zeigt das **Ballet British Columbia** im **Queen Elizabeth Theatre**, in dem auch die 1958 gegründete **Vancouver Opera** vier Operninszenierungen pro Jahr vorstellt. Das **Orpheum Theatre** bietet Klassik-, Jazz- und Popkonzerte und ist auch Sitz des **Vancouver Symphony Orchestra**, das – oft mit internationalen Gästen – Klassik spielt. Im **Chan Centre for the Performing Arts** *(siehe S. 228)* treten Kammer- und Opernensembles auf. Im großen **Commodore Ballroom** mit seiner »schwimmenden« Tanzfläche kann man auch internationale Künstler sehen.

Sängerin in einer Aufführung der Vancouver Opera

Sportstadien

Sportevents wie die Footballspiele der BC Lions (CFL) und die Eishockeyspiele der Vancouver Canucks (NHL) finden im **BC Place Stadium** und in der **Rogers Arena** statt. Baseballspiele der Vancouver Canadians gibt es im **Nat Bailey Stadium** im Queen Elizabeth Park.

AUF EINEN BLICK

Tickets

Ticketmaster
(604) 280 4444.

Tickets Tonight
(604) 684 2787.
www.ticketstonight.ca

Theater

Arts Club Theatre
(604) 687 1644.

Firehall Arts Centre
(604) 689 0926.

Stanley Industrial Alliance Stage
(604) 687 1644.

Vancouver Playhouse
(604) 873 3311.

Tanz und Musik

Ballet British Columbia
(604) 732 5003.

Chan Centre for the Performing Arts
(604) 822 9197.

Commodore Ballroom
(604) 683 9413.

Orpheum Theatre
(604) 665 3050.

Queen Elizabeth Theatre
(604) 665 3050.

Vancouver Opera
(604) 683 0222.

Vancouver Symphony Orchestra
(604) 876 3434.

Sportstadien

BC Place Stadium
(604) 669 2300.

Nat Bailey Stadium
(604) 872 5232.

Rogers Arena
(604) 899 7400.

In Vancouver unterwegs

Vancouver dehnt sich zwar aus, ist aber dennoch überschaubar. Das Tourism Vancouver Visitor Centre beim Canada Place informiert über Sehenswürdigkeiten, Unterkünfte und Nahverkehr und verteilt Stadtpläne. Es gibt verschiedene Touren, um die Stadt kennenzulernen, u. a. eine Gratis-Tour durch Gastown.

Orientierung

Die vielen Brücken in und rund um Vancouver verwirren zunächst, ebenso der Zusatz »West« bei vielen Namen: Das Wohngebiet West End liegt auf der zentralen Halbinsel – zusammen mit dem Geschäftszentrum und dem Stanley Park. Die West Side erstreckt sich von der Ontario Street (am Südufer des False Creek) bis zur University of British Columbia und umfasst u. a. die Viertel Kitsilano und Kerrisdale. Die Gemeinde West Vancouver schließt sich an North Vancouver am North Shore an.

Bevor man loszieht, sollte man in den Stadtplan sehen. Die Berge im Norden sind ebenfalls ein guter Wegweiser.

Die meisten Straßen verlaufen in Nord-Süd- und in Ost-West-Richtung, nur wenige sind Diagonalen. Im Zentrum gibt es auch einige Einbahnstraßen. Außerhalb des Zentrums sind die von der Ontario Street in Ost und West geteilten Avenues nummeriert. Die Nord-Süd-Straßen tragen alle Namen.

Zu Fuß

Viele der Sehenswürdigkeiten im Zentrum kann man zu Fuß, andere leicht mit öffentlichen Verkehrsmitteln erreichen. Da viele interessante Viertel eher voneinander entfernt liegen, sollte man mit dem öffentlichen Nahverkehr in ein bestimmtes Viertel fahren und dann zu Fuß die Gegend erkunden. Es gibt auch Führungen durch Stadtviertel. Für eine Tour durch Gastown kontaktieren Sie **Walking Tours of Gastown**.

Ein SeaBus auf dem Weg vom North Shore zur Innenstadt

Mit dem Fahrrad

Vancouver ist eine Radfahrerstadt – dank der insgesamt 400 Kilometer langen Radwege, u. a. am False Creek, im Stanley Park und im Bereich der University of British Columbia. Die kostenlose Broschüre *Cycling in Vancouver* enthält eine Karte der Fahrradwege. Man bekommt sie in Fahrradläden, Buchhandlungen oder über die **City of Vancouver Bicycle Hot Line**, die auch über Fahrradverleih informiert. In der Stadt gibt es auch einige Verkehrsinseln, radfahrerfreundliche Sensoren an Ampeln und Geschwindigkeitslimits. Für Radfahrer besteht Helmpflicht.

Der kostenlose Shuttle-Bus zum Stanley Park hat viele Stopps

Taxis

In Vancouver kann man Taxis auf der Straße anhalten oder telefonisch bestellen. Die Grundgebühr beträgt 3,05 Kanadische Dollar. Die Fahrt kostet dann pro halbe Meile weitere 1,76 Dollar.

Öffentliche Verkehrsmittel

Die regionale Verkehrsgesellschaft **TransLink** unterhält ein ausgedehntes öffentliches Nahverkehrsnetz. Fahrpläne gibt es gegen eine geringe Gebühr in größeren Drugstores und Supermärkten und im Hauptbüro des **Tourism Vancouver Visitor Centre**.

Der SeaBus, ein Katamaran für 400 Passagiere, überquert Vancouver Harbour von der Waterfront Station im Zentrum zum Lonsdale Quay in North Vancouver (alle 15 bis 30 Minuten bis Mitternacht).

Der SkyTrain ist ein automatisches, fahrerloses Zugsystem zwischen der Waterfront Station und Surrey. Der Fahrplan ändert sich je nach Tag und Tageszeit. Die Tickets (Drei-Zonen-System) kosten zwischen 2,50 (Zone 1) und fünf Kanadische Dollar (Zone 3). Die Fahrkarten gelten auch für SeaBus und die Busse sowie die TransLink-Trolleys. Kinder unter vier Jahren fahren kostenlos, Kinder zwischen fünf und 13 Jahren und Senioren über 65 Jahre erhalten ermäßigte Tickets. Ein *transfer ticket* ermöglicht das Umsteigen innerhalb von 90 Minuten.

Taxi in Vancouver

»FareSaver«-Rabattheftchen mit zehn Tickets (19 Dollar für Zone 1) erhält man an den oben genannten Verkaufsstellen. Einen Tagespass für neun Kanadische Dollar kann man in Supermärkten und an den SkyTrain-Automaten in Bahnhöfen erwerben. Fahrten nach 18.30 Uhr, am Wochenende und an Feiertagen zählen nur als Ein-Zonen-Fahrten.

Der Vorortzug **West Coast Express** verkehrt zu Stoßzeiten an Werktagen zwischen Mission und Vancouver.

West Coast Express, SkyTrain, SeaBus und viele Busse sind behindertengerecht.

Der SkyTrain verbindet die Innenstadt mit den Vororten von Vancouver

Fähren

Auf dem False Creek verkehren Fähren der **False Creek Ferries** und der **Aquabus** *(siehe S. 219)*. Anlegestellen sind Science World, Yaletown, Vancouver Aquatic Centre, Granville Island und Vanier Park. Tickets kosten zwischen 3,25 und 6,50 Kanadische Dollar. Mit dem Tagespass für die False Creek Ferries (15 Dollar) kann man einen Tag lang beliebig viele Fahrten machen. Auch der Aquabus-Tagespass kostet 15 Dollar.

Mit dem Auto

Trotz gelegentlicher Staus im Zentrum hat Vancouver eigentlich keine Verkehrsprobleme. Auch wenn manchmal Verkehrsschilder fehlen, findet man sich doch leicht zurecht. Auf einigen innerstädtischen Straßen darf man nur außerhalb der Stoßzeiten links abbiegen. Rechts abbiegen darf man auch bei roter Ampel – allerdings erst nach einem Halt. Stoßzeiten sind werktags von 7 bis 9.30 Uhr und von 15 bis 21 Uhr. Am Freitag beginnt die Rushhour früher, vor allem vor einem langen Wochenende. In Städten gilt eine Geschwindigkeitsbegrenzung von 50 km/h. Einige Kreuzungen werden von Kameras überwacht. Es besteht Anschnallpflicht für alle Insassen des Autos. Motorradfahrer müssen einen Helm tragen.

Doppeldeckerbus für Sightseeing

Die **British Columbia Automobile Association** (BCAA) bietet für ihre Mitglieder (auch für ADAC-Mitglieder) Informationen, Karten und Reiseführer an.

Parken

Es gibt zahlreiche gebührenpflichtige Parkplätze und -häuser, ebenso Parkplätze mit Parkuhren. Man sollte Kleingeld (25-Cent- und Dollarmünzen) bereithalten. Viele Parkhäuser akzeptieren Kreditkarten. Es ist mitunter preiswerter, das Auto einen Tag lang im Parkhaus zu lassen, als den Wagen an einer Parkuhr abzustellen. Man sollte die Schilder genau lesen, denn oft sind Parkzeiten und Parkdauer eingeschränkt. Kostenloses Parken auf der Straße ist meist nur zwischen 22 und 6 Uhr möglich. Einige Shopping Malls und Sehenswürdigkeiten bieten kostenlose Parkplätze. Sie liegen allerdings meist außerhalb.

Abschleppen

Falls Ihr Mietwagen auf einer innerstädtischen Straße abgeschleppt wird, sollten Sie bei **Busters Towing** anrufen. Die Zentrale des Abschleppdiensts liegt an der Industrial Avenue in der Nähe von Science World. Wenn Sie von einem Privatparkplatz abgeschleppt wurden, rufen Sie die entsprechende Nummer auf dem Parkverbotsschild an.

Ein Aquabus bringt Fahrgäste nach Granville Island

AUF EINEN BLICK

Hilfreiche Nummern

Aquabus
(604) 689 5858.
www.theaquabus.com

British Columbia Automobile Association
(604) 268 5555 oder (604) 293 2222 (bei Notfällen und für Pannenhilfe).
www.bcaa.com

Busters Towing
(604) 685 7246.
www.busterstowing.com

City of Vancouver Bicycle Hot Line
(604) 871 6070.
www.vancouver.ca

False Creek Ferries
(604) 684 7781.
www.granvilleislandferries.bc.ca

Tourism Vancouver Visitor Centre
200 Burrard St, auf Plaza-Ebene.
(604) 683 2000.
Mitte Mai–Sep: tägl. 8.30–18 Uhr; Okt–Mitte Mai: Mo–Sa 8.30–17 Uhr.
www.tourismvancouver.com

TransLink
(604) 953 3333.
www.translink.ca

Walking Tours of Gastown
(604) 683 5650 (Gastown Business Improvement Society).
www.gastown.org

West Coast Express
(604) 488 8906.
www.westcoastexpress.com

Stadtplan

Die Überblickskarte zeigt die Stadtviertel von Vancouver, die auf den Karten des folgenden *Stadtplans* zu finden sind. Alle Kartenverweise bei Sehenswürdigkeiten, Läden und Veranstaltungsorten im Vancouver-Kapitel sowie in der Hotel- und Restaurantauswahl beziehen sich auf diese Karten. Die erste Zahl ist die Kartennummer (1 bis 4). Der folgende Buchstabe und die Zahl geben das Planquadrat an.

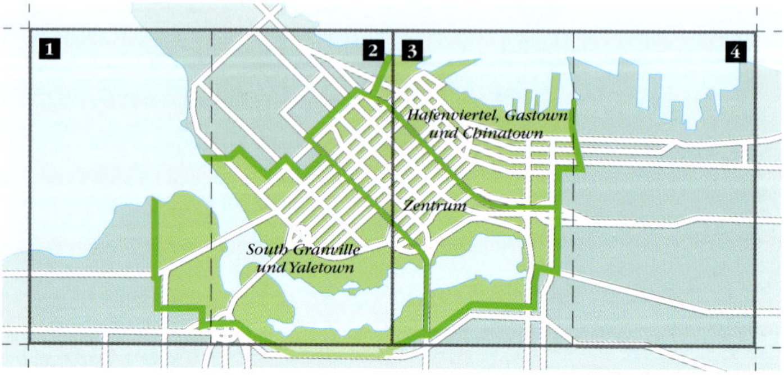

LEGENDE

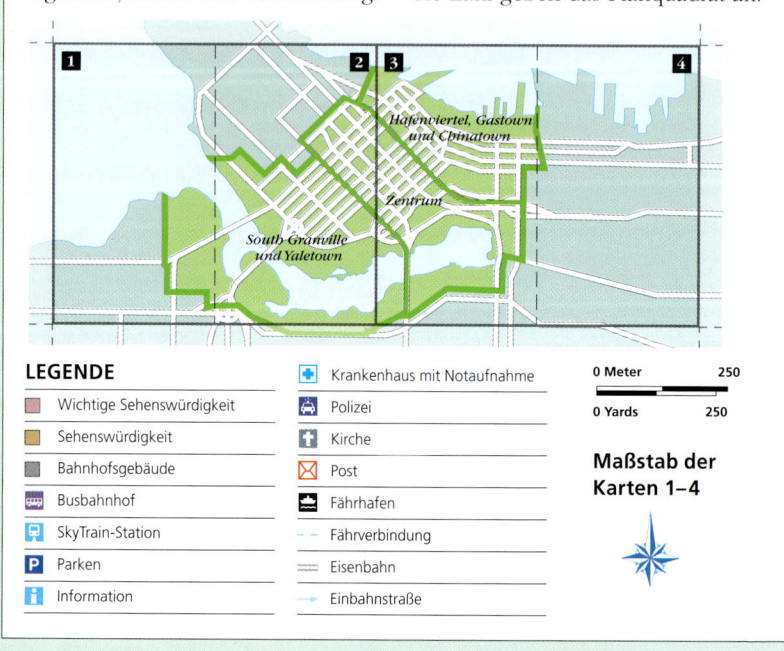

- Wichtige Sehenswürdigkeit
- Sehenswürdigkeit
- Bahnhofsgebäude
- Busbahnhof
- SkyTrain-Station
- Parken
- Information
- Krankenhaus mit Notaufnahme
- Polizei
- Kirche
- Post
- Fährhafen
- Fährverbindung
- Eisenbahn
- Einbahnstraße

0 Meter 250

0 Yards 250

Maßstab der Karten 1–4

1
A
B
C
English Bay
English Bay Beach
COMOX STREET
CHILCO STREET
BEACH AVENUE
GILFORD
ALEXANDRA PARK
Vanier Park
VANIER PARK
Vancouver Maritime Museum
Museum of Vancouver
OGDEN AVENUE
CHESTNUT STREET
McNICOLL AVENUE
WHYTE AVENUE
CREELMAN AVENUE
ARBUTUS STREET
LABURNUM STREET
WALNUT STREET
GREER AVE
KITSILANO BEACH PARK
CORNWALL AVENUE
PENNYFARTHING DRIVE
BALSAM STREET
YORK AVENUE
VINE STREET
YEW STREET
MAPLE STREET
CYPRESS STREET
WEST 1ST AVENUE
BURRARD STREET
PINE STREET
WEST 2ND AVENUE
KITSILANO
WEST 3RD AVENUE
WEST 4TH AVENUE
WEST 5TH AVENUE
2
3
4
5

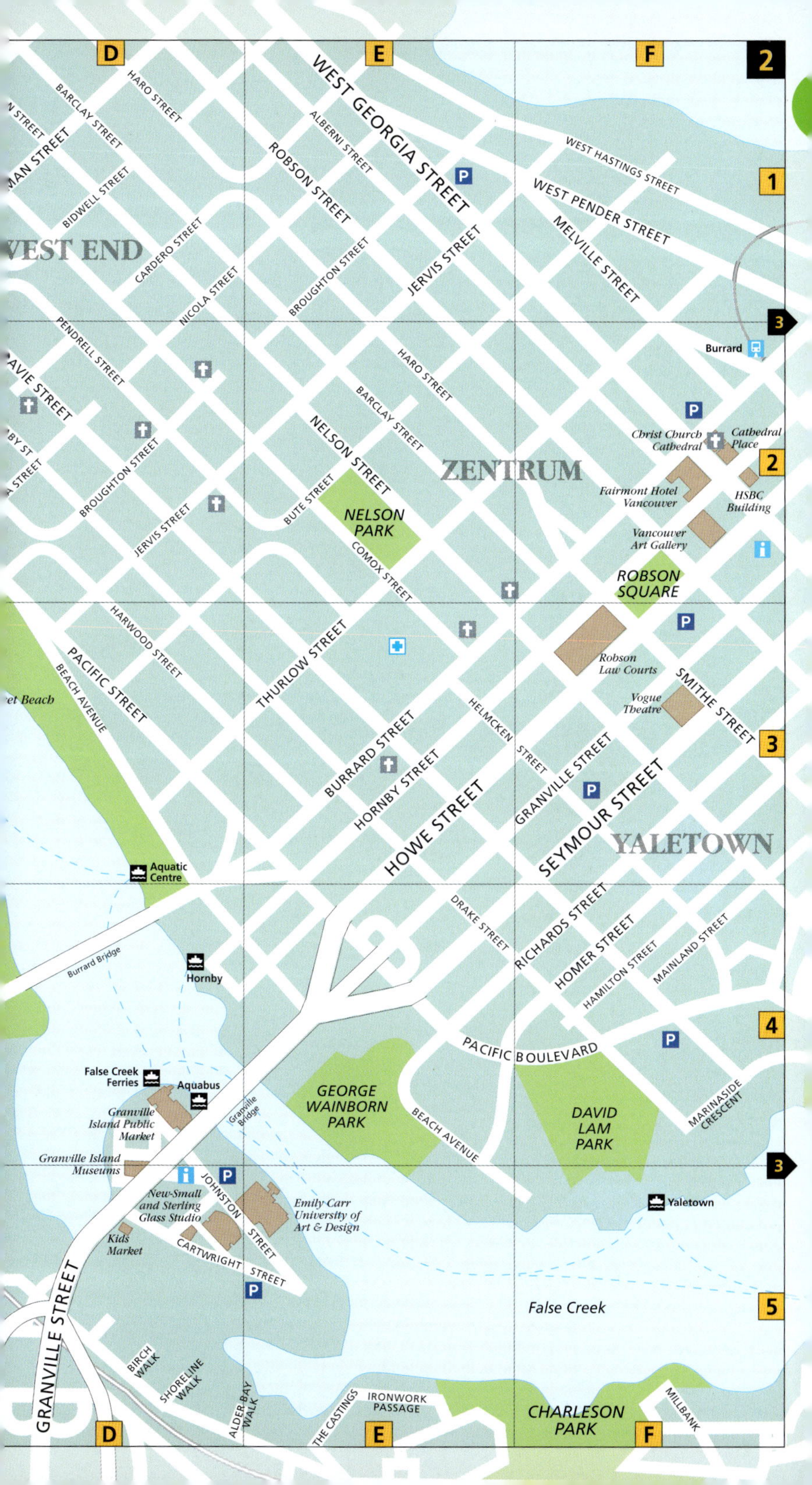

D
E
F
2
1
2
3
4
5
WEST GEORGIA STREET
WEST HASTINGS STREET
WEST PENDER STREET
MELVILLE STREET
ALBERNI STREET
ROBSON STREET
HARO STREET
BARCLAY STREET
BIDWELL STREET
WEST END
CARDERO STREET
NICOLA STREET
BROUGHTON STREET
JERVIS STREET
PENDRELL STREET
NELSON STREET
BUTE STREET
NELSON PARK
COMOX STREET
ZENTRUM
Burrard
Christ Church Cathedral
Cathedral Place
Fairmont Hotel Vancouver
HSBC Building
Vancouver Art Gallery
ROBSON SQUARE
Robson Law Courts
Vogue Theatre
SMITHE STREET
HARWOOD STREET
PACIFIC STREET
BEACH AVENUE
THURLOW STREET
BURRARD STREET
HORNBY STREET
HOWE STREET
HELMCKEN STREET
GRANVILLE STREET
SEYMOUR STREET
YALETOWN
Aquatic Centre
Burrard Bridge
Hornby
DRAKE STREET
RICHARDS STREET
HOMER STREET
HAMILTON STREET
MAINLAND STREET
PACIFIC BOULEVARD
False Creek Ferries
Aquabus
Granville Island Public Market
Granville Bridge
GEORGE WAINBORN PARK
BEACH AVENUE
DAVID LAM PARK
MARINASIDE CRESCENT
Granville Island Museums
JOHNSTON STREET
New-Small and Sterling Glass Studio
Emily Carr University of Art & Design
Kids Market
CARTWRIGHT STREET
Yaletown
False Creek
GRANVILLE STREET
BIRCH WALK
SHORELINE WALK
ALDER BAY WALK
THE CASTINGS
IRONWORK PASSAGE
CHARLESON PARK
MILLBANK

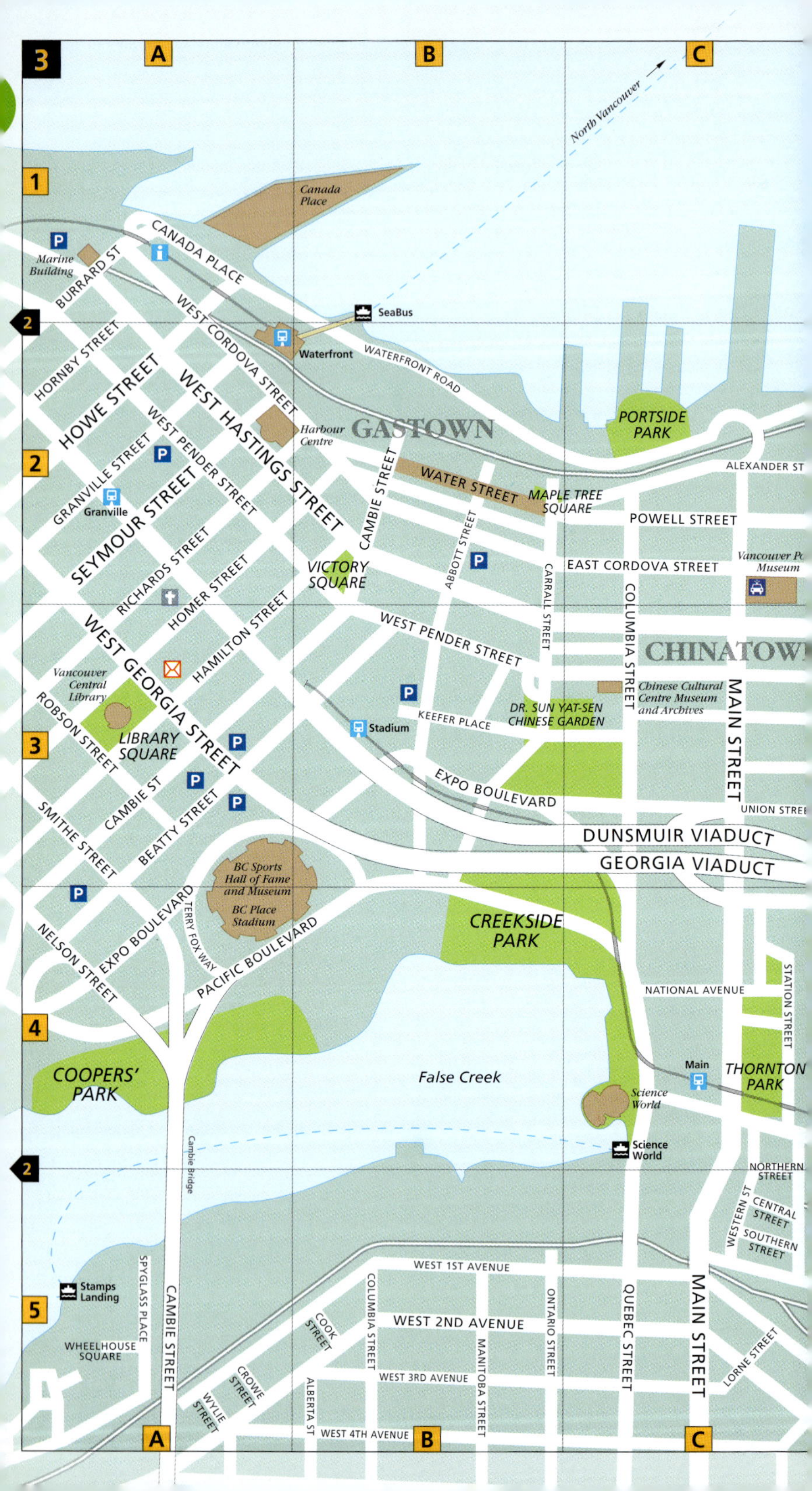
3
A
B
C
1
2
3
4
5
North Vancouver
Canada Place
Marine Building
BURRARD ST
CANADA PLACE
SeaBus
Waterfront
WATERFRONT ROAD
HORNBY STREET
HOWE STREET
WEST CORDOVA STREET
WEST HASTINGS STREET
Harbour Centre
GASTOWN
PORTSIDE PARK
ALEXANDER ST
WEST PENDER STREET
GRANVILLE STREET
Granville
SEYMOUR STREET
CAMBIE STREET
WATER STREET
MAPLE TREE SQUARE
POWELL STREET
ABBOTT STREET
EAST CORDOVA STREET
Vancouver Po
Museum
CARRALL STREET
VICTORY SQUARE
RICHARDS STREET
HOMER STREET
HAMILTON STREET
WEST PENDER STREET
COLUMBIA STREET
CHINATOW
WEST GEORGIA STREET
Vancouver Central Library
Chinese Cultural Centre Museum and Archives
MAIN STREET
DR. SUN YAT-SEN CHINESE GARDEN
KEEFER PLACE
Stadium
ROBSON STREET
LIBRARY SQUARE
EXPO BOULEVARD
UNION STREE
CAMBIE ST
BEATTY STREET
SMITHE STREET
DUNSMUIR VIADUCT
GEORGIA VIADUCT
BC Sports Hall of Fame and Museum
BC Place Stadium
CREEKSIDE PARK
NELSON STREET
EXPO BOULEVARD
TERRY FOX WAY
PACIFIC BOULEVARD
NATIONAL AVENUE
STATION STREET
Main
THORNTON PARK
COOPERS' PARK
False Creek
Science World
Science World
Cambie Bridge
NORTHERN STREET
WESTERN ST
CENTRAL STREET
SOUTHERN STREET
WEST 1ST AVENUE
Stamps Landing
SPYGLASS PLACE
CAMBIE STREET
COOK STREET
COLUMBIA STREET
WEST 2ND AVENUE
ONTARIO STREET
QUEBEC STREET
MAIN STREET
WHEELHOUSE SQUARE
CROWE STREET
WYLIE STREET
ALBERTA ST
WEST 3RD AVENUE
MANITOBA STREET
LORNE STREET
WEST 4TH AVENUE

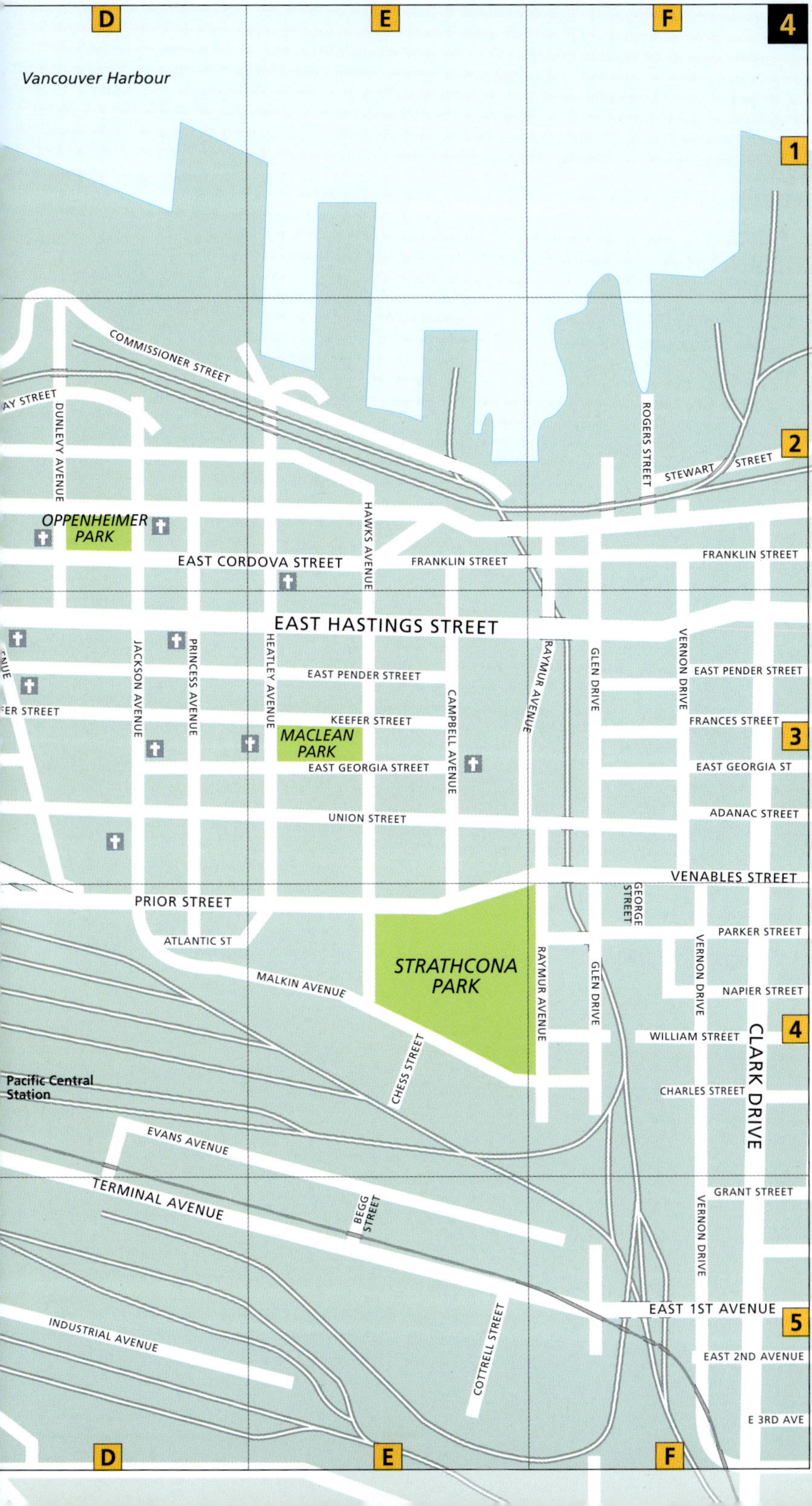
D
E
F
4
Vancouver Harbour
1
2
3
4
5
COMMISSIONER STREET
AY STREET
DUNLEVY AVENUE
HAWKS AVENUE
ROGERS STREET
STEWART STREET
OPPENHEIMER PARK
EAST CORDOVA STREET
FRANKLIN STREET
FRANKLIN STREET
EAST HASTINGS STREET
JACKSON AVENUE
PRINCESS AVENUE
HEATLEY AVENUE
EAST PENDER STREET
CAMPBELL AVENUE
RAYMUR AVENUE
GLEN DRIVE
VERNON DRIVE
EAST PENDER STREET
FER STREET
KEEFER STREET
MACLEAN PARK
EAST GEORGIA STREET
FRANCES STREET
EAST GEORGIA ST
UNION STREET
ADANAC STREET
VENABLES STREET
PRIOR STREET
GEORGE STREET
ATLANTIC ST
PARKER STREET
MALKIN AVENUE
STRATHCONA PARK
RAYMUR AVENUE
GLEN DRIVE
VERNON DRIVE
NAPIER STREET
WILLIAM STREET
CLARK DRIVE
CHESS STREET
Pacific Central Station
CHARLES STREET
EVANS AVENUE
TERMINAL AVENUE
BEGG STREET
GRANT STREET
VERNON DRIVE
EAST 1ST AVENUE
INDUSTRIAL AVENUE
COTTRELL STREET
EAST 2ND AVENUE
E 3RD AVE
D
E
F

British Columbia

British Columbia ist eine der schönsten Provinzen Kanadas. Die Pazifikküste wird von zahlreichen Inseln gesäumt. Im Landesinneren erheben sich massive Bergketten wie die weltberühmten Rocky Mountains. Eine erstaunliche Naturlandschaft umgibt auch die Stadtgebiete, moderne Großstädte wie Vancouver und Victoria genauso wie Kleinstädte mit historischem Flair.

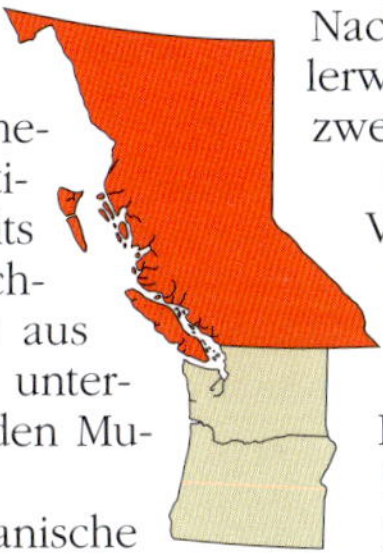

Jahrtausende vor Ankunft der ersten Europäer lebten in der 948 600 Quadratkilometer großen Region des heutigen British Columbia bereits Menschen. Man kann Nachbildungen ihrer Langhäuser aus Zedernholz und ihrer halb unterirdischen Grubenhäuser in den Museen sehen.

Ab 1774 erkundeten spanische und britische Schiffe die insgesamt 27 000 Kilometer lange Küste. 1792 berichtete Captain George Vancouver (nach dem die größte Stadt der Provinz benannt wurde) beeindruckt von »unzähligen gefälligen Landschaftsformen«. British Columbia trat dem kanadischen Staatenbund 1871 bei. Ab 1887 fuhr die Canadian Pacific Railway nach Vancouver und verband so die neue Westküstenprovinz mit dem weiter entwickelten Osten. Mit der Eisenbahn begann der Siedlerstrom. In BC blühten damals Bergbau, Holzindustrie und Fischfang – Wirtschaftszweige, die es in den letzten Jahren nicht leicht hatten. Nach der Forstwirtschaft ist mittlerweile die Tourismusbranche zweitstärkster Wirtschaftsfaktor.

British Columbia bietet eine Vielfalt an faszinierender Landschaft. Die Sandstrände und die zerklüftete, wilde Szenerie von Vancouver Island sind nur eine kurze Fahrt mit der Fähre von Victoria und Vancouver entfernt, etwa genauso weit wie das nächste Skigebiet. Landeinwärts findet man in herrlicher Kulisse wunderschöne Seen, die zum Wassersport einladen. Kleine historische Bergbaustädtchen schmiegen sich an die Rocky Mountains. In den Provinz- und Nationalparks kann man Ski fahren und wandern. Im Norden fließt der Skeena River, der »Fluss der Nebel«, durch das Land der Ureinwohner, vorbei an Totempfählen. Vom Fährhafen in Prince Rupert gelangt man zum abgelegenen, nebelverhangenen Archipel Haida Gwaii, der früher unter dem Namen Queen Charlotte Islands bekannt war.

Der Hafen von Masset *(siehe S. 272)* auf Graham Island, British Columbia

◁ Detail eines Totempfahls bei Skidegate *(siehe S. 273)* auf Haida Gwaii (früher Queen Charlotte Islands)

Überblick: British Columbia

Schild im Okanagan Valley

Die Naturschönheit von British Columbias Küste, Bergketten, Wäldern und Seen macht die Provinz zum beliebten Ferienziel. Es gibt hier die unterschiedlichsten Landschaftsformen – von den nördlichen Rockies mit ihren kahlen Bergspitzen bis zum südlichen Okanagan Valley mit Obstgärten und Weinbergen. Das zwischen Pazifik und den Coast Mountains eingebettete Vancouver ist eine ungemein anziehende Stadt mit guten Verkehrsverbindungen. Dank des milden Klimas gibt es in BC mehr Pflanzen- und Tierarten als im restlichen Kanada. Millionen Besucher kommen jedes Jahr hierher, um Urlaub in freier Natur zu machen und die fantastischen Outdoor-Möglichkeiten zu nutzen.

Sehenswürdigkeiten auf einen Blick

Butchart Gardens ❷
Chemainus ❹
Cowichan District ❸
Dawson Creek ㉒
Fort Nelson ㉔
Fort St. John ㉓
Fort Steele Heritage Town ⓮
Glacier National Park ⓲
Gulf Islands ❻
Haida Gwaii (Queen Charlotte Islands) S. 272f ㉙
Kamloops ❾
Kelowna ❿
Kootenay National Park ⓱
Kootenays S. 260–263 ⓭
Muncho Lake Provincial Park ㉕
Nanaimo ❺
Pacific Rim National Park Reserve of Canada S. 254f ❼
Prince George ㉑
Prince Rupert ㉘
Purcell Mountains ⓯
Radium Hot Springs ⓰
Smithers ㉗
Summerland ⓫
The Hazeltons ㉖
Victoria S. 246–253 ❶
Wells Gray Provincial Park ⓴
Whistler S. 256f ❽
Yoho National Park S. 266f ⓳

Touren

Alaska-Kreuzfahrt S. 274f ㉚
Okanagan Valley S. 259 ⓬

Vancouver Island, British Columbia

SIEHE AUCH

- ***Hotels*** S. 292–295
- ***Restaurants*** S. 311–313

Plenarsaal im Parlamentsgebäude der Provinz in Victoria

In British Columbia unterwegs

Die Highways Trans-Canada (Hwy 1), Crowsnest (Hwy 3) und Yellowhead (Hwy 16) durchqueren BC. Der vierspurige Coquihalla (Hwy 5) verläuft zwischen Hope und Kamloops. Highway 97 verbindet Dawson Creek mit Whitehorse im Yukon. Hauptverkehrsverbindungen auf Vancouver Island sind die Highways 1, 4 und 19. VIA-Züge und Greyhound-Busse fahren viele Ziele in BC an.

Wasserrad aus Holz, Fort Steele Heritage Town

Victoria ❶

Uhr im Bay Centre

Victoria ist eine geruhsame Stadt mit einem gewissen altmodischen Flair, das von den Blumenrabatten an den Straßen noch verstärkt wird. 1843 wurde sie von James Douglas als Pelzhandelsposten der Hudson's Bay Company gegründet. Zur Zeit des Goldrauschs (1858–63) ging es hier hoch her, als Tausende von Glücksrittern in den Saloons ausgelassen feierten. 1871 wurde Victoria Regierungssitz von BC, doch stand die Stadt bald im Schatten von Vancouver. Das multikulturelle Victoria ist immer noch politisches Zentrum – und ein attraktives Reiseziel.

Gebäude an der Yates Street – typisch für Victorias Altstadt

Das erleuchtete Parlament spiegelt sich im Wasser des Inner Harbour

Überblick: Victoria

Viele Sehenswürdigkeiten liegen im Zentrum bzw. in der Altstadt zwischen Wharf, Humboldt, Douglas und Fisgard Street. Tafeln an historischen Gebäuden, in denen sich heute schicke Läden und Cafés befinden, erzählen die Geschichte der Stadt. Die Innenstadt erstreckt sich vom Binnenhafen bis zu Quadra, Belleville und Herald Street. Die Antique Row (Antiquitätenmeile) liegt in der Historic Fort Street. Das Besucherzentrum informiert über Stadttouren, darunter Laternen- und Friedhofsführungen.

Inner Harbour

Beginn der Government St.

Zwischen 1858 und 1911 lebten am heutigen Inner Harbour die Songhee, die zu den Coast Salish gehörten. Heute geht man auf der Promenade spazieren und sieht den Straßenkünstlern zu. Tafeln informieren über verschiedene Persönlichkeiten, die am Aufbau der Stadt beteiligt waren.

Von der Hafenpromenade aus hat man nicht nur einen herrlichen Blick auf den Hafen, sonderm auch auf das Parlament und das Fairmont Empress Hotel. Besonders schön wirken die Gebäude in der Nachmittagssonne.

Victorias betriebsamer Inner Harbour am Anfang der Government Street

Zentrum von Victoria

INFOBOX

Straßenkarte 2 B5. *79 000.* *Victoria Airport, 25 km nördlich der Stadt.* *Pacific Coach Lines, 700 Douglas St.* *BC Ferries.* *812 Wharf St. (250) 953 2033.* *JazzFest International (Mitte Juni).* **www**.tourismvictoria.com

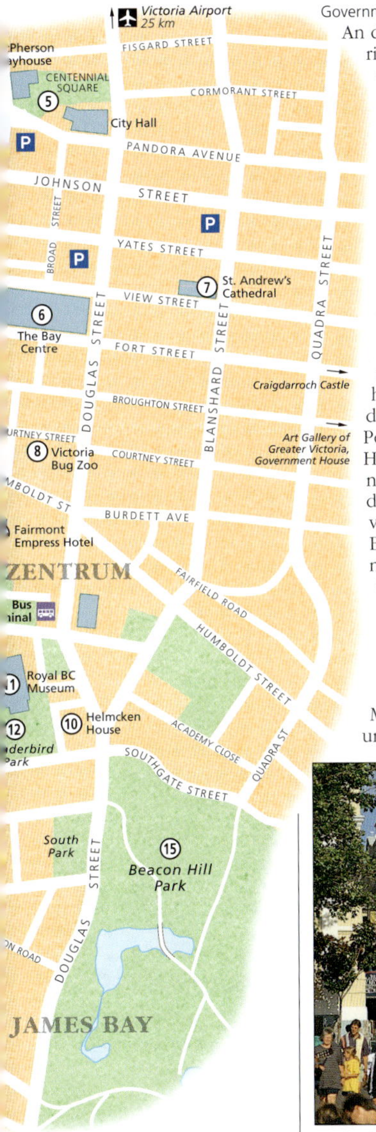

Zeichenerklärung
siehe hintere Umschlagklappe

Bastion Square

Government St. *tägl.*

An dem liebevoll restaurierten Platz am Hafen stehen einige der schönsten Gebäude Victorias aus dem 19. Jahrhundert. In den früheren Hotels und Bürogebäuden aus der Zeit des Baubooms im späten 19. Jahrhundert befinden sich heute Boutiquen und Geschenkeläden.

Der Platz wurde 1963 restauriert, als man feststellte, dass hier das 1843 gegründete Fort Victoria, der Pelzhandelsposten der Hudson's Bay Company, stand. Heute wird die autofreie Zone u. a. vom MacDonald Block Building (1863) dominiert, einem Bau im italienischen Stil mit eleganten gusseisernen Säulen und Fensterbogen. Im alten Gerichtsgebäude ist heute das BC Maritime Museum untergebracht.

In den Sommermonaten ist der Bastion Square immer voller Menschen. Einheimische und Besucher entspannen sich in den hübschen Cafés, die es in einigen der Innenhöfe gibt.

Der Bastion Square wurde in den späten 1880er Jahren errichtet

Dekorative Fahnen am Market Square in Victoria

Market Square

560 Johnson St. *(250) 386 2441.* *tägl. 10–17 Uhr.* *25. Dez.* *teilweise.*

Zwei Häuserblocks nördlich des Bastion Square, an der Ecke zur Johnson Street, liegt der Market Square. Hier sieht man einige der schönsten viktorianischen Saloon-, Hotel- und Ladenfassaden. Die meisten Gebäude stammen aus den 1880er und 1890er Jahren, als der Klondike-Goldrausch auf dem Höhepunkt war. Die Gegend verfiel in den folgenden Jahrzehnten und wurde erst 1975 restauriert. Jetzt gibt es um den Platz viele Läden, die u. a. Bücher, Schmuck, Musikinstrumente und Kunsthandwerk verkaufen. Das ganze Jahr über finden hier Konzerte, Festivals und andere Events statt.

Chinatown

Zwischen Pandora Ave, Store Ave, Government St u. Herald St.

Victorias Chinatown, die älteste in Kanada und früher die größte, ist mittlerweile die kleinste im Land. Die Märkte, Kuriositätenläden und Restaurants laden dennoch zum Bummeln ein: Das **Gate of Harmonious Interest** (Ecke Fisgard Street/Government Street) führt in das zwei Häuserblocks große Areal, wo einst chinesische Eisenbahnarbeiter lebten *(siehe S. 211)*.

Fan Tan Alley, wahrscheinlich die schmalste Straße der Welt, war früher in Opiumschwaden gehüllt. Heute bieten in den ehemaligen Spielhöllen Händler ihre Waren feil. Die Gasse führt zur **Chinatown Trading Co.** (551 Fisgard Street), wo man Exponate aus der früheren Chinatown (auch aus den Spielhöllen) bestaunen kann.

Der abgesenkte Garten hinter der City Hall, Centennial Square

Centennial Square

Zwischen Fisgard St, Douglas St, Government St u. Pandora Ave.

Der 1963 errichtete Centennial Square ist Teil eines Programms zur Wiederbelebung des Zentrums. Im Mittelpunkt steht ein Brunnen mit Beton-»Totempfählen«, die mit Mosaiken verziert sind. Rund um den Platz liegen Fachgeschäfte und das McPherson Playhouse, das erste, von Alexander Pantages 1914 eröffnete Kino (mit barockem Interieur), ein Garten und die City Hall (Rathaus).

Der Südflügel des Rathauses von 1878 ist im Empire-Stil

Im Empire-Stil präsentiert sich die City Hall (Rathaus) mit Uhrenturm

gehalten – mit roter Ziegelsteinfassade und einem Mansardendach aus Zinn. 1880 kam eine Feuerwache, 1891 der Nordflügel hinzu. Die Uhr wurde 1891 in den Turm (1890) eingebaut und wird bis heute einmal wöchentlich aufgezogen. 1963 wurde das Rathausinnere renoviert und ein Westflügel angebaut.

The Bay Centre

1150 Douglas St. ☎ *(250) 952 5680.* ◯ *Mo–Mi 10–19, Do, Fr 10–21, Sa 10–19, So 11–18 Uhr.* ♿ **www**.thebaycentre.ca

Das Bay Centre liegt hinter den Fassaden historischer Gebäude in der Government Street. Das 1892 von John Wright entworfene Driard Hotel (1892) wurde ebenso wie die Fassaden des Times Building (1910) und des Lettice and Sears Building (19. Jh.) vor dem Abriss bewahrt. Hinter den Fassaden findet man auf vier Etagen über 90 Läden, die von Mode bis zu Edelschokolade alle Wünsche erfüllen. Im Atrium zeigt eine Uhr auf verschiedenen Ziffernblättern die Zeit in den Häfen an, die früher zum British Empire gehörten.

St. Andrew's Cathedral

740 View St. ☎ *(250) 388 5571.* ◯ *tägl.* ✝ *Di–Fr 8, Mo–Fr 12.10, So 8, 9.30, 11, 17 Uhr.* ♿

Die 1892 errichtete Kirche ist die älteste römisch-katholische Kirche der Region. Die Kathedrale im viktorianisch-gotischen Stil mit Schieferdach besitzt einen 53 Meter hohen Kirchturm und wunderschöne Bleiglasfenster. Bei der Renovierung 1980 wurden Kunstwerke von Ureinwohnern hinzugefügt. Den Altar entwarf Charles Elliott, ein Angehöriger der Coast Salish. Die Kerzen zu beiden Seiten der Kanzel sind mit indianischen Motiven verziert.

St. Andrew's Cathedral, Victorias erste römisch-katholische Kirche

Victoria Bug Zoo

631 Courtney St. ☎ *(250) 384 2847.* ◯ *tägl. 9–17 Uhr.* ● *1. Jan, 25. Dez.* ♿ **www**.bugzoo.bc.ca

Einen Block nördlich des Fairmont Empress Hotel nimmt dieser ungewöhnliche Minizoo nur zwei Räume ein. Hier kann man einige der

Atrium im Bay Centre mit tief gehängter Uhr

exotischsten Insekten der Welt ganz aus der Nähe betrachten. Über 50 Arten von Insekten, Spinnentiere (Arachnida) und Tausendfüßer (Myriapoda) leben im Victoria Bug Zoo, außerdem eine Kolonie von Blattschneiderameisen. Faszinierend sind auch die Skorpione, die in der Dunkelheit leuchten.

Man kann die Terrarien allein und in Ruhe betrachten oder sich einer der kostenlosen Führungen anschließen. Dabei erzählen die Tierpfleger viel Faszinierendes über die Tiere. Wer will, kann sogar eine der Taranteln in die Hand nehmen – eine gute Methode, seine Spinnenangst loszuwerden. Der kleinen Laden verkauft u. a. Gerätschaften, mit denen man selbst Insekten fangen kann.

Auffahrt zum schlossähnlichen Fairmont Empress Hotel

Fairmont Empress Hotel

721 Government St. *(250) 384 8111.* *tägl.* *Siehe* **Hotels** *S. 295.* **www.**fairmont.com

Das Hotel entstand 1905 nach einem Entwurf von Francis Rattenbury auf Sumpfgelände und auf der inoffiziellen städtischen Müllhalde. Das Gebäude am Inner Harbour prägt mit seinem efeubewachsenen, neogotischen Glanz die Stadtsilhouette Victorias und ist eine der beliebtesten Sehenswürdigkeiten.

Auch wenn man kein Hotelgast ist, kann man einen der überaus luxuriös ausgestatteten Salons besuchen, etwa den Crystal Ballroom mit seiner Tiffany-Glaskuppel. Bis heute wird hier täglich der *high tea* zur beinahe schon zeremoniell eingehaltenen britischen Teestunde serviert.

Vor dem Hotel steht eine Statue von James Cook *(siehe S. 36)*, der zwar fast ganz BC erkundete, Victoria aber nie gesehen hat.

Helmcken House

10 Elliot Sq. *(250) 356 7226.* *Mai–Okt: tägl. 12–16 Uhr; Nov–Apr: Zeiten tel. erfragen.*

Das Wohnhaus von Dr. John Sebastian Helmcken, einem Angestellten der Hudson's Bay Company, wurde 1852 erbaut und ist eines der ältesten Häuser von BC. Der junge Arzt, der später die Beitrittserklärung der Provinz zu Kanada mit aushandelte, baute das Haus aus Douglasfichten – wie in Québec üblich – in »Poteau-sur-sole«-Bauweise (Querschwellbalken dienen als Gerüst für senkrechte Balken). Anbauten erfolgten 1856 und 1884. An ihnen kann man die Veränderung der Bauweisen in der zweiten Hälfte des 19. Jahrhunderts gut erkennen.

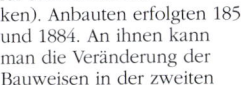

Schild des Helmcken House

Helmcken House war das erste Wohnhaus außerhalb des sicheren Fort Victoria. Der einfache, aber elegant wirkende Bau enthält viele Teile der originalen Einrichtung, u. a. ein Klavier. Auch Helmckens Arzttasche und medizinische Instrumente sind zu sehen.

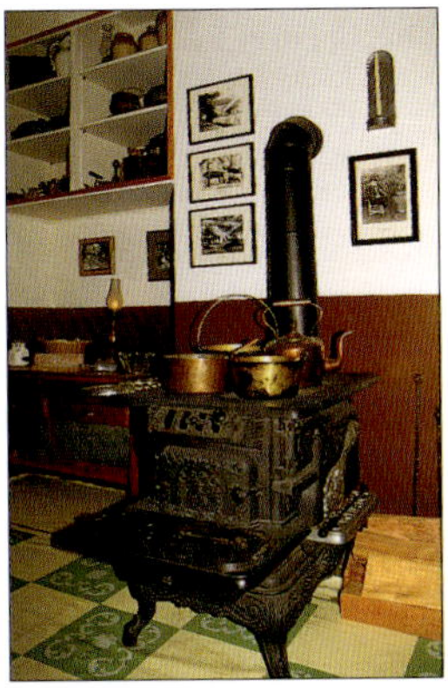

Gusseiserner Holzofen im historischen Helmcken House

Vom Fort zur Hauptstadt

James Douglas gefiel Camosack, das heutige Victoria, als er 1842 zum ersten Mal in den Hafen einlief. Als Hauptkommissionär der Hudson's Bay Company (HBC) wollte er einen Pelzhandelsposten und ein Fort errichten, um die Ausbreitung der Amerikaner zu stoppen. Douglas wurde von den Lekwammen, Vorfahren der Songhee und Esquimalt, freundlich aufgenommen. 1843 wurde Fort Camosack (später Fort Victoria) gegründet. Um 1850 hatten die Ureinwohner Verträge unterzeichnet, in denen sie große Teile ihres Landes an die HBC verkauften. Schnell entstanden kleine Farmen. Der Hafen wuchs und diente während des Goldrauschs von 1858 als Zwischenstopp. Victoria erhielt 1862 Stadtrecht, wurde vier Jahre später Hauptstadt der Kolonie British Columbia und 1871 Provinzhauptstadt.

Blick auf die aufstrebende Siedlung Victoria, 1860

Thunderbird Park

Belleville St u. Douglas St.

Der kleine Park vor dem Eingang des Royal BC Museum *(siehe S. 252f)* zeigt eine Sammlung riesiger, bemalter und unbemalter Totempfähle. Im Sommer kann man den Künstlern im Thunderbird Park Carving Studio beim Schnitzen zusehen. Die Totempfähle zeigen und bewahren die Sagen vieler Stämme der Nordwestküste. Sehenswert: das 1952 errichtete Kwakwaka'wakw-Haus, ein Nachbau des Zeremonialgebäudes von Fort Rupert aus dem 19. Jahrhundert.

Riesige Totempfähle sind das Markenzeichen des Thunderbird Park

Parliament Buildings

501 Belleville St. (250) 387 3046. *tägl. 9–17 Uhr.* *1. Jan, 25. Dez.*

Die vielen Türme und Kuppeln des Parlaments von Victoria am Inner Harbour sind ein eindrucksvoller Anblick – vor allem abends, wenn die

Die beeindruckende Hauptkuppel der Parliament Buildings

Fassade angestrahlt wird. Das ist seit 1956 Tradition – erstmals wurden die Gebäude 1887, anlässlich von Queen Victorias diamantenem Jubiläum, beleuchtet.

Nach einem Entwurf von Francis Rattenbury (1892) wurde der Gebäudekomplex 1897 an der Stelle der engen »Bird Cages« (»Vogelkäfige«), der ersten Parlamentsgebäude, fertiggestellt. Von den »Bird Cages« ist nur das Kutschengebäude an der Superior Street hinter dem Parlament erhalten. Rattenbury, ein 25-jähriger Architekt aus England, war ein Jahr zuvor nach British Columbia gekommen und hatte den landesweiten Architekturwettbewerb gewonnen. Er entwarf später viele wichtige Bauten der Provinz, u.a. das Empress Hotel.

Die Gebäude aus Stein und Marmor beherbergen die Volksvertretung von BC. Der Plenarsaal liegt im ersten Stock, nahe einer kleinen Galerie mit schönen Bleiglasfenstern von William Morris. Besucher können die Sitzungen von der Zuschauergalerie im zweiten Stock verfolgen. Eine eindrucksvolle Kuppel krönt die obere und untere Rotunde. Die untere Rotunde, ein Achteck, besitzt zudem einen prächtigen italienischen Mosaikfußboden.

Die Geschichte British Columbias spiegelt sich in den Kunstwerken wider: Eine Statue des Entdeckers Captain George Vancouver thront über der Hauptkuppel, die Wandgemälde zeigen historische Ereignisse.

Der Plenarsaal im Parlament von Victoria

Carr House – hier lebte die Künstlerin Emily Carr als Kind

Carr House

207 Government St. *(250) 383 5843.* *Mai–Sep: Di–Sa 11–16 Uhr.*

www.emilycarr.com

Emily Carr, eine der bekanntesten Künstlerinnen Kanadas, wurde 1871 in dem hübschen Holzhaus (1864) geboren. Die Räume sind mit Stilmöbeln (19. Jh.), auch einigen Familienstücken, eingerichtet. Ihren ersten Kunstunterricht gab Carr den Nachbarskindern im Esszimmer. Die Zeichnung von ihrem Vater steht noch auf dem Kaminsims im Wohnzimmer, wo sie als Achtjährige erste Malversuche unternahm. Reproduktionen ihrer Werke hängen im Morning Room. Die People's Gallery zeigt Arbeiten zeitgenössischer Künstler. Im englischen Landschaftsgarten wachsen beliebte Blumen jener Zeit.

Beacon Hill Park

Douglas St u. Dallas Rd.

(250) 361 0600. *tägl.*

Ende des 19. Jahrhunderts gab es hier Stallungen. 1888 gestaltete der schottische Landschaftsgärtner John Blair

Stattliche, jahrhundertealte Garry-Eiche im Beacon Hill Park

den Park um. Er ließ zwei Seen anlegen und forstete das Areal auf. Der Park (74 Hektar) ist der größte und älteste in Victoria, und schon Emily Carr zog sich gern hierher zurück. Heute kann man die alten Bäume bestaunen (u. a. einige seltene, etwa 400 Jahre alte Garry-Eichen) und Ansammlungen wilder Prärielilien, die einst von den Ureinwohnern hoch geschätzt wurden. Es gibt auch malerische Ententeiche und einen über 100 Jahre alten Kricketplatz.

Detail des Shinto-Schreins, Art Gallery

Art Gallery of Greater Victoria

1040 Moss St. (250) 384 4171. *Mo–Sa 10–17 Uhr (Do bis 21 Uhr), So 12–17 Uhr.* **www**.aggv.ca

Die Sammlung der Galerie ist in einer beeindruckenden viktorianischen Stadtvilla östlich des Zentrums untergebracht. Im Inneren findet man Holzverzierungen, originale Kamine und hohe Decken – kurz: Dies ist ein edler Rahmen für Kunstobjekte, darunter chinesische und japanische Gemälde sowie Keramik und Porzellan. Die Galerie besitzt zudem den einzigen originalen Shinto-Schrein Nordamerikas. Die Sammlung zeitgenössischer Gemälde umfasst Werke der berühmten einheimischen Künstlerin Emily Carr aus der Zeit zwischen 1900 und 1940. Ihre plastische Darstellung des stürmischen Nordwestens und des Lebens der Ureinwohner ist unübertroffen. Carrs Arbeiten (auch ihre Schriften) werden in wechselnden Teilausstellungen präsentiert.

Craigdarroch Castle

1050 Joan Cres. *(250) 592 5323.* *tägl. 10–16.30 Uhr.* *Feiertage.* **www**.thecastle.ca

Das 1890 vollendete Craigdarroch Castle war das Lieblingsprojekt des Kohlenmillionärs Robert Dunsmuir. Er baute es für seine Frau – zum Trost, dass sie ihre schottische Heimat verlassen musste. Obwohl es kein echtes Schloss ist, lehnt sich der Entwurf doch an ein Schloss im schottischen Ayrshire an. Der Bau weist verschiedene Stile auf, darunter Anklänge an Romanik und französische Gotik.

Als das Anwesen 1959 vom Abriss bedroht war, setzte sich eine Bürgerinitiative erfolgreich für seine Restaurierung ein. Heute beherbergt Craigdarroch Castle ein Museum, das interessante Einblick in den Lebensstil des reichen Unternehmers gibt.

Sehenswert ist die Sammlung von Jugendstil-Bleiglasfenstern, eine der schönsten Nordamerikas. In vielen Räumen und Fluren sieht man noch das gemusterte Parkett und die Holzvertäfelungen aus Weißeiche, Zeder und Mahagoni. Jeder Raum ist mit opulenten viktorianischen Möbeln ausgestattet und in Dunkelgrün-, Pink- und Rosttönen gehalten. Im Salon mussten etliche Farbschichten der Decke mühevoll entfernt werden, um das originale handgefertigte Dekor freizulegen, das u. a. naturgetreu gemalte Schmetterlinge und Löwen zeigt.

Ein Turm des Craigdarroch Castle im Stil der französischen Gotik

Government House

1401 Rockland Ave. *(250) 387 2080.* *tägl. (nur Garten).*

Das heutige Government House wurde 1959 fertiggestellt, nachdem ein Brand den Bau des Architekten Francis Rattenbury aus dem Jahr 1903 zerstört hatte. Die Residenz des Vizegouverneurs von British Columbia kann nicht besichtigt werden, nur das Gartenareal mit Teichen, einem englischen Landschafts- und einem viktorianischen Rosengarten sind zugänglich. Einen herrlichen Blick über das Grundstück bietet der Pearke's Peak, ein felsiger Hügel, auf dem Steingärten angelegt wurden.

Das 1959 aus blauem und rosa Granit erbaute Government House

Victoria: Royal BC Museum

Das Royal BC Museum erzählt die naturhistorische, geologische und völkerkundliche Geschichte von British Columbia. Das Museum gilt wegen seiner gelungenen Art der Präsentation von Exponaten als eines der besten in Kanada. Die Natural History Gallery zeigt beeindruckende Dioramen, die Bilder, Geräusche und sogar Gerüche, u.a. der Pazifikküste, des Ozeans und des Regenwalds, imitieren. Regionalgeschichte wird auf der dritten Ebene rekonstruiert, z.B. durch den Nachbau einer Stadt aus dem frühen 20. Jahrhundert. Das Alltagsleben jener Zeit lässt sich in einem Saloon und in einem Stummfilmkino nachempfinden. Die Ausstellung zur Kunst und Kultur der Ureinwohner präsentiert auch einen Zeremonialbau.

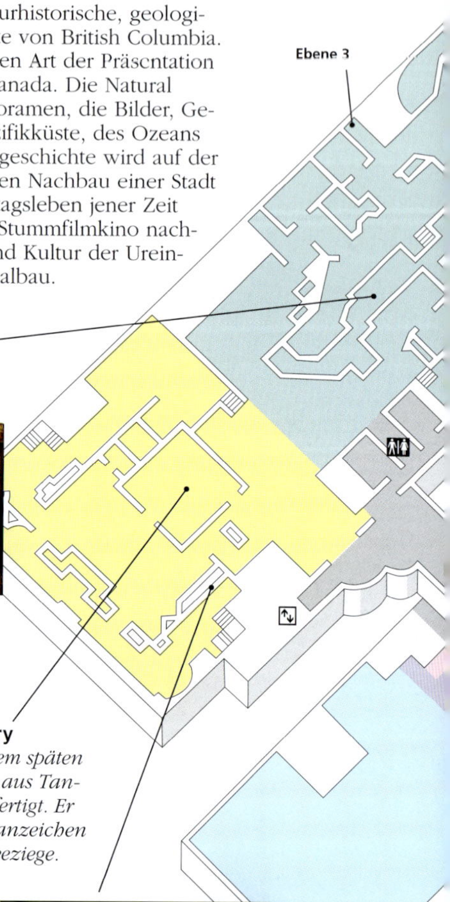

Chinatown im 19. Jahrhundert
Teil einer nachgestellten Straßenszene von 1875: Dieser Laden bietet Heilkräuter der traditionellen chinesischen Medizin an.

★ First Peoples Gallery
Der Haida-Hut aus dem späten 19. Jahrhundert ist aus Tannenwurzeln gefertigt. Er zeigt das Clanzeichen der Schneeziege.

Masken der First Nations
Die Kwakwaka'wakw-Masken gehören zu den zeremoniellen Insignien von Häuptling Mungo Martin. Sie zeigen Maus, Waschbär und Eisvogel.

LEGENDE

- First Peoples Gallery
- Modern History Gallery
- Sonderausstellungen
- Natural History Gallery
- Newcombe Conference Hall
- National Geographic IMAX Theater
- Kein Ausstellungsbereich

Museumsbau
Die Hauptausstellungen wurden 1968 eröffnet. Davor waren die Exponate an verschiedenen Orten untergebracht. Auf dem Museumsgelände befindet sich auch ein Archivgebäude.

Modern History Gallery
In der Abteilung finden sich Nachbildungen von Straßen, Läden und öffentlichen Gebäuden. Das hier gezeigte Grand Hotel steht an einer authentischen hölzernen »Straße«.

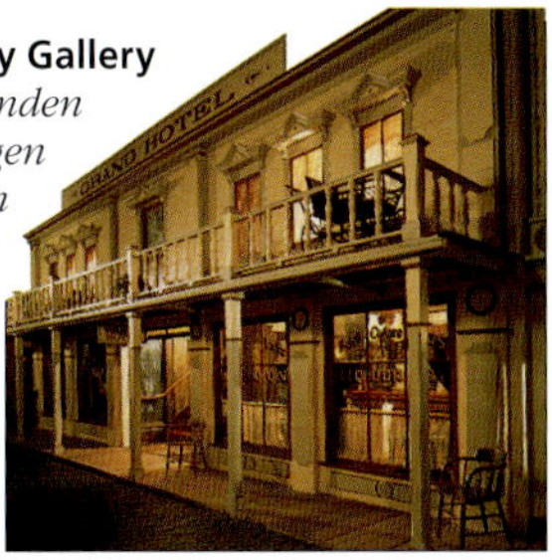

INFOBOX

675 Belleville St. *(250) 356 7226.* *5, 28, 30.* *tägl. 10–17 Uhr (Juni–Sep: Fr, Sa bis 22 Uhr).* *1. Jan, 25. Dez.*
www.royalbcmuseum.bc.ca

★ Natural History Gallery
Das lebensgroße Mammut und die imposante Gletschereiswand sind Teil eines Dioramas. Dioramen bilden die Küstenwälder seit der letzten Eiszeit nach – und nehmen den künftigen Klimawandel vorweg.

★ Coast Seashore Diorama
Das Diorama mit Bild, Licht und Ton zeigt Meerestiere in Gezeitenbecken und diesen lebensecht wirkenden Seelöwen.

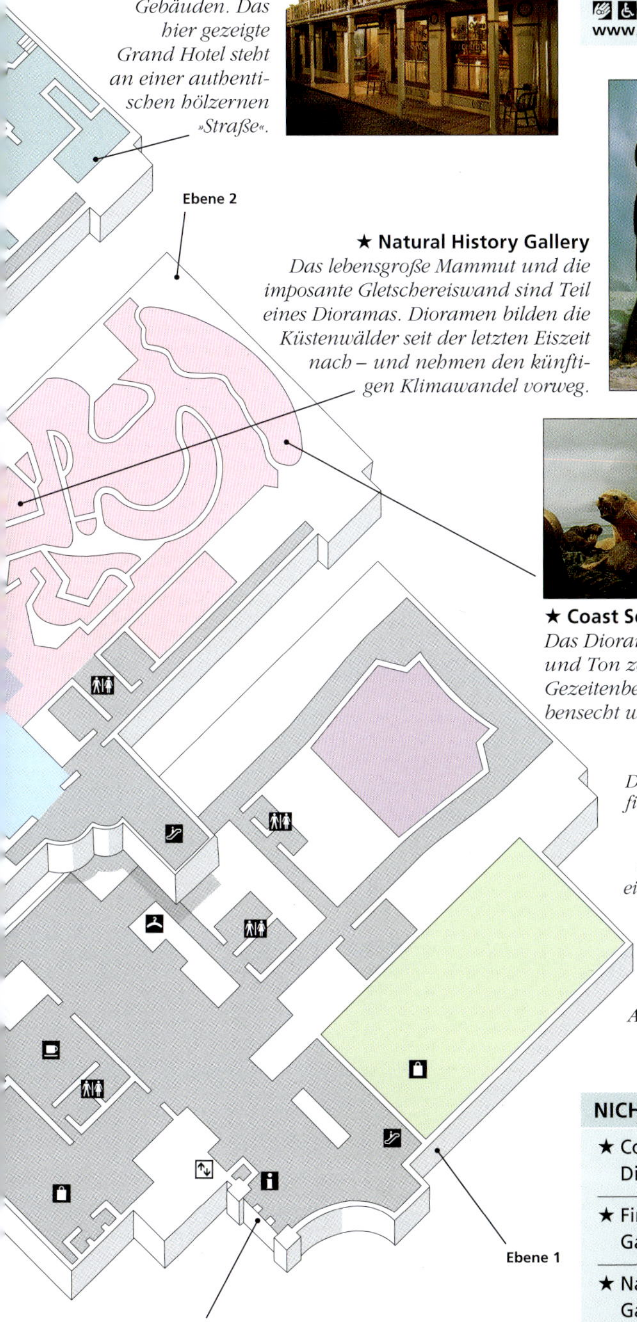

Kurzführer

Die wichtigsten Exponate findet man auf der zweiten und dritten Ebene. Die Natural History Gallery (Ebene 2) bildet eine Reihe von Naturräumen nach, darunter einen Küstenregenwald und ein Flussdelta. Auf Ebene 3 befinden sich die Abteilungen First Peoples und Modern History.

NICHT VERSÄUMEN

- ★ Coast Seashore Diorama
- ★ First Peoples Gallery
- ★ Natural History Gallery

Butchart Gardens ❷

800 Benvenuto Ave, Brentwood Bay, Vancouver Island. *(250) 652 4422.* *tägl. ab 9 Uhr, Schließung je nach Jahreszeit.*
www.butchartgardens.com

Die Gärten ließ Jennie Butchart 1904 in einem aufgegebenen Steinbruch anlegen, nachdem ihr Mann sein Zementwerk weiter westlich verlagert hatte. Tausende seltener Pflanzen wachsen in den verschiedenen Anlagen, darunter ein italienischer Zier- und ein Rosengarten. Im Sommer werden die Gärten beleuchtet und dienen als Kulisse für Jazz und klassische Konzerte. Im Juli und August gibt es samstags ein Feuerwerk.

Seerosenteich im italienischen Garten der Butchart Gardens

Cowichan District ❸

Vancouver Island. *135 3rd St, Duncan. (250) 746 1099.*
www.cvrd.bc.ca

Der Cowichan District liegt an der Südküste von Vancouver Island und schließt Chemainus Valley und Cowichan Valley mit ein. In der Sprache der Cowichan, einer der größten First-Nations-Gruppen in BC, bedeutet das Wort »warmes Land«. Der größte Süßwassersee der Insel, Lake Cowichan, lädt zum Schwimmen, Kanufahren und Angeln ein. In einem nördlichen Vorort von Duncan liegt das **BC Forest Discovery Centre**. Hier kann man u.a. ein nachgebautes Holzfällercamp sehen. Duncan besitzt über 40 sehr schöne Totempfähle. Das **Quw'utsun' Cultural Centre** tradiert die Cowichan-Kultur und bietet Führungen an.

BC Forest Discovery Centre
2892 Drinkwater Rd, Duncan.
(250) 715 1113. Apr, Mai, Sep–Mitte Okt: Do–Mo 10–16 Uhr; Juni–Aug: tägl. 10–17 Uhr.
Mitte Okt–März.
www.bcforestmuseum.com

Pacific Rim National Park Reserve of Canada ❼

Das Naturschutzgebiet erstreckt sich über 130 Kilometer an der Westküste von Vancouver Island und umfasst drei Zonen: Long Beach, West Coast Trail und Broken Group Islands. Der Meerespark bietet fantastische Möglichkeiten zur Walbeobachtung. Long Beach besitzt viele Wanderwege. Faszinierend ist der 75 Kilometer lange West Coast Trail (Mai–Sep). Die Broken Group Islands kann man nur per Boot erreichen.

Broken Group Islands
Mit rund 100 Inseln ist der Archipel bei Kajakfahrern und Tauchern sehr beliebt.

Der Schooner Trail *ist einer von neun reizvollen, leicht zu bewältigenden Wanderwegen durch den gemäßigten Regenwald an der Küste.*

Das Wickaninnish Centre *bietet Aussichtsplattformen für Walbeobachtung.*

Long Beach
Die windgepeitschte, zerklüftete Sandküste von Long Beach ist für ihre wilde Schönheit bekannt: tosende Brandung, perfekte Surfbedingungen, Gezeitenbecken voller Meerestiere und angespültes Treibholz.

Hotels und Restaurants in British Columbia *siehe Seiten 292–295 und 311–313*

Quw'utsun' Cultural Centre
200 Cowichan Way, Duncan.
(250) 746 8119. Gruppen ab 25 Personen nach Voranmeldung.
Okt–Mitte Apr.
www.quwutsun.ca

Chemainus ❹

Vancouver Island. *4000.*
9796 Willow St. (250) 246 3944.
www.chemainus.com

Als die örtliche Sägemühle 1983 geschlossen wurde, machte sich das malerische Städtchen selbst zur Attraktion, indem es riesige Wandbilder zur Geschichte der Region malen ließ. Einheimische und internationale Künstler führten das Projekt weiter. Mittlerweile gibt es über 40 solcher Wandgemälde mit historischen Szenen zu sehen.

Ausflugsdampfer und Fischerboote im Hafen von Nanaimo

Nanaimo ❺

Straßenkarte 2 E4. *79 000.*
2290 Bowen Rd. (250) 756 0106.
www.tourismnanaimo.com

Wo einst fünf Siedlungen der Coast Salish lagen, wurde in den 1850er Jahren die Bergwerksstadt Nanaimo gegründet. In der Altstadt stehen noch viele Gebäude aus dem 19. Jahrhundert, darunter das Nanaimo Court House (31 Front Street), das 1895 von Francis Rattenbury entworfen wurde. Im **Nanaimo Museum** gibt es einen Nachbau der Chinatown aus den 1850er Jahren. Vier Kilometer südlich der Stadt liegt der Petroglyph Provincial Park.

Nanaimo Museum
100 Museum Way. *(250) 753-1821. Victoria Day–Labor Day: tägl. 10–17 Uhr; Labor Day–Victoria Day: Mo–Sa 10–17 Uhr.*
Anmeldung.
www.nanaimomuseum.ca

Gulf Islands ❻

Strait of Georgia. *(250) 754 3500.* **www**.gulfislandsguide.com

Ruhe und Naturschönheit – dies zieht Besucher zu den Gulf Islands, wo es noch Adler und Truthahngeier gibt. Bei Angel- und Kajaktouren kann man auch Otter, Robben und Meeresvögel beobachten. Mit über 10 000 Einwohnern ist **Saltspring** die größte Insel. Im Sommer ist das hübsche Ganges Village überlaufen. **Galiano** bietet Wanderwege. Das kleine Museum auf **Mayne** erzählt die Geschichte der Insel, die ein Zwischenstopp für Rumschmuggler und Goldgräber war. **North** und **South Pender Island** sind über eine Holzbrücke miteinander verbunden. Hier wurden Relikte einer 5000 Jahre alten Siedlung gefunden. Auf **Saturna**, der kleinsten und einsamsten der Inseln, begeht man den Canada Day *(siehe S. 31)* mit einem Lamm-Barbecue. Auf **Gabriola** kann man Petroglyphen der Snuneymuxw besichtigen.

Kajaks an der Otter Bay auf North Pender Island

West Coast Trail
Moosbewachsener Regenwald, Klippen und Bogen der Meeresküste bilden die Kulisse dieses Wanderwegs.

INFOBOX

Hwy 4. *(250) 726 3500.* *tägl.* *teilweise.* *Juni–Sep.*

LEGENDE

- Hauptstraße
- Nebenstraße
- West Coast Trail
- Nationalparkgrenze
- Fluss
- Camping
- Picknick
- Information
- Aussichtspunkt

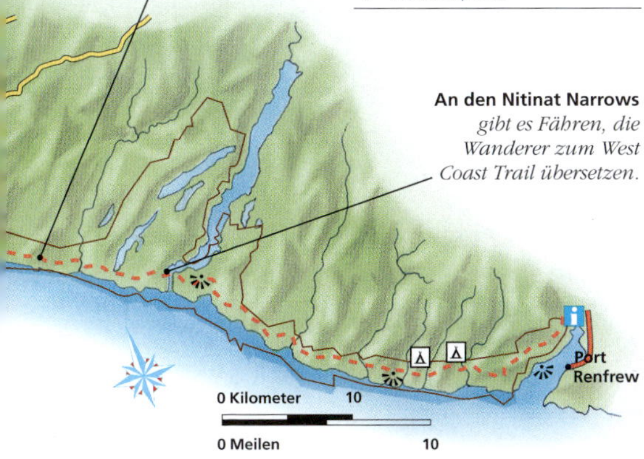

An den Nitinat Narrows *gibt es Fähren, die Wanderer zum West Coast Trail übersetzen.*

Whistler ❽

Whistler-Valley-Tour-Trolley

Mildes pazifisches Klima, Schneegarantie und die steilsten Abfahrten Nordamerikas machen Whistler bei Wintersportlern beliebt. Besucher strömen zu den nebeneinanderliegenden Bergen Whistler und Blackcomb, die durch die Peak 2 Peak Gondola verbunden sind. Im Winter locken hier Hundeschlittenfahrten, Schneeschuhlaufen und Schneemobilfahren. Die Sommeraktivitäten umfassen Wandern, Mountainbiken, Kanufahren und Reiten – rund um die fünf Seen und in der wilden Landschaft des Garibaldi Provincial Park. Gemeinsam mit Vancouver war Whistler 2010 Austragungsort der Olympischen Winterspiele.

Restaurantterrasse im Whistler Village

Am Blackcomb Mountain (2436 m) gibt es über 100 markierte Pisten und Loipen sowie fünf Abfahrten – zwei davon auf Gletschern. Die längste Abfahrt ist elf Kilometer lang.

»The Rendezvous«, Blackcomb Mountain
Snowboarder und Skifahrer entspannen sich beim Restaurant »Rendezvous« am Hang des Blackcomb Mountain, der eine herrliche Aussicht bietet.

★ Fairmont Château Whistler
Dies ist nicht nur ein Hotel (siehe S. 295) *mit einer kunstgeschmückten Lobby, luxuriösen Tapeten, Kronleuchtern und Dachterrasse – es ist eine Attraktion an sich.*

NICHT VERSÄUMEN

- ★ Alta Lake
- ★ Fairmont Château Whistler
- ★ Whistler Village

Hotels und Restaurants in British Columbia *siehe Seiten 292–295 und 311–313*

Mountainbiker in einem der vielen »Jump-Parks« von Whistler

INFOBOX

Straßenkarte 2 B4. *10000.*
Tourism Whistler, 4230 Gateway Drive, Whistler, (604) 932 3928 oder 1-800 944 7853 (in Kanada u. USA).
www.whistler.com

Der Whistler Mountain (2181 m) bietet über 100 Wanderwege und sieben alpine Abfahrten, eine davon in einem Gletscherfeld. Das Skigebiet umfasst insgesamt 1925 Hektar Fläche.

★ Whistler Village
Ein still daliegender Teich zum Relaxen – mitten im sonst recht munteren Whistler Village, in dem Restaurants, Bars und Läden die autofreien, kopfsteingepflasterten Straßen säumen.

★ Alta Lake
1,6 Kilometer lang und fast 25 Meter tief: Inmitten bewaldeter Berge lädt der Alta Lake zum Schwimmen, Kajakfahren und Angeln, etwa Regenbogen- und Dolly-Varden-Forellen (Seesaiblinge), ein. Ein Wanderweg führt um den See.

LEGENDE

- Restaurant
- Golfplatz
- Bootsanlegestelle
- Aussichtspunkt
- Information

Kamloops ❾

Straßenkarte 2 B4. *87 000.* *1290 W Trans-Canada Hwy. (250) 372 8000.* **www**.tourismkamloops.com

Kamloops bedeutet in der Sprache der Secwepemc bzw. Shuswap »wo sich die Flüsse treffen«. Kein Wunder, denn der Ort liegt am Zusammenfluss des nördlichen und südlichen Thompson River. Eingebettet zwischen Berge und Seen, ist die Gegend ideal zum Wandern, Radfahren, Skifahren, Wildwasser-Rafting, Angeln und Golfen.

Ab 1812 siedelten hier Pelzhändler, die mit den Secwepemc handelten. Reste eines 2000 Jahre alten Dorfs und nachgebaute Grubenhäuser im **Secwepemc Museum and Heritage Park** erinnern an die Ureinwohner.

Der amerikanische Zugräuber Bill Minerer verirrte sich bei seiner Flucht 1904 nach Kamloops. Die restaurierte Dampflok Nr. 2141 von 1912 fährt vom historischen Bahnhof ab – zu einer Reise in die Wildwestzeit. Per Zug kommt man auch zum **British Columbia Wildlife Park**, in dem zahlreiche bedrohte Tierarten leben.

Wein aus dem Okanagan Valley

Secwepemc Museum and Heritage Park
200–355 Yellowhead Hwy.
(250) 828 9749. *tägl. 8.30–16.30 Uhr.* *Labor Day–Mai: Sa, So.*

British Columbia Wildlife Park
Hwy 1, 17 km östl. von Kamloops.
(250) 573 3242. *tägl. 9.30–17 Uhr (Juli, Aug: bis 21 Uhr; Nov–Apr: bis 16 Uhr).* *25. Dez.*
www.bczoo.org

Die Mission Hill Estate Winery in Westbank, nahe Kelowna

Kelowna ❿

Straßenkarte 2 B4. *108 000.* *544 Harvey Ave. (250) 861 3627.* **www**.kelownachamber.org

Kelowna liegt am Ostufer des 80 Kilometer langen Okanagan Lake. Das warme und trockene Klima des Okanagan Valley begünstigt seit je den Obstanbau. Pater Charles Pandosy, ein französischer Laienpriester, der 1859 hierherkam, pflanzte die ersten Obstbäume in der Immaculate Conception Mission, der ersten Siedlung von Europäern in der Gegend. Heute kann die historische **Father Pandosy Mission** besichtigt werden. Pfirsiche, Äpfel und Kirschen gibt es reichlich. Am wichtigsten sind die Trauben, die Kelowna zum größten und ältesten Weinanbaugebiet der Provinz machen. Viele Weingüter des Okanagan Valley – familiärkleine und große Güter – liegen nur eine 30-minütige Fahrt von Kelowna entfernt. Weintouren führen in die Welt des Weins ein.

Parks am Seeufer, Sandstrände, Lokale im Freien machen Kelowna attraktiv. Wassersport am Okanagan Lake, Wandern und Reiten gehören zum Freizeitangebot. Im Winter lockt der Pulverschnee Skifahrer ins **Big White Ski Resort** (Tel. (250) 765 3101).

Father Pandosy Mission
3685 Benvoulin Rd. *(250) 860 8369.* **Gelände** *tägl. Sonnenaufgang bis Sonnenuntergang.* **Gebäude** *März–Okt: tägl. 9–17 Uhr.* *Spende.*

Weinanbau im südlichen Okanagan Valley am Okanagan Lake

Zum Reinbeißen: die Pfirsiche von Summerland im Okanagan Valley

Summerland ⓫

Straßenkarte 2 B4. *11 000.* *15600 Hwy 97. (250) 494 2686.* **www**.summerlandchamber.com

Summerland ist ein Synonym für Pfirsiche, seit der Stadtgründer John Moore Robinson 1902 die Farmer zum Obstanbau überredete. Die **Summerland Ornamental Gardens** blicken auf den Okanagan Lake und den Trout Creek Canyon. Vom Giant's Head Mountain genießt man eine herrliche Aussicht. Die **Kettle Valley Railway**, heute eine Attraktion, tat von 1915 bis 1964 Dienst. Eine Shay-Dampflok (1924) zieht zwei Waggons (1950) und zwei offene Wagen über die 73 Meter hohe Trout Creek Bridge.

Summerland Ornamental Gardens
4200 Hwy 97. *(250) 494 6385.* *tägl. 8 Uhr–Sonnenuntergang.*

Kettle Valley Railway
18404 Bathville Rd. *(250) 494 8422.* *Mitte Mai–Mitte Okt: 10.30, 13.30 Uhr (Tage wechseln; bitte tel. erfragen).*
www.kettlevalleyrail.org

Hotels und Restaurants in British Columbia *siehe Seiten 292–295 und 311–313*

Tour: Okanagan Valley ⓬

Okanagan-Weinroute

Das Okanagan Valley besteht aus mehreren Tälern, die durch eine 250 Kilometer lange Seenkette verbunden sind – von Osoyoos im Süden bis Sicamous im Norden. Der Highway 97, die Verbindungsader der größeren Städte im Tal, führt durch die Wüstenlandschaft am Lake Osoyoos und weiter durch die Obstgärten und Weinberge, für die das Tal bekannt ist. Milde Winter und heiße Sommer machen das Okanagan Valley zu einem beliebten kanadischen Ferienziel.

ROUTENINFOS

Start: *Am Hwy 97 bei Vernon im Norden, bei Osoyoos im Süden.*
Länge: *176 km.*
Reisezeit: *Blüten- und Obstfeste werden im Frühjahr und Sommer abgehalten. Dann bieten Straßenstände Obst in Hülle und Fülle an. Weintouren und -verkostungen gibt es im Tal ganzjährig.*

Kelowna ④
Die größte Stadt im Okanagan Valley liegt am Okanagan Lake zwischen Penticton und Vernon. Sie ist das Zentrum des Wein- und Obstanbaus.

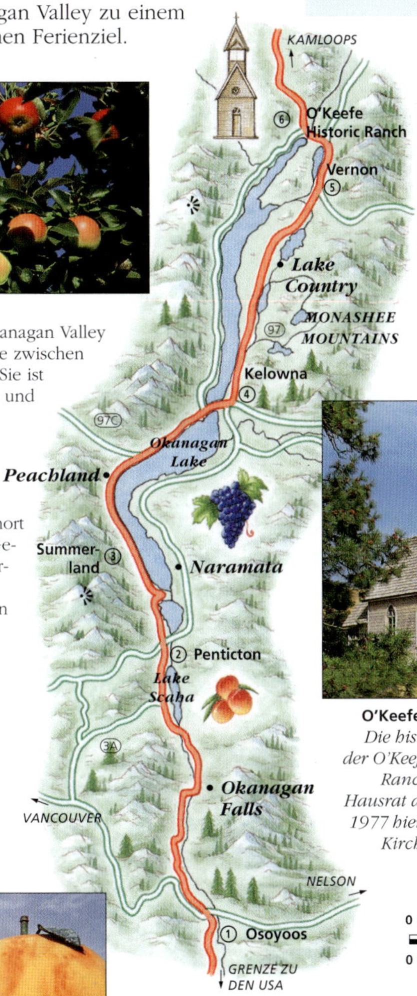

Vernon ⑤
Vernon liegt inmitten von Farmen und Obstgärten und verdankt sein Grün den 1908 errichteten Bewässerungsanlagen.

Summerland ③
Der kleine, nette Ferienort am See besitzt einige Gebäude aus dem 19. Jahrhundert. Vom Giant's Head Mountain hat man eine tolle Aussicht.

O'Keefe Historic Ranch ⑥
Die historische, 1867 von der O'Keefe-Familie gebaute Ranch birgt noch alten Hausrat der Familie, die bis 1977 hier lebte. Blockhütte, Kirche und Laden sind original erhalten.

Penticton ②
Die sonnenverwöhnte Stadt ist bekannt für den Okanagan Beach, gute Windsurfbedingungen, Führungen durch Weingüter und das jährliche Pfirsichfest (August).

0 Kilometer 25
0 Meilen 25

Osoyoos ①
Anziehend sind heiße Sommer, warmes Wasser und die Sandstrände des Lake Osoyoos sowie die nahe Wüstenzone.

LEGENDE

- Routenempfehlung
- Andere Straße
- Information

Kootenays ⓭

Wanderschuhe – in den Kootenays ein Muss

Die Kootenays sind nach den Ktunaxa (Kutenai), den Ureinwohnern der Region, benannt und gelten als eine der schönsten Gegenden in BC. Bergdörfer schmiegen sich an die Hänge der Columbia und Rocky Mountains in dieser südöstlichen Ecke der Provinz. Die drei Areale – East Kootenay, Central Kootenay und Kootenay-Boundary – liegen weit entfernt von jeder Stadt. Dank des beschaulichen Lebensstils hat sich hier eine Künstler- und Schriftstellerkolonie etabliert. In einigen Parks gelangt man zu schneebedeckten Gipfeln und zu Gletscherseen. Der Pulverschnee fordert geradezu zum Skifahren heraus. Überall in der Region sprudeln heiße Quellen, deren wohltuende Wirkung man in vielen Ferienorten genießen kann. Der 145 Kilometer lange Kootenay Lake wird von Gletscherwasser gespeist und ist ein Anglerparadies.

Ainsworth Hot Springs
Das ca. 35 °C heiße Quellwasser genießt man in Freibecken mit Blick auf die Berge oder in den Naturbecken der nahe gelegenen Höhlen.

Castlegar
Castlegar liegt am Zusammenfluss von Kootenay und Columbia River. Dort gibt es ein rekonstruiertes Dorf der Doukhobor.

★ Nelson
Alte Gebäude und eine große Künstlerkolonie machen Nelson zu einem reizenden Städtchen, dessen Umgebung u. a. zum Wandern und Skifahren einlädt.

Hotels und Restaurants in British Columbia *siehe Seiten 292–295 und 311–313*

★ Fernie

Fernie ist ein beliebtes Wintersportzentrum. In den 1880er Jahren belegte ein Häuptling die Stadt mit einem Fluch, weil er sich vom Stadtgründer betrogen glaubte. 1964 wurde der Fluch während einer Zeremonie mit Friedenspfeife aufgehoben.

INFOBOX

Hwy 3. *225 Hall St, Nelson. (250) 352 3433.* *2279 Cranbrook St N, Cranbrook. (250) 426 5914.* *102 Hwy 3, Fernie. (250) 423 6868.* *alle drei Büros: Mo–Fr 9–17 Uhr (Victoria Day–Labor Day auch Sa 10–17 Uhr).* *Cranbrook u. Castlegar.* *BC Ministry of Highways Inland Ferry Service: Kootenay Bay–Balfour: tägl. 6.30–22.20 Uhr, alle 35 Minuten. (250) 229 4215.* **www**.th.gov.bc.ca **www**.hellobc.com

An Bord der Fähre Kootenay Bay–Balfour hat man eine herrliche Aussicht auf die umliegenden Berge

★ Cranbrook

Gleich außerhalb des Orts – zwischen den Rockies und den Purcell Mountains – genießt man fantastische Panoramablicke. Das einstige Stammesgebiet der Ktunaxa bietet auch hervorragende Möglichkeiten für Skilanglauf und Wanderungen.

NICHT VERSÄUMEN

- ★ Cranbrook
- ★ Fernie
- ★ Nelson

LEGENDE

- Hauptstraße
- Nebenstraße
- Fährhafen
- Camping
- Picknick
- Information
- Aussichtspunkt

Überblick: Kootenays

Rauschende Flüsse, tiefe Seen und historische Städtchen liegen an den steilen Hängen der Kootenays, einer Gegend am Südende der kanadischen Rockies in der südöstlichen Ecke von British Columbia. Die Kootenays sind für Sport- und Outdoor-Aktivitäten aller Art ideal, etwa für Heli-Skiing, Bergsteigen, Rafting und Fliegenfischen. Pferderanches, Skihütten und Hausboote bieten bequeme Unterkünfte und dienen als Ausgangspunkte für einen Urlaub in wunderbarer Luft.

Talfahrt auf einer der hervorragenden Skipisten von Fernie

Fernie

Straßenkarte 2 C4. *4200.* *102 Hwy 3. (250) 423 6868.*
www.tourismfernie.com

Fernie ist eine attraktive, baumbestandene Stadt, umringt von den Gipfeln des Crowsnest Pass. Das jetzige Stadtbild verdankt Fernie dem Brand von 1908: Die Stadt wurde in Stein- und Ziegelbauweise wiederaufgebaut. Das Gerichtsgebäude von 1911 fällt auf – es ist das einzige seiner Art in BC im Château-Stil.

Fernie rühmt sich des besten Pulverschnees der Rocky Mountains. Saison ist von Dezember bis April. Die Fernie Alpine Resort Lifts befördern dann über 12000 Skifahrer pro Stunde.

Im Sommer hat man auf den Wanderwegen des Mount Fernie Provincial Park eine herrliche Fernsicht. Beliebt sind auch Boots- und Angeltouren auf den Seen und Flüssen. Hubschrauberflüge bringen einen dicht an die Felsformationen und Granitklippen heran, die für diesen Teil der Rockies typisch sind.

Cranbrook

Straßenkarte 2 C4. *19000.* *2279 Cranbrook St N. (250) 426 5914.*
www.cranbrookchamber.com

Cranbrook liegt zwischen den Bergketten der Purcell und der Rocky Mountains. Es ist die größte Stadt und der wichtigste Verkehrsknotenpunkt im südöstlichen BC. In der reizvollen Gegend leben die meisten Grizzlybären – neben Wölfen, Elchen und Pumas, die man eventuell von einem der vielen Wanderpfade aus sieht. Wanderer sollten daher vorsichtig sein *(siehe S. 320f)*.

Die Canadian Pacific Railway fuhr 1898 bis Cranbrook. Das **Canadian Museum of Rail Travel** präsentiert das Royal Alexandra Hall Café sowie zwölf restaurierte Luxuswaggons, darunter den Trans-Canada Limited von 1929.

Canadian Museum of Rail Travel
57 Van Horne St S. *(250) 489 3918.* *Mitte Apr–Thanksgiving: tägl. 10–18 Uhr; Thanksgiving–Mitte Apr: Di–Sa 10–17 Uhr.* *teilweise.*

Luxuriöser Speisewagen im Eisenbahnmuseum von Cranbrook

Nelsons rosa Rathaus, erbaut aus Ziegeln und Marmor (1902)

Nelson

Straßenkarte 2 C4. *9700.* *225 Hall St. (250) 352 3433.*
www.discovernelson.com

Nelson gehört zu den hübschesten Orten am Kootenay Lake im südöstlichen British Columbia. Das Städtchen wurde 1880 als Bergwerkssiedlung gegründet und erlebte durch die Eisenbahn in den 1880er Jahren einen Boom. Es wurde zum wichtigen Drehkreuz der Holz- und Erzindustrie. Viele der Verwaltungsgebäude entstanden zwischen 1895 und 1920. 1979 konnten dank eines drei Millionen US-Dollar teuren Renovierungsprogramms die historischen Fassaden restauriert werden.

Nelson besitzt viele Buchhandlungen, Kunstgalerien, Cafés und Kunsthandwerksläden. Reizvoll ist die kurze Fahrt mit der Car 23, einer Tram von 1906, die von 1924 bis 1949 im Einsatz war und jetzt am Hafen entlangfährt.

Überblick: Nelson

Nelsons Zentrum ist zwar hügelig, aber gut zu Fuß zu erkunden. Über 350 historische Gebäude geben der Stadt ihr Flair. Viele der restaurierten Gebäude sieht man auf der »Nelson's historic downtown walking tour«. Karten gibt es beim Informationszentrum.

⊞ Bank of Montreal

298 Baker St. ● *Feiertage.* ♿
Die Bank of Montreal wurde 1900 eröffnet und zählt zu den schönsten Geschäftsbauten von British Columbia. Der italienische Einfluss wird in den Rundbogen der Fenster und im Mauerwerk sichtbar.

⊞ Mara-Barnard Block

421–431 Baker St. ♿
Das kunstvolle Gebäude aus der Blütezeit des Viktorianismus mit seinen ungewöhnlichen Fensternischen war Sitz der ersten Filiale der Royal Bank of Canada in BC (1897).

⊞ K. W. C. Block

488–498 Baker St. ♿
Drei Kaufleute – Kirkpatrick, Wilson und Clements – ließen 1901 den K. W. C. Block errichten, das größte Handelsgebäude der Stadt. Türme und Fensterbogen sind sehenswert.

⊞ Houston Block

601–607 Baker St. ♿
Nelsons erster Bürgermeister John Houston beauftragte den Architekten A. E. Hodgins mit dem Bau des großen Houston Block, der 1899 für eine Bank errichtet wurde.

🏛 Touchstones Nelson

502 Vernon St. ☎ (250) 352 9813. ◯ *tägl. 10–17 Uhr (Do bis 20, So bis 16 Uhr).* 🗖♿
Rosa Spokane-Ziegel und Kaslo-Marmor bilden ein auffälliges, hübsches Muster am ehemaligen Post- und Zollamt, das heute ein Museum für Kunst und Geschichte ist.

⊞ Nelson Court House

310 Ward St. ☎ (250) 354 6165. ◯ *Mo–Fr 8.30– 16.30 Uhr.* ● *Feiertage.* 🗖♿
Der Architekt F. M. Rattenbury, der auch Victorias Parliament Buildings *(siehe S. 250)* entwarf, baute dieses wunderschöne Beaux-Arts-Beispiel. Das schlossähnliche Gebäude von 1909 besitzt einen hohen Giebel, Türmchen, Dachkegelaufsätze sowie unterteilte Fenster.

Castlegar

Straßenkarte 2 C4. 🚗 *7500.* ✈
🚌 🛈 *1995 6th Ave. (250) 365 6313.* **www**.castlegar.com

Castlegar liegt am Zusammenfluss von Kootenay und Columbia River und ist ein Anglerparadies. Um 1900 emigrierten viele Doukhobors (russische Anabaptisten) und ließen sich hier nieder. Das **Doukhobor Discovery Centre** zeigt ihre Kultur, u. a. ein nachgebautes Dorf, Trachten und Werkzeuge. Den **Zuckerberg Island Heritage Park** – u. a. mit einem Grubenhaus der Salish und einer russisch-orthodoxen Kapelle – erreicht man über eine 143 Meter lange Hängebrücke.

Tolstoi-Statue, Doukhobor Discovery Centre

🏛 Doukhobor Discovery Centre

112 Heritage Way. ☎ (250) 365 5327. ◯ *Mai–Sep: tägl. 10–17 Uhr.* 🗖♿

🏛 Zuckerberg Island Heritage Park

9th St/7th Ave. ☎ (250) 365 6440. **Park** ◯ *tägl. ganzjährig.* **Kapelle** ◯ *Mai–Sep (bitte tel. erfragen).* 🗖 *Spende.* 🗖 🛗

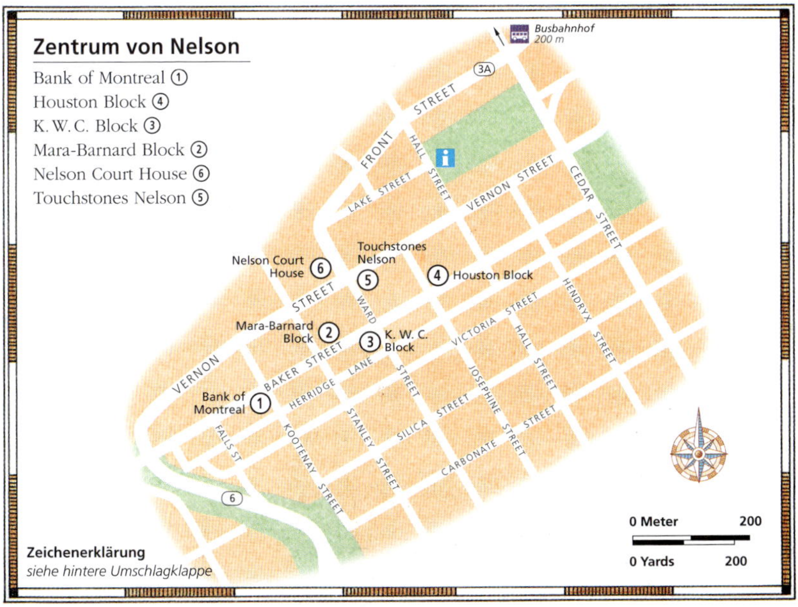

Zentrum von Nelson

Bank of Montreal ①
Houston Block ④
K. W. C. Block ③
Mara-Barnard Block ②
Nelson Court House ⑥
Touchstones Nelson ⑤

Busbahnhof
200 m

Zeichenerklärung
siehe hintere Umschlagklappe

0 Meter   200
0 Yards   200

Friseursalon (19. Jh.) in der Fort Steele Heritage Town

Fort Steele Heritage Town ⓮

Straßenkarte 2 C4.
(250) 426 7352. Mai, Juni, Sep–Mitte Okt: tägl. 9.30–17 Uhr; Juli, Aug: tägl. 9.30–18 Uhr.
www.fortsteele.ca

Fort Steele ist der Nachbau einer Siedlung, die 1864 an dieser Stelle zu Versorgungszwecken errichtet wurde, nachdem im Wild Horse Creek Gold gefunden worden war. Tausende Goldgräber und Abenteurer kamen über den Dewdney Trail, der die »Stadt der Hoffnung« mit den Goldminen verband. Eigentlich hieß der Ort Galbraith's Ferry, wurde aber nach Samuel Steele, dem Chef der North West Mounted Police, umbenannt. Er schuf zwischen den kriegerischen Ktunaxa und den Siedlern Frieden. Einen kurzen Aufschwung erlebte die Stadt nach der Entdeckung von Blei- und Silbervorkommen, doch da die Eisenbahnlinie über Cranbrook geführt wurde, war Fort Steele schon Anfang des 20. Jahrhunderts nur noch eine Geisterstadt.

Die Anlage umfasst 60 rekonstruierte oder renovierte Gebäude, darunter den General Store, Pferdeställe und das Offiziersquartier der North West Mounted Police mit persönlichen Gegenständen wie Familienbildern, Säbeln und Uniformen. Zeitgenössisch kostümierte Posten stehen Wache. Gezeigt wird die traditionelle Herstellung von Quilts und Eiscreme. Im Wild Horse Theater werden geschichtliche Ereignisse nachgestellt oder Musicals gespielt. In der nahen Wild Horse Creek Historic Site kann man selbst nach Gold suchen.

Historisches Zahnarztschild in der Fort Steele Heritage Town

Purcell Mountains ⓯

Straßenkarte 2 C4. *270 Kimberley Ave, Kimberley. (250) 427 3666.*

Die zerklüfteten Purcell Mountains erheben sich direkt gegenüber den Rocky Mountains, dazwischen liegt das breite Tal des Columbia River. Es ist eine der abgelegensten Regionen in den Rockies. Sie zieht Wanderer und Skifahrer aus aller Welt an. Bergsteiger faszinieren die Granitspitzen, die hier »Bugaboos« heißen. Im Norden der Purcell Mountains liegt die Purcell Wilderness Conservancy (über 200 000 Hektar) – eines der wenigen zugänglichen Gebiete der Bergkette.

Vom nahen Invermere aus erreicht man den Earl Grey Pass Trail, der sich über 56 Kilometer erstreckt. Er ist nach Earl Grey, Kanadas Generalgouverneur von 1904 bis 1911, benannt, der 1912 in den Purcell Mountains eine Ferienhütte für seine Familie bauen ließ. Die Route, die er seinerzeit benutzte, folgte einem Bergpfad der Kinbasket, die zu den Ktunaxa-Ureinwohnern gehören.

Völlig abgelegen: die Wälder und Flüsse der Purcell Mountains

Bären, Lawinen und umgestürzte Bäume machen den Weg auch heute noch gefährlich. Er sollte nur von erfahrenen Wanderern, keinesfalls von Anfängern »bezwungen« werden.

Radium Hot Springs ⓰

Straßenkarte 2 C4. *625.*
(250) 347 9331.
www.radiumhotsprings.com

Radium Hot Springs ist für seine Mineralquellen bekannt und zudem ein guter Ausgangspunkt für den Kootenay National Park. Im Sommer verschönern Blumentöpfe die Fenster der Motels am Highway, der durch den Ort führt. Dann hat der Ort mehr Besucher als Einwohner. Viele der jährlich 1,2 Millionen Gäste kommen wegen der gesundheitlichen Wirkung der heißen Quellen. Die nahen Columbia Valley Wetlands sind ein Schutzraum für Wasservögel wie Kanadagänse, Blaureiher und Tundra-Schwäne. Gespeist von Gletschern, schlängelt sich der Columbia River durch das riesige Feuchtgebiet.

Fort Steeles Wasa Hotel ist ein Nachbau des East Kootenay Hotel (1904)

Hotels und Restaurants in British Columbia *siehe Seiten 292–295 und 311–313*

Einmalig – die Gipfel der Rocky Mountains im Kootenay National Park

Kootenay National Park ⓱

Straßenkarte 2 C4. *7556 Main St E, Radium Hot Springs. (250) 347 9331.* *tägl.* **Besucherzentrum** *Ende Mai–Mitte Okt: tägl. 9–17 Uhr (Juli, Aug: spätere Schließung).* **www**.pc.gc.ca

Der Kootenay National Park in den Rockies umfasst ein Areal von 1406 Quadratkilometern mit unterschiedlichsten Landschaften. Weite Teile der Szenerie kann man vom Highway 93 aus sehen, der den Park von Norden nach Süden entlang dem Vermilion und dem Kootenay River durchquert. Die meisten Sehenswürdigkeiten des Nationalparks kann man auch von den vielen kurzen Pfaden am Highway aus bewundern.

Die Straße führt dann nach Osten über den Sinclair Pass, zwischen den roten Felswänden des Sinclair Canyon hindurch – einer Kalksteinschlucht, die sich bis zu den Sinclair Falls und der Redwall Fault erstreckt. Nördlich davon liegen die Paint Pots, rostfarbene Becken, die durch eisenhaltige Quellen ihre Farbe erhielten.

Die rostfarbenen Paint Pots im Kootenay National Park

Glacier National Park ⓲

Straßenkarte 2 C4. *Rogers Pass. (250) 837 7500.* *tägl.* **www**.pc.gc.ca

Der Glacier National Park umfasst ein Gebiet von 1350 Quadratkilometern wilder Natur in der Selkirk-Kette der Columbia Mountains. Der Park entstand 1886, nachdem 1865 die Eisenbahn über den Rogers Pass geführt worden war – er wuchs mit deren Ausbau mit. Einige der leichteren Wanderwege folgen heute stillgelegten Bahnstrecken, andere bieten einen atemberaubenden Blick auf die 420 Gletscher des Parks, darunter den **Illecillewaet Glacier**, der auch schlicht Great Glacier genannt wird.

Im Park gibt es Regenwälder, Gletscherseen, Ströme und Wasserfälle. Im Winter fällt fast täglich Schnee, bis zu 23 Meter pro Saison. Wegen der großen Lawinengefahr sollten sich Skifahrer und Bergsteiger vor einer Fahrt in den Nationalpark entsprechend informieren und ausrüsten.

Wegen der Lawinenhäufigkeit wurde auch die Eisenbahnstrecke über den Rogers Pass stillgelegt. Heute gibt es stattdessen einen Tunnel.

Der Trans-Canada Highway (Hwy 1) folgt der einstigen Bahnlinie mitten durch den Nationalpark und führt weiter Richtung Westen nach Revelstoke. Das hübsche Städtchen ist ein guter Ausgangspunkt für die Erkundung der Wälder und Berggipfel des **Mount Revelstoke National Park**.

Illecillewaet Glacier, einer von 420 im Glacier National Park

Heiße Quellen in den Rockies

Die geologische Beschaffenheit der kanadischen Rocky Mountains hat heiße Quellen hervorgebracht. Das versichernde Grundwasser kommt drei bis vier Kilometer unter der Erdkruste mit heißem Gestein in Berührung und sprudelt dann erhitzt wieder zur Oberfläche. Viele Ferienorte der Region bieten Warmwasserbecken (Durchschnittstemperatur: 38 °C), aber auch wärmere Pools an. Das an Sulfaten, Kalzium und Schwefelwasserstoff reiche Wasser soll Arthritis und rheumatische Beschwerden lindern.

So werden Besucher in Radium Hot Springs willkommen geheißen

Yoho National Park ⓳

Aufblühende Milchsterne

Der Name des Parks ist inspiriert von der Schönheit der Berge, Seen, Wasserfälle und Felsformationen. »Yoho« bedeutet in der Sprache der Cree »Ehrfurcht und Staunen«. Der Yoho National Park liegt auf der Westflanke der Rocky Mountains in British Columbia, nördlich der Nationalparks Banff und Kootenay. Er ist ein Paradies für Wanderer, Bergsteiger, Kanuten und Langläufer. Faszinierend sind die Burgess-Shale-Fossilienfundstätten mit gut erhaltenen Meerestieren aus dem Kambrium (vor 500 Millionen Jahren). Zu den Stätten gibt es geführte Touren mit maximal 15 Personen.

Emerald Lake
An dem abgelegenen Ort im Zentrum des Parks kann man in der Emerald Lake Lodge übernachten. Der See verdankt seinen Namen der intensiven Smaragdfarbe des Wassers. Beliebte Outdoor-Aktivitäten sind hier Kanufahren und Wandern.

Natural Bridge
Die »natürliche Brücke« führt über den Kicking Horse River. Sie entstand durch Erosion, die im Verlauf von Jahrhunderten einen Tunnel durch die massiven Felsen gegraben hat. Die Natural Bridge liegt nur eine kurze Fahrt vom Highway 1 entfernt.

LEGENDE

- Interstate Highway
- Highway
- Fluss
- Camping
- Picknick
- Information
- Aussichtspunkt

Hoodoo Creek
Erosion hat diese pilzförmigen Felsgebilde geschaffen. Der steile, 1,6 Kilometer lange Aufstieg ist nur etwas für erfahrene Wanderer.

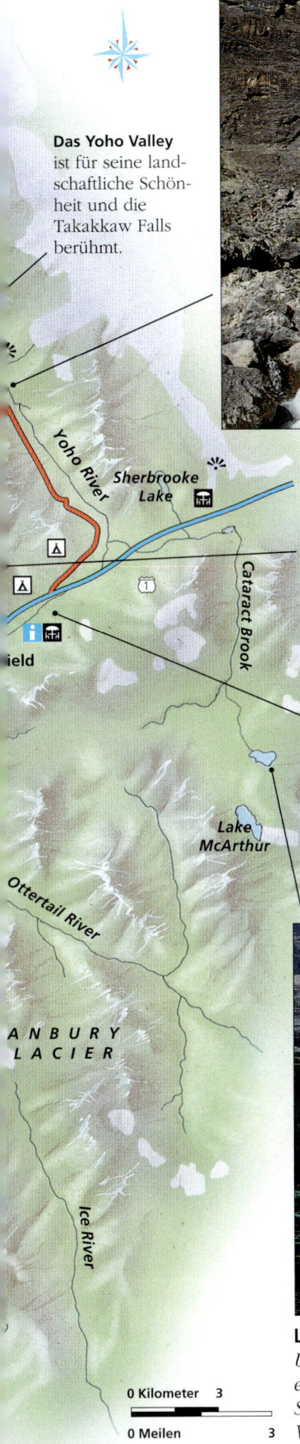

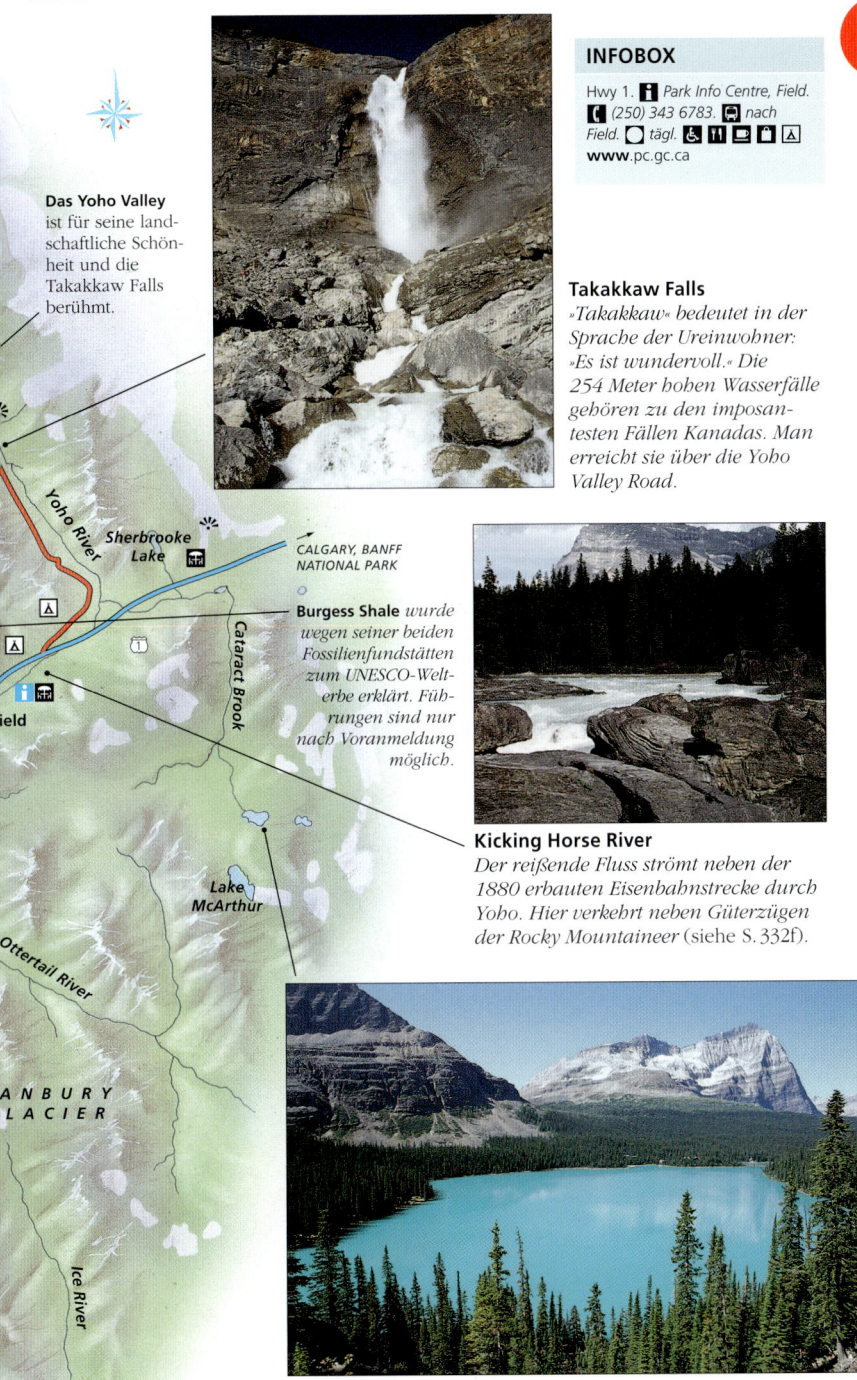

Das Yoho Valley ist für seine landschaftliche Schönheit und die Takakkaw Falls berühmt.

Burgess Shale *wurde wegen seiner beiden Fossilienfundstätten zum UNESCO-Welterbe erklärt. Führungen sind nur nach Voranmeldung möglich.*

INFOBOX

Hwy 1. *Park Info Centre, Field.* *(250) 343 6783.* *nach Field.* *tägl.*
www.pc.gc.ca

Takakkaw Falls
»Takakkaw« bedeutet in der Sprache der Ureinwohner: »Es ist wundervoll.« Die 254 Meter hohen Wasserfälle gehören zu den imposantesten Fällen Kanadas. Man erreicht sie über die Yoho Valley Road.

Kicking Horse River
Der reißende Fluss strömt neben der 1880 erbauten Eisenbahnstrecke durch Yoho. Hier verkehrt neben Güterzügen der Rocky Mountaineer (siehe S. 332f).

Lake O'Hara
Unterhalb der Gipfel von Mount Victoria und Mount Lefroy entfaltet sich die grandiose Schönheit des Lake O'Hara. Zum Schutz des Ökosystems werden die Wanderwege nur nach Voranmeldung für eine begrenzte Besucherzahl freigegeben.

Regenbogen über den Helmcken Falls im Wells Gray Provincial Park

Wells Gray Provincial Park ⓴

Straßenkarte 2 B4. *425 E Yellowhead Hwy, Clearwater. (250) 674 2646.* *Zeiten bitte tel. erfragen.* **www**.wellsgray.ca

Die Wildnis des Wells Gray Provincial Park in den Cariboo Mountains zählt zu den faszinierendsten Regionen in BC. Sie birgt Naturwunder, die man nur in den Rockies findet. Der 1939 eröffnete Park hat Almen, tosende Wasserfälle und bis zu 2575 Meter hohe, gletscherbedeckte Gipfel. Die Canadian National Railroad und der Highway 5 verlaufen neben dem Thompson River am westlichen Rand des Parks – beide sind herrliche Panoramastraßen.

An der Clearwater Valley Road, die vom Highway 5 abzweigt, beginnen mehrere Wanderwege, wobei man zwischen leichten und anspruchsvollen mehrtägigen Routen wählen kann. Ein kurzer Pfad führt zu den **Helmcken Falls**, mit 137 Meter Fallhöhe die vierthöchsten Wasserfälle Kanadas. Von der nahe gelegenen Mushbowl Bridge hat man den besten Blick auf den reißenden Murtle River und die Höhlen, die er gegraben hat.

Ende August oder Anfang September springen die Lachse (Chinooks) bei ihrer Wanderung flussaufwärts über die **Bailey's Chute** – oft vergeblich. Vier Seen laden zum Kanufahren und Angeln ein.

Prince George ㉑

Straßenkarte 2 B3. *77 700.* *1300 First Ave. (250) 562 3700.* **www**.tourismpg.com

Die größte Stadt im nördlichen British Columbia ist ein betriebsames Versorgungszentrum der Region. Zwei große Highways führen durch Prince George: der Yellowhead (Hwy 16) und der Highway 97, der bei Dawson Creek zum Alaska Highway wird. 1807 wurde Fort George als Pelzhandelsposten am Zusammenfluss von Nechako und Fraser River gegründet. Heute ist die Stadt ein guter Ausgangspunkt, um das Umland zu erkunden.

Prince George bietet alle Vorteile einer größeren Stadt. Es gibt ein Sinfonieorchester, mehrere Kunstgalerien und eine Universität, die sich mit den Konzepten der Ureinwohner in Bezug auf Ökologie und Forstwirtschaft beschäftigt. **Exploration Place** befindet sich an der Stelle des ehemaligen Forts im 26 Hektar großen Fort George Park und zeigt Exponate der Ureinwohner, der europäischen Pioniere sowie der ersten Siedler der Region.

Die Stadt ist ein wichtiges Zentrum der Holzindustrie. Kostenlose Führungen durch örtliche Zellstoffwerke informieren über den Verlauf der Holzverarbeitung – von den Setzlingen bis hin zu riesigen Bergen von Holzplanken.

Exploration Place
333 Becott Pl. *(250) 562 1612.* *Victoria Day–Thanksgiving: tägl. 10–17 Uhr; Thanksgiving–Victoria Day: Mi–So 10–17 Uhr.* *1. Jan, 25., 26. Dez.* **www**.theexplorationplace.com

Dinosauriermodelle im Exploration Place

Dawson Creek ㉒

Straßenkarte 2 B3. *11 000.* *900 Alaska Ave. (250) 782 9595.* **www**.tourismdawsoncreek.com

Das einstmals verschlafene Städtchen Dawson Creek veränderte sich durch den Bau des Alaska Highway 1942: Die Einwohnerzahl stieg innerhalb relativ kurzer Zeit von 600 auf 10 000. Die Stadt liegt an der historischen »Mile Zero«, am Beginn des 2391 Kilometer langen Highway nach

Die ehemalige Mühle in Dawson Creek – heute eine Kunstgalerie

Norden (nach Fairbanks). Daran erinnert der **Mile Zero Post** (10th Street/Kreuzung 102nd Avenue). An der Kreuzung von Alaska Highway und Highway 97 liegt die rotweiße **Northern Alberta Railway Station** (1931), in der sich heute ein Museum und ein Informationszentrum befinden. Auf dem Gelände steht auch der originale Meilenstein, der offiziell den Beginn des Alaska Highway markiert.

Mile Zero Post in Dawson Creek

In der Nähe des Bahnhofs gibt es eine Mühle von 1948, in der sich heute eine Kunstgalerie befindet. Beim Umbau mussten zehn Tonnen Kornstaub abtransportiert werden. Jeden Samstag von Mai bis Oktober wird beim Meilenstein ein Bauernmarkt abgehalten.

Im **Walter Wright Pioneer Village** wurde das ländliche Dawson Creek rekonstruiert – mit restaurierten Gebäuden und landwirtschaftlichen Geräten aus der Zeit vor dem Bau des Highway.

Walter Wright Pioneer Village
1901 Alaska Hwy. *(250) 782 7144. Mitte Mai–Aug: tägl. 8.30–21 Uhr. Sep–Mitte Mai. Spende.*

Fort St. John ㉓

Straßenkarte 2 B2. *22 000.*
9523 100th St. (250) 785 3033.
www.fortstjohn.ca

Fort St. John liegt am Meilenstein 47 des Alaska Highway in der Hügellandschaft des Peace River Valley. Ursprünglich war der Ort eines von sechs Forts, die hier zwischen 1794 und 1925 entstanden. Er ist die älteste europäische Siedlung in British Columbia. Im nahen Charlie Lake Cave wurden 10 000 Jahre alte Artefakte der Paleo-Indianer gefunden, der ersten Einwohner der Region.

Die Gegend um Fort St. John bietet ein einzigartiges Ökosystem mit Elchen, Rotwild, Wapiti und Schwarzbären. 1942, als am Alaska Highway gebaut wurde, wuchs die Bevölkerung dramatisch an: von einst 800 auf 6000 Einwohner. Nach der Fertigstellung des Highway wurde Fort St. John zum Versorgungszentrum – sowohl für Besucher der Region als auch für die hiesige Landwirtschaft. Einen weiteren Aufschwung nahm die Stadt in den 1950er Jahren, als hier die größten Ölvorkommen von British Columbia gefunden wurden.

Der Stolz der Stadt auf ihr industrielles Erbe zeigt sich im **Museum**, an dessen Eingang ein 43 Meter hoher Förderturm steht. Die Ausstellung beschäftigt sich mit der hiesigen Ölindustrie und zeigt u. a. den größten gläsernen Bienenstock der Welt. Im Winter kann man hier häufig Polarlichter bestaunen.

Fort Nelson ㉔

Straßenkarte 2 B2. *4800.*
5319 50th Ave S. (250) 774 2541.
www.tourismnorthernrockies.ca

Obwohl die Öl-, Gas- und Holzindustrie in den 1960er und 1970er Jahren boomte, wirkt Fort Nelson noch immer wie eine Pioniersiedlung im hohen Norden. Vor dem Bau des Alaska Highway in den 1940er Jahren war der Ort ein wichtiger Zwischenstopp auf dem Weg von Yukon nach Alaska. Erst ab den 1950er Jahren gab es hier Telefon, fließendes Wasser und Strom. Bis zum Ölboom war der Pelzhandel der wichtigste Wirtschaftszweig. Noch heute jagen die Trapper in der Region Biber, Wölfe und Luchse.

Das dampfende Wasser der Liard River Hot Springs bei Fort Nelson

Die Stadt beim Meilenstein 300 des Alaska Highway hat einen Flughafen, ein Busnetz und ein Krankenhaus. Sie ist mit Motels, Restaurants und Tankstellen auf Besucher eingestellt. Die Einheimischen sind für ihre Gastfreundschaft bekannt, im Sommer veranstalten sie Gesprächsreihen über das Leben im Norden.

Die Fotografien und Exponate des kleinen **Fort Nelson Heritage Museum** rekapitulieren den Bau des Alaska Highway. Zu sehen sind auch ein Laden aus der Pionierzeit, eine Schmiede und eine Trapper-Blockhütte.

Die Region besitzt über ein Dutzend Parks, darunter den **Liard River Provincial Park**. Seine heißen Quellen sind das ganze Jahr über zugänglich. Und: Es gibt Top-Areale für Skilanglauf.

Farmland am Peace River in der Nähe von Fort St. John

Muncho Lake Provincial Park – der grün schimmernde Muncho Lake vor kahlen Gipfeln

Muncho Lake Provincial Park ㉕

Straßenkarte 2 A1. *(250) 776 7000. Mai–Okt: tägl. für Campingplätze.*

Muncho Lake ist einer von drei Provinzparks, die nach dem Bau des Alaska Highway 1942 angelegt wurden, wobei dieser Park am landschaftlich schönsten Teilstück liegt. Die Strecke führt an den kahlen Gipfeln der nördlichen Rockies vorbei, deren Verwerfungen, bizarre Felsen und Schwemmfächer die Spuren jahrtausendealter glazialer Erosion aufweisen.

Der Highway verläuft am Ostufer des zwölf Kilometer langen Muncho Lake, bevor er den Liard River überquert. Hier beginnt die Bergkette der Mackenzie Mountains. Im Sommer kann man Elche beobachten, die auf den mit Wildblumen übersäten alpinen Wiesen grasen. Die Feuchtgebiete des Parks sind bei Botanikern sehr beliebt. Hier wächst eine seltene Orchideenart: der gelbe Frauenschuh. Ziegen, Schafe und Karibus halten sich häufig am Straßenrand auf und lecken an den Natriumablagerungen.

Um die 88 420 Hektar große Wildnis zu erkunden, können Besucher viele Campingplätze und Hütten nutzen. Im tiefen Muncho Lake tummeln sich zur Freude der Angler jede Menge Forellen.

Der Double G Service (Tel. 250/776 3411) veranstaltet Lake-Mungo-Bootstouren mit Erläuterungen.

The Hazeltons ㉖

Straßenkarte 2 A3. *8000. 4070 9th Ave, New Hazelton. (250) 842 6071.* **www**.newhazelton.ca

In den 1860er Jahren entstanden am Zusammenfluss von Skeena und Bulkley River, 290 Kilometer östlich von Prince Rupert, Pioniersiedlungen. Heute sind drei der Dörfer – Old, New und South Hazelton – als »the Hazeltons« bekannt. Sie sind nach den Haselnussbüschen benannt, die auf den Uferterrassen in der Nähe der bis zu 1000 Meter hohen Felsen des Mount Rocher Déboulé wachsen.

Die Hazeltons sind einladend. Vor allem Old Hazelton (offiziell Hazelton Village genannt) mit seinen historischen Schaufenstern erinnert an die gute alte Zeit, als der Ort geschäftige Endstation der Flussschiffe war. Auf einer Führung durch Old Hazelton sieht man eine viktorianische Dampfmaschine aus den Zeiten früher Forstwirtschaft, Schaufelradboote, die 100-jährige St. Peter's Anglican Church und das **Hazelton Pioneer Museum and Archives**.

Die Attraktion der Gegend ist allerdings **'Ksan Historical Village**, der Nachbau eines typisch pazifischen Küstendorfs der Gitxsan. Die Ureinwohner siedelten hier schon jahrtausendelang, vor allem im schönen Skeena River Valley. Ihr Lebensstil wurde erst durch den Zuzug weißer Siedler, die um 1850 auf der Suche nach Gold oder Ackerland flussaufwärts kamen, bedroht. Doch der Stamm hat seine Kultur seit den 1950er Jahren neu belebt: Die Gitxsan sind für ihre kunstvoll geschnitzten

Totempfähle der 'Ksan im 'Ksan Historical Village

und bemalten Masken bekannt sowie für ihre Totempfähle und Kanus. Handwerkliche Fertigkeiten geben die Älteren an die Jüngeren im 'Ksan Village weiter. Das Dorf besteht aus sieben traditionellen Langhäusern mit einer Schnitzereischule, Totempfählen und einem Museum.

Eine 113 Kilometer lange markierte Route führt durch einige Dörfer der First Nations. Dabei kann man viele Totempfähle sehen. Die Hazeltons sind zu Recht als »Totempfahl-Hauptstadt der Welt« bekannt. Die Gegend lädt zudem zum erholsamen Wandern und Angeln ein.

Hazelton Pioneer Museum and Archives
4255 Government St, Hazelton.
(250) 842 5961.

'Ksan Historical Village
High Level Rd, Hazelton. *New Hazelton. (250) 842 5544. Apr–Sep: tägl. 9–17 Uhr; Okt– März: Mo–Fr 9.30–16.30 Uhr.*
www.ksan.org

Hauptstraße in Smithers vor der Kulisse steiler Berge

Smithers 27

Straßenkarte 2 A3. *6000.*
1027 Aldous St, (250) 847 5072.
www.tourismsmithers.com

Das malerische Smithers mitten im fruchtbaren Bulkley Valley ist von beeindruckenden Bergketten umgeben. Der schneebedeckte, 2621 Meter hohe Hudson Bay Mountain überragt die Landschaft. Der Ort ist ein Zentrum für ganzjähriges Outdoor-Vergnügen. Vor allem der Babine Lake ist wegen seiner Regenbogenforellen und Saiblinge beliebt. Rafter bevorzugen den herausfordernden Bulkley River, der sich zwischen mit Kiefern bewachsenen Ufern durch einen schönen Canyon schlängelt. Bei einer Radtour oder einer Wanderung auf dem 13 Kilometer langen Perimeter Trail kann man gelegentlich Elche, Rotwild und Waldhühner sehen. Grizzly- und Schwarzbären, Bergziegen und Karibus leben eher in höheren Regionen.

Im Winter sind hier alle Varianten von Skifahren möglich. Um das Resort Hudson Bay Mountain (Tel. (250) 847 2058) sind 18 Abfahrten mit einem Höhenunterschied von über 500 Metern möglich.

Auf Smithers Hauptstraße glaubt man sich in den Alpen: Hier gibt es gepflasterte Gehwege, alpin dekorierte Schaufenster und den *Alpenhorn Man*, die Holzstatue eines Alphornbläsers.

Prince Rupert 28

Straßenkarte 2 A3. *15 000.*
100 1st Ave W. (250) 624 5637.
www.visitprincerupert.com

Prince Rupert ist die größte Stadt an der Nordküste von BC. Sie liegt an einem von Wäldern und Fjorden geprägten Abschnitt auf Kaien Island an der Mündung des Skeena River. Ihr Hafen mit Ausflugsschiffen, Fähren und Fischerbooten ist Hauptausgangspunkt zur Inselgruppe Haida Gwaii und nach Alaska.

Souvenirladen und Galerie, Cow Bay, Prince Rupert

Wie bei vielen Orten in BC hing die Entwicklung von Prince Rupert eng mit der Eisenbahn zusammen. Das **Kwinitsa Railway Museum** in der Grand Trunk Railroad Station (1914) erzählt von den Plänen, die der Geschäftsmann Charles Hay für die Stadt hatte. Sie blieben unerfüllt – er ging 1912 mit der *Titanic* unter.

Die Tsimshian waren die ersten Bewohner des Gebiets. Bis Mitte des 19. Jahrhunderts standen ihre Zedernhäuser und Totempfähle am Hafen. Das **Museum of Northern British Columbia** ist ihrer Geschichte und Kultur gewidmet. Im Sommer veranstalten Nachkommen der Ureinwohner Führungen auf dem nahe gelegenen Laxspa'aws (Pike Island) zu fünf bedeutenden, rund 1800 Jahre alten archäologischen Stätten.

Museum of Northern British Columbia
100 1st Ave W. *(250) 624 3207.*
Juni–Aug: Mo–Sa 9–20, So 9–17 Uhr; Sep–Mai: Mo–Sa 9–17Uhr.
25., 26. Dez.
www.museumofnorthernbc.com

Eines der vielen schön renovierten Gebäude am Hafen von Prince Rupert

Haida Gwaii (Queen Charlotte Islands) ㉙

Balance Rock, Graham Island

Haida Gwaii (früher: Queen Charlotte Islands) ist eine Inselgruppe mit rund 150 Inseln, viele mit einem einzigartigen Ökosystem. Seit Jahrtausenden leben hier die Haida, ein Volk, das für seine Schnitzereien und Skulpturen aus Silber, Gold, Zedernholz und Argillit (ein schwarzer, schieferähnlicher Stein, den es nur hier gibt) bekannt ist. Das Gwaii Haanas National Park Reserve und die Haida Heritage Site schützen alte Haida-Dörfer, die inmitten von Zedern und Regenwäldern mit Hemlock-Fichten liegen. Hier leben Dusky Shrews (eine Spitzmausart) und Große Wiesel. An der Küste gibt es eine Kolonie von Weißkopfseeadlern. Im Frühjahr ziehen Hunderte von Grauwalen vorbei. Haida Gwaii ist zum Angeln, Kajakfahren, Wandern, Tauchen und zur Walbeobachtung ideal.

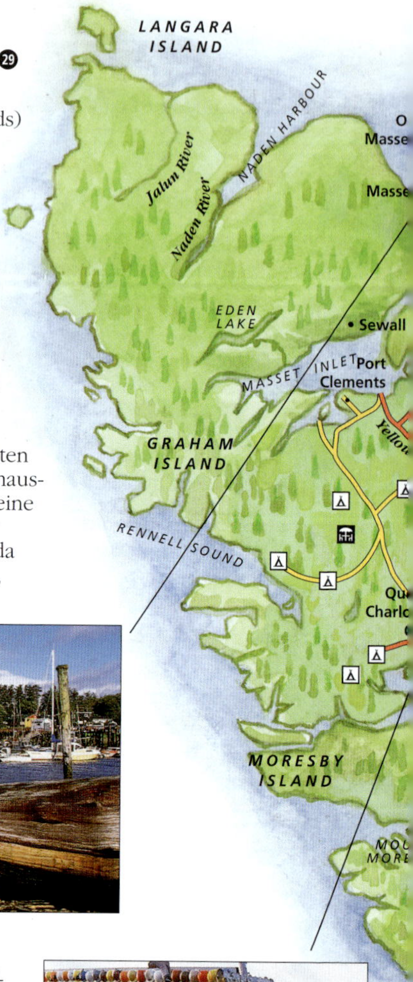

Masset

Das älteste Fischerdorf auf Haida Gwaii ist bei passionierten Anglern beliebt. Das Delkatla Wildlife Sanctuary, ein von Ebbe und Flut geschaffenes Marschland und Paradies für Vogelkundler, ist ein Schutzgebiet für über 140 Vogelarten. Im nahen Haida-Dorf Old Masset kann man bei traditionellem Handwerk wie Schmuckherstellung, Holzschnitzerei und Weben zusehen.

Queen Charlotte City

Das Fischerdorf wird auch schlicht Charlotte genannt. Von hier aus kann man die Inseln gut erkunden und etwa eine Öko-Tour oder eine Paddelfahrt in einem Haida-Kanu unternehmen.

NICHT VERSÄUMEN

- ★ Haida Heritage Centre
- ★ Naikoon Provincial Park
- ★ SGang Gwaay

★ Naikoon Provincial Park
Der Naikoon Provincial Park bietet atemberaubende Ausblicke auf die Hecate Strait und die Dixon-Mündung. An klaren Tagen sieht man am Nordende bis Alaska. Vor dem 100 Kilometer langen Küstenstreifen liegen Schiffswracks. Tow Hill, am Nordende des Parks, ist ein erloschener Vulkan mit einer riesigen Basaltklippe.

INFOBOX

BC Ferries von Prince Rupert. 1-888 223 3779. Gwaii Haanas National Park Reserve & Haida Heritage Site. (250) 559 8818. **www**.pc.gc.ca

LEGENDE

- Geteerte Straße
- Unbefestigte Straße
- Wanderweg
- Camping
- Picknick
- Flughafen
- Fährhafen
- Fährverbindung
- Aussichtspunkt
- Information

Am Skidegate Inlet liegen die drei Orte Skidegate, Queen Charlotte City und Sandspit. Die Meerenge ist einer der besten Fischgründe der Inseln. Im Frühjahr sieht man hier Grauwale auf Futtersuche.

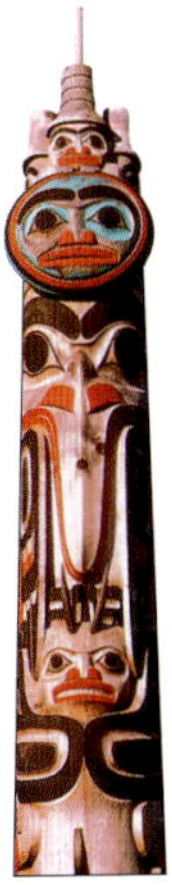

★ Haida Heritage Centre
Das Haida Heritage Centre zeigt die vergangene und heutige Haida-Kultur in all ihren Ausprägungen, darunter Argillit- und Holzskulpturen, Totempfähle von 1878 und Loos Taas, ein 150 Meter langes Kanu des Haida-Künstlers Bill Reid.

★ SGang Gwaay (Ninstints)
Das Haida-Dorf auf Anthony Island ist seit 1981 UNESCO-Welterbe. Es verfügt über mehr Totempfähle als jedes andere Haida-Dorf, ist aber nur per Boot oder Flugzeug erreichbar.

Tour: Alaska-Kreuzfahrt ㉚

Kreuzfahrtschiffe bahnen sich seit 1880 ihren Weg durch die Inside Passage, eine geschützte Route direkt an der Küste von British Columbia, die bis zu den Buchten Alaskas führt. Das Wasser ist ruhiger als im offenen Pazifik, sodass man oft Wale und Tümmler beobachten kann. Viele der Kreuzfahrten werden mit Landgängen kombiniert. Sie ziehen jährlich eine Million Passagiere an.

Kreuzfahrtschiffe legen am Canada Place in Vancouver ab

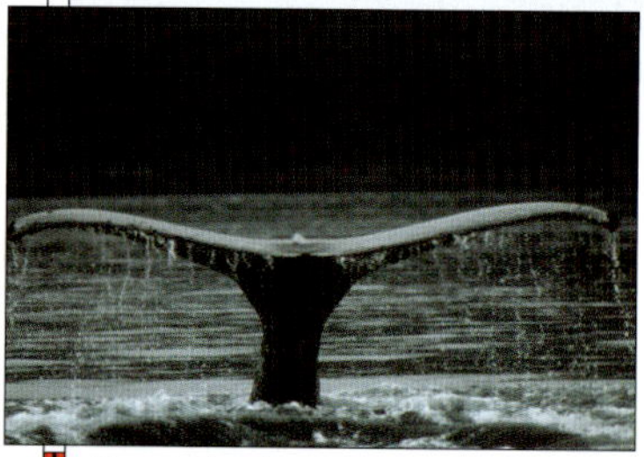

Prince William Sound ⑤
Die Bucht mit gut 4830 Kilometer Küstenlinie hat über 20 aktive Gletscher. Eine Kolonie Hornlunde lebt ganzjährig hier. Im Sommer kommen bis zu 5000 Weißkopfseeadler in die Bucht.

Kenai Fjords National Park ⑥
In den von Gletschern geformten Fjorden von Kenai bei Seward leben Wale, Seelöwen und die seltenen Gelbschopflunde.

Anchorage ⑦
Anchorage auf einer Halbinsel am Cook Inlet bietet eine herrliche Aussicht auf die Chugach Mountains. Das Alaska Native Heritage Center zeigt historische Schautafeln über das Leben der Ureinwohner.

0 Kilometer 200

0 Meilen 150

LEGENDE

- - Kreuzfahrtroute
- Hauptstraße
- Information
- Aussichtspunkt

ROUTENINFOS

Start: *Abfahrtshäfen für Kreuzfahrtschiffe am Canada Place und Ballantyne Pier in Vancouver.*
Länge: *nach Sitka 1184 km, nach Skagway 1538 km, nach Seward 2322 km.*
Attraktionen: *Gletscher, Berglandschaften, Tierleben sowie historische Städte und malerisch gelegene Häfen.*

Skagway ④
Die auf alt getrimmten Fassaden der Gebäude evozieren das 19. Jahrhundert. Der historische Klondike-Zug, der den White Pass überquert, fährt von hier ab.

Juneau ③
Die Hauptstadt Alaskas ist zugleich die schönste Stadt des Bundesstaats. Juneau ist das Tor zum imposanten, 19 Kilometer langen Mendenhall Glacier im Juneau Icefield.

Sitka ②
Ikonen aus der Zarenzeit und russische Tänze erinnern an Sitkas russische Vergangenheit.

Ketchikan ①
Bunte Bauten (19. Jh.), die Häuser des Tlingit-Clans, eine Totempfahl-Sammlung und eine Kolonie von Seeadlern machen den Ort so einzigartig.

Jeep

Zu Gast im Nordwesten

Hotels

Schild im bayrisch gestalteten Leavenworth, Washington

Ob man ein kleines Strandhotel, eine günstige Herberge, ein nettes Bed & Breakfast, ein bequemes Motel oder ein reserviertes Hotelzimmer in der Stadt auswählt – der pazifische Nordwesten bietet Unterkünfte für jeden Geschmack und Geldbeutel. Zusätzlich gibt es zünftige Hütten und Zimmer in Ranches, die meist außerhalb von Orten, aber in landschaftlich schöner Umgebung liegen. Campingfreunde finden vermutlich auf den zahlreichen Campingplätzen der National- oder Provinzparks eine Unterkunft – oder sie weichen auf kleinere, weniger komfortable Plätze aus, die dafür in eher unberührter Natur liegen. Auf den Seiten 282 bis 295 stellen wir Ihnen eine Auswahl von Unterkunftsmöglichkeiten in allen Preisklassen vor – mit den jeweils besten ihrer Kategorie.

Information

Unterkünfte in Oregon vermittelt **Travel Oregon** entweder über Online-Reservierung oder über das Gratisverzeichnis *Where to Stay in Oregon*. **Washington State Tourism** versorgt Besucher mit Unterkunfts- und Campingplatzverzeichnissen, die man in der Gratisbroschüre *Experience Washington* findet (telefonisch bestellen oder aus dem Internet herunterladen). Der Führer *British Columbia Approved Accommodation* von **Tourism BC** ist kostenlos in Informationsbüros erhältlich. Er listet rund 800 staatlich geprüfte Unterkünfte und Campingplätze auf. Informationen über Bed & Breakfast und Pensionszimmer erhält man in den Besucherzentren oder Tourismusinformationen vor Ort.

Hotels

Einige der Hotels in den meistbesuchten Orten des Nordwestens gehören zu den besten der Welt. Luxushotelketten wie das Four Seasons, Radisson und Westin, aber auch viele unabhängige Hotels liegen meist in der Innenstadt. All diese Häuser sind geschmackvoll eingerichtet, haben Spitzenrestaurants, Wellness-Angebote und Parkplätze. Eine Reservierung ist zu empfehlen, vor allem an Feiertagen oder während Festivals bzw. Veranstaltungen *(siehe S. 30–33)*.

Wer es persönlicher mag oder mehr Luxus wünscht, sollte ein Boutique-Hotel wählen – das sind kleine, exklusive Privathotels, die meist in Innenstädten und Ferienzentren liegen.

Die großen US-Hotelketten der Mittelklasse wie Best Western, Holiday Inn und Marriott sind in den größeren Städten des Nordwestens, oft auch schon in kleineren Orten und in der Nähe beliebter Ausflugsziele vertreten. Ihre Zimmer sind immer gleich eingerichtet. Wo immer man sich auch aufhält – diese Hotels sind stets sauber und gepflegt und bieten meist noch ein Hotelrestaurant, einen Swimmingpool und ein Fitness-Center.

Motels

Motels sind für Reisende geeignet, die Einfachheit und Sauberkeit schätzen. Man findet sie stets in der Nähe viel befahrener Highways. Motelzimmer sind – vor allem wenn man mit dem Mietwagen reist – eine kostengünstige Alternative zu Hotels. Man muss auch nicht reservieren. Sie sind zwar weniger komfortabel als Hotels, doch Kabelfernsehen, ein eigenes Bad, Klimaanlage und Getränkeautomaten sind Standard.

Bed & Breakfast und Pensionen

Im pazifischen Nordwesten findet man viele hübsche B & Bs. Die Zimmer liegen meist in einem großen Haus, das auch vom Gastgeber bewohnt wird. Die Auswahl reicht von Zimmern in viktorianischen Gebäuden mit herrlichen Gärten oder Zimmern in städtischen Wohnvierteln bis zu Räumen in rustikalen Lodges in der Nähe von Bergen. Die B & Bs bieten meist ein Frühstück, häufig auch ein Frühstücksbuffet. Bei der Zimmerreservierung sollte man auch nach den übrigen Mahlzeiten fragen. Manchmal werden ein Mittag- und ein

Hübsches Bed & Breakfast in Port Townsend, Washington

◁ **Wohnmobile im Mount Rainier National Park, Washington** ***(siehe S. 184f)***

Abendessen angeboten. In den meisten B&Bs herrscht Rauchverbot, manche haben auch Beschränkungen in Bezug auf Kinder und Haustiere.

Bei der **Oregon Bed and Breakfast Guild** und der **Washington Bed and Breakfast Guild** gibt es Verzeichnisse und Informationen über die B&Bs beider Staaten. Besucher von British Columbia finden bei der **British Columbia Bed and Breakfast Innkeepers Guild** einen Führer, der von der Vereinigung überprüfte Unterkünfte auflistet.

Wie die B&Bs sind auch die Pensionen in Größe und Ausstattung recht unterschiedlich. In British Columbia gibt es zudem Unterkünfte in Ranches – die Provinz hat z.B. einige Viehzucht-Ranches im Angebot. Dort kann man in zumeist ländlicher Umgebung reiten oder angeln und natürlich auch bei der anstehenden Arbeit auf einer Ranch mit anpacken. Besucher können zwischen einfachen Hütten, Skihütten oder Luxusranches mit Kamin, Zimmerservice, Klimaanlage, Whirlpools und Wellness-Angeboten wählen. Weitere Informationen gibt es bei der **BC Guest Ranchers' Association**.

Jugendherbergen

Jugendherbergen sind ideal für Reisende mit kleinerem Geldbeutel. **Hostelling International (HI)** bietet Unterkünfte im gesamten Nordwesten an. Mitgliedsausweise sind gegen Gebühr (für alle unter 18 Jahren kostenlos) erhältlich und gewähren u.a. Nachlässe auf Zimmer-, Restaurant- und Mietwagenpreise. Fragen Sie einfach in den Regionalbüros von HI nach.

Es gibt eine große Palette an Unterkünften: Einige haben (Gemeinschafts-)Küchen, viele Schlafsäle und Gemeinschaftsbäder. Eine Reservierung ist empfehlenswert.

Einige Herbergen liegen mitten in der Stadt, etwa im Großraum von Seattle und Portland. Es gibt auch Herbergen – mit und ohne HI-Zugehörigkeit – in Oregon und Washington.

Das Gatsby Mansion in Victoria, BC, ist heute ein Bed & Breakfast

In British Columbia gibt es Herbergen in Vancouver, Whistler und auf Vancouver Island sowie in der Nähe beliebter Ferienziele im Landesinneren. Herbergsähnliche Unterkünfte bieten auch YMCA und YWCA in Vancouver an. Im Sommer stellen verschiedene Universitäten und Colleges, darunter die University of British Columbia, Unterkünfte zur Verfügung (Infos über Herbergen weltweit erhalten Sie unter www.hostels.com).

Camping

Im gesamten Nordwesten sind die Ausstattungen in Parks äußerst einfach: fließendes Wasser, Spül- oder Plumps-WC und Zeltplatz. Manche bieten auch Duschen. Private Campingplätze oder Wohnwagen- bzw. RV-Plätze (Wohnmobile werden in den USA RV = Recreational Vehicle genannt) bieten dagegen einen umfassenderen Service.

In Oregon und Washington kann man bei manchen Campingplätzen reservieren, bei anderen geht es der Reihe nach. Buchungen sind bis zu einem Jahr im Voraus möglich. Empfehlenswert sind sie vor allem für Feiertage (z.B. den 4. Juli) und bestimmte Wochenenden. In Oregon und Washington sollte man für Reservierungen die **Oregon State Parks** oder die **Washington State Parks** kontaktieren (Online-Alternative: www.reserveamerica.com).

Die Campingplätze in den Provinz- und Nationalparks in BC sind oft schnell belegt (Infos bietet die Website von **BC Parks**). Bei **Discover Camping** kann man telefonisch oder online reservieren.

Preise

Bei den vielen Unterkunftsmöglichkeiten gibt es natürlich starke Preisunterschiede. Außerdem ändern sich Preise je nach Jahreszeit und Verfügbarkeit: In der Hochsaison von Juni bis September sowie an Feiertagen ist in Städten, am Meer oder an den Seen alles teurer. Am günstigsten ist es in der Nebensaison von Oktober bis Mai. Skigebiete sind im Preisgefüge genau gegenläufig, d.h. im Hochsommer deutlich günstiger.

In Städten findet man an den Wochenenden am leichtesten eine Unterkunft, weil dann keine Geschäftsleute unterwegs sind. B&Bs außerhalb von Städten oder beliebten Ferienzielen sind dagegen unter der Woche preiswerter. Pauschalangebote sind oft empfehlenswert – viele Hotels bieten Ermäßigungen für Ausflüge, auf Eintritte, für Lokale und manche Läden an. Bisweilen gibt es auch einen kostenlosen Transfer zum Flughafen oder in die Stadt.

Immer mehr Hotels gewähren Preisnachlässe auf Zimmer, die über das Internet gebucht wurden. Bei Reservierungen über Internet-Agenturen *(siehe S. 280)* bekommt man auch häufig Preisnachlässe. Viele Hotels gewähren Preisnachlässe für

Mitglieder von Autoclubs, für Studenten und Senioren. Man sollte sich daher stets nach Rabatten erkundigen. Achten Sie auf versteckte Kosten wie Parkgebühren oder Einzelzimmerzuschlag.

Die Hotelsteuer in Oregon wechselt von County zu County. In Seattle beträgt sie 15,6 Prozent. Im restlichen Washington ist sie unterschiedlich. In British Columbia gibt es eine Mehrwertsteuer (GST) von fünf Prozent, für Hotels, die mehr als vier Zimmer haben, beträgt sie sieben Prozent. In manchen Gemeinden kommt noch eine Steuer von bis zu zwei Prozent dazu.

Reservierung

Generell ist es empfehlenswert, Hotelzimmer zu reservieren, da zu jeder Jahreszeit Festivals, Konferenzen und andere Veranstaltungen *(siehe S. 30–33)* stattfinden. Campingplätze sind vor allem im Sommer gut belegt, Wintersportorte in der kalten Jahreszeit. Die meisten Hotels besitzen eine gebührenfreie Telefonnummer für Reservierungen und akzeptieren Buchungen per Fax oder über das Internet. Zimmer können über Internet-Anbieter wie **Hotel.de**, **HRS** oder **Expedia** gebucht werden.

Sonderwünsche sollte man gleich bei der Reservierung anmelden. Bei Reservierungen muss man gewöhnlich seine Kreditkartennummer angeben oder eine Übernachtung im Voraus bezahlen. Bei rechtzeitiger Stornierung erhält man die schon gezahlten Beträge zurück, gegebenenfalls abzüglich der Bearbeitungsgebühren. Informieren Sie das Hotel rechtzeitig, wenn Sie nach 17 Uhr einchecken, sonst kann die Reservierung verfallen.

Behinderte Reisende

Hotels und Motels in den USA und in Kanada sind gesetzlich zu einem rollstuhlgerechten Zugang verpflichtet. Ausnahmen gelten bisweilen für ältere Gebäude. Die Realität sieht leider teilweise anders aus: Die meisten großen, privat geführten Hotels und die Häuser der Hotelketten sind mit den nötigen Einrichtungen, z. B. der optischen Anzeige von Feueralarm oder Anrufen, ausgerüstet. Einige haben auch spezielle Suiten für Behinderte. Viele ältere Gebäude und B&Bs im Nordwesten haben jedoch enge Flure ohne Rampen, die es Rollstuhlfahrern schwer machen, sich zu bewegen. Am besten erkundigt man sich vorab.

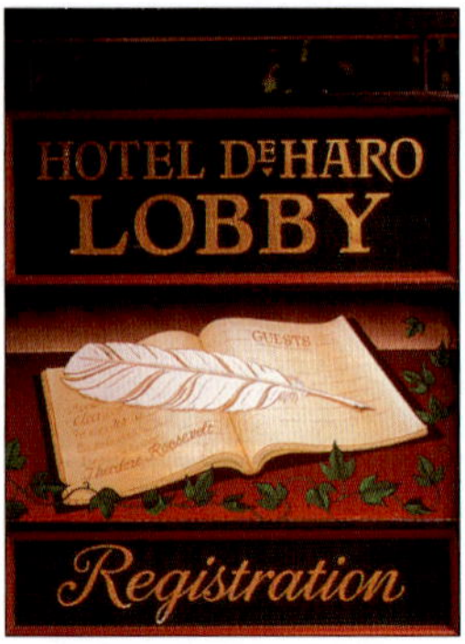

In der Lobby des Hotel de Haro, Roche Harbor, San Juan Island

In den USA erhält man bei der Society for Accessible Travel and Hospitality *(siehe S. 327)* Reisetipps und Informationen über rollstuhlgeeignete Unterkünfte.

Viele Einrichtungen in British Columbia nehmen am Access-Canada-Programm teil, das Reisen für Senioren und Behinderte erleichtern soll. Halten Sie nach dem Logo des Access Canada mit seinem vierstufigen Bewertungssystem Ausschau: »1« steht für aktive Senioren und Menschen mit leichter Behinderung, »2« für Senioren und Menschen mit mittlerer Behinderung, »3« für Menschen mit größerer Beeinträchtigung der Bewegungsfähigkeit und des Hör- und Sehvermögens sowie auch für unabhängige Rollstuhlfahrer, »4« für Menschen mit schweren Behinderungen.

Mit Kindern reisen

Kinder sind in den meisten Hotels im Nordwesten willkommen. Viele Hotels und Motels haben spezielle Familienangebote wie Babysitterservice oder Spielzimmer. Erkundigen Sie sich im Voraus über die Preise und familiengerechte Einrichtungen oder Einrichtungen für Kleinkinder wie Kinderbetten, für die häufig ein Aufschlag von zehn bis 15 US-Dollar zu entrichten ist. Bei B&Bs sollte man grundsätzlich vorher nachfragen, wenn man mit Kindern unterwegs ist.

Geschäftsreisende

Viele Hotels bieten heute Internet-Anschluss, Telefon mit Direktwahl und Anrufbeantworter sowie Fax- und Kopierdienste. Größere Hotels haben oft richtige Bürozentren mit Schreib- und Kurierdiensten und – selbstverständlich – Internet-Zugang. Häufig gibt es auch Konferenzräume, die man im Voraus buchen sollte. Falls Sie

Das luxuriöse Fairmont Château Whistler, British Columbia

Das Alaska Hotel in Dawson Creek, BC, gibt es schon seit 1930

in einem älteren Hotel wohnen und dort Büroarbeiten erledigen wollen, sollten Sie sich vorab informieren, ob die entsprechende Ausstattung vorhanden ist.

In Portland übernachten

In der Innenstadt von Portland sind die meisten großen Hotelketten vertreten. Sie sind ideale Ausgangspunkte für Stadterkundungen und für den Besuch von Museen und kulturellen Veranstaltungen. Die Hotels liegen meist auch in der Nähe von interessanten bzw. angesagten Vierteln, z. B. dem Pearl District von Portland. Die meisten B&Bs in Portland befinden sich dagegen außerhalb des Stadtzentrums.

In Seattle übernachten

Da Seattles Innenstadt verhältnismäßig klein ist und die meisten Sehenswürdigkeiten zu Fuß besichtigt werden können, ist eine Übernachtung im Zentrum ideal. Unterkünfte am oder in der Nähe des Pike Place Market liegen unweit der größeren Läden. Viele Zimmer gewähren eine herrliche Aussicht auf Elliott Bay und Puget Sound. Die meisten großen Hotels liegen beieinander und ganz in der Nähe der besten Bars und Restaurants.

Die zwei nördlich und südlich ans Zentrum angrenzenden Viertel Pioneer Square und Belltown bieten preiswertere Unterkünfte. Etwas außerhalb, aber nicht abseits liegen Capitol Hill und Queen Anne Hill, wo man komfortable Unterkünfte in Wohnvierteln findet.

In Vancouver übernachten

Die meisten Hotels befinden sich im Einkaufs- und Geschäftszentrum von Vancouver. Es gibt auch einige in der Nähe des Flughafens. B&Bs findet man sowohl in der Innenstadt als auch in Wohnvierteln wie Kitsilano oder Shaughnessy. Wie in anderen Großstädten auch sind die Preise in der Innenstadt am höchsten.

Eines von mehreren Ferienhotels am Lake Chelan, Washington

AUF EINEN BLICK

Information

Tourism BC
1-800 435 5622.
www.hellobc.com

Travel Oregon
1-800 547 7842.
www.traveloregon.com

Washington State Tourism
1-800 544 1800.
www.experiencewa.com

Bed & Breakfast und Pensionen

BC Guest Ranchers' Association
1-877 278 2922.
www.bcguestranches.com

British Columbia Bed and Breakfast Innkeepers Guild
www.bcsbestbnbs.com

Oregon Bed and Breakfast Guild
1-800 944 6196.
www.obbg.org

Washington Bed and Breakfast Guild
1-800 647 2918.
www.wbbg.com

Jugendherbergen

Hostelling International Canada
(604) 684 7101.
www.hihostels.ca

Hostelling International Oregon Council
1-866 447 3031.
www.portlandhostel.org

Hostelling International USA
www.hiusa.org

Hostels.com
www.hostels.com

Camping

BC Parks
www.env.gov.bc.ca

Discover Camping
www.discovercamping.ca

Oregon State Parks
1-800 452 5687.
www.oregonstateparks.org

Washington State Parks
1-888 226 7688.
www.parks.wa.gov

Reservierungsagenturen

Expedia
www.expedia.de

Hotel.de
www.hotel.de

HRS
www.hrs.de

Hotelauswahl

Die Hotels wurden nach Qualität, Lage und Annehmlichkeiten ausgewählt. Sie sind nach Regionen geordnet, innerhalb der Regionen nach Preiskategorien. Alle Zimmer haben, falls nicht anders angegeben, Bad, TV und Klimaanlage und sind für behinderte Reisende zugänglich. Viele Hotels bieten Internet-Zugang.

PREISKATEGORIEN

Die Preise (alle Angaben in US-Dollar) gelten für ein Standard-Doppelzimmer inkl. Steuern und Service:

- $ unter 100 US-Dollar
- $$ 100–150 US-Dollar
- $$$ 150–200 US-Dollar
- $$$$ 200–300 US-Dollar
- $$$$$ über 300 US-Dollar

Portland

ZENTRUM Benson Hotel $$$

309 SW Broadway, 97205 ☎ *(503) 228 2000* FAX *(503) 471 3920* **Zimmer** *287* **Stadtplan** *1 C4*

Der berühmte Holzfabrikant und Philanthrop Simon Benson ließ das herrschaftliche Hotel 1912 erbauen. Bei der Gestaltung wurde an Marmor und wertvollem Walnussholz nicht gespart. Die eleganten Zimmer sind klassisch gehalten, die Präsidentensuite, in der seit Truman jeder US-Präsident logierte, ist Luxus pur. **www.bensonhotel.com**

ZENTRUM Governor Hotel $$$

614 SW 11th Ave, 97205 ☎ *(503) 224 3400* FAX *(503) 241 2122* **Zimmer** *100* **Stadtplan** *1 B5*

Das Governor Hotel steht nicht zu Unrecht im National Register of Historic Places. Innen wie außen ist dieses 1909 erbaute Haus ein Juwel. Im heutigen Jake's Grill, der früheren Lobby, zeigen Wandbilder Szenen der Lewis-Clark-Expedition. Manche der eleganten Zimmer haben Balkon und einen offenen Kamin. **www.governorhotel.com**

ZENTRUM Hilton Portland and Executive Tower $$$

921 SW 6th Ave, 97204 ☎ *(503) 226 1611* FAX *(503) 220 2565* **Zimmer** *782* **Stadtplan** *1 C5*

Das erstklassige Hotel im Zentrum ist bei Geschäftsleuten und Tagungsteilnehmern, aber auch bei Urlaubern beliebt. Zu den Annehmlichkeiten zählen Business- und Fitness-Center, glasüberdachter Pool und ein kompetenter Portier. Läden, Unterhaltungsangebote und Restaurants finden sich in nächster Umgebung. **www.portland.hilton.com**

ZENTRUM Paramount Hotel $$$

808 SW Taylor St, 97205 ☎ *(503) 223 9900* FAX *(503) 223 7900* **Zimmer** *154* **Stadtplan** *1 B5*

Von der imposanten Lobby bis in die geräumigen Zimmer ist hier alles mit Biedermeiermöbeln ausgestattet. Das Interieur des Boutique-Hotels strahlt Üppigkeit aus. Die luxuriösesten Zimmer verfügen über offenen Kamin, Patio und Whirlpool. Im Dragonfish Café wird asiatische Fusionsküche serviert. **www.portlandparamount.com**

ZENTRUM Westin Portland $$$

750 SW Alder St, 97205 ☎ *(503) 294 9000* FAX *(503) 241 9565* **Zimmer** *205* **Stadtplan** *1 C5*

Dieses Haus der Westin-Kette ist eines der luxuriösesten Hotels Portlands. Die Zimmer sind üppig ausgestattet, der Service ist hervorragend. Geschäftsreisende finden hier alles, was sie brauchen: Schreibtische mit ergonomischen Stühlen, WLAN, Besprechungszimmer und einen großen Konferenzraum. **www.starwoodhotels.com**

ZENTRUM Heathman Hotel $$$$

1001 SW Broadway, 97205 ☎ *(503) 241 4100* FAX *(503) 790 7110* **Zimmer** *150* **Stadtplan** *1 C5*

Das Heathman Hotel nahe den Kulturstätten Portlands strahlt europäischen Charme aus. Seit 1927 ist es eine Institution und zieht Musiker und Schriftsteller magisch an. Die Zimmer sind mit Werken lokaler Künstler bestückt. Behagliche Bibliothek, »High Tea«, große Filmsammlung, Bar und erstklassiges Restaurant. **www.heathmanhotel.com**

ZENTRUM Hotel Fifty $$$$

50 SW Morrison St, 97204 ☎ *(503) 221 0711* FAX *(503) 484 1417* **Zimmer** *140* **Stadtplan** *2 D5*

Das Haus wurde für sieben Millionen US-Dollar renoviert. Es liegt günstig zum Freeway, zur MAX-Station, zum Kongresszentrum und zu den Shopping-Meilen. Viele der komfortablen Zimmer bieten einen Blick auf die Stadt. Die Lage am Willamette River ist ideal für Jogger und Besucher des nahen Waterfront Park. **www.hotelfifty.com**

ZENTRUM Hotel Lucia $$$$

400 SW Broadway, 97205 ☎ *(503) 225 1717* FAX *(503) 225 1919* **Zimmer** *128* **Stadtplan** *1 C4*

Das Lucia wurde ästhetisch auf den neuesten Stand gebracht. Dem gestylten Ambiente entsprechen diverse Hightech-Accessoires: WLAN, Docks für den iPod und TV-Flachbildschirme. Die Betten sind luxuriös. Erlesenes Badezubehör trägt zum Wohlgefühl bei. Kunstwerke in den öffentlichen Bereichen. **www.hotellucia.com**

ZENTRUM Hotel Monaco $$$$

506 SW Washington St, 97204 ☎ *(503) 222 0001* FAX *(503) 222 0004* **Zimmer** *221* **Stadtplan** *1 C5*

Der einstige Lipman Wolfe Department Store ist ein architektonisches Juwel von 1912. Das in ein Boutique-Hotel umgewandelte Haus verfügt über eine große Sammlung moderner Kunst. Das elegante Interieur besitzt anglo-chinesischen Touch. Zentrale Lage, günstige Verkehrsanbindung. **www.monaco-portland.com**

Zeichenerklärung *siehe hintere Umschlagklappe*

ZENTRUM Hotel Vintage Plaza $$$$

422 SW Broadway, 97205 (503) 228 1212 FAX (503) 228 3598 **Zimmer** 117 — **Stadtplan** 1 C4

Das Vintage Plaza liegt im Herzen Portlands. Die Zimmer sind hier, inspiriert von der umliegenden Weinbauregion, nach Weingütern benannt. Der abendliche Weinempfang ist Standard. Die Panoramafenster der Suiten im Dachgeschoss bieten großartige Aussicht. Empfehlenswert: das italienische Restaurant Pazzo. **www.vintageplaza.com**

ZENTRUM The Nines $$$$

525 SW Morrison St, 97204 1-877 229 9995 **Zimmer** 331 — **Stadtplan** 1 C5

Das Luxushotel belegt die oberen neun Stockweke des grandiosen Meier & Frank Building. In der Lobby gibt es zeitgenössische Werke lokaler Künstler, ebenso in den geschmackvoll eingerichteten Zimmern. Das elegante Haus neben dem Pionier Square ist ideal für Gäste, die gern shoppen gehen. **www.thenines.com**

ABSTECHER Ace Hotel $$

1022 SW Stark St, 97205 (503) 228 2277 FAX (503) 228 2297 **Zimmer** 79 — **Stadtplan** 1 B4

Das frühere Clyde Hotel wurde komplett renoviert. Es erstrahlt nun in einem gekonnten Mix aus Originaldetails von 1912 und kühl-moderner Strenge. Jedes Zimmer in dem schicken, unkonventionellen Haus ist einzigartig. Manche Zimmer haben sogar Plattenspieler – die Platten kann man leihen. Kostenlose Leihfahrräder. **www.acehotel.com**

ABSTECHER Jupiter Hotel $$

800 E Burnside St, 97214 (503) 230 9200 FAX (503) 230 8910 **Zimmer** 81 — **Straßenkarte** 1 A3

Das Jupiter war lange ein beliebiges Motel. Inzwischen ist es eines der schicksten Hotels Portlands. Das zeigt sich auch in den Details: Die Zimmer sind mit feinster Bettwäsche und exquisiten Toilettenartikeln ausgestattet. Im bis 2.30 Uhr geöffneten Doug Fir Restaurant mit Lounge finden häufig Musikevents statt. **www.jupiterhotel.com**

ABSTECHER Kennedy School $$

5736 NE 33rd Ave, 97211 (503) 249 3983 FAX (503) 288 6559 **Zimmer** 35 — **Straßenkarte** 1 A3

Das 1915 errichtete Schulhaus wurde zum B&B und Veranstaltungsort umgebaut. Es ist mit viel Witz gestaltet. In den zu Zimmern umgestalteten Klassenräumen, die inzwischen auch Bad haben, gibt es noch Wandtafeln und alte Schulglocken. Zudem werden hier Kino, Brauerei, Restaurant und drei Bars betrieben. **www.mcmenamins.com**

ABSTECHER Hotel deLuxe $$$

729 SW 15th Ave, 97205 (503) 219 2094 FAX (503) 219 2095 **Zimmer** 130 — **Straßenkarte** 1 A4

Das legendäre Mallory Hotel mit seinem prachtvollen Art-déco-Ambiente hat viel Flair. Kino aus den goldenen Zeiten Hollywoods ist das große Dekorthema. Essen wird auch ans Bett serviert. Für den Hund gibt's ein Doggie-Menü, zum Spiritual-Menü werden besinnliche Texte mitgeliefert. **www.hoteldeluxeportland.com**

ABSTECHER Inn at Northrup Station $$$

2025 NW Northrup St, 97209 (503) 224 0543 FAX (503) 273 2102 **Zimmer** 70 — **Straßenkarte** 1 A3

Mitten im eleganten Northwest Portland wurde dieses alte Motel zu einem witzigen, in psychedelischen Farben gehaltenen Boutique-Hotel umgebaut. Es gibt ausschließlich Suiten mit Küche. Viele Zimmer haben Patio oder Balkon, die Dachterrasse ist für alle Gäste nutzbar. Tram-Haltestelle in unmittelbarer Nähe. **www.northrupstation.com**

ABSTECHER Portland Marriott Downtown Waterfront $$$

1401 SW Naito Parkway, 97201 (503) 226 7600 FAX (503) 221 1789 **Zimmer** 497 — **Straßenkarte** 1 A3

Das Marriott-Hotel im Hochhaus am Flussufer bietet modernsten Komfort. Die Zimmer sind vornehm und komfortabel eingerichtet. Von den im Osten gelegenen Zimmern hat man Aussicht auf den Fluss und die Berge. Nahe beim Zentrum und beim Waterfront Park. **www.marriott.com**

ABSTECHER Portland's White House Bed & Breakfast $$$

1914 NE 22nd Ave, 97212 (503) 287 7131 FAX (503) 249 1641 **Zimmer** 8 — **Straßenkarte** 1 A3

Das Herrenhaus, eine der größten Liegenschaften in der teuren Wohngegend Irvington, wurde 1911 von einem Holzbaron im Greek-Revival-Stil erbaut. Das White House hat Ähnlichkeit mit seinem Namenspatron in Washington, DC. Zur Ausstattung gehören Antiquitäten und edle Bäder. **www.portlandswhitehouse.com**

ABSTECHER The Lion and the Rose Victorian Bed & Breakfast $$$$

1810 NE 15th Ave, 97212 (503) 287 9245 FAX (503) 287 9247 **Zimmer** 6 — **Straßenkarte** 1 A3

Das 1906 im Queen-Anne-Stil errichtete Herrenhaus ist im National Register of Historic Places aufgeführt. Die sechs eleganten Zimmer haben Bad, Kabel-TV, Klimaanlage und WLAN. Die Lage im grünen, historischen Stadtteil Irvington ist angenehm. Restaurants, Läden und MAX-Station sind in unmittelbarer Nähe. **www.lionrose.com**

Oregon

ASHLAND Columbia Hotel $$

262 1/2 E Main St, 97520 (541) 482 3726 **Zimmer** 24 — **Straßenkarte** 1 A5

Das Columbia ist ein gemütliches, günstiges und daher gut besuchtes Haus im Zentrum von Ashland. Zum Veranstaltungsort des Shakespeare-Festivals sind es nur wenige Gehminuten. Die Zimmer sind geschmackvoll eingerichtet. Der ideale Ort für eine Tasse Kaffee und die Tageszeitung ist die helle, geräumige Lobby. **www.columbiahotel.com**

Stadtplan Portland *siehe Seiten 80–85*

ASHLAND Ashland Springs Hotel $$$$

212 E Main St, 97520 ☎ *(541) 488 1700* FAX *(541) 488 1701* **Zimmer** *70* **Straßenkarte** *1 A5*

Als das neungeschossige Hotel 1925 erbaut wurde, war es das höchste Gebäude zwischen Portland und San Francisco. Mittlerweile wurde es liebevoll restauriert und erstrahlt wieder in seiner ursprünglichen Eleganz. Die Lobby ist prächtig, die Zimmer sind mit edlen französischen Textilien ausgestattet. **www.ashlandspringshotel.com**

ASTORIA Hotel Elliott $$$$

357 12th St, 97103 ☎ *(503) 325 2222* FAX *(503) 325 6868* **Zimmer** *32* **Straßenkarte** *1 A3*

Für die Renovierung des im Stadtzentrum gelegenen Elliott benötigte man drei Jahre und mehrere Millionen Dollar. Entstanden ist das beste Boutique-Hotel Astorias. Viele der Originaldetails von 1924 wurden erhalten, aber die Ausstattung ist neu und luxuriös: Die Betten haben Daunendecken und Federkissen. **www.hotelelliott.com**

BAKER CITY Geiser Grand Hotel $$

1996 Main St, 97814 ☎ *(541) 523 1889* FAX *(541) 523 1800* **Zimmer** *30* **Straßenkarte** *1 C3*

Als das Geiser Grand Hotel 1889 eröffnet wurde, war es die feinste Adresse zwischen Portland und Salt Lake City. Bis heute hat es wenig Konkurrenz. Ins Auge fallen bei dem mit viel Gespür restaurierten Haus die Innengestaltung aus Mahagoni und das Bleiglas-Oberlicht über dem Speisesaal. Hervorragendes Restaurant. **www.geisergrand.com**

BEND McMenamin's Old St. Francis School $$$

700 NW Bond St, 97701 ☎ *(541) 382 5174* FAX *(541) 330 8561* **Zimmer** *19* **Straßenkarte** *1 B4*

In der ersten, 1936 erbauten Gemeindeschule Zentraloregons kann man heute einkehren, Filme ansehen und übernachten. Die Zimmer bieten moderne Annehmlichkeiten und haben Bad. Viele Details erinnern noch an vergangene Zeiten. Zum Ensemble gehören außerdem drei Pubs, vier Cottages und ein Pool. **www.mcmenamins.com**

BEND Seventh Mountain Resort $$$

18575 SW Century Dr, 97702 ☎ *(541) 382 8711* FAX *(541) 382 3517* **Zimmer** *220* **Straßenkarte** *1 B4*

Das an den Ufern des Deschutes River gelegene Resort ist ein idealer Ausgangspunkt für Skifahrer, Rafter, Angler und andere Outdoor-Aktivisten. Den Gästen stehen gemütliche, einfache Zimmer, aber auch voll ausgestattete Suiten zur Verfügung. Beheizte Pools, Hot Tubes, Tennisplätze und Wanderwege. **www.seventhmountain.com**

CANNON BEACH Cannon Beach Hotel $$$

1116 S Hemlock St, 97110 ☎ *(503) 436 1392* FAX *(503) 436 1396* **Zimmer** *30* **Straßenkarte** *1 A3*

Die 1910 erbaute frühere Unterkunft für Holzfäller wirkt mit ihren verwitterten, grauen Zedernschindeln schlicht. Bei einer Renovierung wurde alles mit modernen Annehmlichkeiten ausgestattet. Von manchen Zimmern kann man den Pazifik sehen. Zum Anwesen gehören ein Restaurant und drei Nebengebäude. **www.cannonbeachhotel.com**

CANNON BEACH Stephanie Inn $$$$$

2740 S Pacific St, 97110 ☎ *(503) 436 2221* FAX *(503) 436 9711* **Zimmer** *50* **Straßenkarte** *1 A3*

Das romantische, direkt am Ozean gelegene Anwesen bietet Zimmer mit offenem Kamin, Whirlpool und einem überwältigenden Blick auf den Haystack Rock. Zu den Annehmlichkeiten zählen Telefon, TV, Frühstücksbuffet, Wein und Häppchen. Gegen Aufpreis wird im Speisesaal Küche des Nordwestens serviert. **www.stephanieinn.com**

CRATER LAKE NATIONAL PARK Crater Lake Lodge $$$$

565 Rim Village Dr, 97604 ☎ *1-800 774 2728* FAX *(541) 830 8514* **Zimmer** *71* **Straßenkarte** *1 B4*

Die 1915 erbaute, komplett renovierte Lodge liegt landschaftlich schön direkt am Ufer des Crater Lake. Zum Bau wurden massive Natursteine und viel Holz verwendet. Beeindruckend ist der große offene Kamin in der Great Hall. Gutes Restaurant mit Küche des Nordwestens. *Mai–Okt geöffnet.* **www.craterlakelodges.com**

EUGENE Campbell House $$$

252 Pearl St, 97401 ☎ *(541) 343 1119* FAX *(541) 343 2258* **Zimmer** *18* **Straßenkarte** *1 A4*

Das stattliche, 1892 erbaute viktorianische Anwesen liegt hoch oben am Hang in Eugenes historischer Wohngegend Skinner Butte. Die prachtvoll eingerichteten Zimmer sind auf drei Gebäude verteilt – das Haupthaus, das alte Kutschenhaus und ein Cottage. Die Zimmer sind teils klein, aber fein, teils sehr geräumig. **www.campbellhouse.com**

EUGENE Excelsior Inn $$$

754 E 13th Ave, 97401 ☎ *(541) 342 6963* **Zimmer** *14* **Straßenkarte** *1 A4*

Das Excelsior Inn in der Nähe des Campus der University of Oregon verfügt über exquisite, europäisch eingerichtete Zimmer. Jedes ist nach einem klassischen Komponisten benannt. Ins Auge fallen auch die wundervollen Holzböden, die geschwungenen Fenster und die geschmackvollen Bäder. Frühstück inbegriffen. **www.excelsiorinn.com**

GLENEDEN BEACH Salishan Spa & Golf Resort $$$$

7760 N Hwy 101, 97388 ☎ *(541) 764 2371* FAX *(541) 764 3510* **Zimmer** *205* **Straßenkarte** *1 A3*

Salishan Lodge, eines der schönsten Resorts im Nordwesten, erstreckt sich auf einem großen, bewaldeten Areal nahe der Siletz Bay. Das »Full Service Hotel« bietet ein Spa, einen bekannten Golfplatz, Wanderwege und Möglichkeiten zur Vogelbeobachtung. Elegantestes Restaurant an der Küste und exklusiver Weinkeller. **www.salishan.com**

HOOD RIVER Hood River Hotel $$

102 Oak Ave, 97031 ☎ *(541) 386 1900* FAX *(541) 386 6090* **Zimmer** *41* **Straßenkarte** *1 B3*

Das schön restaurierte Hotel liegt im Zentrum von Hood River. Von den Zimmern des 1913 erbauten Hauses blickt man entweder auf die Stadt oder auf den Columbia River. Das Kaminfeuer in der gemütlichen Lobby lädt zum Entspannen ein. Im Restaurant werden exzellente Gerichte des Nordwestens serviert. **www.hoodriverhotel.com**

IMNAHA Imnaha River Inn $$

73946 Rimrock Rd, 97842 *(541) 577 6002* FAX *(541) 577 3070* **Zimmer** *7* **Straßenkarte** *1 C3*

Das stattliche Holzhaus, das versteckt im Imnaha River Canyon liegt, ist ein Eldorado für Outdoor-Liebhaber. Hier kann man wandern, jagen, angeln, raften und moutainbiken. Die Zimmer sind rustikal, aber komfortabel, manche haben Balkon. Es gibt nur Gemeinschaftsbäder, die Zimmer haben Waschbecken. **www.imnahariverinn.com**

JACKSONVILLE Country House Inns $$$

830 N 5th St, 97530 *1-800 367 1942* **Zimmer** *14* **Straßenkarte** *1 A4*

Die Zimmer und Suiten befinden sich alle in historischen Unterkünften aus den 1860er Jahren. Es gibt auch Cottages. Hier, im Zentrum von Jacksonville, findet man attraktive Gärten vor und auch ein Bistro. Die stilvollen komfortablen Zimmer sind angenehm. **www.columbiagorgehotel.com**

JACKSONVILLE Jacksonville Inn $$$

175 E California St, 97530 *(541) 899 1900* FAX *(541) 899 1373* **Zimmer** *8* **Straßenkarte** *1 A4*

Das charmante Haus von 1861 im Stadtzentrum erinnert an die Zeit, als der Goldrausch Südoregon fest im Griff hatte. Im Speiseraum und in der Lounge sieht man noch Goldsprenkel im Mörtel, mit dem die Wände aus Sandsteinblöcken gefugt wurden. Verfügbar sind zusätzlich vier Cottages. Gutes Restaurant. **www.jacksonvilleinn.com**

JOSEPH Bronze Antler Bed & Breakfast $$$

309 S Main St, 97846 *(541) 432 0230* FAX *(541) 432 6219* **Zimmer** *4* **Straßenkarte** *1 C3*

Das anheimelnde Haus wurde 1925 erbaut und ist wundervoll restauriert. Das B&B war einst das handwerklich liebevoll ausgestattete Heim eines Sägewerkbetreibers. Erhalten sind schöne Holzarbeiten, mit Kupfer beschlagenes Mobiliar und die mit Schablone bemalten Wände. Gemütliche Zimmer mit Bergblick. **www.bronzeantler.com**

LINCOLN CITY Ester Lee Motel $$

3803 SW Hwy 101, 97367 *(541) 996 3606* FAX *(541) 996 6743* **Zimmer** *53* **Straßenkarte** *1 A3*

Der wundervolle Blick auf die Pazifikküste, aber auch die Ausgestaltung der gemütlichen Zimmer und der zugehörigen Cottages – die meisten haben Küche und eine offene Feuerstelle – haben dem Motel eine treue Klientel verschafft. In der Nähe findet man Golfplätze, Restaurants, Shops und ein Casino. **www.esterlee.com**

MCMINNVILLE McMenamin's Hotel Oregon $$

310 NE Evans St, 97128 *(503) 472 8427* FAX *(503) 435 3141* **Zimmer** *42* **Straßenkarte** *1 A3*

Das historische Hotel im Zentrum ist ein beliebtes Ziel für Reisende, die einen Trip durchs Wine Country machen. Zur Verfügung stehen angenehme Zimmer, manche mit Bad. Essen und trinken kann man in der Kellerbar (im Stil eines Speakeasy), im Pub oder auf der Dachterrasse, wo es den Ausblick gratis dazu gibt. **www.mcmenamins.com**

MCMINNVILLE Youngberg Hill Vineyards and Inn $$$$

10660 SW Youngberg Hill Road, 97128 *(503) 472 2727* FAX *(503) 472 1313* **Zimmer** *7* **Straßenkarte** *1 A3*

Youngberg Inn ist gleichzeitig Weingut – die Weine wurden mehrfach ausgezeichnet – und Gästehaus. Das Anwesen liegt am Hang, oberhalb der Weinberge mit Pinot Noir und Pinot Gris. Von den luxuriösen, mit Bädern ausgestatteten Zimmern sieht man auf Mount Jefferson, Mount Hood und das Küstengebirge. **www.youngberghill.com**

MOUNT HOOD Timberline Lodge $$$$

27500 E Timberline Road, 97028 *1-800 547 1406* FAX *(503) 272 3710* **Zimmer** *70* **Straßenkarte** *1 B3*

Kein anderes Gebäude ist so typisch für Oregon wie die historische Timberline Lodge. Das prächtige Bauwerk wurde zudem durch Kubricks Film *The Shining* berühmt. Es wurde in den 1930er Jahren von Hunderten von Handwerkern erstellt. Der massiv gebaute offene Kamin in der Lobby ist eine Attraktion für sich. **www.timberlinelodge.com**

NEWPORT Sylvia Beach Hotel $$

267 NW Cliff St, 97365 *(541) 265 5428* FAX *(541) 574 8204* **Zimmer** *20* **Straßenkarte** *1 A3*

Das im National Register of Historic Places aufgeführte blaue Schindelhaus im Künstlerviertel Nye Beach ist ein bezaubernd verschrobenes Hotel, das sich ganz der Literatur verschrieben hat. Die Zimmer sind nach Autoren benannt und entsprechend ausgestattet. Es gibt eine Bibliothek, aber weder TV noch Telefon. **www.sylviabeachhotel.com**

SALEM Salem Travelodge $

1555 State St, 97301 *(503) 581 2466* FAX *(503) 581 2811* **Zimmer** *42* **Straßenkarte** *1 A3*

Das Motel, eine preiswerte Unterkunft für Geschäftsreisende und Urlauber, liegt ruhig und trotzdem so zentral, dass alle Sehenswürdigkeiten schnell zu erreichen sind. Die Zimmer sind standardmäßig ausgestattet, manche haben eine Küchenzeile. WLAN und kontinentales Frühstück sind im Preis inbegriffen. **www.travelodge.com**

SEASIDE Gilbert Inn $$$

341 Beach Dr, 97138 *(503) 738 9770* FAX *(503) 717 1070* **Zimmer** *10* **Straßenkarte** *1 A3*

Das B&B im Queen-Anne-Stil strahlt den Charme vergangener Tage aus. Ideal ist auch die Lage nahe am Pazifik und am Broadway, der Hauptstraße von Seaside. Decken und Wände weisen noch die originale Tannenholzvertäfelung auf, Teile des viktorianischen Mobiliars sind Erbstücke der Besitzer. **www.gilbertinn.com**

STEAMBOAT Steamboat Inn $$$

42705 N Umpqua Hwy, 97447 *(541) 498 2230* FAX *(541) 498 2411* **Zimmer** *20* **Straßenkarte** *1 A4*

Steamboat Inn, ein abgeschiedener, am Fluss liegender Komplex aus Suiten, Blockhütten und kleinen Häuschen, ist eines der beliebtesten Resorts ganz Oregons. Fliegenfischer kommen von überall her, um an diesem berühmten Abschnitt des Umpqua River ihr Glück zu versuchen. Hervorragende Küche. **www.thesteamboatinn.com**

Straßenkarte *siehe hintere Umschlaginnenseiten*

SUNRIVER Sunriver Resort $$$$

17600 Center Dr, 97707 *1-800 801 8765* FAX *(541) 593 5458* **Zimmer** *600* **Straßenkarte** *1 B4*

Das ausgedehnte Resort mit vollem Service an den Ausläufern der Cascade Mountains ist der ideale Aufenthaltsort für Erholungsbedürftige, aber auch für Aktivurlauber. Es gibt luxuriöse Suiten oder Wohnungen. Spa, sechs Restaurants, vier Golfplätze, vier Swimmingpools und kilometerlange Radwege. **www.sunriver-resort.com**

TROUTDALE McMenamin's Edgefield $$

2126 SW Halsey St, 97060 *(503) 669 8610* FAX *(503) 665 4209* **Zimmer** *114* **Straßenkarte** *1 A4*

Der Herrensitz (1911), der heute das Herzstück des aus Brauereien, Hotels und Gaststätten bestehenden McMenamins-Imperiums ist, wurde jahrelang als Landgut bewirtschaftet. Damals hieß es Multnomah County Poor Farm. Edgefield verfügt heute über Brauerei, Weingut, Schnapsbrennerei, Kino und Billardhalle. **www.mcmenamins.com**

WALLOWA LAKE Wallowa Lake Lodge $$

60060 Wallowa Lake Hwy, 97846 *(541) 432 9821* FAX *(541) 432 4885* **Zimmer** *30* **Straßenkarte** *1 C3*

Das stattliche, 1923 erbaute frühere Jagdhaus bietet heute Zimmer im Haupthaus und in acht auf dem riesigen Ufergrundstück verteilten Blockhäusern. Die Zimmer im Haupthaus sind mit Antiquitäten und Orientteppichen ausgestattet und bieten Seeblick. Die Blockhäuser (1950er Jahre) haben Küche und Feuerstelle. **www.wallowalake.com**

WARM SPRINGS Kah-Nee-Tah Resort and Casino $$$

6823 Hwy 8, 97761 *(541) 553 1112* FAX *(541) 553 1071* **Zimmer** *139* **Straßenkarte** *1 B3*

Die Leute aus Oregon lieben das Resort, denn hier scheint fast immer die Sonne. Die moderne Lodge zieht zahllose Besucher der Confederated Tribes of Warm Springs Reservation an. Sie kommen zum Relaxen, Spielen oder ins Spa. Außerdem kann man golfen, wandern, reiten und auf dem Warm Springs River Kajak fahren. **www.kahneeta.com**

Seattle

PIKE PLACE MARKET UND HAFENVIERTEL Pensione Nichols $$$

1923 1st Ave, 98101 *(206) 441 7125* FAX *(206) 441 7125* **Zimmer** *12* **Stadtplan** *3 C1*

Das schön gelegene B&B im Pike Place Market bietet schlichte, aber komfortabel möblierte Zimmer zu fairen Preisen. Die kleineren Zimmer haben Gemeinschaftsbäder und Blick auf die Stadt. Die zwei großen Suiten verfügen über Bad, Küche und Balkon sowie Aussicht auf den Puget Sound und die Olympic Mountains. **www.pensionenichols.com**

PIKE PLACE MARKET UND HAFENVIERTEL The Edgewater $$$$$

2411 Alaskan Way, 98121 *(206) 728 7000* FAX *(206) 441 4119* **Zimmer** *223* **Stadtplan** *3 A1*

Das Edgewater liegt direkt am Pier – ein idealer Ort zum Entspannen und Genießen. Von der Hälfte der Zimmer aus sieht man aufs Wasser. Das Interieur ist elegant-rustikal. Die aus Flusssteinen gebauten Kamine und die Kiefernholzmöbel ergänzen sich wundervoll. Das Restaurant verfügt über eine Terrasse. **www.edgewaterhotel.com**

PIKE PLACE MARKET UND HAFENVIERTEL Inn at the Market $$$$$

86 Pine St, 98101 *(206) 443 3600* FAX *(206) 448 0631* **Zimmer** *70* **Stadtplan** *3 C1*

Das Hotel in einem schönen Innenhof liegt am Pike Place Market. Die Zimmer haben Panoramafenster, die einen großartigen Blick auf die Elliott Bay gewähren. In zwei der drei Restaurants, im Campagne und im Café Campagne *(siehe S. 303)*, wird französisch gekocht. Besonders beliebt ist das Dachrestaurant. **www.innatthemarket.com**

SEATTLE CENTER UND BELLTOWN Inn at Queen Anne $$$

505 1st Ave N, 98109 *(206) 282 7357* FAX *(206) 217 9719* **Zimmer** *68* **Stadtplan** *1 B3*

Das Hotel, ein 1928 erbautes vormaliges Apartmenthaus, ist nur einen Steinwurf von der KeyArena entfernt, liegt also sehr günstig zum Zentrum. Die Zimmer sind schlicht mit Möbeln im Missionsstil ausgestattet und haben eine Küchenzeile. **www.innatqueenanne.com**

SEATTLE CENTER UND BELLTOWN MarQueen Hotel $$$

600 Queen Anne Ave N, 98109 *(206) 282 7407* FAX *(206) 283 1499* **Zimmer** *58* **Stadtplan** *1 B3*

Das kleine Hotel liegt in Gehweite zum McCaw Opera House und zu anderen beliebten Veranstaltungsorten Seattles. Das 1918 als Schule erbaute Hotel bietet jetzt Zimmer, die mit Parkettböden, Küchenzeile und sehr geschmackvollen Bädern ausgestattet sind. Restaurant, Espressobar und Spa. **www.marqueen.com**

ABSTECHER Ace Hotel $$

2423 1st Ave, 98121 *(206) 448 4721* FAX *(206) 374 0745* **Zimmer** *28* **Stadtplan** *1 C5*

Stilvolle, ganz in Weiß gehaltene Ausstattung und hervorragender Service sind die Markenzeichen dieses modernen, minimalistischen Hotels in Belltown. Es ist bei Musikern und Künstlern sehr beliebt. Die alten, sehr hohen Räume wirken modern und puristisch. Gemeinschaftsbäder. Kontinentales Frühstück inklusive. **www.acehotel.com**

ABSTECHER Gaslight Inn $$

1727 15th Ave, 98122 *(206) 325 3654* FAX *(206) 328 4803* **Zimmer** *8* **Straßenkarte** *1 A2*

Das wundervoll restaurierte Gaslight Inn von 1906 liegt auf der ruhigeren East Side des Capitol Hill. Das Haus verfügt über eine Fülle erlesener Details. Zudem wird eine Northwest Art Collection präsentiert. Die individuellen Zimmer sind mit Antiquitäten ausgestattet und haben teils Kamin, Terrasse oder Garten. **www.gaslight-inn.com**

ABSTECHER Chambered Nautilus Bed & Breakfast Inn $$$

5005 22nd Ave NE, 98105 *(206) 522 2536* FAX *(206) 528 0898* ***Zimmer*** *10* ***Straßenkarte*** *1 A2*

Das stattliche Haus (1915) im georgianischen Kolonialstil liegt nur wenige Gehminuten vom Campus der University of Washington entfernt. Die gemütlichen Zimmer sind mit Antiquitäten möbliert und haben Bad. Manche bieten auch Kamin, Veranda oder Küche. Auf Wunsch gibt es ein Drei-Gänge-Frühstück. **www.chamberednautilus.com**

ABSTECHER Executive Hotel Pacific $$$

400 Spring St, 98104 *(206) 623 3900* FAX *(206) 623 2059* ***Zimmer*** *160* ***Stadtplan*** *4 D2*

Das 1928 erbaute klassische Hotel in Zentrumsnähe wurde mit vier Millionen US-Dollar auf den neuesten Stand gebracht. Die Zimmer und Bäder sind zwar nicht groß, aber schick. Im hoteleigenen Restaurant Jasmine wird asiatische Fusionsküche serviert. **www.executivehotels.net**

ABSTECHER Hotel Max $$$

620 Stewart St, 98101 *(206) 728 6299* FAX *(206) 443 5754* ***Zimmer*** *165* ***Stadtplan*** *1 A2*

Das Haus aus den 1920er Jahren, das für sein Neon-Design berühmt war, wurde grundlegend renoviert und mit sehr viel Mut zur Farbe neu gestaltet. Die Zimmer sind zudem mit Werken zeitgenössischer heimischer und internationaler Fotografen und Künstler ausgestattet. **www.hotelmaxseattle.com**

ABSTECHER Inn at Virginia Mason $$$

1006 Spring St, 98104 *(206) 583 6453* FAX *(206) 223 6771* ***Zimmer*** *79* ***Stadtplan*** *4 E1*

Das Hotel liegt in einer sehr ruhigen Wohngegend am Hang. In dem umgebauten Apartmenthaus steigen Geschäftsreisende und Urlauber, aber auch Patienten und Ärzte des benachbarten Krankenhauses ab. Die Zimmer und Suiten haben Stil und Charme und sind mit modernen Annehmlichkeiten ausgestattet. **www.innatvirginiamason.com**

ABSTECHER Mayflower Park Hotel $$$

405 Olive Way, 98101 *(206) 623 8700* FAX *(206) 382 6996* ***Zimmer*** *160* ***Stadtplan*** *2 D5*

Das 1927 erbaute, renovierte Haus, eines der letzten klassischen Hotels Seattles in Privathand, liegt – ideal für einen Shopping-Bummel – direkt neben dem Westlake Center, einer gediegenen Mall. Nordstrom und Macy's sind zwei Häuserblocks entfernt. Im Restaurant Andaluca wird mediterrane Küche serviert. **www.mayflowerpark.com**

ABSTECHER The Roosevelt $$$

1531 7th Ave, 98101 *(206) 621 1200* FAX *(206) 233 0335* ***Zimmer*** *151* ***Stadtplan*** *4 D1*

The Roosevelt bietet, wie die meisten der Hotelhochhäuser aus den 1920er Jahren in Seattle, kleine, aber gut ausgestattete Zimmer mit Bad. Die Lage ist ideal zum Einkaufen. Kongresszentrum und Monorail-Station befinden sich in der Nähe. Von's RoastHouse serviert herzhafte amerikanische Küche. **www.roosevelthotel.com**

ABSTECHER Grand Hyatt Seattle $$$$

721 Pine St, 98101 *(206) 774 1234* FAX *(206) 774 6120* ***Zimmer*** *425* ***Straßenkarte*** *1 A2*

Das stilvolle Luxushotel zieht mit seiner Ausstattung vor allem Hightech-Professionals an. Die Zimmer bieten nämlich nicht nur große Bäder und Blick auf die Stadt, sie sind auch mit WLAN, elektronisch steuerbarer Verdunkelung und einem Safe ausgestattet, in dem der Laptop deponiert werden kann. **www.grandseattle.hyatt.com**

ABSTECHER Hotel Deca $$$$

4507 Brooklyn Ave NE, 98105 *(206) 634 2000* FAX *(206) 547 6029* ***Zimmer*** *158* ***Straßenkarte*** *1 A2*

Das Art-déco-Haus liegt nur zwei Häuserblocks von der University of Washington entfernt. Das Boutique-Hotel ist farbenfroh gestaltet und bietet neben stilvoll eingerichteten Zimmern auch das exzellente District Lounge Restaurant. Panoramablick aus den oberen Zimmern. **www.hoteldeca.com**

ABSTECHER Hotel Monaco $$$$

1101 4th Ave, 98101 *(206) 621 1770* FAX *(206) 621 7779* ***Zimmer*** *189* ***Stadtplan*** *3 C2*

Fröhlich-mediterranes Dekor – breit gestreifte Tapeten, kräftige Farben und prächtige Stoffe –, zentrale Lage und exzellenter Service ziehen vor allem Künstler und junge Geschäftsleute an. Zum Service gehören der abendliche Weinempfang und der Goldfisch, der während des Aufenthalts mit im Zimmer lebt. **www.monaco-seattle.com**

ABSTECHER Inn at Harbor Steps $$$$

1221 1st Ave, 98101 *(206) 748 0973* FAX *(206) 748 0533* ***Zimmer*** *28* ***Stadtplan*** *3 C2*

Das Boutique-Hotel im Erdgeschoss eines eleganten Hochhauses ist die ideale Adresse für Geschäftsleute und Urlauber, denn alle Ziele im Zentrum – Pioneer Square, Pike Place Market und Hafenviertel – liegen in Gehweite. Die geräumigen Zimmer sind heiter-gemütlich, die meisten haben Kamin und Gartenblick. **www.innatharborsteps.com**

ABSTECHER Sorrento Hotel $$$$

900 Madison St, 98104 *(206) 622 6400* FAX *(206) 343 6155* ***Zimmer*** *76* ***Stadtplan*** *4 E1*

Das klassisch-elegante Haus, eines der feinsten Etablissements Seattles, thront hoch über dem Zentrum auf dem First Hill. Der Service ist exzellent, der Blick von den nach Westen ausgerichteten Zimmern großartig. Jedes Zimmer ist einzigartig, aber jedes verfügt über ein Marmorbadezimmer und bietet absoluten Komfort. **www.hotelsorrento.com**

ABSTECHER W Seattle $$$$

1112 4th Ave, 98101 *(206) 264 6000* FAX *(206) 264 6100* ***Zimmer*** *429* ***Stadtplan*** *4 D2*

Die charakteristische Gitterstahlpyramide auf der Dachspitze macht das W unverkennbar. Das Hotel zieht ein elegantes Publikum an. Das Interieur ist gestylt-minimalistisch, der Komfort unvergleichlich. Wahrhafter Luxus herrscht in der Suite im 24. Stock. Hier hat man sogar vom Whirlpool aus einen Traumblick auf die Stadt. **www.whotels.com**

Stadtplan Seattle *siehe Seiten 164–169*

ABSTECHER Westin Seattle $$$$

1900 5th Ave, 98101 *(206) 728 1000* FAX *(206) 728 2259* ***Zimmer*** *891* ***Stadtplan*** *2 D5*

Die Zwillingstürme des riesigen Hotels sind aus der Skyline Seattles nicht wegzudenken. Von den großen, modernen Zimmern blickt man auf die Stadt, den Lake Union, den Puget Sound und die Olympic und Cascade Mountains. Im Coldwater Bar & Grill wird innovative Küche des Nordwestens serviert. **www.starwoodhotels.com**

ABSTECHER Alexis Hotel $$$$$

1007 1st Ave, 98104 *(206) 624 4844* FAX *(206) 621 9009* ***Zimmer*** *121* ***Stadtplan*** *3 C2*

Das Alexis, ein im National Register of Historic Places aufgeführtes Boutique-Hotel, kann sich einer luxuriösen Ausstattung und eines exzellenten Service rühmen. Die Zimmer und die öffentlichen Bereiche, deren Renovierung zehn Millionen US-Dollar kostete, dienen auch als Galerie für einheimische Künstler. Aveda-Spa. **www.alexishotel.com**

ABSTECHER Fairmont Olympic Hotel $$$$$

411 University St, 98101 *(206) 621 1700* FAX *(206) 682 9633* ***Zimmer*** *450* ***Stadtplan*** *4 D1*

Das Olympic ist das wohl berühmteste Hotel Seattles. Der Bau ist einem italienischen Renaissance-Palazzo nachempfunden. Die mit Marmor und edlen Teppichen gestaltete Lobby ist sehenswert. Das Interieur der Zimmer ist raffiniert zurückhaltend, der Service unvergleichlich. Health Club und Pool sind vom Feinsten. **www.fairmont.com**

Washington

BELLINGHAM Chrysalis Inn & Spa $$$$

804 10th St, 98225 *(360) 756 1005* FAX *(360) 647 0342* ***Zimmer*** *43* ***Straßenkarte*** *1 A1*

Das Chrysalis mit Blick über die Bellingham Bay ist das feinste Hotel der Stadt. Das Haus ist modern und gemütlich ausgestattet, typisch sind Holz und Schiefer sowie warme, erdige Farben. Extras: Spa und eine romantische, mediterrane Weinbar. Unterhalb führen die Gleise vorbei, doch Ohrstöpsel werden gestellt. **www.thechrysalisinn.com**

CHELAN Campbell's Resort $$$

104 W Woodin Ave, 98816 *(509) 682 2561* FAX *(509) 682 2177* ***Zimmer*** *170* ***Straßenkarte*** *1 B2*

Nicht zuletzt wegen seiner einmaligen Strandlage zählt Campbell's seit Langem zu den beliebtesten Resorts dieser Gegend. Zur Anlage gehören Spa, Konferenzräume, beheizter Pool und Beach Bar. Alle Zimmer haben entweder Balkon oder Patio, manche verfügen über Kamin und Küche. Eigener Bootsanlegeplatz. **www.campbellsresort.com**

DEER HARBOR Inn on Orcas Island $$$$

114 Channel Road, 98243 *(360) 376 5227* FAX *(360) 376 5228* ***Zimmer*** *8* ***Straßenkarte*** *1 A1*

Das Refugium im Neuengland-Stil liegt etwas außerhalb von Deer Harbor. Unterkünfte stehen im Haupthaus, Kutscherhaus und Strandhaus zur Verfügung. Alle Zimmer bieten Blick aufs Wasser. Ideal ist die Lage auch, wenn man Vögel beobachten will. Kinder und Jugendliche unter 18 Jahren sind unerwünscht. **www.theinnonorcasisland.com**

EASTSOUND Orcas Suites at Rosario $$

1400 Rosario Road, 98245 *(360) 376 6262* ***Zimmer*** *116* ***Straßenkarte*** *1 A1*

Die Suiten auf der hügeligen Seite von Orcas Island bieten von den Fenstern und Balkonen aus einen wunderbaren Blick auf die Cascade Bay. Es gibt Suiten mit einem oder zwei Schlafzimmern, einige haben auch Küchen. Alle sind geschmackvoll eingerichtet. **www.orcassuites.com**

EASTSOUND Turtleback Farm Inn $$

1981 Crow Valley Road, 98245 *(360) 376 4914* FAX *(360) 376 5329* ***Zimmer*** *11* ***Straßenkarte*** *1 A1*

Das im 19. Jahrhundert erbaute Bauernhaus liegt mitten im Grünen und bietet Entspannung pur. Zum Haus gehört ein Ententeich. In den Zimmern tragen Antiquitäten und Blümchenmuster zur Gemütlichkeit bei. Alle Zimmer haben Bad, manche auch Terrasse. Schöner offener Kamin im Aufenthaltsraum. **www.turtlebackinn.com**

ELLENSBURG Inn at Goose Creek $$

1720 Canyon Road, 98926 *(509) 962 8030* FAX *(509) 962 8031* ***Zimmer*** *10* ***Straßenkarte*** *1 B2*

Von außen macht dieses B & B an der Interstate 90 nicht viel her. Aber die zehn Zimmer sind mit viel Fantasie liebevoll ausgestaltet. Jedes hat ein Thema: So gibt es ein Zimmer für Flitterwochen und Hochzeitstage, andere thematisieren Weihnachten, Sport, einen Rosengarten oder das Ellensburg Rodeo. **www.innatgoosecreek.com**

FORKS Kalaloch Lodge $$$

157151 Hwy 101, 98331 *1-866 297 7367* FAX *(360) 962 3391* ***Zimmer*** *64* ***Straßenkarte*** *1 A2*

Die geschindelte, 1953 erbaute Lodge liegt auf einer Klippe oberhalb des Pazifischen Ozeans. Sie ist ein sehr beliebtes Ziel im Olympic National Park – man sollte also frühzeitig reservieren. Zu mieten sind Zimmer, aber auch Dutzende rustikaler Blockhäuser, die teils mit Holzöfen beheizt werden. **www.olympicnationalparks.com**

FRIDAY HARBOR Friday Harbor House $$$$

130 West St, 98250 *(360) 378 8455* FAX *(360) 378 8453* ***Zimmer*** *23* ***Straßenkarte*** *1 A1*

Das Boutique-Hotel liegt in Gehentfernung zum Fährhafen von Friday Harbor. Die Zimmer, die in ruhigen, erdigen Tönen gehalten sind, bieten einen Blick auf Hafen und Umland. Sie haben Kamin und Whirlpool, manche auch Balkon oder Terrasse. Ein idealer Ort zum Relaxen. Sehr gutes Restaurant. **www.fridayharborhouse.com**

Preiskategorien *siehe Seite 282* **Zeichenerklärung** *siehe hintere Umschlagklappe*

LEAVENWORTH Haus Rohrbach Pension $$

12882 Ranger Road, 98826 (509) 548 7024 FAX (509) 548 5038 **Zimmer** *10* **Straßenkarte** *1 B2*

Die rustikale, alpenländisch wirkende Pension liegt oberhalb von Ort und Tal. Es gibt zehn Zimmer, von denen fast alle ein eigenes Bad haben. Von den Balkonen aus blickt man auf die Berge und ins Tal. Im Sommer lädt der Pool zum Baden. Das Spa ist ganzjährig geöffnet. Herzhaftes Frühstück inklusive. **www.hausrohrbach.com**

LEAVENWORTH Hotel Pension Anna $$$

926 Commercial St, 98826 (509) 548 6273 FAX (509) 548 4656 **Zimmer** *16* **Straßenkarte** *1 B2*

Die Möbel des entzückenden Hotels wurden allesamt aus Österreich oder Deutschland importiert und tragen zu der authentischen alpenländischen Atmosphäre bei. Alle Zimmer haben ein eigenes Bad. Die luxuriösen Suiten verfügen über einen offenen Kamin und Jacuzzi. Deutsches Frühstück inklusive. **www.pensionanna.com**

MOUNT RAINIER NATIONAL PARK National Park Inn $$$

Mount Rainier National Park, 98304 (360) 569 2275 FAX (360) 569 2770 **Zimmer** *25* **Straßenkarte** *1 B2*

Das in den 1920er Jahren erbaute National Park Inn ist die kleinere der zwei Lodges im Park. Sie befindet sich in Longmire im Südwesten. Das rustikale Haus bietet hübsche, einfache Zimmer. Es ist ganzjährig geöffnet und zieht im Sommer Wanderer und Bergsteiger, im Winter (Langlauf-)Skifahrer an. **www.mtrainierguestservices.com**

MOUNT RAINIER NATIONAL PARK Paradise Inn $$$

Mount Rainier National Park, 98304 (360) 569 2275 FAX (360) 569 2770 **Zimmer** *121* **Straßenkarte** *1 B2*

Der 1916 errichtete und nach umfassender Renovierung wiedereröffnete Schindelbau ist eine typische Lodge mit hohen Decken, massiven Balken und dekorativen Holzarbeiten, die noch aus den Anfangszeiten stammen. Von vielen Zimmern aus hat man einen grandiosen Blick. Herrliche Wanderwege. **www.mtrainierguestservices.com**

NAHCOTTA Moby Dick Hotel $$

25814 Sandridge Road, 98637 (360) 665 4543 FAX (360) 665 6887 **Zimmer** *10* **Straßenkarte** *1 A2*

Das Hotel aus den 1930er Jahren liegt sehr ruhig an den nördlichen Ausläufern der Halbinsel Long Beach. Das Haus hat einen unkonventionellen Charme. Die Zimmer sind gemütlich, komfortabel und haben Atmosphäre. Im Außenbereich findet man weitläufige Gärten, Sauna, eine große Jurte und eine Austernfarm. **www.mobydickhotel.com**

OLYMPIA Lighthouse Bungalow $$$

1215 E Bay Dr, 98506 (360) 754 0389 **Zimmer** *2* **Straßenkarte** *1 A2*

Der charmante alte Bungalow am Ufer des Puget Sound ist ideal für Familien und Gruppen. Er besitzt zwei sehr gut ausgestattete Wohneinheiten für Selbstversorger. Das Obergeschoss mit vier Schlafzimmern und zwei Kaminen bietet Platz für acht Personen. Im Untergeschoss haben vier Personen Platz. **www.lighthousebungalow.com**

PORT ANGELES Downtown Hotel $

101 1/2 E Front St, 98362 (360) 565 1125 **Zimmer** *17* **Straßenkarte** *1 A2*

Das kleine Hotel im Zentrum nimmt zwei Geschosse eines Hauses ein. Im Erdgeschoss befinden sich Läden. Die Zimmer sind einfach, aber hübsch. Manche haben Küche und blicken auf die Olympic Mountains. Die Lage ist vor allem für diejenigen ideal, die die Fähre nach Victoria nehmen. **www.portangelesdowntownhotel.com**

PORT ANGELES Lake Crescent Lodge $$

416 Lake Crescent Road, 98363 (360) 928 3211 FAX (360) 928 3253 **Zimmer** *52* **Straßenkarte** *1 A2*

Die Lodge liegt sehr abgeschieden am Lake Crescent. Von hier aus kann man ideal den Nordteil des Olympic National Park erkunden. Gäste können für ihren Aufenthalt zwischen Zimmern im 1916 erbauten Haupthaus oder einer Unterbringung in einem der vielen zugehörigen Cottages wählen. *Im Winter geschl.* **www.lakecrescentlodge.com**

QUINAULT Lake Quinault Lodge $$$

345 South Shore Road, 98575 (360) 288 2900 FAX (360) 288 2901 **Zimmer** *92* **Straßenkarte** *1 A2*

Die große, 1926 erbaute Lodge liegt im Regenwald oberhalb des Lake Quinault an den südwestlichen Ausläufern des Olympic National Park. Hier ticken die Uhren langsamer. TV und Telefon sind Mangelware, dafür sind die Zimmer sehr komfortabel. Die Aussicht ist hervorragend und das Essen unvergleichlich. **www.visitlakequinault.com**

ROCHE HARBOR Roche Harbor Village $$

248 Reuben Memorial Dr, 98250 (360) 378 2155 FAX (360) 378 6809 **Zimmer** *78* **Straßenkarte** *1 A1*

Zu dem Komplex im Norden von San Juan Island gehören das Hotel de Haro, ein charmantes, 1886 erbautes Haus, in dem bereits US-Präsident Teddy Roosevelt zu Gast war, die McMillin Suites mit ihren luxuriösen Zimmern sowie die kleinen Häuschen, in denen früher die Kalkbrenner mit ihren Familien lebten. **www.rocheharbor.com**

SEAVIEW Shelburne Inn $$$

4415 Pacific Way, 98644 (360) 642 2442 FAX (360) 642 8904 **Zimmer** *15* **Straßenkarte** *1 A2*

Das gemütliche, 1896 erbaute Haus war von Anfang an ein beliebter Rückzugsort für Stadtmenschen, die Portland vorübergehend entkommen wollten. Die gemütlichen Zimmer haben Bad und meist auch Terrasse. Gourmet-Frühstück inklusive. Das Shoalwater gilt als eines der besten Restaurants der Region. **www.theshelburneinn.com**

SNOQUALMIE Salish Lodge $$$$

6501 Railroad Ave, 98065 (425) 888 2556 FAX (425) 888 2420 **Zimmer** *89* **Straßenkarte** *1 B2*

Die Salish Lodge beansprucht für sich eine der spektakulärsten Lagen des Bundesstaats: Sie liegt direkt oberhalb der donnernden Snoqualmie Falls. Luxus und Romantik werden hier ganz großgeschrieben. Jedes Zimmer verfügt über Whirlpool, offenen Kamin und Federbetten. International renommiertes Spa. **www.salishlodge.com**

SPOKANE The Davenport Hotel $$$

10 S Post St, 99201 *(509) 455 8888* FAX *(509) 624 4455* **Zimmer** *284* **Straßenkarte** *1 C2*

Als das Hotel 1914 seine Tore für Gäste öffnete, zählte es zu den exklusivsten Häusern in den USA. Nach der Renovierung hielt der alte Glanz im Davenport Hotel wieder Einzug. Die Lobby und der Ballsaal »Hall of the Doges« sind kunstvoll ausgeschmückt. Die Zimmer sind überaus elegant und komfortabel. **www.thedavenporthotel.com**

STEHEKIN Stehekin Landing Resort $$

1 Stehekin Landing, 98816 *(509) 682 4494* FAX *(509) 856 2579* **Zimmer** *28* **Straßenkarte** *1 A1*

Das versteckt in den North Cascades am Lake Chelan gelegene Resort ist nur per Fähre, Wasserflugzeug oder zu Fuß zu erreichen. Keine Straße führt zu diesem verschwiegenen Ort. Hier gibt es kein Fernsehen und nur ein einziges Münztelefon, dafür aber komfortable Zimmer, Wald, See – und Ruhe. **www.stehekinlanding.com**

STEVENSON Skamania Lodge $$$$

1131 SW Skamania Lodge Way, 98648 *(509) 427 7700* FAX *(509) 427 2547* **Zimmer** *254* **Straßenkarte** *1 B3*

Die moderne Version der traditionellen Lodges bietet einen unübertrefflichen Blick auf die Columbia Gorge. Die Skamania Lodge zieht vor allem Golfer an, der 18-Loch-Platz ist berühmt. Aber auch Surfer, Wanderer und Mountainbiker logieren hier gern. Im Restaurant Cascade Room wird heimische Küche serviert. **www.skamania.com**

TACOMA Chinaberry Hill $$$

302 Tacoma Ave N, 98403 *(253) 272 1282* FAX *(253) 272 1335* **Zimmer** *6* **Straßenkarte** *1 A2*

Das viktorianische, hoch über Tacoma gelegene Hotel scheint Welten entfernt von der Stadt. Die Zimmer im Haupt- und im Kutscherhaus sind geräumig und luxuriös. Die wundervolle Gegend und die Veranda laden dazu ein, sich zu entspannen und den regen Schiffsverkehr in der Commencement Bay zu beobachten. **www.chinaberryhill.com**

TACOMA Hotel Murano $$$

1320 Broadway Plaza, 98402 *(253) 238 8000* FAX *(253) 591 4105* **Zimmer** *320* **Straßenkarte** *1 A2*

Das Hotel in der renommierten Glasbläser-Stadt präsentiert in den öffentlichen Bereichen Glasskulpturen und zeitgenössische Kunst. Das gestylte Hotel im Zentrum legt Wert auf Details. Die modern gestalteten Zimmer sind groß. **www.hotelmuranotacoma.com**

TACOMA Silver Cloud Inn $$$

2317 N Ruston Way, 98402 *(253) 272 1300* FAX *(253) 274 9176* **Zimmer** *90* **Straßenkarte** *1 A2*

Das Silver Cloud Inn gehört zu einer Hotelkette und bietet eine absolute Vorzugslage – es befindet sich direkt an der Commencement Bay. Alle Zimmer bieten Meerblick und verfügen über Mikrowelle und Kühlschrank, manche über einen Whirlpool. In der Umgebung liegen einige der besten Restaurants Tacomas. **www.silvercloud.com**

WALLA WALLA Marcus Whitman Hotel $$$

6 W Rose St, 99362 *1-866 826 9422* FAX *(509) 524 1747* **Zimmer** *91* **Straßenkarte** *1 C3*

Das 1928 erbaute Hochhaus ist seit seiner Renovierung wieder ein Blickfang in Walla Walla, dem Herzstück von Washingtons Wine Country. Den Gast erwarten schöne Zimmer und gutes Essen. Zimmer stehen im originalen Turm und im Anbau zur Verfügung. Die Tower-Suiten sind traumhaft. **www.marcuswhitmanhotel.com**

WALLA WALLA Inn at Abeja $$$$

2014 Mill Creek Road, 99362 *(509) 522 1234* FAX *(509) 529 3292* **Zimmer** *6* **Straßenkarte** *1 C3*

Das mit viel Gespür restaurierte Gehöft östlich von Walla Walla ist gleichzeitig Weingut und das raffinierteste Hotel der Region. Im alten Kutscherhaus, in der Scheune und in drei originalen Cottages stehen den Gästen sechs mit schönen Möbeln ausgestattete Suiten zur Verfügung. Beliebter Ausgangspunkt für Weintouren. **www.abeja.net**

WOODINVILLE Willows Lodge $$$$

14580 NE 145 St, 98072 *(425) 424 3900* FAX *(425) 424 2585* **Zimmer** *84* **Straßenkarte** *1 C3*

Willows Lodge ist den großen Lodges des Nordwestens nachempfunden. Das luxuriöse Resort liegt nur 20 Autominuten von Seattle entfernt am Sammamish River im Westen des Washingtoner Wine Country. Die Zimmer sind erstklassig, aber die größte Attraktion sind die Restaurants Barking Frog und Herbfarm. **www.willowslodge.com**

YAKIMA A Touch of Europe Bed & Breakfast $$

220 N 16th Ave, 98902 *(509) 454 9775* FAX *(509) 452 1303* **Zimmer** *2* **Straßenkarte** *1 B2*

Das hübsche Haus im Queen-Anne-Stil auf einem Hügel bietet erlesene Zimmer, die den Charme vergangener Zeiten atmen. Auf Vorbestellung zaubert der Besitzer, der auch Koch ist, Gerichte, vom »High Tea« bis zum siebengängigen Menü. Er kann es mit jedem Restaurant in der Stadt aufnehmen. **www.winesnw.com**

YAKIMA Birchfield Manor Country Inn $$

2018 Birchfield Road, 98901 *(509) 452 1960* FAX *(509) 452 2334* **Zimmer** *11* **Straßenkarte** *1 B2*

Das drei Kilometer von Yakima entfernte Gehöft (1910) bietet im Herren- und im Gästehaus elegante, mit Antiquitäten ausgestattete Zimmer. Im Herrenhaus gibt es weder TV noch Telefon. Der donnerstags und samstags geöffnete Dining Room zählt zu den besten Lokalen im Yakima Valley. Superbe Weinkarte. **www.birchfieldmanor.com**

YAKIMA Oxford Inn $$

1603 E Yakima Ave, 98901 *(509) 457 4444* FAX *(509) 453 7593* **Zimmer** *92* **Straßenkarte** *1 B2*

Oxford Inn ist für ein preiswertes Hotel überraschend nett. Das an den westlichen Ausläufern des Washingtoner Wine Country gelegene Haus bietet geräumige Zimmer und einen Pool. Schön ist auch der dort vorbeifließende Yakima River, egal, ob man am Ufer spazieren geht oder ihn vom Balkon aus genießt. **www.oxfordinnyakima.com**

Preiskategorien *siehe Seite 282* **Zeichenerklärung** *siehe hintere Umschlagklappe*

Vancouver

HAFENVIERTEL, GASTOWN, CHINATOWN Days Inn Downtown $$$$

921 W Pender St, V6C 1M2 *(604) 681 4335, 1-877 681 4335* FAX *(604) 681 7808* **Zimmer** *85* **Stadtplan** *3 A2*

Die makellosen, hübsch eingerichteten und in fröhlichen Farben gestalteten Zimmer, der gute Service, die zentrale Lage und die Zentrumsanbindung durch einen Shuttle-Service machen das Hotel zur beliebten Adresse. Zimmer werden in den Kategorien von Standard Double bis Deluxe Queen angeboten. **www.daysinnvancouver.com**

HAFENVIERTEL, GASTOWN, CHINATOWN Delta Vancouver Suites $$$$

550 W Hastings St, V6B 1L6 *(604) 689 8188, 1-888 890 3222* FAX *(604) 605 8881* **Zimmer** *225* **Stadtplan** *3 A2*

Das Haus ist vor allem auf Geschäftsreisende zugeschnitten. Alle Zimmer sind mit zwei Telefonverbindungen, Voicemail und Arbeitstischen ausgestattet. Außerdem sind in allen Schlaf- und Wohnbereich getrennt. Sehr günstige zentrale Lage. Wochenendaufenthalte zu ermäßigten Preisen kann man online buchen. **www.deltahotels.com**

HAFENVIERTEL, GASTOWN, CHINATOWN Fairmont Waterfront $$$$$

900 Canada Place Way, V6C 3L5 *1-800 257 7544* FAX *(604) 691 1999* **Zimmer** *489* **Stadtplan** *3 A1*

Die kühle Architektur des Stahl-Glas-Baus wird durch terrassierte Gärten aufgebrochen. Den Gast erwarten luxuriöse Zimmer, viele mit Bergblick. Die Räume sind groß und bieten modernste Annehmlichkeiten. Extras: Bademäntel und spätes Auschecken. Das Haus ist durch eine Brücke mit den Schiffsanlegestellen verbunden. **www.fairmont.com**

HAFENVIERTEL, GASTOWN, CHINATOWN Pan Pacific Vancouver $$$$$

999 Canada Pl, V6C 3B5 *(604) 662 8111, 1-877 324 4856* FAX *(604) 685 8690* **Zimmer** *504* **Stadtplan** *4 A1*

Das Pan Pacific ist Teil des Canada Place. Das repräsentative Hotel teilt sich die exklusive Hafenlage mit dem Vancouver Convention Centre und den Schiffsanlegestellen. Die schönen Zimmer haben Marmorbäder und bieten einen grandiosen Ausblick. Bekannt und beliebt ist das Five Sails Restaurant. **www.panpacific.com**

ZENTRUM HI-Vancouver Downtown $

1114 Burnaby St, V6E 1P1 *(604) 684 4565* FAX *(604) 684 4540* **Betten** *223* **Stadtplan** *2 E3*

Im Zentrum gibt es zwei Herbergen von Hostelling International. Das Vancouver Downtown bietet große Küche, Bibliothek, Spielraum, Reisebüro und Fahrradverleih. Ein Shuttle pendelt zwischen den beiden Downtown Hostels und Jericho Beach, einer Herberge am Strand, die vor allem bei Jugendlichen sehr beliebt ist. **www.hihostels.ca**

ZENTRUM Victorian Hotel $$

514 Homer St, V6B 2V6 *(604) 681 6369, 1-877 681 6369* FAX *(604) 681 8776* **Zimmer** *49* **Stadtplan** *3 A2*

Das dreigeschossige Hotel wurde nach dem großen Brand von 1898 gebaut. Es ist die ideale Adresse für Reisende, die wenig Geld zur Verfügung haben, aber doch gern etwas privater als in Jugendherbergen wohnen. Die Zimmer sind in Ordnung. Alle haben Waschbecken, die meisten Gemeinschaftsbäder. **www.victorianhotel.ca**

ZENTRUM Hampton Inn & Suites $$$$

111 Robson St, V6B 2A8 *(604) 602 1008, 1-877 602 1008* FAX *(604) 602 1007* **Zimmer** *132* **Stadtplan** *3 A3*

In dem modernen Hotel steht den Gästen alles für einen angenehmen Aufenthalt zur Verfügung. Es gibt Sonnenschirme, Trinkwasser steht in Flaschen bereit, die Zimmer haben einen Safe. Manche Räume – und der Jacuzzi auf dem Dach – bieten einen Blick auf den False Creek. Frühstück inklusive. **www.hamptoninnvancouver.com**

ZENTRUM Sutton Place Hotel $$$$

845 Burrard St, V6Z 2K6 *(604) 682 5511, 1-866 378 8866* FAX *(604) 682 5513* **Zimmer** *397* **Stadtplan** *2 F2*

Das Sutton Place gilt als eines der besten Hotels im Nordwesten. Europäischer Touch trägt zum Charme des verschwenderisch gestalteten Anwesens bei. Die vornehmen Zimmer sind immer mit frischen Blumen geschmückt. Pro Tag gibt es zweimal Zimmerservice. Spa, Health Center und Restaurant Fleuri *(siehe S. 309)*. **www.suttonplace.com**

ZENTRUM Fairmont Hotel Vancouver $$$$$

900 W Georgia St, V6C 2W6 *(604) 684 3131, 1-800 257 7544* FAX *(604) 662 1929* **Zimmer** *556* **Stadtplan** *2 F2*

Das oxidierte Kupferdach des Hotels (1939) fällt sofort ins Auge. Für seinen Ruf ist nicht zuletzt der hervorragende Service, die kultivierte Atmosphäre und das preisgekrönte Restaurant Griffins verantwortlich. Zur Restaurierung des Hotels wurden in den 1990er Jahren 70 Millionen US-Dollar aufgewendet. **www.fairmont.com**

ZENTRUM Wedgewood Hotel & Spa $$$$$

845 Hornby St, V62 1V1 *(604) 689 7777, 1-800 663 0666* FAX *(604) 608 5348* **Zimmer** *83* **Stadtplan** *2 F2*

Das mit Antiquitäten und Kunst ausgestattete Boutique-Hotel steht für eine gelungene Verbindung von Eleganz und Intimität. Geschmackvolles Interieur und aufmerksamer Service tragen zur raffinierten Atmosphäre bei. Highlight ist die Penthouse Suite mit Terrasse. Luxuriöses Spa und exzellentes Restaurant. **www.wedgewoodhotel.com**

SOUTH GRANVILLE UND YALETOWN Samesun Vancouver $

1018 Granville St, V62 1L5 *(604) 682 8226* FAX *(604) 682 8240* **Betten** *220* **Stadtplan** *2 F3*

Das Samesun ist die beste der in Vancouver privat geführten Backpacker Lodges. Es liegt in der Nähe des Vergnügungsviertels und in Gehentfernung zum Wasser. Die Schlafsäle sind zwar klein, aber die Räume sind farbenfroh und freundlich hergerichtet. Die Gemeinschaftsräume sind gut in Schuss. Patio auf dem Dach. **www.samesun.com**

Stadtplan Vancouver *siehe Seiten 236–241*

SOUTH GRANVILLE UND YALETOWN Howard Johnson Vancouver $$$

1176 Granville St, V6Z 1L8 *(604) 688 8701* FAX *(604) 688 8335* **Zimmer** *110* **Stadtplan** *2 F3*

Das Howard Johnson gehört zu einer Hotelkette und ist beliebt, weil es trotz zentraler Lage sehr preiswert ist. Die geräumigen Juniorsuiten kosten nur wenig mehr als die Standardzimmer. Im Preis inbegriffen ist eine Tageszeitung und der Ausweis für ein Fitness-Center. Parkplätze auf dem angrenzenden Parkplatz. **www.hojovancouver.com**

SOUTH GRANVILLE UND YALETOWN Opus Hotel $$$$

322 Davie St, V6B 5Z6 *(604) 642 6787, 1-866 642 6787* FAX *(604) 642 6780* **Zimmer** *96* **Stadtplan** *2 F4*

Das Opus Hotel in Yaletown strahlt Raffinesse und Opulenz aus. Die aufregend gestalteten Zimmer sind stilistisch perfekt konzipiert und spielen mit den Stilrichtungen von traditionell über minimalistisch bis ultramodern. Im Haus befinden sich auch eine trendige Bar und ein gutes Restaurant. **www.opushotel.com**

ABSTECHER Grouse Inn $$

1633 Capilano Rd, Vancouver, V7P 3B3 *(604) 988 7101* FAX *(604) 988 7102* **Zimmer** *80* **Straßenkarte** *1 A1*

Familienfreundliches Motel mit Abenteuerspielplatz und beheiztem Außenpool. Das komfortable Haus liegt in der Nähe der Lions Gate Bridge. Von hier sind die Sehenswürdigkeiten von Zentrum und North Shore gut zu erreichen. Die Suiten mit zwei Schlafzimmern und Küche sind ideal für Familien. Frühstück inklusive. **www.grouseinn.com**

ABSTECHER Pacific Spirit Guest House $$

4080 W 35th Ave, Vancouver, V6N 2P3 *(604) 261 6837, 1-866 768 6837* **Zimmer** *2* **Straßenkarte** *1 A1*

Das einladende B&B liegt in einer ruhigen Wohngegend, doch von hier aus gelangt man schnell in die Wildnis des Pacific Spirit Regional Park. Das Haus besitzt eine Sammlung lokaler Literatur. Eines der beiden Zimmer ist zum Garten hin ausgerichtet, im anderen steht ein großes Doppelbett. Großzügiges Frühstück inklusive. **www.vanbb.com**

ABSTECHER Best Western Sands by the Sea $$$

1755 Davie St, Vancouver, V6G 1W5 *(604) 682 1831* FAX *(604) 682 3546* **Zimmer** *120* **Straßenkarte** *2 D2*

Von dem eher unauffälligen Hotel aus ist man in wenigen Minuten an der English Bay oder in der Denman Street, einer beliebten Shopping-Meile. Die Standardzimmer bieten entweder Berg- oder Meerblick. Von der Bar aus sieht man auf den Hafen. Restaurant mit umfangreicher Speisekarte. **www.bestwesternsandshotelvancouver.com**

ABSTECHER Sylvia Hotel $$$

1154 Gilford St, Vancouver, V6G 2P6 *(604) 681 9321* FAX *(604) 682 3551* **Zimmer** *120* **Straßenkarte** *1 C1*

Der 1912 als Apartmenthaus errichtete Ziegelbau liegt an der English Bay. Inzwischen wurde er zum denkmalgeschützten Gebäude erklärt. Eine Fassadenseite ist komplett von Efeu überwuchert. Die in dunklem Holz gehaltenen Zimmer haben schon bessere Tage gesehen. Die größeren Zimmer bieten eine kleine Küche. **www.sylviahotel.com**

ABSTECHER Thistle Down House $$$

3910 Capilano Rd, N Vancouver, V7R 4J2 *(604) 986 7173* FAX *(604) 980 2939* **Zimmer** *5* **Straßenkarte** *1 A1*

Das malerische B&B, ein in den 1920er Jahren erbautes Holzhaus, das unter Denkmalschutz steht, ist mit handgefertigten Möbeln ausgestattet. Sehr hübsch ist auch der Garten. Im Zimmerpreis inbegriffen ist der Nachmittagstee, der am Kamin oder im Garten zelebriert werden kann, und ein Gourmet-Frühstück. **www.thistle-down.com**

ABSTECHER Granville Island Hotel $$$$

1253 Johnston St, V6H 3K9 *(604) 683 7373, 1-800 663 1840* FAX *(604) 683 3061* **Zimmer** *85* **Stadtplan** *2 E5*

Das Boutique-Hotel ist luxuriös und dennoch zwanglos. Es passt zur lebendigen, betriebsamen Atmosphäre von Granville Island. Die Zimmer sind groß und einladend und haben teils Holzbalken und Perserteppiche. Alle interessanten Plätze sind zu Fuß erreichbar. Fährverkehr ins Zentrum. Eigene Brauerei. **www.granvilleislandhotel.com**

ABSTECHER O Canada House $$$$

1114 Barclay St, Vancouver, V6E 1H1 *(604) 688 0555* FAX *(604) 488 0556* **Zimmer** *6* **Straßenkarte** *1 A1*

Das viktorianische Haus wurde 1897 von einem berühmten Bankier erbaut. Hier wurde die Nationalhymne »O Canada« geschrieben. Heute ist es ein B&B mit großer Terrasse und Landschaftsgarten. Genießen Sie das Gourmet-Frühstück, den aufmerksamen Service und die hervorragende Lage im West End. **www.ocanadahouse.com**

ABSTECHER Fairmont Vancouver Airport $$$$$

3111 Grant McConachie Way, Richmond, V7B 1X9 *(604) 207 5200* **Zimmer** *392* **Straßenkarte** *1 A1*

Das direkt am Vancouver International Airport gelegene moderne Hotel bietet luxuriöse, schallisolierte Zimmer mit lichtundurchlässigen dunklen Vorhängen (ideal für Reisende mit Jetlag), ein Spa und verschiedene Restaurants. Abreisende haben den Vorteil, aus dem Hotel aus- und für den Flug einchecken zu können. **www.fairmont.com**

British Columbia

CLEARWATER Helmcken Falls Lodge $$$

6664 Clearwater Valley Rd, V0E 1N0 *(250) 674 3657* FAX *(250) 674 2971* **Zimmer** *21* **Straßenkarte** *2 B4*

Die Lodge am Eingang zum Wells Gray Provincial Park diente einst als Basislager für Jäger und Fischer. Der heutige Komplex bietet diverse Unterkünfte. Die Zimmer im Haus sind einfach. Ansonsten stehen Cottages zur Verfügung. Man kann hier reiten, Kanu fahren und wandern. *Apr, Mitte Okt–Mitte Dez geschl.* **www.helmckenfalls.com**

CRANBROOK Kootenay Country Inn $$

1111 Cranbrook St, V1C 3S4 *(250) 426 2296* FAX *(250) 426 3533* **Zimmer** *36* **Straßenkarte** *2 C4*

Das Motel liegt im Gewerbegebiet, aber dennoch in Gehentfernung zum Zentrum. Das Haus im Landstil erfreut sich großer Beliebtheit, denn es ist relativ preiswert und trotzdem komfortabel. Zu den Annehmlichkeiten zählen ein Whirlpool, eine Sauna und ein Waschsalon. **www.kootenaycountryinn.com**

DAWSON CREEK The Alaska Hotel $

10209 10th St, V1G 3T5 *(250) 782 7998* FAX *(250) 782 6277* **Zimmer** *14* **Straßenkarte** *2 B3*

Im Herzen von Dawson Creek, ganz nah bei Meile 0, findet man das historische Alaska Hotel, dessen Fassade an die Zeit des Goldrauschs erinnert. Die Zimmer sind schlicht, das Bad muss man sich teilen. Im Erdgeschoss ist ein Pub, in dem abends Live-Musik gespielt wird, nebenan das bekannte Alaska Café. **www.alaskahotel.com**

FERNIE Griz Inn $$

5369 Ski Hill Rd, V0B 1M6 *1-800 661 0118* FAX *(250) 423 9287* **Zimmer** *45* **Straßenkarte** *2 C4*

Das rustikale Griz Inn liegt einsam am Fuß der Fernie Ski Area und ist die ideale Unterkunft für Aktiv- bzw. Abenteuerurlaub. Hochsaison ist im Winter. Im Sommer ist weniger los, die Zimmerpreise sind dann günstiger. Nach einer Wanderung oder Mountainbike-Tour kann man sich im Whirlpool draußen entspannen. **www.grizinn.com**

FORT ST. JOHN Quality Inn Northern Grand $$$

9830 100th Ave, V1J 1Y5 *(250) 787 0521* FAX *(250) 787 2648* **Zimmer** *125* **Straßenkarte** *2 B2*

Eines der besten Motels am Alaska Highway. Die geräumigen, komfortablen Zimmer bieten Extras wie Kaffeemaschine, Haartrockner und Bad mit Fußbodenheizung. Wer ein paar Dollar mehr zahlt, kommt in den Genuss einer Executive Suite mit Jacuzzi, Stereoanlage und Komfortbett. **www.qualityinnnortherngrand.com**

GALIANO ISLAND Galiano Inn $$$$

134 Madrona Dr, V0N 1P0 *(250) 539 3388, 1-877 530 3939* FAX *(250) 539 3338* **Straßenkarte** *2 B4*

Im vornehmen Restaurant des Galiano Inn speist man mit Blick auf die Bucht und den Fährhafen. Die Tische stehen auf einer überdachten Terrasse. Die Zimmer strahlen europäischen Charme aus und haben alle Balkon und Meerblick. Das Spa bietet auch diverse Wellness-Einrichtungen im Freien. **www.galianoinn.com**

GIBSONS Bonniebrook Lodge $$$$

1532 Ocean Beach Esplanade, V0N 1V5 *(604) 886 2887* FAX *(604) 886 9241* **Zimmer** *7* **Straßenkarte** *2 B4*

An der Sunshine Coast, 40 Minuten mit der Fähre von West Vancouver entfernt, steht die Lodge aus den 1920er Jahren. Die Suiten sind luxuriös ausgestattet, alle bieten einen Gaskamin, Whirlpool und wunderbare Aussicht. Im Restaurant wird mit Bio-Zutaten gekocht. Gegenüber gibt es einen Privatstrand. **www.bonniebrook.com**

GLACIER NATIONAL PARK Glacier Park Lodge $$

The Summit, Trans-Canada Hwy, Rogers Pass, V0E 2S0 *(250) 837 2126* **Zimmer** *50* **Straßenkarte** *2 C4*

Die Luxus-Lodge liegt in atemberaubender Umgebung. Vom Speisesaal und der Lobby aus blickt man auf die Selkirk Mountains und den Asulkan Glacier. Die geschmackvoll eingerichteten Zimmer sind mit allen Extras ausgestattet. Die Lodge liegt in Gehweite zum sehenswerten Besucherzentrum des Nationalparks. **www.glacierparklodge.ca**

GOLDEN Kicking Horse River Lodge $$

801 9th St N, V0A 1H2 *(250) 439 1112, 1-877 547 5266* FAX *(250) 439 3992* **Zimmer** *17* **Straßenkarte** *2 C4*

Das eindrucksvolle Holzhaus mit Blick auf den Kicking Horse River bietet Schlafsäle für Rucksackurlauber und Doppelzimmer für Reisende, die es etwas privater mögen. Das Haus wirkt nur von außen traditionell. Verfügbar sind modernste Einrichtungen, z. B. WLAN und TV mit Großbildschirm. Nettes Café am Flussufer. **www.khrl.com**

HARRISON HOT SPRINGS Harrison Hot Springs Resort & Spa $$$$

100 Esplanade Ave, V0M 1K0 *(604) 796 2244* FAX *(604) 796 3682* **Zimmer** *337* **Straßenkarte** *2 B4*

Das Resort ist vor allem für seine mineralischen Quellen berühmt. Gästen stehen fünf Heißwasser-Pools, aber auch der nahe Strand zur Verfügung. Für Kinder gibt es den Children's Waterpark und einen weitläufigen Spielplatz. Die Zimmer, Suiten und Cottages sind geräumig und komfortabel. **www.harrisonresort.com**

KAMLOOPS Plaza Heritage Hotel $$

405 Victoria St, V2C 2A9 *(250) 377 8075, 1-877 977 5292* FAX *(250) 377 8076* **Zimmer** *67* **Straßenkarte** *2 B4*

Das denkmalgeschützte, zentral gelegene Hotel aus den 1920er Jahren wurde nicht nur von außen restauriert. Auch in den Zimmern blieb das elegante originale Mobiliar erhalten. Im Haus gibt es zudem einen Spirituosenladen und ein Restaurant, das günstigen Sonntagsbrunch anbietet. Golfplätze in der Nähe. **www.plazaheritagehotel.com**

KELOWNA Manteo Resort $$$

3762 Lakeshore Rd, V1W 3L4 *(250) 860 1031* FAX *(250) 860 1041* **Zimmer** *102* **Straßenkarte** *2 B4*

In dem am See gelegenen Resort ist vor allem Entspannung angesagt. Man kann sich ein Boot mieten, am Strand relaxen, sich beim Schwimmen in einem der drei Pools verausgaben, Tennis spielen oder sich im Kino die neuesten Filme ansehen. Die Zimmer sind modern. Es gibt auch große familienfreundliche Zimmer. **www.manteo.com**

KOOTENAY NATIONAL PARK Kootenay Park Lodge $$

Vermilion Crossing, Hwy 93, T1L 1B3 *(403) 762 9196* FAX *(403) 283 7482* **Zimmer** *12* **Straßenkarte** *2 C4*

Die 1923 von der Canadian Pacific Railway erbauten einfachen Cottages sind unterschiedlich groß, einige haben auch Küche. Im Haupthaus gibt es ein Restaurant. Zum Komplex gehören das Parks Canada Information Center, ein Laden für Snacks und Souvenirs sowie eine Tankstelle. *Mitte Mai–Sep geöffnet.* **www.kootenayparklodge.com**

Straßenkarte *siehe hintere Umschlaginnenseiten*

MALAHAT Prancing Horse Retreat $$$

573 Ebedora Lane, V0R 2L0 ☎ *(250) 743 9378* FAX *(250) 743 9372* **Zimmer** *7* **Straßenkarte** *2 B5*

Das charmante viktorianische Haus liegt mitten im Wald am Malahat Highway. Die Zimmer sind edel, manche haben einen offenen Kamin, Jacuzzi und eine Privatterrasse mit Blick über den Finlayson Arm. Auf dem Gelände stehen große Bäume, es gibt auch eine Laube. Das Frühstück schmeckt ausgesprochen lecker. **www.prancinghorse.com**

MAYNE ISLAND Ocean Wood Resort $$$

630 Dinner Bay Rd, V0N 2J0 ☎ *(250) 539 5074* FAX *(250) 539 3002* **Zimmer** *12* **Straßenkarte** *2 B5*

Das Resort liegt, von Bäumen verborgen, auf einem vier Hektar großen Anwesen am Wasser. Die Zimmer sind hübsch. Zum Entspannen kann man es sich in den Sesseln am Kamin gemütlich machen. Im Preis sind Frühstück und Nachmittagstee inbegriffen. Ein Pfad führt durch den Park zum Meer. Sehr gutes Restaurant. **www.oceanwood.com**

NANAIMO Buccaneer Inn $$

1577 Stewart Ave, V9S 4E3 ☎ *(250) 753 1246* FAX *(250) 753 0507* **Zimmer** *14* **Straßenkarte** *2 B4*

Auf den ersten Blick wirkt das Buccaneer wie ein beliebiges Motel – es bietet allerdings ein hervorragendes Preis-Leistungs-Verhältnis. Die Zimmer sind groß und mit allen Annehmlichkeiten ausgestattet. Auf dem gepflegten Areal gibt es sogar einen Grillplatz. Besonders beliebt ist das Motel bei Tauchern. **www.buccaneerinn.com**

NELSON Dancing Bear Inn $

171 Baker St, V1L 4H1 ☎ *1-877 352 7573* FAX *(250) 352 9818* **Betten** *26* **Straßenkarte** *2 C4*

Das restaurierte Dancing Bear Inn an der Hauptstraße von Nelson ist eine der schönsten Backpacker Lodges im Nordwesten. Die Schlafsäle und Doppelzimmer sind komfortabel, die Lounge ist gemütlich und bietet Internet-Zugang und TV. Zudem gibt es Küche und Waschsalon – und freundliche Gastgeber. **www.dancingbearinn.com**

PARKSVILLE Tigh-Na-Mara $$$$

1155 Resort Drive, V9P 2E5 ☎ *(250) 248 2072* FAX *(250) 248 4140* **Zimmer** *192* **Straßenkarte** *2 B4*

Tigh-Na-Mara ist das größte Spa Resort in British Columbia. Es stehen Bungalows, Blockhütten und Wohneinheiten mit Suiten in jeder Kategorie zur Verfügung. Während die Eltern sich im Grotto Spa bei Massagen, sonstigen Anwendungen oder im mineralischen Wasser erholen, haben die Kinder Spaß am Strand. **www.tigh-na-mara.com**

PENTICTON Naramata Heritage Inn & Spa $$$$

3625 1st St, Naramata, V0H 1N0 ☎ *(250) 496 6808* FAX *(250) 496 5001* **Zimmer** *12* **Straßenkarte** *2 B4*

Das elegante, 1908 erbaute Seehotel liegt nördlich von Penticton in dem hübschen Örtchen Naramata. Die Zimmer atmen das Flair vergangener Zeiten und bieten trotzdem alle Annehmlichkeiten. Sie verfügen über Balkon oder Patio, die mit schmiedeeisernen Möbeln bestückt sind, sowie über Bäder mit Fußbodenheizung. **www.naramatainn.com**

PRINCE GEORGE Esther's Inn $

1151 Commercial Cres, V2M 6W6 ☎ *(250) 562 4131* FAX *(250) 562 4145* **Zimmer** *118* **Straßenkarte** *2 B3*

Esther's Inn, das ist Südsee-Flair und tropisches Feeling im Norden. Die makellosen Zimmer und Suiten sind um ein großes Atrium angeordnet, in dem üppige Pflanzen wuchern. Hier befinden sich auch Whirlpools und ein großer Swimmingpool mit Wasserrutsche. Business-Center und Waschsalon. **www.esthersinn.com**

PRINCE RUPERT Eagle Bluff Bed & Breakfast $

201 Cow Bay Rd, V8J 1K4 ☎ *(250) 627 4955* FAX *(250) 627 7945* **Zimmer** *5* **Straßenkarte** *2 A3*

Eagle Bluff liegt an der Cow Bay. Der kleine Fischerhafen hat sich mittlerweile zum Urlaubsresort gemausert. Die Zimmer des B&B haben Gemeinschaftsbäder, nur die Suite im Obergeschoss verfügt über eigenes Bad. Das herzhafte Frühstück ist inklusive. Speisen kann man in den umliegenden Restaurants. **www.eaglebluff.ca**

QUEEN CHARLOTTE CITY Dorothy and Mike's Guesthouse $

3127 2nd Ave, V0T 1S0 ☎ *(250) 559 8439* FAX *(250) 559 8439* **Zimmer** *8* **Straßenkarte** *2 A4*

Die Besitzer des zentral gelegenen B&B leben schon lange auf der Insel. Sie haben Literatur über die Haida sowie über Flora und Fauna der Inselgruppe gesammelt. Diese Bibliothek ist für Gäste zugänglich. Die Zimmer und Suiten sind gemütlich, manche haben Terrasse und Meerblick. Frühstück inklusive. **www.qcislands.net/doromike**

RADIUM HOT SPRINGS Radium Resort $$

8100 Golf Course Rd, V0A 1M0 ☎ *(250) 347 9311* FAX *(250) 347 6299* **Zimmer** *118* **Straßenkarte** *2 C4*

Das Resort mit seinem unschlagbaren Freizeitangebot ist ganzjährig geöffnet. Es gibt zwei Golfplätze, Pools, Tennisplätze, Wander- und Radwege, Spa und vieles mehr. Als Quartiere sind Standardzimmer, Apartments und Ferienhäuschen im Angebot. Spektakuläre Aussicht auf die Rockies und die Purcell Mountains. **www.radiumresort.com**

SALT SPRING ISLAND Anne's Oceanfront Hideaway B&B $$$

168 Simson Rd, V8K 1E2 ☎ *(250) 537 0851, 1-888 474 2663* FAX *(250) 537 0861* **Zimmer** *4* **Straßenkarte** *2 B4*

Das Haus ist ideal zum Entspannen. Jedes der stilvollen Zimmer verfügt über einen offenen Kamin und bequeme Sessel, über TV mit DVD-Player, WLAN und ein Bad mit Hydromassage. Vom Whirlpool aus hat man einen grandiosen Blick aufs Meer. Das opulente Frühstück mit Selbstgebackenem ist inklusive. **www.annesoceanfront.com**

SMITHERS Hudson Bay Lodge $$$

3251 E Hwy 16, V0J 2N0 ☎ *(250) 847 4581, 1-800 663 5040* FAX *(250) 847 4878* **Zimmer** *96* **Straßenkarte** *2 A4*

Der serviceorientierte Familienbetrieb liegt am Fuß des Hudson Bay Mountain. Das Zentrum von Smithers ist zu Fuß erreichbar. Die Fassade zeigt Anklänge an den Tudor-Stil, innen ist es rustikal. Die schönen Zimmer verfügen über große Bäder. Extras: Whirlpool, Wäscherei und kostenloser Transfer zum Flughafen. **www.hudsonbaylodge.com**

Preiskategorien *siehe Seite 282* **Zeichenerklärung** *siehe hintere Umschlagklappe*

SOOKE Sooke Harbour House $$$$$

1528 Whiffen Spit Rd, V0S 1N0 *(250) 642 3421* FAX *(250) 642 6989* **Zimmer** *28* **Straßenkarte** *2 B5*

Das am Meer gelegene Sooke Harbour House, ein mehrfach erweitertes Anwesen im Landhausstil, ist Hotel, Spa, Restaurant *(siehe S. 312)* und Kunstgalerie in einem. Jedes der luxuriösen, individuell eingerichteten Zimmer hat Balkon und Meerblick. Komplettbuchungen sind preiswerter. Frühstück inklusive. **www.sookeharbourhouse.com**

TOFINO Middle Beach Lodge $$$

400 Mackenzie Beach Rd, V0R 2Z0 *(250) 725 2900* FAX *(250) 725 2901* **Zimmer** *64* **Straßenkarte** *2 A4*

Die Middle Beach Lodge bietet eine einmalige Übernachtungsauswahl, etwa die Lodge at the Headlands, die sich auf einer Landzunge erstreckt, die Erwachsenen vorbehaltene Lodge at the Beach mit grandioser Aussicht sowie diverse Cottages. Die Fachwerkbauten sind rustikal ausgestattet und haben offene Kamine. **www.middlebeach.com**

TOFINO Wickaninnish Inn $$$$$

500 Osprey Lane, Chesterman Beach, V0R 2Z0 *(250) 725 3100* FAX *(250) 725 3110* **Zimmer** *75* **Straßenkarte** *2 A4*

Wickaninnish Inn, die Luxusadresse von Tofino, liegt auf einem Felsvorsprung, der von den Wellen umspült wird. Der Blick aufs Meer und die Inseln ist großartig. Die geräumigen Zimmer mit Panoramafenstern bieten superkomfortable Betten. Im Restaurant The Pointe werden lokale Spezialitäten serviert. **www.wickinn.com**

VICTORIA Spinnakers Gastro Brewpub & Guesthouses $$$

308 Catherine St, V9A 3S8 *(250) 386 2739* FAX *(250) 384 3246* **Zimmer** *10* **Straßenkarte** *2 B5*

Über Victorias Inner Harbour liegt Spinnakers ideal, ein Weg führt direkt vom Gästehaus ins Zentrum. In einigen Suiten findet man einen offenen Kamin und einen Jacuzzi vor. Ein kleines Frühstück ist inklusive, einschließlich Morgenzeitung. Das Pub im Haus wirkt einladend und braut preisgekrönte Biere. **www.spinnakers.com**

VICTORIA Abigail's Hotel $$$$

906 McClure St, V8V 3E7 *(250) 388 5363* FAX *(250) 388 7787* **Zimmer** *23* **Straßenkarte** *2 B5*

Das denkmalgeschützte Hotel im Tudor-Stil verkörpert den Charme vergangener Tage. Dazu tragen auch die Gärten und die im Stil alter Schule zelebrierte Gastlichkeit bei. Manche Zimmer haben einen offenen Kamin und einen Jacuzzi. Es gibt auch ein Spa. Frühstück und abendlicher Imbiss in der Bibliothek inklusive. **www.abigailshotel.com**

VICTORIA Gatsby Mansion Inn $$$$

309 Belleville St, V8V 1X2 *(250) 388 9191* **Zimmer** *20* **Straßenkarte** *2 B5*

Das stattliche Haus aus dem frühen 20. Jahrhundert bietet Übernachtungen mit Frühstück in elegantem Rahmen – Bleiglasfenster, Kristalllüster, offene Kamine und Deckenfresken. Von den Zimmern blickt man auf Gärten, auf den Rosengarten oder aufs Meer. Frühstück und Nachmittagstee inklusive. **www.gatsbymansion.com**

VICTORIA Oswego Hotel $$$$

500 Oswego St, V8V 5C1 *(250) 294 7500, 1-877 767 9346* FAX *(250) 294 7509* **Zimmer** *80* **Straßenkarte** *2 B5*

Das moderne Oswego, das nur wenige Gehminuten vom Inner Harbour entfernt liegt, unterscheidet sich gravierend von den traditionellen Hotels Victorias. Die Zimmer vermitteln eher ein West Coast Feeling. Sie haben eine mit Edelstahlgeräten ausgestattete Küche. Die zwei Suiten im Penthouse bieten Meerblick. **www.oswegovictoria.com**

VICTORIA Fairmont Empress $$$$$

721 Government St, V8W 1W5 *(250) 384 8111* FAX *(250) 389 2747* **Zimmer** *477* **Straßenkarte** *2 B5*

Der von Efeu umrankte Prachtbau an Victorias Inner Harbour stammt aus dem frühen 20. Jahrhundert und erstrahlt nach einer groß angelegten Renovierung wieder in altem Glanz. Das »Flaggschiff« der Fairmont-Gruppe ist für seinen extravaganten Nachmittagstee bekannt. Die Zimmer sind mit Antiquitäten ausgestattet. **www.fairmont.com**

WHISTLER Riverside RV Resort $$$

8018 Mons Rd, V0N 1B8 *(604) 905 5533* FAX *(604) 905 5539* **Zimmer** *14* **Straßenkarte** *2 B4*

Das Resort mit vielen kleinen Cottages ist eine gute Alternative zu den großen Hotels in Whistler. Die Blockhäuser haben Charme und sind alle mit einer Küche ausgestattet. Frühstück wird im Café serviert. Danach kann man wandern oder mit dem Fahrrad zum See und ins Zentrum von Whistler fahren. **www.whistlercamping.com**

WHISTLER Westin Resort & Spa $$$$

4090 Whistler Way, V0N 1B4 *(604) 905 5000* FAX *(604) 905 5640* **Zimmer** *419* **Straßenkarte** *2 B4*

Das exklusive Resort wurde unter Verwendung heimischer Materialien im rustikal-schicken Stil der Westküste erbaut. Es liegt am Hang, nahe bei den Läden und Skiliften. Die geräumigen, mit viel Geschmack gestalteten Zimmer bieten jeglichen modernen Komfort, z. B. Edelstahlgeräte in den Küchen oder Arbeitstische. **www.westinwhistler.com**

WHISTLER Fairmont Château Whistler $$$$$

4599 Château Blvd, V0N 1B4 *(604) 938 8000* FAX *(604) 938 2291* **Zimmer** *550* **Straßenkarte** *2 B4*

Wundervolle Teppiche, Kunstwerke der Ureinwohner und die mit Blattgold verzierte Kuppel der Lobby – sie tragen zum besonderen Flair des Château Whistler bei. Nicht anders ist es in den Zimmern und Suiten. Gäste können sich im Vida Spa oder im Restaurant verwöhnen lassen. Der Golfplatz ist einer der schönsten im Tal. **www.fairmont.com**

YOHO NATIONAL PARK Cathedral Mountain Lodge $$$$$

Yoho Valley Rd, V0A 1G0 *1-866 619 6442* FAX *(250) 343 6424* **Zimmer** *31* **Straßenkarte** *2 C4*

Die hübschen Blockhütten am Kicking Horse River sind umgeben von einer gewaltigen Bergszenerie. Alle Betten sind hier mit Daunendecken ausgestattet. In jedem Cottage gibt es einen mit Holz oder Gas befeuerten Kamin, ein Bad und eine Terrasse. Kontinentales Frühstück inklusive. Empfehlenswertes Restaurant. **www.cathedralmountain.com**

Straßenkarte *siehe hintere Umschlaginnenseiten*

Restaurants

Logo der Starbucks-Kette

Der Nordwesten ist für seine vielen Café-Bars sowie für absolut frisches Seafood bekannt, darunter Muscheln, Wildlachs, Austern und Krebse. Portland, Seattle und Vancouver erleben gerade eine kulinarische Revolution. Zurzeit eröffnen an vielen Ecken kleine Lokale, in denen der Besitzer kocht. Sie tragen zur Vielfalt der Szene bei: Man findet oft in derselben Straße ein französisches Bistro neben einem preisgünstigen Thai-Nudelhaus und einem soliden Fischrestaurant. Frische Produkte, direkt vom Bauernhof, sind Grundlage für die raffinierten Gerichte der edleren Restaurants. Andere Lokale servieren einfacheres Essen – doch es ist immer frisch zubereitet.

Küche des Nordwestens

In zunehmendem Maß findet man auf den Speisekarten eine reichhaltige Auswahl regionaler Produkte des Nordwestens. In Oregon herrscht ideales Klima für Wildpilze. Washington ist vor allem für seine Äpfel bekannt. Es gibt dort jedoch auch viele unterschiedliche Beerensorten. In British Columbia werden häufig Baumfrüchte wie Äpfel, Birnen, Pfirsiche, Kirschen und Pflaumen verarbeitet. Die Weingüter des Nordwestens haben sich mittlerweile einen guten Ruf erworben: Da überrascht es nicht, dass in der Region viele Weinbars eröffnet werden.

Microbrew-Biere sind im Nordwesten beliebt

Dreh- und Angelpunkt der Küche im Nordwesten sind Fisch und Meeresfrüchte. Auf jeder Speisekarte und in jeder Art von Lokal findet man Lachs, Heilbutt, Krebse, Muscheln und Austern. Sie werden zu Aufläufen, Eintöpfen, Suppen oder zu Fish and Chips verarbeitet. Räucherlachs war schon bei den Ureinwohnern beliebt und wird heute überall gegessen. Austern werden im Nordwesten, aber auch in ganz Nordamerika immer beliebter. Es gibt verschiedene Sorten. Doch unabhängig von der Sorte – man schlürft sie am besten aus der Schale. Dazu passt Weißwein oder ein frisches Bier aus der Region.

Überall im Nordwesten stößt man auf »Health Food« mit fettarmer Kost und vegetarischen Gerichten. Hinzu kommen Ethno-Gerichte wie mongolische Grillspezialitäten oder buddhistische Festspeisen. Die Küche der Ureinwohner greift auf Algen, Farnsprösslinge, Wildbeeren, Oolichan (Kerzenfisch oder Eulachon) oder Karibufleisch zurück, die man oft zu traditionellen Gesangs- und Tanzveranstaltungen genießen kann.

In vielen Cafés in Seattle kann man auch draußen sitzen

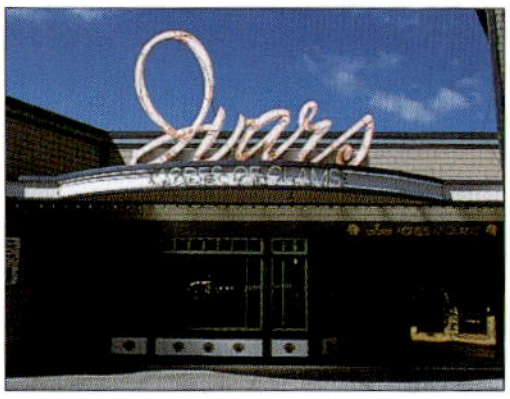

Ivar's, ein Lokal in Seattle, das auf Meeresfrüchte spezialisiert ist

Restaurantarten

Es gibt eine unglaubliche Vielfalt verschiedener Restaurants – vom Fünf-Sterne-Gourmettempel über Bistros, Pubs, italienische Lokale und Sushibars bis hin zu Fast-Food-Ketten und Essen zum Mitnehmen (»take out«). Cafés, Bagel-Shops, Bäckereien und Eisdielen findet man überall.

Ethno-Restaurants – mit französischer, italienischer, ungarischer, griechischer, indischer und karibischer Küche, um nur einige zu nennen – gibt es in zunehmendem Maß. Dies hat zu einer kreativen kulinarischen Mischung geführt, wofür die Westküste heute berühmt ist. Asiatische Restaurants findet man in großer Anzahl. Jedes Viertel hat zumindest ein thailändisches und ein japanisches Restaurant. Die Sushibars sind hervorragend, da sie fangfrische Fische und Meeresfrüchte verarbeiten können. Günstig speist man auch in japanischen, koreanischen, chinesischen oder thailändischen Restaurants in der jeweiligen Chinatown oder im International District einer der größeren Städte im Nordwesten. Viele chinesische Lokale bieten auch Dim Sum an.

Alkohol und Rauchen

Seit Anfang 2008 ist in British Columbia das Rauchen in allen öffentlichen Innenräumen verboten. In Washington herrscht ebenfalls Rauchverbot in öffentlichen Innenräumen, also auch in Bars, Restaurants und Kneipen. In Oregon besteht mittlerweile ebenfalls Rauchverbot.

Alkohol gibt es nur in Lokalen mit Schankerlaubnis. Da die Frage nach dem Alter bei Alkoholbestellungen gesetzlich vorgeschrieben ist, sollte man immer den Reisepass dabeihaben. In Oregon und Washington liegt die Altersgrenze bei 21, in British Columbia bei 19 Jahren.

Öffnungszeiten

Coffeeshops und Lokale mit Frühstück öffnen um 6 oder 7 Uhr. In Coffeeshops bekommt man getoastete Bagels oder süße Teilchen und Kaffee. Frühstück – meist eine Kombination aus Pfannkuchen, Toast, Eiern, Omeletts, Würstchen und Speck – wird bis 11 Uhr serviert. Brunch gibt es sonntags von 8 bis 14 Uhr, auch in Lokalen, die unter der Woche kein Frühstück anbieten.

Das (meist imbissähnliche) Mittagessen wird zwischen 11.30 und 15 Uhr serviert. In den Städten gleicht das Mittagessen in besseren Restaurants dem Abendessen, ist aber günstiger – also ideal für Urlauber, die preiswert und

Der elegante Tea Court in The Heathman Restaurant, Portland

Mo's Seafood Restaurant, Newport, Oregon, bietet fangfrischen Fisch

gut essen wollen. In den USA und in Kanada ist das Abendessen die Hauptmahlzeit und wird meist zwischen 17 und 21 oder 22 Uhr eingenommen. Einige exklusive Restaurants öffnen nur am Abend. Fast alle Lokale haben freitags und samstags geöffnet, bleiben aber oft sonntags und montags geschlossen.

Reservierung

Eine Reservierung ist nur bei besseren oder besonders beliebten Restaurants notwendig. Einige Lokale reservieren nur ab sechs Personen aufwärts.

Schild auf Granville Island, Vancouver

Preise

Abends kosten Hauptgerichte in Washington und Oregon zwischen neun und 16 US-Dollar, in den edleren Lokalen zwischen 17 und 40 US-Dollar. Die Steuern auf Essen und Alkohol variieren je nach Verwaltungsbezirk (County). In Seattle und Umgebung beträgt die Steuer zehn Prozent. In BC kosten Hauptgerichte meist zwölf bis 20 Kanadische Dollar, in besseren Restaurants zwischen 25 und 40 Kanadische Dollar. Die Preise für das Mittagessen liegen zwischen sieben und 20 Kanadischen Dollar, für das Frühstück zwischen fünf und zwölf Kanadischen Dollar. Alkohol wird mit zehn Prozent besteuert.

Bezahlung/Trinkgeld

Fast alle Restaurants akzeptieren die gängigen Kreditkarten. Auch mit Reiseschecks in kanadischer bzw. US-Währung kann – zusammen mit einem gültigen Reisepass – bezahlt werden.

In jedem Restaurant mit Bedienung gibt man (wegen der geringen Stundenlöhne in den USA) mehr Trinkgeld als in Europa, etwa 15 bis 20 Prozent des Rechnungsbetrags (vor Steuer) – 20 Prozent sollte man bei besonders gutem Service hinzulegen.

Wenn man mit Kreditkarte zahlt, setzt man den Trinkgeldbetrag an der entsprechenden Stelle der Rechnung ein. In Coffeeshops oder Café-Bars steht meist ein Behältnis für Trinkgeld neben der Kasse.

Etikette

Im Nordwesten geht es überwiegend leger zu. In den meisten städtischen Restaurants ist ein lockeres Geschäftsoutfit normal: Kakis (keine Jeans) und Hemden für Männer (bisweilen Jackett), Pullover oder Bluse sowie Hosen oder Rock für Frauen.

Außerhalb der Städte geht es teilweise noch weniger förmlich zu. Die meisten Restaurants machen keine Kleidervorschriften. Es gilt allerdings die Regel: je exklusiver das Restaurant, desto formeller die Kleidung.

Mit Kindern essen

Gut erzogene Kinder sind in den meisten Restaurants gern gesehen. Viele Lokale haben sich auf Familien spezialisiert. Es gibt meist Hochstühle, Zusatzsitze und auch Kinderportionen bzw. Speisekarten für Kinder.

Restaurantauswahl

Die Restaurants wurden nach Qualität, Ambiente und Service ausgewählt. Die Einträge sind nach Regionen geordnet, innerhalb der Regionen nach Preiskategorien. Kartenverweise beziehen sich auf die jeweiligen Stadtpläne im Innenteil bzw. auf die Straßenkarte auf den hinteren Umschlaginnenseiten.

PREISKATEGORIEN
Die Preise (alle Angaben in US-Dollar) gelten für ein Drei-Gänge-Menü pro Person mit einer halben Flasche Wein inkl. Steuern und Service:
$ unter 30 US-Dollar
$$ 30–45 US-Dollar
$$$ 45–60 US-Dollar
$$$$ 60–80 US-Dollar
$$$$$ über 80 US-Dollar

Portland

OLD TOWN UND PEARL DISTRICT Fong Chong V $
301 NW 4th Ave, 97209 (503) 228 6868 **Stadtplan** *2 D3*

Das Chinarestaurant serviert Dim Sum, die zu den besten in Portland gehören. Ob gedämpft, gekocht, gebraten oder frittiert – die günstigen kantonesischen Leckerbissen, deren Füllung aus Schweinefleisch oder Shrimps, aus Reis, Pilzen, Kutteln oder Hühnerfüßen bestehen kann, sind einen Versuch wert, auch wenn die Wahl abenteuerlich ist.

OLD TOWN UND PEARL DISTRICT Pearl Bakery V $
102 NW 9th Ave, 97209 (503) 827 0910 **Stadtplan** *1 C4*

Die kleine Bäckerei liefert für einige der Top-Restaurants von Portland das Brot. Sie ist ein perfekter Ort für Frühstück oder Mittagessen – falls man einen der wenigen Tische ergattert. Der Bio-Kaffee von Bratdorf und Bronsen und die Bio-Zutaten für die Gerichte machen dieses Etablissement besonders empfehlenswert.

OLD TOWN UND PEARL DISTRICT Alexis V $$
215 W Burnside St, 97209 (503) 224 8577 **Stadtplan** *2 D4*

An der Straßenkreuzung geht es hektisch zu. Aber hinter den weiß getünchten Mauern des Alexis taucht der Gast in eine andere Welt, in die heimelige Atmosphäre einer griechischen Taverne. Auf der Karte findet man Moussaka, Spanakopita, Calamares und natürlich Retsina und andere griechische Weine. Am Wochenende gibt es Bauchtanz.

OLD TOWN UND PEARL DISTRICT Dan and Louis Oyster Bar $$
208 SW Ankeny St, 97204 (503) 227 5906 **Stadtplan** *2 D4*

Das 1907 erbaute Haus beherbergt Portlands ältestes familiengeführtes Restaurant. Auf den Tisch kommt hier fangfrisches Seafood. Austern werden in allen Variationen angeboten, sei es gebraten, gedämpft oder ganz puristisch roh. Man sitzt hier locker und unkonventionell, die Preise sind auch für Familien erschwinglich. Barbetrieb.

OLD TOWN UND PEARL DISTRICT Giorgio's V $$$
1131 NW Hoyt St, 97209 (503) 221 1888 **Stadtplan** *1 B3*

Das gemütliche, von Feinschmeckern geschätzte Bistro serviert norditalienische Küche. Verwendet werden nur frische lokale Zutaten. Highlights sind die Ravioli mit Wildpilzen und Brennnesseln, der Salat von Peekytoe-Krabben und die Pappardelle mit Wildschweinragout. Auf der Weinkarte findet man italienische, französische und Oregon-Weine.

OLD TOWN UND PEARL DISTRICT Seres V $$$
1105 NW Lovejoy St, 97209 (971) 222 7327 **Stadtplan** *1 B2*

Seres ist eines der besten chinesischen Restaurants Portlands und serviert raffinierte Gerichte. Angeboten werden Gerichte aus verschiedenen Provinzen, der Fokus liegt allerdings auf Szechuan-Küche. Im Speiseraum herrscht eleganter Minimalismus. An Getränken stehen fruchtige Cocktails, Tees und Weißwein zur Wahl.

OLD TOWN UND PEARL DISTRICT Silk V $$$
1012 NW Glisan St, 97209 (503) 248 2172 **Stadtplan** *1 B3*

Das Silk im Pearl District, ein Ableger der in Portland beliebten Pho Van Restaurants, bietet raffinierte vietnamesische Küche in gepflegter Umgebung. Lokale Erzeugnisse wie Lachs oder Dungeness-Krebse geben den Gerichten einen pazifischen Touch. Empfehlenswert: Salatrollen, *pho* (Rindfleischsuppe mit Nudeln), Wild oder gebratene Bananen.

ZENTRUM Al-Amir V $$$
233 SW Stark St, 97204 (503) 274 0010 **Stadtplan** *2 D5*

Das historische Gebäude, vormals die Residenz des Erzbischofs von Portland, beherbergt heute ein libanesisches Restaurant mit einer preisgekrönten, authentischen Küche. Es gibt nicht nur schmackhafte Kebabs, Lammbraten und Hummus, auch Vegetarier kommen hier auf ihre Kosten. Live-Musik und Bauchtanz am Wochenende.

ZENTRUM The Heathman Restaurant V $$$$
1001 SW Broadway, 97205 (503) 790 7752 **Stadtplan** *1 C5*

Bei Chefkoch Philippe Boulot heißt es: Normandie trifft auf den Nordwesten. Die Speisekarte ist saisonal geprägt. In der Küche werden nur frische Produkte verwendet. Zu den Highlights zählen die mit Pistazien gefüllte Kaninchenkeule, die Pekingente à l'Orange und das Haschee vom Räucherlachs. Vor allem französische und Weine aus Oregon.

Zeichenerklärung *siehe hintere Umschlagklappe*

ZENTRUM Higgins Restaurant V Y $$$$
1239 SW Broadway, 97205 *(503) 222 9070* **Stadtplan** *3 B1*

Der lichtdurchflutete, sich über mehrere Ebenen erstreckende Raum hat starke Anklänge an ein klassisches Pariser Bistro. Ansonsten steht das Restaurant von Greg Higgins für saisonale, ökologische Küche. Für seine innovativen Kreationen verwendet er ausschließlich lokale Produkte. Ausgeschenkt werden primär Weine aus dem Nordwesten.

ZENTRUM Jake's Famous Crawfish $$$$
401 SW 12th Ave, 97205 *(503) 226 1419* **Stadtplan** *1 B4*

Jake's ist in Portland eine Institution und eine beliebte Adresse für Urlauber. Das seit 1892 bestehende »Fish House« bietet täglich etwa 30 frische Seafood-Gerichte. Von den vielen Zubereitungsarten ist die gegrillte Variante oft die beste. Holztäfelung und alte Gemälde tragen zur gepflegten Atmosphäre des Lokals bei.

ABSTECHER Genies Café V $
1101 SE Division St, 97202 *(503) 445 9777* **Straßenkarte** *1 A3*

Mehr als die anderen Restaurants ist das Genies einer saisonalen Bio-Küche verpflichtet. Das erklärt die ständig wechselnde Karte. Hier werden schon mal Frittata mit Würstchen an Farnspitzen und Brennnesseln oder ein Morchelragout angeboten. Hervorragende Eggs Benedict oder Sandwich-Klassiker gibt es immer.

ABSTECHER Hopworks Urban Brewery $
2944 SE Powell Blvd, 97202 *(503) 232 4677* **Straßenkarte** *1 A3*

Das einladende Lokal wurde in einer umgebauten Halle für Traktoren eingerichtet. Trotz des Industrie-Ambientes ist die Atmosphäre behaglich. Man bemüht sich, so umweltfreundlich wie möglich zu sein, und verwendet für Biere und Speisen hauptsächlich Bio-Produkte aus der Region. Versuchen Sie das Stout und die Backyard BBQ Pizza.

ABSTECHER Pause Kitchen and Bar $
5101 N Interstate Ave, 97217 *(971) 230 0705* **Straßenkarte** *1 A3*

Pause ist eine familienfreundliche Stadtviertel-Kneipe mit moderaten Preisen. Nachts trifft man sich hier auch noch gern auf einen Drink. Doch im Gegensatz zu vielen anderen Pubs legt man hier Wert auf gutes Essen. Auf der Karte findet man folglich auch hausgemachte Wurstwaren und Confits sowie hausgemachte Pickles.

ABSTECHER Saburo's Sushi House V $
1667 SE Bybee Blvd, 97202 *(503) 236 4237* **Straßenkarte** *1 A3*

Die kleine Sushibar in Westmoreland ist immer voll. Wartezeiten sind üblich. Natürlich gibt es hier eine große Auswahl an Sushi, es werden aber auch andere Speisen angeboten, z. B. gegrillte *hamachi* (japanische Seriala) oder Muschelvarianten. Wer keinen rohen Fisch mag, sollte traditionelle Gerichte wie Tempura oder Teriyaki wählen.

ABSTECHER La Sirenita $
2817 NE Alberta St, 97211 *(503) 335 8283* **Straßenkarte** *1 A3*

Von den vielen Taquerias, die in Portland wie Pilze aus dem Boden schießen – alle bieten sie mexikanisches und Tex-Mex-Essen wie Tacos und Burritos an –, hat La Sirenita die wohl größte Anhängerschaft. Man erhält hier saftige, fleischige Burritos für unter vier US-Dollar, aber auch andere Speisen wie Fischsuppe oder Shrimpscocktail.

ABSTECHER Apizza Scholls $$
4741 SE Hawthorne Blvd, 97215 *(503) 233 1286* **Straßenkarte** *1 A3*

Scholls gilt als Portlands Pizza-Mekka. Die Fladen werden hier im klassischen New Yorker Stil zubereitet, d. h., der langsam gegangene Teig wird bei fast 900 Grad knusprig gebacken. Die Küche ist kompromisslos, die Kellner sind manchmal schroff. Wenn der Teig ausgeht, wird früh geschlossen. Treue Fans lassen sich davon nicht abschrecken.

ABSTECHER Bernie's Southern Bistro $$
2904 NE Alberta St, 97211 *(503) 282 9864* **Straßenkarte** *1 A3*

Bei Bernie's hat man sich auf Klassiker aus dem Süden spezialisiert. Das Bistro an der sehr geschäftigen Alberta Street bietet z. B. gebratene grüne Tomaten, Brathuhn in einer Kruste aus Buttermilch, Seewolf oder in Bourbon marinierte Spareribs an. Im Sommer sitzt man sehr angenehm im Patio. Große Auswahl an edlen Bourbons.

ABSTECHER Caffè Mingo $$
807 NW 21st Ave, 97209 *(503) 226 4646* **Straßenkarte** *1 A3*

Eng und voll ist es in dieser Trattoria. Verständlich: Es schmeckt hier einfach zu gut. Wenn Sie die zwangsläufige Warterei überstanden haben, können Sie sich ganz den Bruschetta mit Pilzen, den Penne mit in Chianti und Espresso geschmortem Rindfleisch und der Panna Cotta mit frischen Früchten widmen. Exzellente italienische Weine.

ABSTECHER Delta Café $$
4607 SE Woodstock Blvd, 97206 *(503) 771 3101* **Straßenkarte** *1 A3*

Das Delta Café ist voller Studenten des Reed College und Künstler. Sie sitzen dicht gedrängt und lassen sich die herzhaften Gerichte aus dem Süden der USA schmecken. Empfehlenswert sind Hähnchen, *catfish* (Seewolf), Jambalaya, Spareribs und Kohl. Große Portionen und moderate Bierpreise.

ABSTECHER Esparza's Tex-Mex Café $$
2725 SE Ankeny St, 97214 *(503) 234 7909* **Straßenkarte** *1 A3*

Esparza's ist knallbunt und kitschig – und die beste Adresse für Tejano Food, die Tex-Mex-Küche aus dem Süden der USA. Unter den wachsamen Blicken der beleuchteten Rinderschädel kann man die Zähne in leckeres Fleisch graben, sei es Ochsenbrust, Schweinegeschnetzeltes oder Straußensteak, sei es Kalbshirn oder Hirschzunge.

Stadtplan Portland *siehe Seiten 80–85*

ABSTECHER Lemongrass V $$
1705 NE Couch St, 97232 *(503) 231 5780* **Straßenkarte** *1 A3*

Lemongrass war das erste Thai-Restaurant Portlands. Das kleine, elegante Lokal bietet eine nicht allzu große Auswahl hervorragender Gerichte. Dazu gehören die saftigen Fischpasteten, die Nudelgerichte und diverse Curry-Gerichte. Wenn viel los ist, sollte man Wartezeiten einplanen – doch es lohnt sich. Nur Barzahlung.

ABSTECHER Navarre $$
10 NE 28th Ave, 97232 *(503) 232 3555* **Straßenkarte** *1 A3*

Das Restaurant und Weinlokal, vom Stil her eine Tapasbar, serviert einfallsreiche, an der spanischen, französischen und italienischen Küche orientierte Gerichte. Das Navarre nimmt außerdem an einem von Portland unterstützten Agriculture Program teil, d. h., hier werden nur frische lokale Erzeugnisse verwendet. Herausragendes Weinangebot.

ABSTECHER Podnah's Pit Barbecue $$
1625 NE Killingsworth St, 97211 *(503) 281 3700* **Straßenkarte** *1 A3*

Ein Barbecue-Restaurant mit Kultstatus. Das exquisite Fleisch wird hier nach texanischer Manier langsam geräuchert. Im Lokal gibt es keinen Schnickschnack, doch es ist immer voll. Empfehlenswert sind Ochsenbrust, Spareribs vom Lamm, Prime Ribs und Pulled Pork Sandwiches. Kleine Auswahl an Weinen und Microbrew-Bieren.

ABSTECHER Savoy Tavern & Bistro $$
2500 SE Clinton St, 97202 *(503) 808 9999* **Straßenkarte** *1 A3*

Das Interieur im Savoy erinnert an einen klassischen Midwestern Supper Club. In dem beliebten Lokal im Südosten von Portland gibt es Wisconsin Cuisine. Auf der Karte stehen Gerichte wie Fried Cheese Curds (frittierte Käsebällchen), Eisbergsalat, gebratene Forelle oder Chicken Kiev. Retro-Gerichte in Retro-Atmosphäre.

ABSTECHER Le Bistro Montage V $$$
301 SE Morrison St, 97214 *(971) 234 1324* **Straßenkarte** *1 A3*

Le Bistro Montage liegt in einer aufstrebenden Industriegegend und wird von Studenten und jungen Leuten aus der Gegend besucht. Die Jambalayas sind würzig, auf Wunsch kann man auch Alligatorenfleisch oder Seewolf als Zutaten haben. Die Portionen sind üppig, aber das Personal packt die Reste auch zum Mitnehmen ein. *Mo mittags geschl.*

ABSTECHER Gino's Restaurant and Bar $$$
8057 SE 13th Ave, 97202 *(503) 233 4613* **Straßenkarte** *1 A3*

Die Trattoria in Sellwood, der lokale Favorit unter den Italienern, ist in einem alten Haus untergebracht, in der früheren Leipziger Taverne, deren Schild noch draußen hängt. Stammkunden pilgern regelmäßig hierher, wegen des großen Caesar Salad mit Knoblauch, der gedämpften Muscheln oder der exzellenten Pasta. Preiswerte Weinkarte.

ABSTECHER Natural Selection $$$
3033 NE Alberta St, 97211 *(971) 288 5883* **Straßenkarte** *1 A3*

Natural Selection präsentiert sich modern rustikal und bietet vegetarische und vegane Gericht an. Küchenchef Aaron Woo kreiert wunderbare Kombinationen wie Polenta mit *lobster mushrooms* (ein Schlauchpilz) oder glutenfreien Zitronenkuchen mit Macadamianüssen. Reservierung empfohlen. *Mi–Sa nur abends geöffnet.*

ABSTECHER Nostrana $$$
1401 SE Morrison St, 97214 *(503) 234 2427* **Straßenkarte** *1 A3*

Feinschmecker strömen in Scharen ins Nostrana, um in den Genuss der perfekten italienischen Küche zu kommen. Beliebt ist die Pizza, die im Holzkohleofen fabriziert wird. Sie ist schlicht und sagenhaft aromatisch. Zu den ausgefalleneren Gerichten zählen mit Würstchen gefüllte Artischocken oder der Entenschinken an Löwenzahnsalat.

ABSTECHER Toji Korean Grill House $$$
4615 SE Hawthorne Blvd, 97215 *(503) 232 8998* **Straßenkarte** *1 A3*

Die Tische in dem eleganten Lokal sind alle mit Grill ausgestattet. Fleisch, Seafood und Gemüse werden direkt am Tisch zubereitet, von den Gästen selbst oder mithilfe des Personals. Zur Wahl stehen auch traditionelle Gerichte, z. B. *kimchi* (Sauerkraut), Suppen und Nudelgerichte. Getränkekarte mit asiatischen Bieren, Sake und Weinen aus Korea.

ABSTECHER Paley's Place $$$$
1204 NW 21st Ave, 97209 *(503) 243 2403* **Straßenkarte** *1 A3*

Vitaly Paley ist einer der besten Köche Portlands. Sein gediegenes Restaurant, ein viktorianisches Haus, ist eine Hochburg der Küche des Nordwestens. Serviert werden Köstlichkeiten wie in Zitrone gebeizter Lachs mit Kaviar und Crème fraîche, Milchlamm vom Spieß, Mais-Risotto mit Dungeness-Krebse sowie die besten Burger der Stadt.

Oregon

ASHLAND Alex's Plaza Restaurant and Bar $$
35 N Main St, 97520 *(541) 482 8818* **Straßenkarte** *1 A5*

Der Jahrhundertwende-Ziegelbau mit hohen Decken und altem Parkett, in dem Alex's untergebracht ist, liegt im Herzen von Ashland. Hier genießt man herzhaftes Essen entweder am Kamin, an der legeren Bar oder auf der Terrasse mit schönem Blick. Es gibt einige Pastagerichte, Fischspezialitäten und Platten mit verschiedenen Tapas.

Preiskategorien *siehe Seite 298* **Zeichenerklärung** *siehe hintere Umschlagklappe*

ASHLAND Peerless Restaurant $$$

265 4th St, 97520 (541) 488 6067 **Straßenkarte** 1 A5

Das schön restaurierte Hotel, in dem das Peerless seine Gäste empfängt, ist im National Register of Historic Places aufgeführt. Für die kreative Zubereitung der regionalen Gerichte wird nur Frisches aus der Umgebung verwendet. Besonders köstlich ist der Käse aus lokaler Produktion. Preisgekrönte Weinkarte. Wundervoller Garten.

ASTORIA Wet Dog Café $

144 11th St, 97103 (503) 325 6975 **Straßenkarte** 1 A3

Das Wet Dog in einem großen alten Lagerhaus am Columbia River ist das Restaurant in Astorias erster Brauereischänke. Natürlich werden hier Biere von Astoria Brewing, vormals Pacific Rim Brewing, ausgeschenkt. Zu essen gibt es traditionelle Pub-Gerichte wie Fish and Chips, Burger und Spareribs (am Freitag). Live-Musik am Wochenende.

ASTORIA Columbian Café $$

1114 Marine Dr, 97103 (503) 325 2233 **Straßenkarte** 1 A3

Das winzige Diner ist eine Institution in Astoria. Hier werden Frühstück, Lunch und Dinner serviert – Fleisch, Seafood und Vegetarisches. Spezialität sind Crêpes. Erwähnenswert ist die im Columbian Café verwendete Würzsauce Uriah's St. Diablo (roter Pfeffer, Jalapeño und Knoblauch). Zum »Löschen« trinkt man anschließend ein paar Gläschen.

BAKER CITY Baker City Café $

1840 Main St, 97814 (541) 523 6099 **Straßenkarte** 1 C3

In dem zwanglosen, kleinen Lokal sitzt man sehr angenehm. Die Atmosphäre ist freundlich. Angeboten werden Standardgerichte wie Pizza, Pasta und Salat. Die Portionen sind groß, die Preise günstig. Dies und eine spezielle Kinderkarte tragen zur Beliebtheit des Baker City Cafés bei Familien, aber auch bei Urlaubern bei.

BAKER CITY Geiser Grill $$$

1996 Main St, 97814 (541) 523 1889 **Straßenkarte** 1 C3

Eines der besten Restaurants Oregons östlich der Cascades. Das Interieur im historischen Geiser Grand Hotel ist imposant: Kristalllüster, Holzverzierungen, feinstes Leinen und ein Bleiglas-Oberlicht. Spezialitäten des Hauses sind mit Mesquite geräucherte Prime Ribs, Pazifiklachs und – zum Frühstück – Haschee vom geräucherten Corned Beef.

BEND Deschutes Brewery and Public House $$

1044 NW Bond St, 97701 (541) 382 9242 **Straßenkarte** 1 B4

Die Deschutes Brewery ist eine der besten Brauereien im Westen und wurde schon mehrfach ausgezeichnet. Sie braut so bekannte Biere wie Mirror Pond Pale Ale und Black Butte Porter. Das Essen in der Schänke ist überraschend gut. Auf den Tisch kommen deftige Sandwiches, hausgemachte Wurst, Brot und Senf – und natürlich Burger.

BEND Zydeco Kitchen & Cocktails $$$

919 Bond St, 97701 (541) 312 2899 **Straßenkarte** 1 B4

Überragender Service und die Verwendung vieler Bio-Zutaten machen das Zydeco zu einem der besten Restaurants in Bend. Auf der Speisekarte stehen auch Gerichte der Cajun-Küche, darunter Spareribs, Jambalaya, Maiskuchen und – eher ungewöhnlich – kreolischer geräucherter Tofu. Hervorragend ist auch der Lime Pie. *Sa und So mittags geschl.*

CANNON BEACH Mo's at Tolovana $

195 Warren Way, 97145 503 436 1111 **Straßenkarte** 1 A3

Die Restaurantkette ist an der Küste Oregons weitverbreitet. In allen der familienfreundlichen Lokale erhält man einfache Seafood-Gerichte, z. B. Clam Chowder und leckere Fish and Chips. Das Tolovana kann zusätzlich noch mit einer atemberaubenden Lage aufwarten: Von hier sieht man die Wellen um den Haystack Rock branden.

CANNON BEACH The Bistro $$$

263 N Hemlock St, 97145 (503) 436 2661 **Straßenkarte** 1 A3

Das Restaurant liegt etwas versteckt. Dank der gemütlichen Atmosphäre fühlt man sich wie in Frankreich. Auf den Tisch kommen hervorragende, mit mediterranem Akzent zubereitete Seafood-Gerichte – Seafood-Eintopf, gebratene Austern, Krabbenpasteten und Lachs. Da das Lokal immer voll ist, sollte man unbedingt reservieren.

CARLTON Cuvée $$

214 W Main St, 97111 (503) 852 6555 **Straßenkarte** 1 A3

Das Cuvée im charmanten Städtchen Carlton liegt in Oregons Wine Country. Zu den traditionellen französischen Gerichten werden lokale Weine ausgeschenkt. Der aus dem Elsass stammende Gilbert Henry hat sich auf Seafood spezialisiert – die Bouillabaisse und die Jakobsmuscheln sind exzellent –, aber es gibt z. B. auch Schnecken.

DAYTON Joel Palmer House $$$$

600 Ferry St, 97114 (503) 864 2995 **Straßenkarte** 1 A3

Hervorragendes Restaurant im Wine Country. Das Antebellum-Haus, in dem das Joel Palmer untergebracht ist, liegt an der Hauptstraße von Dayton. Küchenchef Christopher Czarnecki hat sich vor allem auf Pilze spezialisiert, etwa auf pikante Steinpilzsauce, Pâtés mit Trüffeln und Pfifferlingen und exquisite Pilz-Tarte. Große Auswahl an Pinot Noir.

DUNDEE Tina's $$$$

760 Hwy 99W, 97115 (503) 538 8880 **Straßenkarte** 1 A3

Tina's leistete Pionierarbeit, was gutes Essen im Wine Country angeht. In dem kleinen Lokal werden saisonale, regionale Produkte zu einfachen Gerichten von höchster Qualität verarbeitet. Geschmortes Kaninchen und Soufflé vom Ziegenkäse gehören zu den Klassikern. Die Weinkarte liest sich wie die Hall of Fame der Oregon-Winzer.

Straßenkarte *siehe hintere Umschlaginnenseiten*

EUGENE Taqueria Mi Tierra V $
68 Blair St, 97402 (541) 743 0779 **Straßenkarte** *1 A4*

Authentisches mexikanisches Essen bekommen Sie in dieser familienbetriebenen kleinen Taqueria. Auf der Speisekarte stehen wöchentlich andere Angebote, aber auch Gerichte unter sechs US-Dollar. Immer gibt es eine Auswahl frischer Salsas. Der Lebensmittelladen nebenan wird von derselben Familie geführt.

EUGENE Beppe & Gianni's Trattoria $$$
1646 E 19th Ave, 97403 (541) 683 6661 **Straßenkarte** *1 A4*

In der Trattoria, dem besten italienischen Restaurant in Eugene, werden Pasta, Fleisch und Fisch authentisch und perfekt zubereitet. Frische ist oberstes Gebot. Doch allein schon wegen der umfangreichen italienischen Weinkarte ist das Lokal einen Besuch wert. Das stattliche Haus verfügt auch über eine wundervolle Terrasse.

EUGENE Oregon Electric Station $$$$
27 E 5th Ave, 97401 (541) 485 4444 **Straßenkarte** *1 A4*

Das charmante Restaurant in dem 1912 erbauten Depot einer schon lange stillgelegten Eisenbahn serviert erstklassige Steaks, Fisch und Pasta. Dazu wählt der Gast aus einer umfangreichen Weinkarte. Speisen kann man in der riesigen Halle, in diversen Lounges oder in den alten Waggons. Sehr schön sitzt man auch draußen im Patio.

GLENEDEN BEACH The Prime Steakhouse $$$$$
7760 N Hwy 101, 97388 1-800 452 2300 **Straßenkarte** *1 A3*

Das Lokal ist nicht nur eines der besten Restaurants im exklusiven Salishan Spa & Golf Resort, sondern es steht auch seit Jahrzehnten im Ruf, eines der besten Speiselokale im ganzen Nordwesten zu sein. Regionale Delikatessen wie Fisch und Wild werden gekonnt zubereitet. Der Weinkeller ist legendär. Unübertroffene Auswahl an Oregon-Weinen.

GOVERNMENT CAMP Huckleberry Inn V $
88611 E Government Camp Loop, 97028 (503) 272 3325 **Straßenkarte** *1 B3*

Das rustikale Huckleberry Inn liegt in einem Bergdorf an der Straße, die von Portland über den Mount Hood führt. Es bietet 24 Stunden am Tag warme Küche. Das angrenzende Steakhouse ist nur während der Skisaison an Wochenenden geöffnet. Im Angebot: Burger, Sandwiches und Frühstück. Der Huckleberry Pie mit Kaffee ist ein Muss.

HOOD RIVER Full Sail Brewing Company $$
506 Columbia St, 97031 (541) 386 2247 **Straßenkarte** *1 B3*

Wenn man einen Tag beim Windsurfen verbracht hat, ist das Pub der beliebten Brauerei der ideale Ort, um in der sanften Brise des Columbia River bei einigen Bierchen wieder herunterzukommen. Dazu lässt man sich am besten Sandwiches, Salate, ein Rib Eye Steak oder den herzhaften Heilbutt mit Chips munden.

HOOD RIVER Celilo $$$
16 Oak St, 97031 (541) 386 5710 **Straßenkarte** *1 B3*

Das Celilo in Hood River ist die moderne Variante einer traditionellen Lodge. Hier ist Kochen mit frischen lokalen Produkten angesagt. Das Angebot köstlicher Speisen orientiert sich folglich an den jeweiligen Jahreszeiten. Sehr zu empfehlen sind Pastagerichte, aber auch die gebratenen Muscheln und das Seafood-Risotto.

HOOD RIVER Mount Hood Railroad Dinner Train $$$$$
110 Railroad Ave, 97031 (541) 386 3556 **Straßenkarte** *1 B3*

Zum Samstagsdinner und Sonntagsbrunch finden vierstündige Fahrten mit dem Dinner Train statt. Die Strecke führt durch wundervolle, südlich des Columbia River ansteigende Landschaft. Unterwegs genießt man die Aussicht auf Mount Hood und Mount Adams. Den Passagieren werden Klassiker wie Prime Ribs oder Eggs Benedict serviert.

JOSEPH Embers Brewhouse $
204 N Main St, 97846 (541) 432 2739 **Straßenkarte** *1 C3*

In dem beliebten Brauhaus, in dem es sehr zwanglos zugeht, haben die Gäste die Wahl zwischen 17 Bieren, die in der Region gebraut werden. Dazu können sie eine Kleinigkeit essen: Sandwiches, Burger, Pizza oder Calzone. Bei schönem Wetter kann man auch draußen sitzen, frische Bergluft atmen und den Blick ins Wallowa Valley genießen.

JOSEPH Outlaw Restaurant and Saloon $
108 N Main St, 97846 (541) 432 4321 **Straßenkarte** *1 C3*

Die Karte in dem entspannten, familienfreundlichen Lokal bietet bewährte amerikanische Standards wie Steak, Pasta, Burger und Seafood. Speziell die Kinder sind von der hauseigenen Eisbar begeistert. Darüber hinaus gibt es noch eine große Auswahl anderer Desserts. Im Sommer kann man hier hervorragend draußen essen.

LINCOLN CITY Blackfish Café $$
2733 NW Hwy 101, 97367 (541) 996 1007 **Straßenkarte** *1 A3*

Der Eigentümer Rob Pounding, einer der besten Köche im Nordwesten, bezieht seine Zutaten von ausgewählten Fischern, Bauern und Jägern – an Frische sind sie kaum zu übertreffen. Er verarbeitet sie zu schlichten, einfallsreichen Gerichten und setzt auf den Eigengeschmack der Lebensmittel. Seafood in allen Variationen dominiert die Karte.

MCMINNVILLE Nick's Italian Café $$$
521 NE 3rd St, 97128 (503) 434 4471 **Straßenkarte** *1 A3*

Das Italian Café ist eine Institution im Wine Country. Die Küche Nick Peiranos zieht Besucher aus dem ganzen Nordwesten an. Serviert werden mehrgängige Menüs. Ein typisches Mahl wäre etwa Lasagne mit Dungeness-Krebsen, dann geschmortes Kaninchen oder gegrillter Lachs. Immer dabei: Nicks legendäre Minestrone. Gute lokale Weine.

Preiskategorien *siehe Seite 298* **Zeichenerklärung** *siehe hintere Umschlagklappe*

NEWPORT April's at Nye Beach V ◼ $$$
749 NW Third St, 97365 ☎ *(541) 265 6855* **Straßenkarte** *1 A3*

Pazifik trifft auf Mittelmeerambiente – das gilt für die Wohngegend am Nye Beach in Newport, das gilt aber auch für April's, ein behagliches Café mit Meerblick. Die heimische Küche kann den italienischen Touch nicht leugnen. Versuchen Sie die Fischsuppe und das Seafood. Die Desserts sind ein Muss. Gute, erschwingliche Weine.

OTIS Otis Café V $
1259 Salmon River Hwy, 97368 ☎ *(541) 994 2813* **Straßenkarte** *1 A3*

Wenn Sie auf dem Salmon River Highway zur Küste unterwegs sind, ist eine Rast in dem kleinen Café zwingend. Hier werden auch Dinner und Lunch serviert. Berühmt ist Otis jedoch für das riesige, köstliche Frühstück. Lecker: Bratkartoffeln mit Cheddar, hausgemachte Zimtrollen oder Brombeerkuchen. Unbedingt eines der Brote mitnehmen!

PACIFIC CITY Pelican Pub and Brewery ◼ V $$
33180 Cape Kiwanda Dr, 97135 ☎ *(503) 965 7007* **Straßenkarte** *1 A3*

Die Brauerei wurde mit Preisen überhäuft. Die atemberaubende Lage am Fuß der Sandsteinklippen von Cape Kiwanda sucht ihresgleichen. Das Pub ist zu den drei Mahlzeiten geöffnet, die Karte ist anspruchsvoll: mit Ingwer glasierter Lachs, Fish and Chips vom Mahi Mahi (Goldmakrelenart) und Eggs Benedict auf Krabbenpastetchen.

SALEM La Capitale Brasserie ◼ $$$
508 State St, 97301 ☎ *(503) 585 1975* **Straßenkarte** *1 A3*

Ein historisches Gebäude im Zentrum von Salem bietet das Ambiente für dieses gehobene französische Restaurant, das großen Wert auf regionale Zutaten und feine Weine legt. Hier bekommt man die perfekten Pommes frites, aber auch kreative Zusammenstellungen wie Lengdorsch aus Oregon mit Morcheln vom Mount Hood. *So geschl.*

Seattle

PIKE PLACE MARKET UND HAFENVIERTEL Athenian Inn V $$
1517 Pike Pl, 98101 ☎ *(206) 624 7166* **Stadtplan** *3 C1*

Der Bekanntheitsgrad des Athenian rührt von der guten Aussicht und von dem Film *Schlaflos in Seattle* her, in dem es als Kulisse diente. Das Essens- und Bierangebot (Microbrews) des traditionellen Lokals am Pike Place Market ist groß. Serviert werden z. B. Austernomeletts, Muschelsuppe, gegrillter Fisch und Lachs mit Chips. Freundlicher Service.

PIKE PLACE MARKET UND HAFENVIERTEL Tango Restaurant & Lounge V ◼ $$
1100 Pike St, 98101 ☎ *(206) 583 0382* **Stadtplan** *3 C1*

Die Tapasbar liegt im Stadtteil Capitol Hill in einem Ziegelbau von 1908. Hier können Sie sich durch eine interessante Reihe kleiner warmer und kalter Gerichte essen, etwa Shrimps-Ceviche oder Paella. Zum Abschluss sollten Sie Seattles bestes Dessert nicht verpassen: Tangos berühmten Chocolate Diablo Cake. *Nur abends geöffnet.*

PIKE PLACE MARKET UND HAFENVIERTEL Le Pichet V ◼ $$$
1933 1st Ave, 98101 ☎ *(206) 256 1499* **Stadtplan** *3 C1*

In dem belebten Bistro fühlt man sich mitten in Seattle nach Paris versetzt. Hier gibt es sogar eine verzinkte Bar. Die Gäste werden mit Schnecken, knoblauchgewürzter Lammwurst oder mit *poulet normande* (Brathähnchen mit Äpfeln) verwöhnt. Morgens werden Kaffee und Gebäck serviert, mittags gibt es Deftigeres. Umfangreiche Weinkarte.

PIKE PLACE MARKET UND HAFENVIERTEL The Pink Door ◼ V ◼ ◼ $$$
1919 Post Alley, 98101 ☎ *(206) 443 3241* **Stadtplan** *3 B1*

Das Interieur seines Lokals bezeichnet der Besitzer selbst als »Italian garage sale style«. In der quirligen Trattoria erhalten die Gäste herzhaftes, rustikales italienisch-amerikanisches Essen. Das ökologische Credo findet sich auch in der Weinkarte wieder. die etliche Bio-Weine enthält. Nachts gibt es kostenloses »wildes« Cabaret.

PIKE PLACE MARKET UND HAFENVIERTEL Shea's Lounge ◼ V ◼ $$$
94 Pike St #34, 98101 ☎ *(206) 467 9990* **Stadtplan** *3 C1*

Shea's Lounge ist das stilvolle, aber saloppere Gegenstück zum benachbarten Chez Shea. Auch hier wird sehr luxuriös und nur mit den besten lokalen saisonalen Zutaten gekocht. Ob Lachstatar, Carpaccio von der Ente, Rinderroulade oder Crêpes mit Lauch und Morcheln – die Entscheidung fällt schwer.

PIKE PLACE MARKET UND HAFENVIERTEL Café Campagne ◼ ◼ V ◼ $$$$
1600 Post Alley, 98101 ☎ *(206) 728 2233* **Stadtplan** *3 B1*

Das Café Campagne und das eine Etage höher gelegene Restaurant Campagne gehören zusammen, doch das Café ist weitaus weniger förmlich und preiswerter. Hier genießt man französische Bistroklassiker wie *œufs en meurette* (pochierte Eier in Burgundersauce), Croque Monsieur, *pâté de campagne* und ein großartiges Steak Frites.

PIKE PLACE MARKET UND HAFENVIERTEL Etta's Seafood V ◼ $$$$
2020 Western Ave, 98121 ☎ *(206) 443 6000* **Stadtplan** *3 B1*

Etta's ist das am stärksten auf Seafood fokussierte der zwölf Restaurants von Tom Douglas. In dem schicken Lokal in der Nähe des Markts geht es immer hoch her. Highlights sind Thunfisch, Lachs, Heilbutt und Krebse, aber für Fleischliebhaber werden auch Kobe-Rind und Wachteln angeboten. Berühmt sind die Krebsfleisch-Küchlein.

Stadtplan Seattle *siehe Seiten 164–169*

PIKE PLACE MARKET UND HAFENVIERTEL Ivar's Acres of Clams $$$$$
1001 Alaskan Way, 98104 (206) 624 6852 **Stadtplan** *3 C2*

Ivar's, ein beliebtes Lokal am Wasser, ist in Seattle eine Institution. Auf den Tisch kommen köstliche Krabben-, Muschel-, Austern- und Lachsgerichte, aber auch klassische Fish and Chips, wie sie hier schon seit 1938 serviert werden. Gäste sitzen auch gern draußen am Kai und füttern die Möwen mit den übrig gebliebenen Pommes frites.

PIKE PLACE MARKET UND HAFENVIERTEL Matt's in the Market $$$$$
94 Pike St #32, 98101 (206) 467 7909 **Stadtplan** *3 C1*

Der ursprünglich kleine Gourmettempel im Corner Market Building wurde 2007 vergrößert. Die gastliche Atmosphäre ist geblieben. In der Küche geht es kreativ zu, hier lässt man sich auf keine Richtung festlegen. Je nachdem, was gerade wächst, wird gezaubert – immer spannend, immer gut. Spezialität ist geräucherter *catfish* (Seewolf).

PIKE PLACE MARKET UND HAFENVIERTEL Place Pigalle $$$$$
81 Pike St, 98101 (206) 624 1756 **Stadtplan** *3 C1*

Das verschwiegene kleine Lokal, früher eine Fischerkneipe, ist der ideale Platz für einen romantischen Abend. Verwöhnt werden die Gäste mit Küche des Nordwestens. Für seine Seafood-Gerichte und einfallsreichen Kreationen wurde das Place Pigalle schon ausgezeichnet. Reservieren Sie einen Fensterplatz – und genießen Sie den Ausblick.

PIONEER SQUARE UND ZENTRUM Salumi $
309 3rd Ave S, 98104 (206) 621 8772 **Stadtplan** *4 D3*

Armandino Batalis kleines Laden-Restaurant am Pioneer Square zieht die Liebhaber authentischer italienischer Wurst in Scharen an. Verkauft werden Salami, geräucherte Spezialitäten und Schinken. Im Restaurant gibt es auch eine kleine Auswahl an Sandwiches, Suppen und Pasta. Leider hat Salumi nur dienstags bis freitags geöffnet.

SEATTLE CENTER UND BELLTOWN Farestart $
700 Virginia St, 98101 (206) 267 7601 **Stadtplan** *2 C5*

Farestart bietet gutes amerikanisches Essen an – und erfüllt zugleich eine soziale Mission: Hier werden sozial Benachteiligte zu Köchen ausgebildet und damit wieder in die Gesellschaft integriert. Als Mittagsimbiss bietet sich etwa ein Field Roast Sandwich (eine Art vegetarischer Burger) an. *Geöffnet: Mo–Fr mittags, Do auch abends (18–20 Uhr).*

SEATTLE CENTER UND BELLTOWN Pagliacci Pizzeria $
550 Queen Anne Ave N, 98109 (206) 285 1232 **Stadtplan** *1 B3*

Das Pagliacci ist eine der beliebtesten Pizzerias in Seattle. Die Küche bereitet Pizza im New York Style zu, also hauchdünn und knusprig. Angeboten werden sie mit den verschiedensten Belägen, ob ganz klassisch als Margherita (Tomaten, Mozzarella), mit Spinat und Hähnchenfleisch oder scharf-pikant mit der bekannten Salumi-Wurst.

SEATTLE CENTER UND BELLTOWN Sam's Sushi $
521 Queen Anne Ave N, 98109 (206) 282 4612 **Stadtplan** *1 B3*

In dem einfachen japanischen Lokal gibt es keinen Schnickschnack. Angeboten werden Standardgerichte wie Sushi, *gyoza* (Teigtaschen) oder Teriyaki von konstant guter Qualität und zu moderaten Preisen. Gutes Essen und saloppe Atmosphäre – z. B. laufen im TV ständig Sportsendungen – verschaffen Sam's eine treue Stammkundschaft.

SEATTLE CENTER UND BELLTOWN Peso's Kitchen & Lounge $$
605 Queen Anne Ave N, 98109 (206) 283 9353 **Stadtplan** *1 B3*

Das mexikanische Lokal mit seiner schreiend roten Decke und den kitschigen Stierkampf-Accessoires ist eine witzige, unkonventionelle Adresse. Angeboten werden Standardgerichte wie *carne asada* (gegrilltes Rindersteak) oder gegrillte Riesengarnelen. Nachschärfen kann man mit der feurigen Habañero-Sauce. Hervorragende Margaritas.

SEATTLE CENTER UND BELLTOWN Dahlia Lounge $$$
2001 4th Ave, 98121 (206) 682 4142 **Stadtplan** *2 D5*

Tom Douglas, Seattles gefeierter Koch und Gastronom, definiert im schicken, dunkelroten Dahlia die Küche des Nordwestens ständig neu. Die Karte wechselt täglich. Vielleicht haben Sie Gelegenheit, die Pekingente, den gegrillten King Salmon (Chinook-Lachs) oder das gut abgehangene Steak mit Kümmelspätzle und Gruyère zu versuchen.

SEATTLE CENTER UND BELLTOWN Shiro's $$$
2401 2nd Ave, 98121 (206) 443 9844 **Stadtplan** *1 C5*

Frischer geht's nicht! Shiro's ist die wohl beste Sushibar in Seattle, also in einer Stadt, in der sich kulinarisch fast alles um Seafood dreht. In seinem puristischen Lokal serviert Meister Shiro Kashiba sein großes Repertoire an Sushi-Varianten, aber auch gebratene Krebse, Leberpastete vom Seeteufel, pochierten Dorsch oder Seeigel-Tempura.

ABSTECHER Beth's Café $
7311 Aurora Ave N, 98103 (206) 782 5588 **Straßenkarte** *1 A2*

Beth's Café ist seit 50 Jahren eine legendäre Kneipe. Rund um die Uhr erhalten Nachtschwärmer und Frühaufsteher ein monströses Frühstück oder einen Imbiss. Die Omeletts (mit Bratkartoffeln) gibt es in Varianten mit sechs oder zwölf Eiern. Außerdem zu haben: Sandwiches, Salate und Burger. Hungrige bestellen sich den »Halbpfünder«.

ABSTECHER House of Hong $
409 8th Ave S, 98104 (206) 622 7997 **Straßenkarte** *1 A2*

Tagsüber erhält man hier die besten Dim Sum Seattles. Durch den riesigen Speiseraum werden ständig Servierwagen gefahren, beladen mit Klößen, Wan Tans und anderen kantonesischen Gaumenfreuden, etwa gebratenen Tintenfischen oder Mangopudding. Abends werden Gerichte aus der Hunan- und Szechuan-Küche serviert.

Preiskategorien *siehe Seite 298* **Zeichenerklärung** *siehe hintere Umschlagklappe*

ABSTECHER Kauai Family Restaurant $

6324 6th Ave S, 98108 (206) 762 3469 **Straßenkarte** *1 A2*

Das Kauai liegt etwas abseits in Georgetown. Es ist eines der wenigen Lokale, in denen hawaiianische Küche serviert wird. Der auf Kauai geborene Peter Buza bietet Kalua Pork (Schweineschulter), Lomi Salmon (Lachssalat), Ahi Poke (marinierter Thunfisch) und Spam Musubi (Frühstücksfleisch mit Reis in Seetang), aber auch Klassiker wie Burger.

ABSTECHER Café Flora $$$

2901 E Madison St, 98112 (206) 325 9100 **Straßenkarte** *1 A2*

Im Café Flora in Madison Valley wird überzeugend demonstriert, dass der Nordwesten Produkte, mit denen man kreativ vegetarisch kochen kann, in Hülle und Fülle liefert. Probieren Sie gebratenen Kokos-Tofu in süßer Chilisauce, die kreativen Pizzas, Portabella (Pilze) Wellington oder die Pâté aus Pilzen und Pekannüssen. Gute Weinkarte.

ABSTECHER Dinette $$$

1545 E Olive Way, 98122 (206) 328 2282 **Straßenkarte** *1 A2*

Das charmante kleine Restaurant auf dem Capitol Hill serviert rustikale europäische Kost mit dem gewissen Flair. Für den kleinen Appetit gibt es Toasts mit Gorgonzola und Walnüssen oder Hühnerleber-Mousse mit Paprika. Gehaltvoller ist der fangfrische Fisch des Tages oder ein Steak. Ruhige Atmosphäre.

ABSTECHER Palace Kitchen $$$

2030 5th Ave, 98121 (206) 448 2001 **Straßenkarte** *1 A2*

Das stylishe Restaurant mit Bar gehört zum Tom-Douglas-Imperium. Spezialisiert ist man hier auf gegrilltes Fleisch, Seafood und herzhafte Hausmacherkost. Highlights sind die Muscheln mit Chorizo, die köstliche Käseauswahl und der Burger, der als der beste von Seattle gilt. Nach 22 Uhr kann man Omeletts als Late-Night-Breakfast bestellen.

ABSTECHER Ray's Boathouse $$$

6049 Seaview Ave NW, 98107 (206) 789 3770 **Straßenkarte** *1 A2*

Ray's Boathouse, vormals eine Bootsvermietung mit Anglerladen und Kaffeeausschank, ist inzwischen eines der berühmtesten Seafood-Restaurants des Landes. In der Lounge im Obergeschoss geht es quirlig und salopp zu, im Untergeschoss hingegen förmlich. Serviert wird fangfrischer, unprätentiös zubereiteter Fisch. Traumhafter Blick.

ABSTECHER Wild Ginger $$$

1401 3rd Ave, 98101 (206) 623 4450 **Straßenkarte** *1 A2*

Die panasiatische Fusionsküche im Wild Ginger hat viele Anhänger. In schicker Umgebung lassen sich die Gäste mit Köstlichkeiten wie Ingwer-Wildente, Rind mit sieben Aromen oder Dungeness-Krebse verwöhnen, die je nach Saison zubereitet werden. Die Saté-Bar bietet Gegrilltes, z. B. Muscheln oder Wildschwein. Viele vegetarische Gerichte.

ABSTECHER Elliott's Oyster House $$$$

1201 Alaskan Way, 98101 (206) 623 4340 **Straßenkarte** *1 A2*

Das Seafood-Lokal liegt im Hafenbereich von Seattle am Wasser. Einheimische und Besucher sitzen hier dicht gedrängt. Herzstück des Restaurants ist die sieben Meter lange, elegante Austernbar, an der die Gäste zwischen 20 verschiedenen Austernarten wählen können. Spezialitäten sind aber auch der Königslachs und Dungeness-Krebse.

ABSTECHER Flying Fish $$$$

300 Westlake Ave, 98121 (206) 728 8595 **Straßenkarte** *1 A2*

Die Karte in dem hippen, teuren Lokal hat einen stark asiatischen Einschlag und bietet eine ungeheure Auswahl an Seafood. Versuchen Sie Krabbenpastetchen mit Muscheln und Ananas-Hollandaise, den in Sake marinierten Seewolf oder Seafood-Feuertopf mit gelbem Thai-Curry. Für Nachtschwärmer gibt es spät an der Bar noch eine kleine Karte.

ABSTECHER Serafina $$$$

2043 Eastlake Ave E, 98102 (206) 323 0807 **Straßenkarte** *1 A2*

Die kleine, im Viertel Eastlake gelegene Osteria bietet in gemütlich rustikaler Umgebung authentische italienische Küche auf der Basis lokaler, saisonaler Produkte. Köstlich sind die Muscheln mit geräucherten Tomaten und Harissa, die Ricotta-Kräuter-Ravioli mit grünen Erbsen oder die *melanzanes* (mit Ricotta überbackene Auberginen).

ABSTECHER Canlis $$$$$

2576 Aurora Ave N, 98109 (206) 283 3313 **Straßenkarte** *1 A2*

In den 1950er Jahren war das Canlis ein Vorreiter in Sachen Gourmetküche, und nach wie vor wird man hier mit exzellentem Seafood und Steaks verwöhnt. Die Weinkarte umfasst mehr als 2000 Positionen. Im Canlis sitzt man mit Blick auf den Lake Union. Während des Essens gibt es Live-Musik. Angemessene Kleidung erwünscht.

ABSTECHER Crush $$$$$

2319 E Madison St, 98112 (206) 302 7874 **Straßenkarte** *1 A2*

In dem renovierten Tudor-Haus zaubert Küchenchef Jason Wilson Gerichte des Nordwestens vom Feinsten. Dabei fühlt er sich der ökologisch-saisonalen Küche verpflichtet. Entsprechend oft wechselt die Speisekarte. Oberstes Gebot ist die geschmackliche Balance. Versuchen Sie die Muscheln mit Kakifrüchten oder Seewolf in Syrah-Sauce.

ABSTECHER The Herbfarm $$$$$

14590 NE 145th St, 98072 (206) 485 5300 **Straßenkarte** *1 A2*

Die Herbfarm bietet das ultimative Geschmackserlebnis. Nicht von ungefähr ist sie unter Gourmets weltweit bekannt. Koch Jerry Traunfeld bereitet aus selbst kultivierten und lokalen Produkten neungängige Menüs. Sein Umgang mit Kräutern ist unerreicht. Jeder Gang wird vom passenden Wein begleitet – im Keller lagern 24 000 Flaschen.

Stadtplan Seattle *siehe Seiten 164–169*

ABSTECHER Metropolitan Grill $$$$$

820 2nd Ave, 98104 (206) 624 3287 **Straßenkarte** *1 A2*

Seit Langem ist »The Met« ein beliebter Treffpunkt der Power Broker von Seattle. Das luxuriös und raffiniert ausgestattete Steakhouse serviert das beste Rindfleisch in der Stadt. Im Metropolitan Grill steht aber auch eine riesige Auswahl an Premium Wodka und Gin bereit. Bei den Weinen liegt die Betonung auf den Rotweinen der Westküste.

ABSTECHER Rover's V $$$$$

2808 E Madison St, 98112 (206) 325 7442 **Straßenkarte** *1 A2*

Rover's ist eines der besten Restaurants Seattles. Der französische Küchenchef Thierry Rautureau brachte die klassische französische Küche in den Nordwesten – mit großem Erfolg. Die Gäste können à la carte speisen oder sich für eines der drei Menüs entscheiden. Die vegetarischen Gerichte suchen in der Region ihresgleichen.

Washington

ASHFORD Alexander's Country Inn V $$$

37515 State Road 706 E, 98304 1-800 654 7615 **Straßenkarte** *1 B2*

Das 1912 eröffnete Country Inn liegt knapp zwei Kilometer vom Mount Rainier National Park entfernt. Hier kann man gepflegt übernachten und exzellent speisen. Frische Regenbogenforellen aus dem eigenen Teich sind die beste Wahl, aber auch Seafood, Steak und Pasta sind köstlich. Zum Dessert gibt es hausgemachten Brombeerkuchen.

BELLINGHAM The Oyster Bar V $$$$$

2578 Chuckanut Dr, 98232 (360) 766 6185 **Straßenkarte** *1 A1*

Das Restaurant, das wie eine Lodge wirkt, existiert seit den 1920er Jahren. Der Blick auf die San Juan Islands ist großartig, das Seafood hervorragend. Austern stehen, wie der Name des Lokals schon vermuten lässt, zuoberst auf der Karte. Es gibt auch Krabbenpasteten, Muscheln, Bouillabaisse, Ravioli mit Wildpilzen und das tägliche Wildgericht.

CHELAN Cantina Caverna V $

114 N Emerson St, 98816 (509) 682 5553 **Straßenkarte** *1 B2*

Das bei den Einheimischen sehr beliebte Lokal serviert lateinamerikanisch-mexikanische Standardgerichte wie Tacos und Burritos, aber auch viele Seafood-Spezialitäten. Gut sind z. B. die *arroz con mariscos* (Shrimps mit Reis), die Muscheln in Biersauce, *carne asada* (gegrilltes Rindersteak) und der *mustache burger* (mit Schweinefleisch).

CHELAN Local Myth Pizza V $

122 S Emerson St, 98816 (509) 682 2914 **Straßenkarte** *1 B2*

Besonders im Sommer ist in der kleinen Pizzeria immer viel los. Einheimische und Urlauber schätzen den knusprig dünnen Teig und die ausgefallenen Beläge der Pizzas, etwa Schinken mit Walnüssen und Lauchsauce. Es gibt auch glutenfreie Pizza im Angebot, ebenso eine umfangreiche Getränkekarte. *So mittags geschl.*

EASTSOUND Roses's Bakery & Café V $$

382 Prune Alley, 98245 (360) 376 -5805 **Straßenkarte** *1 A1*

Das Rose's gehört zu den populärsten Mittagslokalen auf Orcas Island. Es serviert diverse Salate, Sandwiches, Pizzas mit knusprigem dünnen Boden und Pestosorten aus biologischen Zutaten. Die gebratenen Gemüse mit Pasta und die mediterranen Sandwiches mit Hackbraten sind besonders beliebt.

ELLENSBURG Valley Café V $$

105 W 3rd Ave, 98926 (509) 925 3050 **Straßenkarte** *1 B2*

Das charmante Art-déco-Bistro mitten in Washingtons »Cowboy Country« ist ein wahres Juwel. Die originale Ausstattung aus den 1930er Jahren ist noch erhalten. Das Essensangebot ist verlockend. In der Küche werden nur frische lokale Produkte verwendet. Empfehlenswert sind die Lammgerichte. Große Auswahl an Weinen aus Washington.

FRIDAY HARBOR Duck Soup Inn V $$$$

50 Duck Soup Lane, 98250 (360) 378 4878 **Straßenkarte** *1 A1*

Das elegante Landgasthaus liegt idyllisch an einem Weiher in den Wäldern von San Juan Island. Man isst hier hervorragend. Die innovative Küche bezieht alle Zutaten aus der Gegend, die Inspiration hingegen kommt von überall her. Angeboten werden z. B. Muschel-Sashimi, Tandoori-Wachteln oder in der Tagine geschmortes Lamm.

FRIDAY HARBOR The Place Bar & Grill V $$$$

1 Spring St, 98250 (360) 378 8707 **Straßenkarte** *1 A1*

Das kleine, raffinierte Lokal liegt am Ufer in der Nähe des Fährhafens. Man sitzt hier mit Blick aufs Wasser und wird exquisit bekocht. Die Gerichte haben asiatischen Touch. Zu den Highlights zählen Pacific-Rim-Bouillabaisse mit Kokosmilch und Jasminreis, Koteletts vom Neuseelandlamm und »Evil Jungle Prince« (gebratene Pilze und Gemüse).

LEAVENWORTH Andreas Keller V $$$

829 Front St, 98826 (509) 548 6000 **Straßenkarte** *1 B2*

Das Lokal ist einer traditionellen bayerischen Wirtschaft nachempfunden. Ganz stilecht gibt's hier Würste, Brezeln, süßen Senf, Schnitzel, Sauerkraut, nicht zu vergessen Schweinshaxe und Hähnchen. Akkordeonmusik trägt zur Stimmung bei. Kinder sind willkommen. Günstige Weine und fast 20 bayerische Biersorten.

Preiskategorien *siehe Seite 298* **Zeichenerklärung** *siehe hintere Umschlagklappe*

LEAVENWORTH Café Mozart $$$$
829 Front St, 98826 (509) 548 0600 **Straßenkarte** 1 B2

Das elegante Café über dem Andreas Keller serviert feine europäische Küche. Auf der Karte findet man Schweine-, Kalbs- und Hähnchenschnitzel, Sauerbraten mit Spätzle, Entenbraten und andere deftige Gerichte. An Wochenenden gibt es Harfenmusik live. Gute Auswahl an amerikanischen und europäischen, vor allem deutschen Weinen.

LOPEZ VILLAGE Bay Café $$$
9 Old Post Rd, 98261 (509) 468 3700 **Straßenkarte** 1 A1

Das Bay Café zieht die Feinschmecker der San Juan Islands magnetisch an. Der Blick aufs Meer ist großartig, das Essen nicht minder. Der Koch liebt es oft exotisch. So gibt es z. B. Seafood-Curry nach malaysischer Art oder Lammkeule mit einer Salsa verde von Minze, Koriander und Basilikum. Die Gerichte sind oft mit essbaren Blüten garniert.

MAZAMA Freestone Inn $$$
31 Early Winters Dr, 98833 (509) 996 3906 **Straßenkarte** 1 B2

Die grandiose Berglandschaft der North Cascades und die hervorragende Küche machen den Aufenthalt im luxuriösen Freestone Inn zum unvergesslichen Erlebnis. Highlights sind mit Miso gewürztes Filet mignon an Wasabi-Kartoffel-Mus, mit Zitronengras gebeiztes Tenderloin-Steak oder in Sirup und Bourbon pochierter Lachs.

NAHCOTTA Arrowleaf Bistro $$$$
253 Riverside Ave, Winthrop, 98862 (509) 996 3919 **Straßenkarte** 1 B1

Das ruhige Bistro serviert regional inspirierte Küche mit französischem Touch. Verwendet werden saisonale Bio-Zutaten. Typisch sind etwa Sauté von Wildpilzen, Ossobuco von Freilandrindern oder Forelle *en papillote*. Das Lokal liegt an der Hauptstraße von Winthrop. Man kann dennoch auch draußen speisen – mit Blick auf den Fluss.

OLYMPIA The Spar Café $$
114 4th Ave E, 98501 (360) 357 6444 **Straßenkarte** 1 A2

Das seit 1935 existierende Spar wurde 2007 von der McMenamin-Gruppe gekauft, gleichwohl blieb das Flair einer Arbeiterkneipe erhalten. Der Gastraum ist mit dunklem Holz getäfelt. Hier können sich die Gäste an Burgern, Pizzas, Salaten und Spar-Klassikern wie dem Olympic Oyster Stew oder dem »4th Avenue Mess«-Frühstück gütlich tun.

PORT TOWNSEND Khu Larb Thai $$
225 Adams St, 98368 (360) 385 5023 **Straßenkarte** 1 A2

Das Khu Larb Thai in der historischen Altstadt war das erste Thai-Restaurant auf der Olympic Peninsula – und gehört immer noch zu den besten Adressen. Auf der Karte findet man vor allem Seafood und vegetarische Gerichte, etwa Curry von Muscheln oder Gemüse mit Bambussprossen und Thai-Basilikum. Der Schärfegrad variiert nach Wunsch.

PORT TOWNSEND Silverwater Café $$$
237 Taylor St, 98368 (360) 385 6448 **Straßenkarte** 1 A2

Im Silverwater kommt kreativ interpretierte Küche des Nordwestens mit mediterranem oder asiatischem Akzent auf den Tisch. Verwendet werden nur beste lokale Produkte. Highlights sind die Suppen und Seafood-Gerichte, darunter Ahi mit Lavendelpfeffer oder Garnelen mit Koriander-Ingwer-Zitronen-Butter. Verkauf eigener Gewürzmischungen.

SEAVIEW The Depot Restaurant $$$
1208 38th Place, Ecke L St, 98644 (360) 642 7880 **Straßenkarte** 1 A2

The Depot ist in einem ehemaligen Eisenbahndepot von 1905 untergebracht. Essen kann man im gemütlichen Innenraum oder im geheizten Patio. Auf der Karte findet man ungewöhnliche Entrees (etwa Jakobsmuscheln mit Mango-Püree) und Comfort Food mit besonderem Touch (etwa Krebsfleischburger mit Käse). *Nur abends geöffnet.*

SPOKANE Steam Plant Grill $$
159 S Lincoln St, 99201 (509) 777 3900 **Straßenkarte** 1 C2

Wie der Name schon sagt, ist der Steam Plant Grill in einem alten Dampf- und Elektrizitätskraftwerk untergebracht. Davon zeugen noch die alten Schlote. Serviert werden Sandwiches, Pasta und kreative Fleisch- und Fischgerichte. Das Bier Cœur d'Alene wird vor Ort gebraut.

SPOKANE Wild Sage American Bistro $$$
916 W 2nd Ave, 99201 (509) 456 7575 **Straßenkarte** 1 C2

Das elegante Wild Sage sorgt für eine Bereicherung der Gastroszene in Spokane. Das Bistro hat drei verschiedene Speisesäle und bemüht sich um unkonventionelle Ansätze bei der Zubereitung amerikanischer Klassiker. So gibt es z. B. Cheddar-Fondue, Brandt-Farm-Steak oder ein Dessert mit Schichten aus Kokoscreme. *Nur abends geöffnet.*

TACOMA Café Divino $$
2112 N 30th St, 98403 (253) 779 4226 **Straßenkarte** 1 A2

Das nette, einfache Café in der Altstadt, einem ruhigen Geschäftsviertel an der Commencement Bay, liegt nur zwei Blocks vom Wasser entfernt. In lockerer Atmosphäre erhält man hier italienische Standardgerichte wie Cannelloni, Lasagne, Räucherlachs, gebackenen Camembert mit Birne oder Focaccia mit Krabben.

TOPPENISH Heritage Inn $
100 Spiel-Yi Loop, 98948 (509) 865 2551 **Straßenkarte** 1 B2

Die Heritage Inn gehört zum Yakima Nation Cultural Heritage Center. In dem ungewöhnlichen Lokal werden amerikanische und Gerichte der Ureinwohner angeboten, z. B. Buffalo Steaks, Lachs-Eintopf, Lachs mit Heidelbeersauce und Heidelbeerkuchen. Es gibt auch Standardgerichte wie Teriyaki Chicken, Krebsküchlein und Prime-Rib-Steaks.

Straßenkarte *siehe hintere Umschlaginnenseiten*

VANCOUVER Beaches Restaurant & Bar $$$

1919 SE Columbia River Dr, 98661 (360) 699 1592 **Straßenkarte** *1 A1*

Das nette, familienfreundliche und beliebte Lokal am Nordufer des Columbia River ist eine gute Adresse für Steaks, Seafood, Hähnchen, Pasta und Pizza. Gern werden die großen Salatteller mit Hähnchenstreifen und Meeresfrüchten, die Pizza vom Holzkohleofen und Seafood-Schmortopf bestellt. Der Sonnenuntergang am Fluss ist ein Erlebnis.

VANCOUVER Hudson's $$$

7801 NE Greenwood Dr, 98662 (360) 816 6100 **Straßenkarte** *1 A1*

In einer Gegend, in der Restaurantketten dominieren, ist das Hudson's ein Lichtblick. Es gehört zur Heathman Lodge, einer Lodge im eleganten Landhausstil. Fleischesser kommen hier voll auf ihre Kosten. Wildgerichte, Prime Rib vom Schwein und Ossobuco gehören zu den Highlights. Die Weine kommen aus Washington, Oregon und Kalifornien.

WALLA WALLA Olive Marketplace & Café $

21 E Main St, 99362 (509) 525 0200 **Straßenkarte** *1 C3*

Das Deli, das sich an der Main Street über drei Backsteinfassaden erstreckt, ist bekannt für gutes, herzhaftes Frühstück und für Snacks wie Eggs Benedict, Käsefladen sowie heiße und kalte Sandwiches. Gleichzeitig ist Olive Marketplace eine Bäckerei und ein Feinkostladen mit einer großen Auswahl an Essigsorten, Marmeladen, Käse und Saucen.

WALLA WALLA Brasserie Four $$

4 E Main St, 99632 (509) 522 2011 **Straßenkarte** *1 C3*

In dem Lokal mit hohen Decken, minimalistischem Dekor und lockerer Atmosphäre legen die Betreiber ihr Augenmerk auf das Essen. Auf der französisch inspirierten Karte finden sich ungewöhnliche Pizzas (etwa mit Ente oder Gemüse), herzhafte Zwiebelsuppe, delikate Muschel-Quiches und diverse Salate. Beliebter Sonntagsbrunch.

WALLA WALLA Whitehouse-Crawford $$$$

55 W Cherry St, 99362 (509) 525 2222 **Straßenkarte** *1 C3*

Whitehouse-Crawford hat die Esskultur in Walla Walla revolutioniert. Das elegante Restaurant ist in einer früheren Sägemühle untergebracht, in der die Seven Hills Winery auch ihre Fässer lagert. Der aus Seattle abgewanderte Koch Jamie Guerin kocht saisonal und nur mit den besten lokalen Zutaten. Selbst die Burger sind hier erstklassig.

YAKIMA Café Mélange $$$

7 N Front St, 98901 (509) 453 0571 **Straßenkarte** *1 B2*

Das kleine, unauffällige Café im North Front Street Historical District erfreut sich in Yakima seit Langem großer Beliebtheit. Serviert werden verschiedene Pastagerichte, aber auch saftiges Tenderloin-Steak mit Shiitake-Pilzen, Kalbsbraten in Marsala-Sauce oder Ente an Beeren-Portwein-Sauce. Gute heimische Weine im Ausschank.

YAKIMA Birchfield Manor Restaurant $$$$

2018 Birchfield Rd, 98901 (509) 452 1960 **Straßenkarte** *1 B2*

Das stattliche, 1910 erbaute Farmhaus ist gleichzeitig Luxushotel und Luxusrestaurant. Der King Salmon in Blätterteig mit Chardonnay-Sauce ist die Spezialität des Hauses. Andere Optionen fürs Hauptgericht bei den fünfgängigen Menüs: das Risotto von Wildpilzen oder die in Cabernet geschmorte Lammkeule. Beeindruckende Weinauswahl.

Vancouver

HAFENVIERTEL, GASTOWN UND CHINATOWN Hon's Wun Tun House $

268 Keefer St, V6A 1X5 (604) 688 0871 **Stadtplan** *3 C3*

Bei Hon's, wo man auf kantonesische Küche spezialisiert ist, kann man gut und günstig essen. Die Dim Sum sind sehr beliebt – entsprechend voll ist das Lokal zur Mittagszeit. Abends werden eher Gerichte wie Potstickers (gebratene Teigtaschen mit Füllung), Nudel- oder exotische Fleischgerichte bzw. vegetarische Gerichte nachgefragt.

HAFENVIERTEL, GASTOWN UND CHINATOWN Kitanoya Guu $

375 Water St, V6B 5C6 (604) 685 8682 **Stadtplan** *3 B2*

Das Kitanoya Guu ist ein Lokal, das in Japan als Izakaya bezeichnet wird, also am ehesten mit einer Kneipe vergleichbar ist. Nur gibt es hier statt Chicken Wings und Nachos eben Banana Tempura, gebackenen Brie mit Mangosauce oder Thunfisch mit Avocado Rolls. Die Kneipe ist vor allem bei Japanern beliebt, abends geht es immer hoch her.

HAFENVIERTEL, GASTOWN UND CHINATOWN Floata Seafood Restaurant $$$

400-180 Keefer St, V6A 4E7 (604) 602 0368 **Stadtplan** *3 C3*

Das Floata, das größte Chinarestaurant Kanadas, verfügt über mehr als 1000 Sitzplätze. Mittags herrscht hier immer Hochbetrieb. Auf Servierwagen werden Dim Sum durchs Lokal gerollt. Mittags und abends gibt es eine große Auswahl an Seafood, aber auch Pekingente – und ein großes Dessertbuffet.

HAFENVIERTEL, GASTOWN UND CHINATOWN Steamworks Brewing Company $$$

375 Water St, V6B 5C6 (604) 689 2739 **Stadtplan** *3 B2*

Steamworks Brewing Company ist bekannt für die hier gebrauten Biere – dafür bedient man sich noch alter Dampfzapfleitungen. Im Restaurant, das sich in dem alten Ziegelbau in Gastown über zwei Stockwerke erstreckt, kann man sehr gut essen. Angeboten werden z. B. Biersuppe, Heilbutt mit Curry-Ingwer-Sahne-Sauce oder Seafood-Crêpes.

Preiskategorien *siehe Seite 298* **Zeichenerklärung** *siehe hintere Umschlagklappe*

HAFENVIERTEL, GASTOWN UND CHINATOWN Water Street Café $$$$

300 Water St, V6B 1B6 (604) 689 2832 **Stadtplan** 3 B2

Das gegenüber der alten Dampfuhr gelegene Restaurant ist ein idealer Rückzugsort, wenn man dem Rummel in Gastown entfliehen möchte. Hohe Decken, dunkle Holzvertäfelung und weiße Leinentücher tragen zur gediegenen Atmosphäre bei. Highlights der italienisch inspirierten Küche sind Ahi in Sesamkruste, Scallopine und Pastaklassiker.

ZENTRUM Diva at the Met $$$$$

645 Howe St, V6C 2Y9 (604) 602 7788 **Stadtplan** 3 A2

Das Diva gehört zum stilvollen Metropolitan Hotel. Im Zentrum des Restaurants befindet sich die offene Küche, wo aus Bio-Zutaten perfekte Gerichte gezaubert werden. Lecker: geräucherter Alaska-Skilfisch und karamellisierte Stilton-Pastete. In der Lounge und im Innenhof werden köstliche Burger vom Kobe-Rind angeboten.

ZENTRUM Fleuri $$$$$

845 Burrard St, V6Z 2K6 (604) 642 2900 **Stadtplan** 2 F2

Das im Sutton Place Hotel *(siehe S. 291)* untergebrachte Fleuri ist das perfekte Restaurant für besondere Anlässe. Die Küche verdient das Prädikat innovativ französisch. Als Vorspeise gibt es etwa Hummercremesuppe, als Hauptgericht z. B. Schnapper mit Schinken-Fenchel-Röllchen. In der angrenzenden Gerard Lounge kann man den Aperitif nehmen.

ZENTRUM Yew Restaurant & Bar $$$$$

791 W Georgia St, V6C 2T4 (604) 692 4939 **Stadtplan** 2 F2

Im Yew mit Eichenparkett und den mit Walnussholz getäfelten Wänden speist man in würdigem Rahmen. Das Restaurant im Four Seasons Hotel bietet urban interpretierte Küche des Nordwestens. Günstig ist das Menü zum Festpreis, das täglich zwischen 17 Uhr und 22 Uhr angeboten wird.

SOUTH GRANVILLE UND YALETOWN Elbow Room $

560 Davie St, V6B 2G4 (604) 685 3628 **Stadtplan** 2 E3

Der Elbow Room ist berühmt-berüchtigt. Man hasst ihn oder liebt ihn. Es kann passieren, dass man Ihnen, wenn Sie um einen Kaffee bitten, antwortet: »Hol ihn Dir selber!« Die Unflätigkeit ist immer scherzhaft gemeint – sagt man. Auf jeden Fall gilt: Wer seinen Teller nicht leer isst, muss für eine Wohltätigkeitsorganisation spenden.

SOUTH GRANVILLE UND YALETOWN Stepho's $

1124 Davie St, V6E 1N1 (604) 683 2555 **Stadtplan** 2 E3

Qualität und Preis in dem lebhaften Restaurant stimmen. Das Interieur ist griechisch – Terrakottaböden, weiß gekalkte Wände, Rundbogentüren, blau-weiße Tischdecken und üppige Grünpflanzen. Passend dazu gibt es griechische Standardgerichte wie Souvlaki (vom Schwein) und Lammbraten in riesigen Portionen. Keine Reservierung möglich.

SOUTH GRANVILLE UND YALETOWN Urban Thai $$

1119 Hamilton St, V6B 5P6 (604) 408 7788 **Stadtplan** 2 F4

Sehr kreativ werden in diesem Restaurant Elemente der Thai- und anderer asiatischer Küchen mit westlichen Zutaten in Einklang gebracht. So kommen Gerichte wie Ossobuco im Thai-Stil oder Eintopf mit Mango und Cashewnüssen zustande. Es gibt aber auch traditionelle Saté-Spießchen und Currys. Kostenloser Lieferservice ins Zentrum.

SOUTH GRANVILLE UND YALETOWN Blue Water Café $$$$$

1095 Hamilton St, V6B 5T4 (604) 688 8078 **Stadtplan** 2 F4

Das Blue Water befindet sich in einem umgebauten alten Lagerhaus. Ziegelmauern und mächtige Holzbalken prägen das Interieur. Spezialisiert hat man sich hier auf Seafood aus heimischen Gewässern. Außerdem gibt es eine kaum zu überbietende Auswahl an Austern. Zum Dessert sollten Sie unbedingt die Früchte-Crêpes versuchen.

SOUTH GRANVILLE UND YALETOWN C Restaurant $$$$$

1600 Howe St, V6Z 2L9 (604) 681 1164 **Stadtplan** 2 D4

C, eine von Vancouvers innovativsten Adressen für Seafood, serviert als Entree z. B. knusprigen Heilbutt mit Quadra-Island-Muscheln. Beim sechs- oder 14-gängigen Probiermenü wird Seafood mit passenden heimischen Weinen serviert – ein ultimatives Esserlebnis. Der Blick auf den False Creek macht aus dem Essen ein Gesamtkunstwerk.

ABSTECHER Granville Island Public Market $

Johnston St, V6H 3S3 (604) 666 5784 **Stadtplan** 2 D4

Der Markt am Hafen ist bei Einheimischen und Besuchern gleichermaßen beliebt. Hier erhält man Wildfleisch, Büffelfleisch, Seafood sowie frisches Obst und Gemüse von Vancouver Island und aus dem Okanagan Valley. An vielen Ständen kann man im Stehen auch eine Kleinigkeit essen. Der Stock Market ist für seine guten Suppen bekannt.

ABSTECHER Naam $

2724 W 4th Ave, Kitsilano, Vancouver, V6K 1R1 (604) 738 7151 **Straßenkarte** 1 A1

Naam, das älteste vegetarische Lokal der Stadt, ist das einzige, was noch an die frühen 1970er Jahre in Kitsilano erinnert. Damals war das Viertel Treffpunkt für Alternative und Lebenskünstler. Naam hat rund um die Uhr geöffnet und ist bekannt für große Portionen, lässigen Service und gute Küche. An Wochenenden keine Reservierung möglich.

ABSTECHER Aphrodite's Organic Café and Pie Shop $$

3598 W 4th Ave, Kitsilano, Vancouver, V6R 1N8 (604) 733 830 **Straßenkarte** 1 A1

Die Einheimischen treffen sich hier gern zum Brunch und genießen das Bio-Fleisch aus der Region, die Bio-Eier und die frischen Salate. Leckere Pies, Quiches und Sandwiches ergänzen das Angebot. Das Café ist angenehm leger, die Einrichtung zusammengewürfelt, und an den Wänden hängt Kunst.

Stadtplan Vancouver *siehe Seiten 236–241*

ABSTECHER Bridges $$$

1696 Duranleau St, Granville Island, V6H 3S4 (604) 687 4400 **Stadtplan** 2 D4

Das große, kanariengelbe Haus am Ufer von Granville Island ist kaum zu übersehen. Im Bridges kann man zwischen drei Lokalitäten wählen: Im Obergeschoss kann man gediegen speisen, im Bistro, eine Etage tiefer, geht es lockerer zu, in der Lounge werden Biere heimischer Brauereien ausgeschenkt. Es gibt auch einige Tische draußen am Kai.

ABSTECHER Kirin Seafood Restaurant $$$

#200 Three West Centre, 7900 Westminster Hwy, Richmond, V6X 1A5 (604) 303 8833 **Straßenkarte** 1 A1

Lassen Sie sich in dem großen Lokal mit Gerichten aus der kantonesischen, Shanghai- oder Szechuan-Küche verwöhnen. Die Dim Sum sind unvergleichlich. Unter den Gästen sind viele chinesische Familien. Auch wenn mal ein Reisebus eintrifft, gibt es keine Hektik. Eine Filiale befindet sich in 1172 Alberni Street, Tel. (604) 682 8833.

ABSTECHER Pacific Institute of Culinary Arts $$$

1505 West 2nd Ave, V6H 3Y4 (604) 734 4488 **Stadtplan** 2 D5

Nachwuchsköche, die am Pacific Institute of Culinary Arts ihre Kunst erlernen, kochen im Restaurant sehr preisgünstig. Täglich werden mittags und abends ein dreigängiges Menü und freitags ein Seafood-Buffet angeboten. In der zugehörigen Bäckerei kann man von der Bäckerklasse des Instituts fabrizierte Desserts und Gebäck kaufen.

ABSTECHER Pair Bistro $$$

3763 W 10th Ave, West Point Grey, Vancouver, V6R 2G5 (604) 224 7211 **Straßenkarte** 1 A1

Das kleine Bistro, in dem bodenständige Küche der Region serviert wird, liegt abseits der Touristenpfade. Die Milchsuppe mit Wildpilzen ist einen Versuch wert. Zu den Highlights zählen der bei geringer Hitze geschmorte Bisonbraten und die Hirschmedaillons in Rosmarinkruste. Hervorragende heimische Weine.

ABSTECHER Hart House Restaurant $$$$

6664 Deer Lake Ave, Burnaby, V5E 4H3 (604) 298 4278 **Straßenkarte** 1 A1

Das traditionelle Restaurant, ein ideales Lokal für besondere Anlässe, liegt in einem alten Herrenhaus im Tudor-Stil mit Blick auf Park und See. In einer Atmosphäre entspannter Eleganz wird serviert, was die Westküste zu bieten hat, sei es Heilbutt, Lachs oder Schweinefilet. Bei gutem Wetter sollten Sie im Innenhof reservieren. *Mo geschl.*

ABSTECHER Raincity Grill $$$$

1193 Denman St, Vancouver, V6G 2N1 (604) 685 7337 **Straßenkarte** 1 A1

Das Lokal im West End mit Blick auf die English Bay ist bekannt für die Verwendung lokaler Bio-Produkte. Auch bei Seafood und Fleisch wird auf die Herkunft geachtet. Als Vorspeise sind die Saltspring-Island-Muscheln zu empfehlen, als Hauptgericht Schweinefleisch aus dem Fraser Valley. Käsekuchen mit Honig ist das ideale Dessert.

ABSTECHER The Salmon House $$$$

2229 Folkestone Way, West Vancouver, V7S 2V6 (604) 926 3212 **Straßenkarte** 1 A1

Das Salmon House ist schwer zu finden, aber die Anstrengung lohnt sich. Das Restaurant in Hanglage bietet traditionelle Gerichte der Küche des Nordwestens – und einen umwerfenden Blick aufs Meer. Die Seafood-Suppe empfiehlt sich als Vorspeise. Als Hauptgericht ist der auf Erlenholzfeuer gegrillte Lachs eine gute Wahl.

ABSTECHER The Teahouse Restaurant $$$$

7501 Stanley Park Dr, Vancouver, V6G 3E2 (604) 669 3281 **Straßenkarte** 1 A1

Vom Innenraum und von der Terrasse aus kann man auf Ferguson Point im Stanley Park blicken und unvergessliche Sonnenuntergänge erleben. Auch sonst ist das stilvolle Lokal einen Besuch wert. Gekocht wird modern und gesundheitsbewusst. Der Service ist hervorragend. Auf der Karte findet man Wild, Lamm, Meeresfrüchte und Lachs.

ABSTECHER Tojo's $$$$

1133 W Broadway, Vancouver, V6H 1G1 (604) 872 8050 **Straßenkarte** 1 A1

Bei Tojo's werden von Sushi-Meister Hidekazu Tojo authentische japanische Gerichte und unvergleichliche Sushi kreiert. Bestellen Sie das zum Festpreis angebotene *omakase* (was »in den Händen des Kochs« bedeutet), und Sie werden mit einem fantasievollen Mahl überrascht, das speziell für Sie zubereitet wurde. *Nur abends geöffnet.*

ABSTECHER Vij's $$$$

1480 W 11th Ave, Vancouver, V6H 1L1 (604) 736 6664 **Straßenkarte** 1 A1

Rechnen Sie bei Vij's mit längeren Wartezeiten, denn hier nimmt man keine Reservierungen entgegen. Die moderne Variante der Küche des Nordwestens, die diverse ostindische Einflüsse adaptiert, ist großartig. Probieren Sie eines der unvergleichlichen Currys, z. B. das mit Rindfleisch in Zimt und Rotwein. *Nur abends geöffnet.*

ABSTECHER Bishops $$$$$

2183 W 4th Ave, Vancouver, V6K 1N7 (604) 738 2025 **Straßenkarte** 1 A1

Bishops gehört zu den Spitzenrestaurants Vancouvers. Der Name steht für gediegenes Speisen und makellosen Service. Die Karte wechselt wöchentlich, die Küche verwendet nur Bio-Produkte. Angeboten wird vor allem Seafood, es gibt aber auch Fleischgerichte. Angemessene Kleidung erwünscht. *Nur abends geöffnet.*

ABSTECHER CinCin $$$$$

1154 Robson St, Vancouver, V6E 1B5 (604) 688 7338 **Straßenkarte** 1 A1

Im CinCin wird mediterrane Küche zelebriert. Eine Besonderheit ist die Zubereitung der Fisch- und Fleischgerichte im Holzkohleofen. Versuchen Sie den gegrillten, mit Cherrytomaten, Oliven und Fenchel gefüllten Seebarsch. Das elegant-mediterrane Interieur passt zur Qualität der Küche.

Preiskategorien *siehe Seite 298* **Zeichenerklärung** *siehe hintere Umschlagklappe*

ABSTECHER West $$$$$

2881 Granville St, Vancouver, V6H 3J4 (604) 738 8938 **Straßenkarte** 1 A1

Hinter der bescheidenen Tür öffnet sich ein geräumiger, minimalistischer Speiseraum. Serviert wird modern interpretierte klassische Küche. Auf der Karte findet man u.a. Bison, Ente und Lachs. Von zwei Tischen aus kann man die Arbeit in der Küche beobachten. Das West liegt in der Nähe des Arts Club Theatre – ideal für Theaterbesucher.

British Columbia

COWICHAN BAY The Masthead $$$$

1705 Cowichan Bay Rd, V0R 1R0 (250) 748 3714 **Straßenkarte** 2 B5

Das Masthead, das im altehrwürdigen Columbia Hotel (1863) untergebracht ist, wirbt mit der ausschließlichen Verwendung lokaler Produkte und mit seiner großen Auswahl an Weinen aus British Columbia. Die reichhaltige Seafood-Suppe ist zu Recht sehr beliebt, der Heilbutt ist zuverlässig gut. Schöner Blick auf Cowichan Bay.

CRANBROOK Ric's Lounge & Grill $$

209 Van Horne St S, V1C 6R9 (250) 417 0444 **Straßenkarte** 2 C4

Das große Restaurant liegt im Prestige Rocky Mountain Resort, gleich neben dem Railroad Museum. Angeboten werden Steaks, Seafood und Salate in großer Auswahl. Mittags gibt es auch Burger und Sandwiches. In der angrenzenden gemütlichen Bar kann man günstig eine Kleinigkeit essen.

FERNIE Curry Bowl $

931 7th Ave, V0B 1M5 (250) 423 2695 **Straßenkarte** 2 C4

Curry Bowl ist leicht zu übersehen. Es liegt an der Hauptverkehrsstraße von Fernie in einem unauffälligen Bungalow. Die Thai-Gerichte mit ostindischem und indonesischem Touch sind köstlich und günstig. Angeboten werden einfache Reis- und Nudelgerichte wie Nasi Goreng und Pad Thai, aber auch ein köstliches Curry mit Mango und Shrimps.

GALIANO ISLAND Galiano Grand Central Emporium $

2740 Sturdies Bay Rd, V0N 1P0 (250) 539 9885 **Straßenkarte** 2 B4

Das Restaurant ist mit einem bunten Möbel-Sammelsurium eingerichtet – als Sitzmöbel dienen z.B. die alten Sitzbänke eines Schulbusses – und entspricht damit der relaxten Atmosphäre auf der Insel. Schon ab 7 Uhr morgens gibt es Frühstück. Ansonsten kann man die köstlichen Sandwiches testen. Die Abendgerichte stehen auf einer Tafel.

GIBSONS Chasters $$$

1532 Ocean Beach Esplanade, V0N 1V5 (604) 886 2887 **Straßenkarte** 2 B4

Der Blick aufs Meer, ein schön gestalteter Garten, frische Westküsten-Gerichte und gute Weine machen das Chasters beliebt. Das kleine Restaurant gehört zur Bonniebrook Lodge an der Sunshine Coast. Eine gute Vorspeisenwahl ist der Ziegenkäse mit Pekannuss-Kruste, anschließend empfiehlt sich das Seafood-Trio. *Mi–So abends geöffnet.*

GOLDEN Eagle's Eye Restaurant $$$

1500 Kicking Horse Trail, V0A 1H0 (250) 439 5424 **Straßenkarte** 2 C4

Eagle's Eye liegt 2347 Meter über Meereshöhe und ist damit das höchstgelegene Restaurant Kanadas. Erreichbar ist der mächtige Holz-Stahl-Bau per Seilbahn. Wie nicht anders zu erwarten, hat man hier einen grandiosen Blick. Serviert wird solide kanadische Küche. Oft werden Dinner oder Lunch als Kombipaket mit der Gondelfahrt angeboten.

KAMLOOPS Chapters Viewpoint $$

610 W Columbia St, V2C 1L1 (250) 374 3224 **Straßenkarte** 2 B4

Chapters hält, was der Name verspricht: Von hier aus hat man einen wundervollen Blick auf Kamloops. Im Lokal sitzt man recht entspannt. Angeboten werden Seafood und Steaks, aber auch Speisen mit mexikanischem und Navajo-Akzent. Die Macho Nachos sind als Vorspeise beliebt. Als Hauptgericht empfiehlt sich Prime Rib.

KELOWNA Hanna's Waterfront Lounge & Grill $$

1352 Water St, V1Y 9P4 (250) 860 1266 **Straßenkarte** 2 B4

Bei Hanna's erhält man solide amerikanische Küche: Pasta, Pizza, Steak und Seafood – alles in lockerem familienfreundlichem Ambiente. Auf der Weinkarte überwiegen die Produkte regionaler Winzer. Von der höher gelegenen Terrasse aus hat man einen großartigen Blick auf den Lake Okanagan.

KELOWNA Old Vines Restaurant $$$$

3303 Boucherie Rd, V1Z 2H3 (250) 769 2500 **Straßenkarte** 2 B4

In der Quail's Gate Estate Winery, deren Weinberge sich hoch über den schillernden Wassern des Okanagan Lake erstrecken, dient ein kleines Steinhaus den Besuchern als Restaurant. Dort erhält man leichte Gerichte wie Fettuccine mit Shrimps oder Risotto mit Spargel oder Wildpilzen. Dazu ein Glas Wein, und das Essen ist perfekt.

NANAIMO Wesley Street Café $$$$

321 Wesley St, V9R 2T5 (250) 753 6057 **Straßenkarte** 2 B4

Das kleine kulinarische Juwel liegt in einem der historischen Häuser, die sich wie ein natürliches Amphitheater um Nanaimo Harbour gruppieren. Hier wird die Küche des Nordwestens modern interpretiert. Probieren Sie den Räucherlachs mit Croquetten von Süßkartoffeln und Spargelomelett. *So und Mo geschl.*

Straßenkarte *siehe hintere Umschlaginnenseiten*

NELSON Vienna Café V $

411 Kootenay St, V1L 1K7 (250) 354 4646 **Straßenkarte** *2 C4*

Das saloppe Vienna Café ist einer der besten Plätze, um das Easy-Going-Lebensgefühl von Nelson hautnah zu erleben. Zudem kann man hier ungestört in den antiquarischen Büchern des benachbarten Packrat Annie's Bookstore schmökern. Im Café erhält man einfache, günstige Gerichte wie Chicken Burger oder frische Suppen.

NELSON All Seasons Café $$$

620 Herridge Lane, V1L 6A7 (250) 352 0101 **Straßenkarte** *2 C4*

Das Restaurant im denkmalgeschützten Häuschen liegt in einer kleinen Gasse im Zentrum. Der Innenhof mit Kräutergarten bietet auch Platz im Schatten eines Baums. Die Karte ist vielfältig. Gekocht wird saisonal. Vielleicht stehen gerade Fettuccine mit karamellisierter Butternuss oder glasierte Rehkeule auf dem Programm. *Nur abends geöffnet.*

PARKSVILLE Cedar Dining Room $$$$

1155 Resort Dr, V9P 2E5 (250) 248 2072 **Straßenkarte** *2 B4*

Der Speisesaal im Strandresort Tigh-Na-Mara ist in erdigen Farben gehalten. Das Frühstücksangebot ist ungewöhnlich vielseitig, u.a. werden pochierte Eier auf Krabben-Shrimps-Cocktail angeboten. Bestellt man die gemischte Grillplatte, erhält man eine gute Auswahl an Seafood. Hervorragend ist die Lammkeule in Minze-Knoblauch-Kruste.

PENTICTON Bogner's of Penticton $$$$

302 W Eckhardt Ave, V2A 2A9 (250) 493 2711 **Straßenkarte** *2 B4*

In dem denkmalgeschützten Haus (1915), das nur abends geöffnet hat, speist man an Tischen, die mit weißem Leinen eingedeckt sind, und trinkt aus Kristallgläsern. Die Küche setzt europäische Akzente, es gibt etwa Filet mignon oder Entenbrust. Bogner's ist eine gute Adresse für spezielle Anlässe. Kein barrierefreier Zugang. *So–Di geschl.*

PRINCE GEORGE The Twisted Cork $$$

1157 5th Ave, V2L 3L1 (250) 561 5550 **Straßenkarte** *2 B3*

Die Innenräume in dem kompakten Ziegelbau sind gefällig gestaltet. Für die köstlichen Gerichte des beliebten Restaurants werden lokale Produkte verwendet, etwa Bisonfleisch und Perlhuhn, Wildlachs aus British Columbia und Heilbutt, der über Zedernholz gebacken wird.

PRINCE RUPERT Cow Bay Café $$

205 Cow Bay Rd, V8J 1A2 (250) 627 1212 **Straßenkarte** *2 A3*

Wenn Sie im Cow Bay speisen wollen, sollten Sie reservieren, denn das kleine Restaurant hat nur 32 Plätze. Man sitzt hier am Prince Rupert Harbour Dock. Genießen Sie Ihr Essen mit Blick aufs Wasser. Das Speiseangebot hängt davon ab, was an Seafood und frischen lokalen Produkten erhältlich ist. Probieren Sie auch die hausgemachten Desserts.

QUALICUM BEACH Beach House Café $$

2775 W Island Hwy, V9K 2C4 (250) 752 9626 **Straßenkarte** *2 B4*

Im Beach House Café kann man die Sonne im Wasser versinken sehen. Allerdings verspricht der Name mehr, als er hält, denn hier gibt es keinen Strand. Die Gerichte, die im Speiseraum oder draußen serviert werden, haben asiatischen oder deutschen Touch. Als Vorspeise gibt es vor allem Seafood. Große Auswahl bei den Hauptgerichten.

REVELSTOKE Woolsey Creek Bistro V $$

604 2nd St W, V0E 2S0 (250) 837 5500 **Straßenkarte** *2 C4*

In Revelstoke, das vor allem als Erholungs- und Outdoor-Paradies bekannt ist, ist das Woolsey ein beliebter Treffpunkt der Einheimischen. Hier gibt es guten, starken Kaffee, günstiges Frühstück und herzhaftes Essen, z.B. Seafood-Paella. Alles ist ausnehmend günstig. Am Wochenende sollte man abends reservieren.

SALT SPRING ISLAND Hastings House $$$$$

160 Upper Ganges Rd, V8K 2S2 (250) 537 2362 **Straßenkarte** *2 B4*

Im Hastings House wird jeden Abend ein dreigängiges Menü angeboten. Man speist im holzvertäfelten Speisesaal des Herrenhauses mit Blick auf Ganges Harbour. Spezialität des Hauses ist Lamm von der Insel. Gemüse, Kräuter und Früchte werden hier selbst angebaut. Ein Bio-Wein kommt von Salt Spring Island. *Mitte Nov–Mitte März geschl.*

SOOKE Sooke Harbour House $$$$$

1528 Whiffen Spit Rd (250) 642 3421 **Straßenkarte** *2 B5*

Wenn Sie einmal richtig auf den Putz hauen wollen, reservieren Sie im Sooke Harbour House. Die Menüs, für die ausschließlich Bio-Seafood, Fleisch von Freilandtieren und ökologische Zutaten verwendet werden, wurde vielfach ausgezeichnet. Das Restaurant im gleichnamigen Hotel *(siehe S. 295)* liegt fantastisch – mit Blick aufs Wasser.

SUMMERLAND Cellar Door Bistro $$$$

17403 Hwy 97 N, V0H1Z0 (250) 494 0451 **Straßenkarte** *2 B4*

Im Bistro in der Sumac Ridge Estate Winery werden regionale Gerichte serviert. Dazu wird der passende Okanagan-Wein ausgeschenkt. Sehr gut ist die Erbsensuppe, angeboten wird auch ein täglich wechselndes Pasta-Special. Empfehlenswert sind generell Käse, Pasta und das hausgemachte Eis. *Apr–Okt: mittags und abends geöffnet.*

TERRACE Don Diego's $

3212 Kalum St, V8G 2M9 (250) 635 2307 **Straßenkarte** *2 A3*

Terrace ist eigentlich kulinarisches Niemandsland. Umso erfreulicher ist es, wenn man ein angenehmes Lokal wie Don Diego's entdeckt. Das lebhafte, farbenfroh gestrichene Restaurant hat sogar einen Patio, wo man die Abendsonne genießen kann. Mittags empfehlen sich z.B. Crêpes mit Shrimps, abends die leckeren mexikanischen Gerichte.

TOFINO The Pointe V Y $$$$$

500 Osprey Lane, Chesterman's Beach, V0R 2Z1 (250) 725 3100 **Straßenkarte** 2 A4

Das gediegene Restaurant im Wickaninnish Inn *(siehe S. 295)* ist mit einem großen Kamin ausgestattet. Beim Essen genießt man einen grandiosen Blick aufs Meer. Köstlich: Dungeness-Krebse, Austern, Seewolf, Heilbutt und Wild. Mit den Belgischen Waffeln, die es zum Frühstück gibt, sind die Gäste für einen Strandtag bestens gerüstet.

UCLUELET Matterson House Restaurant V $$$$

1682 Peninsula Rd, V0R 3A0 (250) 726 2200 **Straßenkarte** 2 A4

Matterson House – das 1931 erbaute Häuschen liegt an der Hauptstraße – ist ein kleines, charmantes Restaurant, in dem es immer sehr lebhaft zugeht. Man erhält hier Frühstück, Mittag- und Abendessen. Seafood-Gerichte und die hausgemachten Desserts und Kuchen sind immer empfehlenswert. Zum Lunch gibt es oft Muschelcremesuppe.

VERNON Blue Heron Waterfront Pub & Restaurant V $

7673 Okanagan Landing Rd, V1H 1G9 (250) 542 5550 **Straßenkarte** 2 C4

Das Blue Heron liegt zwar etwas außerhalb der Stadt, doch die Fahrt lohnt sich. Hier kann man am See sitzen, entspannen und genießen. Serviert werden Standardgerichte wie Shepherds Pie oder Fish and Chips, aber auch ein riesiges Steak à la New York. Am liebsten sitzen die Gäste draußen. Wenn es kühler wird, sorgen Heizstrahler für Wärme.

VICTORIA Barb's Place $

Fisherman's Wharf, Erie St, V8V 1Y4 (250) 384 6515 **Straßenkarte** 2 B5

Barb's ist berühmt für Fish and Chips. Die Picknicktische stehen direkt am Hafenbecken. Auf dem Wasser schwimmen Hausboote, Möwen warten auf das, was übrig bleibt. Es lohnt sich, etwas mehr zu zahlen und statt Kabeljau Heilbutt zu bestellen. Vom Inner Harbour gelangt man auch mit der Fähre hierher. *März–Oktober geöffnet.*

VICTORIA The Flying Otter Grill V $$$

950 Wharf St, V8W 1T3 (250) 414 4220 **Straßenkarte** 2 B5

Das schwimmende Lokal im Stil eines Pubs ist für Frühstück, Mittag- und Abendessen zu empfehlen. Es bietet einen grandiosen Blick auf den Inner Harbor. Das Ambiente ist entspannt, die Karte listet Gerichte des Nordwestens mit Schwerpunkt Seafood auf. Gut sind die frischen Salate. Grandiose Mojitos und Margaritas.

VICTORIA Camille's V Y $$$$

45 Bastion Square, V8W 1J1 (250) 381 3433 **Straßenkarte** 2 B5

Camille's befindet sich in einem großen alten Ziegelbau im Stadtzentrum. In zwei charmanten Gasträumen werden je nach Saison Seafood, z. B. Muscheln und Lachs, sowie Hirsch- und Elchgerichte serviert. Im Winter stehen auch Bison und Wildschwein auf der Karte. Viele Produkte stammen aus Farmen auf Vancouver Island. Günstige Weine.

VICTORIA Il Terrazzo V $$$$

555 Johnson St, V8W 1M2 (250) 361 0028 **Straßenkarte** 2 B5

Das renommierte Restaurant in einem Gebäude aus den 1890er Jahren liegt in einer schmalen Gasse. Hier wird norditalienische Küche zelebriert. Köstlich sind das Kalbfleisch in Marsala oder die gegrillten Baby-Tintenfische, aber auch die Spezialitäten aus dem Holzkohleofen. Traumhaft ist das Ossobuco. Auf der Terrasse wärmen Sie offene Kamine.

VICTORIA Pescatores Seafood & Grill V Y $$$$

614 Humboldt St, V8W 1A4 (250) 385 4512 **Straßenkarte** 2 B5

Pescatores liegt direkt am Inner Harbour – und nutzt diesen Vorteil. Fisch und Meeresfrüchte sind hier fangfrisch. Empfehlenswert sind die hausgemachten Seafood-Antipasti, der auf Zedernholz gebratene Lachs, die Krabbenpastetchen und der Hummer. Gut bestückte Austernbar. An Wochenenden gibt es ab 11 Uhr Brunch.

VICTORIA Empress Room V Y $$$$$

721 Government St, V8W 1W5 (250) 389 2727 **Straßenkarte** 2 B5

Der Empress Room ist der Gourmet-Treff im Fairmont Empress *(siehe S. 295)*. Das Interieur ist opulent, die Speisekarte beeindruckend. Serviert werden klassische, von der Küche des Nordwestens inspirierte Gerichte. Im Sommer sind die Tische auf der überdachten Veranda am beliebtesten. Angemessene Kleidung erwünscht.

WHISTLER Ciao-Thyme Bistro V $$$$

2-4573 Chateau Blvd, V0N 1B4 (604) 932 7051 **Straßenkarte** 2 B4

Das heitere Ciao-Thyme, in dem nur frische Bio-Produkte verwendet werden, ist vor allem als Frühstückscafé bekannt. Die Eier für die Omeletts stammen von »glücklichen« Hühnern. Beliebt sind die Zimtbrötchen mit Pekannüssen. Tagsüber werden kleine Gerichte und fantasievolle Salatkreationen serviert. Im Sommer ist es sehr voll.

WHISTLER Trattoria di Umberto Restaurant V Y $$$$

4417 Sundial Pl, V0N 1B4 (604) 932 5858 **Straßenkarte** 2 B4

Wer diese Trattoria betritt, fühlt sich in die Toskana versetzt. Der Koch Umberto Menghi wurde zwar in Vancouver geboren, doch er zaubert in seinem Restaurant köstliche Pastagerichte wie z. B. Spaghetti all'Amatriciana, aber auch wunderbare toskanische Bohnensuppe, Kalbshaxe, Lammkeule und diverse Fischgerichte.

YOHO NATIONAL PARK Truffle Pig's Bistro V $$

318 Stephen St, Field, V0A 1G0 (250) 343 6303 **Straßenkarte** 2 C4

Das Lokal liegt im einzigen Laden von Yoho. Einige Tische stehen auch draußen auf dem Gehsteig. In dem kleinen Restaurant wird gut gekocht. Frühstücks- und Lunchangebote stehen auf einer Tafel. Sandwiches und Quiches gibt es immer. Empfehlenswert ist das Buffalo Rib-Eye-Steak vom heimischen Rind. *Okt–Mai: abends geschl.*

Shopping

Die Shopping-Meilen der Städte im Nordwesten bieten alles, was das Herz begehrt: von Luxusgütern in edlen Läden bis hin zu Schnäppchen auf Flohmärkten. Freizeitbekleidung weltbekannter Marken wird hier besonders gern gekauft. Doch es gibt auch Schuhe und Kleidung für jeden Geschmack. Viele Secondhandläden verkaufen sehr günstig Kleidung und erstklassige Accessoires. Eine gute Wahl sind auch Antiquitäten, Bücher und CDs (sowohl aus den Läden der Ketten als auch von den kleinen unabhängigen Stores) – ebenso wie pazifischer Räucherlachs und erstklassige Weine der Region. Schmuck, Schnitzereien, Gemälde und Kunsthandwerk der Ureinwohner kann man überall im Nordwesten in Fachgeschäften, Kulturzentren und Kunstgalerien kaufen. Den köstlichen kanadischen Ahornsirup findet man in ganz British Columbia.

Ladenschild im Fairhaven District von Bellingham

Schaufenster mit Antiquitäten im Sellwood District, Portland

Öffnungszeiten

Geschäfte haben generell an sieben Tagen pro Woche geöffnet, normalerweise von 9 oder 10 Uhr bis etwa 18 Uhr. Diverse Läden und Shopping Malls haben an einigen Abenden auch bis 21 Uhr geöffnet. Kleinere Läden öffnen um 10 Uhr und schließen um 18 Uhr. Sonntags oder montags haben sie oft geschlossen.

Sonderangebote

Regionalzeitungen sind eine gute Informationsquelle für bevorstehende Sonderverkäufe (»sales«). Bei den saisonalen Schlussverkäufen gibt es bis zu 70 Prozent Preisnachlass. An den Tagen – in einigen Fällen auch in den Wochen – nach Weihnachten gibt es besonders viele Sonderangebote und Preisnachlässe.

Bezahlung

Die meisten Läden akzeptieren die gängigen Kreditkarten. Reiseschecks werden bei Vorlage des Passes (ein Personalausweis oder Führerschein reicht meist nicht!) akzeptiert. In Läden in den USA wird nur US-Währung angenommen, in Kanada

Hutladen auf Granville Island, wo es viele Fachgeschäfte gibt

kann man mit Kanadischen und US-Dollar bezahlen. Der Umrechungskurs in kanadischen Läden ist allerdings meist nicht der günstigste. Tauschen Sie lieber Geld in Banken um.

Steuern

In den USA und in Kanada gibt es keine einheitliche Steuer wie die Mehrwertsteuer. Die »sales tax« ist daher je nach Bundesstaat oder Provinz unterschiedlich. In den USA wird sie auf Bezirksebene festgelegt und variiert stark. In Washington sind Steuern um acht oder neun Prozent (in Seattle um 8,9 Prozent) üblich. Von der Mehrwertsteuer ausgenommen sind in Seattle Waren, die ausländische Besucher kaufen – allerdings nur aus Ländern ohne Mehrwert-

Glasshouse – Seattles älteste Glasbläserei am Pioneer Square

steuer. Dazu muss man seinen Reisepass vorlegen – mit etwas Glück ziehen die Verkäufer dann die Steuer ab. Oregon hat keine »sales tax«. In British Columbia gibt es eine Provinzsteuer von sieben Prozent (PST) und eine staatliche Waren- und Servicesteuer von fünf Prozent (GST), Grundnahrungsmittel sind davon ausgenommen. Die Steuern müssen zu den angegebenen Preisen hinzugerechnet werden. Preisschilder an Waren sind immer netto – ohne Steuern – zu verstehen.

Umtausch

Bevor Sie eine Ware bezahlen, sollten Sie sich über die Umtausch- und Rückgabemodalitäten des Geschäfts informieren – eine genaue Beschreibung findet man meist an der Kasse. Einige Läden bieten bei Defekten die volle Rückerstattung des Kaufbetrags an, während andere davon Abstand nehmen oder bei Bedarf Verkaufsgutscheine ausgeben. Behalten Sie stets die Rechnung als Beleg. Bei Sonderangeboten gibt es kein Rückgaberecht.

Obststand auf dem Markt von Granville Island, Vancouver

Märkte

Bauernmärkte gibt es in den Städten und ländlichen Gemeinden im gesamten pazifischen Nordwesten. Dort kann man Obst und Gemüse der Region erstehen. Äpfel, Aprikosen, Pflaumen, Kirschen, Beeren, Tomaten und Zucchini sind gewöhnlich immer im Angebot. Einige Märkte verkaufen zudem Seafood, Backwaren, Blumen, Kunsthandwerk und Souvenirs aus der Gegend.

Weinverkauf im Château Ste. Michelle, Washington

Es gibt große, überdachte Märkte wie den **Granville Island Public Market** *(siehe S. 219)* in Vancouver und den **Pike Place Market** *(siehe S. 132–135)* in Seattle, mittelgroße Märkte im Freien wie den **Saturday Market** in der Old Town von Portland *(siehe S. 52f)* und Mini-Märkte, wo die Waren von Lkws auf Parkplätzen oder vom Feld aus verkauft werden. Die meisten größeren Märkte sind ganzjährig, die kleineren nur zu bestimmten Zeiten, meist von Frühjahr bis Herbst, geöffnet.

Factory Outlets

Spezielle Zentren für Fabrikverkauf (Outlet Centers) bieten teilweise bis zu 70 Prozent Preisnachlass auf verschiedene Waren.

In Oregon gibt es die **Columbia Gorge Factory Stores**. Sie liegen östlich von Portland in Troutdale. **Tanger Factory Outlet Center**, der größte Fabrikverkauf im Nordwesten, bietet steuerfreies Shopping. Die **Premium Outlets at North Bend** mit ihren 50 Läden liegen östlich von Seattle.

Zu British Columbias Fabrikverkaufszentren gehören **Roots** und **Danier Leather** in Coquitlam und New Westminster, östlich von Vancouver.

Wein

Im Nordwesten gibt es erstklassigen Pinot Noir, Chardonnay und Riesling. Zudem werden Dessertweine produziert – Spätlesen und Eisweine aus gefrorenen Trauben. Auch Pinot Gris und Pinot Blanc werden mittlerweile vermehrt angebaut.

Hunderte von Weingütern befinden sich im Willamette Valley *(siehe S. 98f)* in Oregon, im Yakima Valley *(siehe S. 191)* in Washington, in der Gegend um den Puget Sound sowie im Okanagan Valley *(siehe S. 259)* in British Columbia. Dort kann man Besichtigungstouren machen, Wein verkosten und auch direkt beim Erzeuger kaufen.

Winzereigenossenschaften in Oregon, Washington und British Columbia versorgen Besucher mit Karten und Infos für Events wie den Washington Wine Month (März), die Oregon Wine and Art Auction und das Okanagan Fall Wine Festival in British Columbia.

Laden für Drachen aller Art in Lincoln City, Oregon

Sport und Aktivurlaub

Die unglaublich vielfältigen und wunderschönen Landschaften des Nordwestens sind ideal für jede Art von Sport und Aktivurlaub: Das reicht von der Vogel- oder Walbeobachtung über Wandern und Angeln bis hin zu Sportarten wie Skifahren, Snowboarden, Tauchen und Wildwasser-Rafting. Informationen über Anbieter, Mietausrüstungen, Kurse oder Führungen erhält man bei den Tourismusbüros der US-Bundesstaaten oder der kanadischen Provinzen.

Dünen-Buggys in den Sanddünen bei Florence, Oregon

Drachenfliegen am Hood River in der Columbia River Gorge

Extremsport

Die spektakuläre Landschaft des Nordwestens bietet die Kulisse für Extremsportarten, etwa Paragliding, Drachenfliegen, Heißluftballonfahrten oder Fallschirmspringen. In Oregon haben Lakeview im Süden und Cape Kiwanda im Norden ideale Bedingungen für Hang- und Paragliding. Gleiches gilt für den **Lake Chelan** in Washington. Der beliebteste Ort für diese Sportarten in British Columbia ist Malahat nördlich von Victoria – mit herrlichem Blick auf die Halbinsel von Saanich und die Strait of Georgia. Weitere Informationen zu den beiden Sportarten in BC gibt es bei der **Hang Gliding and Paragliding Association of Canada**.

Die Fahrt im Heißluftballon zeigt die faszinierende Landschaft von oben: Wenn man über die Weinregion von Oregon fliegen möchte, sollte man sich an **Vista Balloon Adventures** wenden. In Washington kann man mit **Morning Glory Balloon Tours** einen Flug über das Methow Valley inklusive Champagnerfrühstück genießen. **Over the Rainbow** vermittelt Fahrten über das Weinbaugebiet von Woodinville.

Strände

Die Küsten des pazifischen Nordwestens gehören zu den landschaftlich schönsten der Welt: Auch wenn das Wasser im Allgemeinen recht kalt ist, kann ein Bad im Sommer Spaß machen.

Die **Oregon Dunes National Recreation Area** zwischen Florence und Coos Bay umfasst 12 800 Hektar an riesigen Sanddünen. Manche sind über 150 Meter hoch. Die Dünen – sie sind höher als die der Sahara – sind ideal für Sandboarding geeignet. Der ungefähr 1,6 Kilometer lange Umpqua Scenic Dunes Trail, 48 Kilometer südlich von Florence, besitzt die höchsten Dünen der Gegend. Den Blick vom Aussichtspunkt der Strandpromenade, 39 Kilometer nördlich von North Bend, sollte man auf keinen Fall versäumen.

Zu Oregons besten Stränden zählen die im **Oswald West State Park** und **Sunset Bay State Park**, der **Cannon Beach** sowie die Strände des **Samuel H. Boardman State Scenic Corridor** und bei Bandon *(siehe S. 97)*.

In Washingtons beliebtestem Staatspark liegen die Strände des **Deception Pass State Park** in der Nähe des Puget Sound. Nur 15 Minuten Fahrt von Seattles Innenstadt entfernt erstreckt sich **Alki Beach** *(siehe S. 159)*, von dem man einen fantastischen Blick auf die Skyline der Stadt und die Elliott Bay genießt. Weitere schöne Strände in Washington sind Dungeness Spit, die längste Salzwasser-Sandbank Nordamerikas, und der felsige Strand im **Olympic National Park**.

In British Columbia liegen die beliebtesten Strände an Vancouvers Küste: English Bay, Sunset *(siehe S. 220)*, Kitsilano, Jericho, Locarno, Spanish Banks sowie der Second und der Third Beach im Stanley Park *(siehe S. 226f)*. Besucher lieben auch die ruhige und schöne Küste der Gulf Islands *(siehe S. 255)*.

Sonnenhungrige am Kitsilano Beach in der English Bay, Vancouver

Sandboarding in der Oregon Dunes National Recreation Area

Vogelbeobachtung

Das ganze Jahr über stoßen Vogelbeobachter an den Küsten von Oregon und von Washington auf Seemöwen, Flussläufer, Regenpfeifer und Enten. British Columbia ist ein wichtiger Ort für Wasservögel sowie Falken auf ihren Wanderzügen. Die dort ansässige **Audubon Society** informiert über Vogelarten und gute Beobachtungsplätze im Nordwesten, z. B. das **Malheur National Wildlife Refuge** in Oregon, den Skagit River in Washington und das **George C. Reifel Migratory Bird Sanctuary** in British Columbia.

Camping

Viele Campingplätze im pazifischen Nordwesten liegen an abgeschiedenen Orten in freier Natur, in Stadtnähe oder direkt an Stränden. In allen Nationalparks und in den meisten anderweitigen Parks der Bundesstaaten und Provinzen gibt es gute Campingmöglichkeiten.

In den höheren Lagen der Region sind die Campingplätze meist von Mitte Juni bis einschließlich August geöffnet, in den Ebenen dagegen ganzjährig. Es gilt meist die Regel: Wer zuerst kommt, bekommt auch zuerst einen Platz.

Für Staatsparks in Oregon kann man bei **Reservations Northwest** einen Platz buchen, für Parks in Washington bei **Washington State Parks**. In Kanada reserviert man bei **Parks Canada** oder – für die Provinzparks – bei **Discover Camping**.

Kanu- und Kajakfahren

Kanu- und Kajakfahren sind eine einfache und umweltfreundliche Möglichkeit, die Schönheit der Gewässer und ihre Flora und Fauna kennenzulernen.

Der Puget Sound und die San Juan Islands sind für Kajakfahrer die beliebtesten Ziele im Pazifischen Ozean. Wildwasser-Rafting in Kajaks kann man auf vielen Flüssen in Washington betreiben. Kanufahrer schätzen den Lake Ozette im **Olympic National Park**.

In Oregon ist das Meer für Kajakfahrer meist zu rau. Die Buchten entlang der Küste und das Lewis and Clark National Wildlife Refuge am Columbia River sind besser geeignet, weil sie ruhigeres Wasser bieten. Alles rund um den Kajak- und Kanusport in den USA erfährt man auf der Website des **Arcadian Outdoor Guide**.

Wer die beiden Sportarten in British Columbia ausüben möchte, erhält Informationen bei der **Recreational Canoeing Association of BC**.

Wildwasser-Rafting in Kajaks auf dem McKenzie River in Oregon

Höhlentouren

Ob man nun »Profi-Höhlenforscher« ist oder einfach nur Lava und Tuffgestein sehen möchte – der Nordwesten bietet für jeden etwas. Zu den beliebtesten Höhlen gehören diejenigen des Oregon Caves National Monument, die Lava River Caves und die Sea Lion Caves, Gardner Cave in Washington und die Cody und Horne Lake Caves in BC.

Höhlen werden von der Außentemperatur wenig beeinflusst. Auch bei warmer Witterung herrschen dort ganzjährig etwa 10 °C. Deshalb sollte man entsprechende Kleidung und festes Schuhwerk tragen! Mehr Informationen zu den Höhlen des Nordwestens erhält man bei der **Cave Guiding Association of BC** oder bei der **National Caves Association**.

Mountainbiker bei Kamloops im Binnenland von BC

Radsport und Inlineskaten

Radfahren ist eine gesunde Art, um Land und Leute kennenzulernen. Die meisten Parks der Region haben ausgewiesene Radwege und einen Fahrradverleih mit Zubehör. Portland, Seattle, Vancouver und die meisten größeren Städte verfügen über Radwege, auf denen man auch gut skaten kann.

Einige Veranstalter bieten längere Radtouren in der Region an. **Bicycle Adventures** veranstaltet Touren durch Oregon, Washington, und Westkanada. Kontaktieren Sie die Tourismusbüros der Bundesstaaten und Provinzen, um

Inlineskater und Jogger am Green Lake, Seattle

mehr über Veranstalter zu erfahren. Karten von Radwegen in Washington gibt es bei der **Bicycle Hot Line**. Informationen über Radfahrmöglichkeiten in British Columbia erhalten Sie bei **Cycling BC**. Weitere Infos gibt es bei den Tourismusbüros vor Ort und bei den Fahrradverleihen.

Mietfahrräder am Friday Harbor, San Juan Island, Washington

Ökotourismus

Viele Veranstalter bieten Ökotouren an, die mit besonderer Rücksichtnahme auf Natur und Umwelt die landschaftlichen Schönheiten des Nordwestens zeigen. Führungen durch Areale in der Wildnis, Kajakfahrten rund um Washingtons San Juan Islands und Lamatrekking im Silver Falls State Park in Salem, Oregon, sind nur einige der gefragten Touren.

Mehr Informationen über diese Art von Tourismus, der bei Besuchern zunehmend beliebt wird, und über umweltgerechtes und sozial verantwortliches Reisen im Nordwesten erhält man bei der **International Ecotourism Society**.

Angeln

Der pazifische Nordwesten ist ein Paradies für Angler. Fischarten der Region sind u. a. Lachs, Fluss- und Seebarsch, Saibling, Regenbogenforelle, Heilbutt und Stör. Informationen zum Süßwasserangeln in den USA gibt es beim **Washington Department of Fish and Wildlife** oder beim **Oregon Department of Fish and Wildlife**. Die meisten Besucherzentren und Läden für Anglerbedarf können ebenfalls weiterhelfen.

Kanada ist ein Traum für Angler. Hier kontaktiert man das **Sport Fishing Institute** für Hinweise zum Sportangeln. Anfänger können auch Führer engagieren, die sie beraten. **Fisheries and Oceans Canada** vergibt Angelscheine zum Hochseeangeln.

Forellenangeln im idyllischen McKenzie River Valley, Oregon

Golf

Im Nordwesten können Golfer zwischen Plätzen mit Berg-, Küsten- oder Stadtblick wählen. Dank des milden Klimas kann man in vielen Gegenden ganzjährig diesem Vergnügen nachgehen.

Die meisten Golfplätze Oregons befinden sich um Portland und Bend-Redmond, einige gibt es auch an der Küste. In einigen Ferienorten Washingtons sind auch private Golfplätze vorhanden. Die meisten Golfanlagen in Städten sind öffentlich.

British Columbia verfügt über 200 Golfplätze (3- bis 18-Loch-Plätze). Ein Verzeichnis der privaten und öffentlichen Golfplätze erhält man in den Tourismusbüros der Bundesstaaten und Provinzen oder in den Büros vor Ort.

Golfspieler auf einem der vielen Golfplätze im Nordwesten

Wandern

Wanderwege führen über Berge, durch Wiesen und Wälder oder an der Küste entlang. In allen Parks der US-Bundesstaaten und kanadischen Provinzen gibt es gut ausgeschilderte, markierte Wanderwege unterschiedlicher Schwierigkeitsgrade. Infos erhält man in den Besucherzentren und bei der **American Hiking Society**. Die **Pacific Northwest Trail Association** informiert über den landschaftlich schönen, 1931 Kilometer langen Wanderweg von der Kontinentalscheide bis zum Pazifik.

Die meisten Wanderungen im Nordwesten bedürfen keiner großen Vorbereitung. Wenn Sie aber unbekannteres Gebiet erkunden wollen, sollten Sie einen erfahrenen Führer mitnehmen.

Bergsteigen und Klettern

Die Bergketten von Cascade, Coast und Rocky Mountains bieten unzählige Möglichkeiten zum Klettern und Bergsteigen. In Oregon organisieren **Timberline Mountain Guides** Trainings und geführte Klettertouren am Fels, im Schnee und im Eis. Felskletterer sollten den weltbekannten Smith Rocks State Park in der Nähe von Redmond besuchen, um eine der 1300 Kletterrouten auszuprobieren – einige gehören zu den schwierigsten der Welt.

Washington-Besucher können einen Führer mieten oder aber bei **North Cascades Mountain Guides** und **Rainier Mountaineering** ein Training absolvieren. Der **Peshastin Pinnacles State Park** wurde für Felskletterer eingerichtet.

Informationen über Bergsteigen und Klettern in BC erhält man bei der **Federation of Mountain Clubs of BC** oder **BC Parks**.

Segelboote auf dem Burrard Inlet vor West Vancouver

Wassersport

Die Pazifikküste, die Flüsse und die Seen des Nordwestens laden zum Wildwasser-Rafting, Tauchen, Schwimmen, Bootfahren, Surfen und Windsurfen ein.

Wildwasser-Rafting gehört zu den beliebtesten Sportarten der Region, vor allem in den Gewässern der Cascades. Interessante Ziele in Oregon sind u. a. Deschutes River, Snake River und John Day River, in Washington die Flüsse Wenatchee, Skykomish und Methow und in British Columbia der McKenzie River. Meist werden auch Grundkurse für

Windsurfer auf dem Hood River nahe der Columbia River Gorge

Anfänger angeboten. Um einen Rafting-Urlaub in den USA zu buchen, sollten Sie sich an die **River Riders** oder **Wildwater River Tours** in Washington wenden. In British Columbia sind die **BC Parks** zuständig. **Wedge Rafting** bietet neben Rafting auch Jetboot-Touren zu Wasserfällen an.

Die Küsten, vor allem am Puget Sound und an den San Juan Islands, bieten Tauchern die ganze Vielfalt ozeanischen Lebens. Über Sporttauchen in der Region informiert die Website von **3 Routes**.

Es gibt auch viele erstklassige Areale für Surfer – sowohl an der Pazifikküste als auch in der Meerenge von Juan de Fuca und im Umfeld der San Juan Islands.

Windsurfer finden in der Columbia River Gorge, einem Abschnitt des Columbia River, der die natürliche Grenze zwischen Washington und Oregon bildet, ideale Bedingungen und wunderschöne Landschaft. Der beliebte Columbia Gorge Sailpark in Oregon hat seichte Stellen für Anfänger.

British Columbias bestes Surfgebiet liegt in der Nähe von Squamish – der Name stammt von den Coast Salish und bedeutet »starker Wind«. Windsurfen ist auch an der Sunshine Coast in White Rock und am Jericho Beach in Vancouver beliebt.

Walbeobachtung

Walbeobachtung gehört im Nordwesten zu den populärsten Freizeitvergnügen, vor allem im Frühjahr und Sommer. Alljährlich wandern 20 000 Grauwale von Alaska nach Kalifornien und Mexiko. Die Tiere kann man von Booten oder direkt von den Küsten in Washington, Oregon und British Columbia aus bewundern. Einige Chartergesellschaften bieten auch Walbeobachtungs-Kreuzfahrten an.

Zu den besten Aussichtspunkten in Oregon gehören Cape Meares, Cape Lookout, Cape Kiwanda, Devil's Punchbowl, Cape Perpetua, Sea Lion Caves, Shore Acres State Park, Face Rock Wayside, Cape Blanco, Cape Sebastian und Harris Beach State Park.

In Washington sieht man Orcas (Große Schwertwale) rund um die San Juan Islands und im Puget Sound. San Juan Islands' **Lime Kiln Point State Park** ist der einzige US-Park für Walbeobachtung.

In Victoria, British Columbia, organisieren Dutzende von Unternehmen Touren. **Seacoast Expeditions** und **Five Star Whale Watching** bemühen sich um einen schonenden Wal-Tourismus. Das **Pacific Rim National Park Reserve** auf Vancouver Island ist als Ort für Walbeobachtung weltberühmt.

Wildwasser-Rafting auf dem Nahatlatch River im Südwesten von BC

Wintersport

Der Nordwesten bietet Abfahrten, Langlaufloipen und Areale für Snowboarder von Weltklasseniveau. Am Mount Bachelor in Oregon befindet sich eines der besten Skigebiete der USA. Im Sommer kann man an den Hängen des Mount Hood nahe der Timberline Lodge Ski fahren – dort trainiert auch die amerikanische Olympiamannschaft. Die meisten der 16 Skigebiete in Washington befinden sich in den Cascade Mountains, etwa am Mount Baker, am Stevens Pass und am Crystal Mountain *(siehe S. 186)*. Es gibt auch eine Reihe kleinerer Skigebiete im östlichen Teil des Bundesstaats. In British Columbia verwöhnt Whistler *(siehe S. 256f)* die Skifahrer mit Nordamerikas längster Abfahrt, 2800 Hektar Skigebiet, einem Terrain für Snowboarder, über 200 Wanderwegen und zwölf Abfahrten (nähere Infos bei **Tourism Whistler**).

Neben Snowboarden und Skifahren gibt es auch Möglichkeiten zum Schlittschuhlaufen, für Hundeschlittenfahrten und Heli-Skiing.

Gefahren im Freien

In den Nationalparks der kanadischen Rockies leben Grizzly- und Schwarzbären. Auch wenn man selten Bären

Snowboarder an den Mount Hood Meadows in Oregon

AUF EINEN BLICK

Extremsport

Hang Gliding and Paragliding Association of Canada
1-877 370 2078.
www.hpac.ca

Lake Chelan
www.chelanflyers.com

Morning Glory Balloon Tours
(509) 997 1700.
www.balloonwinthrop.com

Over the Rainbow
(425) 861 8611.
www.letsgoballooning.com

Vista Balloon Adventures
(503) 625 7385.
www.vistaballoon.com

Strände

Alki Beach
(206) 684 4075.
www.seattle.gov

Cannon Beach
(503) 436 2623.
www.cannonbeach.org

Deception Pass State Park
(360) 902 8844.
www.parks.wa.gov

Olympic National Park
(360) 565 3130.
www.nps.gov

Oregon Dunes National Recreation Area
(541) 271 6019.
www.fs.fed.us

Oswald West State Park
1-800 551 6949.
www.oregon.gov

Samuel H. Boardman State Scenic Corridor
1-800 551 6949.
www.oregon.gov

Sunset Bay State Park
1-800 551 6949.
www.oregon.gov

Vogelbeobachtung

Audubon Society
1-800 542 2748.
www.audubon.org

George C. Reifel Migratory Bird Sanctuary
(604) 946 6980.
www.reifelbirdsanctuary.com

Malheur National Wildlife Refuge
(541) 493 2612.
www.fws.gov

Ten Mile Creek Sanctuary
(541) 547 4227.

Camping

Discover Camping
(519) 826 6850 oder 1-800 689 9025.
www.discovercamping.ca

Parks Canada
1-888 773 8888.
www.pc.gc.ca

Reservations Northwest
1-800 452 5687.
www.oregon.gov

Washington State Parks
Reservierung: 1-888 226 7688.
www.parks.wa.gov

Kanu- und Kajakfahren

Arcadian Outdoor Guide
www.thetent.com

Olympic National Park
siehe Strände.

Recreational Canoeing Association of BC
(250) 592 4170.
www.bccanoe.com

Höhlentouren

Cave Guiding Association of BC
(250) 283-7144.

National Caves Association
(573) 836-2256.
www.cavern.com

Radsport und Inlineskaten

Bicycle Adventures
(425) 250-5540.
www.bicycleadventures.com

Bicycle Hot Line
(Washington)
(360) 705 7277.

Cycling BC
(604) 988-7783.
www.ccnbikes.com

Ökotourismus

International Ecotourism Society
(202) 506 5033.
www.ecotourism.org

sieht, sollte man die Vorschriften der Campingplätze beachten. Das Informationsblatt *You Are in Bear Country* der kanadischen Parks gibt Sicherheitstipps für den Fall, dass man Bären begegnet. Die Grundregeln: Nähern Sie sich niemals dem Tier, füttern Sie es nicht und rennen Sie nicht weg. Bären haben einen guten Geruchssinn: Lassen Sie beim Zelten kein Essen bzw. keine Essensreste herumliegen, sondern verstauen Sie diese im Auto oder hängen Sie sie weit entfernt in einen Baum. Weniger gefährlich, aber lästig sind Insekten. Meist hilft ein herkömmliches Antimückenspray. Trinken Sie kein Fluss- oder Seewasser, ohne es abzukochen. Folgende Dinge sollten Sie nicht vergessen: Karten, Kompass, Taschenlampe, Batterien, Sonnenbrille und Sonnenschutzmittel, Erste-Hilfe-Set, Insektenmittel, Taschenmesser, wasserdicht verpackte Streichhölzer und Feueranzünder.

Segeljacke mit Taschenlampe, Taschenmesser und weiterem Zubehör

AUF EINEN BLICK

Angeln

Fisheries and Oceans Canada
(613) 993 0999.
www.dfo-mpo.gc.ca

Oregon Department of Fish and Wildlife
(503) 947 6000.
www.dfw.state.or.us

Sport Fishing Institute
(604) 270 3439.
www.sportfishing.bc.ca

Washington Department of Fish and Wildlife
(360) 902 2200.
www.wdfw.wa.gov

Wandern

American Hiking Society
(301) 565 6704.
www.americanhiking. org

Pacific Northwest Trail Association
1-877 854 9415.
www.pnt.org

Bergsteigen und Klettern

BC Parks
www.env.gov.bc.ca

Federation of Mountain Clubs of BC
(604) 873 6096.
www.mountainclubs.bc.ca

North Cascades Mountain Guides
(509) 996 3194.
www.ncmountainguides.com

Peshastin Pinnacles State Park
www.parks.wa.gov

Rainier Mountaineering
1-888 892 5462.
www.rmiguides.com

Timberline Mountain Guides
(541) 312 9242.
www.timberlinemtguides.com

Wassersport

3 Routes
www.3routes.com

BC Parks
www.env.gov.bc.ca

River Riders
1-800 448 7238.
www.riverrider.com

Wedge Rafting
(604) 932 7171.
www.wedgeraftig.com

Wildwater River Tours
1-800 522 9453.
www.wildwater-river.com

Walbeobachtung

Five Star Whale Watching
(250) 388 7223.
www.5starwhales.com

Lime Kiln Point State Park
(360) 902 8844.
www.parks.wa.gov

Pacific Rim National Park Reserve
(250) 726 3500.
www.pc.gc.ca

Seacoast Expeditions
(250) 383 2254.
www.seacoastexpeditions.com

Wintersport

Tourism Whistler
1-877 991 9988.
www.whistler.com

Nationalparks

Crater Lake National Park
(541) 594 3000.
www.nps.gov

Kootenay National Park
(250) 347 9505.
www.pc.gc.ca

National Park Service
(510) 817 1300.
www.nps.gov

North Cascades National Park
(360) 854 7200.
www.nps.gov

Olympic National Park
(360) 565 3130.
www.nps.gov/olym

US Forest Service
1-800 832 1355.
www.fs.fed.us

Staatsparks und Provinzparks

Oregon State Parks
1-800 551 6949.
www.oregon.gov

Smith Rock State Park
1-800 551 6949.
www.oregon.gov

Washington State Parks
(360) 902 8844.
www.parks.wa.gov

Grund-informationen

Praktische Hinweise

Die Landschaft des Nordwestens zieht Besucher aus aller Welt an. Der Tourismus – in jüngerer Zeit zunehmend Ökotourismus – hat eine hervorragende Infrastruktur geschaffen: international geschätzte Unterkünfte, sehr viele Restaurants und effiziente Verkehrsmittel, die Besucher zu Land, zu Wasser und in der Luft überallhin bringen. Die folgenden Seiten enthalten nützliche Informationen für Urlauber, die den Nordwesten bereisen wollen. Das Kapitel »Sicherheit und Notfälle« *(siehe S. 328f)* informiert Sie über Vorsichtsmaßnahmen. Das Kapitel »Währung und Kommunikation« *(siehe S. 330f)* beantwortet Fragen zu Finanzen, Medien und Kommunikation. Im Anschluss finden Sie Reiseinformationen *(siehe S. 332–335)* mit Hinweisen zur Anreise und zum Autofahren.

Schild am Columbia River Highway

Information

Karten und Informationen zu Sehenswürdigkeiten, Veranstaltungen, Unterkunft und Führungen erhält man gratis bei **Travel Oregon**, **Washington State Tourism** und **Tourism British Columbia**. Diese Tourismusbüros bieten auch einen kostenlosen Reservierungsservice für alle Arten von Unterkünften oder vermitteln an Agenturen weiter. Die meisten Gemeinden im Nordwesten haben ebenfalls Büros oder saisonal besetzte Informationsstellen, die über Aktivitäten, Unterkünfte und Restaurants informieren.

Einreise

Bürger aus Deutschland, Österreich und der Schweiz können im Rahmen des Visa Waiver Program (VWP) bis zu 90 Tage visumfrei in die USA einreisen. Sie müssen dafür eine ESTA-Reisegenehmigung beantragen – spätestens 72 Stunden vor Antritt der Reise. Der Antrag kann nur auf der ESTA-Website gestellt werden (https://esta.cbp.dhs.gov). Hierbei werden 14 US-Dollar Gebühr fällig, zahlbar per Kreditkarte. Achtung: Sie sollten schon hier Ihre erste Adresse in den USA angeben – spätestens beim Zollformular muss diese Adresse genannt werden. Nehmen Sie den Ausdruck der ESTA-Genehmigung mit.

Erforderlich für die Einreise ohne Visum ist ein maschinenlesbarer Reisepass. Pässe, die nach dem 26. Oktober 2005 ausgestellt wurden, brauchen ein digitales Lichtbild, Pässe, die nach dem 26. Oktober 2006 ausgestellt wurden, einen Chip mit biometrischen Daten. Auch Kinder jeden Alters benötigen einen maschinenlesbaren Pass – und eine eigene ESTA-Genehmigung.

Seit 2004 werden von allen Reisenden bei der Einreise digitale Fingerabdrücke genommen und ein Foto erstellt. Seit 2005 muss man vor Reiseantritt ein APIS-Formular ausfüllen (Formular von der Fluglinie bzw. unter www.drv.de).

Hinweise zur Einreise in die USA finden Sie unter www.us-botschaft.de. Der Visa-Informationsdienst hat die Nummer 0900 185 0055 (in D).

Zur Einreise nach Kanada benötigen Sie einen noch sechs Monate lang gültigen Reisepass. Dies gilt auch für Kinder. Für Kinder unter 18 Jahren, die nicht mit beiden Eltern nach Kanada reisen, ist eine Kopie der Geburtsurkunde und eine Einverständniserklärung des nicht mitreisenden Elternteils erforderlich.

Crystal Mountain, Washington – ein fantastischer Ort für Wintersport

◁ Bergwanderer an den Hängen des Mount Rainier, Washington *(siehe S. 184f)*

Zoll

Besucher über 21 Jahre können einen Liter Alkohol, 200 Zigaretten sowie Geschenke (Wert: bis zu 100 US-Dollar) zollfrei in die USA einführen, Besucher von BC ab 19 Jahren bis zu 1,1 Liter Alkohol, 200 Zigaretten sowie Geschenke (Wert: bis zu 60 Kanadische Dollar).

Achtung: Für das Handgepäck auf Flügen gelten Flüssigkeitsbeschränkungen von 100 Milliliter pro Behältnis (Getränke, Medikamente, Shampoos etc.)

Besondere Zollbestimmungen für Waffen, Tiere, Lebensmittel, Geschenke oder Objekte, die dem Artenschutz unterliegen, etc. erfahren Sie unter: www.usembassy.de bzw. www.cbsa-asfc.gc.ca

Reisezeit

Die beste Reisezeit hängt sehr davon ab, was Sie im Nordwesten unternehmen wollen. Die Wintersaison ist ideal zum Skifahren und für anderen Wintersport. Wärmeres Wetter lädt zum Wandern, Radfahren, Angeln und zum Wassersport ein (siehe auch S. 30–33 zu jahreszeitlichen Events und zum Wetter im Nordwesten).

Die Hauptsaison dauert von Mitte Mai bis Ende September. In Portland, Seattle und Vancouver ist der Frühling oft regnerisch, mit Temperaturen zwischen 16 und 21 °C. An der Küste beträgt die mittlere Temperatur im Sommer 25 °C und klettert höchstens bis auf 29 °C. Die Regionen im Landesinneren und im Osten können deutlich wärmer sein als die Küstenregion.

Anfang September färben sich die Blätter der Bäume in höheren Regionen, sodass Ausflüge aufs Land besonders reizvoll sind. Im September und Anfang Oktober kann das Wetter in den drei großen Städten, vor allem in Seattle, erstaunlich trocken und sonnig sein. Ende Oktober beginnt der Herbst. Es wird kälter – und auch sehr nass!

Der Winter ist nicht gerade die günstigste Reisezeit für den Nordwesten – ausgenommen sind natürlich die Wintersportorte. Allerdings: Im Winter sind weniger Menschen unterwegs und die Hotelpreise günstiger. Schnee gibt es in den drei großen Küstenstädten selten. Im Landesinneren und im Osten kann es hingegen heftig schneien. Auf den Straßen ist es dann gefährlich, oder sie sind nicht befahrbar. Wenn Sie im Herbst oder Frühjahr von Westen nach Osten reisen wollen, informieren Sie sich über die Straßenbedingungen.

Räder und eine Windsurf-Ausrüstung in Hood River, Oregon

Öffnungszeiten und Eintrittspreise

Die meisten Geschäfte haben wochentags von 9 bis 17 Uhr geöffnet, in den Innenstadtbereichen von Seattle, Portland und Vancouver meist länger. Viele Läden haben auch am Wochenende geöffnet.

Banken sind von 9 oder 9.30 Uhr bis 16.30 oder 17 Uhr offen. Einige Filialen haben auch samstags einige Stunden geöffnet.

»Pioniere« im National Historic Oregon Trail Interpretive Center

Viele Sehenswürdigkeiten sind täglich offen, manche bleiben an Feiertagen (*siehe S. 33*) zu. Die meisten Museen und Sehenswürdigkeiten kosten Eintritt. Ermäßigungen gibt es für Familien, Kinder, Studenten und Senioren.

Steuern

Die Steuern sind in den beiden US-Bundesstaaten und in BC unterschiedlich. In Oregon beträgt die Hotelsteuer acht bis 12,5 Prozent. Es gibt keine Mehrwertsteuer. In Seattle beträgt die Hotelsteuer 15,6 Prozent, ist im übrigen Staat aber unterschiedlich. In Washington beträgt die »sales tax« acht bis neun Prozent (nicht für Lebensmittel).

British Columbia verlangt sieben Prozent Provinzsteuer (PST) und fünf Prozent Waren- und Servicesteuer (GST). Auf Hotelzimmern liegen GST, PST und zusätzlich drei Prozent Hotelsteuer.

Zeitzonen

Es gibt zwei Zeitzonen im Nordwesten: Pacific Standard Time (PST: 9 Std. Differenz zur MEZ) und Mountain Standard Time (MST: 8 Std. Differenz zur MEZ).

Washington und ein Großteil von British Columbia und Oregon liegen in der PST-Zone. Andere Teile von Oregon (an der Grenze zu

Restaurant mit Weinbar in Portlands South Park Blocks

Idaho) und Teile von British Columbia (an der Grenze zu Alberta) liegen in der MST-Zone. Am zweiten Sonntag im März werden die Uhren zur Sommerzeit eine Stunde vor- und am ersten Sonntag im November wieder eine Stunde zurückgestellt.

Etikette

Die Bekleidung im Nordwesten sollte wegen der Witterungsverhältnisse eher praktisch sein. Formellere Kleidung trägt man bei Theaterbesuchen, in edleren Restaurants und bei wichtigen Anlässen. Ausgewiesene Nacktbadezonen gibt es nur an wenigen Stränden. Achtung: In den USA ist es verboten, nackt oder oben ohne (dies gilt auch für kleine Mädchen) zu baden – außer an ausgewiesenen FKK-Stränden. Schon das Umziehen am Strand ist verpönt und kann Strafen nach sich ziehen. Das Stillen von Babys in der Öffentlichkeit sollten Frauen in »konservativen Gegenden« besser unterlassen.

Alkohol und Zigaretten

Alkohol gibt es in staatlichen Läden, Bier- und Weinläden sowie in Restaurants, Bars und Clubs mit Ausschankgenehmigung. Alkoholkonsum an öffentlichen Orten ist illegal, ebenso das Autofahren mit offenen Flaschen mit Alkohol. Das Mitführen von Alkohol in Staats- oder Nationalparks und in Indianerreservaten ist strikt verboten. Alkohol am Steuer ist grundsätzlich verboten. In Oregon und Washington muss man 21, in British Columbia 19 Jahre alt sein, um Alkohol trinken zu dürfen. Jünger aussehende Personen müssen sich oft mit Pass ausweisen.

In Oregon und Washington werden Zigaretten nur an Personen über 18 Jahre (in BC über 19 Jahre) verkauft. Rauchen ist in öffentlichen Gebäuden, Verkehrsmitteln, in Bars und Restaurants untersagt, teilweise auch an Stränden und in manchen Parks.

Trinkgeld

Trinkgeld ist in der Restaurantrechnung nicht enthalten. Für den Service in Restaurants, Bars und Clubs sowie für Führer (bei Touren) sollte man 15 bis 20 Prozent des Rechnungsbetrags als Trinkgeld geben. Portiers und Kofferträger erhalten mindestens einen Dollar pro Reisetasche oder Koffer, Garderobieren mindestens einen Dollar pro Kleidungsstück. Zimmermädchen bekommen ein bis zwei Dollar pro Tag.

Behinderte Reisende

Im Nordwesten gibt es einige der besten Einrichtungen und Urlaubsdomizile für Behinderte. Die meisten öffentlichen Gebäude, Hotels *(siehe S. 280)*, Verkehrsmittel und Veranstaltungsorte haben rollstuhlgerechte Zugänge – Ausnahmen sind einige ältere Gebäude und kleinere Veranstaltungsorte. Es gibt Taxis für Rollstuhlfahrer und günstig gelegene Parkplätze.

Die **Society for Accessible Travel and Hospitality** hilft mit Informationen weiter. Auskunft zu speziellen Sport- und Erholungsangeboten in British Columbia erhält man bei **BC Disability Games**.

Senioren

Für Senioren gibt es in Hotels, im öffentlichen Nahverkehr und für einige Dienstleistungen Ermäßigungen. Ein Ausweis mit Foto dient als Altersnachweis. Preisermäßigungen für Senioren bieten auch Amtrak und VIA sowie die Greyhound-Busse *(siehe S. 332f)*. Wenn Ermäßigungen nicht sichtbar ausgewiesen sind, sollten Sie beim Fahrkartenkauf einfach nachfragen.

Weitere Informationen gibt es bei der **American Association of Retired Persons** in den USA oder in Kanada. Zu Bildungsreisen für Leute ab 55 Jahren informiert **Elderhostel**.

Allein reisende Frauen

Der Nordwesten ist für allein reisende Frauen generell sicher. Allerdings sollten Sie die übliche Vorsicht walten lassen, also sich nicht nachts in Parks oder an einsamen Orten aufhalten.

Streichelzoo auf dem Bauernmarkt von Port Townsend, Washington

Das Oregon Museum of Science and Industry in Portland

Mit Kindern reisen

Der Nordwesten ist äußerst kinderfreundlich und bietet viele kindgerechte Attraktionen. Eintritte sind für Kinder unter fünf Jahren in Begleitung eines Erziehungsberechtigten oft umsonst. In den meisten Städten gilt dies auch für den öffentlichen Nahverkehr. Ältere Kinder und Jugendliche erhalten Fahrpreisermäßigungen.

Viele Hotels bieten Babybetten, Hochstühle und Babysitterservice. In Lokalen sind Kinder meist willkommen – nur in edleren Restaurants sollten Sie nachfragen. Denken Sie bei Mietwagen an die Reservierung eines Kindersitzes.

Studenten

Mit einem internationalen Studentenausweis (ISIC) der **International Student Travel Confederation** erhalten Studenten Ermäßigungen auf Reisekosten und zahlen für Kinos, Museen, Theater und viele Attraktionen weniger Eintritt. Den ISIC-Ausweis sollte man vor Reisebeginn beim Studentenwerk der jeweiligen Universität oder über das Internet (www.isic.com) erwerben. Es gibt für Studenten auch Ermäßigungen für Busse und Züge *(siehe S. 332f)* sowie den öffentlichen Nahverkehr. Besorgen Sie sich ein Exemplar des *ISIC Student Handbook* – es listet alle Orte auf, die Vergünstigungen anbieten, und gibt viele Reisetipps.

Mitglieder von **Hostelling International (HI)** können in den Unterkünften der HI im Nordwesten übernachten *(siehe S. 279)*. Fragen Sie in den HI-Regionalbüros nach weiteren Extras, etwa nach kostenlosen Shuttle-Bussen.

Umrechnungstabelle

Amerikanisch in Metrisch
1 inch = 2,5 Zentimeter
1 foot = 30 Zentimeter
1 mile = 1,6 Kilometer
1 ounce = 28 Gramm
1 pound = 454 Gramm
1 Can pint = 0,6 Liter
1 US pint = 0,5 Liter
1 US quart = 0,9 Liter
1 Can gallon = 4,6 Liter
1 US gallon = 3,8 Liter

Metrisch in Amerikanisch
1 Zentimeter = 0,4 inch
1 Meter = 3 feet, 3 inches
1 Kilometer = 0,6 mile
1 Gramm = 0,04 ounce
1 Kilogramm = 2,2 pounds
1 Liter = 1,8 Can pints/ 1,1 US quarts

Elektrizität

Die Netzspannung in den USA und in Kanada beträgt 110 bis 120 Volt (Wechselstrom). Um 230-Volt-Geräte (auch Ladegeräte für Akkus) zu betreiben, brauchen Sie einen Spannungsumwandler (Konverter) und einen Adapter für die Steckdosen. Dieses Gerät kaufen Sie am besten vor der Reise.

US-Standardstecker

AUF EINEN BLICK

Information

Tourism BC
1-800 435 5622.
www.hellobc.com

Travel Oregon
1-800 547 7842.
www.traveloregon.com

Washington State Tourism
1-800 544 1800.
www.experiencewa.com

Behinderte Reisende

BC Disability Games
PO Box 56037, RPO Valley Center, Langley, BC V3A 8B3.
(604) 530 7738.
www.bcdisabilitygames.org

Society for Accessible Travel and Hospitality
347 5th Ave, Suite 605, New York, NY 10016.
(212) 447-7284.
www.sath.org

Senioren

American Association of Retired Persons
601 E Street NW, Washington, DC 20049.
1-888 687 2277.
www.aarp.org

Elderhostel
11 Avenue de Lafayette, Boston, MA 02111-1746.
1-800 454 5768.
www.roadscholar.org

Studenten

Hostelling International
National Administrative Office, 8401 Colesville Rd, Suite 600, Silver Spring, MD 20910.
(301) 495 1240.
www.hiusa.org
www.hihostels.ca

International Student Travel Confederation
www.istc.org

STA Travel
In den USA: 1-800 781 4040.
www.statravel.com

Travel CUTS
In den USA: 1-800 592 2887.
In Kanada: 1-800 667 2887.
www.travelcuts.com

Hilfreiche Nummern

Auswärtiges Amt
(03018) 172 000 (Bürgerservice).

Canada Border Services Agency
www.cbsa.gc.ca

Canada Revenue Agency
(902) 432 5608.
www.cra-arc.gc.ca

Sicherheit und Notfälle

Krankenhausschild

Der Nordwesten ist zu Recht stolz auf die Sicherheit seiner Städte und die Gastfreundschaft seiner Bewohner. Straßenkriminalität ist selten, die Polizei allgegenwärtig. Dennoch sollte man stets aufmerksam sein und gefährliche Stadtviertel, nach denen man sich im Hotel oder bei den Tourismusbüros erkundigen kann, meiden. Auf dem Land sollten Sie sich vor plötzlichen Wetterumschwüngen und vor wilden Tieren in Acht nehmen. Nehmen Sie entsprechende Hinweise für die jeweilige Region ernst.

Persönliche Sicherheit

Beim Reisen sollte man ein paar Vorsichtsmaßnahmen beachten und seine Umgebung stets genau im Auge haben. Nehmen Sie Reiseschecks und kleinere Geldbeträge in einer sicheren Tasche oder Geldbörse mit. Geldbeutel gehören nicht in die Gesäßtasche! Taschendiebe sind oft gut gekleidet und treten häufig als Paar auf, meist an Flughäfen oder in Shopping Malls, wo sich größere Menschenmengen aufhalten. Lassen Sie am Flughafen oder beim Ein- und Auschecken im Hotel Ihr Gepäck nie aus den Augen. Diebstähle in Hotelzimmern sind zwar selten, doch Wertgegenstände wie Kreditkarten, Schmuck oder große Mengen Bargeld gehören in den Hotelsafe.

Beim Geldabheben sollten Sie einen Geldautomaten (ATM) in einer hellen, betriebsamen Gegend auswählen. Lassen Sie sich nie von einem Fremden über die Schulter schauen oder beim Benutzen der Karte helfen.

Reisende mit Auto sollten in gut ausgeleuchteten Garagen parken oder den Parkservice des Hotels in Anspruch nehmen. Lassen Sie niemals wertvolle Gegenstände im Auto liegen. Vergessen Sie nicht, abzuschließen und das leere Handschuhfach gut sichtbar geöffnet zu lassen. Auch während der Fahrt empfiehlt es sich, die Autotüren verschlossen zu halten.

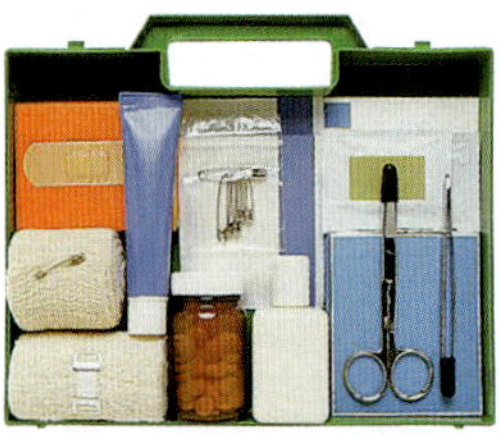

Erste-Hilfe-Set für die Versorgung in abgelegenen Regionen

Medizinische Versorgung

Die meisten Städte im Nordwesten haben eine Ambulanz, die für kleinere Verletzungen und Unfälle zuständig ist. Krankenhäuser mit Notaufnahme findet man im Telefonbuch *(Yellow Pages)*. Die medizinische Versorgung ist in den USA und in Kanada sehr gut, aber auch teuer – und erfolgt nur gegen Vorauskasse bzw. direkte Bezahlung. Man sollte deshalb unbedingt eine entsprechende Auslands-Reisekrankenversicherung abschließen.

Nicht verschreibungspflichtige Schmerzmittel und andere Medikamente sind in Drogerien *(drugstores)* erhältlich, die meist 24 Stunden lang geöffnet haben. Verschreibungspflichtige Medikamente erhält man nur in Apotheken (die oft in Supermärkten liegen). Wenn Sie auf verschreibungspflichtige Medikamente angewiesen sind, sollten Sie eine zusätzliche Packung und eine Kopie des Rezepts mit auf die Reise nehmen.

Beim Zelten oder Wandern in abgelegenen Gegenden ist es sinnvoll, ein Erste-Hilfe-Set dabeizuhaben.

Notfälle

Wählen Sie die 911, wenn Sie die Feuerwehr, die Polizei oder einen Krankenwagen benötigen. Außerhalb größerer Städte wählen Sie die 0. Der Anruf ist von jedem Telefon aus gebührenfrei. Die meisten Krankenhäuser haben rund um die Uhr eine Notaufnahme. Die Krankenhäuser in BC versorgen Sie zunächst auch ohne Krankenversicherung. In den USA muss man die Kosten vor der Behandlung zahlen oder eine gültige (private) Krankenversicherung nachweisen.

Gefahren im Freien

Bevor Sie Ihren Wander- oder Campingurlaub antreten, sollten Sie sich bei den Forstbehörden des jeweiligen Bundesstaats bzw. der Provinz nach Sicherheitsvorkehrungen für die Gegend erkundigen. Skifahrer und Snowboarder sollten Warnschilder beachten und auf den ausgewiesenen Abfahrten bleiben. Am besten unternimmt man Aktivitäten dieser Art in Begleitung.

Vorsicht, Elche!

Achtung, Lawinengefahr!

Eine weitere Gefahr stellen Insekten dar. Kriebelmücken *(black flies)*, die im Frühjahr auftreten, sind zwar lästig, aber relativ harmlos. Im Sommer gibt es jedoch Moskitos, die das gefährliche West-Nil-Fieber übertragen können. Zecken, die in trockenen, waldreichen Gegenden leben, können einen mit Lyme-Borreliose infizieren. Schützen Sie sich mit Insektenschutz und tragen Sie langärmlige Kleidung, lange Hosen und Socken. Wenn Sie gebissen wurden und daraufhin Symptome einer Erkältung bzw. Rötungen der Einstichstelle auftreten, sollten Sie sofort einen Arzt aufsuchen.

Beachten Sie die roten Schilder am Strand, die Muschelsammler vor Verunreinigungen warnen. Beim Zelten sollten Sie sich vor Pumas, Wölfen, Kojoten und Bären in

Polizisten auf Streife in Vancouver

Acht nehmen *(siehe S. 320f)*. Herumliegendes Essen lockt wilde Tiere an. Das Füttern wilder Tiere ist generell strikt verboten.

Polizei

Die Polizei von Portland und Seattle ist zu Fuß, auf dem Pferd oder per Motorrad präsent. Freiwillige Nachbarschafts-Schutzgruppen sind in manchen Gegenden ebenfalls auf »Patrouille«. Außerhalb von Stadtgebieten gibt es die Bezirkspolizei und Sheriffs. In British Columbia hat die Royal Canadian Mounted Police (RCMP) Polizeigewalt. Einige Bezirke haben ihre eigene Polizei. Zusätzlich gibt es privaten Wachschutz, den man beispielsweise an Flughäfen, auf öffentlichen Plätzen oder in der Innenstadt von Vancouver sieht.

Witze oder Bemerkungen über Bomben, Waffen und Terrorismus sind an Orten wie Flughäfen verboten. Bei entsprechenden Äußerungen läuft man Gefahr, verhaftet zu werden.

Alkohol am Steuer ist ein schlimmes Vergehen. Es ist verboten, offene Flaschen mit alkoholischem Inhalt im Auto mitzuführen. Polizeikontrollen bei auffälligem Fahren finden immer häufiger statt. Wer illegal Drogen mit sich führt, muss mit einer Anzeige und einer Verwahrung sowie einem lebenslangen Einreiseverbot rechnen.

Wenn Sie in den USA von der Polizei gestoppt werden, bleiben Sie im Auto sitzen, öffnen das Fenster und legen die Hände gut sichtbar aufs Steuer. Aussteigen empfinden Polizisten als Bedrohung.

Diebstahl und Fundsachen

Die Chance, verlorenes oder gestohlenes Eigentum zurückzuerhalten, ist ziemlich gering, dennoch sollte man den Vorfall umgehend der Polizei melden. Den Polizeibericht braucht man später für die Versicherung. Nehmen Sie immer Kopien wichtiger Dokumente wie Reisepass, Führerschein oder Kreditkarte mit. Den Verlust des Reisepasses sollten Sie sofort der nächstgelegenen Vertretung oder Botschaft Ihres Landes mitteilen. Wenn Sie anschließend direkt nach Hause zurückkehren, genügt ein zeitlich begrenztes Reisedokument. Wenn Sie jedoch weiterreisen, müssen Sie sich einen neuen Pass ausstellen lassen.

Weiblicher Park Ranger

Der Verlust von Kreditkarten und Reiseschecks sollte sofort angezeigt werden. Alle Anbieter haben eine entsprechende Notrufnummer *(siehe Kasten)*. Wenn Sie sich die Nummern Ihrer Reiseschecks notiert haben, erhalten Sie häufig innerhalb von 24 Stunden neue Schecks ausgestellt.

Bei Gegenständen, die Sie in Verkehrsmitteln oder im Taxi verloren haben, sollten Sie sich an die Fundbüros der Verkehrsgesellschaft oder an das jeweilige Taxiunternehmen wenden.

Reiseversicherung

Eine Reiseversicherung (in Kombination mit einer Krankenversicherung) ist für eine Reise in die USA und nach Kanada unabdingbar – die Kosten für die medizinische Versorgung, für Notfälle oder Stornogebühren liegen um ein Vielfaches höher als in Europa! Die Versicherungssumme für Arztkosten sollte mindestens eine Million Dollar abdecken, vor allem bei Reisen in die USA.

Bestimmte Kombi-Versicherungen kann man im Reisebüro abschließen, andere, etwa für zahnärztliche Notfälle, meist nicht. Kreditkarten *(siehe S. 330)* enthalten übrigens oft auch Versicherungsleistungen.

AUF EINEN BLICK

Notfälle

Polizei, Feuerwehr, Notarzt/Krankenwagen
In größeren Städten: 911, ansonsten: 0.

Krankenhäuser
411.

Generalkonsulate

Deutschland
San Francisco
(415) 775 1061.
Vancouver
(604) 684 8377.

Österreich
Los Angeles
(310) 444 9310.
Vancouver
(604) 687 3338.

Schweiz
San Francisco
(415) 788 2272.
Vancouver
(604) 684 2231.

***Adressen** der Generalkonsulate und weitere Konsulate unter:*
www.auswaertiges-amt.de
www.bmaa.gv.at
www.eda.admin.ch

Kreditkartenverlust

Allgem. Notrufnummer
(011) 49 116 116.

American Express
1-800 869 3016 (USA), (905) 474 0870 (Kanada).

Diners Club
1-800 234 6377 (USA), 1-800 363 3333 (Kanada).

MasterCard
1-800 627 8372 (USA), 1-800 307 7309 (Kanada).

Visa
1-800 847 2911 (USA und Kanada).

girocard
(011) 49 69 740 987.

Währung und Kommunikation

Die Währungen der USA und Kanadas sind der US-Dollar und der Kanadische Dollar, die jeweils in 100 Cent unterteilt sind. Münzen gibt es als 1 Cent (Penny), 5 Cent (Nickel), 10 Cent (Dime), 25 Cent (Quarter) und 1 Dollar (Buck, in Kanada »Loonie«). In Kanada gibt es eine 2-Dollar-Münze (Twonie). Banknoten (Bills) gibt es in beiden Ländern als 1- (nur USA), 5-, 10-, 20-, 50- und 100-Dollar-Scheine. In den USA ist eine (seltene) 2-Dollar-Note in Umlauf. Nehmen Sie etwas Bargeld in 20- und 50-Dollar-Scheinen mit und bezahlen Sie gleich damit. Auf diese Weise erhalten Sie mit dem Wechselgeld schnell Münzen. Fremdwährungen (z. B. Euro) in bar werden seit dem Siegeszug der Kreditkarten von Banken kaum noch umgetauscht.

Banken und Geldwechsel

Die meisten Banken haben von 9 oder 9.30 Uhr bis 16.30 oder 17 Uhr geöffnet. Banken in der Innenstadt haben häufig länger geöffnet, vor allem freitags. Die meisten Banken haben samstags geschlossen, alle sonntags und an gesetzlichen Feiertagen.

Wechselkurse für ausländische Währungen sind in den Banken ausgehängt. Allerdings kann man dort Bargeld kaum mehr wechseln. Wechseln kann man an Flughäfen oder bei Instituten wie **American Express** und **Travelex**.

Geldautomaten

Geldautomaten (ATMs) gibt es in allen Bankfilialen, in Einkaufszentren, an Tankstellen, in Lebensmittelgeschäften, Mini-Märkten, Bahnhöfen und am Flughafen. Durch sie (und fast nur noch durch sie) kommt man am einfachsten an einheimische Währung: Man hebt mit seiner Kreditkarte plus PIN Geld ab. Informieren Sie sich vorab bei Ihrer Bank, welche Gebühren dabei fällig werden.

Geldautomaten heißen in den USA ATMs (automated teller machines)

Die girocard kann in den USA und in Kanada nur noch dann an Geldautomaten benutzt werden, wenn Sie das Maestro- oder Cirrus-Zeichen trägt, nicht jedoch, wenn Sie das VPay-Zeichen trägt. In Läden wird die girocard generell nicht akzeptiert.

Reiseschecks

Reiseschecks (in US-Dollar oder Kanadischen Dollar) gehören zu den sichersten Möglichkeiten, »Bargeld« dabeizuhaben. Sie werden im Regelfall von Hotels, Restaurants und Läden akzeptiert, auf dem Land oder in abgelegenen Gegenden jedoch nicht immer.

Wählen Sie für Reiseschecks kleine Stückelungen, etwa 10- oder 20-Dollar-Schecks, da die meisten Verkäufer nur ungern viel Wechselgeld herausgeben. Um die Schecks in der Bank einzulösen, muss man seinen Reisepass vorlegen. Am bekanntesten sind die Reiseschecks von **American Express**.

Kreditkarten

Kreditkarten wie American Express, Visa, MasterCard und Diners Club werden fast überall akzeptiert – man kann damit seinen Kaffee ebenso bezahlen wie das Hotelzimmer. Das erlaubt einem, mit wenig Bargeld zu reisen. Unabdingbar ist eine Kreditkarte beim Einchecken in Hotels oder beim Anmieten eines Mietwagens.

Kreditkarten sind ein praktisches Zahlungsmittel auf Reisen

Wenn Ihre Kreditkarte eine zusätzliche Reiseversicherung enthält, sollten Sie die entsprechenden Unterlagen des Kreditkartenunternehmens in Kopie mit sich führen. Bevor Sie Ihre Reise antreten, sollten Sie sich die Notfallnummern *(siehe S. 329)* bei Verlust oder Diebstahl Ihrer Kreditkarte notieren.

Geldanweisung

Im Notfall kann man sich Geld anweisen lassen. **Western Union** bietet diesen elektronischen Service in Zusammenarbeit mit der Postbank an (Infos unter www.postbank.de/privatkunden/western_union_filiale.html).

Post

Postämter haben wochentags von 9 bis 17 Uhr geöffnet. Post kann man in die Briefkästen (an der Straße) einwerfen. In den USA sind diese blau, in Kanada rot. Auch Hotels nehmen meist Briefe und Postkarten an der Rezeption an.

Die Postzustellung innerhalb der USA oder Kanadas braucht ein bis fünf Werktage (länger dauert es, wenn die Postleitzahl fehlt). Post nach Übersee benötigt bis zu sieben Tage.

Kurierdienste und die Eilzustellung des US Postal Service und der Canada Post bieten kürzere Zustellzeiten an. Die Eilzustellung ist teurer als Normalpost, aber billiger als Kurierdienste.

Telefon

Öffentliche Telefone werden zwar weniger, man findet sie aber immer noch in Flughäfen und Bahnhöfen. Ein Gespräch kostet mindestens 50 Cent. Die meisten Geräte akzeptieren sowohl Münzen als auch Kreditkarten. Bei einem öffentlichen Fernsprecher finden Sie in der Regel auch Telefonbücher.

Für Ortsgespräche müssen Sie die Vorwahlnummer (Area Code) wählen, dann die siebenstellige Nummer. Bei Ferngesprächen innerhalb Nordamerikas und Kanadas müssen Sie zunächst eine 1 wählen, dann die Vorwahl- und die Telefonnummer. Bei **Gesprächen ins Ausland** müssen Sie 011 wählen, dann die Ländervorwahl (Deutschland: 49; Österreich: 43; Schweiz: 41), die Ortsvorwahl (ohne Null) und die Teilnehmernummer. Wenn Sie die Vermittlung/Auskunft benötigen, wählen Sie die 0.

Stumme Zeitungsverkäufer in Seattle

Mobiltelefone

Ein europäisches Handy (in den USA und Kanada *cell phone* oder *mobile phone* genannt) funktioniert nur dann überall, wenn es sich um ein Quadband-Mobiltelefon handelt. Achtung, falls Sie Ihr eigenes Handy mitführen: Erkundigen Sie sich bei Ihrem Provider über die anfallenden Roaming-Gebühren. Schalten Sie während Ihres Aufenthalts das sehr kostspielige Daten-Roaming am besten ab.

Für günstige Telefonate brauchen Sie eine US- oder kanadische Karte. Die Firma Cellion etwa bietet für USA-Reisende eine SIM-Karte mit eigener amerikanischer Rufnummer, bei der – ohne Nutzungsverpflichtung oder sonstige Gebühren – nur die Telefonate von Ihrem (deutschen) Bankkonto abgebucht werden (Infos unter www.cellion.de).

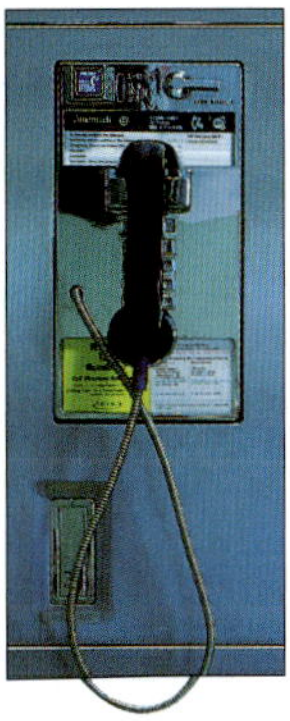
Münzfernsprecher

Internet

Internet-Zugang gibt es in den meisten Hotels (oft über WLAN), in vielen öffentlichen Büchereien und in Internet-Cafés. Die Gebühren sind in der Regel nicht hoch.

Kommunikation und Medien

An Zeitungsständen in den USA erhält man die meisten nationalen Zeitungen, darunter die *New York Times*, das *Wall Street Journal* und *USA Today*, sowie internationale Zeitungen. Regionalzeitungen gibt es bei stummen Zeitungsverkäufern, in Cafés und am Kiosk. Die meistgelesenen Zeitungen in Seattle sind *Seattle Times, The Seattle Weekly* und *The Stranger*. Portlands große Zeitungen sind der *Oregonian* und die *Willamette Week*.

Die vielen Fernsehkanäle der USA sind ein Phänomen an sich: Es gibt vier große Netzwerke – ABC, CBS, FOX und NBC – und viele verschiedene Kabelkanalanbieter. CNN sendet auf mehreren Kanälen Nachrichten rund um die Uhr. Viele Radiosender bringen Regionalnachrichten und den Wetterbericht. National Public Radio ist ein guter, werbefreier Nachrichtensender. Er ist über FM (UKW) zu empfangen.

Der *Globe and Mail* und die *National Post* sind die beiden großen Zeitungen Kanadas, die es, wie auch die internationalen Zeitungen, an jedem Zeitungsstand gibt. Vancouver besitzt zwei Tageszeitungen: *Vancouver Sun* und *The Province*. Kleinere Städte in BC haben ihre eigene Regionalzeitung.

CBC/Radio-Canada ist die staatliche Rundfunkanstalt Kanadas. Sie bietet Fernsehen und Radio – auf Englisch und Französisch.

VTV in Vancouver, die Tochter von Kanadas größtem Privatsender CTV, bringt ebenfalls täglich Nachrichten und Programme.

Vorwahlnummern

Oregon	
Portland, Salem, Astoria	**503/971**
Restliches Oregon	**541**
Washington	
Westliches Washington	
• Seattle	**206/564**
• Eastside	**425/564**
• Southside mit Tacoma	**253/564**
• Restliche Gebiete	**360/564**
Östliches Washington	**509**
British Columbia	
Vancouver/Lower Mainland	**604/778**
Restliches BC	**250/778**
Deutschland Direkt	
(R-Gespräch)	**1800 29 200 49**

AUF EINEN BLICK

American Express
1-800 528 4800 (verlorene oder gestohlene Reiseschecks).
www.americanexpress.com

Travelex
www.travelex.com

Western Union
In den USA und Kanada: 1-800 225 5227.
www.westernunion.com

Reiseinformationen

Die drei großen Flughäfen im Nordwesten liegen bei Vancouver (BC), Seattle (Washington) und Portland (Oregon). Die drei Großstädte können aber auch leicht per Zug oder per Auto und Bus über das hervorragende Highwaynetz erreicht werden. Auf einer Zugfahrt kann man bequem die Landschaft genießen. Busreisen sind relativ preisgünstig. Die Fahrt mit dem Auto ist besonders beliebt, da man auf diese Weise auch in die entlegensten Winkel gelangt. Im Nordwesten kann man zudem mit einer Fähre oder einem Kreuzfahrtschiff Panoramafahrten zwischen den Städten und den Inseln der Küstenregion unternehmen.

Startendes Flugzeug

Mit dem Flugzeug

Hauptflughafen Washingtons ist der **Sea-Tac International Airport** (SEA) zwischen Seattle und Tacoma. In Oregon liegt der **Portland International Airport** (PDX) nur wenige Meilen außerhalb der Stadt. Viele Fluggesellschaften fliegen diese Flughäfen an, doch Passagiere internationaler Flüge müssen oft in Seattle das Flugzeug wechseln, um nach Portland zu gelangen.

United Airlines und **Lufthansa** fliegen direkt zu den großen Städten des Nordwestens. **Austrian** und **Swiss** bieten Gabelflüge. **Alaska Airlines** und ihre Tochter **Horizon Air** fliegen kleinere Ziele an. **San Juan Airlines** und **Kenmore Air** verkehren zwischen Seattle und den San Juan Islands.

Der internationale Flughafen von British Columbia ist der **Vancouver International Airport** (YVR). Er wird von **Air Canada** und diversen internationalen Airlines angesteuert. Auch Lufthansa bietet Direktflüge. **WestJet** ist eine günstige kanadische Alternative, die mit großen Linien zusammenarbeitet. Air Canada fliegt fast alle Inlandsziele in BC an. Kleinere Fluggesellschaften wie **Harbour Air**, die zu den Gulf Islands fliegt, und **Hawkair**, die den Norden von BC ansteuert, bedienen kleinere Orte.

Flughafen-Transfer

Taxis und die günstigeren Shuttle-Busse verkehren an allen drei großen Flughäfen des Nordwestens. Manche Hotels bieten einen Flughafen-Transferservice. Günstig kommt man mit öffentlichen Verkehrsmitteln in die Städte. Die **MAX**-Züge fahren nach Portland. **Gray Line** bietet ebenfalls einen Flughafenservice. Seattles **Metro-Transit**-Busse fahren vom Sea-Tac Airport ab. Ebenso gibt es Light Rail-Züge in die Innenstadt.

TransLink-Busse und die Züge von **The Canada Line** verkehren zwischen Vancouver Airport und der Innenstadt von Vancouver.

Mit dem Bus

Nicht das bequemste, nicht das schnellste, aber das preiswerteste Verkehrsmittel ist der Bus – insbesondere für längere Strecken. Die Busse von **Greyhound** verkehren im ganzen Nordwesten. **Gray Line** und **Pacific Coach Lines** bieten Besichtigungsfahrten an. In der Regel gibt es Preisermäßigungen für Kinder, Studenten und Senioren.

Mit Greyhound-Bussen kann man preisgünstig reisen

Mit dem Zug

Für Reisen innerhalb der USA oder Kanadas ist der Zug ein geeignetes Verkehrsmittel. **Amtrak** fährt mehrmals täglich vom Mittleren Westen und von Kalifornien nach Washington und Oregon. Täglich verkehren auch Züge zwischen Vancouver, Seattle, Portland und Eugene, Oregon.

In British Columbia verkehrt **VIA Rail**. Das staatliche Zugunternehmen verbindet Vancouver mit dem restlichen Land. Es betreibt Zugverbindungen in acht kanadischen Provinzen. **Rocky Mountaineer Vacations** bieten reizvolle Fahrten nach Kamloops und weiter nach Jasper, Banff

Im Stil der italienischen Renaissance: Union Station (1896) in Portland

oder Calgary, Alberta. Reservierungen kann man über ein Reisebüro oder direkt bei VIA Rail vornehmen.

Mit dem Auto

Oregon, Washington und British Columbia besitzen ein dichtes Netz an Highways. Hauptverkehrsader zwischen Oregon und Washington ist die I-5, die in Richtung Norden nach British Columbia und in Richtung Süden nach Kalifornien führt. Die beste Route von Seattle ins östliche Washington ist die I-90. Von Portland führt die I-84 nach Osten.

Der Trans-Canada Highway durchquert British Columbia und verbindet die Provinz mit dem übrigen Kanada. Die Straßen nach Portland und Seattle sowie die US-Interstates (Autobahnen) sind mautfrei. Nur in BC gibt es einige gebührenpflichtige Highways. Höchstgeschwindigkeit und die Befolgung der Anschnallpflicht werden scharf überwacht.

Die amerikanisch-kanadische Grenze kann man an 16 Übergängen passieren. Die Einreisebestimmungen beider Länder *(siehe S. 324)* können sich kurzfristig ändern, informieren Sie sich vor der Reise auf der Website des Auswärtigen Amts. Für die USA und Kanada benötigt man nur den nationalen Führerschein, ein internationaler Führerschein (der nur zusammen mit dem nationalen gültig ist) wird aber empfohlen.

Amtrak-Züge verbinden bequemes Reisen mit Sightseeing

Fährhafen der Washington State Ferries in Port Townsend

Mit der Fähre

Fähren sind im Nordwesten ein wichtiges Transportmittel. Die **Washington State Ferries** *(siehe S. 163)* verkehren zwischen dem Festland von Washington und dem Puget Sound sowie den San Juan Islands. Sie fahren auch nach Sidney, BC, 27 Kilometer nördlich von Victoria.

Die **BC Ferries** verkehren auf 25 Routen entlang der Sunshine Coast, den Gulf Islands, Haida Gwaii (Queen Charlotte Islands), der Discovery Coast Passage und zwischen Festland und Vancouver Island. Es gibt zwei Häfen bei Vancouver: Tsawwassen und Horseshoe Bay. **Victoria Clipper** fährt nach Washington und von Victoria sowie Seattle zu den San Juan Islands.

AUF EINEN BLICK

Flughäfen

Portland International Airport
1-877 739 4636.
www.pdx.com

Sea-Tac International Airport
1-800 544 1965.
www.portseattle.org

Vancouver International Airport
(604) 207 7077.
www.yvr.ca

Fluglinien

Air Canada
1-888 247 2262.
www.aircanada.com

Alaska Airlines
1-800 252-7522.
www.alaskaair.com

Austrian Airlines
1-800 843 0002.
www.aua.com

Harbour Air
1-800 665 0212.
www.harbour-air.com

Hawkair
1-800 487 1216.
www.hawkair.ca

Horizon Airlines
1-800 252 7522.
www.alaskaair.com

Kenmore Air
1-866 435 9524.
www.kenmoreair.com

Lufthansa
1-800 645 3880 (USA), 1-800 563 5954 (Kanada).
www.lufthansa.de

San Juan Airlines
1-800 874 4434.
www.sanjuanairlines.com

Swiss
1-877 359 7949.
www.swiss.com

United Airlines
1-800 864 8331.
www.united.com

WestJet
1-888 937 8538.
www.westjet.com

Flughafen-Transfer

The Canada Line
(604) 673 6230.
www.thecanadaline.com

MAX (TriMet)
(503) 238 7433.
www.trimet.org

Metro Transit
(206) 553 3000.
http://metro.kingcounty.gov

TransLink
(604) 953 3333.
www.translink.ca

Busse

Gray Line
In Portland und Seattle: 1-800 422 9546. In Victoria: 1-800 667 0882.
www.grayline.com

Greyhound
In den USA: 1-800 231 2222. In Kanada: 1-800 661 8747.
www.greyhound.com (US)
www.greyhound.ca (Kan)

Pacific Coach Lines
1-800 661 1725.
www.pacificcoach.com

Züge

Amtrak
1-800 872 7245.
www.amtrak.com

Rocky Mountaineer Vacations
1-877 460 3200.
www.rockymountaineer.com

VIA Rail
1-888 842 7245.
www.viarail.ca

Fähren

BC Ferries
1-888 223 3779.
www.bcferries.com

Victoria Clipper
1-800 888 2535.
www.clippervacations.com

Washington State Ferries
1-800 843 3779.
www.wsdot.wa.gov

Mit dem Auto unterwegs

Die Schönheit abgelegener Regionen im Nordwesten kann man am besten mit dem Auto erkunden, etwa den Hells Canyon (Oregon), die Berge der Olympic Peninsula (Washington) oder das Okanagan Valley (British Columbia). In den großen Städten kommt man mit dem Auto nicht so gut voran. Es gibt wenig Parkplätze, und der Verkehr stockt während der Stoßzeiten. Informieren Sie sich im Radio und im Fernsehen über die Verkehrssituation und – vor allem im Winter – den Straßenzustand. Mietwagenfirmen gibt es an den Flughäfen und in Städten.

Führerschein und Versicherung

Man benötigt in den USA nicht unbedingt einen internationalen Führerschein, er wird allerdings empfohlen (in Verbindung mit dem nationalen Führerschein). Wagenpapiere bzw. bei Mietwagen den Mietvertrag müssen Sie stets dabeihaben.

In British Columbia können Sie sechs Monate lang mit dem Führerschein Ihres Heimatlandes fahren. Auch hier empfiehlt es sich aber, einen internationalen Führerschein mitzuführen.

Eine Kfz-Haftpflichtversicherung ist obligatorisch und wird bei einem Mietwagen mit dem Mietvertrag abgeschlossen. Lesen Sie sich die Konditionen genau durch. Falls Sie mit einem Privatwagen unterwegs sind, wenden Sie sich bei Fragen zur Versicherung in Kanada an die **British Columbia Automobile Association (BCAA)**, in den USA an die **American Automobile Association (AAA)**.

Verkehrsregeln

In den USA und in Kanada gibt es einige Abweichungen zu Europa. An haltenden Schulbussen mit Warnblinklicht darf man auch in Gegenrichtung nicht vorbeifahren. An roten Ampeln dürfen Rechtsabbieger nach einem kurzen Stopp vorsichtig weiterfahren, sofern nichts anderes angezeigt ist.

Entfernungen und Geschwindigkeitsbegrenzungen werden in den USA in Meilen angezeigt, in Kanada (meist) in Kilometern. Die Geschwindigkeitsbegrenzungen reichen von 25 mph (40 km/h) in Wohngebieten bis zu 65 mph (105 km/h) auf Highways. Auf den meisten größeren Highways findet man Spuren für Gemeinschaftsfahrer (»carpool lanes«), also ausschließlich für Autos mit zwei oder mehr Insassen.

Gleichberechtigte Kreuzungen gibt es auf dem Land häufig. Das erste ankommende Auto hat Vorfahrt. Ansonsten gilt rechts vor links. Im Kreisverkehr hat der Wagen im Kreisverkehr Vorfahrt.

Da der Verkehr in den Stadtgebieten und Vororten von Portland, Seattle und Vancouver ziemlich dicht sein kann, empfiehlt es sich, die Stoßzeiten (wochentags von 7.30 bis 9.30 Uhr und 15.30 bis 18 Uhr) zu meiden. In den Städten gibt es Parkuhren mit einer Parkdauer von 15 Minuten bis zwei Stunden.

Münzparkuhr

Sicherheitsgurte sind für alle Pkw-Insassen Pflicht. Für Kinder mit einem Gewicht unter 18 Kilogramm ist ein Kindersitz vorgeschrieben. Für Fahrrad- und Motorradfahrer besteht Helmpflicht. Fahren unter Alkohol- oder Drogeneinfluss wird mit hohen Strafen geahndet.

Bei einem Unfall sollten Sie die örtliche Polizei rufen – in Kanada kann das die Royal Canadian Mounted Police (RCMP) sein.

Der Columbia River Historic Highway in der Nähe von Rowena, Oregon

Sicherheit

Ein Sicherheitsrisiko stellen z. B. Schotterstraßen bei feuchter Witterung, heftigen Schneefällen und Glatteis dar. Auch Nebel kann, vor allem an der Küste, gefährlich werden. Bei Fahrten durch die Wildnis sind Taschenlampe, Zündkabel, Decken, Wasser, Proviant und eine Schaufel unabdingbar. Achten Sie auf den Verkehrsfunk und die Wettervorhersage – und tanken Sie den Wagen voll. Falls Sie vorhaben, auf matschigen oder unbefestigten Straßen zu fahren, sollten Sie ein Auto mit Vierradantrieb mieten.

Im Frühjahr und im Sommer kreuzen bisweilen wilde Tiere wie Bären, Rotwild und Elche die Straße, Verkehrsschilder weisen darauf hin.

Mietwagen

Autovermietungen wie **Alamo**, **Avis**, **Budget**, **Enterprise**, **Hertz**, **National** und **Thrifty** findet man in den Städten und an Flughäfen.

Um in den USA oder in Kanada ein Auto zu mieten,

Tempolimit

Tankstelle

Schleudergefahr

Rastplatz

Wildwechsel

muss man 21 Jahre alt sein und einen gültigen Führerschein besitzen. Unter 25 Jahren zahlt man häufig eine höhere Versicherungsgebühr. Falls Sie bei der Firma keinen größeren Barbetrag als Sicherheit hinterlegen möchten, sollten Sie im Besitz einer der gängigen Kreditkarten sein. Die Anmietung per Telefon oder online im Heimatland ist günstiger als vor Ort.

Wählen Sie ein Auto, das Ihren Bedürfnissen entspricht: ein kleines Auto oder eine Limousine, um in der Stadt zu fahren, einen robusteren Wagen für eine Tour durch die Berge – vor allem zwischen Oktober und April. Man kann auch Wohnmobile (RVs) mieten. Sie sind teurer und müssen rechtzeitig reserviert werden. Viele Firmen vermieten keine Autos, wenn sie wissen, dass Sie auf Schotterstraßen unterwegs sein werden und der Lack beschädigt werden könnte. Mieten Sie dann ein Auto direkt vor Ort.

Tanken

Moderne Autos fahren auch in den USA und in Kanada mit unverbleitem *(unleaded)* Benzin, das in den USA nach Gallonen und in Kanada literweise verkauft wird. Die Benzinpreise in den USA sind im Vergleich zu Europa immer noch relativ billig, in Kanada allerdings höher als in den USA.

Tankstellen haben gewöhnlich Selbstbedienung (außer in Oregon). Viele sind über Nacht geschlossen. Achten Sie darauf, dass Ihr Tank immer voll ist, wenn Sie in den Bergen unterwegs sein oder durch abgelegene Gegenden fahren wollen.

Pannenhilfe

Überall in den USA und in Kanada gibt es 24-Stunden-Pannenhilfen. Im Fall einer Panne oder eines Unfalls erreichen Sie die **American Automobile Association (AAA)**, die **Canadian Automobile Association (CAA)** oder die **British Columbia Automobile Association** alle unter der Nummer 1-800 222 4357. Sie müssen Ihren Namen, den Wagentyp, das Kennzeichen und den Unfallort angeben.

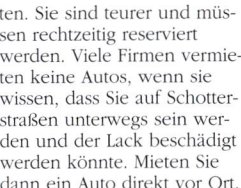

AVIS
Schild der Autovermietung

Der **ADAC** unterhält eine eigene Notrufstation (mit deutschsprachigen Mitarbeitern) für die USA und Kanada. Halten Sie bei einem Anruf Ihre Mitgliedsnummer bereit. Außerdem ist der ADAC mit der AAA, der CAA und der BCAA zusammengeschlossen. ADAC-Mitglieder profitieren von deren Bonusprogrammen, z. B. bei Hotelermäßigungen oder auch bei einem Schadensfall.

Selbstbedienungs-Tankstelle an einem der großen Highways

AUF EINEN BLICK

Straßenzustandsbericht

British Columbia
www.drivebc.ca

Oregon
1-800 977 6368.
www.tripcheck.com

Washington
1-800 695 7623.
www.wsdot.wa.gov

Mietwagen

Alamo
1-877 222 9075.
www.alamo.com

Avis
1-800 230 4898.
www.avis.com

Budget
1-800 527 0700.
www.budget.com

Enterprise
1-800 261 7331.
www.enterprise.com

Hertz
1-800 654 3131.
www.hertz.com

National
1-877 222 9058.
www.nationalcar.com

Thrifty
1-800 847 4389.
www.thrifty.com

Pannenhilfe

ADAC
1-888 222 1373.

American Automobile Association (AAA)
1-800 222 4357.
www.aaa.com

British Columbia Automobile Association
*Im Landesinneren von BC: (604) 293 2222 oder *222 (Handy). In anderen Regionen Kanadas und in den USA: 1-800 222 4357.*
www.bcaa.bc.ca

Canadian Automobile Association
1-800 222 4357.
www.caa.ca

Textregister

Seitenzahlen in **Fettdruck** verweisen auf Haupteinträge.

C

L

N

S

T

U

X

Y

Z

Danksagung und Bildnachweis

Dorling Kindersley und International Book Productions bedanken sich bei den folgenden Personen, die dieses Buch möglich gemacht haben.

Hauptautoren

Stephen Brewer lebt als Reiseschriftsteller in New York. Er stammt aus Oregon, das er bis heute so oft wie möglich besucht.

Constance Brissenden blickt auf eine 25-jährige Reiseerfahrung in British Columbia zurück. Die Autorin lebt in Vancouver und hat zwölf Reiseführer und Geschichtsbände veröffentlicht.

Anita Carmin stammt aus Seattle und hat als Reisejournalistin über viele Themen geschrieben – über die Ballsäle Europas ebenso wie über einsame Lagunen im Dschungel von Yucatan.

Weitere Autoren

Allison Austin, Cora Lee

Ergänzende Bildrecherche

Rachel Barber, Rhiannon Furbear, Ellen Root

Ergänzende Fotografien

William Carleton, Frank Jenkins, Helen Townsend, Lisa Voormeij, Peter Wilson

Kartografie

VISU*TronX*, Ajax, Ontario, Canada

Korrektur

Garry Bowers

Register

Barbara Sale Schon

Dorling Kindersley, London

Publisher Douglas Amrine
Publishing Manager Helen Townsend
Art Editor Ian Midson
Kartografie Casper Morris
DTP Jason Little, Conrad Van Dyk
Bildredaktion Claire Bowers
Korrektur Lucilla Watson
Redaktions- und Produktionsassistenz
Claire Baranowski, Uma Bhattacharya, Jo Cowen, Gadi Farfour, Lydia Halliday, Vinod Harish, Mohammad Hassan, Andrew Hempstead, Rose Hudson, Jacky Jackson, Jasneet Kaur, Priya Kukadia, Vincent Kurien, Maite Lantaron, Hayley Maher, Alison McGill, James McQuillen, Kate Molan, Catherine Palmi, Marianne Petrou, Pete Quinlan, Rada Radojicic, Marisa Renzullo, Sands Publishing Solutions, Azeem Siddiqui, Sadie Smith, Helen Townsend, Hugo Wilkinson, Karen Villabona, Lisa Voormeij.

Weitere Unterstützung

Dorling Kindersley bedankt sich bei den folgenden Personen und Institutionen für besondere Unterstützung: Amy Buranski, Experience Music Project; Cindy Bjorklund und Tim Manns, National Park Service; Perry Cooper, Seattle Center; Ardie Davis, Domaine Serene; Courtney Hallam; Angelika Harris; Leslie Lambert, Nathalie Levesque und Natalie Stone, National Archives of Canada; Donald Olson; Jeffrey Richstone; Dana Selover; Tammy Walker, Walla Walla Chamber of Commerce.

Genehmigung für Fotografien

Dorling Kindersley bedankt sich bei den folgenden Personen und Institutionen für die freundliche Erlaubnis zum Fotografieren und für die Genehmigung zum Abdruck der Bilder: American Advertising Museum; Capilano Suspension Bridge and Park; Catch the Wind Kite Shop; Christ Church Cathedral; End of Oregon Trail; Evergreen Aviation Museum; Experience Music Project; Fraser – Fort George Regional Museum; Governor Hotel; Granville Island Public Market; Helmcken House; Klondike Gold Rush National Historic Park; Multnomah County Library; Museum of Flight; National Historic Oregon Trail Interpretive Center; Oregon Maritime Center; Oregon Museum of Science and Industry; Pacific Place; Pioneer Place; Port Townsend Farmers Market; Portland Art Museum; Powell's City of Books; Seattle Aquarium; Seattle Children's Museum; Tillamook County Creamery Association; Victoria Bay Centre; Victoria Parliament Buildings.

Bildnachweis

Dorling Kindersley hat sich bemüht, alle Urheber von Bildrechten ausfindig zu machen. Sollte dies in einigen Fällen nicht gelungen sein, bitten wir, dies zu entschuldigen und uns zu benachrichtigen. In der nächsten Auflage werden wir versäumte Nennungen nachholen.

o = oben; m = Mitte; u = unten; l = links; r = rechts; a = Ausschnitt.

Kunstwerke wurden mit freundlicher Genehmigung folgender Rechte-Inhaber abgedruckt:

Steve Badanes, Will Martin, Donna Walter und Ross Whitehead *Fremont Troll*, 1990 158ul; Jonathan Borofsky *Hammering Man* 120, 128or; Richard Beyer *People Waiting for the Interurban* 158o; Neototems Children's Garden, ein Kunstwerk von Gloria Bornstein © 2002 142o; Dale Chihuly *Benaroya Hall Silver Chandelier* 1998 129o; City of Vancouver: *Percy Williams* von Ann McLaren 1996 212m; *Captain John Deighton (Gassy Jack)* von Vern Simpson 1970 201m, 204ol; *The Crab* von George Norris 1968 221o; *Girl in a Wetsuit* von Elek Imredy 1972 226o; *Gateway to the Pacific Northwest* von Alan Chung Hung 1980 220m; *Inukshuk* von Alvin Kanak 1986 26o, 196ol; *Chinatown Millennium Gate* von Joe Y. Wai Architect, Inc 2002 204u; Experience Music Project: Goldene Schallplatte von Jimi Hendrix 141o; Georgia Gerber, *Rachel the market pig* 133ul; *Themis Goddess of Justice* von Jack Harman 1982 208ol; *Allow Me* von J. Seward Johnson, Jr., lebensgroße Bronzeskulptur. Bild mit Genehmigung von The Sculpture Foundation info@tsfmail.com 1981 57o; © Raymond Kaskey 1985 *Portlandia* 63m; Eric Metcalfe *Attic Project* 218u; Jack Mackie *Dance Steps on Broadway* 1981 153ul; Portland Art Museum: Kunstwerk im Innenhof 58or; Seattle Public Utilities »Kanaldeckelkunst« 118ol, 122ol; Alan Storey *Broken Column* 211m; *Logger's Culls*, ca. 1935, Öl auf Leinwand, Vancouver Art Gallery, VAG 39.1, Foto: Trevor Mills 211o; Hai Ying Wu *The Fallen Firefighters' Memorial* 1998 122ml.

Dorling Kindersley dankt folgenden Personen, Institutionen und Bildarchiven für die freundliche Erlaubnis zum Abdruck ihrer Fotografien:

4Corners Images: SIME/Hans-Peter Huber 11mro.
Alamy Images: Pat Canova 122ml; Danita Delimont/Janis Miglavs 10mlo; Mike Finn-Kelcey 212mo; ImageState/Randa Bishop 221ol; Dennis MacDonald 10om; Brad Mitchell 181om; Bernard O'Kane *Perre's Ventaglio III* von Beverly Pepper, 1967 144ol.
© Alaska Division of Tourism: 274u; © Joel Bennett 274ml; © Harold Wilson ADF & G 274mr; © White Pass & Yukon Railroad 275o; © Mark Wayne 275mo; 275mu; 275u.
Amazon.com, Inc: 41u.

BC Archives: PDP00289 34; PDP04222 35m; PDP03716 38m.
Bellingham/Whatcom County Convention and Visitors Bureau: Jim Poth 18o; Island Mariner Cruises 23o; Keith Lazelle 23mo; Island Mariner Cruises 95ur.
The Boeing Company: 41m.
Broussard Communications: John Valls 297ul.
Pearl Bucknall: photgraphersdirect.com 217ur.
Château Benoit: Ashley Smith 98u.
Château Ste. Michelle: 45u, 181u, 315o.
The Children's Museum, Seattle: 148om.
City of Vancouver Archives: Stuart Thomson Foto CVA 99-2507 27ur; C. Bradbury Foto SGN 1551 36m; Harry T. Devine Foto LGN 1045 203u; W. Chapman Foto CVA 677-441 221u.
CN IMAX Theatre at Canada Place: 202o.
Columbia Hospitality: 136ur.
Convention & Visitors Association of Lane County Oregon: Vordere Umschlaginnenseiten u, Sea Lion Caves 22o; Sally McAleer 28ml; Darrel Lindblad 27mr; Norm Coyer 29ol; 86; 96ol; Sally McAleer 96u; Sandland Adventures 96m; Michael Chafron 99m; Dianne Dietrick Leis 101o; Sandland Adventures 316o; Lon Beale 317o; Sally McAleer 317u; Randy Siner 318mr; Dick Dietrich 318u.
Corbis: Christophe Boisvieux 11um; © Museum of History and Industry/Wilse 123ur.
Mit freundlicher Erlaubnis der **Colorado Historical Society:** CHS.J1449, William Henry Jackson 39m.
Crystal Mountain: Jeremy Martinson www.cascaonline.com 186o, 186u, 324u.
Crystal Springs Rhododendron Garden: Barbara L. Darval 74or.
Denver Public Library, Western History Collection: X-31120 27ul, X-31012 27um, Z-244 37m.
Domaine Serene: 98m.
Dorst, Adrian: 255m.
Dreamstime.com: Steve Rosset Vordere Umschlaginnenseiten ol, 194–195.
L'École No. 41 Winery: Brent Bergherm 192or.
Experience Music Project: 147um, 147om; Stanley Smith 146o; Lara Swimmer 146u.
Fairmont Hotel Vancouver: 210or.
Fernie Alpine Resort: 261o, 262m.
Four Seasons Olympic Hotel: Fotos von Robb Gordon 119or, 128u.
Getty Images: altrendo nature 10ur; Stone/Chuck Pefley 11ol.
Governor Hotel: 48mlu.
Granville Island: 214.
Granville Island Brewing: 216ol.
Granville Island Museums: 219ul.
Gunter Marx – Stock Photos: 2–3, 22ul, 24m–25m, 25u, 31o, 32o, 33u, 175o, 188o, 222, 254m, 254u, 255u, 256m, 267m, 268o, 270u, 273u, 319u.
Hells Canyon Adventures: Ed Riche 115u, 115m.
Hemispheres Images: Camille Moirenc 244ul; Phillipe Renault 328mlo.
Imes, Chuck: Medford, OR 58ol.
John Day Fossil Beds National Monument: mit freundlicher Genehmigung des National Park Service and NWIA 111m.
Kamloops Tourism: 317m.
Koocanusa Publications: 261u.
Mit freundlicher Erlaubnis von **Leavenworth Chamber of Commerce:** 33o.
Leonardo Media Ltd: 60ur.
H.R. Macmillan Space Centre: 221mro.
Maritime Discovery Center: 118mu.
Medicine Wheel Website Design: 190ol.
Microsoft: 159um.
Mount St. Helens National Volcanic Monument: 20u, 41o, 193ml.
MSCUA, University of Washington Libraries: UW4215 117m, UW6991 124ur, A. Curtis 63021 37m, UW10921 39o.
The Museum of Flight: 159mr.
National Archives of Canada: E. Sandys C-011040 8; Thomas Mower Martin C-114455 9m; Theodore J. Richardson C-102057 26m–27m; William George Richardson Hind C-13978 26u; John B. Wilkinson C-150276 27o; Robert Petley C-103533 35u; Peter Rindisbacher C-001904 36mu; Alfred Jacob Miller C-000411 36o; Henry James Warre C-001621 37u, C-001623 38ur; Charles William Jefferys C-70270 37o; Robert William Rutherford C-09870 38ul; Lady Frances Musgrave C-35986 40o; Edward Roper C-011035 195m, R9266-350 277m; 211ur; Edward D. Panter-Downes C-009561 42; Washington F. Friend C-129778 43m; Capt. Francis G. Coleridge C-102427 323m.
National Park Service: 21o, 25mo, 108o, 188u, 188m, 189ul, 189ur, 189m.
New-Small and Sterling Studio Glass Ltd: © David New-Small 215o; Foto: Erica Henderson 217m; © David New-Small, Foto: Kenji Nagai 218m.
Northern BC Tourism Association: 269ur.
Northern Rockies Regional District & Town of Fort Nelson: Hank Schut 269or.
Oregon Coast Aquarium: 95ul.
Orpheum Theatre: Foto: David Blue 233o.
Pike Place Market Preservation & Development Authority: 40ur, 134ul.
Photolibrary: Jtb Photo Communications 209ur.
Royal British Columbia Museum: 252u, 252mu, 252mo, 252o, 253m, 253u, 253o.
Seattle Aquarium: 138ur, 138or, 139ul, 139mr, 139or; Bryce Mohan Photography 138ml, 139mru.
Seattle Center: Foto von Carson Jones 142o; 145ur.
Seattle Children's Theatre: Chris Bennion 161u.
Seattle's Convention and Visitors Bureau: 123u, 138o.
Southwest Washington Convention & Visitors Bureau: 193m.
Terra Galleria Photography: 189o.
Tillicum Village: 181mr.
Tips Images: Andreas Pistolesi 214.
University of British Columbia – Museum of Anthropology: 230u, 230mu, 231u, 231m.
Vancouver Art Gallery, VAG: 39.1, E. Carr *Logger's Culls*, ca. 1935, Öl auf Leinwand, Foto: Trevor Mills 211o.
Vancouver Opera: Tim Matheson 233u.
Viewfinders: 30u, 31u, 66, 87u, 92ur, 97u, 97o, 103u, 105u, 106u, 106m, 107u, 107o, 108u, 108m, 109u, 109m, 110ol, 111u, 114u, 114m, 115o, 174u, 174or, 175u, 175o, 178or, 179m, 179o, 183u, 191o, 192u, 320o.
Walla Walla Chamber of Commerce: 30o, 191u.
Woodland Park Zoo: Rice Brewer 157mro; Dennis Conner 156ol/mo/mu, 157o; Agnes Overbaugh 157um.
World Pictures: 270o.

Modifizierte Reliefkarten von VISU*TronX* von: Mountain High Maps® Copyright © 1993 Digital Wisdom Inc.

Umschlag
Vorderseite: **SuperStock:** Carmel Studios.
Rückseite: **Corbis:** All Canada Photos/Chris Cheadle ul; **Dorling Kindersley:** Tim Draper mlu, Bruce Forster mlo, Scott Pitts ol.
Buchrücken: **SuperStock:** Carmel Studios o; **DK Images:** Gunter Marx u.

DORLING KINDERSLEY
www.traveldk.com

A
B
C
1
2
3
4
5
Straßenkarte 1:
Oregon und Washington
KANADA
BRITISH COLUMBIA
WASHINGTON
OREGON
IDAHO
NEVADA
CALIFORNIA
VEREINIGTE STAATEN VON AMERIKA
Vernon
Okanagan Lake
Kelowna
Penticton
Nelson
Trail
North Vancouver
Vancouver
Richmond
Surrey
Chilliwack
Hope
Abbotsford
Ladysmith
Duncan
Victoria
Esquimalt
Bellingham
San Juan Islands
Anacortes
Mount Vernon
La Conner
Oak Harbor
Port Townsend
Cape Flattery
Port Angeles
OLYMPIC PENINSULA
Whidbey Island
Everett
Edmonds
Woodinville
Redmond
Bainbridge Island
Bremerton
Seattle
Snoqualmie
SNOQUALMIE FALLS
Kent
Auburn
Tacoma
Aberdeen
Olympia
Lacey
Grays Harbor
Willapa Bay
Centralia
CRYSTAL MOUNTAIN
MOUNT RAINIER NATIONAL PARK
Ellensburg
Yakima
YAKIMA VALLEY
NORTH CASCADES NATIONAL PARK
Winthrop
Stehekin
Lake Chelan
Leavenworth
Wenatchee
Ephrata
Moses Lake
Potholes Reservoir
Banks Lake
GRAND COULEE DAM
Wilbur
Republic
Franklin D. Roosevelt Lake
Columbia River
Chewelah
Pend Oreille River
Priest Lake
Spokane
Spokane River
Cœur d'Alene
Cœur d'Alene Lake
Pullman
Moscow
Lewiston
Snake River
Cape Disappointment
Astoria
Longview
MOUNT ST. HELENS NATIONAL VOLCANIC MONUMENT
Sunnyside
Richland
Pasco
Kennewick
WASHINGTON WINE COUNTRY
Walla Walla
Cannon Beach
Tillamook Bay
Cape Meares
Tillamook
Forest Grove
Hillsboro
Newberg
Mcminnville
Vancouver
Fort Vancouver
Portland
Oregon City
Aurora
Woodburn
Silverton
Salem
Keizer
Three Capes Scenic Route
Lincoln City
COLUMBIA RIVER GORGE
GOLDENDALE OBSERVATORY STATE PARK
The Dalles
Maryhill
Hermiston
Pendleton
Condon
John Day River
Grande Ronde River
HELLS CANYON NATIONAL RECREATION AREA
Joseph
La Grande
Wallowa Lake
Elkhorn Drive
Seneca
JOHN DAY FOSSIL BEDS NATIONAL MONUMENT
Deschutes River
MADRAS AND HOT SPRINGS
Yaquina Bay
Newport
Albany
Lebanon
Corvallis
Yachats
NORTH WILLAMETTE VALLEY
Cape Perpetua
Florence
Eugene
Springfield
OREGON DUNES NATIONAL RECREATION AREA
Sisters
SMITH ROCK STATE PARK
Prineville
Mitchell
Mount Vernon
Bend
NEWBERRY NATIONAL VOLCANIC MOVEMENT
SOUTH CASCADE MOUNTAINS
Burns
Riley
Malheur River
Ontario
Caldwell
Cape Arago
Coos Bay
Bandon
Cape Blanco
Roseburg
Myrtle Creek
Crescent
Christmas Valley
Crater Lake
CRATER LAKE NATIONAL PARK
Summer Lake
Lake Abert
Frenchglen
MALHEUR NATIONAL WILDLIFE REFUGE
Malheur Lake
Lake Owyhee
JORDAN VALLEY
STEENS MOUNTAIN
Owyhee River
Burns Junction
Grants Pass
Jacksonville
Medford
Ashland
OREGON CAVES NATIONAL MONUMENT
Upper Klamath Lake
Klamath Falls
Goose Lake
Lakeview
Crescent City
Yreka
Weed
Alturas
DESERT VALLEY
Winnemucca
Eureka
Junction City
Redding
Red Bluff
Susanville
Pyramid Lake
Battle Mountain
0 Kilometer
100
0 Meilen
80